Bernard Wasserstein

JERUSALEM

Der Kampf um die Heilige Stadt

Bernard Wasserstein

JERUSALEM

Der Kampf um die Heilige Stadt

Aus dem Englischen
von H. Jochen Bußmann

Verlag C.H. Beck

Die englische Originalausgabe ist unter dem Titel
Divided Jerusalem. The Struggle for the Holy City
bei Profile Books Ltd, London 2001, erschienen.

Mit 12 Karten und 18 Abbildungen

Die Deutsche Bibliothek – CIP-Einheitsaufnahme

Wasserstein, Bernard:
Jerusalem : der Kampf um die heilige Stadt
Bernard Wasserstein. Aus dem Engl. von H. Jochen Bußmann
München : Beck, 2002
Einheitssacht.: Divided Jerusalem <dt.>

ISBN 3 406 48871 4

Verlag C.H. Beck oHG, München 2002
Satz: Fotosatz Janß, Pfungstadt
Druck und Bindung: Ebner, Ulm
Gedruckt auf säurefreiem, alterungsbeständigem Papier
(hergestellt aus chlorfrei gebleichtem Zellstoff)
Printed in Germany
ISBN 3 406 48871 4

www.beck.de

Für Teddy,
Sarah und Miriam

Inhalt

Vorwort

«Jerusalem», schrieb Herman Melville 1860 nach einem Besuch in der Stadt, «wird von einem Heer von Toten belagert.» Siebenunddreißigmal soll die Stadt zwischen ihrer Gründung und der Einnahme ihres uralten Herzstücks durch die Israelis im Jahr 1967 belagert worden sein. Als Arthur Koestler während des Kriegs von 1948 dort war, trieb ihn das «internationale Gezanke, Gefeilsche und Vermitteln» zur Verzweiflung. «Keine andere Stadt hat über die Jahrhunderte hin derart stete Wellen des Tötens, Vergewaltigens und unheiligen Elends verursacht wie diese Heilige Stadt», schrieb er damals.[1] In grauenerregender Zahl sind Jerusalemer Bürger seit diesen melancholischen Äußerungen Melvilles und Koestlers Gewalttaten zum Opfer gefallen. Besonders die Zeit seit 1967 war eine einzige Abfolge terroristischer Bombenanschläge, Unruhen, Rebellionen und Unterdrückungsmaßnahmen.

In der Gewalt schlägt sich der Mangel an einer auf Konsens angelegten Politik nieder. «Die auf ewig vereinigte Hauptstadt» des Staates Israel ist die am tiefsten gespaltene Hauptstadt in der ganzen Welt. Ihre arabischen und jüdischen Einwohner wohnen in unterschiedlichen Bezirken, sprechen unterschiedliche Sprachen, besuchen unterschiedliche Schulen, lesen unterschiedliche Zeitungen, sehen unterschiedliche Fernsehprogramme, feiern unterschiedliche Feiertage, hängen an unterschiedlichen Fußballvereinen – leben kurzum in nahezu jeder Hinsicht unterschiedliche Leben. Siebzig Prozent der Israelis gaben vor ein paar Jahren in einer Meinungsumfrage zu, noch nie eines der arabischen Gebiete Jerusalems außerhalb der Altstadt betreten zu haben. Araber kommen in die jüdischen Viertel nur, um die ihnen innerhalb der israelischen Wirtschaft zugewiesenen Rollen zu erfüllen, als Bauarbeiter, Kellner oder sonstige Arbeiter, obwohl sie nach und nach aus derlei Jobs durch eine Reservearmee nicht-jüdischer Arbeitsimmigranten hinausgedrängt werden: von Russen, Filipinos, Türken, Rumänen, Ghanaern und anderen, die in den Augen ihrer Arbeitgeber ein geringeres Sicherheitsrisiko darstellen. In Jerusalem gibt es zwischen Arabern und Juden noch weniger sozialen Austausch als zwischen Schwarzen und Weißen in Johannesburg. Heiraten über die Trennungslinie hinweg sind rechtlich kompliziert und gesellschaftlich tabu. Vor allem aber leben Araber und Juden mental in verschiedenen Welten, vergiftet von fundamental unterschiedlichen ideologischen Axiomen, infiziert von abgrundtiefem kollektivem Verdacht gegeneinander und beherrscht von einer gegenseitigen Angst, die wiederholt in hasserfüllter Aggression explodiert ist.

In ihrer heutigen Form enthält die Jerusalemfrage zwei separate Elemente: die Souveränität über die Stadt und den Status der Heiligen Stätten. Um Ersteres streiten zwei nationale Gruppen, um das andere drei Religionen. Freilich erfasst eine solche zu Analysezwecken vorgenommene Unterscheidung nicht ganz die wirklichen Verhältnisse. Die Fragen der Souveränität und Heiligen Stätten, von Nationalismus und Religion, sind in Jerusalem mehr als irgendwo sonst auf der Welt unentwirrbar ineinander verknotet. Wäre es anders, so hätten sich die Dinge vermutlich längst geklärt und erledigt.

Die Auseinandersetzung um die heilige Stadt ist ein Mikrokosmos größerer, globaler Konflikte und birgt selbst wiederum eine, wie es scheint, endlose Reihe von immer kleiner werdenden Zänkereien. Jerusalem liegt am Kreuzungspunkt des historischen Antagonismus zwischen den Ost- und Westkirchen. Innerhalb der orthodoxen Kirche stritten die Griechen gegen die Araber, die Russen gegen die Griechen, die «Roten» gegen die «Weißen». Die Protestanten standen ihnen nicht nach, wenn sie die Katholiken herausforderten, ebenso wenig die Jesuiten in ihrem Kampf gegen die Ansprüche der Franziskaner. In den Worten von Jerusalems erstem Gouverneur unter der britischen Mandatsverwaltung, Sir Ronald Storrs: «Die örtlichen und einheimischen christlichen Gemeinden brauchten – schlimm genug! – für ihre brudermörderischen Tumulte keine Provokation von außen.»[2] In Jerusalem waren alle drei großen Religionen aufgrund sektiererischer Rivalitäten, die den koptischen Mönch gegen den äthiopischen Priester, den Oberrabbiner der Aschkenasim gegen den der Sepharden, den von Palästinensern berufenen Mufti gegen den jordanischen aufbrachten, in verschiedene Lager gespalten. Und so ging es fast endlos weiter.

Das *odium theologicum* ist selten auch nur den Namen wert, denn die Streitfragen waren oftmals eher materieller als geistiger Natur. Kontroversen über Probleme der Art, wer wie viele Kerzen welchen

Weg zur Grabeskirche hinab tragen darf – und zu welcher Stunde und an welchem Tag –, haben jahrhundertelang zu Handgreiflichkeiten zwischen Armeniern, Griechen und Römern geführt. Als wollten sie es den Christen nachtun, haben Juden und Araber während des vergangenen Jahrhunderts bitteren, oftmals mörderischen Streit über Fragen ausgetragen wie die, ob Bänke an der Klagemauer aufgestellt werden können oder ein Tunnel unter dem Tempelberg hindurch getrieben werden darf.

In mancher Hinsicht lässt sich die Jerusalem-Frage mit der Rom-Frage vergleichen, die bekanntlich länger als ein halbes Jahrhundert die europäische Diplomatie erregte und von den europäischen Regierungen mit Sorge beäugt wurde. Als das moderne Königreich Italien im Jahre 1861 aus einem Gemisch von Krieg und Diplomatie entstand, blieb Rom unter der weltlichen Herrschaft des Papstes und wurde nicht zum Bestandteil des neuen Nationalstaats; bis zum Vorabend des Zusammenbruchs des Zweiten französischen Kaiserreichs im Jahre 1870 beschützte eine französische Garnison die päpstliche Souveränität. Am 20. September 1870 zogen italienische Soldaten in die Stadt ein, womit das Risorgimento vollendet wurde und seine Krönung erlebte. Danach wurde die Ewige Stadt zur Hauptstadt des Königreichs, dem aber der Papst, der ein Italiener und das kirchliche Oberhaupt nahezu aller Italiener war, die Anerkennung verweigerte. Das hatte zur Folge, dass die nachfolgenden Päpste praktisch wie Gefangene im Vatikan lebten, bis am 11. Februar 1929 der Lateranvertrag abgeschlossen wurde, der erstmals eine Grundlage für die gegenseitige Anerkennung zwischen dem (inzwischen faschistischen) Königreich Italien und dem souveränen Vatikanstaat herstellte.

Bei der römischen wie bei der Jerusalem-Frage ging es um Fragen der geistigen und weltlichen Autorität, des umstrittenen Orts der Hauptstadt des neuen Nationalstaats und der Beziehung zwischen einer heiligen Stadt und einem weltweiten Glauben. Die Hassliebe zwischen den führenden Männern des Risorgimento und Roms lässt sich in vieler Hinsicht mit der Mischung aus Abscheu und Stolz vergleichen, die die frühen Zionisten bewegte. *Mutatis mutandis* hätte Giuseppe Mazzinis Rechtfertigung der Verteidigung der römischen Republik im Jahre 1849 durchaus auch vom israelischen Ministerpräsidenten David Ben Gurion vorgetragen worden sein können, als ein Jahrhundert später die Araber das israelische Jerusalem belagerten:

Als Sitz einer mittlerweile erloschenen Glaubensform und nur von außen mittels Heuchlerei und Verfolgung aufrechterhalten ... seine Menschen, obschon voll edlen und mannhaften Stolzes, zwangsläufig unwissend ..., wurde Rom von manchen mit Abneigung betrachtet, von anderen mit verachtungsvollem Gleichmut. Ein paar Einzelfälle ausgenommen, hatten die Römer dieses Ferment, dieses Verlangen nach Freiheit geteilt, das unablässig die Romagna und die Marken erregt hatte. Es war deshalb äußerst wichtig, Rom wiederzuerlangen; es ein weiteres Mal auf den Gipfel zu stellen, auf dass die Italiener wieder lernen könnten, es als den Tempel ihres gemeinsamen Landes zu betrachten.[3]

Man ersetze die Romagna und die Marken durch Tel Aviv und die Jesreelebene, den Vatikan durch den Tempelberg und das von Mazzini so verachtete römische Establishment durch den «alten Jischuw» (die präzionistische Judengemeinde in Palästina), und schon hat man eine exakte Aussage über die Haltung der frühen Zionisten gegenüber Jerusalem.

Die Unterschiede sind freilich größer als die verblüffenden Parallelen. Bei Rom ging es nur um *eine* Religion und *eine* Kirche; die Jerusalem-Frage betrifft drei Religionen und eine Fülle von Glaubensrichtungen, besonders auf Seiten der Christen. In Rom sah sich ein einziger Staat einem einzigen religiösen Potentaten gegenüber; auf Jerusalem hingegen haben während des letzten Jahrhunderts mehrere Staaten Rechtsansprüche erhoben. Und im Gegensatz zu den Divisionen des Papstes, die – nur wenige, aber vergleichsweise diszipliniert – zur Verteidigung des Vatikans bereit stehen, hat Jerusalem gewaltige Formationen streitlustiger Muftis, Rabbis und Kleriker mobilisiert. Vor allem aber – und sogar noch mehr als Rom – liegt Jerusalem im Zentrum eines politischen Konflikts, der über seine Einwohner hinaus große Menschenmassen in vielen Kontinenten einbezogen hat.

Heute ist Jerusalem mehr denn je eine geteilte Stadt. Bestünden noch Zweifel an der Hohlheit der Behauptung, man habe seit 1967 die Stadt unter ausschließlich israelischer Souveränität vereinigt, ist es seit dem Ausbruch der «Al-Aqsa-Intifada» am 28. September 2000 damit endgültig vorbei. Danach ging der unsichtbare Vorhang zwischen den arabischen und jüdischen Vierteln wieder herunter, waren palästinensische und israelische Friedensfreunde eingeschüchtert und vom Missklang der Hassprediger überwältigt, und auf beiden Seiten kehrten die Politiker wieder zu ihrer alten Gewohnheit zurück, aneinander vorbeizureden statt miteinander. Ob all dies ein zeitweiliger

Abweg war oder zu einer tieferen historischen Logik gehört, bleibt unentschieden. Gewiss ist aber – so will dieses Buch zeigen –, dass der Kampf um Jerusalem nur zu einem guten Ende gebracht werden kann, wenn eine echte Anerkennung der Wirklichkeit und Legitimität seiner Pluralität heraufdämmert, geistig, demographisch und – allen Ansprüchen auf alleinigen Besitz zum Trotz – auch politisch.

Psychiater, die sich in der Stadt auskennen, haben ein «Jerusalem-Syndrom» diagnostiziert, das Besucher (und manche Autoren, die sich mit diesem Thema befassen) befällt und bei ihnen zu hochfliegenden Phantasien und trügerischen mystischen Erfahrungen und Kräften führt. Dass, wie es 1967 ein entnervter Diplomat formulierte, «Jerusalem nicht einfach nur ein Problem, sondern ein *Gefühl* ist[4], muss selbstverständlich anerkannt werden. Vor allem war Jerusalem schon immer ein Gegenstand religiöser Emotionen. Bei Juden, Christen und Muslimen gibt es eine tiefe Jerusalem-Verehrung, und der Historiker hat die Pflicht, sie wahrzunehmen und zu verzeichnen – ohne ihr zu erliegen. Vieles von dem, was im Lauf der Jahrhunderte über Jerusalem geschrieben worden ist, war von religiösem Eifer motiviert. Häufig ist der echte Glaube unendlich vieler Muslime, Christen und Juden für blanke politische Ziele ausgebeutet worden, sowohl in polemischer Literatur wie im Alltagsleben. Eines der Hauptanliegen dieses Buches ist es, aufzuzeigen, wie Jerusalem als «ein Gefühl» von Politikern aller Glaubensrichtungen instrumentalisiert worden ist – auch von solchen «ohne bestimmten Glauben», wie der aus Wales stammende Baptist David Lloyd George seine Landsleute charakterisierte, als er im Jahre 1917 die britische Mandatsherrschaft über Jerusalem rechtfertigte.

Dies ist keine Geschichte Jerusalems, noch weniger eine Geschichte des arabisch-israelischen Konflikts. Vielmehr versuche ich, meine Aufmerksamkeit auf die «Jerusalem-Frage» in der internationalen Diplomatie zu konzentrieren. Mit der Geschichte der Innenpolitik und der Sozial- und Demographiegeschichte der Stadt habe ich mich nur in dem begrenzten Umfang auseinandergesetzt, der zum Verständnis der diplomatischen Probleme nötig ist. Heute steht Jerusalem im Zentrum fortlaufender Verhandlungen zwischen Israel und den palästinensischen Arabern und der weiter gespannten arabisch-israelischen Beziehungen. Mindestens seit dem zweiten Viertel des 19. Jahrhunderts stand es jedoch auch auf der Tagesordnung der internationalen Diplomatie. Weshalb ist die Jerusalem-Frage allem Anschein nach so unlösbar? Warum hat sie sogar die hartnäckige römische Frage als

Fokus des internationalen Disputs überdauert? Worum handelt es sich bei den diversen Elementen, die so viele Mächte und Interessen mobilisiert haben? Wie erklären sich die tiefen Gräben zwischen den einzelnen Gruppen in der städtischen Bevölkerung? Wird man je darüber hinwegkommen? Das sind die Probleme, mit denen sich dieses Buch befassen wird.

Dank

Einige Teile dieses Buches habe ich in einer sehr frühen Fassung im Mai 1998 im Rahmen der Sherman Lectures an der Manchester University vorgetragen. Für die Einladung zu diesen Vorlesungen bin ich Professor Philip Alexander sehr dankbar.

Während der vergangenen beiden Jahrzehnte hatte ich das Glück, für meine Forschungen zu diesem Thema von einer ganzen Reihe von Institutionen finanziell gefördert zu werden: Während der frühen Stadien des Projekts gewährten mir die United States Information Agency, die British Academy, der University of Sheffield Research Fund, die American Philosophical Society und der Brandeis University Sachar Fund kleinere Stipendien. Zwei größere Stipendien des United States National Endowment for the Humanities und des American Council for Learned Societies halfen mir, während meiner Sabbatical-Jahre die Arbeit daran voranzutreiben.

Auch von der Gastfreundschaft und den mir zur Verfügung gestellten Möglichkeiten vieler Forschungseinrichtungen hat meine Forschung profitiert. Ein großer Teil der Arbeit geschah, während ich zwischen 1983 und 1993 assoziiertes Fakultätsmitglied am Center for Middle East Studies der Harvard University war, und für die Unterstützung, die ich dort erfuhr, möchte ich meinen Dank aussprechen. Meine Erkundungen in den Ottomanischen Archiven in Istanbul wurden durch einen Aufenthalt am American Research Institute in der Türkei ermöglicht. Dankbar bin ich auch dem All Souls College in Oxford, wo ich 1995 als Visiting Fellow an meinem Forschungsgebiet arbeiten konnte, sowie dem Middle East Centre am St. Antony's College, ebenfalls in Oxford, mit dem ich viele Jahre fruchtbare intellektuelle Verbindungen pflegen konnte. Außer den im Quellenverzeichnis genannten Archiven möchte ich ganz besonders der Brandeis University Library, dem British Institute for Archaeology in Ankara, dem Institute for Jewish Policy Research, der Jewish National and University Library in Jerusalem, der University of Glasgow Library, der Pusey House Library in Oxford und der Mitchell Library in Glasgow danken. Mike Shand von der Kartographieabteilung der University of Glasgow hat alle Karten gezeichnet.

Mein Verleger Andrew Franklin war mir eine stete Quelle der Ermutigung und ansteckenden Begeisterung. Penny Daniel und Lesley Levene brachten das Manuskript in eine publikationswürdige Form. Mein Literaturagent Bruce Hunter von David Higham Associates ist in seinem Beruf unvergleichlich. Bei zahlreichen Fachleuten und Kollegen stehe ich in so großer Schuld, dass ich hoffe, sie werden es mir verzeihen, wenn ich ihnen meinen Dank in kollektiver Form ausspreche. Er ist darum nicht weniger herzlich. Ganz besonders muss ich aber des Beitrags zweier Bürger von Jerusalem gedenken, meiner Mutter und meiner Schwester, die Irrtümer und verunglückte Formulierungen aufgespürt und mir auch sonst auf vielerlei Weise geholfen haben. Die größte Dankesschuld vor allen habe ich gegenüber meinem Bruder, Professor David Wasserstein von der Universität Tel Aviv, der das Manuskript gelesen und kommentiert hat, bevor es in den Druck ging, und von dessen Rat und wissenschaftlicher Kompetenz ich in jedem Stadium seiner Entstehung profitiert habe.

Prolog
Die Himmlische Stadt

Jerusalem, so heißt es, ist eine drei Weltreligionen heilige Stadt. Aber die Heiligkeit Jerusalems ist weder etwas Konstantes noch etwas Absolutes. Ob man sie als von Gott vorbestimmte oder als von Menschen zugeschriebene versteht – unbestreitbar ist, dass die Heiligkeit der Stadt, als historisches Phänomen betrachtet, je nach den gesellschaftlichen, ökonomischen und kulturellen Umständen und, vielleicht sogar in erster Linie, den politischen Einflüssen größer oder geringer angesetzt worden ist.

Drei Religionen – Judentum, Christentum und Islam – beanspruchen, Jerusalem als ihren heiligen Ort zu verehren; dass die Gläubigen jeder dieser Religionen diesen Anspruch mit aller Ernsthaftigkeit und Inbrunst erheben, steht außer Zweifel. Für die früheste der drei ist eine Forderung nach der Wiederherstellung der Souveränität jedoch erst seit sehr kurzer Zeit zum Bestandteil ihrer Frömmigkeit geworden. Was ihre beiden Nachfolgereligionen anbetrifft, lässt sich bei jeder von ihnen zeigen, dass die Heiligkeit Jerusalems eine späte historische Entwicklung ist und nicht von Anfang an gegeben war. In allen drei Fällen zwingt die Beweislage den nüchternen Betrachter zu der Schlussfolgerung, dass sich die Heiligkeit der Stadt ebenso sehr aus politischen wie aus rein spirituellen Quellen speist.

Das Jerusalem der Juden

Zwei jüdische Stimmen. Die erste ist die des Ananus, des ältesten von Jerusalems Priestern am Vorabend der Zerstörung des Zweiten Tempels im Jahre 70. Dem Bericht seines Zeitgenossen Josephus Flavius zufolge sprach er, mit Tränen in den Augen und den Blick auf den von einer Gruppe jüdischer Extremisten, den Zeloten, besetzten Tempel gerichtet, den Satz: «Wahrlich, es wäre gut für mich gewesen, ich wäre gestorben, bevor ich das Haus Gottes von solchen Greueln erfüllt und auf den durch Gebote abgegrenzten heiligen Plätzen die Füße blutbefleckter Mörder herumtrampeln sehen muss.»[1] Die zweite ist die des Protozionisten Moshe Leib Lilienblum, der 1882 in einer Schrift über den künftigen jüdischen Staat in Palästina erklärte: «Wir brauchen weder die Mauern von Jerusalem noch den Jerusalemer Tempel noch Jerusalem selbst.»[2] Zwei jüdische Stimmen, zwei jüdische Ansichten zu Jerusalem.

Es mag sein, dass, wie oft behauptet wird, zwischen dem Ende des zweiten jüdischen Reichs und dem Aufkommen des Zionismus die Juden tatsächlich ohne Unterbrechung im Heiligen Land anwesend waren. Zuweilen hat man diese Behauptung sogar auf eine angeblich stete Anwesenheit von Juden in Jerusalem ausgedehnt. So hat beispielsweise Chaim Weizmann, Israels erster Staatspräsident, in einer 1948 in Jerusalem gehaltenen Rede von der «ununterbrochenen Kette jüdischer Ansiedlung in dieser Stadt» gesprochen[3]; und eine am 14. März 1999 vom israelischen Außenministerium veröffentlichte Erklärung enthielt die Behauptung, «die jüdische Präsenz in Jerusalem blieb stetig und fortdauernd». Was immer für Palästina im Allgemeinen gelten mag, für Jerusalem ist die Beweislage für eine solche Behauptung zweifelhaft. Während der gesamten Dauer der römischen oder byzantinischen Herrschaft war es Juden verboten, die Stadt auch nur zu betreten.[4] Obwohl ein paar jüdische Pilger sie besucht zu haben scheinen, gibt es für den Zeitraum zwischen dem 2. und 7. Jahrhundert keinerlei Beleg dafür, dass es dort eine jüdische Gemeinde gab.

Nach der ersten arabischen Eroberung der Stadt im Jahre 638 ließen sich Juden wieder in Jerusalem nieder. Aus einer Anzahl Dokumente in der Kairoer *geniza* (einem am Ende des 19. Jahrhunderts aufgefundenen Bestand alter Handschriften) ergibt sich, dass Juden in Ägypten, Syrien und Sizilien Geldzahlungen zugunsten des Unterhalts armer Jerusalemer Juden sowie einer neben der Westmauer («Klagemauer») gelegenen Synagoge leisteten.[5] Diese Abhängigkeit von finanzieller Unterstützung von außen sollte zu einem bis in das frühe 20. Jahrhundert fortdauernden Charakteristikum der Jerusalemer jüdischen Gemeinde werden.

Als 1099 die Kreuzritter Jerusalem eroberten, warf man die Juden ein weiteres Mal aus der Stadt.[6] Erst nach 1260, unter der Regierung der Mameluckensultane mit Sitz in Ägypten, kehrten sie nach und nach zurück – obwohl sie, besonders wegen des Zionsbergs, mit den dortigen Christen in Konflikt gerieten. Die Einnahme der Stadt durch die osmanischen Türken im Jahre 1516 sorgte für Verhältnisse, unter denen sich Juden in Sicherheit ansiedeln konnten und es zu einem langsamen demographischen Wachstum kam. Und doch schätzt man für das 17. Jahrhundert die jüdische Bevölkerung auf nur tausend Seelen, vielleicht zehn Prozent der Einwohnerschaft. Zu dieser Zeit war das Hauptzentrum jüdischen Lebens, ganz gewiss aber des jüdischen Geisteslebens, nicht Jerusalem, sondern Safed. Während eines Großteils des 18. Jahrhunderts war es jüdischen Junggesellen und Personen unter sechzig vom jüdischen «Istanbul-Ausschuss» verboten, in Jerusalem ihren Wohnsitz zu nehmen. Das Verbot erfolgte in der Absicht, die Größe der dortigen Gemeinde zu begrenzen, deren Lebensunterhalt, wie man befürchtete, andernfalls nicht gesichert werden könnte.[7] Die frühesten Gemeindezeugnisse der Jerusalemer Juden stammen – anders als andernorts entstandene Zeugnisse über sie – erst aus dem 18. Jahrhundert. Jacob Barnai hat diesen Sachverhalt folgendermaßen kommentiert: «Das Fehlen von Quellenmaterial spiegelt das Fehlen einer organischen Kontinuität in diesen Gemeinden während des Mittelalters und in der Osmanenzeit wider.»[8]

Obgleich die Besiedlung Jerusalems durch Juden demnach in der vormodernen Zeit nur dünn und nicht von Dauer war, hatte die Stadt im Denken und in der Symbolik des Judentums doch stets eine zentrale Bedeutung: Jerusalem war für die Juden der Ort, wo die Bundeslade zur Ruhe gekommen war, die Stätte des Tempels, die Hauptstadt des Königtums und – bis in unsere Tage – Gegenstand des Wehklagens. Wenn Juden beteten, wandten sie sich in Richtung Jerusalem, das sie «den Nabel der Welt» nannten. Die biblischen Schriften, die *Halacha* (die aus der Bibel abgeleitete verbindliche Auslegung der Thora), die *Haggada* (die erbaulich-belehrende Erzählung biblischer Stoffe in der talmudischen Literatur), die *Tefilla* (das jüdische Gebet), die *Kabbala* (die jüdischen mystischen Schriften), die *Haskala* (die hebräische Aufklärungsbewegung des späten 18. und 19. Jahrhunderts, die vor allem in der Literatur und philosophischen Schriften ihren Ausdruck fand) und das jüdische Brauchtum – sie alle feierten Jerusalems alten Ruhm und Glanz und betrauerten seine Verwüstung. Im mittelalterlichen Spanien verfassten Yehuda Halevi und Schlomo ibn Gvirol ergreifende Gedichte voller Sehnsucht nach Jerusalem. In Osteuropa war es Tradition, dass an der Ostwand eines jüdischen Hauses ein Bild von Jerusalem hing. In unserer Zeit hat Schmuel Yosef Agnon über die Erneuerung der jüdischen Kreativität in der Stadt frohlockt, deren «Hügel ihre Pracht wie Banner gegen den Himmel breiten». Über alle Zeiten hinweg blieb Jerusalem für jüdische Pilger das vorrangige Ziel. Vor allem aber war es für die Juden der Brennpunkt messianischer Hoffnung und der Ort der schon bald erwarteten Auferstehung.

Zugleich unterschied man im Judentum zwischen dem himmlischen (*Yerushalayim shel ma'la*) und dem irdischen oder alltäglichen (*shel mata*) Jerusalem. Die religiöse Verehrung der Stadt verstand man nicht als etwas, das irgendeine Verpflichtung mit sich brachte, die jüdische Souveränität über sie zurückzugewinnen. Im Gegenteil: Als der Gedanke an eine solche Wiederherstellung während des 19. Jahrhunderts erstmals diskutiert wurde, war die herrschende Meinung strikt dagegen. Dabei blieb es bis zur Zerstörung des in Osteuropa gelegenen religiösen Herzlandes der Judenheit zwischen 1939 und 1945. Mindestens bis dahin opponierten die meisten orthodox-jüdischen Autoritäten gegen den Zionismus, in dem sie eine blasphemische Vorwegnahme des göttlichen Heilsplans sahen. Und in diesem Punkt waren sie sich mit den meisten frühen führenden Männern des Reformjudentums einig – obwohl der bloße Gedanke an eine Gemeinsamkeit beide Gruppen entsetzt hätte. Orthodoxe Zionisten waren eine vergleichsweise unbedeutende Strömung innerhalb der zionistischen Bewegung – und ebenso innerhalb des orthodoxen Judentums. Noch lange nach der Gründung des Staates Israel im Jahre 1948 blieb der Zionismus eine vorwiegend und oft aggressiv säkulare Bewegung.

Die frühen zionistischen Denker vermieden es meistens, Jerusalem eine besondere Bedeutung beizulegen. Ahad Haam, der Vertreter des «spirituellen» Zionismus, war von seiner ersten Begegnung mit den Jerusalemer Juden geradezu abgestoßen; als er später nach Palästina übersiedelte, zog er es vor, sich in Tel Aviv niederzulassen. Theodor Herzl, der Begründer des politischen Zionismus, war vom Dreck und Gestank in Jerusalem schockiert, als er 1898 die Stadt erstmals besuchte.[9] Als Arthur Ruppin im Jahre 1908 das erste Palästinabüro der Zionistischen Bewegung einrichtete, geschah dies in Jaffa und nicht in Jerusalem. Die frühen zionistischen Siedler in Palästina seit den achtziger Jahren des 19. Jahrhunderts und vor allem die sozialistischen Zionisten, die nach 1904 in großer Zahl eintrafen, blickten auf Jerusalem und all das herab, wofür es in ihren Augen stand – nämlich Obskurantismus, religiöser Eifer und Schmutz. Besonders verachteten sie, was sie als das Parasitentum der Jerusalemer Juden und deren Abhängigkeit von der *Challuka* (den wohltätigen Gaben) ihrer Religionsgenossen in Europa und Nordamerika ansahen.[10] David Ben Gurion, der später als israelischer Ministerpräsident Jerusalem als Hauptstadt Israels ausrufen sollte, ließ sich nach seiner Einwanderung nach Palästina drei Jahre Zeit, bis er die Stadt besuchte.

Auch die moderne hebräische Literatur wies, was Jerusalem betrifft, zwei zutiefst widersprüchliche Tendenzen auf: In den letzten beiden Jahrzehnten des 19. Jahrhunderts neigten Autoren aus dem Lager der *Ahavat Zion* (Liebe zu Zion) dazu, Jerusalem zu feiern und Lobeshymnen auf es anzustimmen; modernistische Dichter und Romanciers vertraten seit Haim Nahman Bialik eine mehr ungeschminkt realistische Sicht. In der ersten Hälfte des 20. Jahrhunderts gab es eine Strömung in der Literatur, die Jerusalem feindlich gesonnen war, es verabscheute, entmystifizierte und sogar seine Bedeutungslosigkeit unterstrich (Yosef Haim Brenner, Nathan Alterman, Avraham Shlonsky, der frühe Uri Zvi Greenberg); innerhalb der hebräischen Literatur prägte sie ein zutiefst negatives Jerusalembild.[11] Selbstverständlich war dies nur eine Denkströmung, aber in ihrer Zeit war sie vielleicht die einflussreichste und gab das zionistische Aufbegehren gegen den jüdischen Traditionalismus am getreuesten wieder.

Bei der Herausbildung des ambivalenten modernen jüdischen Jerusalembilds konkurrierten somit also spirituelle Werte, die Jerusalem überhöhten, mit anderen religiösen, sozialen, politischen und intellektuellen Kräften und wurden von diesen überschattet.

Das Jerusalem der Christen

Zwei christliche Stimmen. Zunächst die des heiligen Hieronymus (337–420), der sich auf Pilgerfahrt ins Heilige Land begab und die letzten vierunddreißig Jahre seines Lebens in einem Kloster in Bethlehem zubrachte. Er meinte, es gehöre zum christlichen Glauben, «anzubeten, wo Seine Füße gestanden haben, und die Spuren der Geburt Christi, des Kreuzes und der Passion zu sehen».[12] Die zweite Stimme ist die des heiligen Gregor von Nyssa (aus dem 4. Jahrhundert), der einem seiner Schüler schrieb: «Wenn der Herr die Seligen in ihre Erbschaft im Königreich des Himmels einlädt, schließt er eine Pilgerfahrt nach Jerusalem nicht in ihre guten Taten ein.»[13] Zwei christliche Stimmen – zwei christliche Auffassungen zu Jerusalem.

Für Christen rührte die Heiligkeit Jerusalems einzig und allein von dem Geschehen her, das mit Leben, Sterben und Auferstehung des Erlösers in dieser Stadt zu tun hatte. Historisch gesehen gibt es jedoch keinen Beleg dafür, dass vor dem 4. Jahrhundert Jerusalem von Christen irgendeine besondere Heiligkeit beigelegt wurde, und erst dann stoßen wir auf die erste Aufzeichnung über eine christliche Pilgerfahrt nach Jerusalem.

Die Forschung der jüngeren Zeit hat sich vor allem auf die innerkirchliche Auseinandersetzung innerhalb der Christenheit des 4. Jahrhunderts konzentriert, die zwischen jenen geführt wurde, die die Heiligkeit Jerusalems betonten, und anderen, die sie eher herunterspielten. Nach P. W. L. Walker zeigte es sich von Anfang an, dass Jerusalem und die Heiligen Stätten «bei all ihrem Vermögen, Brennpunkte der Einheit unter den Christen zu sein, auch ein großes Potential für Zwietracht bargen».[14] Walker betont die «weitgehend negativen und ablehnenden» Ansichten von Bischof Eusebius, des Metropoliten von Caesarea (ca. 260–339), in bezug auf die Heiligkeit Jerusalems. Eusebius' Meinung könnte allerdings zum Teil von Rivalität zwischen seinem Bischofssitz und Jerusalem bedingt gewesen sein.[15] Jenseits davon rührte sie aus dem Wunsch her, eine irrige Betonung des physischen, irdischen Jerusalem zu bekämpfen – ein Irrtum, der den Juden zugeschrieben wurde.[16]

Im Gegensatz dazu und im Widerspruch zu Eusebius vertrat Bischof Cyril von Jerusalem (ca. 320–ca. 386) die Auffassung, dass «das Vorrecht aller guten Dinge in Jerusalem» sei.[17] Dies wurde dann auch die herrschende Meinung innerhalb der Kirche. So wie man Eusebius eher negative Sicht Jerusalems mit den Juden in Zusammenhang gebracht hat, war auch die eher positive Haltung von Christen gegenüber Jerusalem während des frühen Mittelalters mit Feindseligkeit gegenüber den Juden verknüpft: «Die völlige Zerstörung des jüdischen Jerusalem und seine Verwandlung in eine christliche Stadt mit der sich daraus ergebenden Vertreibung, Zerstreuung und Unterwerfung der Juden wurde als göttliche Strafe und als ein wesentliches Stadium auf dem Weg der Menschheit zu ihrer Errettung betrachtet.»[18] Dass sich die theologische Auffassung von Jerusalems Heiligkeit innerhalb des Christentums durchsetzte, war jedoch nicht nur eine Folge der Debatte unter den Kirchenvätern, sondern auch des politischen Triumphs von Kaiser Konstantin, der seit 324 über Jerusalem herrschte. Die berühmte Reise seiner Mutter Helena nach Jerusalem, um die Stätten der Kreuzigung und Auferstehung ausfindig zu machen, markierte einen entscheidenden Wendepunkt in der christlichen Geschichte der Stadt. Die *Anastasis* (später bekannt unter dem Namen «Grabeskirche») wurde auf Konstantins Befehl über dem

Grab errichtet und 335 eingeweiht; zuvor hatte an der Stelle ein Aphrodite-Tempel gestanden. Wie so viele andere Heilige Stätten und Grabmäler in Jerusalem war die *Anastasis* von Anfang an handfester Ausdruck der Rivalität religiöser Gesinnungen – in diesem Fall zwischen Christentum und Heidentum.

Mit Helenas Besuch war Jerusalem als Zentrum der Verehrung und Pilgerfahrt für Christen fest etabliert. Das *Itinerarium Burdigalense*, ein Bericht über eine Pilgerfahrt von Bordeaux nach Jerusalem im Jahre 333, ist eines der frühesten Beispiele für eine in der Folgezeit verbreitete literarische Gattung. Im Jahre 363 geriet die christliche Jerusalemverehrung kurzfristig in Gefahr, als der heidnische Kaiser Julian Apostata erwog, den jüdischen Tempel in Jerusalem wieder aufzubauen. Aber nach seinem Tod auf dem Schlachtfeld im selben Jahr wurde sie umso schwungvoller wieder aufgenommen. In voller Blüte stand sie während der letzten beiden Jahrzehnte des Jahrhunderts, als Egeria, vermutlich eine spanische Nonne, einen Bericht über ihre Pilgerfahrt nach Jerusalem verfasste – der sich noch heute großer Beliebtheit erfreut.

Eine von außen kommende finanzielle Unterstützung für die christlichen Einrichtungen in Jerusalem – wie für die jüdischen – ist seit langem ein festes Merkmal der Stadtgeschichte; bei den Christen geht sie bis in die byzantinische Periode zurück. Während der ersten Zeitspanne muslimischer Herrschaft über die Stadt machten Nichtmuslime aller Wahrscheinlichkeit nach weiterhin die Mehrheit der Einwohner aus. Zu einem gewissen Zeitpunkt in der frühen arabischen Periode soll es sogar einen christlichen Gouverneur der Provinz gegeben haben. Vom Weihnachtstag des Jahres 800, dem Krönungstag Karls des Großen in Rom, wird berichtet, dem neuen Kaiser seien vom Patriarchen von Jerusalem als Zeichen des Respekts der Schlüssel zur Grabeskirche und die Fahne der Stadt ausgehändigt worden (einem anderen Bericht zufolge war es der muslimische Kalif Harun al-Raschid). Karl der Große und sein Sohn Ludwig gründeten eine Anzahl neuer christlicher Einrichtungen in Jerusalem. An diesen neuen Bauten entzündeten sich einige Konflikte. So beschwerten sich beispielsweise im Jahre 827 Muslime darüber, die Christen hätten über der Kirche eine größere Kuppel errichtet als die über dem Felsendom, einem muslimischen Heiligtum. Ähnlich wird bereits sehr früh von Rivalitäten in Zusammenhang mit Pilgerfahrten berichtet, ein Grundzug des religiösen und wirtschaftlichen Lebens der Stadt über die Zeitalter hinweg bis in die Moderne. Diese Pilgerzüge und die Feiertage, mit denen sie zusammenhingen, waren häufig Anlass für gewaltsame Zusammenstöße in der Gemeinde. Am Palmsonntag des Jahres 937 oder 938 wurden eine christliche Prozession angegriffen und die Grabeskirche niedergebrannt. An Pfingsten 966 wurden mehrere Kirchen geplündert und am 28. September 1009 auf Anordnung des geistesgestörten Kalifen al-Hakim die Grabeskirche ein weiteres Mal zerstört. Erst 1048 wurde sie wieder aufgebaut.

Mit der Eroberung Jerusalems durch die Kreuzritter unter Gottfried von Bouillon am 15. Juli 1099 begann eine neue Periode des Terrors gegen Muslime und Juden, die allesamt aus der Stadt vertrieben wurden; ihre Moscheen und Synagogen wurden dem Erdboden gleichgemacht.[19] Die muslimischen Heiligtümer auf dem Tempelberg wurden zu christlichen Kirchen umgewandelt. Die katholischen Könige teilten die Stadt in separate Bezirke auf, die auf der Nationalität der christlichen Siedler, der Kreuzritterorden und der diversen ostkirchlichen Gemeinden beruhten. Das Orthodoxe Patriarchat wurde nach Konstantinopel verlegt, und die Katholiken nahmen das *praedominium* (das Recht auf die Vorrangstellung) an den Heiligen Stätten für sich in Anspruch.

Nachdem 1244 die Kreuzritter endgültig aus Jerusalem vertrieben waren, sahen sich die Christen genötigt, ihre Vorstellung von Jerusalem von einer irdischen in eine himmlische Sphäre zu überführen. Es blieb aber bei den christlichen Pilgerfahrten: In seinen *Canterbury Tales* ließ Chaucer die Frau von Bath dreimal nach Jerusalem fahren, und es kamen viele Bücher mit *Laudes Hierosolymitanae* (Lobpreisungen Jerusalems) auf den Markt. Der christliche Kampf um Jerusalem nahm nun eine neue Form an. Nachdem die Christen den Krieg gegen die Ungläubigen verloren hatten, führten sie von nun an Krieg gegeneinander. Tatsächlich hatte dieser innerchristliche Konflikt bereits früher, im Jahr 1204, eingesetzt, als der vierte Kreuzzug über Konstantinopel hereinbrach und es plünderte.

Damit begann in allem Ernst die große Auseinandersetzung zwischen Ost- und Westkirche um die Kontrolle über die Heiligen Stätten, vor allem über die Grabeskirche in Jerusalem und die Geburtskirche in Bethlehem. Unfähig, miteinander einig zu werden, wurden die zerstrittenen christlichen Gruppen im Jahre 1289 oder noch davor von den muslimischen Behörden dazu gezwungen, die Schlüssel der Grabeskirche einer muslimischen Familie in Verwahrung zu geben. Als 1291 die letzte Kreuzritterfestung in Palästina – Akka – fiel, waren von allen katholischen Institutionen in Palästina nur noch die

Franziskaner übrig, die erstmals 1217 ins Land gekommen waren. Im frühen 14. Jahrhundert berief sie der Papst zum «Schutz des Heiligen Landes» (*Custodia Terrae Sanctae*). Dieser kleine Vorposten der römischen Christenheit sah den Kampf gegen die Ansprüche der Ostkirchen auf Eigentümerschaft an den Heiligen Stätten als seine vorrangige Aufgabe an. Er kämpfte mit allen Mitteln, um die immerwährenden Rechte des wahren Rom in Jerusalem aufrechtzuerhalten. Der Kampf ging bis in die modernen Zeiten weiter und dauert, wenn auch in modifizierter Form, noch immer an. Er färbte auf jeden Aspekt christlichen Lebens in Jerusalem ab sowie auf die Diplomatie der christlichen Mächte in bezug auf die Heilige Stadt.

Wie für die Juden, wenn auch in anderer Weise, war somit für die Christen Jerusalem nun ein Symbol der Einheit und zugleich der Anlass eines tiefgehenden inneren Schismas.

Das Jerusalem der Muslime

Zwei muslimische Traditionen. Die erste ist eine Aussage, die dem Propheten Mohammed zugeschrieben wird, der gesagt haben soll: «Wer die Pilgerfahrt nach Mekka tut und mein Grab [in Medina] besucht und des weiteren [in einem heiligen Krieg] kämpft und für mich in Jerusalem betet – den wird Gott nicht danach fragen, was er [von den Geboten zu achten unterließ], die ihm gesetzt waren.»

Die zweite Tradition hat mit Umar zu tun, dem zweiten muslimischen Kalifen, der zur Zeit der ersten muslimischen Eroberung Jerusalems im Jahre 638 herrschte. Umar soll sich in einem Kamelgehege aufgehalten haben, als zwei Männer vorbeigingen. Er fragte sie, woher sie kämen, und sie nannten Jerusalem. Umar habe sie daraufhin mit seiner Peitsche geschlagen und zu ihnen gesagt: «Habt ihr eine Pilgerfahrt gemacht wie die Pilgerfahrt zur Kaaba [in Mekka]?» – «Nein, o du Kommandeur der Gläubigen», erwiderten sie, «wir kamen aus diesem oder jenem Gebiet und an [Jerusalem] vorbei und beteten dort.» Worauf der Umar sagte: «Dann sei es so», und sie davongehen ließ.[20] Zwei muslimische Stimmen, zwei muslimische Ansichten zu Jerusalem.

Für Muslime rührt die Heiligkeit Jerusalems in erster Linie von seiner Identifikation mit der «weiteren Moschee» (*al-masdschid al-aqsa*) her, die im Koran als die Stelle erwähnt wird, zu welcher der Prophet während seiner «nächtlichen Reise» von Mekka gebracht wurde. Von hier aus stieg er in den siebten Himmel auf.

Es gibt jedoch auch gewisse Belege für die Annahme, dass die Heiligkeit, die man Jerusalem zuschrieb, jedenfalls zum Teil mit Jerusalems zentraler Stellung innerhalb zweier Vorläuferreligionen zu tun hatte, die der Islam zu ersetzen beanspruchte. Nach muslimischer Tradition war Jerusalem die erste *qibla* (die Ausrichtung beim Gebet), bevor sie im Jahre 624 nach Mekka wechselte. Im Koran ist von dieser Praxis nicht die Rede, aber in der muslimischen Tradition ist sie tief verankert – und hat noch bis vor gar nicht langer Zeit in der Praxis älterer Beter im Jerusalemer Felsendom überlebt (wie der Autor 1969 beobachtete).

In der ersten Phase des Islam scheint es die Tendenz gegeben zu haben, die Heiligkeit Mekkas und Medinas zu betonen und die Wichtigkeit von Pilgerfahrten nach diesen Städten statt nach Jerusalem zu unterstreichen. Es gab aber auch gegenteilige Auffassungen, und so dauerte es bis ins zweite islamische Jahrhundert (719–816 nach christlicher Zeitrechnung), dass die Heiligkeit aller drei Städte allgemein anerkannt wurde.[21] Zu einer höchst wichtigen Entwicklung kam es unter dem Kalifat von Abd al-Malik b. Marwan (685–705), der sich in einem Konflikt mit einem anderen Kalifen, Abd Allah b. al-Zubayr, befand, der seinen Sitz in Mekka hatte. Abd al-Malik errichtete das eindrucksvollste von allen überkommenen Bauwerken Jerusalems, den Felsendom – der oftmals fälschlicherweise als «Omar-Moschee» bezeichnet wird: In der Tat ist er ein Heiligtum, keine Moschee, und hat mit Omar nichts zu tun. Ein Kenner des Islam hat geäußert, dass es sich beim Felsendom nicht nur um eine Stätte des Gedächtnisses an die Auffahrt des Propheten handelt: «Seine vielen Inschriften deuten darauf hin, dass er ein Siegesdenkmal ist, das an den Triumph über die jüdische und christliche Religion erinnert.»[22] Der namhafte Orientalist Ignaz Goldziher hat die Auffassung vertreten, dass Abd al-Maliks Beweggrund für den Bau des Heiligtums und die Bestärkung der Heiligkeit Jerusalems die Rivalität mit dem Kalifen von Mekka und der Handel mit den Pilgern war, den er in seinen eigenen Machtbereich umlenken wollte.[23] Diese Meinung hat sich inzwischen weitgehend durchgesetzt, auch wenn S. D. Goitein sie ablehnte und die These vertrat, Abd al-Malik habe damit das Ziel verfolgt, ein Gebäude zu schaffen, das den Vergleich mit den prachtvollen Kirchen Jerusalems und anderer syrischer Städte aushielt.[24] Gemeinsam ist all diesen Interpretationen, dass dem Kalifen ein Konkurrenzmotiv zugeschrieben wird. Der arabische Name der Stadt, al-Quds («die Heilige»), kommt erst im späten 10. Jahrhundert erstmals vor.[25]

Überraschenderweise nahmen die Muslime die Eroberung Jerusalems durch die Kreuzritter zunächst mit Gleichmut hin, statt sich mit Feuereifer an die Rückeroberung zu machen. Selbst jene Muslime, die zum heiligen Krieg gegen die Invasoren aus Franken aufriefen, unterließen es, mit wenigen Ausnahmen, die Heiligkeit Jerusalems zu betonen – die zu dieser Zeit im muslimischen Denken weder weit verbreitet noch tief verwurzelt war.[26] Erst in der Mitte des 12. Jahrhunderts ist eine gewandelte Einstellung zu beobachten: Wie so oft in der Geschichte Jerusalems lässt sich eine gesteigerte religiöse Inbrunst weitgehend mit politischen Notwendigkeiten erklären. In den vierziger Jahren des 12. Jahrhunderts rief Zenki, der Herrscher von Mosul und Aleppo, zusammen mit seinem Sohn und Nachfolger Nur al-Din zu einem uneingeschränkten Krieg gegen den Kreuzfahrerstaat auf. Dementsprechend stellte ihre offizielle Propaganda plötzlich die Heiligkeit Jerusalems für den Islam heraus. Noch weiter akzentuiert wurde diese Tendenz unter der Führung Saladins, der die Heiligkeit Jerusalems als ein Mittel einsetzte, um potentielle Gegner niederzuhalten. Im späten 12. Jahrhundert berief man sich auf den Gedanken der Heiligen Stadt in innermuslimischen Auseinandersetzungen nicht weniger häufig als in dem äußeren Konflikt mit dem Christentum.[27] Die Rückeroberung Jerusalems durch die Muslime am 2. Oktober 1187 wurde in der islamischen Welt mit Begeisterung begrüßt. In Briefen, Gedichten und Glückwunschbotschaften wurde Saladins Sieg bejubelt. In den folgenden Jahren vervielfachte und verbreitete sich die Literatur zum Lobe Jerusalems (*Fadail Bayt al-Maqdis*) gewaltig. Muslime wurden ermutigt, sich dort wieder anzusiedeln und auf Pilgerfahrt dorthin zu ziehen. Wenn die Pilger nach Hause zurückkehrten, brachten sie den Gedanken der Heiligkeit Jerusalems mit. «Aufs engste verknüpft mit der Idee des *Dschihad* [des heiligen Kriegs], nahm [die Stadt] im religiösen Bewußtsein frommer Kreise und breiter Volksschichten einen Ehrenplatz ein.»[28]

Fortan sah man die muslimische Herrschaft über Jerusalem als einen veritablen Akt des Glaubens an. Im Jahre 1191 schrieb Saladin im Zuge von Waffenstillstandsverhandlungen an Richard Löwenherz, dass, selbst wenn er persönlich geneigt wäre, die Stadt aufzugeben, der englische König «sich nicht vorstellen solle, dass ihre Übergabe möglich wäre; denn vor Muslimen würde ich es nicht wagen, auch nur das Wort zu äußern».[29] Dennoch fiel Jerusalem durch den Vertrag von Jaffa von 1229 an die Christen zurück. Gemäß dieser Vereinbarung wurden Jerusalem, Bethlehem und Nazareth an Kaiser Friedrich II.

ausgehändigt, obwohl den Muslimen gestattet wurde, ihre dortigen Heiligen Stätten zu behalten. Sogleich wurden die Stadtmauern abgerissen, damit Jerusalem nicht länger als Festung genutzt werden konnte. Infolgedessen war die Stadt für viele Jahre militärischen Angriffen und Überfällen von Nomaden ausgesetzt. Der Vertrag sollte zehn Jahre lang gelten. Danach brachen erneut Kämpfe aus, und 1244 wurde die Stadt von Charismiern, einem Tatarenvolk, geplündert. Erst nach 1260 wurde unter den Mamelucken die Ordnung wiederhergestellt.

Unter mameluckischer Herrschaft war Jerusalem ein Ort ohne jegliche politische Bedeutung.[30] Die Teilung der Stadt in vier Viertel – das muslimische, das christliche, das jüdische und das armenische – geht auf diese Zeit zurück. Islamische Institutionen wurden geschaffen, und der muslimische Charakter der Stadt verstärkte sich, auch wenn die Muslime, im Gegensatz zu den Christen, die Gegenwart anderer Religionen tolerierten. Religiöse Gruppen neigten dazu, sich im Umkreis ihrer wichtigsten Heiligtümer und Heiligen Stätten niederzulassen: die Muslime im Norden und Westen des Haram al-Scharif (wörtlich: «edles Heiligtum» – der Name, den man dem Tempelberg gab); die Armenier im Südwesten in der Nähe ihrer St. Jakobskathedrale; die übrigen Christen im Nordwesten um das Heilige Grab und die Juden im Südwesten in der Nähe der Westmauer. Am Vorabend der Neuzeit war das geteilte Jerusalem sowohl eine geographische als auch eine spirituelle Tatsache.

Gegenüber Jerusalem hat es also innerhalb des Judentums, des Christentums und des Islam gegenläufige positive und negative Tendenzen gegeben – und in jedem Fall haben für die Bestätigung oder Qualifikation der Heiligkeit Jerusalems politische Erwägungen eine entscheidende Rolle gespielt. Die Rivalität zwischen den Religionen hatte wiederholt in Jerusalem ihren Brennpunkt. Jede der drei Religionen versuchte, die anderen beiden in dem Anspruch auf Jerusalem als ein zentrales religiöses Symbol auszustechen, und dies oft mit einseitiger Spitzfindigkeit. Andererseits gab es bei jeder Religion Ambivalenzen und Brüche in ihrem Verhältnis zu Jerusalem, seinem Grad der Heiligkeit, seinen heiligen Stätten und seiner Funktion in dieser und der kommenden Welt. Diese Trennungslinien bestimmten die Geschichte des irdischen Jerusalem in der Neuzeit. Sie sind der Gegenstand dieses Buches.

1. Die Kriege der Konsuln

Das geteilte Jerusalem ist mindestens so sehr das Ergebnis von äußerem Druck wie das seiner inneren Dynamik. Vor allem ist es die Folge des Wettbewerbs unter den Großmächten um Vorherrschaft in und mittels der Heiligen Stadt. Bei ihrem Bemühen um ein vages, manchmal fast metaphysisches Prestige setzten sie oftmals krude Methoden ein, um ihren Einfluss zu steigern: die Ausbeutung religiöser Empfindungen, die Förderung örtlicher Protegés und die Errichtung abhängiger Institutionen – von Kirchen, Klöstern, Konventen, Hospitälern, Waisenhäusern, Schulen und anderen Bildungseinrichtungen. In der Mitte des 19. Jahrhunderts war so eine quasi-imperiale Herrschaft entstanden, in der ihre Vertreter vor Ort, die Konsuln, praktisch in den Rang von Kolonialgouverneuren gelangten; jeder von ihnen übte Macht über seine eigenen Staatsangehörigen, Institutionen und Schutzbefohlenen aus, und jeder führte einen unablässigen Kampf sowohl gegen die osmanische Regierung wie gegen seine Rivalen im Kreis der Konsuln.

Als Jerusalem Ende 1516 von den osmanischen Türken erobert wurde, war es ein obskures Provinznest mit weniger als 15 000 Einwohnern. Weder unter den Vorläufern der Osmanen noch für die folgenden vier Jahrhunderte war es ein wichtiges Verwaltungszentrum. Während eines Großteils dieser Zeit war es die Hauptstadt eines Bezirks (*Sanjak*), der zur Provinz Damaskus gehörte. Unter der Herrschaft des Sultans Süleiman II. des Prächtigen (1520–1566) wurde Jerusalems größtes weltliches Bauwerk, der die Stadt umgebende Mauergürtel, errichtet – oder vielmehr wieder aufgebaut. Dieser gewaltige Schutzschild, der noch heute nahezu intakt ist, ermöglichte es den Osmanen, Invasoren zu widerstehen und die Stadt gegen Beduinenangriffe aus dem Umland zu verteidigen. Die Mauern bestimmten bis ins späte 19. Jahrhundert die Konturen der Stadt, und die Osmanen legten ihrer Erhaltung große Bedeutung bei. Als Grund dafür hat man unter anderem die These vertreten, dass sie fürchteten, es könnte erneut zu Angriffen europäischer Mächte im Stil der Kreuzritter kommen.[1]

Obwohl Muslime während mehr als siebenhundert der vorausgegangenen neunhundert Jahre die Stadt beherrscht hatten, hatte Jerusalem doch nie einen ausschließlich islamischen Charakter angenommen. Unter den Osmanen drängten sich die unterschiedlichen Glaubensrichtungen weiterhin in ihren separaten Gebieten zusammen, auch wenn diese sich erst im 19. Jahrhundert zu der uns heute vertrauten Einteilung der Stadt in einzelne Viertel auskristallisierten (siehe Karte 12, S. 336). Der Begriff des Viertels war eher geographisch als mathematisch zu verstehen: Das muslimische Viertel war flächenmäßig das bei weitem größte, und bis etwa zum Anfang des 19. Jahrhunderts stellten Muslime eine absolute Bevölkerungsmehrheit in der Stadt. Eine amtliche Volkszählung von 1560 wies 1933 muslimische, 281 christliche und 237 jüdische Haushaltsvorstände in Jerusalem aus.[2] Man darf sich die damaligen Stadtviertel nicht hermetisch gegeneinander abgeschlossen vorstellen; es gab keine äußeren, sie trennenden Markierungszeichen, und in gewissem Maße waren die Wohnbezirke gemischt. Vor allem Muslime lebten in allen vier Vierteln.[3]

Im osmanischen Jerusalem regelten und verwalteten die religiösen Gruppen ihre eigenen Angelegenheiten und Institutionen grundsätzlich weitgehend ohne Einmischung der Regierung. Obwohl das *Millet*-System (mit reichsweit organisierten, autonomen Glaubensgemeinschaften) erst im 19. Jahrhundert voll ausgebaut war und diesen Namen trug, lassen sich seine Wesenszüge bereits in der Lokalverwaltung des 16. Jahrhunderts beobachten.[4] Christen und Juden waren durch eine Reihe diskriminierender Gesetze benachteiligt und in gewissem Sinne nur Bürger zweiter Klasse, aber sie hatten einen anerkannten Status in der Gesellschaft und konnten sich bis zu einem gewissen Grad auf den Schutz durch das Recht verlassen.

Die Heiligen Stätten

In ihrer modernen Form kam die Jerusalem-Frage erstmals als ein Nebenprodukt der langsamen Auflösung des Osmanenreiches zum Vorschein. In der ersten Phase war der Kampf um die Heiligen Stätten der Christen ihr Charakteristikum. Obwohl französische Kaufleute im frühen 17. Jahrhundert in der Küstenebene auftauchten, blieben die Handelsverbindungen mit Europa und andere äußere Einflüsse bis in die Spätzeit der Osmanenherrschaft minimal. Und doch lassen sich die Anfänge eines internationalen, und zwar vorwiegend christlichen diplomatischen Interesses für Jerusalem bis in die ersten Jahre der osmanischen Herrschaft zurückverfolgen. Unter den frühesten *Fermanen* (Dekreten) Süleimans II. gab es mehrere, die Christen Rechte und Privilegien garantierten. Ein an den Gouverneur von Jerusalem gerichteter *Ferman* von 1521 besagt beispielsweise, dass «die Gemeinschaft der Religiösen und andere Arten von derzeit in Jerusalem wohnhaften Ungläubigen» sich darüber beklagt hätten, «dass bestimmte Individuen sie unterdrückt und offen Übergriffe gegen sie begangen hätten, indem sie sie daran gehindert hätten, ihren Zeremonien gemäß ihren alten Bräuchen nachzugehen». Der Gouverneur wurde angewiesen, den Sachverhalt zu untersuchen und derlei Verfolgung künftig zu verhindern.[5]

Ziel der Zentralregierung scheint gewesen zu sein, die öffentliche Ordnung in einem Gebiet mit religiös gemischter Bevölkerung aufrecht zu erhalten, und dies zu einer Zeit, als die Osmanen bei der Eingliederung ihrer neuen Provinzen in die vorhandene Verwaltung noch die ersten Schritte taten. Doch spielten schon in dieser frühen Phase sowohl äußere als auch innere Einflüsse eine Rolle. Nachfolgende *Fermane* geben einen gewissen Eindruck davon, welche Unzuträglichkeiten es waren, unter denen die Christen angeblich zu leiden hatten, von der Identität der Opfer und Täter und von dem Vorgang, durch den die Auseinandersetzungen dem Sultan bekannt wurden. Ein *Ferman* von 1525 vermerkt eine Beschwerde, Christen im Zionskloster seien gewaltsam aus seit langem von ihnen bewohnten Quartieren und Gärten vertrieben worden. Ein weiterer von 1528 berichtet, dass Venedigs diplomatischer Vertreter am osmanischen Hof sich um ein Eingreifen des Kaisers zugunsten der römischen Christen in der Grabeskirche bemüht habe, deren Rechte von den Georgiern missachtet worden seien. Im folgenden Jahr hören wir von «gewissen Individuen der arabischen Nation», von denen es heißt, sie bedrängten Priester, und im Jahre 1536 hat, wie wir erfahren, der venezianische Gesandte ein weiteres Mal interveniert, diesmal mit dem Vorwurf, «ein Jude namens Salomon und gewisse christliche Herumlungerer der georgischen Nation» hätten im Zionskloster römische Christen «belästigt und bedrängt». Es hieß sogar, sie hätten Marmorarbeiten und Säulen von der Grabeskirche und anderen christlichen Stätten davongetragen.[6] Vom Juden Salomon hört man danach nichts mehr, aber das Thema innerchristlicher Streitereien blieb auch während der nächsten vier Jahrhunderte durchaus vernehmbar.

Die Häufigkeit von *Fermanen*, die den örtlichen Gouverneur auffordern, solche Misshelligkeiten zu verhindern, ist ein Beleg dafür, dass sie weiterhin vorkamen – oder jedenfalls, dass die Streitigkeiten ungelöst blieben. Aus solchen diplomatischen Vorhaltungen entstanden die sogenannten *Kapitulationsverträge*. Der erste Kapitulationsvertrag war eine Vereinbarung zwischen Süleiman und König Franz I. von Frankreich aus dem Jahre 1535, die französischen Kaufleuten bestimmte Privilegien im Osmanischen Reich gewährte. In diesem Vertrag sind weder Jerusalem noch die Heiligen Stätten erwähnt. Im Jahre 1542 jedoch schlossen Frankreich und die Türkei einen förmlichen Bündnisvertrag, und während des langen Krieges der Türken gegen den Heiligen Römischen Kaiser und Venedig übernahm Frankreich die bislang von Venedig wahrgenommene Rolle des Protektors der römischen Christenheit im Heiligen Land. Nach der Schlacht von Lepanto, in der die Türken von den vereinigten christlichen Seestreitkräften unter Don Juan von Österreich eine vernichtende Niederlage erlitten, wurden 1572 die in Jerusalem lebenden Franziskaner festgenommen und als Gefangene nach Damaskus gebracht. Dank des Eingreifens des französischen Königs kamen sie wieder frei.

Der erste Kapitulationsvertrag, in dem Jerusalem genannt wird, wurde 1604 von Sultan Ahmed I. mit Frankreich geschlossen. Darin stimmte er zu, dass Untertane des französischen Königs und seiner Verbündeten «unter seinem Schutz die Heiligen Stätten Jerusalems frei und ohne dass ihnen irgendwelche Behinderung in den Weg gelegt wird», besuchen durften. Der Vertrag fügte hinzu, dass «die Mönche, die in Jerusalem leben und in der Kirche des Heiligen Grabes unseres Herrn Jesus Christus dienen, dort bleiben und sicher und ohne Schwierigkeiten oder Umtriebe kommen und gehen dürfen».[7] Diese vertraglichen Verpflichtungen finden in späteren Anweisungen des Osmanenherrschers an seine Beamten ihren getreulichen Niederschlag. Zwischen 1604 und 1621 wurden nicht weniger als dreiunddreißig Fermane erlassen, die sich mit Jerusalem befassten und bei denen es insbesondere um den Versuch ging, wiederholten Beschwerden katholischer Christen wegen «Usurpationen» seitens der orthodoxen Armenier abzuhelfen.

Weil man offenbar erkannte, dass in diesen Streitigkeiten unter Mönchen ein Ansatzpunkt für den Gewinn von Einfluss steckte, beschlossen die Franzosen, einen ständigen Vertreter nach Jerusalem zu entsenden. Im Jahre 1621 ernannte Ludwig XIII. den ersten Konsul einer auswärtigen Macht in Jerusalem. Der König höchstpersönlich war an dem Sachverhalt interessiert, weshalb er seinem Botschafter in Konstantinopel schrieb: «Ich habe es für richtig gehalten, zu Gottes Ruhm und zur Bequemlichkeit frommer Personen, die andächtig zum Besuch der Heiligen Stätten gehen, M. Lempereur zu berufen, die Verantwortung des Konsuls für die französische Nation in Jerusalem auszuüben.»[8] Der Vorfall, der diese Entscheidung des französischen Königs veranlasste, war ein angeblicher Übergriff auf die Rechte der Katholiken durch die Armenier, die es gewagt hatten, in Christi Geburtsgrotte in Bethlehem zwei Lampen aufzuhängen und anzuzünden.

Jean Lempereur, ein Pariser Rechtsanwalt, der bereits als Pilger in Jerusalem gewesen war, schrieb, der König habe sein Mandat definiert als Verteidigung der Franziskaner und der katholischen Pilger, die die Heiligen Stätten besuchen, «auf dass sie von den Türken nicht tyrannisiert und beleidigt werden, wie es ihnen in der Vergangenheit geschah». Gesichert hatte sich Lempereur diese Stellung mit Hilfe der guten Dienste seines Vetters, des damaligen Sekretärs des Connétable von Frankreich. Seine Vergütung belief sich auf 12 000 Écus, jedoch bezahlte der König diese Summe nicht aus seinen eigenen Mitteln. Vielmehr sollte sie aus Einkünften der Abteien der gallikanischen Kirche abgezweigt werden, weshalb Lempereur dazu genötigt war, einen befreundeten Jesuiten brieflich um die Intervention des Papstes zu bitten, um sicherzustellen, dass das Geld auch wirklich ausgezahlt würde.[9]

Hinter der Ernennung des Konsuls und den damit einhergehenden finanziellen Arrangements verbargen sich sowohl eine politische Intrige als auch rein spirituelle Motive. Angestoßen wurden sie durch Jesuiten, die darauf aus waren, die Franziskaner aus ihrer Position als alleinige Repräsentanten der römisch-katholischen Kirche in Jerusalem zu verdrängen. Im Stillen ging es der Gesellschaft Jesu sogar um noch weitergehende Ambitionen. Wie Lempereur erklärte, erhofften sich die Jesuiten die Gründung eines Kollegs in Jerusalem, das «all die christlichen Schismatiker bändigen und in unverfälschtem Glanz zurückführen [werde], die ganz und gar vom wahren Pfad abgebracht worden sind».[10] Lempereur war sich bewusst, wie delikat es war, die Jesuiten in ein Gebiet hineinzubringen, das die Franziskaner bislang als ganz das ihre betrachteten. Deshalb drang er darauf, dass der Plan, ein Kolleg zu errichten, vor seinem Eintreffen in Jerusalem geheim bleibe. Die Jesuiten versicherten sich der nachdrücklichen Unterstützung durch Kardinal La Rochefoucauld, der das Vorhaben dem König empfahl. «Macht Euch keinerlei Sorgen wegen der Franziskaner», versicherte der Kardinal einem ihm getreuen Jesuiten. «Sie wissen ganz genau, dass ich im Fall der Fälle einen Weg fände, sie aus ihrer Position herauszuwerfen.»[11]

Um Lempereur den Weg zu ebnen, schickte der König Louis des Hayes, Baron de Courmenin, als Sonderbotschafter nach Konstantinopel und Jerusalem. In der türkischen Hauptstadt ließ des Hayes seine (oder seines königlichen Herrn) Macht auf gebieterische Weise spüren. Mit nicht nachlassendem Druck erreichte er, dass die türkische Regierung ihm Briefe an den Gouverneur von Jerusalem und den dortigen Mufti (einen hochrangigen muslimischen Mann des Rechts) aushändigte, mit denen bewaffnet er ins Heilige Land aufbrach. Nach seiner Landung in Jaffa ließ er in Jerusalem wissen, wie er, der Repräsentant des Königs von Frankreich, dort empfangen zu werden erwartete. Darauf kam die Antwort zurück, dass sich die Beamten der heiligen Stadt in mancherlei Verlegenheit befänden. Einerseits würden sie gern die Instruktionen ihrer Obrigkeit befolgen; andererseits fühlten sie sich zu dem Hinweis verpflichtet, dass das im Lande herrschende Gesetz es Christen verbiete, Jerusalem zu Pferde oder in Waffen zu betreten. Des Hayes hatte ursprünglich geplant (jedenfalls behauptete er das), zu Fuß in die heilige Stadt hineinzugehen, aber jetzt entschied er sich dafür, diese Botschaft als Affront gegen seinen König aufzufassen. Deshalb bestand er darauf, auf hohem Ross und mit umgegürteten Schwert in Jerusalem einzureiten. Falls man versuche, ihn daran zu hindern, werde er nach Konstantinopel zurückreisen und bei der Regierung eine Beschwerde einreichen; und den Beamten in Jerusalem versicherte er, dass sie dann «Gelegenheit zu Reue haben würden». Die Drohung wirkte. Als sich der französische Botschafter der heiligen Stadt näherte, trat der Unterpascha auf ihn zu und bot ihm eine Auswahl mehrerer Pferde für seinen zeremoniellen Eintritt an. Mit glitzerndem Schwert ritt daraufhin des Hayes auf einem dieser Pferde in die Stadt ein, «zur großen Zufriedenheit der christlichen Einwohner». Die Franziskaner geleiteten ihn in einer Prozession zu ihrem Kloster, wo sie ein *Te Deum* zum Dank für ihre Befreiung von den Übergriffen der Armenier und der Verfolgung durch die Türken sangen. Ihre Freude sollte jedoch nur von kurzer Dauer sein.

Während seines Aufenthalts in Jerusalem traf des Hayes mit dem Gouverneur und anderen Beamten zusammen und legte ihnen seine von den osmanischen Behörden stammenden Briefe vor. Er berichtete, zunächst große Schwierigkeiten gehabt zu haben, auch nur empfangen zu werden, weil die Armenier, «die vorhersahen, dass die Diplomatie von M. des Hayes zu ihrem Ruin führen werde», die örtlichen Beamten mit 30000 Livres bestochen hatten. Überdies sorgte das arrogante Auftreten des Gesandten für Murren in der muslimischen Bevölkerung. Trotzdem fügten sich Gouverneur und Mufti seinen Forderungen nach Instandsetzung der Grabeskirche, nach Entfernung der Armenier von den Heiligen Stätten und ihrer Ersetzung durch die Franziskaner sowie nach der Errichtung von Lempereurs Konsulat.[12]

Bei seiner Rückkehr nach Paris beglückwünschte sich der Botschafter zum Erfolg seiner Mission. In einem Brief an den General des Jesuitenordens gab er preis, eine geheime Vereinbarung mit einem jungen libanesischen Amir namens Fakhr al-Din getroffen zu haben, der zu einer früheren Zeit Zuflucht in der Toskana gefunden hatte und einen Angriff auf die Levante im Bündnis mit christlichen Mächten plante.[13] Bald jedoch stellte sich heraus, dass des Hayes hochnäsiges Auftreten und politische Intrigen bei seinen türkischen Gastgebern gegenteilige Wirkungen gezeitigt hatten. Kaum hatte er ihnen den Rücken zugekehrt, da erließ der Sultan einen *Ferman*, der die Rechte der Armenier hinsichtlich der Heiligen Stätten gegenüber den Franziskanern erneut bestätigte. Der Erlass verfügte, die Armenier sollten «ihre eitlen Zeremonien ... wie *ab antiquo* abhalten; ihre Kerzen anzünden und ihre Lampen aufhängen und die Gebühren der *awqaf* (der wohltätigen Stiftungen) bezahlen. Niemandem, weder den fränkischen noch irgendeiner anderen Gemeinschaft christlicher Untertanen solle erlaubt sein, sich einzumischen oder dagegen vorzugehen. Sie sollten sie nicht behindern. Macht dies bekannt. Lasst sie mein edles Zeichen achten.»[14]

Lempereur hatte deshalb den Eindruck, dass ihm des Hayes, weit entfernt davon, seinen Weg zu erleichtern, vielmehr unabsichtlich die ganze Angelegenheit vermasselt habe. Sobald Lempereur im Dezember 1623 in Jerusalem eingetroffen war und es sich im Kloster der Franziskaner bequem gemacht hatte, kam es zu Streit mit seinen Gastgebern, die ihn aus dem Gebäude herauswarfen. Bei dem Streit ging es teils um Finanzen, teils war er die Folge der Befürchtungen der Franziskaner (für die es, wie wir sahen, gute Gründe gab), dass der Konsul Jesuiten ins Heilige Land bringen werde. Sie beharrten darauf, dass die Franziskaner als anerkannte «Wächter» des heiligen Landes ein Monopol bei sämtlichen Unterfangen der Katholiken im Lande hätten. Auch beim venezianischen Botschafter in Konstantinopel und beim osmanischen Pascha von Jerusalem stieß Lempereur auf bittere Feindseligkeit. Letzterer ließ sich von den Mitbringseln des Franzosen nicht besänftigen und beschuldigte ihn einer Intrige mit einem rebellischen Häuptling aus der Nachbarschaft. Auch dieser Vorwurf war wohl begründet.

Lempereurs Mühen fielen und hingen zusammen mit der Landung von Fakhr al-Din an der Küste Palästinas. Obwohl er unweit von Jaffa eine Niederlage erlitt, blieben die Ambitionen des Amir noch für eine Reihe von Jahren eine Bedrohung für die Macht der Osmanen in der Region. Lempereur stand unter dringlichstem Verdacht, mit dem Libanesen verbündet und womöglich ein Spion zu sein. Neun Monate nachdem er seine Tätigkeit aufgenommen und so ziemlich jeden vor den Kopf gestoßen hatte, widerfuhr dem Vertreter des Königs von Frankreich die Demütigung, dass man ihn verhaftete, auflud und als Gefangenen nach Damaskus eskortierte. Nach fünf Tagen im Kerker bahnte er sich mit Schmiergeld den Weg in die Freiheit. Für kurze Zeit kehrte er nach Jerusalem zurück, aber es gelang ihm nicht, sich noch einmal irgendwelche Autorität zu verschaffen. Im Januar 1625 trat er den Rückzug nach Konstantinopel an, wo er die nächsten fünfunddreißig Jahre als Sekretär an der französischen Botschaft verbrachte – «eine Beschäftigung, die zweifellos weniger gefährlich war als die des Konsuls in der heiligen Stadt», wie einer seiner Nachfolger im 20. Jahrhundert dazu anmerkte.[15]

So schändlich endete die erste Expedition eines europäischen Konsuls nach Jerusalem. Ihre Hauptthemen kehrten während nachfolgender Missionen in den nächsten drei Jahrhunderten freilich immer wieder: anmaßender Stolz, politische Absichten unter einer spirituellen Verkleidung, Konkurrenz zwischen den westlichen und östlichen Kirchen und innerhalb der Kirchen, Streit mit aufmüpfigen Schutzbefohlenen, die sich gegen die Kosten sträuben, die ihnen der zweifelhafte «Schutz» aufbürdet, Bündnisse mit örtlichen Rebellen gegen die Oberhoheit des Sultans. Das Muster für künftige Entwicklungen war damit vorhanden.

In den folgenden Jahrzehnten kam es wiederholt zu Veränderungen bei der Kontrolle über die Heiligen Stätten, je nach den diplomatischen Winden aus Ost oder West, welche die osmanische Regierung vor sich her trieben. Immer wieder erließ der Sultan *Fermane*, in denen er die Rechte dieser oder jener Kirche auf diesen oder jenen heiligen Ort bestätigte. Allein zwischen 1630 und 1637 soll das *prae-*

dominium sechsmal zwischen Orthodoxen und Katholiken gewechselt haben.[16]

Erst 1699 wurde ein Nachfolger für Lempereur ernannt. Der Hintergrund für diese Berufung scheint eher kommerzieller als geistiger Natur gewesen zu sein, vor allem der dringliche Wunsch, nach einer Zeit gestörten Handels endlich eine reibungslose Versorgung der französischen Manufakturen mit «Baumwolle aus Jerusalem» zu gewährleisten.[17] Konsul Brémonds erstes Zusammentreffen mit dem Pascha von Jerusalem, das in Akka stattfand, verlief bemerkenswert freundlich. Der osmanische Beamte war die Freundlichkeit in Person und überschüttete ihn mit Höflichkeiten.[18] Im Februar 1700 erwartete ihn dann am Stadttor von Jerusalem ein weniger erfreulicher Empfang: Er wurde vom Mufti herausgefordert, der – einem franziskanischen Chronisten zufolge – mit sehr lauter Stimme gegen die Anwesenheit des Konsuls Einwände erhob und ihn der Spionage beschuldigte. So musste er denn seine erste Nacht unter dem Schutz seines Freundes, des Pascha, verbringen. Am folgenden Morgen traf er, von dreißig Soldaten geleitet, im Kloster der Franziskaner ein. Dort wurde er mit nicht weniger Misstrauen begrüßt als damals Lempereur, obwohl ihm die Mönche «wie einem Pilger die Füße wuschen». Binnen achtundvierzig Stunden kam es zu einer heftigen Auseinandersetzung über Rangfragen, als Brémond darauf bestand, dass ihm als königlichem Gesandten am Esstisch und in der Kirche der Ehrenplatz gebühre. Der Streit wurde derart hitzig, dass der Konsul einem der Mönche angedroht haben soll, ihm ein Tracht Prügel auf die Fußsohlen verpassen «und die Haare seines Bartes ausreißen» zu lassen. Im Lauf der Zeit verschlechterten sich auch seine Beziehungen zu den osmanischen Behörden. Nach sechs Monaten gab der Pascha offenherzig zu, seine frühere Liebenswürdigkeit sei einzig und allein durch die Hoffnung auf finanzielle Belohnung motiviert gewesen; da diese ausgeblieben war, forderte er nun Brémond auf, die Stadt binnen drei Tagen zu verlassen. Als Flüchtling suchte Brémond in Bethlehem Unterschlupf. Während er sich dort aufhielt, fand auf dem Haram al-Scharif eine Demonstration von «mehr als zehntausend Leuten» statt, die sich gegen die Präsenz eines christlichen Konsuls in Jerusalem wandten und drohten, ihre Wut an den Franziskanern auszulassen. Daraufhin ordnete der Pascha an, dass Brémond den ganzen Bezirk zu verlassen habe. In Begleitung einer Militäreskorte, die er übrigens selbst bezahlen musste, machte er sich aus dem Staub, wobei er unterwegs auch noch einen Großteil seines Gepäcks und sogar seine Kleidung verlor.[19]

Im Jahre 1703 brach in Palästina ein großer Aufstand aus. Die Rebellen nahmen Jerusalem ein und verschlossen seine Tore. Zwei Jahre lang hielten sie einer osmanischen Belagerung stand, bis sie der Hunger zur Aufgabe zwang. Unter derart ungesicherten Verhältnissen war an einen neuen Versuch mit einem Konsulat nicht zu denken. Unterdessen sorgte der Spanische Erbfolgekrieg für Erschütterungen in Europa. Erst 1713, unmittelbar nach dem Frieden von Utrecht, traf ein dritter französischer Konsul in Jerusalem ein, der nicht freundlicher empfangen wurde als seine Vorgänger. Er blieb denn auch nur vier Monate. Zwischen 1714 und 1843 ließen die Franzosen dieses Feld unbestellt. Lempereurs und Brémonds Erfahrungen und die Streitigkeiten, die zu ihrem Scheitern geführt hatten, nahmen manche Auseinandersetzungen und Zwistigkeiten vorweg, mit denen sich viele spätere Konsuln der unterschiedlichsten Nationalitäten in der Stadt des Friedens auseinander zu setzen hatten.

Im Verlauf des 18. Jahrhunderts nahmen diese Konflikte nach und nach einen in diplomatischer Hinsicht bedrohlichen Aspekt an, als neben Frankreich nun auch Russland sich für das Heilige Land zu interessieren begann. Mit dem Problem der Heiligen Stätten verbunden war das größere Problem der nichtmuslimischen Gemeinden in Jerusalem und im gesamten Osmanischen Reich. In Jerusalem waren Christen und Juden nicht nur der *Jizya* unterworfen (einer Sondersteuer für Nichtmuslime), sondern auch noch weiteren diskriminierenden Abgaben für Einzelpersonen und Einrichtungen.[20] Russland übernahm nun die Rolle des Verteidigers der orthodoxen Kirche, welcher die Mehrheit der palästinensischen Christen angehörte. Frankreich wiederum bestärkte seine Tradition als Schutzmacht der römisch-katholischen Kirche im Heiligen Land. Die Katholiken, die zahlenmäßig in Palästina viel schwächer waren als die Orthodoxen, erwarteten umso dringlicher von den Franzosen, dass sie die Waage zu ihren Gunsten beeinflussen würden.

Der schrittweise Rückzug der Türken aus Europa ließ sie eine Reihe von Verträgen mit christlichen Mächten unterzeichnen, in denen die Beschützer der Ost- und Westkirchen Bevorzugungen für ihre Schutzbefohlenen in Jerusalem unterzubringen suchten. Im Frieden von Karlowitz von 1699, in dem die habsburgische Herrschaft über Ungarn, Siebenbürgen und große Teile Slawoniens und Kroatiens bestätigt wurde, gelang es den katholischen Mächten, ihre Rechte an den Heiligen Stätten vertraglich anerkennen zu lassen. Im Frieden von Passarowitz wurden sie 1718 bestätigt. Französische Hilfe zugunsten der Türken gegen Österreich und Russland führte im Jahre 1740 zu einer weiteren Vereinbarung, die die Rechte der Katholiken bestärkte und tatsächlich Frankreich als deren Schutzmacht anerkannte. In Walter Zanders Worten bedeutete dieser Vertrag «den Höhepunkt französischen Einflusses im Osmanenreich» und galt künftig «als eine Art Magna Charta der Rechte der Katholiken».[21]

Zu dieser Zeit war der Wettbewerb um die Vorherrschaft an den Heiligen Stätten bereits zu einem ständigen Thema auf der Tagesordnung der internationalen Diplomatie avanciert. Ähnlich wie heute bei den Menschenrechten kam kaum ein wichtiger internationaler Vertrag ohne die rituelle Beschäftigung damit zustande. Darüber schrieb später der katholische Historiker Paschal Baldi:

> Die Frage der Heiligen Stätten trat somit als eine der großen Fragen des europäischen Völkerrechts in Erscheinung, bei denen sich die großen katholischen Völker so interessiert zeigten, dass sie sie jedesmal dann zum Gegenstand spezieller Vereinbarungen mit der Regierung der Hohen Pforte machten, wenn der Abschluss von Waffenstillständen, Friedensverträgen, Bündnissen oder auch bloßen Handelsabkommen anstand.[22]

Das Bestehen solcher Verträge und der Erlass zahlloser *Fermane* brachten freilich die Feindseligkeiten vor Ort nicht zum Stillstand. Vielmehr wurden sie immer ernster, wie sich etwa aus folgender Beschreibung eines Vorfalls aus dem Jahr 1757 ersehen lässt:

> Angestachelt und bewaffnet von den eigenen Mönchen, stürmte der griechische Mob in der Nacht vor Palmsonntag mit Knüppeln, Keulen, Haken, Dolchen und Schwertern in die Basilika [des Heiligen Grabes]; warf die Kerzen um, zerriss die Wandteppiche, zerbrach die Lampen und hieb alles in Stücke; dann gingen sie gegen das Kloster der Minoriten vor, um die dort lebenden armen Mönche zu töten, die die Türen verbarrikadieren mussten, um der Gewalt dieser «von Wein und Völlerei aufgepeitschten» Übeltäter zu entgehen.[23]

So jedenfalls die Darstellung Baldis, die noch anderthalb Jahrhunderte später vor Entrüstung sprüht. Die Orthodoxen hatten, wie nicht anders zu erwarten, eine andere Version des Vorgangs, und ihnen gelang es, die osmanische Regierung zum Erlass eines neuen *Fermans* zu überreden, der die Rechte der Katholiken beschnitt. Die Vorhaltungen des französischen Botschafters wischte der Großwesir mit der zynischen Bemerkung beiseite: «Diese Orte, Sir, gehören dem Sultan, und er gibt sie, wem er möchte; es mag wohl sein, dass sie sich immer in den Händen der Franken befanden, aber heute wünscht Seine Hoheit, dass sie den Griechen gehören.»[24]

Der Friede von Kütschük Kainardsche, den Russland und die Türkei im Jahre 1774 nach dem Sieg der Truppen Katharinas der Großen über die Osmanen schlossen, brachte den Triumph der Ostkirche über die Westkirche definitiv zum Ausdruck. In Artikel 7 versprach die osmanische Regierung «steten Schutz für die christliche Religion und die Kirchen jener Religion». Obwohl die Westkirche gewisse Rechte behielt, spielten die Orthodoxen doch eindeutig die erste Geige. Jetzt hatten sie ihre eigene «Magna Charta».

Als 1799 Napoleon seine Armee aus Ägypten nach Palästina führte, sah es für einen Moment so aus, als könnte Jerusalem erneut unter christliche Herrschaft fallen. Der junge General eroberte Jaffa, Ramallah und Akka, erklärte aber, dass die heilige Stadt «nicht auf seiner Marschlinie» liege und zog davon, um anderswo seiner höheren Bestimmung nachzugehen.[25] Sein englischer Widerpart, Sir Sidney Smith, hingegen besuchte Jerusalem und marschierte in einer Prozession zur Grabeskirche, bevor er wie Napoleon in seine Heimat zurückkehrte. So trivial diese Episoden für sich genommen auch sind, gaben sie doch eine erste Vorahnung der späteren anglo-französischen Entfremdungen in diesem Gebiet.

Als im Jahre 1808 die Grabeskirche bis auf ihre Grundmauern niederbrannte, bezichtigten bösartige Stimmen in den christlichen Konfessionen einander, dafür verantwortlich zu sein. Die Regierung erlaubte zwar den Wiederaufbau, aber zwischen Orthodoxen und Katholiken kam es zum Streit, wer ihn beaufsichtigen solle, und manche Muslime versuchten zu verhindern, dass es überhaupt dazu käme. Der Ausbruch des griechischen Unabhängigkeitskriegs im Jahre 1821 führte zu muslimischen Angriffen auf das griechisch-orthodoxe Patriarchat in Jerusalem; es kam auch zu weiteren Unruhen, die sich zu einer regelrechten Revolte auswuchsen. Mit Kanonen, die auf dem Ölberg aufgestellt waren, wurden die Rebellen in der Stadt bombardiert, und erst 1826, nach dem Eintreffen einer von Beduinen aus dem Stamm des Abu Gosch verstärkten osmanischen Armee, wurde der Aufstand niedergeschlagen.

Jerusalem unter ägyptischer Herrschaft

Es dauerte bis in die dreißiger Jahr des 19. Jahrhunderts, bis Jerusalem mit aller Gewalt auf die diplomatische Bühne trat. Auslöser war die Eroberung Palästinas durch Muhammad Ali, den Herrscher Ägyptens und übermächtigen Vasallen des osmanischen Sultans. Im Dezember 1831 rückte eine 90000 Mann starke, von Muhammad Alis Sohn Ibrahim geführte Armee in Jerusalem ein. Zwar hielt sich eine osmanische Truppe für ein paar Monate in der Zitadelle, und die muslimischen Notabeln am Ort waren zunächst auch nicht bereit, mit den Ägyptern zusammenzuarbeiten. Im April 1832 trat – dazu gezwungen oder überredet – der Mufti von Jerusalem auf Ibrahims Seite, aber die übrige muslimische Hierarchie, die den Verlust ihrer Privilegien befürchtete, blieb den Invasoren weiter feindlich gesonnen.[26]

1834 vertrieb ein Bauernaufstand, dessen Zentrum in Nablus lag, der aber von Stadtbewohnern und Jerusalemer Notabeln unterstützt wurde, Ibrahims Armee aus der Stadt. Zu denjenigen, die sich an dem Aufstand beteiligten, gehörten zwei Mitglieder der angesehenen und einflussreichen Familie Husayni (die im folgenden Jahrhundert mehrere führende palästinensische Nationalisten hervorbrachte). Einige Historiker haben in jüngster Zeit in dieser antiägyptischen Bewegung die ersten Anfänge eines palästinensischen Nationalismus sehen wollen.[27] Der unmittelbare Grund für den Widerstand waren allerdings Konskriptionen, und es gibt keinerlei Beleg dafür, dass dabei nationale Empfindungen im Spiel waren, die die Konfessionsgrenzen überstiegen; ganz im Gegenteil, dabei äußerte sich eine heftige Feindseligkeit sowohl gegenüber Christen, die in die Klöster flohen, als auch gegenüber Juden.[28] Nach kurzer Zeit eroberten die Ägypter Jerusalem zurück und hielten die Stadt mit einer Garnison von 3000 Mann, mit der sich jeder potentielle Widerstand niederringen ließ, bis 1840 in einem eisernen Griff.

Die ägyptische Herrschaft brachte ein modernisierendes Element in die Verwaltung des Landes. In Jerusalem machte sich das besonders an der verbesserten Lage der Christen bemerkbar, denen Rechtsgleichheit mit den Muslimen eingeräumt wurde und die von nun an auch für Ämter in Frage kamen. Erstmals seit 1289 wurden allen drei christlichen Hauptgemeinden – Katholiken, Griechisch-Orthodoxen und Armeniern – Schlüssel für die Grabeskirche ausgehändigt.[29] Auch die Lage der Juden verbesserte sich, obwohl während des Aufstands von 1834 eine Reihe jüdischer Läden in Jerusalem von Muslimen überfallen worden war.[30]

Während die Macht der Ägypter wuchs, zog die Furcht vor einem totalen Zusammenbruch der Osmanenherrschaft die miteinander rivalisierenden europäischen Mächte weiter in das Geschehen hinein. Die Briten wurden zum Hauptbannerträger für die Integrität des Osmanischen Reichs, während Frankreich sich hinter den Neuankömmling, den Herrscher von Ägypten, stellte. Im Jahre 1838 wurde in Jerusalem ein britisches Konsulat errichtet. Es hieß, Lord Palmerston habe sich damit für den Schutz der Juden in Jerusalem einsetzen wollen, ein Ziel, für das sich mit allem Nachdruck die englischen Evangelikalen einsetzten, wie etwa der damalige Lord Ashley, der besser als der 7. Earl von Shaftesbury bekannt ist. Mayir Vereté hat aber überzeugend dargelegt, dass Palmerstons Motive eher strategisch als religiös inspiriert waren. Vor allem scheint Palmerston dabei im Sinn gehabt zu haben, dem wachsenden russischen Einfluss in der Region etwas entgegenzusetzen.[31] Die Franzosen eröffneten 1843 erneut ihr Konsulat, diesmal für längere Zeit als vordem, und bald darauf folgten weitere Konsulate: von Sardinien und Preußen (1843), von den Vereinigten Staaten (1844), von Österreich (1849) und Russland (1853). Im Laufe der Zeit eröffneten auch Schweden, Norwegen, Dänemark, Portugal, Belgien, die Niederlande und Persien ihr Konsulat in Jerusalem.

Die Nahostfrage, wie sie inzwischen hieß, nahm 1839 die Größenordnung einer ausgewachsenen Krise an, als Muhammad Ali Konstantinopel zu erobern und sich der osmanischen Regierung zu bemächtigen drohte. Er wurde zwar von den Franzosen unterstützt, aber Russland, Großbritannien, Österreich und Preußen traten miteinander zur Verteidigung des Sultans an. Für diesen diplomatischen Rückhalt hatten die Türken allerdings einen Preis zu bezahlen. Der Sultan war im Gegenzug dazu genötigt, im November 1839 ein Dekret zu erlassen, «das Edle Reskript der Rosenkammer», in dem allen Nichtmuslimen im Osmanenreich Rechtsgleichheit mit den Muslimen versprochen wurde. Das Dekret war Teil einer breiter angelegten Reformpolitik (*Tanzimat*), mittels derer das Osmanenreich den Anschluss an die Moderne zu finden hoffte.

Das «Edle Reskript» gab den Mächten einen Hebel in die Hand, um die den Konsuln eingeräumten Schutzrechte in Jerusalem und anderswo im Osmanenreich zur Steigerung ihres Einflusses zu nutzen.

Folglich hielt jeder Konsul Ausschau nach potenziellen Schutzbefohlenen. Die Russen verstärkten ihren Schutz der orthodoxen Christen – auch wenn ihnen das Recht dazu später von den Griechisch-Orthodoxen streitig gemacht wurde. Die Franzosen übernahmen wieder ihr traditionelles Protektorat über die lateinischen und unierten Christen – bei dem ihnen im Lauf der Zeit die Italiener zu Rivalen wurden. Einheimische Protestanten gab es in Palästina nur wenige – aber amerikanische und britische Missionare machten sich mit Eifer daran, für Nachschub zu sorgen. Und die britischen Konsuln nahmen es darüber hinaus auf sich, nicht nur die Drusen zu beschützen, sondern auch «Samariter, Abessinier und alle in Not befindlichen Juden».[32]

Am 15. Juli 1840 unterzeichneten die Vertreter Großbritanniens, Österreichs, Preußens, Russlands und der Türkei in London eine Konvention, die Muhammad Ali einen Krieg androhte, wenn er sich nicht aus Syrien zurückzöge. Die Herrschaft über Palästina, Jerusalem eingeschlossen, sollte er jedoch behalten dürfen. Man gab dem ägyptischen Herrscher zehn Tage, die Bedingungen anzunehmen oder die Konsequenzen zu tragen. Die Franzosen waren höchst aufgebracht und gaben kriegerische Geräusche von sich. Vom Rückhalt der Franzosen ermutigt, lehnte Muhammad Ali den Vorschlag der vier Mächte ab. Daraufhin erschien eine alliierte Flotte vor der syrischen Küste, und im Lande brach ein allgemeiner Aufstand gegen die Ägypter aus. Ibrahim zog sich eilends nach Süden zurück, und mit seiner Herrschaft über Syrien war es mit einem Schlag vorbei.

Die durch diesen Rückschlag zutiefst getroffenen Franzosen sannen auf Rache. Im Dezember 1840 ließ der optimistisch gestimmte Außenminister Guizot in einem Privatbrief wissen, dass «die jüngsten Ereignisse keineswegs die alten Präferenzen zerstört haben, welche die östlichen Katholiken immer für uns hatten. Wir werden sie genau an diesen Orten weiter kultivieren.» Kurz darauf erfuhr Lord Granville, der britische Botschafter in Paris, dass Guizot insgeheim erwog, eine «christliche Freie Stadt in Jerusalem» in der Art der damaligen Freien Stadt Krakau zu etablieren.[33] In der mit der Jerusalem-Frage befassten Diplomatie war dies das erste Mal, dass der Gedanke an eine Art Internationalisierung ins Spiel kam. Als einer der vielen ironischen Aspekte der Frage sei angemerkt, dass Guizot, der Urheber des Plans, unter Ausnutzung der historischen Verbindungen zwischen Frankreich und der katholischen Kirche in Palästina Frankreichs Ansprüche voranzutreiben, selbst ein Protestant war. Aber Lord Palmerston verweigerte Guizots Vorhaben seine Unterstützung: «Religiöse Schutzmaßnahmen ebnen politischer Auflösung den Weg», meinte er.[34] Zur großen Erleichterung der Briten verwarf auch Guizots königlicher Gebieter dessen Idee. Im Gespräch mit Lord Granville behandelte König Louis Philippe «die Vorstellung, in Jerusalem eine kleine unabhängige christliche Gemeinde zu schaffen, als chimärenhaft und absurd».[35] Metternich verkündete, dass auch Österreich gegen die Schaffung eines levantinischen Krakau sei. Die Idee löste sich in Luft auf.

Das protestantische Bistum

In revidierter Form fand das Projekt kurz darauf einen neuen und mächtigen Befürworter. Friedrich Wilhelm IV. hatte im Juni 1840 den preußischen Königsthron bestiegen. Die im folgenden Monat unterzeichnete Londoner Konvention lenkte seine Aufmerksamkeit auf Palästina, und der Rückzug von Muhammad Alis Truppen schien ein einladendes Vakuum zu hinterlassen. Im Februar 1841 machte der preußische König den Vorschlag, ein internationales Abkommen über Jerusalem, Bethlehem und Nazareth zu schließen, das eine unabhängige Regierung für die christlichen Einwohner und die Schaffung einer von fünf Mächten (Österreich, Russland, Frankreich, Großbritannien und Preußen) getragenen Verwaltung der Heiligen Stätten vorsehen solle. Natürlich hatten die Preußen, um mit Molières Misanthropen zu sprechen, «ihre Gründe». Anders als Franzosen und Russen hatten sie nämlich dort nur wenige Schutzbefohlene. Zur damaligen Zeit gab es fast keine Lutheraner in Palästina. Es war eine frühe Bestätigung jener Regel, die sich später häufig wiederholen sollte: die Internationalisierung als ein Mittel jener, die vor Ort nur über eine schwache Position verfügten. Friedrich Wilhelm IV. nahm seinen Vorschlag immerhin so ernst, dass er seinen Bruder nach Palästina entsandte, um das Land zu erkunden.

Das katholische Österreich und das orthodoxe Russland machten bald darauf dem Gedanken des preußischen Königs ein Ende. Zu etwa der gleichen Zeit befürwortete dieser jedoch ein weiteres Vorhaben, das im Gegensatz zu der geplanten Internationalisierung auch zustande kam. Es ging dabei um ein gemeinsames preußisch-englisches Bistum in Jerusalem. Die Idee mag seltsam anmuten: Als wären Lutheranertum und Anglikanismus irgendwie dasselbe. Tatsächlich trieb den preußischen König der Gedanke, dass sich alle evangelischen Christen in einer einzigen Kirche zusammenschließen sollten. Jerusalem war nach seiner Überzeugung «der Ort, wo die wahre Einheit und Katholizität von Christi Kirche zur Schau gestellt werden soll».[36] Hauptbefürworter dieses Vorschlags war Freiherr (später Baron) Friedrich von Bunsen, den der König nach England schickte, um unter britischen Evangelikalen, wie etwa Shaftesbury, dafür zu werben. Bereits im August 1840 hatte Bunsen an Gladstone geschrieben: «Es ist gewiss unmöglich, in der Gründung einer englischen Kirche und einer Kongregation christlicher Proselyten auf dem heiligen Hügel Jerusalems nicht den Finger Gottes zu sehen.»[37] In einem Brief an seine Frau behauptete Bunsen, eine Art Vision gehabt zu haben, dass es der Wille des Herrn sein könnte, und wahrscheinlich der des Königs wäre, dass die beiden protestantischen Hauptkirchen Europas in Jerusalem einander über dem Grab des Erlösers die Hand der Freundschaft reichen.[38]

Hinter solchen ökumenischen Ideen lagen andere Motive, die Bunsens englische Gesprächspartner zu überzeugen halfen. Eines davon war das seit langem bestehende, von den Puritanern des 17. Jahrhunderts geerbte englische Interesse an den Juden als Werkzeugen des kommenden Millenniums. So hatte beispielsweise der baptistische hebräische Gelehrte und Pastor Henry Jessey kurz nach der Mitte des 17. Jahrhunderts in England 300 Pfund für die Jerusalemer Juden gesammelt, die, wie er schrieb, von anderswo lebenden Juden unterstützt würden, «um es sozusagen in Besitz oder doch wenigstens irgendeine Position dort zu halten und ihre Hoffnungen zu zeigen, bis es zu einer vollständigen Wiederherstellung kommt».[39] Der evangelikale Philosemitismus des 19. Jahrhunderts vermochte die diplomatische Rivalität freilich kaum zu verdecken. Bunsen vermerkte, es sei «notorisch», dass die Aktivitäten französischer Missionare in der Levante im Wachsen begriffen seien. Die englischen Evangelikalen hatten ihre eigene, konkurrierende Agenda, denn sie sahen im Jerusalemer Bistum eine Sache, die ihnen in ihrer Abwehrschlacht gegen die Romanisierungstendenzen der von John Henry Newman (dem späteren Kardinal) geführten sogenannten Oxforder Traktarianer von Nutzen sein könnte. Das Bistum machte den Anschein, als böte es eine Art protestantischer Katholizität, die mit der römischen in Konkurrenz treten könnte. Neben diesem religiösen Eifer kamen aber auch in England Erwägungen auf, die in direkterem Sinn politisch waren. Trotz Muhammad Alis Rückzug aus Syrien sah es auch weiterhin danach aus, als drohe das Osmanische Reich auseinander zu brechen; käme es dazu, dann, so ein Vorschlag, könnte die Levante durchaus ein geeignetes Gebiet für die Ansiedlung von Europäern werden. All diese Ideen halfen mit, dass Bunsen für sein Vorhaben rasch die Zustimmung von Königin Viktoria, der britischen Regierung, von Mehrheiten in beiden Häusern des Parlaments sowie des überwiegenden Teils der anglikanischen Kirche fand.

Das Bistum wurde im Juli 1841 mit einer schriftlichen Vereinbarung zwischen den beiden Regierungen geschaffen, auf die rasch die Verabschiedung eines entsprechenden Gesetzes folgte – das notwendig war, weil noch nie ein anglikanischer Bischof eingesetzt worden war, der sein Amt im Ausland und für Ausländer ausüben sollte. Friedrich Wilhelm IV. setzte einen Betrag von 15 000 Pfund für den neuen Bischofssitz aus. Die englischen und preußischen Könige hatten abwechselnd das Nominationsrecht. Obwohl es gemeinhin ein «anglo-preußisches Bistum» genannt wurde, war es doch genau genommen nur ein anglikanisches, weil der Bischof anglikanisch ordiniert sein musste. Der erste Bischof war Michael Solomon Alexander, Professor für Hebräisch am Londoner King's College. Im preußischen Polen geboren, war Alexander, ein ehemaliger Kantor der jüdischen Gemeinde von Plymouth, später zum Christentum konvertiert. Die Evangelikalen waren von seiner Ernennung begeistert. Lord Shaftesbury notierte in sein Tagebuch:

> Der Bischof von London sagte mir, noch nie habe er den Erzbischof so animiert gesehen wie in den letzten Wochen über dieses Thema. Die ganze Geschichte sei wunderbar, und für diejenigen, die sich seit langem für die jüdische Sache abgemüht und gebetet hätten, sei es fast überwältigend, einen gebürtigen Juden unter Gott von der englischen Kirche dazu berufen zu sehen, den Episkopat von St. James wiederzubeleben und in die heilige Stadt die Wahrheiten und Segnungen zurückzubringen, die wir Nichtjuden von ihr empfangen hätten.[40]

Shaftesburys Enthusiasmus war derart lebhaft, dass seine Frau ihn gnadenlos verspottete: «Du liegst mir damit ständig in den Ohren, und es bringt mich dagegen auf, wenn du andauernd wie wundervoll, wie wundervoll sagst!»[41] Entsprechend verärgert waren die Traktarianer. Newman beklagte sich, dass das Bistum «praktisch ein gemeinsames Abendmahl mit dem protestantischen Preußen und der Häresie der Orientalen» befürworte. Es war «der dritte Schlag», der Newmans Glauben an die Church of England endgültig ins Wanken brachte und ihn in Richtung Rom trieb.[42] Ein moderner Autor ging noch viel weiter mit seinen Hypothesen über die möglichen Konsequenzen der Schöpfung dieses Bistums Jerusalem:

Wäre Pusey seinen eigenen Instinkten zugunsten von Bunsens Vorhaben gefolgt und hätte er sein Urteilsvermögen nicht an Newman delegiert – hätte der Traktarianismus nicht eine unübersteigbare Barriere gegen die Einheit der Protestanten errichtet – wäre das anglo-preußische Bistum in Jerusalem keine Eintagsfliege gewesen –, dann hätten die Beziehungen zwischen England und Preußen womöglich einen ganz anderen Verlauf genommen, und es wäre vielleicht nicht zum europäischen Krieg von 1914 gekommen.[43]

Ob man realistischerweise die Jerusalem-Frage als eine unmittelbare Ursache des Ersten Weltkriegs ansehen kann, ist zu bezweifeln – aber es ist durchaus legitim, dass ein seriöser Historiker darüber Spekulationen anstellt.

Vielleicht war es deshalb angemessen, dass Bischof Alexander auf einem Kriegsschiff, der HMS *Devastation*, nach Palästina gebracht wurde, wo er im Januar 1842 eintraf. Die Admiralität hatte zunächst die Fregatte *Infernal* angeboten, aber Alexander mochte den Namen nicht, weshalb man sich für ein anderes Schiff entschied. Der Beweggrund für die Wahl dieses ungewöhnlichen Transportmittels war gewiss nicht, aggressive Pläne anzukündigen. Aber was immer die ursprüngliche Absicht gewesen sein mag, es war vermutlich unvermeidlich, dass die Anglikaner in den Sumpf der Jerusalemer Kirchenpolitik hineingezogen wurden.

Die Aufgabe des neuen Bischofs war die «Oberaufsicht über den englischen Klerus und die englischen Gemeinden in Syrien, Chaldäa, Ägypten und Abessinien sowie weitere protestantische Gemeinschaften, die sich seiner bischöflichen Sorge unterstellen wollen»[44] – eine Amtsbeschreibung, die ihm vermutlich viel freie Zeit ließ, da solche Geistlichen oder Gemeinden in diesen Weltgegenden kaum bis gar nicht vorhanden waren. Seine Hauptmission galt jedoch den Juden in Jerusalem, und in dieser Hinsicht hatte er auch einen gewissen Anfangserfolg, da er eine Handvoll russischer Juden zur Konversion überredete; er taufte sie während eines anglikanischen Gottesdienstes, den er interessanterweise auf Hebräisch abhielt.[45]

Bald regte sich Widerstand gegen solche Proselytenmacherei, sowohl seitens der jüdischen Gemeinde als auch des russischen Konsuls, dem nicht gefiel, dass die Briten versuchten, in seinem Schutzrechte-Revier unter den russischen Staatsbürgern zu wildern. Auch bei den osmanischen Behörden machte sich der Bischof nicht beliebt, als er in seiner Predigt anlässlich seiner Amtseinführung die muslimische Herrschaft als eine «angemaßte» bezeichnete. Der anwesende britische Generalkonsul von Beirut beschwor ihn daraufhin, «nie wieder derlei unerwünschte Dinge zu erwähnen».[46] W. T. Young, der Konsul in Jerusalem, meldete, dass an den Bischof der Wunsch der Kopten in der Stadt herangetragen worden sei, sie unter seinen Schutz zu nehmen.[47] Aus dem weit entfernten Wien wurde von diplomatischer Verstimmung berichtet, was eine getreue Förderin des Bistums zu einem charakteristisch unverblümten Brief an den Außenminister veranlasste: «Es kann gewiss nicht schaden», schrieb Königin Viktoria, «wenn wir in diesem Teil der Welt an dem religiösen Einfluss teilhaben, von dem die römischen Katholiken zu glauben scheinen, dass er allein ihnen zusteht.»[48]

Hinter diesen kirchlichen Vorgängen standen, wie Young in einem Schreiben aus dem Jahre 1844 unterstrich, natürlich weiterreichende diplomatische Ambitionen: «Jerusalem ist jetzt für Frankreich und Russland zu einem Hauptpunkt ihrer Interessen geworden, weil beide Mächte sich ihren jeweiligen Glaubensbekenntnissen entsprechend zu Beschützern der einheimischen Kirchen gemacht haben – und es ist hier, wo um ihre Hauptziele gerungen werden muss.» Frankreich und Russland seien bestrebt, die inneren Angelegenheiten der von ihnen protegierten Kirchen zu lenken und die gesamte Kommunikation zwischen ihnen und den osmanischen Behörden unter ihre Kontrolle zu bekommen. Der französische Konsul, behauptete Young, habe «sich den Gedanken zu eigen gemacht, dass dieses Land noch nie erobert worden ist, und er ergötzt sich daran, sich über den Geist der Kreuzzüge zu verbreiten, ganz so, als wären seine Ansichten durch eine Wiederkehr von etwas Ähnlichem bedingt».

Young warnte vor den Intrigen des französischen und des russischen Konsuls und ihren Versuchen, die ihnen nahestehenden Kirchen unter ihre Vorherrschaft zu bringen; zugleich versuchte er, die Position einer «anderen Partei» – wie er sich vorsichtig ausdrückte – zu untergraben, «die Jerusalem und Palästina als die große Arena betrachtet, in der die Weissagung hinsichtlich der Restauration der Juden rasch erfüllt werden soll.» Der Konsul warnte:

> Nachdem ich fünf Jahre lang hier residiere, bin ich zu der Schlussfolgerung genötigt, dass, wer den Versuch unternimmt, den Lauf der Dinge so zu beeinflussen, dass sie mit den Ansichten einer populären Interpretation der Propheten übereinstimmen, dazu klare und offensichtliche Pflichten und die Vernunft über Bord werfen muss. Betrachtete der Prophezeiungenforscher die tatsächlichen Verhältnisse in diesen Ländern aus ruhiger und realistischer Sicht und bemühte er sich, die Privilegien und Vorurteile anderer als den seinen gleichberechtigt zu respektieren, dann, denke ich, würde er spüren,

dass es wünschenswert ist, die wirklichen Standpunkte und Bedürfnisse ihrer gegenwärtigen Bewohner ausfindig zu machen, bevor er sich spekulativen Theorien bezüglich einer übermenschlichen Zukunft hingibt, die er, falls es je dazu kommt, durch seinen voreiligen Eifer eher verzögern als beschleunigen dürfte.[49]

Wer war wohl der anonyme «Prophezeiungenforscher», der hier vom britischen Konsul so rundheraus kritisiert wird? Es ist kaum zu bezweifeln, dass es sich dabei um den Kopf der englischen kirchlichen Mission in Jerusalem, Bischof Alexander, handelte.

Dies war nur eine von mehreren Episoden während Bischof Alexanders Jerusalem-Aufenthalt, bei denen er und der britische Konsul miteinander in Konflikt gerieten. Als es im folgenden Herbst in der Umgebung der Stadt zu Auseinandersetzungen zwischen diversen Scheichs kam, nutzte Young die Gelegenheit, den Bischof und seinen Klerus zu überreden, ihrer eigenen Sicherheit wegen Jerusalem zu verlassen und sich zur Küste zu begeben. Ein Jahr später ging Alexander ein weiteres Mal aus Jerusalem fort. Diesmal kehrte er nicht zurück: Er starb im November 1845 in der Wüste auf dem Weg nach Kairo.

Zu seinem Nachfolger berief der preußische König Samuel Gobat – einen frankophonen Schweizer. Er war der einzige, der je von Preußen für das Bistum nominiert wurde, denn es fiel, wie so viele andere multinationale Vorhaben in Jerusalem, diplomatischen Rivalitäten zum Opfer und verschwand schließlich wieder von der Bildfläche. Bis es soweit war, entdeckten die Briten – nicht anders als Franzosen und Russen –, dass sie als Sponsoren eines religiösen Unterfangens eine Art diplomatische Büchse der Pandora geöffnet hatten.

Orthodoxe und Katholiken folgten dem Beispiel der protestantischen Mächte und beeilten sich, ihre kirchliche Position in Jerusalem zu verstärken. Im Jahre 1843 wurde der Archimandrit Porfiri Uspenskij von der russischen Regierung in den Nahen Osten entsandt, um die Lage der dortigen orthodoxen Kirche zu erkunden. Zwei Jahre später brach der neu gewählte griechisch-orthodoxe Patriarch Cyril von Jerusalem mit der Tradition seiner Vorgänger, die nicht am Ort residiert hatten, und beschloss, seinen Sitz nach Jerusalem zu verlegen. Mit der Berufung von Monsignore Joseph Valerga wurde 1847 auch das Lateinische Patriarchat wiederbelebt, das seit 1291 stillgelegt war (obwohl seither Titularpatriarchen in Rom residiert hatten). Die Bedeutung dieses Vorgangs lässt sich an dem Umstand ermessen, dass der Jerusalemer Patriarch der einzige der drei Lateinischen

Patriarchen im Nahen Osten war, der auch tatsächlich innerhalb des Territoriums seines Patriarchats residierte. Zur damaligen Zeit gab es in ganz Palästina nur schätzungsweise 4000 Menschen römisch-katholischen Glaubens. Der Hauptzweck von Valergas Ernennung war, nicht anders als bei seinem orthodoxen Kollegen, ein diplomatischer, nicht ein seelsorgerischer. Als «lächerliche Praktiken», um ihre örtlichen Klienten zu beeindrucken, bezeichnete ein Historiker das Tun der beiden Patriarchen.[50] Auf einem scharlachroten, mit einem Leopardenfell bedeckten Diwan sitzend, empfing Cyril seine Besucher in einer schwarzen Satinrobe, auf der Brust ein von Diamanten und Smaragden eingefasstes Emaillebildnis des Erlösers. Valerga hielt dagegen, indem er auf einem mit Samt bezogenen Thron Hof hielt.

Als nun das konsularische Korps anwuchs, begannen auch einige Konsuln, ihre Bedeutung kaum weniger prätentiös aufzublasen. In immer größerem Umfang nahmen sie sich das Recht heraus, in Konsulargerichten über ihre Staatsangehörigen Recht zu sprechen. Durch Jerusalem zogen sie in einer von Wachen flankierten Prozession, der, wie bei den Patriarchen und dem osmanischen Pascha, ein *Kawas* voranschritt, ein bunt gekleideter Offizier mit Krummsäbel und einem Knittel mit silbernem Knauf, den er in zeremonieller Geste auf das Pflaster aufschlug, um die Leute aus dem Weg zu scheuchen. Manche Konsuln führten sich sogar auf, als wären sie die Vorgesetzten des osmanischen Gouverneurs. So heißt es beispielsweise in einem Bericht von Konsul Young vom Juli 1844:

> Gestern kam es in der Stadt infolge eines Streits zwischen dem Pascha und dem in der Burg stationierten Artilleriekorps zu einem Tumult. Wie es seine Art ist, mischte sich der französische Konsul sofort ein und stellte sich, obwohl ihn keine der beiden Parteien darum gebeten hatte, zwischen den Pascha und seine Soldaten; und am Abend trat er, umgeben von seinen Leuten und einer Gruppe aus dem Artilleriekorps, auf seiner Terrasse vor die Öffentlichkeit und verkündete sein Urteil in der Angelegenheit.

Young bezeichnete das Verhalten seines französischen Kollegen als «einen Skandal» und meinte, er versuche anscheinend, sich als «Generalprotektor und Vermittler bei allen Differenzen» zu etablieren.[51]

Der französische Konsul war freilich nicht der einzige mit solchen Illusionen von Grandeur. Das unverschämteste Beispiel für eine Selbsterhöhung war James Finn, der zwischen 1845 und 1862 als britischer Konsul amtierte. Finn war ein aggressiver, jähzorniger Mann, der mit dem protestantischen Bischof, den örtlichen Rabbis, anderen Konsuln und osmanischen Beamten sowie mit dem Londoner Außenministerium, seinem Arbeitgeber, unentwegt Streit anzettelte. Weil er mit allem Nachdruck für die Jerusalemer Juden eintrat, schoss er in seinem Eifer mehrfach weit übers Ziel hinaus. 1852 wurde er vom Außenminister dafür gerügt, dass er russische Juden unter seine Fittiche genommen hatte, die der russische Generalkonsul in Beirut als seine Schützlinge reklamierte. Der ganz und gar undiplomatische Finn widersetzte sich seinen Instruktionen und sandte entsprechende Depeschen zurück an das Foreign Office, was einen weiteren Rüffel auslöste:

Um jedem künftigen Missverständnis Ihrerseits vorzubeugen, habe ich Ihnen nun zu sagen, dass Sie keinerlei Korrespondenz mit dem russischen Konsulat über die Bedingungen oder die Art und Weise führen werden, in der dieses Konsulat den Schutz der russischen Juden widerrufen könnte; und Sie werden auch keinerlei Schritte gegenüber den jüdischen Rabbis oder einzelnen Juden unternehmen, um diejenigen Juden, die womöglich vom russischen Konsulat aufgegeben werden, zu ermuntern, beim britischen Konsulat um Schutz nachzusuchen. Ihrer Majestät Regierung würde es durchaus vorziehen, wenn solche Juden nicht den britischen Schutz suchten; Ihrer Majestät Regierung wird ihn diesen jedoch nicht vorenthalten, wenn sie ihn in der geeigneten Weise beantragen.[52]

Finn ertrug solchen Tadel mit Fassung – und machte weiter, als wäre nichts geschehen.

Im Jahre 1850 erkannte die osmanische Regierung die Protestanten innerhalb des Reichs als eigenen *Millet* wie Orthodoxe und Katholiken an. Diese Anerkennung veranlasste Bischof Gobat zu einer noch anmaßenderen Politik, besonders beim Proselytenmachen, was wiederholt zu Streit und Zusammenstößen mit den Oberhäuptern der anderen christlichen Gemeinden führte, die den Verdacht hegten, die Protestanten wären darauf aus, Schäfchen aus ihren Herden zu stehlen. Auch mit der jüdischen Gemeinde, die sich erbittert gegen ihre Missionierung wehrte, kam es zum Konflikt, sowohl mit dem russischen Konsul, der den britischen Anspruch bestritt, Juden russischer Nationalität zu protegieren, als auch mit den türkischen Behörden, die bei diesen und anderen Kontroversen zwischen den christlichen Kirchen in Jerusalem zwangsläufig in die Rolle des Schiedsrichters gerieten.

Mittlerweile war allerdings erneut die Frage der Heiligen Stätten in den Vordergrund der kirchenpolitischen und diplomatischen Beziehungen zwischen den Mächten gerückt. Ein scharfsinniger Beobachter der Vorgänge, Karl Marx, bemerkte dazu: «Die Ottomanische

Pforte und ihre Agenten befolgten ein höchst ermüdendes Systeme de bascule [Schaukelsystem], gaben abwechselnd den Katholiken, Griechisch-Orthodoxen und Armeniern recht, forderten und erhielten Gold von allen Seiten und machten sich über sie alle lustig.»[53] Eine Zeitlang funktionierte dieses System, aber zu Beginn der 1850er Jahre brach es zusammen, was zu einer großen Krise führte.

Kriegswolken über Christi Grab

Die Ursprünge der Krise lagen in einem neuerlichen Streit, der 1847 zwischen den großen christlichen Konfessionen über ihre Rechte an den Heiligen Stätten ausgebrochen war. Am 31. Oktober kam es in der Geburtskirche in Bethlehem zu Handgreiflichkeiten zwischen griechisch-orthodoxen und römisch-katholischen Geistlichen, wobei die Griechisch-Orthodoxen in den Armeniern, ihren orthodoxen Brüdern, Verbündete fanden. Im Verlauf des Gerangels kam irgendwie der silberne Stern abhanden, der angeblich die genaue Stelle von Christi Geburt markierte. Griechisch-Orthodoxe und Katholiken beanspruchten beide das Eigentum an dem Stern und beschuldigten einander des Diebstahls. Beide wandten sich an den Gouverneur von Jerusalem um rechtlichen Beistand. Der französische und der russische Konsul griffen die Sache auf und bestärkten die Rechte und Ansprüche ihrer jeweiligen Klienten. Trotz seiner evangelikalen Neigungen schlug sich James Finn, der britische Konsul, auf die Seite der Katholiken. Die Angelegenheit wurde nach Konstantinopel verwiesen und dort unter aktiver Beteiligung der Botschafter auf die diplomatische Ebene gehoben.

Akut wurde der Disput, als die Franziskaner in ihrer Eigenschaft als Wächter der Heiligen Stätten das Recht in Anspruch nahmen, den Stern ersetzen zu dürfen. Der Anspruch wurde vom französischen Konsul und vom Botschafter in Konstantinopel unterstützt. Im Februar 1848 stimmte die osmanische Regierung der Ersetzung des Sterns im Prinzip zu, erklärte jedoch, dass die Regierung dies veranlassen werde. Nun war aber das Recht, die Heiligen Stätten instand zu setzen, seit unvordenklichen Zeiten mit dem Eigentumsrecht verknüpft, weshalb die Katholiken über den Vorschlag der Regierung murrten und ihn als Beschneidung ihrer Rechte betrachteten.

Die Regierung von Louis Napoleon (dem Neffen des ersten Kaisers), der unter der Verfassung der Zweiten französischen Republik im Dezember 1848 zum Präsidenten von Frankreich gewählt worden war, sowohl in der Innenpolitik als auch in internationalen Angelegenheiten einen pro-katholischen Kurs ein, weil er sich davon Rückhalt bei den Konservativen erhoffte. Hinter den Kulissen waren die Franzosen ganz offenherzig, was ihre Motive anbetraf, für die Sache der römisch-katholischen Kirche einzutreten. Ein französischer Diplomat schrieb damals:

> Worin liegt die Bedeutung dieses in Konstantinopel angestachelten Streits über die Heiligen Stätten? ... Ich kenne den Orient, und ich kann Ihnen versichern, dass Russland nicht nachgeben wird. Für Russland ist es eine Frage auf Leben und Tod, und es ist zu hoffen, dass man sich in Paris darüber im Klaren ist, falls man wünscht, die Affäre auf die Spitze zu treiben.[54]

Dass die Gefahr eines Kriegs mit Russland bestand, begriff man in Paris sehr wohl – aber statt dass dies zur Zurückhaltung geführt hätte, sahen Napoleon und seine Minister die Streitfrage als einen willkommenen Vorwand an. Napoleons Außenminister Edouard Drouyn de Lhuys war als Verfechter einer pro-katholischen Außenpolitik nicht weniger zynisch als sein protestantischer Vorgänger Guizot. Später gab Drouyn offen zu, dass die Frage der Heiligen Stätten an sich «von keinerlei Wichtigkeit für Frankreich» sei, aber eben doch nützlich als Rammbock, mit dem man die Allianz der Mächte gegen Frankreich aufbrechen könne.[55]

Anfang 1852 erwogen die Franzosen, demonstrativ eine Flotte vor Konstantinopel aufkreuzen zu lassen, um den Ansprüchen der Katholiken Nachdruck zu verleihen.[56] Vorübergehend besänftigte sie ein vom Sultan am 8. Februar erlassener neuer *Ferman*, der zwar den (pro-orthodoxen) Status quo von 1757 bestätigte, den Katholiken jedoch einige kleinere Konzessionen machte.[57] Die in diesem *Ferman* formulierte Position wurde zum *locus classicus* für die Definition des Status quo an den Heiligen Stätten und für alle Ansprüche der unterschiedlichen Konfessionen im Hinblick auf ihre dortigen Rechte.

Die Türken versuchten, die Rivalen damit zufrieden zu stellen, dass sie ihnen gleichzeitig diplomatische Schreiben zukommen ließen: Einerseits informierten sie die Franzosen über die den Katholiken gemachten Konzessionen, andererseits versuchten sie, die Russen zu beruhigen, indem sie die Konzessionen an die Orthodoxen hervorhoben. Diese doppelte – um nicht zu sagen doppelzüngige – Form von Diplomatie hatte nur den Erfolg, sowohl in Russland als auch in Frankreich Missfallen zu erregen. Der russische Gesandte in Konstantinopel «sprach sich mit ungewöhnlicher Vehemenz und nicht geringem Grad der Irritation gegen das vorgeschlagene Arrangement» aus; vom französischen Präsidenten hieß es, er neige dazu «die ihm gemachten Konzessionen zu akzeptieren und die Tür für die restlichen Ansprüche offen zu halten, aber sie praktisch derzeit nicht weiter zu verfolgen».[58]

Ungeachtet dessen übten die Franzosen auch weiterhin Druck auf Konstantinopel aus und wurden am Ende dafür auch belohnt. Drei Schlüssel zur Geburtskirche in Bethlehem, ein zentraler Streitgegenstand, wurden den Katholiken ausgehändigt, und am 22. Dezember 1852 setzte das lateinische Patriarchat von Jerusalem in einem Zeremoniell einen neuen silbernen Stern, der von den Franziskanern zur Verfügung gestellt und der osmanischen Regierung durch den französischen Botschafter formell ausgehändigt worden war, an seinen Platz in der Kirche. Allem Anschein nach hatten die Franzosen einen beachtlichen Triumph errungen. Die Russen schäumten vor Wut: Zar Nikolaus I. äußerte dem britischen Botschafter Hamilton Seymour gegenüber, «wir haben es mit einem kranken Mann zu tun, einem sehr kranken Mann».[59] Daher stammt der Ausdruck «der kranke Mann am Bosporus», der zum geflügelten Wort werden sollte. Graf Nesselrode, der russische Kanzler und Außenminister, befand, «dass die rechtswidrigen Akte gegenüber der griechisch-orthodoxen Kirche, die man zu verhindern gewünscht habe, begangen worden seien, und dass es folglich nun darum gehen müsse, eine Abhilfe für dieses Unrecht zu finden; dass der Erfolg der französischen Verhandlungen in Konstantinopel einzig und allein der Intrige und Gewalt zugeschrieben werden müsse». Die Rechte des russischen Kaisers, «die ihm und der griechisch-orthodoxen Kirche zugesichert worden seien, könnten ihnen nicht ungestraft vorenthalten werden».[60] Der Staatsmann, der Russland damit auf den Weg in den Krieg zugunsten der Rechte der orthodoxen Christen führte, war übrigens anglikanisch getauft worden (seine Mutter war eine Protestantin). Wie bei Guizot war Nesselrodes Eifer nicht der des ehrlichen fanatischen Gläubigen, sondern jener des skrupellos zielstrebigen Diplomaten.

Zwei Wochen nach der Zeremonie in Bethlehem mobilisierten die Russen ein Armeekorps, um es an die türkische Grenze vorrücken zu lassen. Prinz Menschikow wurde als Sondergesandter nach Konstantinopel geschickt, um den Türken ein Ultimatum zu präsentieren, das einen geheimen Bündnisvertrag anbot, einen neuen *Ferman* verlangte, auf der Rückkehr zum Status quo an den Heiligen Stätten bestand (so wie ihn die Orthodoxen auslegten) und neuerlich das Recht des Zaren bestätigte, alle orthodoxen Christen im Osmanenreich unter seinen Schutz zu stellen. Bei seinen Treffen mit führenden Türken ersuchte Menschikow darüber hinaus um die Erlaubnis, in Jerusalem ein Hospital für Pilger sowie eine Kirche für russische Priester zu bauen, forderte den Abriss zweier türkischer Häuser in unmittelbarer Nähe der Grabeskirche und wollte außerdem, dass dem griechisch-orthodoxen Patriarchen von Jerusalem das Recht zugestanden wurde, die Aufsicht über Reparaturen an der Dachkuppel der Kirche zu übernehmen. Das in Aussicht genommene Hospital und die Kirche sollten der «besonderen Inspektion des Generalkonsuls von Russland in Palästina und Syrien» unterstehen.[61] Derweil hatte die französische Flotte den Befehl erhalten, nach Salamis zu segeln, während die Briten ihre gefürchtetste diplomatische Waffe entsandten, den herrischen Botschafter Lord Stratford de Redcliffe, der an Bord des britischen Dampfers *Fury* nach Konstantinopel zurückkehrte. Die Türken schwankten unter den Drohungen ihrer prospektiven Verbündeten mal in die eine, mal in die andere Richtung.

Die Briten verhielten sich in der Frage der Heiligen Stätten strikt neutral. Sie hatten kein Interesse daran, etwas für die Ambitionen Napoleons III. zu tun. Lord John Russell, der damalige Außenminister, stellte fest, dass die Franzosen die ersten gewesen seien, die «den Status quo, in dem die Angelegenheit ruhte, aufstörten», und auch «die ersten, die davon sprachen, Gewalt anzuwenden». Russell empfand es als «bedauerlich» und «traurig», dass «Armeen und Flotten zu dem Zweck in Bewegung versetzt würden, um das Grab Christi zum Grund für einen Streit unter Christen zu machen».[62] Unter Einsatz erheblicher diplomatischer Energien gelang es Stratford de Radcliffe, seinen französischen und seinen russischen Kollegen in Konstantinopel zusammenzubringen, und am 22. April erreichte er eine mündliche Verständigung über alle strittigen Aspekte der Frage der Heiligen Stätten.[63] *Fermane* wurden vorbereitet, in denen der neueste Stand des Status quo niedergelegt werden sollte, und in den Kanzleien Europas machte sich Erleichterung bemerkbar.[64]

Aber in diesem Stadium gingen den Russen und den Franzosen die Gäule durch. Weder die eine noch die andere Regierung wollte sich wegen einer diplomatischen Vereinbarung über die vermeintlichen Streitfragen von ihrer Kriegslust abbringen lassen. Im Juli 1853 besetzten die Russen die Fürstentümer Moldau und Walachei, die nominell noch der türkischen Souveränität unterstanden. Im Oktober erklärte die Türkei Russland den Krieg. Die Briten zögerten auch weiterhin, involviert zu werden, konnten aber nicht hinnehmen, dass die Meerengen zwischen Schwarzem Meer und Mittelmeer unter russische Kontrolle gerieten, weshalb auch sie unentrinnbar in den Krieg hineingezogen wurden. Als im November eine türkische Flotteneinheit bei Sinope von den Russen zerstört wurde, löste dies bei den Briten die Befürchtung aus, dass das Osmanische Reich zusammenbrechen und die Russen nach Konstantinopel vorrücken würden. Um dies zu verhindern, schlossen sie sich im März 1854 Frankreich als Bündnispartner der Türken gegen Russland an.

Der Krimkrieg hatte natürlich in Wahrheit wenig mit der Frage der Heiligen Stätten zu tun. Im Kern führten die Mächte wegen strategischer Fragen Krieg – wegen des russischen Anspruchs auf ein Protektorat über Christen im Osmanischen Reich und insbesondere auf dem Balkan, der britischen Furcht vor einer russischen Flotte im Mittelmeer, dem Wunsch des französischen Kaisers, die militärischen Triumphe seines Onkels nachzuahmen. Sowohl für Russland als auch für Frankreich waren Jerusalem und die Heiligen Stätten ein willkommener Vorwand und nicht selbst von vitalem nationalen Interesse.

Man hätte eigentlich denken sollen, dass der Ausbruch des Kriegs zu einem Waffenstillstand zwischen den christlichen Bekenntnissen – wenigstens zwischen Katholiken und Protestanten – und ihrer konsularischen Vertretung in Jerusalem geführt hätte, aber dem war nicht so. Zwar erteilte die französische Regierung in der Tat Instruktionen an alle Konsuln, sie sollten mit ihren britischen Verbündeten harmonische Beziehungen wahren, aber am Ende des Krieges meinte ein französischer Diplomat dazu: «Es war nicht immer so, und die Mehrheit der französischen Konsuln in den Territorien des Sultans, getrieben von einem Eifer, der eher hitzig als nachdenklich war, versäumte es, sich auf die wahre Natur ihrer Pflichten zu besinnen».[65] Am Ende der Feindseligkeiten traten die Mächte in einer Konferenz in Paris zusammen und bestätigten den Grundsatz des Status quo hinsichtlich der Heiligen Stätten. Auf der Ebene der internationalen Diplomatie löschte das die Flammen für eine Weile – aber in Jerusalem ging das Gezänk weiter und brach im Verlauf des nächsten Jahrhunderts und darüber hinaus bei der geringsten Gelegenheit immer wieder aufs Neue hervor.

Angesichts dieser Aufzählung von Intrigen, Disputen, Konflikten und Antagonismen muss eine wichtige Tatsache betont werden: Während der gesamten Spätzeit des Osmanenreichs, das heißt seit dem

Ende der ägyptischen Besetzung bis zum Ersten Weltkrieg, kam es in Jerusalem zu keinerlei nennenswerten kommunalen Gewalttaten der ansässigen Bevölkerung.[66] Die Beziehungen zwischen den muslimischen, christlichen und jüdischen Gemeinden waren zwar zuweilen von Verdächtigungen und sogar sektiererischer Verachtung geprägt, hielten sich aber alles in allem in einem Rahmen von Gesetzmäßigkeit und bürgerlichem Frieden. Dennoch führen die in Jerusalem geführten Kriege zwischen den Konsuln vor Augen, dass in der Jerusalem-Frage genügend Sprengkraft steckte, um die Beziehungen zwischen den Mächten zu belasten und in Spannung zu versetzen. Für Kriegstreiber mit sehr viel weitergehenden Motiven war die heilige Sache von Jerusalem ein bequemer Vorwand. In der Zeit nach dem Krimkrieg schwenken alle großen Mächte auf den Weg einer quasi-imperialen Expansion im Nahen Osten und vor allem in Palästina ein – am spektakulärsten in Jerusalem.

2. Alte Stadt, neue Stadt

Während der Endphase der Osmanenherrschaft, zwischen Krimkrieg und Erstem Weltkrieg, hat sich Jerusalem dramatisch verändert. Aus einem in sich gekehrten, von einer Mauer umgebenen Bergstädtchen wurde eine Stadt mit einigen spektakulären modernen Bauten und internationalen wirtschaftlichen und politischen Beziehungen. Mit dem Wachstum der Stadt veränderte sich auch der Charakter der Jerusalem-Frage in der internationalen Diplomatie. Aus einem zwischen den christlichen Bekenntnissen geführten Ringen um Einfluss über die Rechte an den Heiligen Stätten wurde ein Schauplatz weiträumigerer Konflikte und Ansprüche aller drei monotheistischen Religionen und auch territorialer Ambitionen mehrerer Mächte. Geprägt wurde die Jerusalem-Frage nun auch durch den Import einer neuen säkularen Religion aus Europa, die unter Christen, Muslimen und Juden ihre Anhänger fand: den Nationalismus.

Jenseits der Mauern

Zwischen den dreißiger Jahren des 19. Jahrhunderts und 1870 verdoppelte sich die Einwohnerzahl Jerusalems von etwa 11 000 auf 22 000 Menschen. Bis 1914 wuchs sie noch einmal um mehr als das Dreifache auf schätzungsweise 70 000 an (siehe Tabelle 1, S. 61). Seit der Jahrhundertmitte siedelten sich Christen, Juden und Muslime – in etwa in dieser Reihenfolge – in beachtlicher Zahl außerhalb der Stadtmauern an. Im Jahre 1914, so schätzt man, lebte bereits die Hälfte der Bevölkerung in dieser «Neustadt».[1]

Zu diesem Bevölkerungsanstieg trugen am meisten die Juden bei, die seit den frühen achtziger Jahren die Mehrheit der Einwohner bildeten.[2] Nicht mehr als ungefähr 1 000 Menschen hatte die jüdische Gemeinde 1690 gezählt, was etwa 10 Prozent der Gesamteinwohnerzahl ausmachte. Aber schon 1752 schrieb ein einheimischer jüdischer Weiser, Nichtjuden beklagten sich darüber, «dass zu viele [Juden] kommen».[3]

Bis in die sechziger Jahre des 18. Jahrhunderts waren die meisten jüdischen Einwanderer Sephardim gewesen (Abkömmlinge der am Ende des 15. Jahrhunderts von der Iberischen Halbinsel vertriebenen Juden); danach waren die meisten Aschkenasim (Juden aus Deutschland und Osteuropa). Seit 1777 kam nach und nach eine kleine, aber bedeutsame Zahl von Chassiden aus Polen und Russland in die Stadt. Bis zum Ende des 18. Jahrhunderts begrenzte die jüdische Gemeinde in Jerusalem den Zuzug mittels der sog. «Junggesellenregelung».[4] Sowohl der Geburtenzuwachs als auch die Zuwanderung wurden dadurch gehemmt. Dennoch nahm die Zahl der Juden sowohl relativ als auch absolut gesehen weiter zu und könnte in der Mitte des 19. Jahrhunderts vielleicht 6000 bei einer Gesamtzahl von 15 000 Einwohnern betragen haben. Danach kam es infolge der Einwanderung aus Europa (später auch aus dem Jemen) zu einem steten Bevölkerungszuwachs, aber außerhalb der überfüllten Bereiche des alten jüdischen Viertels auch zu verbesserten Lebensbedingungen.[5] Im Jahre 1914 lebten schätzungsweise 45 000 Juden in Jerusalem bei einer Gesamtbevölkerung von 70 000. Zu diesem Zeitpunkt war die Mehrheit der in Palästina lebenden Juden – höchstens 85 000 Menschen bei einer geschätzten Gesamtbevölkerung von 790 000 – in Jerusalem zu Hause.

Kaum weniger spektakulär als das Anwachsen der jüdischen Bevölkerung in der Stadt war der Zuwachs an Christen. Von geschätzten 3 000 im Jahre 1835 wuchs ihre Zahl bis 1910 um mehr als das Vierfache auf rund 13 000 an. Diese Wachstumsrate war größer als die der Muslime in der Stadt.[6] In absoluten Zahlen übertrafen die Christen nun sogar die in Jerusalem lebenden Muslime, wahrscheinlich erstmals seit den Kreuzzügen. Im Jahre 1905 lebten, einer neueren und gründlichen Analyse osmanischer Volkszählungsunterlagen zufolge, 11 500 Christen (18,4 Prozent der Gesamtbevölkerung) gegenüber 11 000 Muslimen (17,6 Prozent der Gesamtbevölkerung) in Jerusalem.[7]

Dieses rasche Bevölkerungswachstum führte zwangsläufig zu einer geographischen Ausbreitung der Stadt. Dieser Prozess wurde auch dadurch unterstützt, dass sich in den letzten Jahrzehnten des Jahrhunderts die allgemeine Sicherheit verbessert hatte, insbesondere der Schutz vor den Überfällen von Beduinen. Die altersschwache, verdreckte und stinkende Bergstadt, wie sie von Besuchern vom Schlage eines A. W. Kinglake oder Mark Twain unvergesslich schonungslos geschildert wurde, begann ihre Verwandlung in eine moderne Groß-

Tabelle 1
Die Bevölkerung Jerusalems nach Religionszugehörigkeit (1563–2000)

Jahr	Juden	Muslime	Christen	Gesamt
1563	1 434	11 802	1 830	15 066
1800	2 250	4 000	2 750	9 000
1850	6 000	5 400	3 600	15 000
1910	45 000	12 000	12 900	69 900
1922	34 000	13 500	14 600	62 500
1931	51 200	19 900	19 300	90 500
1946	99 300	33 700	31 400	164 400
1967	196 800	58 100	12 900	267 800
1983	306 300	108 500	13 700	428 500
1995	417 100	182 700	14 100	617 000
2000	439 600	196 900	14 200	657 500

Anmerkung: Aussagen über die Einwohnerschaft Jerusalems werfen viele Probleme auf. Die Zahlen für 1563 sind auf Grund osmanischer Quellen vorgenommene Schätzungen; siehe Amnon Cohen, *Jewish Life under Islam: Jerusalem in the Sixteenth Century*, Cambridge/Mass. 1984, S. 12–17. Cohen weist jedoch darauf hin, dass diese Zahlen durchaus um Einiges hinter den wahren Verhältnissen zurückbleiben könnten. Osmanische Volkszählungen, die erst seit dem späten 19. Jahrhundert durchgeführt wurden, berücksichtigten nur osmanische Bürger und geben deshalb ein verzerrtes Bild. Der erste einigermaßen zuverlässige Zensus wurde 1922 von den Briten durchgeführt. Alle davor liegenden Zahlen sowie die für das Jahr 1946 beruhen auf Schätzungen. Die israelischen Zensuszahlen geben nach Meinung vieler Palästinenser die Zahl der arabischen Einwohner zu niedrig an, weil sie nur die sog. «*de jure* Bevölkerung» berücksichtigen, nämlich Personen, die in israelischen Augen legalerweise Einwohner waren. Andererseits wurden die oben angeführten Zahlen für 1995 später vom israelischen Zensusamt korrigiert und sowohl die Anzahl der jüdischen als auch der nichtjüdischen Einwohner reduziert, weil irrigerweise auch bloß *de facto* vorhandene Einwohner mitgezählt worden waren (die Zahl der Juden wurde dabei im Verhältnis stärker reduziert als die der nichtjüdischen Bevölkerung). Zu berücksichtigen sind auch die Veränderungen der Stadtgrenze Jerusalems während des vergangenen Jahrhunderts. Scheinbare Unstimmigkeiten bei den jeweiligen Gesamtzahlen sind auf das Vorhandensein kleiner Personengruppen zurückzuführen, deren Religionszugehörigkeit als «andere» oder «unbekannt» klassifiziert wurde. Aus all diesen Gründen sollten die aufgeführten Zahlen eher als Größenordnungen denn als präzise Angaben aufgefasst werden. Erörterungen zu Jerusalems Demographie im 19. und frühen 20. Jahrhundert finden sich in den im Quellenverzeichnis genannten Arbeiten von Yehoshua Ben-Arieh, Justin McCarthy und U. O. Schmelz. Die aktuellste Erörterung von Jerusalems gegenwärtiger und künftiger Demographie ist Sergio DellaPergola, «Jerusalem's Population, 1995–2020: Demography, Multiculturalism and Urban Policies», in *European Journal of Population*, 17:2 (2001), S. 165–199. Zahlen für 2000 vom Israel Central Statistical Bureau.

stadt. Hauptmotor der städtischen Entwicklung war nicht die osmanische Regierung, sondern vielmehr ausländisches Kapital, das vor allem im Zusammenhang mit religiösen Institutionen – christlichen und jüdischen – floss, die den Beistand ausländischer Regierungen genossen, die unter dem Kapitulationenregime als Schutzmächte operierten. Als die Bevölkerung aus der Altstadt herauszudrängen begann, kamen charakteristische geographische Trennungslinien zum Vorschein, die zu einem gewissen Grad noch heute zu sehen sind: Muslime zogen hauptsächlich in den Norden und Süden der Stadt, Juden vornehmlich in den Westen.

Am frühesten siedelten sich Christen jenseits der Stadtmauern an. Einer der ersten war der britische Konsul James Finn, der sich in den frühen fünfziger Jahren des 19. Jahrhunderts ein Sommerhaus am Talbieh, einem Hügel gegenüber der Westseite der Stadt, baute. Kurz darauf ließ Bischof Gobat auf dem Zionsberg eine Schule errichten. Im Jahre 1860 gründete der deutsche protestantische Missionar Johann Ludwig Schneller in der Nähe des Dörfchens Lifta im Nordwesten der Stadt ein Waisenhaus, und 1867 stiftete der deutsche Adlige von Keffenbrink Geld zur Gründung eines Leprahospitals unweit des Mamilla-Teichs vor dem Jaffator. Mit Geldern der Prinzessin de la Tour d'Auvergne, einer Verwandten Napoleons III., wurden 1868 auf dem Ölberg ein Karmeliterinnenkloster und eine Kirche errichtet. In den späten siebziger Jahren entstand dort, wo heute der Ortsteil Rehavia liegt, das imposante Ratisbonne-Kloster St. Pierre, und 1887 wurde das sogar noch gewaltigere Notre Dame-Hospiz der Assumptionisten direkt gegenüber dem Neuen Tor der Altstadt eröffnet.[8]

Zu den frühesten christlichen Wohnbezirken in der «Neustadt» gehörte die Deutsche Kolonie, eine Siedlung der Tempelgesellschaft, einer 1854 in Süddeutschland gegründeten pietistischen Sekte (nicht zu verwechseln mit dem Kreuzritterorden der Templer). Seit 1868 bauten sie eine Reihe neuartiger Kolonien in Palästina auf, die aus Europa landwirtschaftliche Verfahren, Gerätschaften und Maschinen einführten (und insoweit ähnliche Bemühungen der Zionisten vorwegnahmen). In Jerusalem errichteten sie eine kleine Siedlung mit soliden Häusern im deutschen Stil, deren ursprünglicher Charakter heute noch wiederzuerkennen ist, auch wenn ihre deutschen Bewohner während des Zweiten Weltkriegs von den Briten deportiert wurden.

Die jüdische Expansion jenseits der Jerusalemer Stadtmauern hatte bis zum Ersten Weltkrieg mit Protozionismus wenig zu tun. Religiöse Motive bewogen in erster Linie den Umzug von Juden nach Jerusalem, und die meisten Neuankömmlinge hatten, wie die bereits ansässige jüdische Gemeinde, kein Interesse am und keine Sympathie für den jüdischen Nationalismus. Selbst nachdem in den achtziger Jahren des 19. Jahrhunderts der Zustrom von Zionisten nach Palästina einsetzte, kamen nur wenige von ihnen nach Jerusalem. Das Hauptquartier der *Hovevei Zion* (Verehrer Zions) lag in Jaffa. Die Neusiedler zogen es vor, sich dort oder in landwirtschaftlichen Siedlungen in der Küstenebene niederzulassen. Jerusalem, die Hauptstadt des sog. «alten Jischuw», galt, vor allem unter säkularen Zionisten, als Heimstatt aller primitiven und rückwärtsgewandten Elemente im Judentum. Weit entfernt davon, mit Zuneigung auf Jerusalem zu schauen, verachteten sie es und alles, wofür es stand, vor allem die traditionelle Abhängigkeit der dortigen Juden von mildtätigen Spenden.

Der Bevölkerungsdruck im dicht besiedelten jüdischen Viertel und die Furcht davor, vor die Stadtmauern zu ziehen, bewogen in den siebziger Jahren manche Juden dazu, sich im muslimischen Viertel niederzulassen. Dort wurden einige *Jeschiwot* (Talmudschulen), Schulen sowie andere Einrichtungen geschaffen und die hebräische Zeitung *Havatzelet* publiziert. Jüdische Läden waren sowohl im muslimischen als auch im christlichen Viertel zu finden.[9] Die steigenden Bevölkerungszahlen nötigten die Juden schließlich dazu, neue Wohnbezirke außerhalb der Altstadt anzulegen. Der erste war Mischkenot Schaanannim, Wohnstätten für Arme, die der englisch-jüdische Philanthrop Moses Montefiore südwestlich des Jaffators hatte 1855 errichten lassen, die aber viele Jahre lang unbewohnt blieben, weil sich die Juden davor fürchteten, dort zu wohnen. Der Bezirk Mea Schearim («hundertfältig» – 1 Mose 26:12), der so hieß, weil der Gründungsgenossenschaft anfangs hundert Leute beigetreten waren, wurde 1873 von orthodoxen Juden gegründet. Ein Jahrzehnt später lebten 2000 Juden außerhalb der Stadtmauern. Als Theodor Herzl 1898 Jerusalem besuchte, notierte er in sein Tagebuch, dass eine ganz neue Stadt außerhalb der Mauern aufgebaut werden müsse. «Das alte Jerusalem wäre und bliebe Lourdes, Mekka und Jeruscholajim. Eine sehr hübsche und elegante Stadt wäre daneben ganz möglich.»[10] Bald begann aus seiner Vision Wirklichkeit zu werden. Im Jahre 1914 lebten nahezu doppelt so viele Juden in der neuen wie in der Altstadt (29 000 gegenüber 16 000).[11]

Die Bautätigkeit der Muslime jenseits der Stadtmauern begann später und hatte einen geringeren Umfang als die der Christen und Juden. Um 1870 begann die Bebauung des Husayni-Bezirks unweit der Scheich Jarrah-Moschee und nördlich des Damaskustors, in dem eine Reihe schöner Villen stand, die dieser Notabelnfamilie gehörten. Eine dieser Villen wurde später zum Kern der amerikanischen Kolonie – zunächst eine Missionsstation, dann ein Hospital, heute ein Hotel. Andere wohlhabende Notabelnfamilien wie die Naschaschibis und die Jarallahs bauten in der Nähe große Häuser, was zur Folge hatte, das Scheich Jarrah zum mondänsten muslimischen Bezirk Jerusalems wurde. Muslime der Unterschicht blieben eher im muslimischen Viertel der Altstadt (noch heute eines der ärmsten Gebiete), und man schätzt, dass bis 1914 allenfalls ein Fünftel der muslimischen Bevölkerung Jerusalems außerhalb der Stadtmauern wohnte.[12]

Geistiger Imperialismus

Die Entstehung der Neustadt war nicht nur die Folge demographischen Drucks, sondern auch externer Interessen – touristischer, geistiger, archäologischer sowie imperialistischer Natur.

Seit den dreißiger Jahren des 19. Jahrhunderts war Jerusalem zur Station auf der Kavalierstour von Bildungsreisenden geworden. Zu den frühesten Besuchern gehörte Benjamin Disraeli – auch wenn zweifelhaft ist, ob dieser Besuch mit seinen gelegentlichen protozionistischen Äußerungen in Zusammenhang gebracht werden kann.[13] Nach dem künftigen britischen Premierminister folgte ein wahrer Strom gekrönter und adliger Häupter aus Europa. Erzherzog Maximilian von Bayern traf 1838 ein, ein paar Jahre darauf der vom Schicksal nicht begünstigte Erzherzog Maximilian, der später Kaiser von Mexiko wurde. Im April 1841 verbrachte der Bruder des preußischen Königs acht Tage in der Stadt. Seitdem in den vierziger Jahren Dampfer in der kommerziellen Schifffahrt auf dem Mittelmeer eingesetzt wurden, seit der Eröffnung des Suezkanals 1869 und der Eisenbahnstrecke zwischen Jaffa und Jerusalem im Jahre 1892 wurde solcher königlicher Tourismus sehr beliebt. 1855 kam der Herzog von Brabant an, und 1859 reiste der russische Großherzog Konstantin auf

Bitten des Zaren als Pilger nach Jerusalem. Der Prince of Wales, der künftige Edward VII., stattete der Stadt 1862 einen Besuch ab, wie 1913 sein Enkel, der künftige Edward VIII. Der berühmteste Besucher aber war Kaiser Wilhelm II., der 1898 hoch zu Ross durch eine speziell für ihn neben dem Jaffator in die Stadtmauer geschlagene Bresche einritt (das englische Satireblatt *Punch* bezeichnete den königlichen Pilgersmann spöttisch als «Cooks Kreuzritter»). Am Ende des Jahrhunderts war Jerusalem zum attraktiven Reiseziel nicht nur der europäischen Aristokratie, sondern auch bürgerlicher Touristen und demütiger Pilger geworden.

Manchen der bedeutenden Persönlichkeiten, die sich auf Pilgerfahrt nach Jerusalem aufmachten, lag die Errichtung von Kirchen und Klöstern am Herzen. Die eindrucksvollste war die Kaiserin-Augusta-Victoria-Stiftung auf dem Skopusberg, die zur Zeit des kaiserlichen Besuchs 1898 in Aussicht genommen und 1910 eingeweiht worden war. Der festungsartige Eindruck, den das Gebäude machte, und dessen strategisch beherrschende Lage auf dem Skopusberg ließen den Verdacht aufkommen, dass es zu militärischen und nicht zu Wohlfahrtszwecken errichtet worden sei.[14] Nie wurde es so genutzt, wie es gedacht gewesen war: 1909 flog das Dach davon; die Eröffnung im Jahre 1914 wurde verschoben, weil der Erste Weltkrieg ausgebrochen war; später diente es als die erste offizielle Residenz des britischen Hochkommissars. Nachdem in den dreißiger Jahren ein speziell errichtetes Regierungsgebäude fertiggestellt war, kam man überein, den Bau dem deutschen Diakonissenkrankenhaus zu überlassen. Als Eröffnungsdatum wählte man den September 1939 …

Selbst die Juden profitierten von königlicher Philanthropie: Der König von Preußen trug zur Errichtung der 1863 eröffneten Hurva-Synagoge bei, weshalb sein Name zusammen mit denen anderer Wohltäter in einer Inschrift über dem Eingang festgehalten wurde. Als der österreichische Kaiser Franz Joseph, der u. a. auch den Titel «König von Jerusalem» trug, die Stadt im Jahre 1869 besuchte, stiftete er Geld für das Tor zum Ortsteil Batei Mahse im jüdischen Viertel.

Ein Großteil dieser baulichen Wohltäterschaft war unzweifelhaft rein spirituell motiviert. Aber fast immer steckte dahinter der Geist des *odium theologicum*, das diplomatischen Rivalitäten und imperialistischen Ambitionen Ausdruck gab.

Der Friede von Paris, mit dem der Krimkrieg zu Ende ging, besiegelte den Status quo an den Heiligen Stätten, wie er im *Ferman* vom 8. Februar 1852 formuliert worden war. Bei künftigen Konflikten war er die Basis für ihre Beilegung. Ein anderer Aspekt des Status quo aber konnte infolge der Abhängigkeit der Türken von ihren Verbündeten durch diese christlichen Mächte aus den Angeln gehoben werden – die rechtliche Diskriminierung, unter der Nichtmuslime im osmanischen Reich noch immer zu leiden hatten. Das emanzipatorische «Edle Reskript der Rosenkammer», das der Sultan 1839 auf anglofranzösischen Druck hin gewährt hatte, provozierte in ganz Syrien und Palästina einschließlich Jerusalem einen konservativen Rückschlag und kam nicht voll zur Wirkung. Die Krise in der Jahrhundertmitte bot Briten und Franzosen eine neuerliche Gelegenheit, entsprechenden Druck auszuüben. Noch vor Kriegsausbruch ließ der britische Außenminister Earl of Clarendon Stratford de Redcliffe wissen, dass «jeder faire Vorteil aus der gegenwärtigen Lage des türkischen Reiches genutzt werden sollte, um dem Sultan und seinen Ministern eindringlich die Wichtigkeit der Beseitigung aller bürgerlichen Unterschiede zwischen den christlichen und den mohammedanischen Untertanen des Sultans eindringlich klarzumachen».[15]

Entsprechend erließ der Sultan eine Reihe neuer Dekrete, die am 18. Februar 1856 in einem kaiserlichen Reskript kulminierten, das die Gleichheit aller osmanischen Bürger bekräftigte. Das Reskript legte fest, dass Reparaturarbeiten an Gotteshäusern, Schulen, Hospitälern oder Friedhöfen kein Hindernis in den Weg gelegt werden dürfe und bei der Erlaubnis für die Errichtung neuer Bauten von Nichtmuslimen nur «ein Minimum administrativer Hindernisse» zulässig sei.[16] Durch das Millet-Gesetz von 1865 wurde die Position von Christen und Juden, jedenfalls soweit sie osmanische Bürger waren, weiter gestärkt. Diese Rechtsänderungen leiteten die nächste Phase der Einmischung der europäischen Mächte in die Jerusalem-Frage ein, die Phase des spirituellen Imperialismus.

Dieser hing zumeist mit missionarischen Aktivitäten zusammen, deren Anfänge in die zwanziger Jahre des 19. Jahrhunderts zurückreichten. Der erste Missionar, der in Jerusalem ankam, war vermutlich James Connor, ein Absolvent der Universität Oxford, der im Auftrag der Church Missionary Society tätig war. Er begab sich 1819 dorthin, reiste aber wenig später wieder ab, nachdem er entschieden hatte, dass sein Bleiben zu gefährlich sei. Im Jahre 1820 besuchte der Schweizer Pastor Melchior Tschoudy im Auftrag der *London Society for Promoting Christianity among the Jews* (Gesellschaft zur Verbreitung des Christentums unter den Juden) die Stadt und gelangte zu etwas günstigeren Schlussfolgerungen. Ihm folgte ein Amerikaner,

Levi Parsons, der Anfang 1821 mehrere Monate in Jerusalem verbrachte. Es dauerte aber bis 1833, nachdem die Ägypter die Herrschaft übernommen hatten, dass die *London Society* auf Dauer eine Vertretung in der Stadt einrichtete, welcher Reverend John Nicolayson, ein Däne, vorstand.

Ein Punkt, bei dem es den Westmächten in der Zeit des *Tanzimat* nicht gelungen war, die Türkei zum Nachgeben zu bewegen, betraf das Recht zur Konversion vom Islam. Mit Nachdruck drangen Befürworter einer aktiven Missionspolitik darauf, die Sanktionen (bis hin zur Todesstrafe) aufzuheben, die solche Konvertiten zu gewärtigen hatten. Die osmanische Regierung versprach zwar, dass Apostaten nicht mehr hingerichtet würden,[17] da man jedoch Reaktionen seitens der Muslime befürchtete, widerstand sie dem Druck der Mächte, auch andere Strafen abzuschaffen. Deshalb verzichteten die Missionare in Jerusalem und anderswo darauf, unter Muslimen Proselyten zu machen. Statt dessen waren sie wieder auf sichere Personenkreise verwiesen – die Juden und Angehörige konkurrierender christlicher Glaubensbekenntnisse. Ihre Bemühungen im Kreis der ersteren provozierten jedoch den heftigen, manchmal sogar gewaltsamen Widerstand orthodoxer Juden, und auch die christlichen Rivalen nahmen Anstoß an den Versuchen, auf ihrem spirituellen Terrain zu wildern. Die Zahl der Konvertiten war enttäuschend klein: 1852 konnten fünf europäische Missionare nur insgesamt 131 «hebräische Christen» vorweisen.[18]

Während dieser ganzen Zeit ging der diplomatische Wettkampf zwischen den Mächten weiter. Bei Auseinandersetzungen zwischen griechisch-orthodoxen und katholischen Mönchen, 1873 in Bethlehem und 1901 in Jerusalem – um nur zwei von den ernsteren Konfrontationen zu erwähnen – floss Blut. Statt dass Konflikte gelöst und Rechte definitiv geklärt wurden, stellte die Doktrin des Status quo sicher, dass Dispute nie gelöst und Rechte niemals geklärt wurden. Dieser Zustand ständiger Ungewissheit und endloser Konflikte kam den Mächten durchaus entgegen, denn er verschaffte ihnen einen steten Nachschub an Beschwerdegründen, mittels derer sie ihren Anspruch untermauern konnten, als beschützende Autorität aufzutreten.

Das französische Protektorat über die Katholiken wurde bruchlos von den aufeinander folgenden Regierungen aller politischen Richtungen bestätigt. Im Jahre 1851 hatte die Zweite französische Republik die Sache der Katholiken «im Namen der gesamten katholischen Welt» vertreten.[19] Unter dem Zweiten Kaiserreich erreichte diese Politik ihren Höhepunkt, aber auch nach dem Sturz Napoleons III. im Jahre 1870 warfen sich seine republikanischen Nachfolger ohne Zögern den historischen Mantel der Protektoren über die katholische Christenheit um die Schultern.

Sie taten das gegen neue Rivalen in der katholischen Welt. Die Entstehung eines vereinigten Königreichs Italien im Jahre 1861 hatte bereits französische Befürchtungen ausgelöst, dass ihr Protektorat in Frage gestellt werden könnte. Zunächst hielten sich die Italiener jedoch zurück. Da die Franzosen ihnen in ihrem Befreiungskrieg gegen Österreich geholfen hatten, fühlten sie sich in gewissem Maß in ihrer Schuld. Auch war ihnen die Präsenz einer französischen Garnison bewusst, die in Rom die kleine Insel weltlicher Macht des Papstes beschützen sollte. 1862 wurde der französische Konsul in Jerusalem autorisiert, italienischen Staatsbürgern Schutz zu gewähren, um die «Einheit des Protektorats» zu wahren.[20] Als 1871 dort ein italienisches Konsulat eingerichtet wurde – es geschah in einem Moment plötzlicher französischer Schwäche nach der Niederlage gegen Preußen bei Sedan –, erwachten französische Ängste vor einer Verdrängung durch den italienischen Neuankömmling. Unter Anspielung auf diese Gefahr warnte der französische Botschafter in Konstantinopel seinen Konsul in Jerusalem mit den Worten: «Ihr Auftrag lautet zwar, die freundlichsten Beziehungen mit M. de Rege-Donato zu pflegen, aber ich bitte Sie, darauf zu achten, dass die Herzlichkeit Ihrer Beziehungen nicht jene Übergriffe ermöglicht, gegen die wir Tag für Tag anzukämpfen haben.»[21] 1878 hielten es die Franzosen für angebracht, ihre Position durch Artikel 62 des Berliner Vertrags neuerlich abzusichern, der (unter anderem) erklärte: «Die von Frankreich innegehabten Rechte werden ausdrücklich reserviert, und es besteht Einverständnis darüber, dass am Status quo der Heiligen Stätten keine Veränderungen vorgenommen werden können.»

Die Italiener hielten jedoch daran fest, das Schutzrecht über ihre eigenen Staatsbürger auszuüben, und verwiesen auf einen anderen Satz im selben Artikel dieses Vertrages, der «das Recht des offiziellen Schutzes durch die diplomatischen und konsularischen Beauftragten der Mächte» anerkannte, und zwar «hinsichtlich Klerikern und ihren religiösen, wohltätigen und anderen Einrichtungen an den Heiligen Stätten und andernorts».[22] In Anbetracht des Umstands, dass der Lateinische Patriarch und viele hochrangige katholische Geistliche in Palästina meistens Italiener waren, eröffnete dieser Passus der italienischen Diplomatie Möglichkeiten, deren sich ihre Konsuln in Jerusalem mit Eifer bedienten. Im Jahre 1891 warnte der französische Botschafter am Heiligen Stuhl den Quai d'Orsay, dass die italienische Regierung nicht müde werde, «indirekt mit allen Mitteln zu versuchen, uns unserer Vorrechte des religiösen Protektorats im Orient zu entkleiden».[23] Zweifellos in der Absicht, den Primat zu stärken, den die Franzosen im Kreis der ausländischen Konsuln in Jerusalem beanspruchten, wertete Frankreich im selben Jahr den Rang seiner dortigen Vertretung zu einem Generalkonsulat auf.

Als Frankreich in den ersten Jahren des folgenden Jahrhunderts eine rigoros antiklerikale Politik einschlug, hatte das vor allem innenpolitische Gründe; nach außen führte Frankreich eine katholische Außenpolitik fort. In einem Zeitungsinterview brachte es der französische Konsul im November 1902 exakt auf den Punkt: «Zu Hause kann Frankreich sein, was es will, aber im Orient ist es katholisch, ist es der weltliche Arm des Heiligen Stuhls und der Vertreter der Latinität.»[24] In einer Hinsicht passte beides gut zusammen: Die von den Regierungen Waldeck-Rousseau und Combes unternommenen rechtlichen Schritte gegen religiöse Orden führten dazu, dass Tausende von Nonnen und Mönchen Frankreich verließen – und so in vielen Fällen die Zahl der französischen Mitglieder katholischer Orden in der Levante erhöhten.

Nach einer Reihe unerfreulicher Zwischenfälle und Wortwechsel mit den Italienern hielt Frankreich den Zeitpunkt für gekommen, sich erneut seiner Vorrechte zu versichern. Als erstes hatte es 1902 scharfe Worte zwischen dem Kustos von Terra Sancta, Pater Frediano Giannini, und dem amtierenden französischen Konsul Ferdinand Wiet gegeben. Der französische Konsul führte bitterliche Klage, dass einige seiner Franziskanermönche nach einer «bagarre», einer Prügelei, mit ein paar Griechen im Vorhof der Heiliggrabkirche den italienischen Konsul statt die zuständige Schutzautorität – nämlich ihn – um Intervention gebeten hätten. Dies, erklärte er, sei «ein bewusster Schlag gegen unser Protektorat».[25] Kurz danach machte sich der italienische Konsul Carletti geschickt den Jerusalem-Besuch einer Gruppe italienischer Pilger zunutze, die in Begleitung des Mailänder Kardinals Ferrari gekommen waren. Carletti hieß den Kardinal mit großem Aufwand willkommen: Er sandte ihm eine Kutsche entgegen, die ihn nach Jerusalem bringen sollte, veranstaltete für ihn einen großen Empfang in einem Zelt, über dem die italienische Fahne flatterte, und ließ ihn dann in einer Prozession durch die Stadt ziehen, geleitet von einer Kapelle von Salesianern, die die königliche

Hymne spielte. Der *Giornale d'Italia* machte dem Konsul Komplimente, dass er «mit Geschick und zur rechten Zeit» auf dem Recht Italiens bestanden habe, Schutz zu gewähren; im übrigen berichtete die Zeitung, der offenbar gekränkte französische Konsul habe sich dem hochrangigen Besucher gegenüber unhöflich betragen. «Augenzeugen» sollten angeblich bezeugt haben, dass der französische Konsul bei einem Treffen mit dem Kardinal kaum auch nur seine Kopfbedeckung gelüftet, in hochmütigem Ton mit ihm gesprochen habe und nicht einmal von seinem Ross herabgestiegen sei. Der Kardinal habe darauf «seccamente» reagiert, woraufhin der Konsul «al gran trotto» davongeritten sei.[26] Darüber kam es zu einer heftigen Polemik zwischen der französischen und der italienischen Presse, wobei letztere die «Emanzipation» der italienischen kirchlichen Einrichtungen im Heiligen Land forderte.[27] Der französische Konsul entspannte die Lage nicht, als er dem Korrespondenten des Mailänder *Osservatore Cattolico* ein Interview gab, in dem er erklärte: «Ob Sie es wollen oder nicht, ob Sie es gern haben oder nicht, sind wir stolz darauf, Sie zu beschützen und unseren Abkömmlingen das säkulare Erbe Frankreichs weiterzugeben.»[28]

Im Jahre 1904 brach der Vatikan aus Protest gegen den Besuch des französischen Präsidenten in der Hauptstadt des Königreichs Italien die diplomatischen Beziehungen zu Frankreich ab. Die Franzosen vertraten die Meinung, dass dies ihr Protektorat über die lateinischen Christen im Heiligen Land in keiner Weise berühre, aber Jules Cambon, ihr Botschafter in Berlin, kommentierte 1909 die Lage mit den Worten: «Was immer auch unsere Stellungnahmen in dieser Hinsicht sind, gibt es auf unserer Seite doch einen gewissen Widerspruch, dass wir weiterhin das traditionelle katholische Protektorat im Orient beanspruchen, wenn wir keine Vertretung am Heiligen Stuhl unterhalten, obwohl das orthodoxe Russland und das protestantische Preußen es für notwendig erachten, eine solche dort zu haben.»[29]

Rom war nicht die einzige potentielle Bedrohung für Frankreichs Rechte in der Heiligen Stadt. «Das protestantische Preußen» war für alle französischen Diplomaten seit dem Desaster von 1870 das Böse schlechthin. Die Ankunft eines neuen deutschen Konsuls, des jungen, energischen Barons Thankmar von Münchhausen, verlieh den französischen Befürchtungen eine gewisse Substanz. Münchhausen machte sich daran, mit allen nur möglichen Mitteln den deutschen Einfluss auszuweiten, und ermutigte während seiner siebenjährigen Amtszeit vor allem jüdische Institutionen, die deutsche Sprache zu verwenden.[30] 1878 wurde der Deutsche Palästina Verein gegründet. Obwohl er sich – wie entsprechende russische, französische und britische Freiwilligengruppen – ostentativ wissenschaftlichen und religiösen Zwecken widmete, diente er auch den Zwecken eines spirituellen Imperialismus im deutschen Stil.

Münchhausens Ernennung entlockte dem französischen Konsul ominöse Überlegungen. In einer langen Depesche, in der er den Erfolg der Kolonien der Tempelgesellschaft in Palästina nachzeichnete, warnte er:

Steht nicht zu befürchten, dass an dem Tage, an dem ernste Komplikationen das Fortbestehen des türkischen Reichs bedrohten, die zahlreichen deutschen Staatsangehörigen und die Interessen, die sie vertreten, unsere Handlungsfreiheit lähmen würden? ... Ich pflichte denjenigen nicht bei, die sagen, dass die nördlichen Rassen sich in diesem Land nicht akklimatisieren können und dass die Deutschen nach zwei oder drei Generationen von hier verschwinden werden. In den Ebenen vielleicht, aber auf den Hügeln könnte sich eine europäische Rasse, die ständig durch Zuwanderung wächst, auf die Dauer halten, da das dortige Klima von dem in Mitteleuropa nicht allzu verschieden ist ... Deshalb können wir nicht ohne Beunruhigung zusehen, wie die deutsche Einwanderung so stark anwächst; die Feindseligkeit, welche diese Rasse uns gewidmet hat, eine Feindseligkeit, die überall zum Vorschein kommt, wo die Ihrigen direkt neben den Unsrigen präsent sind, muss uns beschäftigen, insbesondere in einem Land, wo aus religiösen Leidenschaften jeden Moment ernste Konflikte erwachsen können.

Leider, fuhr er fort, könnten die Franzosen nicht auf die gleiche Weise mit den Deutschen konkurrieren, weil «unsere Landsleute kaum auswandern ... Nur mit dem einheimischen katholischen Element können wir versuchen, ein Gegengewicht gegen die Deutschen zu bilden – zwar ein schlechtes Element, aber eines, wovon die bestehenden religiösen Institutionen in meinen Augen keinen rechten Vorteil gezogen haben.» Der Konsul drang deshalb darauf, dass man einen der französischen Schulorden dazu ermuntere, im Heiligen Land zu arbeiten. Konkret schlug er vor, dass Abbé Ratisbonne, statt sich in seiner neuen Schule mit ausländischen Lehrern zu umgeben, vielmehr französische Bürger anstellen solle, die «mit ihrem Eifer und Geist des Patriotismus ... nach und nach den größeren Teil der katholischen Bevölkerung und selbst die anderer Riten» um sich versammeln würden.[31] Die Depesche stand für eine vorherrschende Tendenz im diplomatischen Denken der Franzosen. Im Einklang mit solchen Ideen intensivierte sich im Verlauf der vier Jahrzehnte vor dem Ausbruch des Ersten Weltkriegs der Aufbau französisch-katholischer Institutionen in Jerusalem und im übrigen Palästina.

Ein Zeichen dafür, dass die Befürchtungen des französischen Konsuls im Hinblick auf deutsche Absichten im Heiligen Land nicht an den Haaren herbeigezogen waren, war die 1882 von der deutschen Regierung getroffene Entscheidung, sich von der 1841 mit England geschlossenen Vereinbarung über das protestantische Bistum Jerusalem loszusagen. Als in diesem Jahr der anglikanische Bischof Barclay verstarb, fiel der Vereinbarung zufolge das Recht zur Ernennung eines neuen Bischofs an die preußische Krone. Der Traum Friedrich Wilhelms IV. von einer Union der lutherischen und der anglikanischen Kirche hatte sich jedoch nicht erfüllt. Seit den vierziger Jahren war in Jerusalem eine beachtliche lutherische Gemeinde gewachsen, und die deutsche Regierung fand es nicht praktikabel, die Vereinbarung aufrechtzuerhalten, wonach der protestantische Bischof anglikanisch ordiniert sein musste. Nach vierjährigen Verhandlungen fiel im Dezember 1886 die Entscheidung, die Vereinbarung im gegenseitigen Einvernehmen auszusetzen.[32] Im folgenden Jahr wurde das Bistum als ein rein anglikanisches neu konstituiert, wobei der Amtsinhaber – in der Hoffnung, eine Brüskierung der Orthodoxen damit künftig vermeiden zu können – von nun an unter der Bezeichnung des Bischofs *in* statt *von* Jerusalem firmierte. Lässt sich in dieser Formulierung eine Ahnung von jener jüdischen nationalen Heimstatt (Jewish National Home) entdecken, die, wie die Balfour-Erklärung von 1917 besagte und Churchills Weißbuch von 1922 ausdrücklich vermerkte, in Palästina geschaffen werden sollte. Die St. George's Cathedral, anfänglich als St. George's Church bekannt, wurde 1896 begonnen. In ihrer Baugestaltung charakteristisch anglikanisch, war sie der signifikanteste britische Beitrag zum Boom im Kirchenbau im damaligen Jerusalem. Das 1899 eröffnete St. George's College neben der Kirche war englischen Kathedralschulen nachempfunden. Zu seinen Schülern gehörten nicht nur Anglikaner, sondern auch andere Christen, Muslime aus der Oberschicht und sogar ein paar Juden.

Die neue Unabhängigkeit der Lutheraner in Jerusalem wurde 1898 durch das denkwürdige Ereignis während des Besuchs des Kaisers hervorgehoben: die Eröffnung der Erlöserkirche im christlichen Viertel der Altstadt, für die sein Vater 1869 den Grundstein gelegt hatte. Der Besuch veranlasste die französische Regierung zu besorgten telegraphischen Instruktionen an ihren Generalkonsul. Unter keinen Umständen dürfe er die deutsche Flagge aufziehen. Sollten die Konsuln zusammentreten, um zu beraten, ob man zu Ehren des Besuchers Lichter anzünden solle, dann möge er darauf verweisen, dass an den Botschaften in Konstantinopel keine derartigen Lichter angebracht worden seien und es sich empfehlen würde, diesem Beispiel zu folgen. Falls sich die Mehrheit der Konsuln dennoch für die Illuminierung entschiede und alle Konsulate beleuchtet würden, solle das französische in sehr zurückhaltender Weise erleuchtet werden, «um jeglichen Anschein des Schmollens zu vermeiden». Die unter französischem Schutz stehenden Religionsgemeinden sollten nur die französische Fahne hissen und keinerlei Festbeleuchtung aufbieten; nötigenfalls seien sie daran zu erinnern, dass der Papst eine zurückhaltende Haltung empfohlen habe. Bei allen Besuchen des Kaisers bei Einrichtungen, die unter Schutz stünden, solle der Konsul zugegen sein. Hinsichtlich des Besuchs des Monarchen in der Heiliggrabkirche wurde der Konsul angewiesen, anwesend zu sein, «aber ohne aufzufallen».[33]

Unterdessen unternahmen die Russen nach dem Rückschlag im Krimkrieg neuerliche Bemühungen, ein spirituelles Imperium in Palästina zu errichten. 1857 kamen etwa 800 russische Pilger nach Jerusalem; seither nahm die Zahl Jahr für Jahr stetig zu. Zwischen Odessa und der syrischen Küste wurde eine Dampferverbindung geschaffen, die die Pilger, in der Regel einfache Bauern, zum Besuch der Heiligen Stätten beförderte. Im Januar 1858 traf eine ständige russische Kirchenmission mit Bischof Cyril von Melitopolsk an der Spitze ein. Ein Memorandum des russischen Außenministeriums umriss die Ziele dieser Mission:

> Wir müssen unsere «Präsenz» im Osten nicht politisch, sondern durch die Kirche herstellen. Als unser Einfluss noch stark genug war, konnten wir es uns leisten, unsere Aktivitäten zu verstecken und so Neid zu vermeiden, aber jetzt, da unser Einfluss im Osten schwach geworden ist, müssen wir uns im Gegenteil zeigen, damit wir nicht in der Wertschätzung der orthodoxen Bevölkerung sinken … Jerusalem ist das Zentrum der Welt, und unsere Mission muss dort sein.[34]

Fürst Gortschakow, Nesselrodes Nachfolger als russischer Außenminister, legte Wert darauf, dem französischen Geschäftsträger in St. Petersburg zu versichern, dass die neue russische Mission sich «jeglicher Proselytenmacherei enthalten und jede Haltung oder jedes Vorgehen vermeiden werde, an denen andere christliche Gemeinschaften, insbesondere der katholische Klerus, Anstoß nehmen könnten».[35] Irgendwie gelangten die Franzosen jedoch an ein Exemplar der Geheiminstruktionen für die russische Mission. Diese wiesen ihre Mitglieder an:

1. Nicht wie in der Vergangenheit die Angelegenheiten der Kirche «durch ein griechisches Prisma» zu betrachten, sondern in erster Linie um die russischen Interessen besorgt zu sein.

2. Sich vor allem mit den einheimischen, von den Griechen unterdrückten Elementen zu befassen, um die Araber innerhalb der Orthodoxie zu halten und ihre Konversion zum katholischen Glauben zu verhindern ...[36]

Folglich waren auch die Franzosen und ihre katholischen Schützlinge vor der angekündigten spirituellen Aggression auf der Hut.

Die Russen stießen jedoch auf eine Reihe von Hindernissen: In Russland selbst kam es zu Auseinandersetzungen zwischen rivalisierenden Enthusiastengruppen und in Jerusalem zu Zusammenstößen zwischen russischen Konsuln und Geistlichen. Die griechischen Kirchenmänner setzten dem russischen Anspruch, sie herumzukommandieren, heftigen Widerstand entgegen. «Der Patriarch», schrieb 1858 ein Mitglied der Russischen Kirchenmission, «würde uns am liebsten an seinen Busen pressen und uns in seiner Umarmung ersticken.»[37] So, wie die katholischen Geistlichen in Palästina, vor allem die Franziskaner, eifrig über ihre Schutzrechte an den Heiligen Stätten wachten und sich der Oberhoheit von Möchtegernwächtern widersetzten, waren auch die Griechisch-Orthodoxen nicht dazu geneigt, die Leitung ihrer Angelegenheiten den Russen zu überlassen.

Dennoch gelang es Russland, beachtliche Investitionen in Jerusalem zu machen, darunter die Russische Kathedrale sowie der Gebäudekomplex auf dem *Maidan*, dem ehemaligen Paradeplatz der Türken (heute im zentralen Geschäftsviertel von Westjerusalem). Die Bauarbeiten begannen in den fünfziger Jahren; es war das erste große Neubaugebiet außerhalb der Stadtmauern, was einen Historiker zu der Formulierung veranlasste, «die Neustadt war somit eine russische Erfindung und nicht eine englische oder französische».[38] In Gegenwart des Großherzogs Nikolaj Nikolajewitsch wurde im Oktober 1872 die Kathedrale geweiht. Zehn Jahre später legten die Russen ein weiteres Großprojekt vor, die Orthodoxe Palästinagesellschaft unter der Schirmherrschaft des Zaren – der Zusatz «kaiserlich» wurde erst 1889 hinzugefügt. Die Gesellschaft bewirkte einen neuen Aufschwung in orthodoxer Bau- und sonstiger Tätigkeit in Jerusalem und eine Zunahme der russischen Pilger. Im Jahre 1888, in dem 2250 Pilger nach Jerusalem kamen, wurde durch Großherzog Sergej Alexandrowitsch am Ölberg die orthodoxe Gethsemanekirche mit ihrem zwiebelförmigen Dach eröffnet, vielleicht die schönste von allen Wahrzeichen Jerusalems aus dem 19. Jahrhundert.

Die gewaltige Flut russischer Aktivitäten alarmierte die anderen Mächte, besonders die Franzosen, und wurde durch den Abschluss der russisch-französischen Militärkonvention, die am 4. Januar 1894 rechtskräftig wurde, keineswegs gemindert. Noch im Laufe desselben Monats warnte der französische Außenminister seinen Generalkonsul in Jerusalem, dass Frankreich dieser «mächtigen Organisation [der Kaiserlichen Orthodoxen Palästinagesellschaft] im Hinblick auf die Aufrechterhaltung unseres Einflusses und der Ausübung unseres religiösen Protektorats in der Levante» nicht mit Gleichmut begegnen könne.[39] Als 1902 im Verlauf eines Presseinterviews dem französischen Konsul vorgehalten wurde, die Franzosen würden beim Schutz der Katholiken oftmals von ihrer Furcht vor Schwierigkeiten mit den Russen behindert, unterbrach ihn der Konsul und sagte: «Entschuldigen Sie, aber dem ist nicht so. Unsere Interessen in Palästina sind denjenigen Russlands diametral entgegengesetzt, und wir wissen, wie wir sie gegen unseren Alliierten des Okzidents [sic!] zu wahren haben. Russland betrachtet Jerusalem als ein orientalisches Rom; es möchte den katholischen Einfluss einschränken, um dort über eine absolute Hegemonie zu verfügen, aber wir widersetzen uns dem so energisch, wie wir können.»[40]

Als bei Briten und Franzosen die Besorgnis vor einer drohenden russischen und deutschen Expansion in Richtung Naher Osten anwuchs, begannen sie, ihre Positionen zu verstärken. Die Briten waren in erster Linie entschlossen, die Flanke des Suezkanals zu schützen, der 1869 eröffnet worden war und die Lebensader zu ihrem Imperium im Osten bildete. 1882 besetzten sie Ägypten, und 1905 weiteten sie den ägyptischen Herrschaftsbereich über die Sinaihalbinsel bis an die Grenze Palästinas aus. Die Franzosen konzentrierten ihre Bemühungen auf Syrien, wo sie ein Schattenprotektorat über der autonomen christlichen Provinz Libanon errichteten. In der ganzen Levante bauten sie Bahnlinien und finanzierten sie Schulen, Hospitäler, Kirchen und Klöster. Nach dem für Frankreich schmerzlichen Verlust von Elsass und Lothringen im Jahre 1871 entstand eine kolonialistische Interessengruppe, die «Entschädigungen» im Nahen Osten forderte. «Die Frage ist falsch gestellt», schrieb Etienne Flandin, einer der führenden Lobbyisten, im Jahre 1916, «wenn man fragt: *Sollte* Palästina französisch sein? Denn Palästina *ist* wie das übrige Syrien bereits französisch.»[41]

Wie überall auf der Welt ging auch hier der Imperialismus mit der Erkundung und dem Kartographieren und Vermessen des Landes einher – und im Falle Palästinas zudem mit archäologischer Forschung. Auch auf diesem Gebiet waren die Franzosen die ersten. Pierre Jacotin, ein Geograph im napoleonischen Heer beim Ägyptenfeldzug, hatte die erste moderne Karte Palästinas gezeichnet, und 1863 grub der Archäologe Louis-Félicien de Saulcy die sogenannten Königsgräber nördlich des Damaskustores aus – die er irrtümlich für die Gräber des Geschlechts David hielt. In der zweiten Jahrhunderthälfte nahmen jedoch die Briten eine Vorrangstellung auf diesem Gebiet ein.

1865 legte Captain Charles Wilson von der Topographischen Abteilung des Kriegsministeriums «mit Erlaubnis des Kriegsministers Earl de Grey and Ripon» den *Ordnance Survey of Jerusalem* [Katasterplan] vor. Wilsons Mitarbeiter erstellten nicht nur die Topographie der Stadt, sondern führten auch einige Ausgrabungen durch – die auf Anweisung der osmanischen Regierung stets von einem *zapti* (Polizisten) überwacht wurden. In England reagierte man enthusiastisch auf diese Veröffentlichung, die mit ein Grund dafür war, dass im selben Jahr unter der Schirmherrschaft von Königin Viktoria eine Stiftung zur Erkundung des Heiligen Landes, die *Palestine Exploration Fund* (PEF), gegründet wurde. Bei der ersten Mitgliederversammlung hielt William Thompson, Präsident der Stiftung und Erzbischof von York, eine Rede, die eine lakonische Feststellung des englischen spirituellen Imperialismus enthielt: «Das Land Palästina gehört euch und mir. Es ist im wesentlichen das unsrige.»[42] Mit Wilson an der Spitze unternahm der PEF eine Reihe weiterer Ausgrabungen. Lange Zeit waren seine Aktivitäten allerdings durch religiöse und politische Verdächtigungen erschwert. So versuchte etwa 1869 Oberst Charles Warren über die britische Botschaft in Konstantinopel von der osmanischen Regierung die Erlaubnis zu erhalten, den Haram al-Scharif zu erkunden; ihm wurde jedoch beschieden, dies sei «wegen der momentanen Stimmung in Jerusalem» nicht möglich.[43]

Die frühen Vermessungsaufnahmen des PEF waren stark von Geheimdienstinteressen geleitet und wurden zumeist von Pionieroffizieren der britischen Armee durchgeführt. Für die breite Öffentlichkeit war das Kartographieren Palästinas und speziell Jerusalems mit wissenschaftlichen Kontroversen über den wahren Ort der Heiligen Stätten (insbesondere des Heiligen Grabes) verbunden, während das Interesse des Kriegsministeriums eher auf die Sorge um die Sicherheit des Suezkanals zurückzuführen war. Zu den in den siebziger und achtziger Jahren an diesen Vermessungen Beteiligten gehörte der junge Herbert Kitchener, der 1914 als Kriegsminister für die britische Kriegführung gegen das Osmanische Reich verantwortlich war. 1913–14 nahm der junge T. E. Lawrence als Archäologe weitere Kartographierungen vor, die ihm drei Jahre später bei seinem Guerillakrieg gegen die Türken in Palästina zustatten kamen.

Die Rolle, die britische Armeeoffiziere bei diesen Unternehmungen spielten, musste notgedrungen den Verdacht der Türken erregen. In den 1870er Jahren löste eine von Claude Conder geleitete Expedition, der sich sein Buch *Tent Work in Palestine* (1878) verdankte, Unruhen aus und führte zu Ärger mit den türkischen Behörden.[44] Seit der Krise des Jahres 1882 in Ägypten verfolgten die Osmanen mit wachsender Aufmerksamkeit die Pläne der Briten. Im Februar 1882 begab sich Conder, der später zu den britischen Expeditionstruppen in Ägypten gehörte, nach Konstantinopel, wo er eine Unterredung mit dem britischen Botschafter, Lord Dufferin, hatte. Er bat den Botschafter um Hilfe, um von der osmanischen Regierung einen neuen *Ferman* zu erhalten, der ihn in die Lage versetzen würde, weitere Vermessungen in Palästina vorzunehmen. Dufferin hatte für Conders Schwierigkeiten zwar Verständnis, äußerte aber,

> dass das Hindernis in dem Umstand liege, dass sich der Sultan derzeit hinsichtlich der Absichten, die Frankreich mit Ägypten und England mit Syrien [sic] verfolgte, im Zustand eines ‹bis zum Wahn gesteigerten› Misstrauens befinde. Die Türken seien seiner Meinung nach auf die (mir bereits bekannte) Tatsache aufmerksam geworden, dass es russischen Offizieren gelungen war, Landkarten von ganz Nordsyrien zu erstellen, und wie ich seine Lordschaft verstand, zog er in Betracht, dass das Misstrauen des Sultans dadurch verstärkt worden sei, dass Sir Charles Wilson die von der Gesellschaft herausgegebene Karte von Westpalästina vorgelegt habe. Seiner Meinung nach sei die Erstellung von Landkarten etwas, das besondere Besorgnis auf seiten der Türken erregte.[45]

Während sich die türkischen Befürchtungen verstärkten, traf 1883 plötzlich als ein weiteres Element der Beunruhigung eine der emblematischen Gestalten des britischen imperialen Denkens in Jerusalem ein: Charles George Gordon, genannt «der Chinese», der gottesfürchtige britische General.

Lytton Strachey begann ein schneidend satirisches Portrait Gordons in seinem Buch *Eminent Victorians* mit einem Schnappschuss des «einsamen englischen Herrn ..., der, mit einem dicken Buch unter dem Arm, durch das Umland Jerusalems wandert». Im Verlauf seiner

Spaziergänge machte Gordon die, wie er meinte, wichtige Entdeckung des Grabes Christi – das nicht, wie die Kaiserin Helena und die meisten Christen seither dachten, in der Heiliggrabkirche lag, sondern ein ganzes Stück entfernt davon außerhalb der Stadtmauern. Obwohl einige die historische Authentizität von Gordons Entdeckung anzweifelten, begannen manche Protestanten, nun dieses «Gartengrab» zu verehren. Strachey hatte unzweifelhaft Recht, wenn er Gordons Jerusalem-Mission als die eines biblisch inspirierten Naivlings schilderte, aber vom französischen Konsul wurden seine Aktivitäten mit einer Mischung aus Ehrfurcht und Misstrauen verfolgt. Der englische General, vermutete der Konsul düsteren Sinnes, befände sich weder auf einer Vergnügungsreise noch auf einer wissenschaftlichen Expedition: «Er will das Land, die Menschen, Dinge und Situationen studieren, und zwar vor allem aus dem militärischen Blickwinkel.» Und er befürchtete, dass Gordons Auftauchen «ganz klar anzeige, dass die Engländer an die Möglichkeit, wenn nicht gar an das unmittelbare Bevorstehen militärischer Aktionen in diesem Lande glauben und dass sie sich aktiv auf diese Eventualität vorbereiten».[46]

Dass die europäischen Mächte durch ihre Konsuln einen stetig wachsenden Einfluss nahmen, trieb die osmanischen Beamten an den Rand der Verzweiflung. 1883 hielt es Rauf Pascha, der Gouverneur von Jerusalem, für notwendig, sich nach Konstantinopel zu begeben, «um seine Position an der Hohen Pforte zu konsolidieren, die durch seine Feinde in der russischen Partei stark erschüttert worden war» – jedenfalls war dies die Auslegung des französischen Konsuls.[47] Ein Gouverneur nach dem anderen brachte ähnliche Besorgnisse zum Ausdruck, und zwar umso mehr, als Jerusalem in der Spätzeit des Osmanenreichs an politischem Gewicht gewann.

Das geförderte Jerusalem

Nicht nur im Gouverneurshaus war der Einfluss der Konsuln zu verspüren, sondern auch im *madschlis al-schura*. Dieses ursprünglich in den dreißiger Jahren von den Ägyptern geschaffene Gremium von ernannten Beratern war von den Osmanen nach ihrer Rückkehr im Jahre 1840 beibehalten worden. Die meisten Mitglieder waren Muslime, obwohl es 1840 unter ihnen auch zwei armenische Vertreter und einen Juden gab.[48] Anfangs verfügte der Rat über wenig Kompetenzen, aber langsam gewann er eine politische Rolle, und 1867 wurde eine gewählte Stadtversammlung eingerichtet (ein *Ferman*, der seine Schaffung anordnete, war 1863 ergangen).[49] Der Kreis der Wahlberechtigten war sehr eng, und die meisten Räte waren Angehörige prominenter Notabelnfamilien. Die Muslime waren immer in der Mehrheit, aber der Druck der Konsuln führte dazu, dass auch einige christliche und jüdische Räte zugelassen wurden. Der Bürgermeister kam stets aus dem halben Dutzend der führenden muslimischen Familien. Dennoch gab die große Zahl nicht-osmanischer Bürger in der Stadt den Konsuln einen Hebel in die Hand, den sie ohne Zögern nutzten, um bei den innerstädtischen Entscheidungen mitzumischen. Ein türkischer Beamter in Jerusalem schilderte 1906 die Verhältnisse in einem Schreiben an den Großwesir in Konstantinopel wie folgt: «In einem Land, in dem mehr als die Hälfte seiner Bewohner fremde Staatsangehörige sind, ist es in städtischen Angelegenheiten unmöglich, die Ausländer als nicht-existent zu betrachten. Das ist der Grund dafür, weshalb die Konsuln danach streben, in den Angelegenheiten der Stadtverwaltung vor allem in der Praxis beteiligt zu sein.»[50]

Ein Zeichen für Jerusalems neue politische Bedeutung war die 1841 erfolgte Festlegung seines Status als «nicht angebundener Bezirk». Dies bedeutete, dass der Pascha in Jerusalem nicht länger unter der Autorität des Provinzgouverneurs in Damaskus stand, sondern direkt der kaiserlichen Regierung in Konstantinopel berichtete (siehe Karte 1, S. 81). Späteren osmanischen Verwaltungsneuordnungen zufolge war Jerusalem ein «unabhängiger Sandschak», was seine autonome Position stärkte. Diese Veränderungen hatten sowohl gesellschaftliche als auch politische Konsequenzen. Vor allem erhöhten sie das politische Gewicht von Jerusalems muslimischen Notabeln, die dazu tendierten, die in Regierung, Religion und Justiz zu besetzenden Ämter zu monopolisieren. Familien wie die Alamis, Husaynis, Asalis und Dajanis, deren führende Stellung in der Stadt seit langem anerkannt war, gewannen nun allmählich auch jenseits der Stadtgrenzen Autorität, ein Vorgang, der dadurch begünstigt wurde, dass ihnen – oft recht weit von der Stadt gelegenes – Agrarland gehörte und dass sie die Aufsicht über *awqaf* (wohltätige Stiftungen) führten. Durch Bündnisse mit Notabelnfamilien in anderen Gebieten begannen sie, ineinandergreifende Clan-Netze zu spinnen und Loyalitätsverhältnisse zu etablieren, die zum Charakteristikum arabischer Politik in Palästina wurden.[51] Als erste äußerten vor allem Angehörige solcher Familien ihre Besorgnisse über eine neuartige Bedrohung ihrer Machtstellung – und potentiell der muslimischen Vorherrschaft in Jerusalem und ganz Palästina.

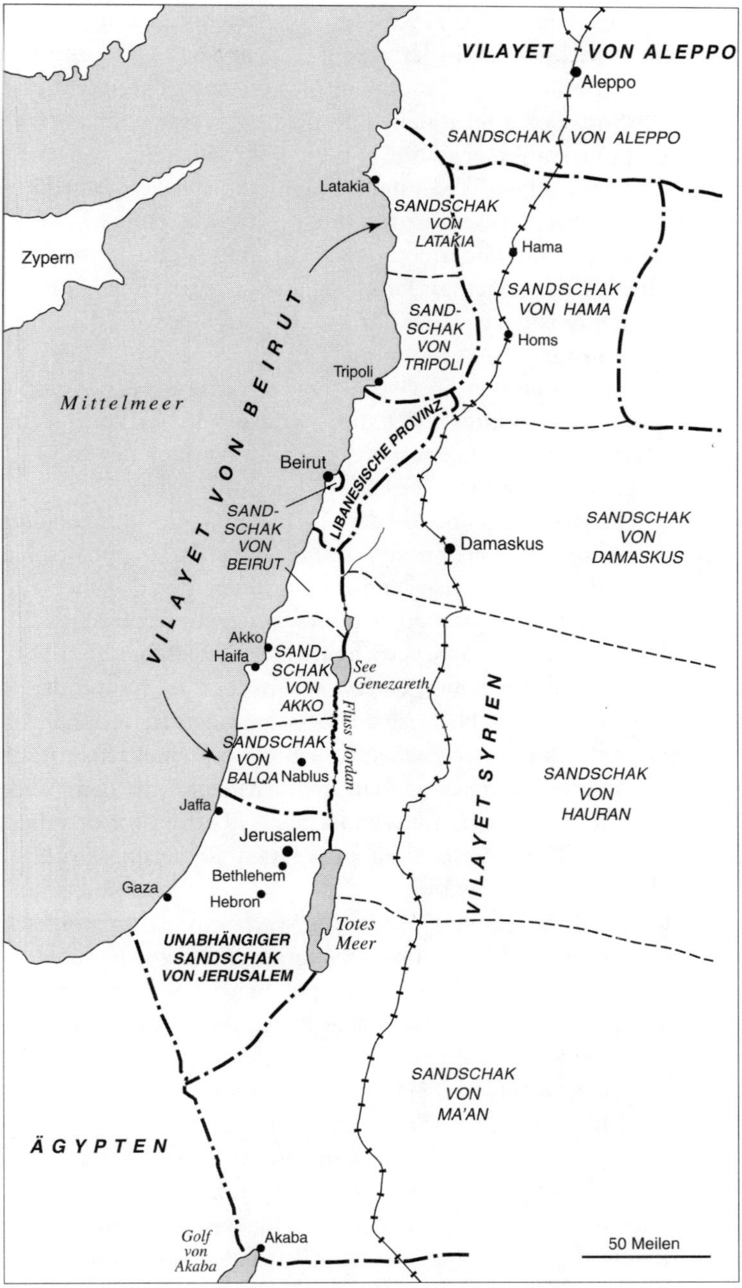

Karte 1: Die Verwaltungsordnung in Palästina in spätosmanischer Zeit

1899 schrieb Yusuf Diya al-Khalidi, ein Angehöriger einer führenden muslimischen Familie in Jerusalem (er war 1877–78 Abgeordneter im ersten, freilich kurz dauernden osmanischen Parlament sowie zeitweilig Präsident des Jerusalemer Stadtrats gewesen) einen privaten Brief an den Oberrabbiner von Frankreich, Zadoc Kahn, in welchem er die Gründe für seinen Widerstand gegen zionistische Bestrebungen in Palästina darlegte. Khalidi räumte ein, dass die zionistische Idee «völlig natürlich, gut und richtig» sei. Er ging sogar weiter: «Wer kann die Rechte der Juden an Palästina anzweifeln? Guter Gott, historisch betrachtet ist es wirklich ihr Land.» Doch er wies darauf hin, dass der Zionismus die Auflehnung der Muslime und Christen in Palästina hervorrufen werde. Deshalb sei es nötig, dass die zionistische Bewegung «innehalte».[52] Khalidi stand mit seiner vorausschauenden Äußerung damals isoliert da, aber im Verlauf des folgenden Jahrzehnts gesellten sich ihm viele Gleichgesinnte hinzu.

Die Revolution von 1908 in der Türkei und die nachfolgenden Wahlen zu einem neu konzipierten osmanischen Parlament beschleunigten die politische Mobilisierung im gesamten Reichsgebiet – und auch in Jerusalem. Die damalige politische Atmosphäre der Stadt spiegelt sich in den erst 1995 veröffentlichten Depeschen und Dokumenten von Ekrem Bey wider, der zwischen 1906 und 1908 dort als Gouverneur amtierte.[53] Darin ist die Rede von den Irritationen über die Anmaßungen der ausländischen Konsuln, von seiner Unzufriedenheit angesichts des Mangels an wirklicher Macht, von dem Widerstand gegen die zionistische Einwanderung – aber der bevorstehende Sturz der vier Jahrhunderte alten imperialen Regierungsstrukturen wird mit keinem Wort erwähnt.

Der türkische Amtsträger vermerkte auch ein neues politisches Phänomen: das Aufkommen arabisch-nationalistischer Gefühle. Seiner führenden politischen Position entsprechend, spielte Jerusalem in dieser Entwicklung eine entscheidende Rolle: Aus Jerusalem stammten mehr Mitglieder der unterschiedlichen kleinen proto-nationalistischen Gruppen als aus Haifa, Gaza und Nablus zusammengenommen – nämlich fünfunddreißig im Vergleich zu vierunddreißig aus den drei anderen Städten. Mitglieder der Notabelnfamilie Husayni waren besonders aktiv: Jamal al-Husayni spielte eine führende Rolle im Kulturverein (*al-Muntada al-Adabi*), Said al-Husayni gründete den Jerusalemer Zweig der gemäßigten Dezentralisierungspartei und Schukri al-Husayni war Schatzmeister der Arabisch-Osmanischen Bruderschaft.[54] Allgemein forderten diese Gruppen nicht die volle Unabhängigkeit für die Araber. Vielmehr verlangten sie Autonomie oder – dies stand besonders in Jerusalem hoch im Kurs – die Annexion durch das von den Briten beherrschte Ägypten.[55]

Auflehnung gegen den Zionismus war bereits damals eine wirkungsvolle politische Parole. Als das wiederbelebte osmanische Parlament zusammentrat, warf ein arabischer Abgeordneter aus Jerusalem die Frage der jüdischen Einwanderung auf. Die Angelegenheit wurde an den osmanischen Ministerrat verwiesen, dessen Protokolle verzeichnen, dass aus mehreren Quellen Berichte und Denkschriften eingegangen waren, darunter auch vom *mutasarrif* (Gouverneur) von Jerusalem. Diesen Berichten zufolge «kam es im Bereich der Verwaltung von Jerusalem zu Problemen, weil nach der Ausrufung des konstitutionellen Regimes einige Bevölkerungsklassen die politischen und religiösen Bestrebungen zu verfolgen wagten, die sie seit langem schon zu verwirklichen suchten». Angesichts dieses Sachverhalts beschloss der Ministerrat, Maßnahmen vorzubereiten, «die absolut sicherstellen würden, dass Juden an der Ansiedlung an den Orten gehindert werden, die als zu Palästina gehörig angesehen werden».[56] 1911 wurde die Frage von Ruhi al-Khalidi und Schukri al-Asali, den Abgeordneten für Jerusalem, erneut zur Sprache gebracht.[57] Vor den Wahlen von 1914 versprach Ragheb Naschaschibi, der dann mit großer Mehrheit als Abgeordneter für Jerusalem ins Parlament gewählt wurde, seinen Wählern, «alle meine Energien Tag und Nacht der Aufgabe zu widmen, den Schaden und die Gefahr zu beseitigen, die wir vom Zionismus und den Zionisten zu erwarten haben».[58]

Als die Deutschen 1914 den Status ihrer Jerusalemer konsularischen Vertretung auf den eines Generalkonsulats anhoben, war ihr Einfluss in Jerusalem schon recht groß. Anders als Russen, Franzosen und Briten verfolgten die Deutschen keine territorialen Ziele, weshalb es ihnen leichter fiel, das Vertrauen der Türken zu gewinnen – und schließlich ein Bündnis mit ihnen zu schließen. Dass sie von den Briten den Schutz der Juden übernahmen, war einer ihrer konsularischen Erfolge. Diese ursprünglich dem britischen Konsulat obliegende Aufgabe war nach der Abreise von Konsul Finn im Jahre 1862 nach und nach abhanden gekommen. 1890 kam es zum förmlichen Ende des britischen Schutzes über die russischen Juden, und bald darauf wurden die Schutzrechte auf diejenigen Juden begrenzt, die sich legitimerweise als britische Staatsangehörige bezeichnen konnten.[59] Am Vorabend des Ersten Weltkriegs war, dem letzten britischen Konsul in Jerusalem zufolge, «der Schutz der Juden als solcher nicht nur seit langem vorbei, sondern schon völlig in Vergessenheit geraten».[60] Die Konsularakten zeigen, dass 1913 nur neunzehn Juden in Jerusalem als nationalisierte Briten registriert waren.[61] Im Gegensatz dazu war der deutsche Einfluss in jüdischen Kreisen derart groß, dass Deutsch in den letzten Jahren vor Kriegsausbruch im «Sprachenkrieg» innerhalb des Jischuw ein ernster Rivale des Hebräischen war. Trotzdem berichtete 1913 der britische Konsul, ungeachtet der Artikel in der britischen Presse «über vermeintliche pro-deutsche und pro-osmanische Sympathien der Juden Palästinas», ihm sei von verlässlicher Seite versichert worden, «dass sie immer danach gestrebt hätten, sich für ihre Institutionen des Schutzes der britischen Fahne zu versichern, weil sie davon überzeugt seien, unter keinerlei anderen Vorzeichen darauf hoffen zu dürfen, ihr Ziel zu erreichen, nämlich die Ansiedlung einer hebräisch sprechenden jüdischen Bevölkerung im Lande ihrer Väter».[62]

Nach all den Anstrengungen während des vergangenen Jahrhunderts, christliche Einrichtungen in Jerusalem aufzubauen, rückte während der nächsten paar Jahre wider Erwarten das Protektorat über die Juden in den Mittelpunkt der diplomatischen Machenschaften.

«Ein Weihnachtsgeschenk für die Briten»

Als das Osmanische Reich Ende Oktober 1914 als Verbündeter von Deutschland und Österreich-Ungarn in den Ersten Weltkrieg zog, brachte dies auf diplomatischer Ebene weitreichende Änderungen in der Jerusalem-Frage mit sich. Im Bemühen, sich die Unversehrbarkeit der heiligen Städte des Islam zunutze zu machen und die Araber für die Sache der Türken zu gewinnen, sorgte die osmanische Regierung dafür, dass die «Standarte des Propheten» von Medina nach Norden gebracht wurde. Am 20. Dezember traf sie in Jerusalem ein und wurde in einer Zeremonie auf dem Haram al-Scharif von Dschemal Pascha, einem Mitglied des über die Türkei herrschenden Triumvirats und Kommandeur der IV. türkischen Armee, willkommen geheißen.[63]

Als die Türkei ihre Beziehungen zu den Feindmächten abbrach, verließen nahezu alle Konsuln Jerusalem. Die meisten übertrugen zuvor die Wahrung ihrer Interessen ihrem spanischen Kollegen, von dem es darum hieß, er sei «Konsul für den gesamten Planeten und ein höchst bemerkenswerter Bonze» geworden.[64] Von diesem Augenblick an begann sich ausländischer Einfluss in militärischer statt in diplomatischer Form bemerkbar zu machen. Außer türkischen Einheiten war auch ein starkes österreichisches Kontingent in Jerusalem stationiert. Für Dschemal, der in der Stadt sein militärisches Hauptquartier aufschlug, hatte der Rat der deutschen Militärmission bald großes Gewicht. Zunächst waren die Deutschen nichts weiter als reine Berater, aber als sich die türkischen Streitkräfte über den Sinai in den Süden Palästinas zurückzogen, gerieten die türkischen Stabsoffiziere zunehmend in den Schatten ihrer deutschen Verbündeten.

Die in Jerusalem verbliebenen Konsuln wurden von den Hilfeanfragen der Christen und Juden geradezu überhäuft. Auf einen Schlag waren Einzelpersonen und Institutionen von ihren Finanzquellen in Russland, Frankreich und Großbritannien (später auch in Italien und den USA) abgeschnitten. Das Griechisch-orthodoxe Patriarchat musste mit ansehen, wie seine Einkünfte sich plötzlich um 60 Prozent verringerten. Der deutsche Konsul Edmund Schmidt erhielt von seiner Regierung die ausdrückliche Anweisung, Juden unter seine Fittiche zu nehmen. Auch der österreichische Konsul Friedrich Kraus intervenierte zu ihren Gunsten.[65] Der amerikanische Konsul Otis Glazebrook ließ sich das Wohlergehen der Juden ganz besonders angelegen sein, und das gleiche galt für den amerikanischen Botschafter in Konstantinopel, Henry Morgenthau, der selbst Jude war und sich wiederholt bei den osmanischen Behörden für Juden verwendete. Seinen Bemühungen war es zu verdanken, dass amerikanische Kriegsschiffe während der beiden ersten Kriegsjahre wiederholt in den Hafen von Jaffa einliefen und Lebensmittel und Medikamente mitbrachten, die von amerikanischen Juden gespendet worden waren. Schätzungen zufolge hat 1915 ein solches Schiff etwa 23 000 Menschen in Jerusalem mit Lebensmitteln versorgt.[66] Tausende von Juden und Christen russischer, französischer und britischer Staatsangehörigkeit flohen aus Jerusalem. Die Schiffe brachten die Flüchtlinge nach Ägypten, von wo aus einige in die Vereinigten Staaten oder andere Länder weiterreisten.

Am 9. November 1914 sagte sich die osmanische Regierung von den Kapitulationsverträgen los. In einem Rundschreiben, das die Entscheidung bekannt gab, hieß es, dass man sie «als in völligem Gegensatz zu den rechtlichen Regeln des Jahrhunderts» stehend empfand.[67] Die Alliierten weigerten sich, diese einseitige Entscheidung zu akzeptieren, konnten aber zunächst wenig dagegen unternehmen. Unterdessen machten sie sich in verschiedenen Geheimverträgen, die später zum Gegenstand endloser Kontroversen und Kritik werden sollten, an die für die Nachkriegszeit vorgesehene Aufteilung des Osmanischen Reichs.

Was Jerusalem anbelangte, so war das britisch-französische Abkommen vom Mai 1916 am relevantesten, das als Sykes-Picot-Abkommen bekannt ist. Großbritannien und Frankreich grenzten darin ihre Interessensphären im Gebiet des zukünftigen arabischen Staates ab und legten damit den Grund für die spätere Aufteilung der Region. Britische Interessen in Südmesopotamien und französische Ansprüche auf Syrien wurden berücksichtigt. In den Instruktionen, die der französische Außenminister Aristide Briand dem französischen Unterhändler François-Georges Picot, dem ehemaligen französischen Generalkonsul in Beirut, mit auf den Weg gab, wurde die seit langem bestehende Rolle Frankreichs als Schutzmacht der «Christen des Orients» nachdrücklich hervorgehoben. Picot sollte auf französische Kontrolle über die heiligen Stätten drängen. Falls sich die Briten dem widersetzten, durfte er jedoch die «Neutralisierung» Jerusalems und Bethlehems in Erwägung ziehen, «vorausgesetzt, dass diese auf die strikt notwendigen Gebiete um die beiden Städte herum beschränkt blieb».[68] Die Briten strebten zunächst selbst die Kontrolle über Palästina an, weil sie es als ein entscheidendes Bollwerk zur Verteidigung Ägyptens ansahen. Darauf antworteten die Franzosen mit dem Vorschlag, Palästina in drei Zonen aufzuteilen: Die nördliche Zone solle der französischen Kontrolle unterliegen, der Jerusalemer *mutasarriflik* (Distrikt) «international» sein und Südpalästina bis zur ägyptischen Grenze zur britischen Zone werden.[69]

Schließlich einigte man sich auf einen Kompromiss. Das Abkommen sah die Teilung des Fruchtbaren Halbmonds in Zonen unter direktem oder indirektem britischem oder französischem Einfluss vor (siehe Karte 2, S. 87). Zum mittleren Bereich Palästinas, westlich des Jordans und einschließlich Jerusalems, wurde vereinbart, «dass dort eine internationale Verwaltung eingerichtet werden soll, über deren Form nach Konsultation mit Russland und anschließender Beratung mit den anderen Alliierten und den Vertretern des Scherifen von Mekka entschieden wird».[70] Das Gebiet der vorgesehenen internationalen Zone war sehr viel größer als die Ortsgrenzen Jerusalems oder sogar als der Distrikt Jerusalem. Im Norden reichte es bis Nazareth und den See Genezareth. Hauptgrund dafür war, dass die Russen darauf bestanden, dass keine einzige der heiligen Stätten der Christenheit in Palästina ausschließlich französischer, d. h. römisch-katholischer Kontrolle unterstehen dürfe.

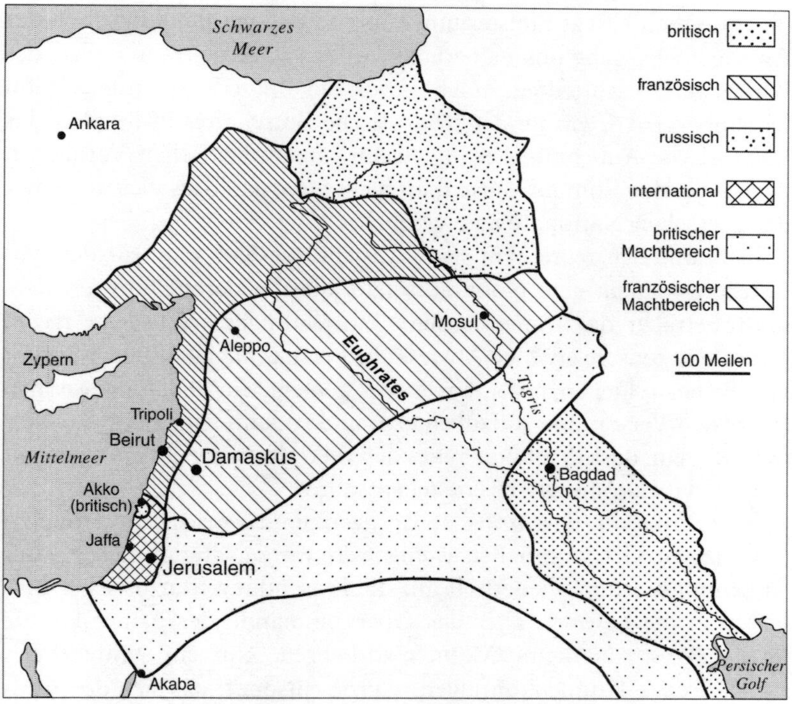

Karte 2 Der Sykes-Picot Plan (1916)

Wie bereits dargestellt, reichte der Gedanke einer Internationalisierung Jerusalems bis 1841 zurück (siehe S. 46). Mit seiner Wiederbelebung im Ersten Weltkrieg wollte man offensichtlich Zwietracht unter den Verbündeten vermeiden, die sich zweifellos eingestellt hätte, wäre einer von ihnen bestrebt gewesen, allein Macht in Jerusalem und an den Heiligen Stätten der Christen auszuüben. Wie das fehlgeschlagene Projekt des preußischen Königs kam auch das Sykes-Picot-Abkommen aus einem Zustand der Schwäche zustande – in diesem Fall war es der Umstand, dass zum Zeitpunkt seiner Unterzeichnung keine der beteiligten Mächte über einen Stützpunkt in Jerusalem verfügte.

Im Stillen wurde dies von den Diplomaten durchaus registriert – wie auch, was sich zwangsläufig daraus ergab: Nämlich, dass diejenige Macht, die die Stadt schließlich besetzte, am ehesten imstande sein würde, Charakter und Form des internationalen Regimes zu bestimmen. Das verleitete den Direktor der Militärischen Aufklärung im britischen Kriegsministerium während der Verhandlungen zu der Aussage: «Es geht uns eigentlich wie den Jägern, die das Fell des Bären bereits aufteilten, noch bevor sie ihn erlegt hatten.»[71] Im Dezember 1916 warnte der französische Botschafter in London das französische Außenministerium, wenn es zum britischen Vormarsch nach Palästina komme, dürfe man nicht zulassen, dass dies nur unter der britischen Nationalflagge geschehe.[72]

In Frankreich teilte man seine Ansicht, weshalb man für den Ministerpräsidenten eine Notiz aufsetzte, die ihn darauf hinwies, dass in Anbetracht der französischen «Einrichtungen jedweder Art» in Jerusalem «unsere etwaige Abwesenheit eine echte Desertion wäre».[73] Die Briten schienen bis auf weiteres geneigt, für die französischen Interessen Verständnis aufzubringen, und so kam man Ende des Monats überein, dass Picot und Sykes der Verwaltung Jerusalems gemeinsam als Hochkommissare vorstehen sollten.

In der Einsicht, dass britische Zusagen ohne französische Truppenpräsenz vor Ort womöglich wenig wert wären, drängte das Pariser Außenministerium wiederholt auf die Entsendung französischer Einheiten in die Levante, aber das Oberkommando der Armee konnte an der Westfront keine Männer entbehren. Nur ein symbolisches französisches Truppenkontingent wurde entsandt, das sich den britischen Streitkräften anschließen sollte, die von Ägypten aus langsam nach Palästina vordrangen. Folglich waren die französischen Diplomaten dazu genötigt, sich auf das Versprechen ihres Verbündeten zu verlassen. Als sich im November 1917 die ägyptischen Expeditionstruppen unter General Allenby Jerusalem näherten, instruierte der französische Außenminister seinen Botschafter in London, dort klarzumachen, welche Wichtigkeit Frankreich der Gegenwart eines französischen Vertreters an Allenbys Seite beimaß, wenn dieser in die Stadt einrückte. «Es wäre das natürlichste, uns an der Verwaltung Jerusalems zu beteiligen, da England immer gewollt hat, dass die heiligen Städte internationalisiert werden sollten, und wir zählen darauf, dass England uns diese notwendige Genugtuung nicht versagen wird.»[74] Um den französischen Anspruch anzumelden, wurde Picot eilends zu Allenbys Stab gesandt.

Man hat die Briten bezichtigt, Palästina zwei verschiedenen Parteien «versprochen» zu haben – an Scherif Hussein von Mekka in der berühmten McMahon-Hussein-Korrespondenz aus den Jahren 1915–16, in der sie zusicherten, beim Aufbau eines arabischen Staates behilflich zu sein, und ein weiteres Mal den Zionisten in der Balfour-

Deklaration vom 2. November 1917, in der sie sich verpflichteten, «die Schaffung einer jüdischen nationalen Heimstätte in Palästina» zu fördern. Später beschwerten sich die Franzosen, auch sie seien von den Briten hinters Licht geführt worden. Dabei waren sie nicht einmal die einzigen Konkurrenten um die Suzeränität in der Heiligen Stadt. 1916 kam der Vorschlag auf, den Papst zum weltlichen Herrscher über Jerusalem zu machen. Der Kaiser, hieß es, favorisiere den Gedanken und habe ihn dem Sultan unterbreitet. Wahrscheinlich handelte es sich dabei nur um ein Gerücht, vielleicht um ein Produkt der Kriegspropaganda; aber einer Autorität auf diesem Gebiet zufolge könnte der Vatikan an dem Gedanken Gefallen gefunden haben, «sei es als Ersatz für die verlorene Herrschaft über Rom oder als Mittel, seinen Anspruch hinsichtlich Roms zu festigen».[75] Zu weit hergeholt war der Vorschlag des vatikanischen Staatssekretärs Kardinal Gasparri vom Februar 1918. Er regte an, einen Belgier zum Gouverneur von Jerusalem zu berufen, und führte als Begründung dafür an, «dass Belgien in politischer Hinsicht außerstande sei, irgend jemanden zu überragen», während «sein christlicher Eifer sich religiös in tausend blühenden Institutionen ausdrücke».[76]

Wenn die Briten wegen Doppelzüngigkeit einen Tadel verdienen, dann kommt den Handlungen anderer Parteien keine weniger strenge Beurteilung zu – besonders denjenigen der Araber und der Zionisten. Unter der Führung von Scherif Hussein von Mekka, einem selbsternannten (oder vielmehr von den Briten ernannten) Anführer der nationalen Sache, waren die Araber alles andere als Leute, die nicht bei Machiavelli in die Schule gegangen waren. 1915 begab sich Husseins Sohn Faisal nach Konstantinopel, wo er mit führenden Männern der arabisch-nationalistischen Geheimgesellschaften *al-Fatat* und *al-Ahd* zusammentraf und die genauen Bedingungen erörterte, die man den Briten im Gegenzug für einen arabischen Aufstand gegen die Türken abverlangen wollte. Auf seinem Heimweg in den Hedschas machte er in Damaskus Station, wo er weitere nationalistische Verschwörer aufsuchte und einwilligte, das Vorhaben seinem Vater vorzutragen und dann nach Syrien zurückzukehren, um dort die Standarte der Revolte aufzuziehen. Im weiteren Verlauf seiner Reise stattete er Dschemal Pascha in Jerusalem einen Höflichkeitsbesuch ab. Dabei versprach er ihm, 1500 Kamele für die türkische Armee bereitzustellen. Überdies hielt er vor dem Stab des türkischen Hauptquartiers eine Rede, in der er bei der Seele des Propheten schwor, zurückzukehren, «um die Feinde des Glaubens bis auf den Tod zu bekämpfen».[77] Zurück im Hedschas,

Deutsche und türkische Offiziere an der Front in Palästina. Dritter von rechts ist der türkische Kommandeur Dschemal Pascha; der großgewachsene Mann in der Bildmitte ist General Friedrich Freiherr Kress von Kressenstein von der deutschen Militärmission. Er hielt Dschemals Plan einer Evakuierung der Zivilbevölkerung von Jerusalem für «verrückt».

überredete der junge Emir seinen Vater, den arabischen Aufstand gegen die Türken auszulösen – durch den Faisal und seine Brüder, zusammen mit T. E. Lawrence, in die Geschichte eingingen. In seinen nach dem Krieg veröffentlichten Memoiren prangerte Dschemal verbittert Hussein an und versprach, dass «die ganze Welt des Islam klar erkennen werde, was für eine doppelgesichtige Rolle dieser Herr gespielt habe». Des betrügerischen Spiels wegen rief er den «Fluch des Himmels auf Scherif Hussein und seine Söhne» herab.[78]

Auch die Zionisten gingen auf Nummer sicher. Chaim Weizmann, der deren Verhandlungen mit den Briten führte, war ein aufrichtiger und engagierter Befürworter der Sache der Alliierten und einer britisch-zionistischen Partnerschaft. Unermüdlich setzte er sein diplomatisches Geschick in Lloyd Georges «Gartenvorstadt» auf der Rückseite des Regierungssitzes in der Downing Street 10 und in den Salons des englischen Adels ein. Zur gleichen Zeit waren jedoch genauso patriotische Zionisten hartnäckig in Berlin damit beschäftigt, deutsche Beamte davon zu überzeugen, dass ihre Bewegung für die Mittelmächte von großem Vorteil sein könnte, wenn man ihr in Palästina dafür einen Ausgleich schaffe. Das parallele Herantreten an die Briten und die Deutschen wurde im Juli 1917 auf einem Treffen russischer und deutscher Zionisten im neutralen Kopenhagen koordiniert.[79] Wie Isaiah Friedman gezeigt hat, zeigten die Deutschen aufrichtiges Interesse – auch wenn es nur der Propagandavorteile wegen gewesen sein mag, die sie, nicht anders als die Briten, in einer pro-zionistischen Erklärung entdeckten.[80] Wahrscheinlich war es allein das Bündnis mit der Türkei, was Deutschland davon abhielt, sich an diesem allgemeinen Auseinanderreißen des «Bärenfells» zu beteiligen.

In Wahrheit gab es bei diesem Aufgebot von diplomatischen Betrügereien keinen Unschuldsengel. Das einzige Versprechen, das wirklich zählte, war dasjenige, das die Briten ihrem einzigen vertrauenswürdigen Alliierten – sich selbst – gegeben hatten. Lloyd George sprach es im April 1917 unverblümt aus: «Die Franzosen werden unser Protektorat hinnehmen müssen; wir werden dank unserer Eroberung dort sein und bleiben, da wir keinem bestimmten Glauben anhängen und die einzige Macht sind, die über Mohammedaner, Juden, Katholiken und alle Religionen herrschen kann.»[81] Diese bemerkenswerte Deklaration eines unparteiischen Ökumenismus seitens eines Anhängers der kleinen Baptistensekte der Jünger Christi war eine Vorahnung der späteren Bemühungen der britischen Herrscher in Jerusalem, ihre eigenen Interessen mit denen aller Glaubensrichtungen im Gleichgewicht zu halten – leider ohne dass Zufriedenheit einkehrte.

Während die Briten vom Sinai her vordrangen und zuerst Beerscheba (am 31. Oktober 1917), dann Gaza (am 7. November) und schließlich Jaffa (am 16. November) einnahmen, kam es in den Beziehungen zwischen den Türken und ihren Verbündeten zu Spannungen. Bereits am 29. September 1917 berichtete General Kress von Kressenstein, das klarsichtigste Mitglied der deutschen Militärmission, dass «Zivilverwaltung und Gendarmerie völlig versagten, häufig mit der Bevölkerung gemeinsame Sache machten und bestechlich seien.»[82] Die Desertionen nähmen zu, und die türkischen Behörden lieferten die versprochenen Lebensmittel nicht aus.

Die letzten Monate der türkischen Herrschaft über Jerusalem waren von Unterdrückung, Terror und Hungersnot gekennzeichnet. Wer sich zu den Anliegen der Scherifs bekannte, wurde gejagt. Die katholischen und griechisch-orthodoxen Patriarchen ließ die türkische Obrigkeit nach Damaskus verbringen. Die Lebensmittelversorgung brach zusammen. Dschemal, der bereits 9000 Juden aus Jaffa vertrieben hatte, ließ alle in Jerusalem anwesenden Konsuln zu sich kommen und erklärte ihnen, er habe vor, die gesamte Zivilbevölkerung zu evakuieren. Kress hielt die Idee für «verrückt» und wies darauf hin, dass «die Evakuierung einer Stadt in der Türkei auf ihre komplette Vernichtung hinauslaufe ... die Evakuierung Jerusalems ziele auf den völligen Ruin der Bevölkerung und aller jüdischen und christlichen Einrichtungen ... Ich halte es für seine unumgängliche Pflicht, sich ihr energisch zu widersetzen und Dschemals Zusicherung als wertlos zurückzuweisen.»[83] Das Auswärtige Amt intervenierte, und Dschemal erhielt aus Konstantinopel die ausdrückliche Anordnung, von seinem Plan abzulassen. Bald darauf wurde er aus seinem Amt verdrängt. Am 5. November 1917 traf General Erich von Falkenhayn, der ehemalige deutsche Kriegsminister, in Jerusalem ein, bezog das Kaiserin-Augusta-Viktoria-Gebäude und ersetzte Dschemal als Kommandeur der Armeen der Mittelmächte auf dem palästinensischen Kriegsschauplatz. Von diesem Augenblick an waren die Deutschen praktisch die Herren Jerusalems.

Die türkische Führung wollte bis zum Letzten in Jerusalem kämpfen, aber ihr Alliierter, Deutschland, setzte sich über sie hinweg. Am 21. November schrieb Franz von Papen, der Stabschef der IV. osmanischen Armee (und spätere Vizekanzler Hitlers), weitere Anstrengungen, die Stadt zu halten, seien angesichts der heranrückenden britischen Armee militärisch sinnlos. Am selben Tag wurde in Berlin ein Sonderkommuniqué veröffentlicht, in dem versprochen wurde, die heilige Stadt nicht zum Schlachtfeld zu machen.[84] Auf deutschen Befehl hin begannen die türkischen Truppen, aus Jerusalem abzuziehen.

Mit einem Schachzug, bei dem es seinem Premierminister gewiss ganz warm ums Herz wurde, setzte General Allenby am 4. Dezember 1917 walisische Einheiten als Vorausabteilung auf der Straße von Hebron nach Jerusalem in Marsch. Schwere Regenfälle verzögerten ihr Vorwärtskommen, und viele Fahrzeuge und Kamele blieben immer wieder im Schlamm stecken, aber am 8. Dezember standen die ersten vor Jerusalem. Am Abend dieses Tages entließ der türkische Gouverneur Izzet Bey das Personal des Jerusalemer Telegrafenamtes; einer davon zerschlug die Geräte und ging dann nach Hause, um seine Uniform gegen Zivilkleidung zu tauschen. Die Nachhut der türkischen Armee zog ab, und der Gouverneur verließ die Stadt in einem von einem Pferd gezogenen Wagen in Richtung Jericho.

Am nächsten Morgen stießen zwei britische Soldaten bei der Suche nach Wasser auf Husayn al-Husayni, den Bürgermeister von Jerusalem, der von einer Menschenmenge und zwei Gendarmen mit weißen Fahnen begleitet wurde. Sie wussten nicht, was zu tun wäre. Dann schlenderten zwei Feldwebel herbei, um die Sache in Augenschein zu nehmen. Sie waren nicht weniger verblüfft. Nach ihnen kamen zwei Obersten. Keiner von ihnen sah sich imstande, die Verantwortung dafür zu übernehmen, die Kapitulation der Heiligen Stadt entgegenzunehmen. Schließlich kam ein Brigadegeneral herbeigeritten und «beruhigte den Bürgermeister». Er setzte sich mit einem Generalmajor in Verbindung, der (nachdem er sich bei einem Generalleutnant die entsprechenden Instruktionen besorgt hatte) am Ende in einem Wagen ankam, um die Übergabe der Stadt anzunehmen. Da war der Bürgermeister freilich schon davongegangen. Die Eroberer holten ihn schließlich im Postamt ein, wo ihnen die Schlüssel der Stadt sowie ein Kapitulationsschreiben ausgehändigt wurden, das Izzet Bey vor seiner Flucht verfasst hatte.[85] Ein paar Wochen später starb der Bürgermeister an einer Lungenentzündung, die er sich durch eine Verkühlung «durch allzu viele Übergabezeremonien in strömendem Regen» geholt haben soll.[86]

Die alliierten Streitkräfte, die Palästina eroberten, rekrutierten sich nicht nur aus Briten. Zu ihnen gehörten französische und italienische Abteilungen, berittene Divisionen aus Australien und Neuseeland, zwei indische Divisionen, westindische, algerische, armenische, jüdische und arabische Einheiten, ägyptische Kamel- und Arbeitsdienstkorps sowie ein «gemischtes Korps aus Führern und Dolmetschern». Auf die Empfindungen all seiner Verbündeter nahm Allenby zunächst in beispielhafter Weise Rücksicht. Ein britischer Militärkorrespondent erinnerte sich später:

> Übrigens möchte ich festhalten, dass – mit der einzigen Ausnahme eines schmutzigen kleinen *Red Ensign* [der Flagge der britischen Handelsmarine], das ich im Eingeborenenviertel [*sic*] von Jerusalem aufgezogen sah – die einzige britische Fahne, die man in Palästina und Syrien zu sehen bekam, ein Miniatur Union-Jack [die britische Nationalflagge] war, der auf dem Kraftwagen des Oberkommandierenden montiert war und den sein Standartenträger mit sich führte, wenn er ritt. So also spielte die britische Armee das Spiel, weil manche Empfindlichkeiten der Alliierten hätten verletzt werden können, wenn man den Leuten gesagt hätte (obwohl sie es natürlich wussten), dass sie unter dem Schutz der britischen Fahne standen.[87]

Trotz all dieser Schönfärberei konnte nach dem Dezember 1917 wenig Zweifel daran bestehen, dass die Briten in Jerusalem das Sagen hatten und zu bleiben beabsichtigten.

Allenbys förmlicher Einzug in die Stadt erfolgte am Mittag des 11. Dezember 1917 durch das Jaffator. Auf Anweisung aus London betrat er die Stadt zu Fuß – um sich deutlich vom Einzug des Kaisers zu Pferde neunzehn Jahre früher abzusetzen. Zu seiner Rechten begleitete ihn Oberst de Piépape von der französischen, zu seiner Linken Oberst Dagostino von der italienischen Abkommandierung. Auch Picot, der französische Missionschef, nahm an dem Einzug teil und grübelte gewiss darüber nach, ob seine Vereinbarung mit Sykes über die Internationalisierung Jerusalems nun wohl umgesetzt werden würde. Zum Bedauern der Franzosen kamen all diese Gedanken vor dem großen Ereignis der Eroberung durch die Briten nicht voran.

In einer Proklamation, die er von den Stufen der Zitadelle herab verlas, verkündete Allenby die Errichtung einer Militärverwaltung und versprach, «dass jedes sakrale Bauwerk und Monument, jeder heilige Ort, jedes Heiligtum, jede traditionelle Stätte, jede Stiftung, jedes fromme Vermächtnis und jeder übliche Ort des Gebets, welcher Form der drei Religionen auch immer, entsprechend den bestehenden Gepflogenheiten und Glaubensvorstellungen jener, deren Bekenntnis sie heilig sind, erhalten und beschützt werde».[88] Als wollte man die uneigennützig internationalistischen Absichten der Briten unterstreichen, wurde Allenbys Rede in sieben Sprachen veröffentlicht: auf englisch, arabisch, hebräisch, französisch, russisch, italienisch und griechisch.

Ein unbekannter Witzbold nannte die Einnahme Jerusalems «Lloyd Georges Weihnachtsgeschenk an das britische Volk», und die britische Propaganda schöpfte Allenbys Triumph voll aus. Die Aufgabe, anlässlich der Einnahme der Heiligen Stadt eine Pressemitteilung zu formulieren, wurde dem Militärgouverneur Oberst Ronald Storrs übertragen. Sykes jedoch stimmte das Ergebnis nicht froh, weshalb er nach Jerusalem zurücktelegraphierte:

Pressekommuniqué unbefriedigend. Storrs sagen, hochgestochenen Ton abschalten. Gewünscht wird populäre Lektüre fürs englische Kirchen- und Freikirchenvolk; für New Yorker Iren; orthodoxe Balkanbauern und Muschiks; französische und italienische Katholiken; und Juden in aller Welt; indische und algerische Moslems.

Artikel soll verblüffende Aktualitäten geben und Beschreibung von Szenen; pittoreske Details. Britannien auf Heiliges Land, Bibel und Neues Testament festnageln.

Katholiken sich an den Heiligen Stätten, Grab, Via Dolorosa und Bethlehem drängeln lassen, gedämpfte religiöse Lichter, Gesang …

General Allenbys Ansprache am 11. Dezember 1917 auf der Zitadelle von Jerusalem bei seinem feierlichen Einzug in die Stadt nach der Eroberung durch die Briten.

Bei Orthodoxen gleiches Vorgehen …

Juden auf volle Details der Kolonien und Institutionen und Klagestätten konzentrieren. In diesem Teil Vox humana.

Kundgebung der Moslems wegen absoluter muslimischer Kontrolle über die Omar-Moschee …

Abschließend alle Rassen (nicht Religionen), loben Gerechtigkeit, Humanität, Edelmut der Eroberer.[89]

Überarbeitete Versionen gingen nach London, aber Sykes war mit keiner zufrieden: «Das ist elend dröges Zeug. Von Propaganda hat er keine Ahnung, und immer nimmt er die falsche Kurve…Wenn nichts Besseres kommt, werde ich selbst am Sonntag aus diesem Mist was zusammenfummeln.»[90] Am Ende wurden Harry Pirie-Gordon und Philip Graves, zwei erfahrene Journalisten der *Times*, mit der Aufgabe betraut. Derweil berichtete W. T. Massey, dass Jerusalem «äußerst glücklich wurde»: Eine jüdische Frau habe ihn auf der Straße angehalten und ihm «God Save the King» gesungen; ein verwundeter arabischer Offizier habe ihm «Jetzt kann ich hipp-hipp-hurra für England rufen» gesagt.[91] Massey beschrieb dann, wie die Eroberer der Heiligen Stadt «die Segnungen der Zivilisation» teilhaftig werden ließen – unter besonderer Berücksichtigung der Einführung des britischen Standards im Installateurshandwerk.[92] Besonders nachdrücklich mühte man sich darum, sich den Sieg bei den Juden in der ganzen Welt zunutze zu machen. Premierminister Lloyd George aber war irritiert, dass das Kriegsministerium zwar «alle Glocken Londons ein Freudengeläut über den verpfuschten Panzerangriff bei Cambrai anstimmen ließ, aber keine einzige Fahne aufgezogen wurde, um auf die Einnahme der berühmtesten Stadt der Welt durch britische Truppen aufmerksam zu machen, die seit Jahrhunderten die Bemühungen der Christenheit vereitelt hat, ihre Heiligtümer wieder in Besitz zu nehmen».[93] Schließlich, so der Premier, hätte man sogar in San Francisco schon mal etwas von Jerusalem gehört.[94]

3. Jerusalem unter britischer Mandatsverwaltung

Die britische Herrschaft über Jerusalem währte nur drei Jahrzehnte, aber sie veränderte die Stadt und ebnete der späteren Teilung Jerusalems den Weg. Von Anfang an schoben die Briten ihre früheren Versprechungen hinsichtlich einer internationalen Verwaltung beiseite und errichteten ihre eigene Herrschaft: bis Juni 1920 eine Militärverwaltung, die dann in eine Zivilverwaltung unter einem britischen Hochkommissar umgewandelt wurde. Sie war Jerusalems erste christliche Verwaltung seit den Kreuzzügen, aber sie erleichterte die Schaffung einer nationalen Heimstätte für das jüdische Volk und gewährte dem neu geschaffenen Obersten Muslimrat bis dahin nicht gekannte Privilegien. Unter der britischen Mandatsverwaltung veränderte sich das Verhältnis zwischen Jerusalem und Palästina. Zum erstenmal in der modernen Geschichte war Jerusalem nun eine Hauptstadt. Als Folge davon merkten die städtische Führerschichten, vor allem die muslimischen Notabeln, dass sich ihr Status erhöht hatte. Aber Status war nicht dasselbe wie Macht, und je klarer ihnen dies wurde, desto mehr rückten sie von der Mandatsregierung ab. In den nächsten dreißig Jahren regten sich bei Arabern wie bei Juden Verärgerung und Feindseligkeit, und nacheinander erhoben sich beide gegen die britische Herrschaft. Der Aufstand sollte dann in Blutvergießen, Chaos, gegenseitigen Vorwürfen und Beschimpfungen enden.

Von der Militärregierung zur Mandatsverwaltung

Die Franzosen hingen anfangs der irrigen Vorstellung an, dass Allenbys diplomatisch formulierte öffentliche Äußerungen eine britische Bereitschaft anzeigten, die Macht in Jerusalem zu teilen und damit den Weg zur Internationalisierung Zentralpalästinas entsprechend dem Sykes-Picot-Abkommen freizumachen. Aber die Briten dachten gar nicht daran. Das Äußerste, wozu sie sich einverstanden erklärten, war, dass der städtischen Polizei fünfzig französische Gendarme zugeteilt wurden.[1] Als der französische Botschafter in London am 21. Dezember die Angelegenheit im Auswärtigen Amt bei Unterstaatssekretär Lord Hardinge zur Sprache brachte, bekam er zu hören, dass in der Nähe Jerusalems noch immer gekämpft werde und dies nicht die richtige Zeit dafür sei, eine Verwaltung auf die Beine zu stellen. Überdies würden die Briten von allen Seiten mit Forderungen nach einer Beteiligung an der Regierung Palästinas bombardiert. So hätten bereits der italienische und der spanische Botschafter, der griechische Gesandte und sogar der russische Geschäftsträger, der eine nicht mehr bestehende Regierung repräsentiere, diese Frage aufgeworfen. Hardinge versprach, Großbritannien werde all seinen Versprechungen nachkommen, aber man benötige Zeit für eine Bestandsaufnahme.[2] Damit dies nicht nach einem Ausweichen klang, gab der britische Botschafter in Paris dem französischen Außenminister die förmliche Zusicherung, es sei «die feste Absicht» der britischen Regierung, sich an die Vereinbarung zu halten, die ein «gemischtes Verwaltungssystem» in Jerusalem vorsah, sagte jedoch, dass dafür erst das Ende der dortigen militärischen Operationen abgewartet werden müsse.[3]

Allenbys oberster politischer Beamter, Gilbert Clayton, schrieb im Januar 1918 in einem Privatbrief an Sykes, Picots Position in Jerusalem sei «weder für ihn noch für uns sehr befriedigend». Picot behaupte, die beiden Regierungen hätten sich auf eine provisorische britisch-französische Verwaltung für das besetzte Gebiet geeinigt, aber Clayton schrieb: «Ich weiß nichts von einer solchen Vereinbarung, die in jedem Fall unter den gegebenen Umständen ganz unpraktisch und höchst nachteilig wäre.»[4]

Picot versuchte, seine Position zu stärken, indem er die traditionelle Rolle Frankreichs als Beschützer der Katholiken hervorkehrte – eine Rolle, die jetzt die Italiener bestritten. Dies hatte eine ungewöhnlich heftige Auseinandersetzung zur Folge:

ALLENBY: Ich habe einen Bericht des Gouverneurs von Jerusalem erhalten, der mich über den Vorfall im Wächteramt [d. h. dem franziskanischen Wächteramt über das Heilige Land] unterrichtete und wie Sie damit umgegangen sind. Die von Ihnen eingenommene Haltung war nach meiner Ansicht nicht korrekt. Sie sollen mit niemandem hier außer General Clayton Kontakt aufnehmen und haben keine Befehle zu erteilen. Ich habe nicht erlaubt, dass ein Konsul anwesend sei, weder der französische noch der

italienische … Sie sind nur mein Berater für arabische und syrische Angelegenheiten.
PICOT: Wenn dem so wäre, bliebe ich keine Stunde länger hier. Schon all die Versprechungen, die meiner Mission zugrunde lagen, sind nicht eingehalten worden … Was immer Sie davon halten mögen, ich bin hier der einzige Repräsentant Frankreichs, und in dieser Eigenschaft habe ich und – das garantiere ich Ihnen – werde ich den Rang haben, den mir internationaler Brauch und Vereinbarungen gewähren.
ALLENBY: Aber es gibt keinen französischen Repräsentanten in Jerusalem. Ich dachte, man hätte Ihnen das bei Ihrer Ankunft zu verstehen gegeben. Ich muss Sie bitten, am Sonntag vom Besuch der Erlöserkirche abzusehen, und ich bitte Sie auch, sich nach Jaffa zu begeben.
PICOT: Ich werde nichts dergleichen tun, weil ich in diesem Punkt nur Anordnungen meiner Regierung entgegennehme … Ich kündige Ihnen deshalb offen an, dass ich wie üblich am Sonntag an der Messe in meiner Funktion als französischer Vertreter teilnehmen werde und mir die Ehrenbezeugungen erwiesen werden.
ALLENBY: Dann werde ich die Polizei schicken mit dem Befehl, Sie zu beobachten und beim ersten Vorfall einzuschreiten …

Nach weiterem Gezerre sagte Picot, wenn er sich an Allenbys Anweisungen halte, sehe er nicht, was ihm zu tun übrig bleibe. «Ich auch nicht!», lautete Allenbys knappe Antwort.[5] Picot schickte eine entrüstete Beschreibung seiner Unterredung nach Paris an den Quai d'Orsay, aber die Briten fingen sie ab und übermittelten eine Kopie davon nach London.

In London wie in Paris war man über diesen Zwist zwischen den alliierten Mächten bestürzt. Sykes nahm über Fernschreiber Kontakt zu Jean Goût von der Unterabteilung für Asien im französischen Außenministerium auf, um zu versuchen, das gesträubte gallische Gefieder zu besänftigen. Goût ließ jedoch eine ziemlich lange Darlegung von Picots Beschwerden vom Stapel und ließ sich darin aus über die «Intrigen» der Italiener und Allenbys Weigerung, dem französischen Repräsentanten die geziemende Anerkennung zu zollen. Sykes hatte einige Mühe, selbst ein Wort loszuwerden, und der Austausch endete mit einer Zitatschlacht:

SYKES: Denken Sie an das hebräische Sprichwort: «Man soll dem Ochsen, der das Korn drischt, keinen Maulkorb umhängen.»
GOÛT: Verstanden. Aber vergessen Sie nicht das persische Sprichwort: «Es gibt nur ein Bauwerk auf der Welt, das keine Risse hat – das ist ein durch Freundschaft und Offenheit errichtetes.»[6]

Solch literarischer Wortwechsel konnte die ernsten Spannungen zwischen den beiden Verbündeten nicht überdecken. Offensichtlich war mehr Diplomatie gefordert.

Ein paar Tage später reiste Sykes nach Paris, um eine Verständigung über Picots Position zu erreichen. Auf der Rückseite eines Zettels, der den Briefkopf des Hôtel Meurice trug, notierte er handschriftlich einen Entwurf dafür. Er enthielt das Versprechen, dass der Status quo an den Heiligen Stätten aufrechterhalten bleibe und «die traditionellen Ehrenbezeugungen, die französischen Staatsbeamten von den kirchlichen Autoritäten erwiesen werden, die den päpstlichen Supremat anerkennen, als Bestandteil des Status quo betrachtet werden». Der Entwurf bestätigte das Recht des französischen Kommissars, die provisorische Militärverwaltung in allen Fragen zu beraten, in die französische Institutionen oder Bürger verwickelt waren, nicht jedoch irgendeine «supranationale religiöse Körperschaft».[7] Picot bekam zu hören, dass er sich an diese Regelung halten möge – ein Rat, den er widerwillig annahm.[8] Die Franzosen bekamen also eine glatte Abfuhr. Weder im noch nach dem Krieg wurden sie an der Verwaltung beteiligt. Ihr Protektorat über die katholischen Christen war auf einen bloßen Restbestand an Ehrenrechten reduziert. Nach Sykes Ansicht (die freilich nicht für französische Augen gedacht war) waren die früheren britisch-französischen Vereinbarungen «völlig verschlissen und ... sollten über Bord geworfen werden».[9] Kurz darauf erhielt Allenby aus London die Anweisung, dass kein französisches Protektorat über die katholischen Christen in Palästina anerkannt werden dürfe und Picot «keinen Status von der Art habe, dass er ihn dazu berechtigen würde, seine Regierung in einer diplomatischen oder konsularischen Funktion zu repräsentieren».[10]

Die Franzosen waren nicht die einzigen, die sich, was Erwartungen auf eine Regierungsbeteiligung betraf, eines Besseren belehren lassen mussten. Die katholische Presse in Belgien brachte mit einigem Nachdruck noch einmal den Gedanken eines belgischen Mandats zur Sprache. Als sich die belgische Regierung weigerte, sich dafür einzusetzen, suchte der belgische Primas Kardinal Mercier mit Zustimmung von König Albert, aber über den Kopf der Regierung hinweg, bei Frankreich Unterstützung für dieses Vorhaben. Die ihrerseits über den Tisch gezogenen Franzosen waren aber außerstande, etwas für ihren anspruchsvollen kleinen Nachbarn zu tun.[11]

Als Nächste meldeten sich die Italiener. Mit realistischerem Blick für die Umstände war ihnen bewusst, dass sie nicht darauf hoffen konnten, über Palästina zu herrschen. Deshalb mühten sich ihre Repräsentanten in Jerusalem 1918 und 1919 eifrigst um Unterstützung für eine Internationalisierung.[12] Als die Aussichten dafür immer geringer wurden, legte sich Alberto Tuozzi, der italienische Generalkonsul in Jerusalem, stattdessen für einen unabhängigen arabischen Staat mit Faisal an der Spitze ins Zeug, der Palästina einschließen und für den Italien Regierungsbeamte zur Verfügung stellen sollte, da Italiener «besonders willkommen wären».[13] Auch diese Aussicht entschwand jedoch, weshalb sich die Italiener damit begnügen mussten, mit den Franzosen um den Schutz der Rechte der Katholiken an den Heiligen Stätten zu konkurrieren. 1919 verlangten sie die Anerkennung ihrer Eigentümerschaft am *Coenaculum* (dem traditionellen Ort des letzten Abendmahls sowie der Herabkunft des Heiligen Geistes an Pfingsten); 1928 warf der italienische Botschafter in London Fragen hinsichtlich der Heiligen Stätten auf, aber (so heißt es in einem späteren Memorandum des Auswärtigen Amtes) «er wurde in keinem Zweifel darüber gelassen, dass die Regierung Seiner Majestät nicht der Meinung war, dass seine Regierung in dieser Angelegenheit irgendeinen *locus standi* habe».[14] Am Ende fanden die Italiener, wie auch die Franzosen, dass ihnen nur die Verteidigung ihrer eigenen religiösen Einrichtungen und Staatsangehörigen in Palästina übrig blieb. Der Großteil des italienischen Truppenkontingents von 660 Mann wurde im August 1919 aus Palästina abgezogen. Die letzten fünfzig Carabinieri der Legion von Neapel standen noch eine Zeitlang dem Konsul in Jerusalem zur Verfügung, aber im Februar 1921 wurden auch sie abgezogen.

Der britische Militärgouverneur von Jerusalem war Ronald Storrs, der zuvor «Oriental Secretary» an der britischen Residentur in Kairo gewesen war. Auch nach der Schaffung einer Zivilverwaltung im Jahre 1920 blieb er im Amt, bis er 1926 Palästina verließ. Sein Kollege Norman Bentwich nannte ihn «einen Diplomaten, der unterschiedliche Völker zu verstehen und zu interpretieren versuchte und mit Geschick Kontakt zu ihnen aufnahm». Allerdings fügte er hinzu: «Sein großer Wunsch als Administrator war, jedem zu gefallen, und dieser Wesenszug hatte die Tendenz, ihn zu ruinieren ... keine Seite vertraute ihm. In einer Zeit ernster Probleme war er außerstande, energisch und entschlossen zu handeln.»[15] 1918 gründete Storrs mit der Unterstützung britischer Staatsbeamter, muslimischer Notabeln, christlicher Würdenträger und zionistischer Führer die «Pro-Jerusalem Society», die das Ziel verfolgte, die Altstadt zu schützen und zu restaurieren.

General Allenby (vorne in der Bildmitte) in Palästina, 1918.
Hinter Allenby schreitet Ronald Storrs, der Militärgouverneur von Jerusalem, die Stufen herab.

Der bekannte Architekt und Städteplaner C. R. Ashbee wurde zum «städtischen Berater» ernannt, und es war weitgehend seinem Einfluss zu verdanken, dass eine – noch heute gültige – Verordnung erlassen wurde, wonach sämtliche Gebäude in der Stadt eine steinerne Fassade haben mussten.

Am 13. April 1918 traf eine von den Briten finanziell unterstützte

Emir (später König) Abdullah mit Sir Herbert Samuel (Mitte) und Winston Churchill (vorne rechts) in Jerusalem, 1921.

und von Chaim Weizmann geführte zionistische Kommission in Jerusalem ein. Weizmann war entsetzt, als er das jüdische Viertel in Jerusalem sah: «Nichts als Dreck und Infektionen. Diese unbeschreibliche Armut, verstockte Unwissenheit und fanatische Gesinnung – es tut einem im Herzen weh, wenn man das alles ansieht!»[16] Es war eine typisch zionistische Reaktion auf den «alten Jischuw» von Jerusalem. Zu Anfang schien Weizmanns diplomatische Haltung bei Christen und Muslimen Freunde zu gewinnen. Bischof Porphyrios, der als Sprecher der griechisch-orthodoxen Gemeinde auftrat, sandte ihm eine freundliche Botschaft.[17] Weizmann traf sich mit arabischen Notabeln, u. a. mit dem Mufti Qamil Bey al-Husayni, und versuchte, ihnen zu versichern, dass die Zionisten weder vorhätten, arabische Interessen zu beeinträchtigen, noch sich in die Kontroverse um die Heiligen Stätten einzumischen. Danach sagte der Mufti Storrs, falls «die Juden sich Dr. Weizmanns Worten getreu verhielten, wäre alles in Ordnung».[18] Bei späterer Gelegenheit beschenkte der Zionist den Mufti mit «der historischen Abschrift des Koran aus Adrianopel».[19]

Der Mufti wohnte der feierlichen Grundsteinlegung für die Hebräische Universität auf dem Skopusberg wie auch der Eröffnung des Rothschild-Krankenhauses bei.

Derartiges Höflichkeitsgeplänkel vermochte das darunter schwelende gegenseitige Misstrauen freilich nicht zu verdecken. Im Juni 1918 warnte ein in Jerusalem heimischer Geheimdienstmitarbeiter, ein Katholik, die Regierung, «Nichteinheimischen mag die Lage an der Oberfläche einigermaßen ruhig erscheinen, aber nach meiner Meinung ist sie immer noch unruhig und kompliziert». Die muslimische Bevölkerung könne sich noch nicht mit der christlichen Herrschaft abfinden, und der «Popanz des Zionismus ... ist für Muslime wie für Christen ein Albtraum».[20]

Von Anfang an fiel den Beamten der britischen Mandatsverwaltung die stete Zunahme arabischer nationalistischer und antizionistischer Gefühle auf, und sie berichteten darüber nach London. Im August 1919 verfasste J. N. Camp, der als «Assistant Political Officer» in Jerusalem Dienst tat, einen detaillierten Bericht über politische Aktivitäten von Arabern in der Stadt und über arabische Einstellungen gegenüber dem Zionismus. Die Bewegung sei in mehreren Vereinigungen organisiert. Der Kulturclub stehe «in direktem und ständigem Kontakt mit dem Zentrum der Propaganda in Damaskus» und strebe nach «arabischer Unabhängigkeit, nach der Verhinderung jeglicher Art von Zionismus und der jüdischen Einwanderung, der Vereinigung von Palästina mit Syrien und der Abschaffung der ausländischen Kapitulationen». Der Arabische Club habe ähnliche Ziele; seine Mitglieder, die zumeist der Familie Husayni angehörten, «seien nicht so auf arabische Unabhängigkeit festgelegt, aber ebenso nachdrücklich gegen den Zionismus und die jüdische Einwanderung». Der Bruder des Mufti, Hadsch Amin al-Husayni (ein «glühender arabischer Propagandist»), sei eines seiner führenden Mitglieder. Von einer Organisation mit dem Namen «Bruderschaft und Reinheit» hieß es, sie bestehe aus «gewaltbereiten Propagandisten und ... Anführern einer Menge von Schlägern und Halsabschneidern», von denen man erwartete, dass sie für den Kulturclub «die Dreckarbeit erledigten». Zu ihren führenden Geistern gehörten, so sagte man, der arabische stellvertretende Polizeichef sowie viele weitere Polizisten. Was die «Muslimisch-Christliche Gesellschaft» angehe, seien «die Katholiken darin pro-französisch, die Griechisch-Orthodoxen nahezu allesamt pro-britisch; die Moslems wollen unbedingt die Unabhängigkeit, auch wenn, falls sie nicht zu haben ist, einige Großbritannien und andere Amerika als Mandatsmacht vorziehen». Warnend wies Camp darauf hin, dass radikale Gruppen ihre Mitglieder mit Schusswaffen ausrüsteten.[21] Eine Woche später versicherte ein an den Militärgouverneur von Jerusalem gerichtetes Protestschreiben der «Muslimisch-Christlichen Gesellschaft», im Kampf gegen den Zionismus sei die gesamte Bevölkerung des Landes «bereit, sich zu opfern».[22]

Auf der Pariser Friedenskonferenz von 1919 erschien Chaim Weizmann an der Spitze einer zionistischen Delegation, um auf eine nationale Heimstätte für das jüdische Volk in dem unter britischem Protektorat stehenden Palästina zu dringen. Faisal führte eine Delegation an, die den Hedschass repräsentierte, und forderte seine Bestätigung als Herrscher von Syrien. Die Briten machten ihm klar, dass er, falls er in seinen schwierigen Beziehungen zu den Franzosen den Rückhalt der Briten erwarte, gut beraten wäre, mit Weizmann zu einer Verständigung zu kommen. Faisal befolgte diesen Rat.

Unterdessen trugen die Franzosen mit Nachdruck ihre Forderung nach ganz Syrien vor und ließen weiterhin ihrer Eifersucht wegen der britischen Kontrolle über Jerusalem und die heiligen Stätten freien Lauf. Lloyd George ließ sie rüde abblitzen. Bei einer Konferenz über Kleinasien, die im Februar 1920 in London stattfand, brach eine «hitzige Diskussion» über eine französische Forderung nach dem Wächteramt über die Grabeskirche aus. Lloyd Georges Sekretärin und Geliebte Frances Stevenson notierte, dass der Premierminister

> wütend wurde & fragte, ob die Briten nicht gut genug dafür seien, sie zu hüten. Sie seien gut genug, sagte er, die Reisenden auf ihrem Weg zu ihr zu schützen, & dafür zu sorgen, dass die zu ihr hinführenden Straßen sauber seien. Ginge es aber darum, den Ort zu betreten & zu bewachen – nein! Das müssten die Franzosen machen. «Welchen Anspruch hat Frankreich eigentlich, das zu tun, und wäre es auch nur aus religiöser Sicht? Ist Frankreich ein katholischer Staat?» Die Franzosen wagten nicht, mit Ja zu antworten. D. setzte sich durch, wie üblich.[23]

Erst im April 1920 war diese Frage abschließend geklärt. Damals stimmte die Konferenz von San Remo der Erteilung eines britischen Mandats für Palästina zu, und Sir Herbert Samuel wurde zum ersten Hochkommissar ernannt. Mit der Errichtung einer britischen Zivilverwaltung war klar, dass die Franzosen den Kampf um Jerusalem verloren hatten. Sie beschlossen daraufhin, ihre Verluste zu begrenzen. Im Juli 1920 bootete die französische Armee Faisal unsanft in

Damaskus aus. Er floh nach Palästina und erhielt dann von den Briten als Ausgleich den irakischen Thron. Im Dezember unterzeichneten Franzosen und Briten ein Abkommen, das die Grenze zwischen Palästina und dem von Frankreich besetzten Syrien festlegte (siehe Karte 3, S. 108).

Christlicher Triumphalismus

Der Theorie nach war die Mandatsverwaltung eine internationale Regierungsform und Großbritannien als Mandatsmacht nominell dem Ständigen Mandatsausschuss des Völkerbunds verantwortlich. Die Realität sah allerdings so aus, dass Palästina von 1920 bis 1948 so regiert wurde, als wäre es eine britische Kronkolonie. Von Anfang an trugen die Briten äußerste Sorge dafür, die Ängste anderer Religionen zu besänftigen. In seiner ersten Erklärung nach seinem Einzug in die Stadt hatte Allenby versprochen, die Interessen aller Religionen zu berücksichtigen und zu schützen. In einer Depesche nach London berichtete er:

> Die Omar-Moschee und das umliegende Gelände sind moslemischer Kontrolle unterstellt worden, und rund um die Moschee wurde ein aus indisch-muslimischen Offizieren und Soldaten zusammengesetzter Militärkordon gelegt. Es ist Befehl ergangen, dass ohne Erlaubnis des Militärgouverneurs und des für die Moschee verantwortlichen Moslems kein Nichtmoslem den Kordon passieren darf.[24]

Doch trotz ihres äußerst gewissenhaften Bemühens wurden die Briten von allen Seiten der Parteilichkeit bezichtigt.

Obwohl die Briten darauf bedacht waren, nicht die Christenheit oder eine bestimmte ihrer Glaubensrichtungen zu bevorzugen, war doch die Tatsache nicht zu leugnen, dass die britische Herrschaft zwischen 1917 und 1948 die Herrschaft einer christlichen Macht war. Allgemein tendiert man dazu, den christlichen Aspekt des Mandats zu ignorieren, zum Teil der britischen Verpflichtung in der Balfour-Deklaration wegen, eine nationale Heimstätte für das jüdische Volk zu schaffen, zum Teil auch, weil der erste britische Hochkommissar kein Christ, sondern ein Jude war, und auch, weil die Mandatsregierung allem Anschein nach keine spezifisch christlichen Interessen oder Ziele verfolgte. Aber zur damaligen Zeit sahen das manche anders – entweder Muslime, die befürchteten, von Juden enteignet zu werden, oder Christen, die von den ersten christlichen Herrschern in der Heiligen Stadt seit 1244 etwas mehr Militanz im Geist der Kreuzzüge erwarteten.

Mit der Wiedergewinnung christlicher Kontrolle über die Heiligen Stätten brach eine Flutwelle des christlichen Triumphalismus los, vor allem in Frankreich und Italien. In Notre-Dame wurde in Gegenwart des französischen Präsidenten ein *Te Deum* gesungen; der Erzbischof von Paris hielt eine Predigt, in der er an die Kreuzzüge erinnerte und «die alten Schutzrechte» heraufbeschwor, die «der ältesten Tochter der Kirche» zukämen.[25] Die Ansprache, die Papst Benedikt XV. Anfang 1919 vor dem Kardinalskollegium hielt, spiegelte die Stimmung wider:

> Wer vermag die vollständige Geschichte all der Anstrengungen Unserer Vorgänger zu erzählen, [die Heiligen Stätten] von der Herrschaft der Ungläubigen zu befreien, von den heldenhaften Taten und dem Blutvergießen der Christen des Westens über Jahrhunderte hin? Und nun, da sie inmitten der Freudenrufe aller guten Menschen endgültig in die Hände der Christen zurückgekehrt sind, gilt Unsere ganze Sorge den Entscheidungen, welche der Friedenskongress in Paris bald in bezug auf sie treffen wird. Gewiss wäre es ein furchtbarer Schmerz für Uns und alle christlichen Gläubigen, wenn Ungläubige in eine bevorrechtigte und privilegierte Position gelangten; umso mehr, wenn diese allerheiligsten Stätten der christlichen Religion der Verantwortung von Nichtchristen überlassen werden würden.[26]

Sowohl die römisch-katholische als auch die griechisch-orthodoxe Kirche präsentierten auf der Pariser Friedenskonferenz erneut ihre konkurrierenden Ansprüche auf die Heiligen Stätten. Beide rekapitulierten dazu noch einmal die verwinkelte Geschichte der Rechte, Forderungen und Gegenforderungen.[27] Keine von beiden Konfessionen konnte die Konferenz dazu überreden, sich in diese Fragen verstricken zu lassen.

Aber die Katholiken blieben in der Offensive. Im Dezember 1922 erklärte Pius XI. in seiner Konsistoriumsallokution *Vehementer Gratum*, dass die «dortigen Rechte der katholischen Kirche in Anbetracht ihrer offenkundigen Überlegenheit über die anderer interessierter Parteien respektiert werden und Vorrang erhalten müssen, nicht nur im Verhältnis zu Juden [und] Ungläubigen, sondern auch zu den Mitgliedern nicht-katholischer Konfessionen ...»[28] Der Mandatsregierung blieb es überlassen, sich eine Lösung auszudenken. 1923 informierte sie den Völkerbund, sie selbst habe «die Verantwortung für die Heiligen Stätten ... als Nachfolger der türkischen

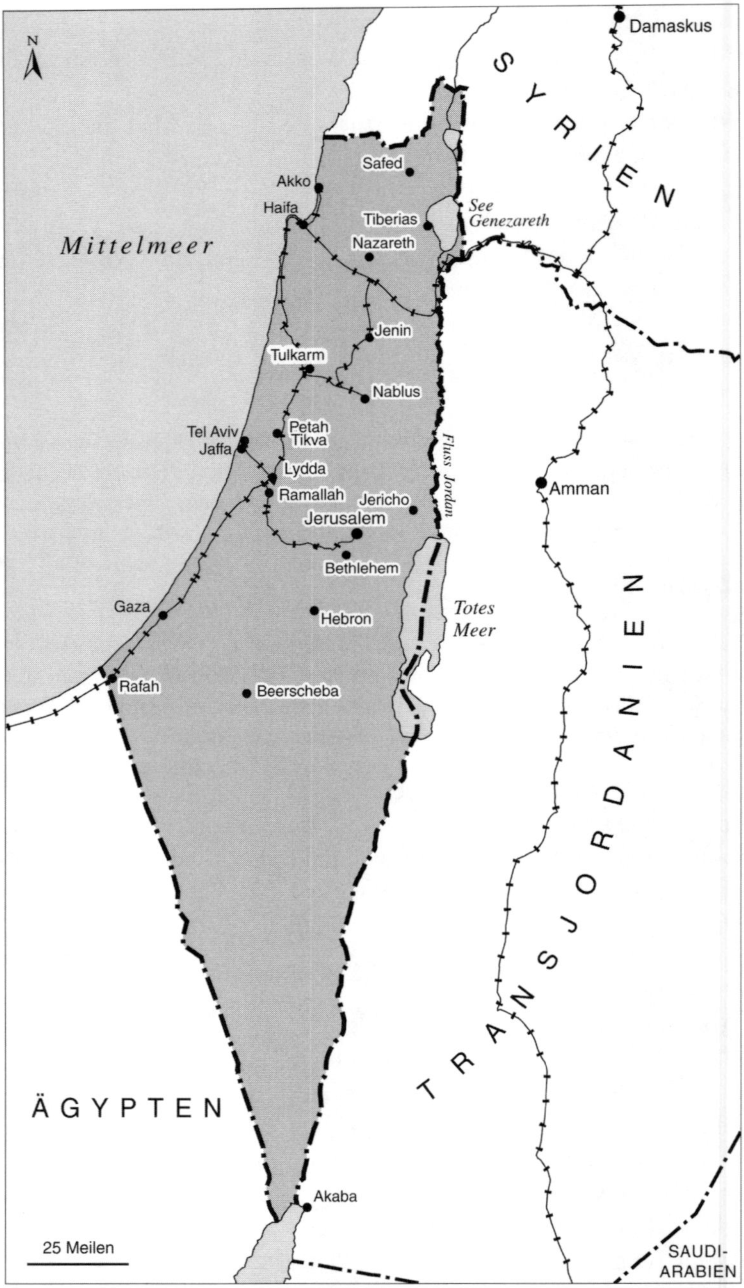

Karte 3 Palästina unter britischer Mandatsverwaltung

Regierung» übernommen, bis von einer internationalen Kommission zur Frage der Heiligen Stätten Empfehlungen ausgesprochen würden. Die Briten schlugen drei Unterkommissionen vor – eine christliche, eine muslimische und eine jüdische –, die sich des Problems annehmen sollten. Keine wurde je ernannt. Im Falle der Christen lag es daran, dass Frankreich auf einer katholischen Mehrheit und einem französischen Vorsitzenden bestand – was für Nichtkatholiken wohl nicht annehmbar war.

Da ein zu verbindlichen Festlegungen legitimiertes, internationales Gremium fehlte, hielten sich die Briten an die unter den Osmanen getroffene Regelung: den Status quo von 1852. Die knifflige Frage zu beantworten, was das nun genau bedeutete, fiel den Beamten der Mandatsverwaltung zu. Um ihnen dabei zu helfen, machte sich die Regierung daran, die bestehende Praxis zu kodifizieren. Als erstes musste L. G. A. Cust als der mit diesem Unterfangen betraute Beamte herausfinden, für welche Heiligen Stätten der Grundsatz des Status quo überhaupt galt. Er benannte fünf: das Heilige Grab, den Deir al-Sultan, das Auferstehungsheiligtum, das Grab der Heiligen Jungfrau (in der Nähe von Gethsemane) und die Geburtskirche in Bethlehem. Für jede einzelne Stätte führte Cust nun bis in die kleinsten Einzelheiten die herrschenden Sitten und Bräuche an, einschließlich der Öffnungszeiten, Schlüsselverwahrer, Reinigungsrechte, Prozessionen (kleine, mittlere, große, ihre Daten, Routen und Zusammensetzung, die exakten Positionen, die darin Dragomane, Küster, Kerzenträger, Weihrauchträger und Fächerschwinger einzunehmen pflegten), Gewandung, Glockengeläut, Lampenentzünden, Kerzen, Tapisserien, Ikonen und so weiter. Das Dokument wurde von der Mandatsverwaltung veröffentlicht, allerdings unter dem Vorbehalt, «die in diesem Druck enthaltenen Beschreibungen der Praxis sind nicht als von offizieller Gültigkeit anzusehen».[29] Weit entfernt davon, die strittigen Fragen um die Heiligen Stätten zu lösen, fror die Kodifizierung nur die bestehenden Kontroversen auf ihrem jeweiligen Stand ein, ohne sie beizulegen. Da die Geltung der Status-quo-Regel im übrigen nur für einen kleinen Bruchteil der Heiligen Stätten (und von diesen nur bei den christlichen) anerkannt wurde, waren damit die Schleusen für einen wahren Sturzbach weiterer Streitigkeiten geöffnet, die sich auf andere Orte bezogen, um deren Heiligkeit Rivalitäten herrschten.

Bei diesen und anderen Disputen hegten die Katholiken den Verdacht, dass die Mandatsverwaltung zugunsten der Orthodoxen Partei nähme, welche die Briten, wie schon ihre türkischen Vorgänger, in der Tat als «die Kirche des Landes» betrachteten.[30] Die bereits vor 1920 schwierige Beziehung zwischen Regierung und Katholiken geriet nun in Wallung. Die Briten schrieben die Schwierigkeiten dem widerspenstigen Wesen des Lateinischen Patriarchen, des Italieners Monsignore Louis Barlassina, zu. Harry Luke, ein britischer Beamter, der ihn gut kannte, kennzeichnete Barlassina als «engstirnig bis zur Bigotterie. Er hatte das Temperament eines Inquisitors, etwas vom fanatischen Eifer eines Savonarola». Barlassinas «drei Schreckgespenster» waren, Luke zufolge, «Protestantismus, Zionismus und Freimaurerei».[31] Der italienische Generalkonsul in Jerusalem notierte, «Takt» sei eine Eigenschaft, «die dem Patriarchen völlig fehlt».[32] Seine Ernennung verdankte er den Briten, die gegen einen Vorschlag des Vatikans, einen Österreicher zu berufen, erfolgreich protestiert hatten. «Mons. Barlassina sollte eigentlich auf ewig ein Englandfreund sein», hatte Sykes 1918 geäußert.[33] Nie hat einer weniger Dankbarkeit gezeigt. Kaum war Barlassina 1920 in seinem Amt, provozierte er auch schon eine Konfrontation mit der Regierung, nämlich mit seiner Entscheidung, in der Liturgie des Weihnachtsgottesdienstes in Bethlehem dem französischen Konsul den Ehrenvorrang zukommen zu lassen. Um eine peinliche Szene zu vermeiden, boykottierte der Hochkommissar die Veranstaltung.

Barlassinas Beziehungen zu Storrs waren besonders schwierig. Der Patriarch beklagte sich, dass Storrs dazu neige, ihn «anzugrinsen» und wie einen Schuljungen zu behandeln. Barlassina verurteilte die in England gegründete Bewegung der weiblichen Pfadfinder und protestierte gegen einen Kostümball an der Evelina-de-Rothschild-Schule. Der Gouverneur wiederum ließ sich mit der Bemerkung vernehmen, der Prälat lege eine «etwas nörglerische Haltung» an den Tag. Hinter diesem Hickhack steckte das bei den Briten tief sitzende Misstrauen, die Katholiken seien wie in alten Zeiten Werkzeuge der französischen Diplomatie.[34] Im September 1921 berichtete der amerikanische Generalkonsul, Barlassina und Storrs hätten «einige scharfe Kontroversen gehabt, und letzterer ist kürzlich auf Anweisung der palästinensischen Regierung nach Rom gereist, um mit dem Papst zu sprechen und möglichst weitgehend die Berichte, die vom hiesigen Patriarchen an ihn abgegangen sind, zu diskreditieren oder zu relativieren».[35] Von Barlassina auf die Unterredung vorbereitet, sagte der Papst zu Storrs, die Briten hätten die Heilige Stadt durch die Einführung von Kinos und 500 Prostituierten besudelt. Storrs versuchte, den Papst mit der Erklärung zu beschwichtigen, dass es dort schon vorher Kinos gegeben habe und man die Huren aus der Stadt herausgeschafft hätte. Barlassina blieb auch weiterhin für die Briten ein solches Ärgernis, dass sie versuchten, ihn durch einen ihrer Landsleute ersetzen zu lassen, was ihnen aber nicht gelang.[36] Wegen seiner Halsstarrigkeit, besonders in Fragen des Vorrangs, brachte er selbst seine Vorgesetzten in solch große Verlegenheit, dass der Vatikan schließlich 1929 einen Engländer, Pater Pascal Robinson, zum Apostolischen Nuntius für Palästina berief, der künftig für die Beziehungen mit der Mandatsverwaltung verantwortlich war. Barlassina jedoch blieb den Briten in Jerusalem ein Dorn im Auge, bis er 1947 im Amt starb.

Unter britischer Herrschaft kehrten die meisten Konsuln – mit Ausnahme des russischen – nach Jerusalem zurück, mussten aber feststellen, dass ihre früheren Vorrechte nun erheblich vermindert waren. Die endgültige Abschaffung der Kapitulationen durch Artikel 8 des Palästina-Mandats, das 1922 definitiv beschlossen wurde, schmälerte erheblich die Macht der Konsuln – und steigerte entsprechend ihre Enttäuschung und ihren Groll. In besonderem Maße galt dies für die Franzosen, die, der materiellen Machtbefugnisse beraubt, sich mit deren geistigem Ersatz zu trösten suchten – mit ihrem traditionellen Protektorat über die Katholiken und die Rechte der römisch-katholischen Kirche an den Heiligen Stätten. Daran klammerten sie sich fest, obwohl sie doch auf der Konferenz von San Remo im April 1920 förmlich dem Beschluss zugestimmt hatten, das Protektorat zu beenden.

Die Einsetzung der britischen Mandatsverwaltung minderte zwar die Rivalität, Streitigkeiten und gelegentlichen Pannen an den Heiligen Stätten, beseitigte sie aber nicht vollends. 1922 berichtete der französische Konsul, seine italienischen und spanischen Kollegen hätten mit Hilfe von Geistlichen ihrer Nationalität versucht, beim Weihnachtsgottesdienst in der Geburtskirche und bei anderen Feiern seinen traditionellen Vorrangplatz einzunehmen. «Diese Vorfälle zeigen, mit welcher Eifersucht benachbarte Völker unsere vorherrschende Stellung im Heiligen Land betrachten, und mit welcher Ungeduld die Abschaffung unserer Privilegien erwartet wird», schrieb der Generalkonsul.[37] 1925 kam es vor der Grabeskirche zu einem Handgemenge, als dort entgegen den Regeln Nationalflaggen gehisst wurden. Storrs beschwerte sich schriftlich beim französischen Generalkonsul, «dass ein britischer Hauptmann von einem Herrn, der sagte, dass er ein französischer General sei, am Mund verletzt wurde».[38] Die Genugtuung, die er dafür erhielt, war kläglich.

Mit den Beziehungen der Briten zu den Ostkirchen ging es nicht harmonischer zu. Damals fühlte sich die orthodoxe Kirche sehr in die Defensive gedrängt. In Jerusalem, wo ein Jahrhundert zuvor neunzig Prozent der ansässigen Christen Orthodoxe waren, hatten sie seither gegenüber den Katholiken kontinuierlich an Boden verloren. Während des Kriegs war das Griechisch-orthodoxe Patriarchat infolge von Schulden ernsthaft geschwächt worden und 1918 praktisch bankrott. Man befürchtete, dass ihm das gleiche Schicksal beschieden sein könnte wie dem Armenischen Patriarchat, das im frühen 18. Jahrhundert unter seiner Schuldenlast fast zusammengebrochen wäre. Jetzt rebellierten die arabischen Gemeindegeistlichen und Laien, die seit langem störrischen Sinns die Herrschaft der rein griechischen Bruderschaft vom Heiligen Grab ertragen hatten. In der Gemeinde machten sich nationalistische Empfindungen breit und wurden Stimmen laut, die die Berufung arabischer Priester in den Episkopat oder gar in das Patriarchat forderten. Die Griechen ließen sich jedoch ihre Vorherrschaft über die Kirche nicht streitig machen, die sie als Sache ihres eigenen Nationalstolzes betrachteten, weshalb sie denn auch als «Mandatsträger» des griechischen Volkes auftraten.[39] Es war so weit gekommen, dass sich die Bruderschaft nicht nur als Wächter der Kirche, sondern als ihre Verkörperung betrachtete.[40]

Zu Beginn der britischen Besatzung hatte es in Geheimdienstberichten geheißen, dass der 133. Griechisch-orthodoxe Patriarch, Damianos, «pro-türkisch» und «ein großer Schurke» sei.[41] Zweifellos war er ein gewiefter Politiker, der es 1908 verstanden hatte, sich nicht vom Thron vertreiben zu lassen. Der in Jerusalem zu Besuch weilende griechische Generalkonsul in Kairo verfasste im August 1918 ein langes Memorandum für Allenby, in dem er Damianos bezichtigte, mit den Türken zu sympathisieren, und seine Absetzung verlangte. Es gelang ihm aber nicht, den Oberkommandierenden zu überzeugen, und Allenby erteilte dem Patriarchen die Erlaubnis, aus seinem Exil nach Jerusalem zurückzukehren. Am 5. Januar 1919 traf er ein, gerade rechtzeitig, um in Bethlehem das orthodoxe Weihnachtsfest zu zelebrieren. Die griechische Staatsbank bot ein Darlehen an, um die Schulden des Patriarchen zu tilgen. Die Darlehensbedingungen waren jedoch so formuliert, dass sie in Wirklichkeit die ganze griechisch-orthodoxe Kirche in Palästina der Kontrolle der griechische Regierung unterstellt hätten. Die britischen Behörden verweigerten darum ihre

Zustimmung und schlugen stattdessen vor, er möge sich um ein Darlehen einer britischen Bank bemühen. Unglücklicherweise war jedoch kein reputierliches Bankhaus bereit, sich auf dieses riskante Unterfangen einzulassen.

Daraufhin versuchte der griechische Konsul in Jerusalem, Dr. Tzorbatzoglou, innerhalb des Patriarchats einen Umsturz anzuzetteln. Er scharte in der Bruderschaft eine Gruppe von Opponenten gegen den Patriarchen um sich und schlug eine neue Verfassung vor, welche die Unabhängigkeit des Jerusalemer Patriarchats beseitigt und es der Kontrolle der Patriarchen von Konstantinopel, Alexandria, Antiochien, Griechenland und Zypern unterstellt hätte – und letzten Endes der griechischen Regierung. Da das Patriarchat immer mehr dem finanziellen Ruin entgegenging, wandte sich der Bischofssynod gegen Damianos. Er verfasste eine Anklageschrift, in der er ihm vorwarf, dass er

> willkürlich und despotisch in seiner Amtsführung war, dass er sich weigerte, die Mehrheitsentscheidungen seines Synods zu respektieren, dass er geistige Entwicklung hemmte, Nachlässigkeit in der Lebensführung nicht zügelte, die Mittel des Patriarchats verschleuderte, enorme Schulden angehäuft hat, den Rechten der orthodoxen Kirche in den Heiligen Stätten keine tatkräftige Verteidigung angedeihen ließ, die Errichtung von Institutionen anderer orthodoxer Kirchen in Palästina zuließ, seiner Herde keine rechte pastorale Versorgung gewährte, die Bruderschaft unterdrückte, während seiner Abwesenheit in Damaskus für keine tüchtige Verwaltung sorgte, die Bruderschaft dem griechischen Volk zu entfremden und ihr einen lokalen oder pan-orthodoxen Charakter zu geben versuchte.[42]

Und eine Menge mehr in diesem Sinne.

Dass das Patriarchat politisch wie finanziell am Boden lag, war nicht zu übersehen. Die Regierung von Palästina sah sich genötigt, eine Untersuchungskommission einzuberufen. Diese legte einen 336 Seiten starken Bericht vor – bemerkenswert in seiner Präzision und seinem Bestreben, die griechische Regierung daran zu hindern, irgendeine «mandatarische» Oberherrschaft der orthodoxen Christenheit in Palästina zu übernehmen. Deshalb wurde Damianos auch in seinem Amt bestätigt. Die vorgeschlagene neue Patriarchatsverfassung wurde als unzulässig erklärt. Die Rebellen verloren ihre Mitgliedschaft im Synod, und es sollte ein Liquidations- und Kontrollausschuss eingerichtet werden, um die Finanzen der Kirche wieder in Ordnung zu bringen. Eine gewisse Hoffnung setzte man auf die mögliche Entschädigung für ehemals dem Patriarchat in Rumänien gehörenden Grundbesitz, der von der rumänischen Regierung beschlagnahmt worden war. Als aber Damianos 1924 dorthin reiste, um die Angelegenheit voranzutreiben, kehrte er mit 500 Sack Mehl statt den £ 500 000 zurück, die im Hinblick auf die abhanden gekommenen Immobilien gefordert worden waren.[43] Die sich auf £ 559 000 belaufenden Schulden des Patriarchats wurden schließlich durch den Ausschuss geregelt – zum Teil dadurch, dass man Juden plötzlich wertvoll gewordenes Bauland in der expandierenden Neustadt Jerusalems zur Verfügung stellte. Damianos starb 1931 nach vierunddreißigjähriger turbulenter Amtszeit.

Nach dem Tod des Patriarchen brach in der Auseinandersetzung um seine Nachfolge erneut der erbitterte Konflikt zwischen Arabern und Griechen aus. Der russische Metropolit Antonij Krapowitskij meinte einen Spalt zu erkennen, durch den sich russische Interessen einschmuggeln ließen, und schlug einen Kompromiss vor: die Wahl eines «neutralen»Patriarchen – also eines Russen. Die Griechen lehnten das als «Beleidigung» ab.[44] Erst 1935 wurde ein neuer Patriarch gewählt, Timotheos, der Erzbischof von Jordanien, der sich in britischer Sicht vor allem dadurch auszeichnete, dass er im Oxforder Magdalen College studiert hatte.

Man muss zugeben, dass die britischen Akten das stete und gewissenhafte Bemühen der Mandatsverwaltung dokumentieren, den Status quo aufrecht zu erhalten und fair mit den einander widerstreitenden Ansprüchen der christlichen Konfessionen umzugehen. Eine Generation nach dem Ende der Mandatsverwaltung fasste der letzte britische Distriktskommissar für Jerusalem, J. H. H. Pollock, die nach dreißig Jahren christlicher Regierung noch immer ungelösten innerchristlichen religiösen Dispute folgendermaßen zusammen:

- Streit zwischen den Armeniern und Griechisch-Orthodoxen über die Ersetzung armenischer Bilder in der Grabeskirche der Jungfrau Maria in Gethsemane [wozu Pollock die optimistische Meinung äußerte, «dieser Streit könnte durch die katastrophale Überflutung dieser alten Kirche im Frühjahr 1948 ein wenig beigelegt worden sein»].
- Streit zwischen den Armeniern und den Syrisch-Orthodoxen (Jakobiten), Kopten und Abessiniern über das Bestattungsrecht auf dem armenischen Friedhof auf dem Zionsberg.
- Streit zwischen den Armeniern und den Anhängern der syrisch-orthodoxen Kirche (Jakobiten) über die Besitzverhältnisse der St. Nikodemus-Kapelle in der Grabeskirche.

- Streit zwischen den Orthodoxen und den Katholiken über die gesamte Frage der Verwaltung von Gottesdiensten und Rechten innerhalb der Grabeskirche, und, insbesondere, über den Anspruch der Katholiken, bei bestimmten Gottesdiensten die nördliche Treppe auf dem Golgatha-Hügel benutzen zu dürfen …
- Streit zwischen den Orthodoxen und den Katholiken über das Eigentum an einem Stück Fußboden am östlichen Bogen zwischen der orthodoxen und der katholischen Kapelle auf dem Golgatha-Hügel …
- Streit zwischen den Armeniern und den Orthodoxen über das Eigentums- und Reinigungsrecht an der untersten Stufe der vom Vorhof auf der Ostseite der Haupttür der Grabeskirche abgehenden Treppe.
- Der stets wiederkehrende und erbitterte Streit zwischen den Kopten und den Abessiniern über die von den Abessiniern beanspruchten Eigentums- und Unterhaltsrechte an einer Unterkunft für Mönche auf dem Dach der zur Grabeskirche gehörenden St. Helena-Kapelle.
- Der Streit, zu dem es jedes Jahr in der Geburtskirche in Bethlehem während der rituellen Reinigung des Fußbodens der Basilika zwischen allen christlichen Gemeinden kommt.

Aber das war noch nicht das Ende der Aufzählung. Bei Pollock heißt es weiter: «Einer der ‹Gefahrenpunkte›, die ständig die Mandatsverwaltung beschäftigten, war die Erhaltung des Sterns, der die Stelle der Geburt Jesu in der Grotte der Geburtskirche in Bethlehem markiert und von dem es bisweilen heißt, der Krimkrieg sei seinetwegen ausgebrochen.»[45]

Diese uralten Streitpunkte waren aber nicht der größte Störfaktor für die Mandatsverwaltung, sondern vielmehr eine Reihe neuartiger Konflikte im Zusammenhang mit Heiligen Stätten, diesmal aber nicht zwischen unterschiedlichen christlichen Bekenntnissen, sondern zwischen Muslimen und Juden. Der führenden Figur auf muslimischer Seite in dieser neuartigen religiösen Auseinandersetzung, Hadsch Amin al-Husayni, gelang es, sie sich zunutze zu machen, um eine Vormachtstellung nicht nur über die Araber Jerusalems, sondern ganz Palästinas für sich zu beanspruchen.

Der Aufstieg des Mufti

Im November 1918 wurde in Jerusalem ein Ausschuss aus Christen und Muslimen, darunter vielen Notabeln, gebildet, mit dem Ziel, die Franzosen zu ersuchen, Palästina Syrien einzuverleiben. Storrs ließ den Mufti (oder «Groß-Mufti», wie er ihn, ägyptischem Brauch folgend, nannte) zu sich kommen und erteilte ihm eine freundliche Warnung. Auch den Bürgermeister der Stadt, Musa Qasem Pascha al-Husayni, bestellte er ein und erklärte ihm, solange er sein Amt unter der Militärverwaltung innehabe, könne er «nicht auf einer politischen Tribüne stehen». «Der Bürgermeister schien dankbar für diese Warnung», berichtete Storrs, «weil er nun sagen konnte, er glaube, seinem Land als Präsident der Stadtverwaltung nützlicher sein zu können.» Als nächstes nannte Storrs dem Lateinischen Patriarchen die Namen von Katholiken, die dem Ausschuss angehörten. Als er später entdeckte, «dass die paar Restlichen immer noch daran dachten, die Sache durchzuführen», ließ Storrs Scheich Musa Budeiri kommen und «warnte ihn, nicht mit dem Feuer zu spielen, da die britische Regierung und ihre Verbündeten nicht in der Stimmung seien, in Zeiten wie diesen sensationelle Petitionen zu politischen Angelegenheiten entgegenzunehmen».[46]

Trotz der Bemühungen seitens der Regierung, die politischen Aktivitäten der Araber in Schach zu halten, legte sich die Unruhe nicht. Bis Juli 1920 förderte die Existenz von Faisals arabischem Regime in Damaskus die Zunahme nationalistischer Aktivitäten in Palästina, die eine Eingliederung des Landes in ein arabisches Großsyrien anstrebten. Das Treiben der Zionisten rief eine ständig größer werdende Feindseligkeit hervor, die sich mit der Unterströmung einer traditionellen muslimischen Judenverachtung verband und 1920 in eine Serie von Gewalttaten in Jerusalem ausbrach.

Die Unruhen vom April 1920 setzten während der muslimischen Pilgerfeierlichkeiten von Nabi Musa ein. Ungeachtet der Aussage im 5. Buch Mose (34, 5–6), dass Moses im Land der Moabiter gestorben und begraben sei «und niemand ... sein Grab erfahren hat bis auf den heutigen Tag», waren palästinensische Muslime übereingekommen, Moses Grab westlich statt östlich des Jordan zu lokalisieren. Unweit der Verbindungsstraße zwischen Jerusalem und Jericho, gut sechs Kilometer südsüdwestlich von Jericho, war an der entsprechenden Stelle ein Grabmal errichtet worden, das Ziel einer jährlichen Pilgerfahrt war.

«Schlau wie ein Fuchs und verschlagen»: Hadsch Amin al-Husayni, der Großmufti von Jerusalem und Vorsitzende des Obersten Muslimrats von 1921 bis zu seiner Flucht aus Palästina 1938.

Die Anfänge des Festes liegen im Dunkeln. Einige behaupteten, seine Wurzeln seien «älter als der Islam».[47] Andere sahen die wachsende Verehrung des Grabmals im Kontext einer regionalen Rivalität zwischen der Herrschern in Damaskus und Jerusalem und verwiesen darauf, dass im 17. Jahrhundert dieses Grab allgemein von den Muslimen als Heiligtum anerkannt wurde, obwohl sieben weitere vorgebliche Begräbnisstätten des Moses, darunter eine in der Nähe von Damaskus, ins Feld geführt wurden. Das bei Jericho gelegene Grabmal war 1269 von dem Mameluckensultan Baybars errichtet worden. Ganz im Sinne seiner Politik sollte dieser Bau die religiöse Bedeutung Jerusalems und seiner Umgebung für Muslime aufwerten in einer Zeit, als nicht nur der Konflikt mit den Kreuzrittern, sondern auch mit Mongolen, Armeniern und anderen Völkern schwelte. Einer Reihe muslimischer Quellen zufolge scheint in der Herrschaftszeit Süleimans des Prächtigen eine jährlich stattfindende Massenpilgerfahrt zu diesem Grab zum festen Brauchtum gehört zu haben. In spätosmanischer Zeit wurde sie von Provinzgouverneuren wiederbelebt, was zur Folge hatte, dass sie im späten 19. Jahrhundert das größte muslimische Pilgerfest in der Levante war, das Pilger aus Nablus und Hebron sowie aus Transjordanien anzog.[48]

Ein auffallender Hinweis dafür, dass das Fest mit dem Christentum konkurrierte, war der Zeitpunkt, zu dem es stattfand: Ganz ungewöhnlich für ein muslimisches Fest, wurde sein Datum nicht vom islamischen Kalender bestimmt, sondern von dem der östlichen Christenheit. Die Pilgerfahrt traf jedes Jahr mit dem orthodoxen Osterfest zusammen, das christliche Pilger in großer Zahl nach Jerusalem brachte. Wie der Mufti von Jerusalem 1920 erläuterte, war die Pilgerfahrt so gelegt worden, «dass die Muslime in dieser Zeit ein Fest hätten wie andere Gemeinden auch».[49] Manchen Historikern zufolge könnte dieses Datum in der Zeit nach der Rückeroberung Jerusalems von den Kreuzrittern festgelegt worden sein, um angesichts christlicher Pilgerzüge zu Ostern die Vorherrschaft des Islams zu verdeutlichen. Derlei muslimische Feste, die Elemente der Rivalität und des Synkretismus miteinander verbanden, gab es in vielen Teilen der muslimischen Welt, wo Muslime und Nichtmuslime hautnah beieinander wohnten – beispielsweise im mittelalterlichen Spanien.[50] Im Fall von Nabi Musa verweist nicht nur die Datierungsmethode auf den Zusammenhang mit dem Christentum, sondern auch, dass die Feiern eine ganze Woche andauerten (entsprechend der Heiligen Woche), dass zu ihm insbesondere auch Prozessionen durch die Straßen Jerusalems gehörten und ein Grab im Mittelpunkt stand.

In spätosmanischer Zeit hatte das Fest längst einen festen, unveränderlichen Ablauf. Jedes Jahr fanden zwei Pilgerfahrten nach Jerusalem statt, die eine aus Nablus im Norden, die andere aus Hebron im Süden. Auf dem Haram al-Scharif vereinigten sie sich und schlugen für kurze Zeit ein Lager auf, bevor sie auf der Straße nach Jericho zum Grabmal weiterzogen. Dort blieben die Pilger für drei Nächte, das Volk in Zelten, einige der Notabeln in Gebäuden, die in unmittelbarer Nähe des Grabmals standen. Schließlich kehrten sie alle nach Jerusalem zurück, wo sie sich am Morgen des Karfreitag zum Gebet versammelten, bevor sie dann auseinander gingen. Zu diesen Fahrten gehörten auch Festessen, Beschneidungen von Jungen, Banner und Musik – Lieder und Schlagzeugdarbietungen einer von der Regierung gestellten Musikertruppe. Tradition war auch, dass man bestimmten Jerusalemer Notabelnfamilien eine herausgehobene Rolle zuwies: Die

«Eine traditionelle Saison für interkommunale Auseinandersetzungen»
Pilger versammeln sich vor den Mauern Jerusalems zum
Nabi Musa-Fest, 1921.

wichtigste kam der Familie Husayni zu, die als Schirmherrin des Festes galt. Nabi Musa hatte aber auch einen anderen, weniger geselligen Aspekt: Es war allerorten bekannt als die traditionelle Zeit gemeindeinterner Handgreiflichkeiten und Kämpfe zwischen rivalisierenden muslimischen Gruppen. Dies war der Grund dafür, dass man meistens die Pilger aus Nablus und Hebron so weit wie möglich auseinander hielt.

Mit der britischen Besatzung trat das Nabi Musa-Fest in eine neue Phase ein. Erstmals fand es jetzt unter einem christlichen Regime statt. Obwohl der Grundsatz des Status quo ursprünglich nur für die christlichen Heiligen Stätten gegolten hatte, wurde er von den Briten auf sämtliche Religionen in Palästina ausgedehnt. Einer der Gründe dafür war, dass in der Anfangsphase der Militärverwaltung zwischen 1917 und 1920 die Besatzer nach den Regeln des Kriegsvölkerrechts auch in sämtlichen Bereichen der Zivilverwaltung den Status quo beibehalten mussten. Folglich sorgten die Briten, so wie es ihre osmanischen Vorgänger getan hatten, für Ehrensalut und eine Militärkapelle als Begleitung der Pilger. Storrs wohnte – wie zuvor der türkische *muta-*

sarrif – der zu Beginn des Festes abgehaltenen Zeremonie bei, während der die muslimischen religiösen Autoritäten die Eröffnung der Wallfahrt proklamierten. Aber so sehr sich die Briten auch mühten, so zu tun, als ginge alles seinen normalen Gang, so war es immer eine Zeit großer innerer Anspannung. Storrs schrieb später darüber: «Sowohl für sie [die Muslime] als auch für uns war der Übergang von der osmanischen zur britischen Kontrolle über dieses Fest eine delikate Angelegenheit, weil dabei allzu deutlich wurde – es sei denn, dass die Behörden eine gewisse Kompromissbereitschaft zeigten –, dass es mit den dreizehnhundert Jahren islamischer Theokratie vorbei war.»[51] Während der britischen Herrschaft wurde die Pilgerfahrt zu einem Herd des Aufruhrs gegen die Vorherrschaft der Christen in Jerusalem und zu einem Kampfplatz für innermuslimische Rivalitäten sowie für gesteigerte judenfeindliche Gefühle. Weil es fast ein gesamtpalästinensisches Fest der Muslime war, blieb nicht aus, dass auch nationalistische und antizionistische Tendenzen dabei zum Vorschein kamen.

Im April 1920 nahm die Pilgerfahrt zunächst den Charakter einer politischen Demonstration, dann des Aufruhrs an. Als sich die Menschenmassen in Jerusalem versammelten, um von dort aus hinab zum Grabmal zu gehen, wurden Reden geschwungen und Transparente hochgehalten, die zur Vereinigung mit Syrien aufriefen. Einer der Redner war der junge nationalistische Hitzkopf Hadsch Amin al-Husayni, der von einem Balkon aus ein Portrait Faisals zeigte und der Menge zurief: «Das ist euer König!»[52] In einer sich ständig weiter aufheizenden Erregung brachen Straßenkämpfe aus, in deren Verlauf neun Menschen starben (darunter fünf Juden) und 244 verletzt wurden (211 davon waren Juden).[53] Es war der erste große Gewaltausbruch zwischen Arabern und Juden in dem von Briten beherrschten Jerusalem, und er hatte zwei direkte Konsequenzen von weitreichender Bedeutung.

Die erste war Storrs Entscheidung in unmittelbarem Anschluss an den Aufruhr, Musa Qasem Pascha al-Husayni, den Bürgermeister von Jerusalem, dessen nationalistischer Eifer für die Erregung der Menge verantwortlich gemacht wurde, seines Amtes zu entheben. Er wurde durch den ehemals osmanischen Delegierten für Jerusalem Ragheb Bey Naschaschibi ersetzt, der die folgenden vierzehn Jahre amtierte. Norman Bentwich, der damalige Generalstaatsanwalt, beschrieb Ragheb als «einen Mann von Welt, genial, zynisch und ohne jeglichen Fanatismus ... Er behielt zwar etwas von der ottomanischen Amtstradition von Bakschisch und Nepotismus bei, aber das hielt sich in Grenzen.»[54] Darin lag der Keim eines erbittert geführten Konflikts zwischen den Familien der Husayni und Naschaschibi, der sich durch ihre rivalisierenden Klannetze über ganz Palästina ausbreitete und die arabische Politik während der britischen Mandatsverwaltung aus dem Lot brachte.

Die zweite Entscheidung war nicht weniger verhängnisvoll. Auch Musa Qasem Paschas junger Gefolgsmann Hadsch Amin al-Husayni hatte, wie bereits geschildert, vor den Pilgern nationalistische Reden geschwungen. Er flüchtete in das arabisch beherrschte Syrien, wurde aber unter dem Vorwurf des Aufrufs zur Gewalt in Abwesenheit zu zehn Jahren Haft verurteilt. Allerdings erließ ihm der Hochkommissar ein Jahr später, im April 1921, die weitere Verbüßung der Freiheitsstrafe, und ihm wurde gestattet, nach Jerusalem zurückzukehren. Zwischen Sir Herbert Samuel und Hadsch Amin kam es zu einer stillschweigenden Abmachung. Im Gegenzug für das Versprechen Hadsch Amins, dafür zu sorgen, dass es bei künftigen Nabi-Musa-Feiern nicht mehr zu Unruhen käme, sorgte Samuel für dessen Berufung zum Großmufti von Jerusalem (das Amt war kurz zuvor vakant geworden). Hadsch Amin sicherte sich das Amt trotz des Umstands, dass ein anderer Kandidat, Scheich Husam al-Din Jarallah, bei der nach osmanischen Regeln veranstalteten Wahl mehr Stimmen erhalten hatte.[55] Die Rivalität zwischen den Familien Jarallah und Husayni um das Amt des Muftis ging bis ins 19. Jahrhundert zurück und sollte sich auch in die Zukunft fortsetzen.[56]

Hadsch Amins Ernennung zum Mufti von Jerusalem war die erste Stufe der Karriere einer ehrgeizigen und rücksichtslosen Führungsfigur. Bentwich, der einen gewichtigen Anteil an seiner Ernennung hatte, bezeichnete ihn als «fuchsschlau und gerissen».[57] In seinen ersten Amtsjahren verhielt sich Hadsch Amin jedoch umsichtig und brachte es 1921 zuwege, dass er mit großer Mehrheit auf den Posten des Präsidenten des neu geschaffenen Obersten Muslimrats gewählt wurde. Diese beiden Posten, die er parallel innehatte, gaben ihm letztendlich die Kontrolle über das System der *awqaf* in die Hand, deren Erträge in vielen Fällen für Zwecke missbraucht wurden, die der Mufti bestimmte.[58] Weiterhin hatte Hadsch Amin die Oberaufsicht über die muslimischen religiösen, rechtlichen und Bildungsinstitutionen, dazu über ein Waisenhaus, eine Zeitung, Büchereien, Kliniken und Pfadfinderorganisationen, und zwar nicht nur in Jerusalem, sondern in ganz Palästina. Mindestens achtundzwanzig Gefolgsleuten verschaffte er lukrative Posten, die mit dem Obersten Muslimrat zu tun hatten.[59] Auf diese Weise schuf er einen inneren Kern von Anhängern, die ihm in den folgenden politischen Auseinandersetzungen ergeben zu Diensten waren. Die gewaltige Autorität, über die er verfügte, war für einen Mufti ohne Vorbild und veränderte den Charakter seines Amtes, das zur Machtbasis wurde, von der aus er seine Karriere als Führer der palästinensischen arabischen Nationalbewegung begann.

Bei seinem Aufstieg zur Macht machte er sich höchst effektiv die Heiligkeit Jerusalems für Muslime zunutze. Dadurch, dass er in der gesamten islamischen Welt Gelder für die Restaurierung der Heiligtümer auf dem Haram al-Scharif sammelte und sich über jüdisches Vordringen auf das heilige Terrain beklagte, schob er die Stadt in den Vordergrund seiner politischen Aktivitäten. Vor allem aber wurde er zum Verfechter muslimischer Ansprüche in einem schwelenden Konflikt über die Rechte an der für Juden wichtigsten heiligen Stätte nicht nur Jerusalems, sondern überhaupt – an der Westmauer, der «Klagemauer».

1931 berief der Mufti einen internationalen Kongress der Muslime nach Jerusalem ein. Er versicherte sich dafür der Unterstützung führender Muslime in Indien, Tunesien und anderswo. Kongresse dieser Art hatten in den zwanziger Jahren in Mekka und in Kairo stattgefunden. Aber der Jerusalemer war der bisher größte und fand allerorten Beachtung. Die Idee für den Kongress war bei der Beerdigung des indischen panislamischen Führers Muhammad Ali im Januar 1931 aufgekommen. In Gesprächen nach der Bestattung scheinen sich sein Bruder Schawkat Ali und Hadsch Amin über die Einberufung des Kongresses einig geworden zu sein.[60] Schawkat Ali stand mit Ibn Saud auf Kriegsfuß, der Scherif Hussein aus dem Hedschass und aus dem Wächteramt von Mekka und Medina vertrieben hatte. Im Londoner Kolonial- und Indienministerium kam die Besorgnis auf, dass der Kongress womöglich beunruhigende Auswirkungen auf Indien haben könnte. Man erwog sogar, ihn zu verbieten. Am Ende erhielt Hochkommissar Sir Arthur Wauchope von Hadsch Amin die Zusicherung, dass der Kongress völlig unpolitisch sein werde. Aus diesem Grund wurde er dann doch genehmigt.[61]

Obwohl der Kongress bei einigen arabischen Staaten, vor allem Ägypten, sowie bei den örtlichen Gegnern des Mufti auf Opposition stieß, nahmen 130 Delegierte aus zweiundzwanzig Ländern daran teil. Zu den Teilnehmern gehörte auch Muhammad Raschid Rida, der ehemalige Lehrer des Mufti und einer der führenden islamischen Denker in Ägypten. Hadsch Amins Versprechen zum Trotz erwies es sich als unmöglich, die Politik aus den Verhandlungen ganz auszuschließen. Mehrere Reden richteten sich gegen den Zionismus und die angebliche Gefährdung der muslimischen Heiligen Stätten durch jüdische Pläne für einen Wiederaufbau des Tempels.[62] Beim Kongress wurde beschlossen, in Jerusalem eine moslemische Universität zu errichten – vom Mufti ausdrücklich als Herausforderung für die Hebräische Universität gedacht.[63] Im weiteren Verlauf wurde zwar eine illustrierte Broschüre über das Projekt veröffentlicht und Geld gesammelt, u. a. ein Betrag von £ 7543 vom Maharadscha von Haiderabad, aber gebaut wurde die Universität nie. Wenn der Kongress auch wenig Konkretes erbrachte, so stieg doch das Prestige des Mufti, und die Verteidigung Jerusalems und Palästinas wurde zu einem zentralen panislamischen Anliegen. Von nun an trug Hadsch Amin drei Titel: Großmufti, Präsident des Obersten Muslimrats und Präsident des Allgemeinen Islamischen Kongresses – in der muslimischen Welt nahm er nun zweifelsohne einen Rang von internationaler Bedeutung ein.

Grund zur Zufriedenheit gab es für den Mufti auch auf lokaler Ebene, wo Husaynis Feind Ragheb Naschaschibi, der Bürgermeister von Jerusalem, eine Niederlage erlitt. Der Konflikt zwischen den beiden Familien und ihren weit ausgreifenden Klankoalitionen wurde derart verbissen geführt, dass die Husaynis bei den Gemeindewahlen von 1927 sogar an die Zionisten mit dem Vorschlag herangetreten waren, gemeinsame Sache gegen Ragheb zu machen.[64] Damals gaben die Juden Ragheb ihre Stimmen. 1934 aber waren die Juden seiner Verwaltung überdrüssig, die sie für korrupt und unwirksam hielten. Diesmal ging eine Reihe jüdischer Stimmen an Raghebs Gegner im ersten Wahlbezirk, Husayn Fakhri al-Khalidi. Als Mitglied einer anderen namhaften Jerusalemer Familie – sie beanspruchte, von Khaled ibn Walid, dem arabischen Eroberer Palästinas im 7. Jahrhundert, abzustammen – verfügte Khalidi über eine große eigene Anhängerschaft, hatte aber auch den Rückhalt der Husaynis. Er gewann den Sitz. Als nun Ragheb ungeachtet dieses Wahlausgangs am Bürgermeisteramt festzuhalten versuchte, forderte Moshe Schertok von der *Jewish Agency* (die für den Jischuw als eine Art Regierung fungierte) von den britischen Behörden die Einsetzung Khalidis.[65] Ragheb erhob Einspruch dagegen, aber ohne Erfolg, und Khalidi wurde Bürgermeister. Seinen früheren Einfluss gewann Ragheb nie wieder zurück – und nie vergab er denen, die dafür verantwortlich waren.

Auf dem Weg zur Teilung

Als sich der arabisch-jüdische Konflikt verstärkte, fing man in der Politik an, eine Teilung des Landes in Erwägung zu ziehen. Dieser Gedanke war bezeichnenderweise zuerst im Zusammenhang mit Jerusalem aufgekommen. 1932 schlug Chaim Arlosoroff, der Vorsitzende der politischen Abteilung der *Jewish Agency* (und damit praktisch der «Außenminister» der Zionistischen Bewegung), in einem Brief an den ehemaligen Hochkommissar Sir Herbert Samuel die Teilung Jerusalems in zwei Bezirke vor, einen arabischen und einen jüdischen, wobei jeder einen eigenen Bezirksrat haben sollte. Samuel antwortete, dass er persönlich gegen die Teilung sei, weil zwei städtische Autoritäten «in unmittelbarer Nähe nahezu eine Einladung zu Reibungen wären», auch wenn er einräumte, dass dies «das einzige Mittel zur Vermeidung größerer Übel» sein könnte.[66]

Im April 1936 brachen in Palästina ein landesweiter Generalstreik und ein Aufstand der Araber aus. Zwar hatte der Mufti weder den Anstoß zur Revolte gegeben noch sie organisiert, aber im Sommer bot er den Aufständischen Geld und moralische Unterstützung. Den Briten bereitete nicht nur die Größenordnung des Aufstands Sorgen, sondern auch die veränderte Situation im unmittelbaren Umfeld. Mit dem Einmarsch der Italiener in Äthiopien im Jahre 1935 ließ Mussolini die Absicht erkennen, das Mittelmeer für Italien vereinnahmen zu wollen. Damit wurde zum erstenmal seit dem Ende des Ersten Weltkriegs die britische Vorherrschaft im Nahen Osten durch eine andere europäische Macht ernsthaft in Frage gestellt. Der britische Geheimdienst brachte in Erfahrung, dass der italienische Konsul in Jerusalem die Aufständischen finanziell unterstützte.[67]

Ein Gespräch, das 1934 Mussolini und Weizmann in Rom führten, zeigt, dass die Faschisten nicht nur unter den Arabern Zwietracht säten:

MUSSOLINI: Was meinen Sie zu Jerusalem?
WEIZMANN: Eine Sache ist völlig klar. Wenn Jerusalem nicht eine jüdische Hauptstadt wird, kann es auf keinen Fall eine arabische Hauptstadt werden, weil es die christliche Welt gibt. Jerusalem ist der Zusammenfluss von drei Religionen. Man sollte sich jedoch bewusst sein, dass die Heiligkeit Jerusalems für die Muslime eine ziemlich junge Erfindung ist, während Jerusalem für die Juden die Stadt Davids und für die Christen das Zentrum ihrer Heiligen Stätten ist.

MUSSOLINI: Sie haben recht. Es muss eine für alle zufriedenstellende Lösung gefunden werden.
WEIZMANN: In der Jerusalem-Frage bin ich immer sehr zurückhaltend gewesen. Wir haben heute die Mehrheit in Jerusalem.
MUSSOLINI: Ist das möglich?
WEIZMANN: Gewiss, und ich habe meinen Freunden immer geraten, von dieser Tatsache keinen Gebrauch zu machen, eben weil es dabei um Jerusalem geht.
MUSSOLINI: Sie sind sehr klug.
WEIZMANN: Kann ich, wenn wir zu der praktischen Durchführung kommen, auf Ihre Unterstützung zählen?
MUSSOLINI: Selbstverständlich.[68]

Die Gefahr, dass eine außenstehende Macht wie Italien die wachsenden nationalistischen Gegensätze in Palästina ausnutzen könnte, machte der britischen Regierung große Sorgen und ließ sie nach einer neuen Politik Ausschau halten, die zwar weiterhin an Großbritanniens strategischen Interessen festhalten, diese aber aus dem arabisch-jüdischen Konflikt entflechten sollte.

In der Hoffnung, eine solche Politik finden zu können, setzte die Regierung eine «Königliche Kommission» zur Untersuchung des Palästina-Problems ein. Ihr Vorsitzender war Lord Peel, ein Nachfahre des Premiers aus dem 19. Jahrhundert; stärkste intellektuelle Kraft in der Kommission war Sir Reginald Coupland, Professor für imperiale Geschichte in Oxford. Ihr im Juli 1937 veröffentlichter Abschlussbericht empfahl die Teilung Palästinas in einen arabischen Staat (der mit Transjordanien vereinigt werden sollte) und einen kleineren jüdischen Staat sowie eine britische Mandatsenklave um Jerusalem (siehe Karte 4, S. 127). Die vorgeschlagene Enklave war um vieles größer als das Stadtgebiet von Jerusalem. Auch Bethlehem gehörte zu ihr sowie ein Korridor, der sich bis zur Küste bei Jaffa erstrecken sollte – Witzbolde nannten ihn die «Promenade des Anglais» – sowie die Städte Nazareth, Tiberias, Safed, Akka und Haifa (unverzichtbar für die Briten wegen seines Hafens).

Araber wie Juden waren geteilter Meinung über den Bericht. In den Reihen der Araber fand die Naschaschibi-Partei, die in enger Verbindung zu Emir Abdullah von Transjordanien stand (einem weiteren Sohn von Scherif Hussein), die Teilung reizvoll, wurde aber durch die Anhänger des Mufti zum Schweigen gebracht. Das Hohe Arabische Komitee, das Hauptorgan der palästinensischen Nationalbewegung, lehnte den Vorschlag rundweg ab. Es weigerte sich, über irgendeine Form von Teilung zu sprechen, und setzte den Aufstand mit neuer Energie fort. Bei den Zionisten fanden scharfe interne Debatten statt, bevor sie sich schließlich entschieden, den Gedanken der Teilung im Grundsatz zu akzeptieren, jedoch günstigere Grenzen als die von der «Königlichen Kommission» vorgeschlagenen zu verlangen.

In der Tat überraschte die zionistische Reaktion auf die Idee eines zionistischen Staates ohne Zion nicht wenig. Gegenüber der Heiligen Stadt hatten die Zionisten immer unterschwellig eine feindselige Haltung an den Tag gelegt – besonders stark bei der dominanten, säkularisierenden sozialistisch-zionistischen Bewegung. Sie sahen in Jerusalem die Festung des «alten Jischuw» – das Symbol für Konservativismus, Unproduktivität und Anti-Zionismus. Bis zur Gründung des Staates Israel war Tel Aviv die wirkliche Hauptstadt des Zionismus – und, nur nicht dem Namen nach, auch noch eine ganze Weile danach.[69] In den dreißiger Jahren baute die *Jewish Agency* ein eindrucksvolles Hauptquartier an der King George V Avenue in Westjerusalem, das als Sitz der zionistischen Quasi-Regierung vorgesehen war. Aber die meisten politischen Parteien hatten ihren Sitz in Tel Aviv, und in dieser dynamischen Küstenstadt standen auch die Wohnhäuser nahezu aller führenden Politiker der zionistischen Bewegung. Ende der dreißiger Jahre war Tel Avivs jüdische Bevölkerung doppelt so groß wie die der Hauptstadt: 177000 Einwohner gegenüber 82000.[70] Das jüdische Gravitationszentrum in Palästina hatte sich eindeutig nach Tel Aviv verlagert.

Die zionistische Führung sah ein, dass angesichts der internationalen religiösen Interessen von Christen und Muslimen an der Altstadt keinerlei Hoffnung bestand, Jerusalem einem jüdischen Staat zuzusprechen. Deshalb rang man sich zu der Schlussfolgerung durch, dass es nur einen einzigen Weg gebe, in Jerusalem festen Fuß zu fassen, nämlich darauf zu dringen, dass die Stadt, wie das Land als Ganzes, aufgeteilt werde. Moshe Schertok, der Leiter der Politischen Abteilung der *Jewish Agency*, schrieb im Dezember 1937 einem Kollegen: «Die einzige Möglichkeit, aus dem Wirrwarr der Forderungen der verschiedenen Religionen herauszukommen, besteht darin, die ganze Altstadt als einheitliches Ganzes einer Jurisdiktion mit internationaler Autorität zu unterstellen.»[71] Die zum Teil freiwillige Trennung von Arabern und Juden, die als Folge des Aufstands und des arabischen Boykotts jüdischer Geschäfte verstärkt stattgefunden hatte, trug dazu bei, den Teilungsgedanken für die Zionisten annehmbarer erscheinen zu lassen. Viele Juden zogen aus den arabischen oder gemischten

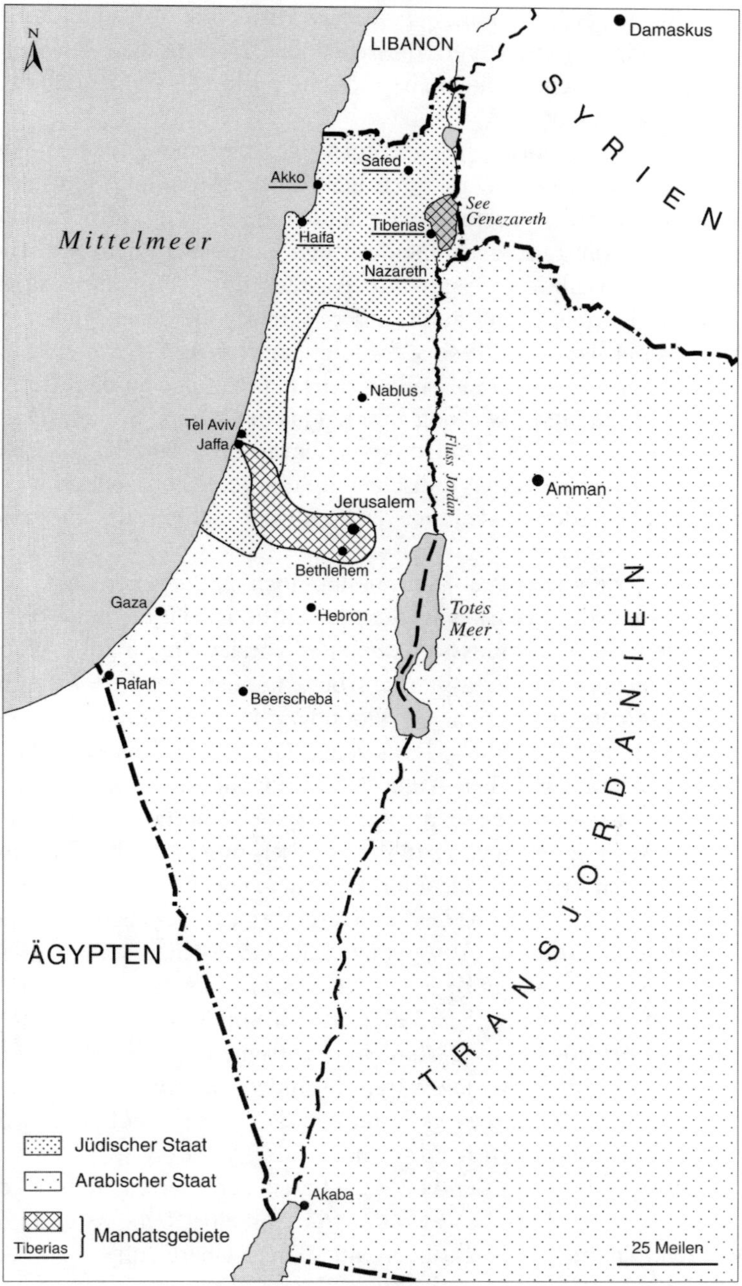

Karte 4 Der Teilungsplan der *Royal Commission* für Palästina (1937)

Gebieten fort, ein Vorgang, der, wie der Historiker Yehoshua Porath bemerkt hat, «bestens zum Bestreben der zionistischen Bewegung passte, eine in sich geschlossene jüdische nationale Gemeinschaft in Palästina aufzubauen».[72]

Ein von der Zionistischen Exekutive geschaffener Jerusalem-Ausschuss bereitete einen detaillierten Plan für die Aufteilung Jerusalems vor. Er sah vor, die von Juden bewohnten westlichen und nördlichen Bezirke der Neustadt zusammen mit den Skopusberg dem jüdischen Staat einzuverleiben. Die gesamte Altstadt unter Einbeziehung des jüdischen Viertels sowie auch andere Areale, an denen Juden aus Gründen der Tradition besonders interessiert waren – wie etwa der Friedhof auf dem Ölberg –, sollten dem Plan zufolge zu dem Restgebiet unter Mandatsverwaltung gehören (siehe Karte 5, S. 129). Damit wären mehrere Tausend Juden, vor allem in der Altstadt, außerhalb des Gebiets des geplanten jüdischen Staates geblieben; jedoch wurde vorgeschlagen, diesen dennoch zu gestatten, Bürger des jüdischen Staates zu werden.[73]

Weder der Plan der Peel-Kommission noch der Gegenvorschlag der Zionisten wurde verwirklicht. Stattdessen berief die britische Regierung eine weitere Kommission, die unter Vorsitz von Sir John Woodhead einen neuen Teilungsplan erarbeiten sollte. Der im November 1938 veröffentlichte Bericht der Woodhead-Kommission verwarf den Gedanken einer Aufteilung Jerusalems. Der ganze Teilungsgedanke wurde überhaupt mit dem Argument abgelehnt, ein so kleines Land wie Palästina aufzuteilen sei nicht praktikabel. Da man sich aber dem erteilten Auftrag verpflichtet fühlte, wurden unterschiedliche Aufteilungsszenarien erörtert, darunter auch der Vorschlag, Jerusalem zu einer Enklave zu machen. Der im Herbst 1938 vorgelegte Kommissionsbericht vertrat die Auffassung, falls ein solcher Stadtstaat geschaffen werde, solle er so erweitert werden, dass auch der Sender «Palestine Broadcasting Service» nördlich von Jerusalem sowie ein breiterer Korridor hinunter zum Meer zu seinem Territorium gehörten. Nach diesem Vorschlag wären die Juden mit etwa 80 000 Menschen bei einer Gesamtbevölkerung von 211 000 Einwohnern in der Enklave in der Minderheit gewesen.

In ihrer Ablehnung der von den Juden geforderten Teilung der Stadt verwies die Woodhead-Kommission auf eine Reihe von Schwierigkeiten, die auch in Reaktionen auf spätere Überlegungen zur Verwaltung Jerusalems bis zum heutigen Tag immer wieder genannt wurden. Eine davon war das Problem der Sicherheit:

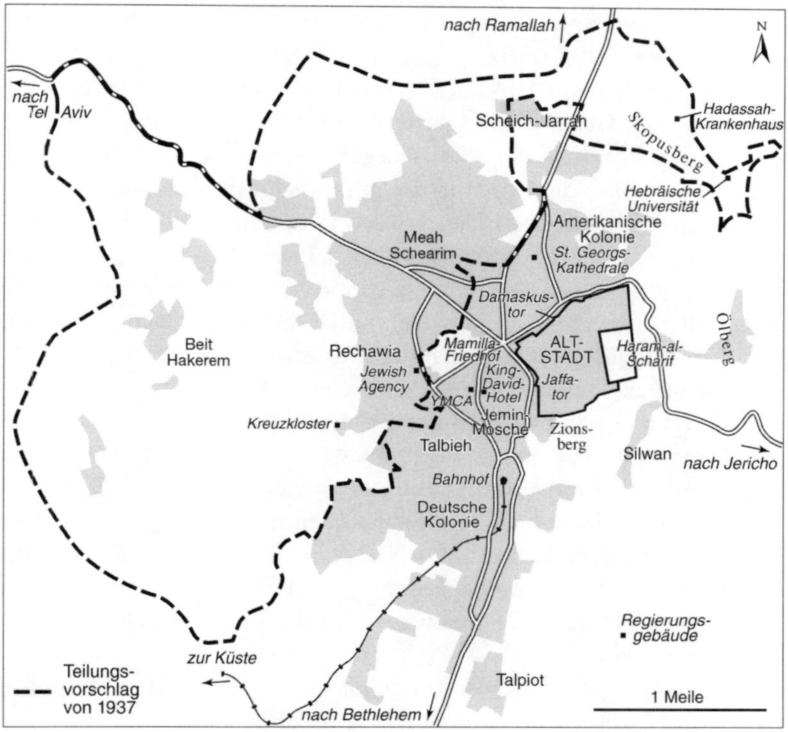

Karte 5 Der Teilungsplan der *Jewish Agency* für Jerusalem (1937)

Nach unserem Eindruck wäre das Hauptproblem die Verhinderung von Verstößen gegen den Frieden entlang der Grenze zwischen einer Bevölkerung, die auf der einen Seite fast nur aus Juden und auf der anderen weitgehend aus Arabern bestünde ... Wir sind der Meinung, dass es durch den Bau einer Straße entlang dem Grenzverlauf mit einer Barriere in der Mitte gelöst werden müsste.[74]

Der Vorschlag der Zionisten hatte diesen Einwand vorhergesehen und Beispiele von Städten wie etwa Schanghai angeführt, die in unterschiedliche Zuständigkeiten aufgeteilt waren, aber keine Verwaltungsbarrieren zwischen diesen aufwiesen. Nun war das Beispiel von Schanghai allerdings unglücklich gewählt: Die Stadt war in den dreißiger Jahren berüchtigt wegen ihrer Rechtlosigkeit und der Leichtigkeit, mit der Kriminelle und politische Terroristen der Festnahme entgehen konnten, indem sie problemlos über die Grenzen ihrer drei unterschiedlichen Verwaltungsbezirke – des chinesischen, des internationalen und des französischen Bezirks – gingen.[75] Überdies argumentierte die Kommission, es würde dann zu Problemen mit der Steuerung des Zustroms von Gelegenheitsarbeitern, bei der Organisation des Zolls und bei der Regelung der städtischen Wasserversorgung kommen.

Zwar erkannte die Kommission an, dass all diese Schwierigkeiten bei gutem Willen überwunden werden könnten, meinte aber, dass es übergeordnete politische und religiöse Einwände gegen die Teilung der Stadt gebe. Muslime würden sich ihr vehement widersetzen, weil «trotz allen Abstreitens seitens der Juden die Araber weiterhin glauben, dass die Juden etwas gegen die Altstadt im Schild führen». Auch «die christliche Meinung in der ganzen Welt wäre über einen Vorschlag, Teile des Stadtgebiets der Kontrolle der jüdischen Gemeinde zu überantworten, zutiefst bekümmert, wenn sie merkte, dass ein solcher Schritt Unmut und Unruhe provozieren würde».[76] Am Ende landeten die Berichte beider Kommissionen in der Ablage. Die Regierung hatte erkannt, dass es in Europa wahrscheinlich zum Krieg kommen werde, hatte all ihre Begeisterung für eine Teilung verloren und entschied sich stattdessen einstweilen für die Beibehaltung eines Einheitsstaates Palästina.

Den Briten war es inzwischen gelungen, den arabischen Aufstand niederzuschlagen, wenn auch unter erheblichen Kosten. Im Juli 1937 erging die Anweisung, den Mufti festzunehmen. Dieser suchte Zuflucht auf dem Haram al-Scharif, den die Briten aus Rücksicht gegenüber dem muslimischen Glauben nicht zu betreten wagten. Ein Korrespondent des *Daily Telegraph*, der den verfolgten Gottesmann interviewte, berichtete, «seine einzige Ablenkung sei, sich innerhalb der Mauern des Areals zu ergehen oder von seinen Privaträumen über der Klagemauer aus die Welt zu beobachten».[77] Alle zu dem Heiligtum hinführenden Tore wurden von britischen Truppen bewacht. Nach der Ermordung eines ihrer hohen Beamten löste im Oktober 1937 die Regierung das Hohe Arabische Komitee auf. Mehrere seiner Mitglieder wurden festgenommen und einige von ihnen auf die Seychellen deportiert. Dem Mufti jedoch gelang, als Beduine (nach anderen Berichten als Frau) verkleidet, die Flucht; er schlug sich in den Libanon durch, von wo aus er weiterhin den Widerstand gegen die Briten schürte. Bevor er Jerusalem verließ, hatte er auf der Suche nach Rückhalt für den arabischen Widerstand gegen den Zionismus Kontakt zum deutschen Generalkonsul aufgenommen.[78] Es war der Beginn einer wunderbaren Freundschaft.

Dr. Husayn Fakhri al-Khalidi, der 1934 mit Hilfe jüdischer Stimmen zum Bürgermeister von Jerusalem gewählt wurde. Das Foto stammt aus dem Jahr 1936.

Im Oktober 1938 erreichte der Aufstand der Araber seinen Höhepunkt, als Rebellen die Altstadt Jerusalems besetzten. Aufgrund des Münchner Viermächteabkommens vom 29. und 30. September 1938 waren die Briten jedoch in der Lage, Truppen aus dem europäischen Raum zu verlegen. So wurde Verstärkung aus England geholt, und die Armee ging zu einem entschlossenen Gegenangriff über. Der Kommandant des Bezirks Jerusalem, Generalmajor Richard O'Connor, befahl für den 19. Oktober die Rückeroberung der Altstadt. Bei ihrem Angriff benutzten die Briten einheimische Araber als menschliche Schutzschilde.[79] Die Rebellen kapitulierten. Obwohl es auch weiterhin sporadisch zu Gewaltakten kam, war dies das Ende des Aufstands als militärische Bedrohung.

Mit der Niederschlagung des Aufstands entmachteten die Briten die arabische Führung in Jerusalem. Der Mufti blieb bis nach dem Ende der Mandatszeit im Exil. Während des Krieges floh er in den Irak, wo er sich 1941 an einem zum Scheitern verurteilten antibritischen Coup beteiligte. Als dieser misslang, siedelte er nach Berlin über, von wo aus er für die Nazis Radiosendungen machte. Der Bürgermeister von Jerusalem, Husayn al-Khalidi, wurde «wegen seiner moralischen Verantwortung als Mitglied des Hohen Arabischen Komitees ... für die Mord- und Terrorkampagne in Palästina» auf die Seychellen deportiert.[80] Ragheb Naschaschibi, der frühere Bürgermeister, der eine entgegenkommendere Haltung gegenüber den Briten einnahm, wurde von Anhängern des Mufti bedroht und verbrachte darum die folgenden Jahre größtenteils in Kairo.

In Khalidis Abwesenheit übernahm sein jüdischer Stellvertreter Daniel Auster das Amt des Bürgermeisters. Die Beziehungen zwischen den arabischen und den jüdischen Stadträten verschlechterten sich, und die Regierung erwog, einen britischen Beamten als amtierenden Bürgermeister einzusetzen, weil man von Wahlen weitere gewalttätige Auseinandersetzungen befürchtete.[81] Auf Empfehlung eines Untersuchungsausschusses wurde dann Mustafa Bey Khalidi, ein ehemaliger Richter, zum Bürgermeister ernannt. Die Juden protestierten dagegen mit der Begründung, dass sie eine Mehrheit innerhalb der städtischen Bevölkerung bildeten; da aber die Streitkräfte der Achsenmächte immer näher an Palästina heranrückten, berichtete der Hochkommissar Sir Harold MacMichael, dass die Juden «das politische Lavieren in dieser Frage in ihrer generellen Alarmiertheit hatten untergehen lassen».[82]

«Ein besserer Kampfplatz»

In politischer Hinsicht wurde die Jerusalem-Frage wie die von ganz Palästina bis in die zweite Kriegshälfte aufgeschoben. Im September 1943 schlug MacMichael ein weiteres Teilungsschema für Palästina vor, demzufolge außer einem arabischen und einem jüdischen Staat «ein Staat Jerusalem» geschaffen und von Großbritannien regiert werden sollte.[83] Die Grenzen dieses Staatswesens wurden zwischen London und Jerusalem diskutiert und schließlich so erweitert, dass sie nicht allein die Stadt Jerusalem, sondern auch Bethlehem, Ramallah, Lydda, Ramleh und die Jarkon-Quellen einschlossen. Dadurch wollte man sicherstellen, dass kein arabischer Korridor den jüdischen Staat und den Staat Jerusalem trennen würde.

In einer Denkschrift vom Februar 1944, in der er die Gründe für sein Teilungsvorhaben darlegte, zitierte MacMichael den griechischen Lyriker Pindar: «Tut es doch not, an den Beginn des Werkes eine weithin leuchtende Stirn zu setzen.»[84] In diesem Sinne vertrat er die Auffassung, dass «der Schaffung eines neuen Staates [von Jerusalem], der für immer die Heilige Stadt schützen, ihre Vereinigungen bewahren und den Anhängern aller Glaubensrichtungen, denen sie heilig ist, freien Zugang garantieren soll, ein Ehrenplatz in einem ansonsten rein auf Zweckmäßigkeit abgestellten Projekt eingeräumt werden sollte». Der Staat werde ungefähr 300 000 Einwohner haben, von denen etwa 90 000 Juden wären. Die Regierungsform dieses Staates, schrieb MacMichael, müsse «sich deutlich von der einer Kronkolonie unterscheiden und über sie hinausgehen. Auf der anderen Seite muss sie die Merkmale der Demokratie und eine Repräsentativverfassung haben». Die Verfassung müsse «zwangsläufig eine Form von Dyarchie aufweisen». Deshalb werde es zwar eine gesetzgebende Körperschaft geben, in der sechsundzwanzig der achtundzwanzig Mitglieder gewählt würden, aber der Hochkommissar würde «die Verantwortung für die Verwaltung bestimmter Sachbereiche einschließlich der Heiligen Stätten ... für Verteidigung und auswärtige Beziehungen des Staates, den Erwerb der Staatsbürgerschaft und die Kontrolle der Gesetzgebung» behalten. MacMichael erwartete, dass elf von den sechsundzwanzig Mitgliedern der Legislative Muslime, acht Juden und sieben Christen sein würden – «mit der Folge, dass keine Gemeinde eine absolute Mehrheit in der Legislative haben wird». Den Gedanken, dass Einwohner des Staates Jerusalem Bürger des benachbarten arabischen oder jüdischen Staates sein könnten, lehnte er ab. Dies würde jenen Staaten «fast unbegrenzte Möglichkeiten der Einmischung unter dem Vorwand des Schutzes ihrer Staatsangehörigen» verschaffen; «Jerusalem wäre nichts anderes als ein besserer Kampfplatz».[85]

MacMichaels Plan fand die Zustimmung des Kolonialministeriums, obwohl dortige Beamte «gewisse Schwierigkeiten» mit seinen Verfassungsplänen hatten. Man verwies darauf, dass «das dyarchische Prinzip» in den indischen Provinzen sowie in Malta ausprobiert worden sei und sich als Fehlschlag erwiesen habe.[86] Im April 1944 begab sich MacMichael nach Kairo, um mit dem dortigen britischen Ministerresidenten und hohen britischen, für den Nahen Osten zuständigen Beamten zu sprechen. Einige der Beratungsteilnehmer bezweifelten, dass die Schaffung eines Staates Jerusalem als ein rein britisches Unterfangen praktikabel wäre. Die Befürchtung wurde laut, dass «wahrscheinlich besonders Frankreich und Russland ihre Ansprüche als Schutzmächte der katholischen bzw. orthodoxen Kirche erheben würden».[87]

Unterdessen war in London ein Kabinettsausschuss gebildet worden, der das gesamte Palästinaproblem einer Überprüfung unterziehen sollte. Er befasste sich mit verschiedenen Einwänden und Ergänzungen zu MacMichaels Vorschlägen, darunter auch mit der Auffassung des Premierministers, dass «der Jerusalem-Staat vielleicht unnötig groß» sei.[88] Das Außenministerium war nachdrücklich gegen das ganze Teilungskonzept, und Außenminister Anthony Eden brachte ein eindrucksvolles Kabinettsmemorandum in Umlauf, das die Meinung, eine solche Lösung werde wenigstens für «Endgültigkeit» sorgen, als «schiere Illusion» bezeichnete.[89] Hinsichtlich des vorgesehenen Jerusalem-Staates bezweifelte das Außenministerium, dass die Legislative «in der Praxis befriedigend funktionieren» würde:

> Es ist anzunehmen, dass die Beziehungen zwischen dem arabischen und dem jüdischen Bevölkerungsteil den Zustand der zwischen Südsyrien und dem jüdischen Staat herrschenden Beziehungen widerspiegeln werden. Wenn die arabisch-jüdischen Beziehungen schlecht sind und es zu Gewaltausbrüchen kommt, ist es unwahrscheinlich, dass Araber und Juden innerhalb des Jerusalem-Staates miteinander kooperieren werden. Es könnte zu Unruhe und Durcheinander kommen. Jerusalem könnte durchaus zu einem der Hauptschlachtfelder zwischen widerstreitenden Kräften werden. Kurzum, es ist unwahrscheinlich, dass der Jerusalem-Staat als dauerhaftes Mitglied der Völkergemeinschaft sich als Kreditposten in der Bilanz seiner Gründer herausstellen wird.[90]

Dennoch stimmte der Kabinettsausschuss im Oktober 1944 der Teilung zu. Der Jerusalem-Staat solle «autonom» sein, aber «unter dem Schutz von Großbritannien oder der Vereinten Nationen» stehen. Ein weiterer Vorschlag lautete, dass der Staat offene Grenzen haben solle, dass aber «weder Arabern noch Juden erlaubt werden sollte, sich ohne vorherige Zustimmung auf Dauer dort niederzulassen».[91] Churchill, der sich in den dreißiger Jahren gegen die Teilung ausgesprochen hatte, konnte nun dieser Idee mehr abgewinnen. Aber das Außenministerium war weiterhin dagegen, und nachdem jüdische Terroristen im November 1944 den britischen Gesandten Lord Moyne ermordet hatten, wurde das Projekt *ad acta* gelegt.

Während die auf lange Frist angelegte britische Palästinapolitik gegen Ende 1944 ins Stocken geriet, formulierten die Zionisten ihre eigenen Zukunftspläne. Ein Ausschuss wurde eingesetzt, der die Ansiedlung in Palästina planen sollte, und dieser setzte wiederum einen Unterausschuss ein, zu dessen Pflichten laut David Ben Gurion, dem damaligen Vorsitzenden der Exekutive der *Jewish Agency* in Palästina, «die Vorbereitung eines Plans zur Förderung der jüdischen Ansiedlung in Jerusalem und seiner Umgebung» gehörte und die «Sicherstellung, dass die Hauptstadt unseres Landes eine jüdische Mehrheit haben wird».[92] Dieser Unterausschuss trat jedoch nur zweimal zusammen, legte keinerlei Empfehlungen vor und hatte keine erkennbaren Auswirkungen auf die politische Planung der Zionisten – ein Zeichen dafür, dass Jerusalem für die Zionisten immer noch einen niedrigen Stellenwert einnahm.

Infolge einer Krise in der Verwaltung der Stadt, die nach dem plötzlichen Tod des Bürgermeisters Mustafa Bey al-Khalidi ausbrach, wurde das Problem im August 1944 erneut auf die politische Tagesordnung gesetzt. Wie 1937 übernahm auch jetzt dessen jüdischer Stellvertreter Daniel Auster vorübergehend die Funktion des amtierenden Bürgermeisters. Die arabischen Stadträte drohten jedoch, die Arbeit der Stadtverwaltung zu boykottieren, falls nicht sofort ein arabischer Bürgermeister ernannt werde. Mitglieder der Familie Khalidi sprachen beim Hochkommissar vor und baten ihn, ihren Schmerz über den Verlust ihres verstorbenen Verwandten durch die Berufung eines Nachfolgers aus ihren Reihen zu lindern.[93] Hebräische Zeitungen konterten mit Forderungen nach einem jüdischen Bürgermeister oder, falls es dazu nicht käme, nach der Rotation von muslimischen, christlichen und jüdischen Bürgermeistern. Sie wiesen auch darauf hin, dass die Juden inzwischen schätzungsweise 61 Prozent der städtischen Bevölkerung ausmachten. Manche schlugen eine dritte Lösung vor: Die Stadt solle in getrennte, unabhängig voneinander verwaltete jüdische und arabische Sektionen aufgeteilt werden.[94] Der Boykott der arabischen Stadträte trat am 21. März 1945 in Kraft. Um den toten Punkt der Verhandlungen zu überwinden, schlug Hochkommissar Viscount Gort ein jährlich unter Muslimen, Juden und Christen rotierendes Bürgermeisteramt vor (wobei letztere nicht zwingend Palästinenser sein müssten). Die Juden stimmten diesem Vorschlag im Prinzip zu, hatten aber Einwände hinsichtlich der Dauer der Amtszeit und verlangten, dass der erste Amtsträger unter der neuen Regelung ein Jude sein müsse. Die größte (von Husayni angeführte) Partei der Araber rief als Protest gegen den Plan zu einem Generalstreik auf.[95]

Am 20. April 1945 berichtete Gort, dass «arabische Stadträte mit einigen politischen Verbündeten» ... «extrem vorläufige Vorschläge» verlautbart hätten, wonach «die Altstadt und bestimmte, vorwiegend arabische Gebiete von der modernen Stadt Jerusalem abgetrennt werden könnten». «Auch die Juden», schrieb er nach London, «scheinen daran interessiert zu sein.»[96] Der Weg für die Vereinbarung einer Teilung der Stadt schien damit frei zu sein.

Am Ende des Krieges in Europa und im Nahen Osten im Mai 1945 war die Jerusalemer Stadtverwaltung durch den Dauerstreit zwischen arabischen und jüdischen Stadträten praktisch außer Funktion gesetzt. Deshalb gab die Regierung am 11. Juli bekannt, dass die Verwaltung der Stadt «wegen des Scheiterns des Jerusalemer Stadtrats, politische Reife zu demonstrieren und eigene Schwierigkeiten beizulegen», zeitweilig einer Kommission von fünf britischen Beamten übergeben werde. Zugleich wurde der Oberrichter für Palästina, Sir William Fitzgerald, ersucht, die Frage der künftigen Stadtverwaltung für Jerusalem zu untersuchen.[97] Die von manchen als beleidigend empfundene Sprache, in der das Regierungskommuniqué abgefasst war, führte zu Beschwerden, und die Juden weigerten sich, an Fitzgeralds Untersuchung teilzunehmen.

Oberrichter Fitzgerald, ein genialer Ire, legte seine Empfehlungen im August 1945 vor. Er gab zu, dass die bestehende städtische Verwaltung, «die auf dem fundamentalen Grundsatz der Demokratie basiert, demzufolge die Meinung der Mehrheit ausschlaggebend sein soll», gescheitert war:

> Die Araber sind nicht in der Lage, der Stadt Jerusalem das Prinzip zuzugestehen, das seit Beginn der britischen Verwaltung Gestalt angenommen hat. Angesichts der Geschichte bin ich gezwungen zuzugeben, dass dieser Standpunkt nicht jeder Grundlage entbehrt, wenn auch nicht in dem Maße, wie er von den Arabern vertreten wurde. Politisch verantwortliche Juden haben denn auch wiederholt betont, dass ihnen völlig klar ist, dass die einmalige Stellung der Stadt Jerusalem eine besonders ausgeklügelte Verwaltungsform erfordert.

Die Muslime forderten weiterhin das Bürgermeisteramt aus Gründen der Tradition, die Juden aufgrund ihrer Mehrheit. Die neusten Zahlen, die Fitzgerald zur Verfügung standen, ergaben, dass sich die Bevölkerung aus 92 000 Juden, 32 000 Muslimen und 27 000 anderen Einwohnern zusammensetzte.

Fitzgeralds Empfehlungen für Jerusalem hatten eine gewisse Ähnlichkeit mit denen Lord Peels für ganz Palästina. 1937 hatte die britische Untersuchungskommission angeführt, dass, nachdem in Palästina ein offener Konflikt ausgebrochen sei, die üblichen demokratischen Mehrheitslösungen nicht funktionieren würden; «die einzige Hoffnung auf Heilung liege in der ‹chirurgischen› Operation».[98] Peels Empfehlung war die Teilung Palästinas, Fitzgeralds die Teilung Jerusalems. Der Unterschied bestand natürlich darin, dass es Fitzgerald mit einer jüdischen statt mit einer arabischen Mehrheit zu tun hatte:

> Ich bin zu der bedauerlichen, aber unabweisbaren Schlussfolgerung genötigt, dass keine Möglichkeit für eine Zusammenarbeit zwischen Arabern und Juden besteht, um dem Erlass über die Stadtverwaltung von 1934 in Jerusalem Geltung zu verschaffen. Ohne diese Zusammenarbeit muss die städtische Verwaltung unter dem derzeitigen Erlass zusammenbrechen ... Wie es sich trifft, bietet sich das gegenwärtige Stadtgebiet von Jerusalem in geographischer Hinsicht dazu an, in zwei Stadtbezirke mit klar festgelegten Grenzen aufgeteilt zu werden, jeder mit einer anderen Lebensauffassung, mit anderen Bestrebungen und Interessen. Ich sehe keinen Grund, vor der Realität der Situation zurückzuschrecken, die ich in der Tat als günstig betrachte: ein Stadtbezirk wird vorwiegend jüdisch sein und der andere vorwiegend arabisch.

Als eine Art Dachorganisation über den beiden Stadtbezirken schlug Fitzgerald einen Verwaltungsrat ähnlich dem London County Council vor. Die beiden Stadtbezirke würden weitestgehend den bestehenden Siedlungsmustern entsprechen (siehe Karte 6, S. 139). Aber Fitzgeralds Plan fand nicht genügend Befürworter, um die Regierung zu seiner Umsetzung zu veranlassen.

So blieb es bis zum Ende der Mandatsregierung bei der Stadtverwaltung von Jerusalem unter Führung einer nicht gewählten Kommission. Im Dezember 1945 wurde George Webster, der ehemalige «Postmaster-General» von Palästina, zu ihrem Vorsitzenden ernannt. Sechs weitere Beamte gehörten ihr an, vier Briten und zwei Palästinenser. Ein Jahr darauf trat Webster zurück und wurde durch einen John Hilton ersetzt, auf den schließlich im Juni 1947 ein gewisser Richard Graves folgte.

Inzwischen geriet ganz Palästina in einen Bürgerkrieg. Die im Juli 1945 in Großbritannien gewählte Labour-Regierung beschloss, den aus Kriegszeiten stammenden vorläufigen Teilungsplan nicht weiter zu verfolgen. Stattdessen bemühte sie sich darum, die Amerikaner in eine geteilte Verantwortung hineinzuziehen, weshalb sie Trumans Regierung dazu überredete, einen gemeinsamen britisch-amerikanischen Untersuchungsausschuss zu den Problemen Palästinas und der jüdischen Überlebenden der Vernichtungslager in Europa einzuberufen. Der Ausschuss sprach sich gegen eine Teilung aus. Seine wichtigste Empfehlung war die einer sofortigen Einreiseerlaubnis für 100 000 jüdische Flüchtlinge aus Europa nach Palästina. Die britische Regierung machte diese Zulassung jedoch von der Entwaffnung und Auflösung jüdischer paramilitärischer Organisationen abhängig, die in den letzten Jahren einen Zuwachs an Mitgliedern und Waffen zu verzeichnen hatten. Die Zionisten lehnten aber ab, es in Erwägung zu ziehen.

Als sich der politische Streit hinzog, ohne dass eine Lösung näherrückte, griffen die Zionisten auf die direkte Aktion zurück. Der breite Zustrom jüdischer Einwanderer aus Europa, weit über die von der Regierung gesetzten Grenzen hinaus, wuchs sich zu einem Wettstreit um die größere Entschlossenheit und zu einer Propagandaschlacht zwischen Briten und Zionisten aus. In Jerusalem stieg die Zahl terroristischer Akte an. Am 22. Juli 1946 wurde das King-David-Hotel, das zeitweilig die Regierung Palästinas sowie das Hauptquartier der britischen Armee beherbergte, von Angehörigen der radikalen zionistischen Untergrundorganisation *Irgun Zwai Leumi* in die Luft gesprengt, wobei einundneunzig Menschen ums Leben kamen.

Daraufhin zog sich die Regierung sowohl physisch als auch geistig in eine Festung zurück und riegelte zentral gelegene Teile der Stadt ab, in denen Regierungsgebäude lagen, sowie das sogenannte russische Gelände, auf dem das Polizeipräsidium, Gerichte und das Zentralgefängnis ihren Sitz hatten. Eine innere Sicherheitszone wurde mit Stacheldraht eingefasst; die Juden hatten dafür den Spitznamen «Bevingrad», eine Anspielung auf den verhassten britischen Außenminister Ernest Bevin.

Am 1. August 1946 verständigte sich die Exekutive der *Jewish Agency*, die (aus Angst, in Palästina verhaftet zu werden) in Paris tagte, erneut auf den Grundsatz der Aufteilung Palästinas in einen jüdischen und einen arabischen Staat. Hinsichtlich Jerusalems blieb der Vorschlag vage und spiegelte das Zögern der zionistischen Führung in dieser Frage wider. Sie schwor zwar nicht jeglichem Recht auf die Stadt ab, aber sie beanspruchte auch keines für sich.

Die palästinensisch-arabische Führung blieb gespalten und orientierungslos. Noch immer war der Mufti der einflussreichste Mann, aber seine Wirksamkeit war eingeschränkt, weil er weiterhin im Exil leben musste – zuerst in Frankreich, dann, ab Juni 1946, in Ägypten und schließlich seit Oktober 1947 im Libanon. Im neu gebildeten

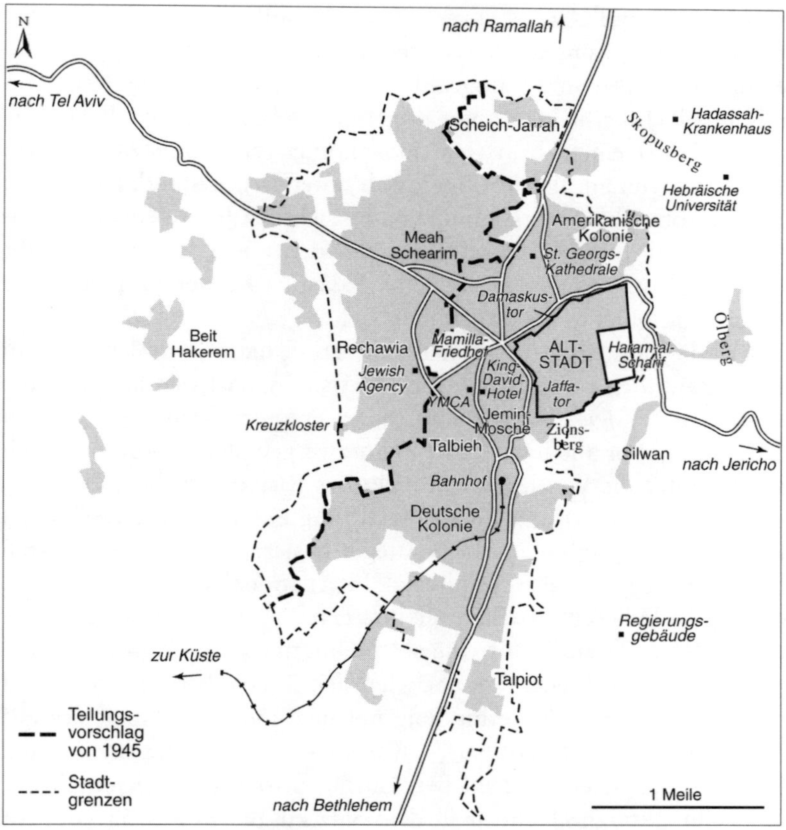

Karte 6 Sir William Fitzgeralds Vorschlag für Jerusalem (1945)

Hohen Arabischen Komitee saßen wieder Repräsentanten aller wichtigen Parteien. Dieses Gremium fand die Unterstützung der seit 1944 bestehenden Arabischen Liga, war aber nicht imstande, eine klare Politik einzuschlagen. Anders als den Zionisten gelang es den palästinensischen Arabern nicht, disziplinierte militärische Verbände aufzustellen, auszubilden und auszurüsten.

Während ständig weitere Pläne für die Zukunft des Landes vorgelegt oder verworfen wurden, stand auch Jerusalem im Mittelpunkt manch ingeniöser Verfassungsbastelei. Dem Plan einer «Provinz-Autonomie» zufolge, der im Juli 1946 vom britischen Minister Herbert Morrison und vom ehemaligen amerikanischen «Assistant Secretary of State»Henry F. Grady vorgelegt wurde, sollte das Mandat in eine Treuhandverwaltung der Vereinten Nationen überführt und das Land in autonome Provinzen aufgeteilt werden; das Gebiet um Jerusalem einschließlich Bethlehem sowie die Negev-Wüste im Süden Palästinas sollten direkt einem britischen Hochkommissar unterstellt werden. Präsident Truman, der innenpolitisch unter Druck stand, lehnte den Plan ab (obwohl die Bestimmungen hinsichtlich Jerusalems in Washington Gefallen fanden); nach ein paar Wochen war davon nicht mehr die Rede.[99] Im September trat eine Palästina-Konferenz in London zusammen, brachte aber auch nichts zuwege.

Was die zionistische Diplomatie anbetraf, hatte Jerusalem auch in dieser Zeit noch keine hohe Priorität. Auch im nächsten Jahr kam die Exekutive der *Jewish Agency* in dieser Frage zu keiner eindeutigen Auffassung. Vor allem wollte sie mit der vergeblichen Forderung nach Souveränität für Westjerusalem nicht das Risiko eingehen, die internationale Unterstützung für die Schaffung eines jüdischen Staats zu verlieren. Ihre diplomatische Strategie basierte auf der resignierten Hinnahme einer wahrscheinlichen Internationalisierung der Stadt. Dies einkalkulierend, richtete sie ihre ganze Aufmerksamkeit auf die vorgesehenen Grenzen für eine solche internationale Zone, um zwei Ziele zu erreichen: eine jüdische Mehrheit in dem betreffenden Areal sowie eine territoriale Verbindung mit dem jüdischen Staat, notfalls in der Form eines Korridors.[100] Warum waren die Zionisten bereit, Jerusalem zu opfern? David Ben Gurion fasste den Sachverhalt mit ungeschminkter Einfachheit in dem Satz zusammen, es sei «der für die Staatlichkeit zu zahlende Preis».[101]

Während des jüdischen Aufstands war die Zahl der zivilen und militärischen Opfer wesentlich niedriger gewesen als in der arabischen Revolte ein Jahrzehnt zuvor: Zwischen 1936 und 1939 verloren 4000 Menschen das Leben; der jüdische Aufstand bis zum April 1947 forderte nur 270 Todesopfer.[102] Und doch hatten die Briten größere Mühe, mit der Rebellion der Zionisten fertig zu werden. Zum Teil lag dies daran, dass die Briten in dieser Zeit militärisch viel schwächer und sogar noch mehr überfordert waren als in den dreißiger Jahren, zum Teil auch daran, dass die zionistischen Paramilitärs besser organisiert und koordiniert waren und oft gegen militärische oder behördliche Schwachstellen wesentlich wirkungsvoller losschlugen.

Am 14. Februar 1947 reichte es den Briten. Außenminister Bevin brachte die Londoner Palästinakonferenz zum Abschluss und bekannte, dass die britische Regierung «erstmals in der britischen Geschichte zugeben müsse, an der Lösung eines Problems dieser Art gescheitert zu sein».[103] An diesem Tag fasste das Kabinett den Beschluss, das Problem an die Vereinten Nationen weiterzureichen. Als übriggebliebener Legatar des Völkerbundsmandats über Palästina wurde die Weltorganisation dazu aufgefordert, das Problem zu lösen.

Am 28. April 1947 begann eine Sondersitzungsperiode der Generalversammlung der Vereinten Nationen, die das Palästina-Problem zum Thema hatte. Man beschloss, eine weitere Untersuchungskommission, das UN Special Committee on Palestine (UNSCOP), zu entsenden, um Vorschläge für die Zukunft des Landes in Erfahrung zu bringen. Unter Führung des schwedischen Richters Emil Sandström kamen die elf Mitglieder der UNSCOP allesamt aus Ländern, die man in dieser Frage als neutral einstufte. Im Verlauf ihrer Palästinareise verbrachte die Kommission zwei Arbeitstage, den 18. und den 27. Juni, in Jerusalem; sie besuchte in dieser Zeit den Haram al-Scharif, vier Synagogen, die Grabeskirche, das Büro des Obersten Muslimrats, die Hebräische Universität und das Hadassa-Krankenhaus. Zu den Dokumenten, die ihr vorlagen, gehörte Sir William Fitzgeralds Bericht über die Stadtverwaltung von Jerusalem und eine drei Seiten lange «Notiz über die Stellung Jerusalems in Leben und Tradition der Juden», welche die *Jewish Agency* der Kommission vorgelegt hatte. Das Hohe Arabische Komitee weigerte sich, mit der UNSCOP zusammenzuarbeiten, aber die wichtigen arabischen Staaten (mit Ausnahme von Transjordanien) standen zur Verfügung. Mehrere christliche Gruppierungen trugen Erklärungen vor, und der französische Generalkonsul übergab eine Denkschrift über französische religiöse und Bildungseinrichtungen im Heiligen Land.

Die der Kommission vorgelegten Vorschläge boten wenig Aussicht auf Gemeinsamkeiten. Die Araber verlangten nahezu einstimmig die Schaffung eines einheitlichen arabischen Staates Palästina mit Jerusalem als Hauptstadt. Die Christen drangen im allgemeinen auf eine Internationalisierung Jerusalems – obwohl der Vatikan in diesem Stadium sich weder öffentlich noch privat für diese Lösung aussprach.[104] Der franziskanische Kustos des Heiligen Landes unterließ es nachdrücklich, der Idee seinen Segen zu geben, und schien vielmehr ein Wiederaufleben der historischen Rechte Frankreichs als Schutzmacht der Katholiken zu favorisieren. Die zionistische Position in bezug auf

Jerusalem wurde nicht ganz klar dargelegt, jedenfalls nicht öffentlich. Als Ben Gurion von der UNSCOP über die Sicht der *Jewish Agency* befragt wurde, sprach er vage von der Aufteilung der Stadt in einen westlichen Teil, der dem jüdischen Staat zugeschlagen würde, und der Altstadt und den von Arabern bewohnten Gebieten, die internationalisiert würden.[105]

Die UNSCOP setzte einen Unterausschuss unter dem Vorsitz eines niederländischen Delegierten ein, um die Frage Jerusalems und der Heiligen Stätten genauer zu beraten. Von den elf Mitgliedern dieses Unterausschusses legten vier – die Delegierten aus Kanada, den Niederlanden, Peru und Schweden – einen Plan für die Internationalisierung der Stadt vor. Drei – die Delegierten aus Indien, dem Iran und Jugoslawien – stimmten dem nicht zu; und drei weitere – aus der Tschechoslowakei, Guatemala und Uruguay – brachten Vorbehalte gegen den Plan der Mehrheit vor, die aber später zurückgezogen wurden. Das elfte Mitglied des Unterausschusses, aus Australien, enthielt sich der Stimme.

Der vollständig besetzte UNSCOP-Ausschuss legte Mehrheits- und Minderheitsvoten mit Empfehlungen für Palästina als Ganzes vor. Die Mehrheit sprach sich für eine Beendigung der Mandatsverwaltung und für eine Teilung Palästinas in einen jüdischen und einen arabischen Staat mit einem internationalisierten Jerusalem aus. Die von Delegierten aus Indien, dem Iran und Jugoslawien formulierten Vorschläge der Minderheit traten für einen einzigen, aber föderativen Staat ein. Hinsichtlich Jerusalems empfahl die Minderheit, dass es die Hauptstadt des vorgeschlagenen Bundesstaates sein und in zwei Gemeindeverwaltungen aufgeteilt werden sollte: eine arabische, zu der die gesamte Altstadt gehören, sowie eine jüdische, die «die Gebiete, die vorwiegend jüdisch sind», umfassen sollte.

Die Mehrheit der UNSCOP folgte der Mehrheit des Unterausschusses und empfahl, Jerusalem einer internationalen Treuhandverwaltung zu unterstellen. Hauptgründe dafür waren die Wichtigkeit, in einer Stadt, die Heilige Stätten von drei Weltreligionen barg, den Frieden zu wahren. Der UNSCOP-Bericht argumentierte (mit großem Ernst, wenn auch mit fragwürdiger historischer Genauigkeit):

> Die Geschichte Jerusalems, während der osmanischen Herrschaft wie unter der Mandatsverwaltung, zeigt, dass der religiöse Friede in der Stadt erhalten wurde, weil die Regierung darauf bedacht war und die Macht dazu hatte, Kontroversen, bei denen es auch um ein gewisses religiöses Interesse ging, daran zu hindern, sich zu bitterem Zwist und Aufruhr zu entwickeln. Die

Regierung war nicht eng in die lokale Politik verwickelt und konnte, falls nötig, bei Konflikten als Schiedsrichter auftreten.

Das ganze Gebiet von Jerusalem solle entmilitarisiert und neutralisiert werden. Es solle ein Gouverneur ernannt werden, der «weder Araber noch Jude noch ein Bürger des palästinensischen Staates sein noch zum Zeitpunkt seiner Ernennung in der Stadt Jerusalem seinen Wohnsitz haben solle». Die Stadt solle in Wirtschaftsunion mit dem jüdischen und dem arabischen Staat stehen und den in den beiden Ländern Wohnenden freien Zugang gewähren, «vorbehaltlich von Sicherheitserwägungen». Der Bericht enthielt nichts in bezug auf die Verteidigung von Jerusalem, mit Ausnahme der Empfehlung, dass der Schutz der Heiligen Stätten einer «speziellen Polizei» anvertraut werden sollte.[106]

Das für das vorgeschlagene internationale Jerusalem vorgesehene Areal war, wie in den meisten Plänen seit 1840, größer als das eigentliche Stadtgebiet. Es erstreckte sich von Ein Qarem im Westen bis nach Abu Dis im Osten und von Schuafat im Norden bis nach Bethlehem im Süden. Der die Stadt umgebende Landgürtel war hauptsächlich von Arabern bewohnt. Obwohl der angeführte Zweck darin bestand, einige der von der Stadt entfernten Heiligen Stätten einzuschließen, war ein weiterer Grund vermutlich der, in der Bevölkerung des Stadtstaats einen einigermaßen gleichgewichtigen Anteil von Arabern und Juden zu haben. Am Ende der Mandatsregierung schätzte man, dass Jerusalem 165 000 Einwohner zählte (100 000 Juden, 34 000 Muslime und 31 000 Christen). Nur durch die Erweiterung des Gebiets der vorgeschlagenen Treuhandverwaltung mit der Folge, dass damit auch umliegende arabische Dörfer dazugehörten, war ein numerisches Gleichgewicht zwischen Arabern und Juden zu erzielen. Die UNSCOP schätzte 1946 die Bevölkerung dieses vergrößerten Jerusalem auf etwa 205 000 Menschen, davon waren etwa 100 000 Juden und 105 000 «Araber und andere».

Der UNSCOP-Bericht wurde am 31. August 1947 unterzeichnet, aber die Generalversammlung begann erst am 16. September mit der Beratung und stimmte sechs weitere Wochen später darüber ab. In der Zwischenzeit herrschte eine intensive politische Geschäftigkeit. Die arabischen Staaten lehnten den Bericht mit allem Nachdruck ab und bemühten sich, eine Opposition zu mobilisieren, um auf die Sperrminorität von einem Drittel der Stimmen zu kommen, das nach den Verfahrensregeln dafür erforderlich war. Die *Jewish Agency* war

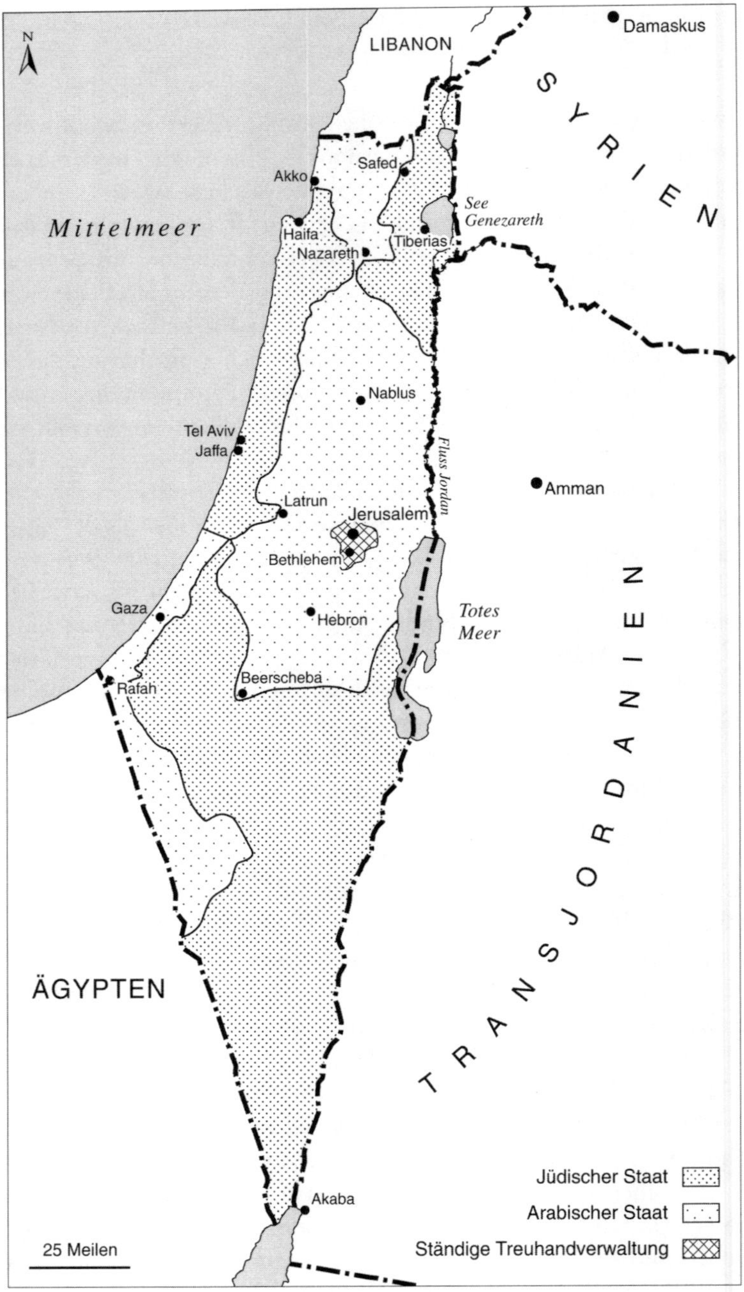

Karte 7 Der Teilungsplan der Vereinten Nationen für Palästina (1947)

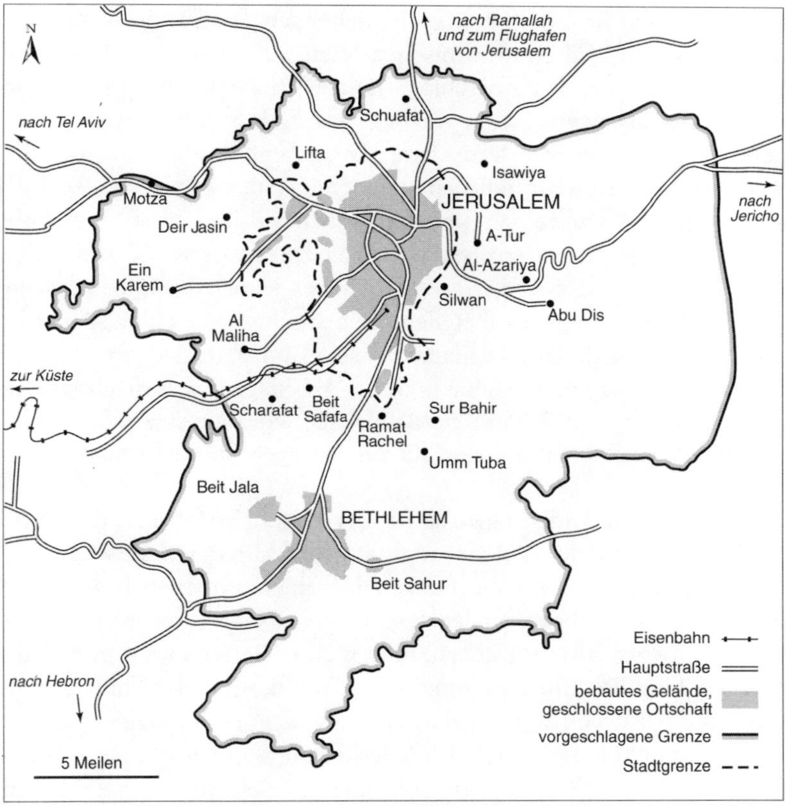

Karte 8 Der *Corpus Separatum*-Plan der Vereinten Nationen für Jerusalem (1947)

bereit, den Plan zu akzeptieren, hatte jedoch ebenfalls Vorbehalte dagegen und hegte insgeheim die Hoffnung, dass sie die Grenzen des jüdischen Staates in dem nun nahezu unausweichlich scheinenden Krieg würde erweitern können. Sie betrieb eine eifrige Lobbyistenarbeit, um die Zwei-Drittel-Mehrheit sicherzustellen, die für eine formale Zustimmung zu dem Plan nötig sein würde.

Für die Zionisten war dabei Jerusalem nicht die Hauptfrage: Der springende Punkt bei der ganzen Sache war das Prinzip der Teilung. Zugleich bemühten sie sich darum, ihre Position in Jerusalem zu verbessern, indem sie dem amerikanischen Außenministerium gegenüber zur Sprache brachten, dass man nur die Altstadt internationalisieren und den Rest des in Aussicht stehenden Treuhandgebiets unter dem jüdischen und dem arabischen Staat aufteilen solle. Das State Department hielt den Vorschlag freilich «für rein theoretisch und nicht wünschenswert». Man verwies darauf, dass «die meisten christlichen Einrichtungen in Jerusalem, aber außerhalb der Altstadt konzentriert sind. Deshalb würden sie entweder in das Gebiet des jüdischen oder des arabischen Teils fallen. Seitens der Christen sei wohl Widerstand gegen ein solches Vorgehen zu erwarten.»[107] Unter den Mitgliedern der UN-Arbeitsgruppe gebe es jedoch «eine beachtliche positive Haltung» gegenüber dem zionistischen Vorschlag. Aus diesem Grund wurde trotz mancher Zweifel im State Department der Vertreter der Vereinigten Staaten in der Arbeitsgruppe ermächtigt, «in dieser Frage mit der Mehrheit zu stimmen, vorausgesetzt, dass angemessene Vorsichtsmaßnahmen für die Heiligen Stätten erhalten blieben».[108]

Mit gewissen Änderungen wurde der Plan der Mehrheit der UNSCOP schließlich der Vollversammlung unterbreitet. Die wichtigste dieser Änderungen war die Festsetzung einer zeitlichen Begrenzung für die Jerusalem betreffenden Regelungen: Nach zehn Jahren sollte es den Einwohnern «frei stehen, mittels eines Referendums ihre Wünsche im Hinblick auf eine mögliche Modifikation der Stadtverwaltung zum Ausdruck zu bringen». Dies war kein geringfügiger Sieg für die Zionisten, die hofften, ein solches Referendum gewinnen zu können. Damit war jedoch kein vollständiges Selbstbestimmungsrecht gewährt, da die Resolution nur vorsah, dass man einen Wunsch zum Ausdruck bringen könne, und nur Modifikationen erwähnte. Eine weitere von den Zionisten erwünschte und erlangte Veränderung gegenüber dem ursprünglichen UNSCOP-Plan war, dass das Prinzip einer autonomen Stadtverwaltung für unterschiedliche Gemeinden in Jerusalem vorgesehen wurde. Die letzte Fassung des Entwurfs erweiterte auch noch ein wenig das Areal des vorgesehenen *Corpus separatum* um die jüdische Siedlung von Motza im Westen Jerusalems (siehe Karten 7 und 8, S. 144 und 145).

Der Resolutionsentwurf der Generalversammlung sah die Ernennung eines Gouverneurs für Jerusalem durch den UN-Treuhandrat vor; er sollte weder ein Bürger des arabischen noch des jüdischen Staates sein. Die Stadt sollte entmilitarisiert und neutralisiert werden «und keine paramilitärischen Organisationen, Übungen oder Aktivitäten» gestatten. Der Gouverneur sollte «eine spezielle Polizei von ausreichender Stärke organisieren, deren Angehörige außerhalb Palästinas zu rekrutieren» seien. Der UN-Treuhandrat würde beauftragt, ein Statut (also eine Verfassung) für Jerusalem vorzubereiten, und dafür stünden ihm fünf Monate Zeit zur Verfügung.[109]

Am 29. November 1947 stimmte die Generalversammlung der Vereinten Nationen dem Teilungsbeschluss mit dreiunddreißig zu dreizehn Stimmen bei zehn Enthaltungen zu. Die Zionisten begrüßten den Beschluss mit Jubel; die palästinensischen Araber erklärten einen dreitägigen Generalstreik. Die Resolution war kein Plan für eine friedliche Lösung des Streits um Palästina, sondern hob den Konflikt, der sich im Kern um Jerusalem drehte, auf eine neue Ebene.

4. Die Teilung

Während die britische Mandatsverwaltung sich in Chaos auflöste, rangen die Vereinten Nationen mit ihrer Unfähigkeit, ihrer Entscheidung in Palästina im allgemeinen und in Jerusalem im besonderen Geltung zu verschaffen. Der Erfolg des Teilungsplans musste zwangsläufig in hohem Maße von der Zusammenarbeit der Briten abhängen, um einen sanften Übergang zu dem vorgesehenen arabischen und jüdischen Staat und der Treuhandverwaltung der Vereinten Nationen für Jerusalem zu gewährleisten. Die britische Regierung lehnte es aber ab, sich in irgendeiner Weise an der Durchsetzung der Teilung gegen den Willen der Araber Palästinas zu beteiligen. Bis kurz vor Ablauf ihres Mandats, das sie auf den 15. Mai 1948 festsetzte, verweigerte sie der UN-Palästina-Kommission die Einreise. Die einzige Hoffnung auf eine Durchsetzung des Teilungsplans beruhte auf der Fähigkeit der Vereinten Nationen, eine bewaffnete Streitmacht zu mobilisieren, um ihre Autorität wenigstens innerhalb der internationalen Zone um Jerusalem zu sichern. Aber über die Schaffung einer solchen Streitmacht konnte keine Vereinbarung erzielt werden, und es kam auch nie dazu. Noch vor der Abreise des letzten Hochkommissars aus Jerusalem am 14. Mai 1948 waren zwischen jüdischen und arabischen Freischärlern Kämpfe ausgebrochen, wobei den Arabern reguläre Truppen aus mehreren arabischen Staaten zu Hilfe kamen, darunter auch die unter britischem Kommando stehende Arabische Legion aus Transjordanien. Als Anfang 1949 der Palästina-Krieg zu Ende ging, war es dem jüdischen Staat gelungen, die ihm im UN-Teilungsplan zugedachten Grenzen zu erweitern. Der Großteil der arabischen Bevölkerung floh aus dem künftigen Israel in die umliegenden arabischen Staaten (in vielen Fällen wurde er vertrieben). Das meiste restliche Palästina übernahm König Abdullah von Transjordanien. In Jerusalem kam es nach heftigen Kämpfen zu einer Aufteilung der Stadt in eine östliche Hälfte einschließlich der Altstadt, über die künftig Abdullah herrschte, und eine westliche Hälfte, die zur Hauptstadt des Staates Israel wurde.

Die Abdankung des Mandatsherrn

Die Welle der Gewalt, die sich im Gefolge der Teilungsresolution der Vereinten Nationen vom 29. November 1947 über Jerusalem ergoss, beschrieb Richard Graves, der Vorsitzende der Stadtverwaltungskommission (praktisch der amtierende Bürgermeister) in einer seltsamen Mischung aus Horror und englischem Understatement in seinem Tagebuch. Der Leiter der Stadtverwaltung, ein Bruder des Dichters Robert Graves und eines früheren *Times*-Korrespondenten in Jerusalem, Philip Graves, war ein sensibler und aufrechter Mann, dem die Stadt, für die er verantwortlich war, zutiefst am Herzen lag. Zu Anfang hatte man ihm keinen Wagen zur Verfügung gestellt, weshalb er mit dem Kleinlaster des städtischen Hundefängers auskommen musste. Das Versäumnis war ein Vorzeichen für den rapiden Autoritätsverlust, den die Kommission, nicht anders als die Regierung von Palästina, während der letzten Monate der Mandatsverwaltung durchmachte. Mit wachsender Verzweiflung zeichnete Graves die einzelnen Stadien des Abstiegs in die Anarchie und seiner eigenen Ohnmacht angesichts wachsender Gewalt und Einschüchterung auf. Am 8. Dezember wurde er vom Mob mit Steinen beworfen, als er sich in den jüdischen Teil der Stadt hineinwagte. Ein gepanzerter Polizeiwagen in der Nähe «sah aus und benahm sich wie ein schläfriger Elefant und brachte nicht das geringste Interesse für die Vorgänge auf.»[1] Jüdische städtische Bedienstete kamen nicht mehr zur Arbeit, weil sie Angst hatten, sich außerhalb des jüdischen Gebiets vorzuwagen. Als die Juden fortblieben, äußerten arabische Beamte die Befürchtung, dass sie eine Bombe gelegt haben könnten. Nachdem neue Sicherheitsmaßnahmen getroffen worden waren, kamen die Weggebliebenen wieder zurück – für eine Weile. Jüdische Beamte drangen auf die Öffnung einer Zweigstelle der Stadtverwaltung im jüdischen Teil der Stadt; Graves beschloss, sich diesem «ersten Schritt in der Stadt in Richtung ‹Aufteilung›» zu widersetzen.[2]

Aber die Aufteilung nahm bereits ihren Lauf, als Juden aus arabischen Gebieten wie etwa der deutschen Kolonie, Katamon und Baqa in jüdische Gebiete, wie beispielsweise Rehavia, umzogen und auch Araber gemischte Wohnbezirke der Stadt verließen. Am 29. Dezember nahmen die jüdischen städtischen Beamten einen Bombenanschlag zum Anlass, erneut ihre Büros zu verlassen. Graves klagte, «es scheint kaum Hoffnung zu bestehen, dass man sie je wieder in das

«Bevingrad»: Princess Mary Avenue (heute Rehov Schlomzion Ha-Malka) in der befestigten zentralen Sicherheitszone von Jerusalem, Anfang 1948.

Gebäude zurückbekommt».[3] Jetzt war er gezwungen, eine separate Dienststelle im jüdischen Teil der Stadt zu betreiben. Aber «als wir zurückkamen, fanden wir die arabischen Beamten in erregter Stimmung vor, weil die Juden von ihnen getrennt worden waren. Sie schienen zu glauben, dass die Errichtung eines Unterbüros der erste Schritt zur Teilung und zur Schaffung einer jüdischen Stadtverwaltung sei.» Graves' Bemühen, sie zu beruhigen, war nur begrenzter Erfolg beschieden.

Zu Anfang des neuen Jahres nahmen die Kämpfe in der Stadt und um sie herum zu. Weitere terroristische Anschläge forderten viele Opfer. Eine von der *Haganah* (der Untergrundarmee der Selbstverteidigungsorganisation der zionistischen Bewegung) im Hotel Semiramis gelegte Bombe tötete am 5. Januar sechsundzwanzig Zivilisten, darunter auch den spanischen Konsul. Eine weitere am Jaffator forderte zwanzig Todesopfer und verletzte vierzig Menschen. Am 12. Januar berichtete Graves, dass «kaum eine Stunde vorübergegangen ist, in der nicht das Feuern von Schusswaffen zu hören war».[4] Am 1. Februar wurden als Repressalie die Büros der zionistischen Zeitung *Palestine Post* in die Luft gesprengt: Die Zionisten beschuldigten britische Soldaten oder Polizisten der Tat. Am 10. Februar konnte ein großangelegter arabi-

Menschenmenge in der Ben-Yehuda-Straße nach dem Bombenattentat vom 22. Februar 1948.

scher Angriff auf den jüdischen Wohnbezirk Yemin Moshe nur zurückgeschlagen werden, nachdem eine britische Truppeneinheit eingegriffen und verhindert hatte, dass die Araber noch Verstärkungen erhielten.[5] Nachdem am 12. Februar in dem vorwiegend von christlichen Arabern bewohnten Viertel Talbieh eine Jüdin getötet worden war, fuhr ein der *Haganah* gehörender Lautsprecherwagen durch die Gegend und forderte alle Araber zum Verschwinden auf. Am 22. Februar kamen mindestens zweiundfünfzig Menschen durch die Explosion einer Bombe auf der Ben-Yehuda-Straße mitten im jüdischen Geschäftsviertel ums Leben. Wieder machten die Juden die Briten dafür verantwortlich. In seinen Jahre danach veröffentlichten Memoiren behauptete der Mufti, es sei eine arabische Gruppe gewesen. In Wahrheit scheint es eine gemeinsame Aktion von Arabern und britischen Armeedeserteuren und Polizisten gewesen zu sein.[6] Binnen achtzehn Stunden wurden im Zuge von Vergeltungsaktionen neun britische Soldaten getötet. Am 11. März starben zwölf Menschen im Hauptquartier der *Jewish Agency* in der King George V-Avenue, als eine im Wagen des amerikanischen Generalkonsuls herantransportierte Bombe explodierte.

Während die Stadt immer tiefer ins Chaos versank, wurde in den Vereinten Nationen mit wachsender Verzweiflung, aber vergeblich nach einem Weg gesucht, den Teilungsbeschluss durchzusetzen und die internationale Treuhandverwaltung in und um Jerusalem zu etablieren. Für das Scheitern der Vereinten Nationen bei dieser selbstauferlegten Aufgabe gab es vier Hauptgründe.

Der erste war eine Frage des zeitlichen Ablaufs. Die Teilungsresolution sah vor, dass das Mandat «so bald wie möglich, aber auf jeden Fall nicht später als am 1. August 1948» enden werde. Der jüdische und der arabische Staat und das Spezielle Internationale Regime für Jerusalem sollten «zwei Monate nach dem Abzug der bewaffneten Streitkräfte der Mandatsmacht, aber in jedem Fall nicht später als am 1. Oktober 1948» in Kraft treten. Mitte Dezember kündigte die britische Regierung einseitig die Rückgabe des Mandats für den 15. Mai 1948 an, Reste britischer Streitkräfte würden jedoch bis zum 1. August in Haifa verbleiben.

Nach diesem Zeitplan würde es zwischen dem 15. Mai und dem 1. Oktober 1948 eine Übergangsperiode geben, während der eine neue Palästina-Kommission der Vereinten Nationen das Ruder übernähme. Diese Kommission mit dem Tschechoslowaken Karel Lisicky an der Spitze und vier weiteren Mitgliedern aus Bolivien, Dänemark, Panama und den Philippinen nahm am 9. Januar 1948 am Lake Success in New York ihre Arbeit auf. Von Anfang an war sie jedoch handlungsunfähig wegen der – am 15. Januar in einer nicht öffentlichen Kommissionssitzung verkündeten – Weigerung der britischen Regierung, sie früher als zwei Wochen vor dem Ende des Mandats in Palästina einreisen zu lassen. Als Begründung wurde angeführt, dass man die Verantwortung für die Sicherheit der Kommissionsmitglieder nicht tragen könne. Als Lisicky am 24. Februar vor dem Sicherheitsrat erschien, lehnte er die Vorstellung, den Staat Jerusalem ohne Sicherheitskräfte und die Gewährleistung anderer grundlegender Bedürfnisse zu schaffen, ab und rief aus «tiefstem Herzen» aus: «Dass wir deiner nicht vergessen, Jerusalem! Dass wir deiner nicht vergessen, Jerusalem!»[7]

Ohne die Kooperation der Briten war die UN-Palästina-Kommission außerstande, die Verwirklichung der Teilungsresolution in Gang zu setzen. Am 2. März traf ein sechsköpfiges «Vorauskommando» der Kommission in Palästina ein, an der Spitze Dr. Pablo Azcárate, der ehemalige Botschafter Spaniens in London. Mit von der Partie waren ein norwegischer Oberst, ein indischer Volkswirtschaftler, ein griechischer Jurist und zwei Sekretärinnen. Sie versuchten, der Autorität der Kommission im Lande eine Basis zu verschaffen, aber es gelang ihnen nicht. Nach Azcárate war die «Hauptbeschäftigung» der zusammenbrechenden Mandatsverwaltung, «mit jeder möglichen Methode die Präsenz von jemand oder etwas zu behindern, der oder das auch nur entfernt mit den Vereinten Nationen und insbesondere mit der Palästina-Kommission zu tun hatte». Die Briten, so erinnerte er sich, hätten die Kommission «einer Politik der regelrechten Einschüchterung» ausgesetzt.[8] Das Vorauskommando hatte Schwierigkeiten, sich außerhalb von Jerusalem zu bewegen.

Ein zweiter und damit verwandter Grund für das Scheitern der UN-Kommission war die Verzögerung bei der Formulierung der Verfassung für die Stadt Jerusalem. Der Treuhandrat hatte am 1. Dezember 1947 mit der Arbeit an diesem Dokument begonnen – zwei Tage nach der Verabschiedung des Teilungsbeschlusses in der Generalversammlung – und einen Ausschuss eingesetzt, der einen Entwurf erarbeiten sollte. Weil man spürte, dass den Vereinten Nationen die Dinge aus der Kontrolle gerieten, machte sich der Rat mit löblichem Tempo an die Arbeit. Schon am nächsten Tag wurde ein Arbeitsausschuss geschaffen, der am folgenden Tag zusammentrat. Sechs Wochen später lag dessen Bericht vor, über den der Rat am 18. Februar zu diskutieren begann. Dann aber scheint sich jegliches Gefühl der Dringlichkeit aus dem weiteren Geschehen verflüchtigt zu haben.

In den nächsten Wochen schob der Rat fast alle sonstigen Geschäfte beiseite und hielt nahezu täglich Sitzungen ab, um zu einem einvernehmlichen Text zu gelangen. Man hörte sich die Einwände des irakischen Delegierten Awni Khalidi an, dass «Jerusalem ein integraler Bestandteil Palästinas» sei und es «keine Rechtsgrundlage für die Abtrennung» gebe.[9] Nach diesen Ausführungen ging Khalidi aus dem Raum und nahm am weiteren Verfahren kaum noch teil. Später gab der Ausschuss der *Jewish Agency* die Gelegenheit, ihre Auffassung vorzutragen. Den größten Teil der Zeit verbrachte der Ausschuss mit dem Austausch von Argumenten über die Verfassungsmechanismen des künftigen Staates. Dann debattierte man über juristische Regelungen, Haushaltsfragen, Bildungs-, Kultur- und Wohlfahrtseinrichtungen, auswärtige Angelegenheiten, die Heiligen Stätten und Sicherheitsfragen. Nachdem der erste Entwurf einmal durchgearbeitet worden war, begann – nach parlamentarischer Art – mit einer «zweiten Lesung» alles wieder von vorne. Nun plädierte der französische Delegierte Roger Garreau mit einer gewissen Unterstützung seitens seines belgischen Kollegen dafür, dass den Christen eine spezielle Vertretung zuerkannt werden solle: «Er könne sich nicht damit einverstanden erklären, dass der Rat die zahlreichen christlichen Gemeinschaften einfach ignoriere, die vertreten sein sollten».[10] Weder die Amerikaner noch die Briten gaben ihm Rückendeckung, aber Garreau drohte, gegen das Jerusalem-Statut zu votieren, falls man seine Ansichten nicht berücksichtige. Am Ende musste eine Formulierung gefunden werden, die ihn zufriedenstellte. «Es fällt schwer, eine adäquate Vorstellung von der Albtraumhaftigkeit dieser Sitzungen zu vermitteln», schrieb ein frustrierter britischer Delegierter.[11] In Wirklichkeit hatte der Treuhandrat realisiert, dass man sich mit Luftgeschäften abmühte. Ein vertraulicher britischer Bericht über die Vorgänge vermerkte offenherzig: «Es war unverkennbar, dass keines der Ratsmitglieder tatsächlich glaubte, dass das Statut jemals zur Anwendung kommen werde: Keines von ihnen zögerte, das auch im Privatgespräch zu sagen.»[12]

Unterdessen wurde ähnlich zwecklos diplomatische Energie für die Berufung eines Gouverneurs für den künftigen Stadtstaat aufgewendet. Obwohl es am Ende ein vergebliches Unterfangen war, sind doch die diesbezüglich ausgetauschten Argumente von historischem Interesse, weil dabei die ihnen zugrunde liegenden Einstellungen und Voreingenommenheiten zutage treten. Man war sich allgemein einig darüber, dass der Gouverneur kein Christ zu sein brauchte, auch wenn gegen die etwaige Ernennung eines Muslims oder eines Juden offensichtlich Einwände bestanden. Ein Beamter des britischen Commonwealth Relations Office verwies darauf, dass die öffentliche Meinung in «Kanada, Australien und Neuseeland, wo die Katholiken am stärksten vertreten sind, es für nicht wünschenswert hielte, wenn die Heiligen Stätten der Christenheit einem Ungläubigen unterstellt würden».[13] Ein Sprecher der Griechisch-Orthodoxen drängte darauf, dass der Gouverneur «nicht zu einer der Konfessionen gehören sollte, die direkte Interessen hinsichtlich des Betriebs der Heiligen Stätten haben». Der chinesische Delegierte Lin Chick sagte darauf: «Ich nehme an, er möchte einen philosophischen Atheisten mit Menschenfreundlichkeit.»[14]

Verschiedene Kandidaten wurden in Betracht gezogen, darunter der belgische Delegierte im UN-Rat P. Ryckmans, der kanadische Generalmajor Henry Crerar und der Australier R. G. Casey, der im Nahen Osten als Ministerresident amtiert hatte und 1942–43 Mitglied des Kriegskabinetts gewesen war. Die Briten erwogen, Sir William Fitzgerald zu nominieren, der in Jerusalem besonders beliebt zu sein schien.[15] Das Außenministerium war jedoch gegen die Berufung eines britischen Staatsbürgers. Nun wies man darauf hin, dass Fitzgerald ein Ire sei, aber trotzdem reagierte Bevin «sehr unwillig» darauf, besorgt, dass die Russen etwas an ihm auszusetzen haben könnten. Fitzgeralds Name verschwand daraufhin von der Kandidatenliste.[16]

Das Washingtoner State Department bestand anfangs darauf, dass der Gouverneur von Jerusalem kein Amerikaner sein dürfe. Robert McClintock, der im Amt für Besondere Politische Angelegenheiten mit Palästina befasst war, meinte, «dass ein amerikanischer Gouverneur nicht nur immensem politischen Druck in den Vereinigten Staaten ausgesetzt wäre, sondern auch, dass, wenn er aus dem Gouverneursamt entfernt würde ... die Russen einen plausiblen Vorwand dafür hätten, einen ihrer Bürger für den Posten vorzuschlagen». Er fügte hinzu, das amerikanische Außenministerium «könnte keinen russischen Gouverneur für Jerusalem akzeptieren und wäre gegenüber der Ernennung eines Gouverneurs aus einem Land unter sowjetischem Einfluss höchst allergisch».[17] Ergebnislos zog sich die Debatte über die Ernennung fast bis zum Ende des Mandats hin.

Ein dritter Grund für das Misslingen der Internationalisierung war die Politik der Briten. Bereits am 20. September 1947 – also noch vor der Verabschiedung der Teilungsresolution – hatte das britische Kabinett beschlossen, dass man in keiner Weise bei der Teilung kooperieren und sich einfach aus Palästina zurückziehen werde. Hauptziel war dabei, dem Makel – in den Augen der Araber – zu entgehen, bei der Durchführung der Teilung mitgeholfen zu haben. Seine geheime Absicht verfolgte zugleich das exakte Gegenteil: Dabei behilflich zu sein, eine Aufteilung Palästinas zwischen Zionisten und König Abdullah von Transjordanien zu erleichtern, um die Entstehung eines palästinensischen Staates unter Führung ihres größten Schreckgespensts im Nahen Osten, des Mufti, auszuschließen. Azcárates Schlussfolgerung, dass die Briten ein doppeltes Spiel spielten, brachte die Sache auf den Punkt: «Unter der Tarnung offizieller Zusicherungen, dass die Behörden ihren Verpflichtungen und Verantwortlichkeiten bis zum Ende des Mandats nachkommen würden, leistete die britische Regierung der fortschreitenden Übergabe von Macht und Verantwortung von ihren eigenen Organen in Palästina auf arabische oder jüdische Institutionen passive und zuweilen aktive Hilfe.»[18]

In den Instruktionen für den britischen Repräsentanten im Arbeitsausschuss des Treuhandrates hieß es zu Jerusalem, er solle es «unterlassen, die Regierung Seiner Majestät ... zu verpflichten, aktiv an der künftigen Verwaltung von Jerusalem teilzunehmen, den Teilungsplan auszuführen oder das Statut durchzusetzen». In Sitzungen der Palästina-Kommission vom 14. und 28. Januar hielt der oberste britische Vertreter bei den Vereinten Nationen, Sir Alexander Cadogan, fest, dass die britische Regierung es für

> unbedingt erforderlich ansehe, dass sie, solange die Mandatsverwaltung besteht, die ungeteilte Kontrolle über ganz Palästina behalten müsse. An dem festgesetzten Tag – das heißt, am 15. Mai – wird sie ihre Verantwortung für die Verwaltung Palästinas als Ganzes aufgeben. Sie kann nicht darin einwilligen, sie stückweise aufzugeben. Sie ist jedoch bereit, dem Eintreffen der Kommission in Palästina kurz vor dem Ende des Mandats zuzustimmen, damit es eine etwa vierzehntägige Überschneidungszeit gibt, während der die Kommission ihre Verantwortlichkeiten übernehmen kann.[19]

Der Hochkommissar, Sir Alan Cunningham, sah zwar ein, dass «ein Gouverneur ernannt und da sein sollte, wenn wir von hier fortgehen ... [und dass] in irgendeiner Form eine Sicherheitstruppe existieren sollte», fand aber, «es wäre unklug, den Gouverneur von Jerusalem früher ins Land zu lassen als die Kommission selbst.»[20]

Ein vierter Grund für das Scheitern der Vereinten Nationen war die Abkehr der USA von der ins Auge gefassten Teilung. Die Initiative dafür kam vom Politischen Planungsstab im State Department, dem George Kennan vorstand. Auch die CIA unterstützte den vorgeschlagenen Politikwechsel.[21] Öffentlich bekannt wurde dies, als Senator Warren Austin am 19. März vor dem Sicherheitsrat der Vereinten Nationen offenbarte, dass die amerikanische Regierung das Teilungsvorhaben nicht mehr unterstütze und nun der Meinung sei, dass in Palästina «eine vorübergehende Treuhandverwaltung geschaffen werden sollte».[22] Die heftigste Opposition gegen eine solche Treuhandverwaltung kam von der Sowjetunion, deren Vertreter im Sicherheitsrat, Andrej Gromyko, darauf bestand, die Entscheidung zur Teilung sei «eine richtige ..., weil sie den fundamentalen nationalen Interessen sowohl der Juden als auch der Araber entspreche». Er warf den Amerikanern vor, «die Teilung zu blockieren».[23]

Die amerikanische Kehrtwende rief auch den empörten Protest der Zionisten hervor, die zur gleichen Zeit mit ihrem eigenen diplomatischen Rückzug begannen. In Wirklichkeit gibt es Indizien dafür, dass ihre eigenen Zweifel an dem ganzen Konzept der Internationalisierung sehr viel weiter zurückgingen, und dass sie, weit entfernt davon, den Gedanken eines auf Dauer aus dem jüdischen Staat ausgeschlossenen Jerusalem für richtig zu halten, das *Corpus separatum* vielmehr aus taktischen Gründen akzeptierten. Zeev Sharef, der Israels erster Kabinettssekretär wurde, erinnerte sich später, dass bereits im Januar/Februar 1948 die zionistische Führung begonnen hatte, die Internationalisierung nicht mehr als verbindlich zu betrachten.[24] Bei einer Rede vor dem UN-Sicherheitsrat ließ Mosche Schertok am 1. April 1948 durchblicken, dass sich die Zionisten nicht auf immer und ewig an die Internationalisierung Jerusalems gebunden fühlten:

> Aus Rücksicht auf einen überwältigenden Konsens in der Weltmeinung hat die *Jewish Agency* den Gedanken einer internationalen Verwaltung für Jerusalem akzeptiert ... Falls die internationale Verwaltung nicht unverzüglich zustande kommt, wird es für die Juden bald zu einer Frage der elementaren Selbsterhaltung werden, ihr Äußerstes zu tun – vielleicht ihr verzweifelt Äußerstes –, sogar allein und ohne Hilfe, um Jerusalem vor einer monströsen Tyrannei zu retten.[25]

Richard Graves hatte einige Monate davor eine ähnliche Ansicht in seinen Tagebuchaufzeichnungen kundgetan. «Falls es zu irgendeinem Zeitpunkt zu einem Vakuum kommt (vor dem unsere Regierung, anders als die Natur, keine Angst zu haben scheint), wird es einen Bürgerkrieg mit viel Blutvergießen und allgemeiner Anarchie geben.»[26]

Während das Gerangel weiterging, wurde in letzter Minute versucht, die Zustimmung zum Statut für den vorgesehenen Stadtstaat zu erreichen und eine internationale Truppe aufzustellen, um darin für Ruhe und Ordnung zu sorgen. Am 8. März fragte der französische Delegierte den Treuhandrat, ob die Palästina-Kommission «Schritte unternehmen würde, um das Inkrafttreten des Statuts zu beschleunigen». Die Polizei «müsste organisiert sein, bevor der Gouverneur sein Amt antritt», antwortete er darauf und fügte dann prophetisch hinzu, dass die Sache bald geregelt werden müsse, denn «bei der nächsten Sitzung im Juni wäre es zu spät ... Es sei nämlich zu befürchten, dass der Abzug der britischen Truppen eine Zeit chaotischer Verhältnisse in Palästina zur Folge haben werde».[27] Zwei Tage darauf fasste der Rat endlich den Beschluss, dass das Statut «nun in einer zufriedenstellenden Form» verfasst sei und dass «die Frage seiner formellen Bestätigung zusammen mit der Ernennung eines Gouverneurs der Stadt ... nicht später als eine Woche vor dem 27. April» auf die Tagesordnung kommen werde. Diese weitere sechswöchige Vertagung spiegelte die Vorherrschaft der USA im Hinblick auf die Tätigkeit des Rats und die wachsende Unzufriedenheit der amerikanischen Regierung mit der Teilungsidee wider.[28] Auch die letzte verbliebene Aussicht auf die Durchführung der Internationalisierung Jerusalems wurde durch diese Verzögerung zunichte gemacht.

Die spontane Teilung

Inzwischen teilte sich Jerusalem rasch in zwei bewaffnete Lager. Den britischen Beamten in Jerusalem scheint nicht recht klar gewesen zu sein, was eigentlich auf sie zukam. Einerseits hinderten sie die UN-Palästina-Kommission daran, die Kontrolle zu übernehmen; andererseits wollten sie bis kurz vor dem Ende des Mandats nicht glauben, dass die Stadt geteilt würde. Am 29. Januar schrieb Sir Alan Cunningham, die Politische Abteilung der *Jewish Agency* habe ihm mitgeteilt, «dass sie keinen Versuch unternehmen würden, in Jerusalem eine Verwaltung einzurichten». Zugleich war er der Auffassung, die Araber hätten keine «Offensivaktionen gegen Juden in der Stadt» vor. «Es ist höchst unwahrscheinlich», ließ er das Londoner Kolonialamt wissen, «dass König Abdullah versucht, die Husseini-Hochburg in der Stadt einzunehmen oder seiner Kontrolle zu unterstellen.» Andererseits unternahmen die Briten in den letzten Wochen ihres Mandats eine Reihe von Schritten, um die Teilung von Jerusalem zu erleichtern. Die Sicherheitszone A der britischen Armee, die die Deutsche Kolonie, die Griechische Kolonie und Katamon umfasste, wurde stillschweigend der arabischen Kontrolle überstellt (auch wenn die Juden später diese Distrikte eroberten); die Sicherheitszone D rings um das Schnellersche Waisenhaus im Nordwesten der Stadt überließ man ohne Widerstand der Kontrolle der Juden. Die Briten zogen sich in die zentrale Sicherheitszone zurück. Die jüdischen Streitkräfte errichteten Straßensperren, und britische Armee- und Polizeifahrzeuge, die in von Juden gehaltene Bereiche der Stadt wollten, wurden angehalten und durchsucht; manchmal wurde ihnen auch der Zutritt verwehrt.

Am 6. März berichtete ein britischer Zeitungskorrespondent: «Nirgends treten die Ergebnisse der spontanen Teilung deutlicher zutage als in Jerusalem. Infolge von Einschüchterung, offenen oder verstohlenen Kämpfen und zuweilen auch durch einen vernünftigen Tausch ihrer Häuser haben sich hier arabische und jüdische Einwohner selbst auf getrennte Blocks verteilt, mit teilweise verlassenem Niemandsland dazwischen.»[29]

Das Geschehen vor Ort lief inzwischen zu schnell ab, als dass es von Diplomaten oder Vertretern der Obrigkeit noch hätte gesteuert werden können. «Das normale Leben in der Stadt, Handel, gesellschaftliche und geschäftliche Kommunikation und Verbindungen haben praktisch zu existieren aufgehört», schrieb der Distriktskommissar J. H. H. Pollock am 20. März. Jüdische paramilitärische Einheiten hatten mittlerweile die jüdischen Wohnbezirke voll unter ihre Kontrolle gebracht, und bewaffnete Araber kontrollierten das Jaffa-, Damaskus- und St. Stephanstor in die Altstadt. Einige Abteilungen der Regierung wurden «in jüdische und arabische Büros aufgeteilt, damit die Öffentlichkeit leichteren Zugang zu ihnen hatte».[30]

Unterdessen wurde das jüdische Jerusalem von arabischen Streitkräften belagert. Seine Versorgungsrouten auf der Straße oder Schiene hinab zur Küste waren seit Februar blockiert, und die Wasserversorgung gefährdet. Am 2. April schlug die Haganah mit ihrer *Operation Nachschon* los, um die Straßenverbindung nach Tel Aviv wieder zu öffnen und die belagerte jüdische Bevölkerung mit Nachschub zu versorgen. In dieser Nacht stürmte eine Kompanie der *Palmach* (einer Elitetruppe der Haganah) das Dorf Qastal, das auf einem Hügel am westlichen Zugang zu Jerusalem lag. Nach einem Gegenangriff wurde Abd al-Qader al-Husayni, der Kommandeur der arabischen Kräfte in diesem Gebiet, getötet.[31] Er wurde auf dem Haram nahe dem Grab seines Vaters, des früheren Jerusalemer Bürgermeisters Musa Qasem Pascha al-Husayni, beigesetzt. Die Kämpfe zogen sich einige Tage hin, bis das Dorf am 9. April endgültig von der Haganah erobert und dem Erdboden gleichgemacht wurde. Dieser Sieg öffnete die Straße zwischen Jerusalem und Tel Aviv wieder für den jüdischen Verkehr. Zwischen dem 15. und 17. April schafften zwei Lastwagenkonvois insgesamt 1500 Tonnen Lebensmittel nach Jerusalem. Ein dritter Konvoi am 20. April wurde jedoch überfallen und erlitt schwere Verluste. Danach war die Straße bis zum Juni für Juden nur selten passierbar.

Die Teilung auf dem Gebiet der Verwaltung schritt weiter voran; gleichzeitig wurden nun die militärischen Linien ausgesteckt. Über mehrere Wochen hin versucht Graves, eine halbformelle Trennung der städtischen Vermögensstücke und Funktionen zu erreichen, wofür er die Unterstützung örtlicher jüdischer und arabischer Politiker zu gewinnen versuchte. Am 25. April notierte er:

> Die Regierung hat mich angewiesen, den neuen jüdischen Stadtausschuss, der, mit Auster als Vorsitzendem, eingesetzt wurde, um sich um das jüdische

Gebiet zu kümmern – sozusagen inoffiziell –, anzuerkennen. Momentan anstehende und wahrscheinlich umzusetzende Vorkehrungen sind 1. die Kommission zu einem Beschluss zu bewegen, der die Zeichnungsbefugnis auf unserer Seite dem Schatzmeister und dem betreffenden amtierenden Abteilungsleiter und auf der Zweigstelle Auster und Boury erteilt; 2. alle wichtigen Archive, Eigentumsurkunden, Stadtplanungsakten etc. sicher unterzubringen, am besten in einem Kloster; 3. zwischen den beiden Ämtern alle Bargeldbestände aufzuteilen, die nach Auszahlung der Löhne für Mai und Juni übrig bleiben ... 4. die Wasserregelungen so zu belassen, wie sie sind, und zu hoffen, dass sich niemand an der Versorgung vergreift.[32]

Die städtischen Finanzen wurden in zwei Hälften geteilt. Anfang Mai wurde Daniel Auster ein Scheck über 30 000 palästinensische Pfund zugunsten des jüdischen Teils der Stadt ausgestellt; er reichte ihn sofort bei der Anglo-Palestine Bank ein. Kurz darauf wurde ein Scheck über 27 500 Pfund (der Grund für den unterschiedlichen Betrag ist nicht bekannt) Anton Safieh als dem Repräsentanten des arabischen Teils ausgehändigt. Unglücklicherweise hatte zu der Zeit, als der Scheck ausgestellt wurde, keine Bank geöffnet, weshalb Safieh den Scheck in einem Safe in der Stadtverwaltung deponierte. Später wurde das Gebäude im Verlauf der Kämpfe beschädigt, und als Safieh Ende Juni unter freiem Geleit der Vereinten Nationen wiederkam, waren Scheck und Safe verschwunden.[33] Ein Teil des Geldes scheint jedoch später die arabische Stadtverwaltung auf dem Weg über die Barclays Bank in Zypern doch erreicht zu haben.[34]

Nachdem Richard Graves knapp einer Schießerei entkommen war, verließ er am 28. April das Land. Als er nach Norden in Richtung Ramallah fuhr, begegnete er Brigadekommandeur John Glubb mit einer Einheit der Arabischen Legion. «Man konnte nicht verhehlen, dass seine Position als britischer Offizier und Befehlshaber einer arabischen Streitmacht, die sich in einem Krieg gegen die Juden befand, den man weder heiß noch kalt nennen konnte, ziemlich zwiespältig war.»[35] Zu dieser Zeit hatte sich die Stadtverwaltung ganz aufgelöst, und die Stadt befand sich im Zustand des offenen Krieges. Irakische Truppen hatten die Jerusalemer Wasserversorgungsstation in Ras al-Ain besetzt. Die Luftpost aus Jerusalem funktionierte nicht mehr, und die Haupttelefonleitungen taten es nur noch zeitweilig.

Zwei blutige Vorfälle markierten die Eskalation der Gewalt und beeinflussten auf Dauer die Einstellungen von Arabern und Juden. Am 9. April drang eine Einheit der Untergrundorganisation *Irgun Zwai Leumi* in das ein wenig westlich von Jerusalem gelegene Dorf

Deir Jassin ein und massakrierte mindestens 100 Araber (zeitgenössischen Berichten zufolge gab es bis zu 250 Opfer), darunter viele Zivilisten, auch Frauen und Kinder. Der Vorfall fand ein breites Medienecho und hatte zur Folge, dass eine Welle der Panik und Entmutigung das arabische Palästina erfasste. Viele der noch in gemischten Wohngebieten Jerusalems lebenden Araber flohen. Vier Tage später rächten sich die Araber: Sie überfielen einen Konvoi von Ärzten und Krankenschwestern, der zum Hadassa-Hospital auf dem Skopusberg unterwegs war, und töteten siebenundsiebzig Menschen. Danach folgten scharfe Vorwürfe von jüdischer Seite, dass in der Nähe befindliche britische Militäreinheiten nicht effektiv eingegriffen hätten. Hochkommissar und Armee wiesen die Beschwerden zurück und schrieben die Todesfälle der «selbstmörderischen Haltung der jüdischen Fahrzeuginsassen» zu, die von einem britischen Offizier gedrängt worden seien, in einen gepanzerten britischen Transporter umzusteigen, der in der Nähe angehalten hatte, «aber nicht überredet werden konnten, die wenigen Meter zwischen den Fahrzeugen zurückzulegen».[36] Später gab ein britischer Beamter folgenden Kommentar dazu ab: «Die Militärbehörden in Palästina waren über den unbeherrschten Ausbruch jüdischen Selbstmitleids anlässlich dieses Desasters sehr verärgert. Viel mehr Menschen wären gerettet worden, hätten sie über das Minimum an Entschlusskraft verfügt, die nötig war, um sich Major Churchills tapfere Aktion zunutze zu machen.»[37]

Diese schockierenden Ereignisse zeigten, dass die Briten in Palästina keine Autorität mehr hatten. Juden und Araber verließen sich inzwischen für ihre Sicherheit auf ihre eigenen Ressourcen. Es gab jedoch einen deutlichen Unterschied zwischen dem Grad des Vorbereitetseins auf beiden Seiten. In der letzten Aprilwoche schätzten die Briten die Zahl der in Jerusalem mobilisierten Juden auf 7000 Mann. Im Gegensatz dazu war die arabische Seite in Jerusalem wie überhaupt in Palästina militärisch desorganisiert. Der Hochkommissar berichtete, dass die «Araber in Jerusalem entweder unter gar keiner Kontrolle sind oder den Befehlen einer Reihe irakischer und syrischer Militärs folgen. Die Aktivitäten des Hohen Arabischen Komitees, von dem nur ein effektives Mitglied hier ist, sowie des örtlichen arabischen Nationalkomitees sind völlig unkoordiniert.»[38]

Das Blutvergießen veranlasste nun auch die Vereinten Nationen zum Handeln. Am 16. April trat die Vollversammlung zu einer Sondersitzung zusammen, um über die Palästina-Frage zu beraten. Man beschloss, eine Waffenstillstandskommission einzusetzen, die aus den «Konsularbeamten derjenigen Mitglieder des Sicherheitsrates bestehen sollte, die über Vertreter in Jerusalem verfügten». Die vier in Frage kommenden Staaten waren Belgien, Frankreich, Syrien und die Vereinigten Staaten, aber der syrische Vertreter im Sicherheitsrat ließ durchblicken, dass sein Land nicht auf einer Teilnahme bestehen werde.[39] Die drei verbleibenden Konsuln – Jean Nieuwenhuys (Belgien), René Neuville (Frankreich) und Thomas Wasson (USA) – wurden angewiesen, einen Waffenstillstand in Jerusalem herbeizuführen. Azcárate, dessen Rolle als Vorsitzender der «Vorhut» der UN-Palästina-Kommission offenkundig völlig sinnlos war, wurde zum Sekretär der Waffenstillstandskommission ernannt. Die Konsuln gingen mit Mut und Verantwortungsbewusstsein an ihre Aufgabe. Ständig wurden sie von allen Seiten beschossen, und der Vorsitzende Nieuwenhuys büßte auf der Fahrt von oder zu seiner Residenz in Talbieh seine beiden Privatwagen ein. Diese letzte Erinnerung an die einst große Zeit konsularischer Autorität in der Stadt brachte kein Ende der Kämpfe zuwege und sollte ein tragisches Ende finden.

Ebenfalls am 16. April beschloss die Palästina-Kommission, unverzüglich eine Polizeitruppe für Jerusalem aufzustellen, als deren Kern man «ungefähr zweihundert britische Angehörige der bestehenden Palestine Police Force verwenden wollte, die zugesagt hatten, in den Dienst eintreten zu wollen».[40] Aber die Kämpfe in Jerusalem waren mittlerweile so heftig, dass eine derart kleine Polizeitruppe zur Wiederherstellung des Friedens ungeeignet war. Der Hochkommissar berichtete, es hätten sich nicht zweihundert, sondern fünfzig Freiwillige gemeldet – und diese seien zumeist «jung und unerfahren». Die meisten Mitglieder des bestehenden britischen Polizeikorps hätten ohnehin inzwischen «andere Pläne».[41] Kurz darauf – im UN-Hauptquartier herrschte ein heilloses Durcheinander – erhielt die Kommission die Anweisung, ihre Bemühungen um die Rekrutierung einer Polizeitruppe auszusetzen.[42]

Am 21. April, nur mehr acht Tage vor Ablauf der von der Generalversammlung im November 1947 beschlossenen Fünfmonatsfrist, stimmte der Treuhandausschuss endgültig dem Verfassungsstatut für Jerusalem zu. Die Araber wollten immer noch nichts damit zu tun haben, aber auch die Zionisten waren nicht in jeder Beziehung davon angetan. Der aus ihrer Sicht gewichtigste Mangel des Statuts war, dass darin ein Legislativrat vorgesehen war, der aus achtzehn Juden, achtzehn Arabern und vier «anderen» bestehen sollte. Bei diesen würde es sich – infolge der Hartnäckigkeit des französischen Delegierten – fast zweifellos um Christen handeln. Die Juden würden somit in der Legislative ständig in der Minderheit sein. Die für die Zionisten noch verbliebene Verbindlichkeit der Internationalisierung Jerusalems schwand noch mehr dahin.

Fünf Tage darauf gab die Generalversammlung dem Treuhandrat den Auftrag, einen Plan für den Schutz Jerusalems und seiner Einwohner auszuarbeiten, aber es war klar, dass man auf internationaler Basis nicht willens war, die dafür nötigen Truppen bereitzustellen. Nach einer geheim gehaltenen Einschätzung vom selben Tag durch General Silverthorn vom US-Marine Corps waren nicht weniger als 33 000 Mann nötig, um die Sicherheit zu garantieren.[43] Am 27. April wies der französische Delegierte Garreau in einer eloquenten Rede darauf hin, dass Jerusalem sich «in einem Zustand des Chaos» befinde und seine Bevölkerung Gefahr laufe «zum Teil vernichtet zu werden». Er schlug die sofortige Entsendung eines UN-Beauftragten vor mit der Vollmacht, eine zumindest «symbolische Truppe von tausend Mann» aufzustellen.[44] Vertreter der palästinensischen Araber und der Zionisten wurden aufgefordert, hierzu Stellung zu beziehen. Jamal al-Husayni, ein Neffe des Mufti, erklärte stellvertretend für das Hohe Arabische Komitee, dass die Araber gegen die Entsendung ausländischer Truppen oder Polizisten nach Palästina seien. Wenn man dennoch, entgegen ihren Wünschen, eine solche Truppe entsende, werde man sich ihr nicht widersetzen, aber auch in keiner Weise mit ihr zusammenarbeiten, da sie nach ihrer Meinung letztendlich dazu benutzt werden würde, dem Land die Teilung aufzunötigen. Schertok, der für die Zionisten sprach, stimmte dem Vorschlag unter der Bedingung zu, dass die Truppe nicht nur die Sicherheit in Jerusalem aufrechterhalten, sondern auch die Zugangswege zur Stadt schützen werde. Und er fügte hinzu, dass mehrere Tausend Soldaten benötigt würden statt einer kleinen Polizeitruppe. Am 29. April gab der britische Delegierte bekannt, dass sich die Lage in Jerusalem «in den letzten Tagen sehr rapide verschlechtert habe. Die effektive Macht der Regierung sei praktisch am Ende ». Nach weiterer Debatte ging der Rat ohne Beschluss auseinander.[45]

Am 30. April schlugen die Vereinigten Staaten eine «provisorische» Treuhandverwaltung nur für das Stadtgebiet von Jerusalem vor. Der amerikanische Vertreter im UN-Treuhandrat erklärte, dass diese Abmachung «natürlich in den Treuhandplan für Palästina als Ganzes eingegliedert würde, wenn die Vollversammlung einen solchen Plan befürwortet».[46] Jamal al-Husayni lehnte den amerikanischen Vorschlag ab, weil er zwangsläufig «Palästina dem Teilungsvorhaben näher bringe». Schertok sagte, die *Jewish Agency* akzeptiere «den Grundsatz einer internationalen Regelung für Jerusalem, sei aber gegen die Treuhandverwaltung irgendeines Teils von Palästina, in dem das jüdische Volk wichtige Interessen habe». Die Sowjetunion opponierte vehement gegen die Treuhandverwaltung, sowohl hinsichtlich Jerusalems als auch ganz Palästinas.[47] Die amerikanische Diplomatie trommelte noch bis zum 14. Mai für ihre geplante Treuhandverwaltung, fand aber nicht die dafür notwendige Unterstützung.

Am 6. Mai stimmte die Vollversammlung mit dem Einverständnis der arabischen und zionistischen Vertreter der Ernennung eines «Speziellen Städtischen Kommissars» zu, der die Funktionen des amtierenden Bürgermeisters übernehmen solle, die zuvor von Richard Graves ausgeübt worden waren. Man betrachtete dies jedoch als eine rein städtische Ernennung, anders als die des im Jerusalem-Statut vorgesehenen Gouverneurs. Am 11. Mai bevollmächtigte ein Erlass über die Stadtverwaltung den Hochkommissar zur Berufung eines derartigen Kommissars «zur Weiterführung der städtischen Regierung in Jerusalem».[48] Der zu Ernennende solle über «absolute Ermessensfreiheit» und nahezu unbegrenzte Kompetenzen verfügen, auch wenn seine Zuständigkeit nur innerhalb der Stadtgrenzen und nicht im weiteren, für den Staat Jerusalem vorgesehenen Areal des *Corpus separatum* galt.

Für den Posten hatte man sich auf Percy C. Clarke, den Generaldirektor der Barclays Bank in Jerusalem, geeinigt, aber dem fehlte dazu der Mumm. Daraufhin fiel die Wahl auf Harold Evans, einen Anwalt aus Philadelphia. In der Hast der Selbstauflösung der Mandatsregierung versäumte es jedoch der Hochkommissar, vor seiner Abreise aus Jerusalem den Berufenen in aller Form zu ernennen.[49] In rechtlicher Hinsicht war dessen Ernennung also eine dubiose Angelegenheit, aber in einer öffentlichen Erklärung wurde das Gegenteil behauptet.[50] Evans, der ein Quäker war, hatte aber ohnehin schon verkündet, dass er keine militärische Eskorte akzeptieren und sein Amt erst antreten werde, wenn in Jerusalem wieder Friede herrsche. In optimistischer Stimmung begab er sich am 23. Mai nach Kairo, um dort diese glückliche Wendung der Dinge abzuwarten. Evans warf dann doch seine Skrupel über Bord und fuhr im Juni auf Besuch nach Jerusalem. Als ihn das, was er vor Ort sah, von einem bevorstehenden Frieden nicht überzeugen konnte, verkündete er seinen Rücktritt, blieb allerdings bis Februar 1949 weiterhin auf der Gehaltsliste der Vereinten Nationen – «ein vorübergehendes, peinlich berührtes Phantom», wie ihn der britische UN-Delegierte Cadogan nannte.[51]

Wiederholte Bemühungen seitens der Vereinten Nationen und auch des Hochkommissars, in Jerusalem das Feuer einzustellen, führten zu keinem Erfolg. Dann versuchte es das Internationale Rote Kreuz, dessen Delegierter Jacques de Reynier forderte, aus Jerusalem eine «Rote-Kreuz-Stadt» zu machen. Die Waffenstillstandskommission der Konsuln hielte die Idee für «zu vage», erörterte sie aber dennoch am 9. Mai bei einem Treffen mit dem Hochkommissar. Der französische Generalkonsul Neuville «wies darauf hin, dass, wenn der Vorschlag des Roten Kreuzes angenommen und sich nicht innerhalb weniger Tage als wirksam herausstellen würde, was nach seiner Meinung geschehen werde, die Engländer dann nicht mehr da wären und die Kämpfe von neuem beginnen würden». Mit allem Nachdruck «betonte er die Wichtigkeit des Zeitverlusts, sechs Tage, bevor das Mandat abliefe». Aber der Hochkommissar gab ihm in einem absurden letzten Ausbruch von starrsinniger Realitätsferne einfach nur zur Antwort, «dass er bis zum 15. Mai die Kompetenz und die Macht habe, um die Entscheidung zu treffen, die ihm als die beste erscheine».[52] Als der Plan des Roten Kreuzes drei Tage später dem Sicherheitsrat mitgeteilt wurde, lehnte ihn Gromyko höhnisch ab:

> Wer hat je die Verwaltung einer Stadt oder eines Landes dem Roten Kreuz anvertraut? Keiner wäre je auf eine solche Idee gekommen. Und doch haben wir einen Vorschlag vor uns, das Rote Kreuz zum Herrn von Jerusalem zu machen. Unnötig zu sagen, dass dies offensichtlich darauf hinausliefe, zwei oder drei Länder [Gromyko meinte offenbar die Westmächte] zu Herren zu machen, die das Rote Kreuz als ihr Instrument benutzen würden, um in Jerusalem das von ihnen als notwendig erachtete Regime zu etablieren.[53]

Reynier setzte seine gut gemeinten Aktivitäten in Jerusalem zwar fort, aber ohne besonderen Erfolg.

Am 14. Mai verließ um acht Uhr morgens Sir Alan Cunningham seinen Regierungssitz zum letzten Mal. Sein Abgang war das traurige Gegenbild zur Würde des Einzugs des ersten Hochkommissars, Sir Herbert Samuel, im Jahre 1920. Cunningham inspizierte eine Ehrengarde, dann wurde die britische Fahne auf dem Gebäude eingezogen und durch die Flagge des Roten Kreuzes ersetzt. Ein paar Tage später nutzte eine Gruppe von Beduinen den Abzug der Wachen von dem Gelände und schlug dort mit ihren Kamelen ihr Lager auf.

Im Gegensatz zu den meisten anderen Mächten hinterließ Großbritannien keinen Konsul in Jerusalem, weil dieser während der Mandatszeit selbstverständlich nicht nötig gewesen war. Zu Ende des Mandats stellte man fest, dass es angeraten sei, auch einen Repräsentanten der britischen Regierung in der Stadt zu haben. Sir Hugh Dow war zum Generalkonsul designiert, aber noch nicht formell ernannt worden, «um nicht in irgendeiner Hinsicht die Situation de facto oder de iure zu präjudizieren».[54] Im letzten Moment war der Hochkommissar ermächtigt worden, die Schaffung eines Konsulats zu verkünden und sich selbst zum Konsul zu etablieren.[55] Man darf noch einen weiteren Grund für diese seltsame diplomatische Abschiedsvorstellung unterstellen: Die Errichtung eines Konsulats sorgte für eine Tarnung für die fortdauernde britische Geheimdiensttätigkeit in Jerusalem.

Es war darum durchaus angemessen, dass Cunninghams letzte Schritte in Jerusalem vom frisch eingesetzten Vizekonsul Nigel Clive genau verfolgt wurden. Der kletterte aufs Dach des Konsulats, um zu sehen, wie die kleine Prozession des Hochkommissars

> den St. Ludwigsweg hinunterkroch, am Damaskustor links auf die Straße nach Ramallah abbog und dann Richtung Haifa weiterfuhr ... Sein Wagen, dem ein kleiner Panzerwagen vorausfuhr, war um etwa 8.30 Uhr außer Sicht. Ich denke, sein früher Start muss vergleichsweise geheim gehalten worden sein, weil jenseits des Damaskustors sich nicht mehr als zwanzig Araber aufgehalten haben können, wovon eine Handvoll kindisch in die Hände klatschte und einer salutierte. Dieser Salut wurde erwidert. Auf diese Weise verließ der siebte und letzte Hochkommissar Jerusalem ... Ich fand, dass eine Abreise in irgendeiner Art Sturm oder Feuergefecht ein passenderes Ende seiner Amtszeit gewesen wäre. Aber es wurde nur drei- oder viermal geklatscht, als er wegfuhr. Und das auch nicht stürmisch, sondern eher gequält.[56]

Der abgereiste Hochkommissar blieb bis zum 24. Mai eine Art abwesender Konsul *in partibus*; dann wurde Dows Stellung formalisiert.

Ein militärisch-diplomatisches Täuschungsmanöver

Noch bevor der Hochkommissar palästinensischen Boden verlassen hatte, ergriffen die Zionisten die Initiative und riefen am Nachmittag des 14. Mai in einer Zeremonie in Tel Aviv die Gründung des Staates Israel aus. David Ben Gurion wurde als Ministerpräsident der provisorischen Regierung vereidigt, und Mosche Schertok wurde Außenminister. In der Unabhängigkeitserklärung wurde Jerusalem nicht erwähnt, und für den neuen Staat wurde auch keine Hauptstadt bestimmt. Eine spätere Verlautbarung des Repräsentanten der *Jewish Agency* bei den Vereinten Nationen ließ erkennen, dass Tel Aviv der Regierungssitz sein würde.

Die Jerusalempolitik der israelischen Regierung war zum Teil von der Furcht vor der «Saat der Spaltung» von Jerusalemer Juden bestimmt, die sich der Autorität der Führung der Hauptströmung innerhalb der zionistischen Bewegung widersetzten.[57] Die Stadt war eine Hochburg der paramilitärischen Organisationen *Irgun Zwai Leumi* und *Lechi* (von den Briten Stern-Bande genannt). Darüber hinaus hatte die antizionistische *Agudat-Israel-Bewegung*, die die Interessen der ultra-orthodoxen Bevölkerung vertrat, eine starke Anhängerschaft in der Stadt. Jeder Versuch jüdischer Minderheitengruppen, sich auf lokaler Ebene die Macht zu verschaffen, wäre ein gewaltiger Propagandacoup gewesen und hätte das Ansehen der Mehrheitszionisten untergraben. Darum machten diese sich daran, die von Juden bewohnten Teile der Stadt politisch und militärisch fest im Griff zu halten.

Die untereinander uneinigen und desorientierten palästinensischen Araber erwiesen sich als unfähig, in dem Gebiet Palästinas, das ihnen von den Vereinten Nationen für einen arabischen Staat zugewiesen worden war, parallele Aktionen durchzuführen. Erst am 30. September rief der Mufti (oder «Ex-Mufti», wie ihn die Briten nannten) in dem von Ägypten besetzten Gazastreifen die Schaffung einer «gesamtpalästinensischen Regierung» aus. Völlig von Ägypten abhängig und außerhalb der Zeltlager der Flüchtlinge im Gazastreifen ohne jegliche Machtbefugnis, war sie eher eine bemitleidenswerte Angelegenheit. Jerusalem wurde zur Hauptstadt Palästinas erklärt, obwohl der Mufti keinen Fuß dort hineinsetzen konnte. Selbst im Gazastreifen blieb die politische Kontrolle fest in Händen der ägyptischen Militärregierung, während die Verwaltung öffentlicher Dienstleistungen wie Schul- und Gesundheitswesen der *United Nations Relief and Works Administration (UNRWA)*, dem Hilfswerk der Vereinten Nationen für die Palästinaflüchtlinge, zufiel. Zwei Wochen nach der ersten Erklärung der palästinensischen Unabhängigkeit wurde der Mufti von den Ägyptern mit militärischer Eskorte nach Kairo verbracht.

Unterdessen kämpften israelische und arabische Streitkräfte um das Land – und um Jerusalem. Man schätzt, dass nach dem 14. Mai im Verlauf von drei Wochen 10 000 Granaten in Jerusalem abgefeuert wurden. In den ersten vier Wochen gab es im israelischen Jerusalem 1738 Opfer (darunter 316 Tote), vorwiegend Zivilisten; die arabischen Verluste waren mit Sicherheit noch höher. Zu den von Granatfeuer getroffenen Gebäuden gehörten auch das französische, griechische und spanische Konsulat. Mitte Mai hatte die Haganah die meisten jüdischen Gebiete der Neustadt unter ihrer Kontrolle und hielt sich, wenn auch unsicher, im jüdischen Viertel der Altstadt. In mehreren Fällen, so etwa in «Bevingrad», übergaben britische Kommandeure Gebäude an jüdische Streitkräfte.[58] Am 18. Mai nahmen *Palmach*-Anhänger den Zionsberg ein. Arabische Kräfte kontrollierten den größten Teil der Altstadt und einige arabische Bezirke der Neustadt, aber in mehreren Bereichen der Stadt waren wilde Haus-zu-Haus-Kämpfe im Gang.

Zwar hatten die allgemeinen Konturen eines geteilten Jerusalem infolge der «spontanen Teilung» bereits Gestalt angenommen, aber der genaue Verlauf der Trennungslinie wurde erst jetzt in Kämpfen zwischen regulären Streitkräften ausgefochten. Man fragt sich, warum diese schweren Kämpfe in Jerusalem weitergingen, da doch sowohl die Zionisten als auch König Abdullah ursprünglich bereit waren, sich an den Internationalisierungsplan der Vereinten Nationen für Jerusalem zu halten, und zwischen ihnen auch grundsätzlich Einvernehmen über die Aufteilung des restlichen Landes unter ihnen bestand.

Ein Grund dafür war der impulsive und in sich widerspruchsvolle Charakter des Herrschers von Transjordanien. Lebenslang trieb ihn der Ehrgeiz, auf dem Thron von Großsyrien zu sitzen, von dem sein Bruder Faisal 1921 von den Franzosen auf rüde Weise vertrieben worden war. Die Herrschaft über Palästina wäre ein Schritt in dieser Richtung. In den zwanziger Jahren hatte er den Zionisten angeboten, mit ihnen zusammenzuarbeiten, wenn sie ihn im Gegenzug bei seinen Thronansprüchen unterstützten. Als sich das Mandat in Trümmer auflöste, sah er endlich die Gelegenheit, dem Mufti, seinem verhassten Feind, eins auszuwischen. Bei zwei Besuchen in Jerusalem in den Jahren 1945 und 1946 bemühte sich Abdullah darum, seinen Einfluss unter örtlichen Politikern, die gegen die Husaynis waren, zu festigen. Die Briten, die auf den Mufti nicht besser zu sprechen waren, gaben Abdullah diplomatischen Rückhalt und geheimdienstliche Hilfestellung. Im März 1946 unterzeichneten sie mit ihm einen Vertrag, in dem Transjordaniens Unabhängigkeit anerkannt wurde, obwohl in der Realität der britische Einfluss in seinem Land bis 1956 überragend blieb. Bei einem Treffen mit dem transjordanischen Ministerpräsident Tawfiq Abdul Huda im Januar 1948 in London billigte Außenminister Bevin die Verlegung der Arabischen Legion in jenen Teil Palästinas, der von den Vereinten Nationen einem arabischen Staat zugewiesen worden war.[59] Zugleich unterzeichneten Großbritannien und Transjordanien einen weiteren Vertrag, wonach London weiterhin die Kosten für die Arabische Legion mit £ 2 Millionen im Jahr plus £ 500 000 für militärische Ausrüstung subventionierte.[60]

Das einzige Gebiet, über das Abdullah keinerlei Verständigung erreicht hatte, weder mit den Briten noch mit den Zionisten, war Jerusalem. Hier waren, wie auch anderswo, bereits einige Einheiten der Arabischen Legion unter britischem Kommando stationiert. Diese Truppe war die diszipliniertestete von allen arabischen Streitkräften und beteiligte sich im großen und ganzen erst nach dem Ende des Mandats an den Kämpfen in der Stadt. Schertok beklagte sich am 16. April gegenüber dem Sicherheitsrat heftig darüber, dass die Arabische Legion, «die heute einen integralen Bestandteil der britischen Streitkräfte in Palästina ausmacht», «wichtige jüdische Zentren» besetzt halte. Der britische Vertreter wiederholte daraufhin eine schon früher geäußerte Versicherung, «dass die Einheiten der Arabischen Legion in Palästina vor Ablauf des Mandats abgezogen werden würden».[61] Eine Woche später meldete der ukrainische Vertreter jedoch Zweifel an. Angesichts einer Verlautbarung, wonach zusätzliche Kräfte der Legion nach Palästina verlegt würden, fragte er Sir Alexander Cadogan: «Woran sollen wir denn nun glauben: an seine offizielle, im Namen der Regierung des Vereinigten Königreichs gemachte Aussage, oder an die gegenteilige Aussage und an die Aktionen des Königs von Transjordanien, der von den Briten bezahlt wird und ohne ihre Erlaubnis weder einen Schritt tun noch eine politische Entscheidung treffen kann?»[62] Cadogan hielt es für unter seiner Würde, darauf zu antworten, aber die Arabische Legion spielte bei der Aufteilung Jerusalems während der folgenden Wochen eine entscheidende Rolle.

Abdullah schwankte unterdessen zwischen öffentlicher Kriegswilligkeit und privaten Versuchen zur Festigung seines Einvernehmens mit den Zionisten hin und her. Zwei Wochen vor dem Ende der Mandatszeit schlug er vor, eine Streitmacht nach Jerusalem zu führen, um unverzüglich die Heiligen Stätten zu beschützen; auf Anraten des britischen Gesandten in Amman zog er diese Drohung dann wieder zurück.[63] Am 13. Mai zog Brigadegeneral Glubb («Glubb Pascha»), der britische Oberbefehlshaber der Arabischen Legion, sämtliche

Kräfte seiner Truppe aus der Stadt ab, wie es Cadogan vor den Vereinten Nationen versprochen hatte. In diesem Stadium erweckte Glubb den Anschein, als hoffe er, eine Waffenruhe zwischen den Juden und arabischen Freischärlern in der Stadt zu erreichen. Am selben Tag informierte der oberste britische Stabsoffizier in Jerusalem den Verbindungsoffizier der Haganah offiziell davon, dass die Arabische Legion nicht mehr unter britischem Kommando stehe.[64] Im UN-Sicherheitsrat las Cadogan am 15. Mai ein Telegramm vor, das am Vortag um 18.43 Uhr Londoner Zeit vom Kriegsministerium abgesandt worden war. Darin hieß es, dass «alle Kompanien der Arabischen Legion mit Ausnahme von zwei Kompanien Palästina bereits Richtung Transjordanien verlassen haben. Der kommandierende General in Palästina hat heute morgen telegraphiert, dass die beiden letzten Kompanien heute abziehen werden.»[65]

Diese britischen Aussagen waren formal korrekt, aber praktisch gesehen war der Rückzug der Legion nicht mehr als eine militärisch-diplomatische Pantomime. Glubbs Dienst als britischer Offizier in der Arabischen Legion hörte mit dem Ende des britischen Mandats auf. Von nun an hieß es, er und seine sechsunddreißig britischen Offizierskameraden in der Legion seien Söldner, die von der britischen Regierung keine Befehle mehr annähmen. Formell gesehen war das nicht ganz falsch, denn sechzehn von ihnen wurden direkt von den Transjordaniern eingestellt; die restlichen wurden von den britischen Streitkräften abkommandiert.[66] Aber es besteht kein Zweifel darüber, dass Glubb sich auch weiterhin an die in London, nicht etwa in Amman, formulierten politischen Grundlinien hielt, und er sandte auch weiterhin seine Berichte an das Londoner Kriegsministerium. Seine wirkliche Position als getreuer Exekutor britischer Interessen änderte sich de facto nicht. Der Abzug der Truppen der Arabischen Legion über den Jordan war mehr ein diplomatisches Täuschungsmanöver als ein militärischer Rückzug. Sobald das Mandat endete, kreuzte die Arabische Legion den Jordan wieder in entgegengesetzter Richtung, rechtlich gesehen jetzt als transjordanische und nicht mehr britische Truppe.

In einem Telegramm an den UN-Generalsekretär erklärte Abdullah, den königlichen Plural verwendend, am 16. Mai den Vorgang wie folgt:

Wir waren gezwungen, Palästina zu betreten, um unbewaffnete Araber vor Massakern ähnlich jenen von Deir Jasin zu schützen. Wir sind uns unserer nationalen Pflicht gegenüber Palästina im allgemeinen und Jerusalem im besonderen sowie Nazareth und Bethlehem bewusst. Seien Sie versichert, dass wir in Zusammenhang mit Juden in Palästina sehr rücksichtsvoll sein werden, während wir zugleich das volle Recht der Araber in Palästina verteidigen werden. Der Zionismus hat auf unsere Angebote, die wir vor dem Einmarsch unserer Streitkräfte gemacht haben, nicht geantwortet.[67]

Der letzte Satz war eine Anspielung auf den ergebnislosen Ausgang seiner letzten Kontaktaufnahme mit den Zionisten.

Am nächsten Tag ordnete Abdullah – über Glubbs Kopf hinweg – die Rückkehr der Legion nach Jerusalem an. Die Entscheidung soll als Reaktion auf verzweifelte Botschaften von Arabern aus der Stadt getroffen worden sein. In der Tat gab es solche Hilferufe: «Wenn ihr uns nicht sofort rettet, wird Jerusalem endgültig den Juden in die Hände fallen», lautete ein solches Telegramm.[68] Dass die Briten wirklich etwas gegen die Rückkehr der Arabischen Legion in die Stadt hatten, darf bezweifelt werden. Ein weiteres Mal wollten die Briten öffentlich keine Verantwortung für etwas übernehmen, das sie sich insgeheim wünschten. Ein Befehl Glubbs, die Legion solle nach Jerusalem zurückkehren, wäre möglicherweise als Vorgang betrachtet worden, der die Briten in einen Aggriffskrieg gegen das für die Vereinten Nationen bestimmte Gebiet verwickelt hätte. Darum gab man Abdullah die Gelegenheit, in den Augen arabischer Nationalisten zu glänzen, indem er selbst den Befehl dazu erteilte. Am 17. Mai um 11.30 Uhr erhielt Glubb den königlichen Befehl, «aus Richtung Ramallah nach Jerusalem vorzurücken».[69] Der behauptete später, aus militärischen Gründen erhebliche Zweifel an der Durchführbarkeit des Befehls gehabt zu haben, aber er folgte ihm, ohne viel Zeit zu verlieren. Am folgenden Tag rückten Truppen der Arabischen Legion in Jerusalem ein, wo es zu ernsthaften Feindseligkeiten kam. Am Ende gelang es der Legion, den größten Teil der Osthälfte Jerusalems einschließlich der Altstadt zu halten. Für die Briten war es eine peinliche Lage, aber besonders aufgebracht waren sie über diese Entwicklung nicht. Sir Alec Kirkbride, der britische Gesandte in Amman, war zwar angewiesen worden, Abdullah vor einem Angriff auf Jerusalem zu warnen, aber die Instruktionen trafen – entweder absichtlich oder infolge eines glücklichen Zufalls – zu spät ein, und danach trat Kirkbride voller Genugtuung für den Befehl des Königs und Glubbs Gehorsam ein.

Die Teilnahme britischer Offiziere am Krieg in Jerusalem blieb für die britische Regierung ein problematischer Punkt. Am 25. Mai richteten die USA ein formelles Ersuchen an London, alle britischen Offiziere «von jeglicher Teilnahme an den Jerusalemer Kämpfen» zurückzuziehen. Begleitet war die Botschaft von besorgniserregenden Gerüchten im Haushaltsausschuss des amerikanischen Senats, in dem damals die Bedingungen für ein Darlehen an Großbritannien diskutiert wurden. So erging denn eine förmliche Instruktion an Kirkbride, «keine Mühe zu scheuen, um sicherzustellen, dass Abdullah alle britischen Offiziere abzieht».[70] Am 27. Mai behauptete Cadogan, an den Kämpfen in Jerusalem nähmen keine britischen Offiziere teil.[71] Aber dies war nur ein weiterer Fall einer diplomatischen *suggestio falsi*. In einer Miniaturversion der schon einmal dargebotenen Pantomime wurden die britischen Offiziere für achtundvierzig Stunden zurückbeordert, so dass öffentlich bestritten werden konnte, dass sie in Jerusalem seien; kaum war die Rede vorüber, kehrten sie wieder zu ihren üblichen Aufgaben zurück.[72] Den zwanzig von der britischen Armee abkommandierten Offizieren wurde befohlen, ihre Teilnahme an den Kämpfen in Jerusalem am 30. Mai zu beenden, aber die restlichen führten auch weiterhin ihre Einheiten.

Glubb hatte die ganze Zeit den Oberbefehl über die Arabische Legion, und sein Stellvertreter, Brigadekommandeur Norman Lash, befehligte weiterhin die Jerusalemer Front. Ihr Hauptziel war – und das stand im Einklang mit der Politik der britischen Regierung –, die Übernahme der von den Vereinten Nationen für einen arabischen Staat vorgesehenen Gebiete sowie, nach dem 17. Mai, der Altstadt und arabischen Gebiete des neuen Jerusalem durch Transjordanien zu erleichtern.

Der Zusammenbruch des *Corpus separatum*

Die Belagerung des jüdischen Viertels der Altstadt und der vorwiegend jüdischen westlichen Bezirke der Neustadt dauerte den ganzen Mai und setzte sich in den Juni hinein fort. Ein geplanter Angriff auf die Hebräische Universität und das Hadassa-Krankenhaus wurde jedoch von Abdullah am 24. Mai storniert, nachdem Präsident Truman an die Briten appelliert hatte, die Erhaltung dieser jüdischen Kulturinstitutionen zu gewährleisten.[73] Am 27. und 28. Mai verließen die noch verbliebenen Einwohner das jüdische Viertel in der Altstadt; das Areal wurde den Arabern überlassen. In der jüdischen Neustadt herrschte große Lebensmittel- und Wasserknappheit, und Ende Mai berichtete der israelische Militärgouverneur, dass es Vorräte nur noch für eine Woche gebe. Trotz gewagter Parolen von einem «neuen Stalingrad» befürchtete man, dass die Stadt nicht durchhalten könne, wenn die Verbindungsroute zur Küste nicht wieder geöffnet würde.

Für die Zeit bis zum Eintreffen des städtischen Kommissars Evans wurde Azcárate zu seinem Stellvertreter ernannt. Azcárate, dessen Büro in dem von Juden kontrollierten Sektor der Stadt lag, sicherte sich von der entstehenden jüdischen Stadtverwaltung das Versprechen, dass man mit ihm zusammenarbeiten werde. Schwieriger war es für ihn, Partner auf arabischer Seite zu finden. Darum begab er sich mit dem belgischen Generalkonsul zu Abdullah nach Amman. Der König empfing sie in Reithosen und saloppem Sakko. Als Azcárate die Frage der Versorgung Jerusalems mit Wasser ansprach, brauste der König auf und sagte, solange die Juden gegen die Araber kämpften, werde kein Tropfen Wasser nach Jerusalem gelangen.[74] Ein paar Tage später machte sich Azcárate mit zwei Führern und einem Esel auf den gefahrvollen Weg vom israelisch in das arabisch kontrollierte Jerusalem. Als er im Hauptquartier der Arabischen Legion ankam, teilte man ihm mit, dass die Entscheidung gefallen sei, nicht mit der Stadtverwaltungskommission der Vereinten Nationen zu kooperieren. Außerstande, seine theoretische Zuständigkeit auch in der Praxis durchzusetzen, wandte er sich mit einem Bericht an Evans, der immer noch in Kairo seine Zeit absaß. Vivian (der spätere Chaim) Herzog, der damals Verbindungsoffizier der israelischen Armee zur UN-Waffenstillstandskommission war, notierte am 21. Mai: «Bis jetzt hat sich Azcárate apathisch und lethargisch aufgeführt und nicht einmal die Bürger davon informiert, dass er der UN-Stadtverwaltungskommissar sei. In der Tat war sich der Mann auf der Straße gar nicht bewusst, dass es solch einen UN-Kommissar für Jerusalem überhaupt gab.»[75]

Auch die konsularische Waffenstillstandskommission erreichte nicht viel. Im Sicherheitsrat beschrieb Gromyko sie zutreffend, wenn auch etwas uncharmant, als «machtlos, impotent, absolut zahnlos».[76] Am 22. Mai ereilte die Kommission ein tragischer Schicksalsschlag, als der amerikanische Konsul Thomas Wasson auf dem Heimweg von einer Sitzung im französischen Konsulat von einem Heckenschützen tödlich verletzt wurde.

Inzwischen hatte in New York die Vollversammlung am 14. Mai die wirkungslose Palästina-Kommission unter Vorsitz von Lisicky wieder aufgelöst und die Ernennung eines Vermittlers empfohlen. Für diese Position wurde Graf Folke Bernadotte, der Präsident des schwedischen Roten Kreuzes, ausersehen. Der Schwede, der während des Kriegs mit Himmler über die Freilassung von KZ-Häftlingen verhandelt hatte, übernahm seine neue Verantwortung am 21. Mai und machte sich als erstes daran, eine Feuerpause auszuhandeln. Zunächst schienen die Vorzeichen dafür nicht ganz aussichtslos. Eine vom Sicherheitsrat am 29. Mai angeordnete vierwöchige Waffenruhe trat am 11. Juni in Kraft. In Jerusalem wurde sie im Großen und Ganzen von beiden Seiten eingehalten: Es gab 197 Beschwerden wegen der Verstöße dagegen (39 seitens der Araber, 131 von jüdischer Seite und 27 von UN-Beobachtern); zumeist waren es «Fälle sporadischen und vereinzelten Gewehr- und Granatfeuers», obwohl es auch «Versuche jeder der beiden Seiten gab, ihre Position durch die Befestigung von Häusern und strategischer Punkte, durch das Ziehen von Gräben und die Errichtung von Barrieren» zu verbessern.[77] Zu Beginn der Waffenruhe hielten die Israelis den Großteil der Neustadt, die Arabische Legion die gesamte Altstadt sowie einige östlich davon gelegene Teile der Stadt jenseits der Mauer. Die Araber hielten auch die Jerusalemer Wasserquelle bei Ras al-Ain und das Pumpwerk in Latrun unter Kontrolle. Entlang der Frontlinie in der Stadt standen sich die feindlichen Kräfte oft sehr dicht gegenüber, mancherorts auf den gegenüberliegenden Seiten einer Straße. Die Waffenruhe rettete die von den Israelis gehaltene Neustadt davor, ausgehungert zu werden. Die Öffnung der in aller Hast gebauten «Burma-Straße» hinunter zur Küstenebene ermöglichte es ihnen, im Juni Nachschub in die Stadt zu schaffen und die Belagerung am Ende aufzubrechen.

Während der Waffenruhe gelang es am 16. Juni dem belgischen Generalkonsul und Vorsitzenden der Waffenstillstandskommission Jean Nieuwenhuys zusammen mit dem Waffenstillstandsüberwacher Nils Brunsson, mit beiden Seiten eine «Niemandsland-Vereinbarung» für Jerusalem auszuhandeln. Dementsprechend «zog jede der beiden einander gegenüberstehenden Parteien ihre Streitkräfte auf eine vereinbarte Linie zurück, und zwischen den beiden Linien wurde ein Niemandsland geschaffen, wozu die Häuser und Gebäude innerhalb des Niemandslandes evakuiert wurden». Diese Vereinbarung sollte langfristige Implikationen haben, denn durch sie kristallisierten sich mehr oder weniger fest die Teilungslinien in Jerusalem zwischen Israel und Jordanien für die nächsten neunzehn Jahre heraus.

Unmittelbar vor dem Ablauf der Waffenruhe vermittelte Oberst Brunsson noch ein zweites Abkommen. Am 7. Juli verständigten sich israelische und arabische Kommandeure in Jerusalem auf eine Entmilitarisierung des Skopusberges. Das Gebiet wurde in drei Abschnitte unterteilt: eine jüdische Zone, die das Hadassa-Krankenhaus und die Hebräische Universität einschloss, eine arabische Zone sowie einen schmalen Streifen Niemandsland. Das Augusta-Viktoria-Gebäude fand als von der UNRWA verwaltetes Krankenhaus für arabische Flüchtlinge endlich doch zu seiner Bestimmung. Arabische und israelische «bewaffnete Polizei» sollten in ihrem jeweiligen Abschnitt unter UN-Befehl Dienst tun.[78] Bernadotte versuchte, die Vereinigten Staaten dazu zu bewegen, eine symbolische Truppe von 333 Soldaten zur Überwachung der Entmilitarisierung des Gebiets zu entsenden, hatte aber keinen Erfolg damit.[79] Dennoch übernahm er im Auftrag der Vereinten Nationen die Verantwortung für die Sicherheit in der entmilitarisierten Zone, trotz, wie er es ausdrückte, «der Knappheit von UN-Personal, sie durchzusetzen». Die Vereinten Nationen verpflichteten sich, auch für die Lebensmittel- und Wasserversorgung dieses Gebiets zu sorgen.

Am 28. Juni legte Bernadotte seine eigenen Vorschläge für eine langfristige Beilegung des Palästina-Konflikts vor. Er schlug einige Veränderungen in der Teilungskarte der Vereinten Nationen für Palästina vor und empfahl, die Internationalisierung Jerusalems nicht weiter zu betreiben. Stattdessen plädierte er für die «Einbeziehung der Stadt Jerusalem in das arabische Territorium mit städtischer Autonomie für die jüdische Gemeinde und speziellen Vorkehrungen für den Schutz der Heiligen Stätten».

Wegen dieser Vorschläge wurde Bernadotte in der israelischen Presse hart angegriffen, in der er einer antiisraelischen Voreingenommenheit bezichtigt wurde. Anhänger der extremistischen Lechi-Gruppe denunzierten ihn ohne jegliche Zurückhaltung. Im UN-Sicherheitsrat beschuldigte ihn Gromyko, sich nach dem britischen Foreign Office zu richten. Einige dieser kritischen Einwände gingen jedoch an die falsche Adresse. In Wirklichkeit war Bernadotte nicht der Urheber dieser Vorschläge für Jerusalem. Zu Anfang hatte er jedenfalls in Gesprächen mit seinen Mitarbeitern die Internationalisierung bevorzugt. Die Urheber dieses neuen Plans für Jerusalem waren in Wirklichkeit Bernadottes Assistenten Ralph Bunche, John Reedman und Constantin Stavropoulos, obwohl der Vermittler selbstverständlich die letzte Verantwortung für seine «Anregungen» trug.[80]

Sowohl Araber als auch Israelis lehnten die Vorschläge des Vermittlers ab, auch wenn die winzige, zionistenfeindliche und ultraorthodoxe jüdische *Neturei Karta* (Wächter der Stadt) in Jerusalem ihre

Zustimmung äußerte. Die Arabische Liga, die 1945 gegründete Vereinigung aller unabhängigen arabischen Staaten, lehnte es ab, irgendetwas anderes als einen einheitlichen Staat Palästina in Betracht zu ziehen. Israel hielt einstweilen an der Resolution der Generalversammlung vom 29. November 1947 fest und wandte sich besonders gegen die Vorschläge des Vermittlers, die Einwanderung zu begrenzen und Jerusalem dem arabischen Staat zuzuweisen. Für die israelische Einstellung gegenüber dieser Stadt hatte die Belagerung des jüdischen Jerusalem dauerhafte Auswirkungen. Der Umstand, dass bereits am 30. Juni – noch vor dem eigentlichen Zeitplan – die letzten Reste der in Palästina verbliebenen britischen Truppen aus Haifa abzogen und sich damit die Wahrscheinlichkeit einer britischen Intervention in den Konflikt verringerte, stärkte noch die Entschlossenheit der Israelis. In einem Brief, den er Bernadotte am 5. Juli aushändigte, schrieb Schertok ganz unverhohlen, dass Israel sich «nie mit der Auferlegung arabischer Herrschaft über Jerusalem abfinden» und sich «jedweder derartiger Auferlegung mit aller zur Verfügung stehenden Macht widersetzen» werde.[81] In seiner Antwort vom nächsten Tag versuchte Bernadotte, seine Abkehr vom ursprünglichen Teilungsplan der Vereinten Nationen zu rechtfertigen: «Jerusalem liegt im Herzen dessen, was bei jeder Teilung Palästinas arabisches Territorium sein muss. Der Versuch, dieses Areal politisch und in anderer Hinsicht vom umgebenden Territorium zu isolieren, wirft enorme Schwierigkeiten auf ... Arabische Herrschaft über legitime jüdische oder andere nichtarabische Interessen in Jerusalem war in den Vorschlägen nie beabsichtigt oder impliziert.»

Trotz der Zurückweisungen von beiden Seiten war Bernadotte durch die beiden örtlichen Vereinbarungen ermutigt worden, die in Jerusalem zustande gekommen waren. Da eine umfassendere Vereinbarung noch ausstand, legte er Vorschläge für die Entmilitarisierung der Stadt vor. Die Israelis gaben ein verhaltenes Interesse zu erkennen. Der Hohe Arabische Ausschuss lehnte von seinem Büro in Damaskus aus die Entmilitarisierung mit der Begründung ab, sie tendiere dazu, Jerusalems «arabischen und islamischen Charakter auszulöschen, es von Palästina abzulösen und darin eine internationale Verwaltung zu etablieren, um so das Teilungsvorhaben umzusetzen. Im übrigen ist es unmöglich, die Juden wirklich zu entwaffnen, wodurch die Heilige Stadt der Besetzung durch sie ausgesetzt ist».

Am 8. Juli fand die Waffenruhe ein vorzeitiges Ende, und die erbitterten Kämpfe begannen von neuem. Israel eroberte Lydda,

Ramallah und Nazareth; israelische Kräfte bekamen auch die Jerusalemer Wasserquelle bei Ras al-Ain unter ihre Kontrolle, scheiterten aber in einer entscheidenden Schlacht, auch die Pumpstation bei Latrun zu erobern – sie wurde am 12. August von den Arabern zerstört. In der Operation *Kedem* versuchten die Israelis, in den Bezirk Scheich Jarrah und in die Altstadt vorzudringen, aber erfolglos. Am 15. Juli ordnete der UN-Sicherheitsrat eine Feuereinstellung an, die am 17. Juli um 5.45 Uhr in Jerusalem in Kraft trat – siebenunddreißig Stunden früher als andernorts in Palästina. Dies war ein entscheidender Augenblick. Wie der erste Waffenstillstand den Juden die Kontrolle über die Neustadt gerettet hatte, so rettete der zweite wahrscheinlich den Arabern die Kontrolle über die Altstadt. Die Feindseligkeiten endeten bei nur leicht verändertem Verlauf der Kampflinien innerhalb der Stadt. Die «Niemandsland-Vereinbarung» lief aus, aber die über den Skopusberg blieb in Kraft. Im August und Anfang September herrschte eine gespannte Ruhe in der Stadt, durchbrochen nur, wie Bernadotte schrieb, «von heftigem Feuer ... fast jede Nacht».

Obwohl die Vereinten Nationen keine Truppen entsandten, um ihre Entscheidungen zu Palästina durchzusetzen oder den vorgesehenen Stadtstaat Jerusalem zu schützen, wurden doch schließlich ein paar Militärbeobachter losgeschickt, die den Vermittler und die konsularische Waffenstillstandskommission unterstützen sollten. Am 1. August wurden zehn solche Beobachter in Jerusalem stationiert; bis zum 8. September war ihre Zahl auf neunundsiebzig angewachsen.[82] Es waren zumeist Amerikaner, Franzosen und Belgier – Personen derselben Nationalitäten also, denen auch die drei Konsuln angehörten, die mithelfen sollten, den Waffenstillstand einzuhalten. Ihr erster Kommandeur war Generalmajor Age Lundström von der schwedischen Luftwaffe. Er hatte dieses Amt aber nur sieben Wochen lang inne und wurde im September von General William Riley vom US-Marine Corps ersetzt. Am 30. September übernahmen die Vereinten Nationen die «Rotes-Kreuz-Zone», die Reynier um den ehemaligen Sitz der Mandatsverwaltung, das sogenannte *Government House*, eingerichtet hatte. Das Gebiet war teilweise von ägyptischen Soldaten besetzt gewesen und am 17. August von den Israelis, die den Waffenstillstand brachen, angegriffen, jedoch nicht erobert worden. Arabische und israelische Militärs kamen überein, sich am 4. September zurückzuziehen. Die vormalige Residenz des Hochkommissars wurde zu einer UN-Zone, die der Oberhoheit keines Staats unterstand. Zu Anfang wurde sie von Soldaten der Arabischen Legion und der Israelis bewacht, die bis zum Eintreffen von UN-Wachmannschaften in gutem Einvernehmen ihren Dienst taten. Mit Ausnahme einer kurzen Unterbrechung im Jahre 1967, als es zunächst von jordanischen und dann von israelischen Einheiten besetzt wurde, blieb das Government House bis heute unter UN-Kontrolle. Es ist das einzige Stückchen von Jerusalem, das in gewissem Sinne internationalisiert worden ist.

Am 16. September unterzeichnete der Vermittler auf der Insel Rhodos einen Bericht mit revidierten Vorschlägen. Er war inzwischen von seiner früheren Einstellung gegenüber dem Teilungsplan der Vereinten Nationen abgerückt und empfahl nun, dass Jerusalem, wie in diesem Plan vorgesehen, «der effektiven Kontrolle der Vereinten Nationen unterstellt werden sollte, bei dem erreichbaren Maximum an lokaler Autonomie für seine arabischen und jüdischen Gemeinden, bei voller Gewährleistung des Schutzes der Heiligen Stätten und des freien Zugangs zu ihnen und bei freier Religionsausübung». Die Änderungen waren wahrscheinlich das Ergebnis von Gesprächen, die er ein paar Tage vorher mit amerikanischen und britischen Regierungsvertretern geführt hatte.[83]

Bernadottes Bericht wurde zwei Tage später der UN-Generalversammlung vorgelegt. Da war sein Verfasser aber bereits tot. Am 17. September wurde der Vermittler durch einen Trupp der *Lechi*-Terroristengruppe in Jerusalem umgebracht; sie handelte auf Befehl der dreiköpfigen Führung der Organisation, zu der auch der spätere Ministerpräsident Itzhak Schamir gehörte. Jehoschua Cohen, der vermutlich den tödlichen Schuss abfeuerte, diente nach Ben Gurions Rückzug aus der aktiven Politik als dessen Leibwächter; vor Gericht gestellt wurde er nie. An Bernadottes Stelle wurde Ralph Bunche zum amtierenden Vermittler ernannt.

Die Ermordung des Vermittlers gab dessen letzten Empfehlungen viel zusätzliche moralische Schubkraft, und UN-Generalsekretär Trygve Lie sorgte dafür, dass sie auf die Tagesordnung der Generalversammlung kamen. Der amerikanische Außenminister George C. Marshall und auch sein britischer Kollege Ernest Bevin pflichteten Bernadottes Vorschlägen bei, aber sowohl Israel als auch die arabischen Staaten lehnten sie ab, und so blieben sie, wie schon so viele frühere Pläne für Palästina und Jerusalem, auf der diplomatischen Strecke.

Stattdessen nahm Israel Mitte Oktober die Kämpfe wieder auf, drängte die Ägypter in den Negev zurück und vergrößerte das unter seiner Kontrolle stehende Gebiet in Galiläa. Gegen Ende dieser Phase

Graf Folke Bernadotte, der UN-Vermittler in Palästina (dritter von rechts), im YMCA-Gebäude in Jerusalem, 12. Juni 1948.

der Feindseligkeiten bat die israelische Armee Ben Gurion um die Erlaubnis, erneut Jerusalem angreifen zu dürfen. Dieser lehnte jedoch ab, weil er internationale Komplikationen befürchtete, wenn die Armee in die Altstadt vordränge. Nach einer vierten und letzten Kampfphase zwischen dem 22. Dezember 1948 und dem 7. Januar 1949 gestanden die Araber ihre Niederlage ein. Am 24. Februar unterzeichnete Ägypten ein Waffenstillstandsabkommen mit Israel. Bereits am 30. November 1948 hatten sich Israel und Transjordanien auf «eine absolute und ernsthafte Feuereinstellung» in Jerusalem geeinigt. Die damaligen Teilungslinien innerhalb der Stadt verfestigten sich. Im Kampf um die Stadt waren 1976 Israelis gestorben (von rund 6 000 im gesamten Krieg). Für die Verluste auf arabischer Seite sind genaue Zahlen nicht bekannt, aber man weiß, dass die Arabische Legion in diesem Krieg vierzig Prozent ihrer Verluste in Jerusalem erlitt.

Am Ende des Krieges gab es in sieben gemischten oder vorwiegend arabischen Wohnbezirken in Westjerusalem keine arabischen Einwohner mehr (in Baqa, Katamon, Talbieh, Musrara, Mamilla sowie in der Deutschen und Griechischen Kolonie). Dasselbe galt für nahezu alle arabischen Dörfer im Westen der Stadt, darunter Ein Qarem, Romema, Lifta, Malha und Deir Jassin. In manchen Fällen wurden die Araber vertrieben oder durch Drohungen dazu gebracht, wegzuziehen; in anderen flohen sie aus Furcht, massakriert zu werden. In keinem einzigen Fall wurde den Einwohnern die Heimkehr erlaubt. Auf der jordanischen Seite widerfuhr den Juden der Altstadt und in den von der Arabischen Legion besetzten Siedlungen unweit des Toten Meeres ein ähnliches Schicksal.

Ein König für Jerusalem

Da nun Jerusalem in zwei Teile geteilt war, begann sich der amerikanische und (etwas zögerlicher) der britische Enthusiasmus für eine Internationalisierung der Stadt abzukühlen. Im August 1948 erwog Marshall die Möglichkeit eines «modifizierten Kondominiumprinzips, dem zufolge Israel, der künftige arabische Staat [Palästina] und die Vereinten Nationen die administrative Verantwortung für Jerusalem miteinander teilen würden».[84] Im Dezember erklärte er seine Bereitschaft, «jedwede andere für Juden und Araber befriedigende Lösung» zu akzeptieren, «vorausgesetzt, dass Garantien für den Zugang zu den Heiligen Stätten und deren Sicherheit gegeben würden».[85] Ende September bewegten sich auch die Briten auf die formelle Hinnahme der Teilung Jerusalems zu. Sir Hugh Dow, der englische Generalkonsul, äußerte, «er persönlich habe nichts dagegen einzuwenden, diese separaten Gebiete der Souveränität des jüdischen bzw. des arabischen Staates zu unterstellen».[86] Dean Rusk vom Washingtoner State Department imponierte der Gedanke, weshalb er den Vorschlag machte, dass der arabische und der jüdische Staat ihren jeweiligen Teil Jerusalems unter UN-Treuhand verwalten könnten.[87]

Auch die israelische Position hatte sich gewandelt. Von seinen militärischen Siegen ermutigt, war Israel an einer Internationalisierung nun nicht mehr interessiert. Die erste Stufe auf dem Weg zur Durchsetzung der israelischen Autorität in der Stadt war die Unterstellung seines Teils unter israelisches Militärrecht am 25. Juli 1948. Am 2. August wurde Bernard Joseph (später Dov Yosef), der seit dem vergangenen Dezember das Notstandskomitee für Jerusalem der *Jewish Agency* geleitet hatte, zum Militärgouverneur ernannt. Am selben Tag gaben die Israelis in Jerusalem die «Proklamation Nr. 1» heraus. Von Ben Gurion in seiner Eigenschaft als Verteidigungsminister unterzeichnet, erklärte sie das unter israelischer Militärkontrolle stehende Gebiet Jerusalems zu einem «Verwaltungsgebiet», in dem «das Recht des Staates Israel gilt».[88] Von israelischer Seite verstand man dies als Erklärung, dass das betreffende Gebiet unter militärischer Besatzung stehe; es war also keine Annexionserklärung.

Die israelische Regierung war inzwischen zu der Schlussfolgerung gelangt, dass, vor die Wahl zwischen einer nicht durchsetzbaren und unattraktiven Internationalisierung und einer tatsächlich vorhandenen Teilung der Stadt gestellt, die Teilung vorzuziehen sei. In Dov Yosefs Worten: «Es fällt mir schwer, die politische Logik zu verstehen, die besagt, dass es günstiger ist, dass die Araber und wir nichts haben, als dass sie etwas haben. Wir reißen uns eines unserer Augen aus, damit wir ihnen beide ausreißen können.»[89] Im Einklang mit solchen Erwägungen glitt die israelische Diplomatie ganz geschickt von der ursprünglichen zionistischen Zustimmung zur Internationalisierung hinüber zum Bemühen um internationale Anerkennung für den Status quo der Teilung. Am 20. September war dem israelischen Kabinett bereits so an der Hinnahme der Teilung der Stadt gelegen, dass es sich mit Schertoks Auffassung einverstanden erklärte, Israel solle zur Aufgabe eines kleinen Teils der Neustadt bereit sein, falls dies der Preis dafür wäre, der Internationalisierung zu entgehen.[90] In seinem Bericht an das Zentralkomitee seiner Partei ließ Ben Gurion am 30. November ganz klar erkennen, dass für ihn das Ziel nun die Teilung Jerusalems war.[91]

Auch der andere wichtige Protagonist der Geschichte hatte sich inzwischen den neuen Realitäten angepasst. Abdullahs Antwort auf die Unabhängigkeitserklärung des Mufti (dieses «Teufels aus der Hölle», wie er ihn nannte)[92] erfolgte sogleich. Am 1. Oktober trat in Amman eine Notabelnversammlung zusammen, die sich als «Nationaler Palästina-Kongress» bezeichnete und Abdullah aufforderte, Palästina unter seine Fittiche zu nehmen. Sechs Wochen später ließ sich Abdullah zum «König von Jerusalem» krönen – seltsamerweise durch den koptischen Bischof der Stadt.[93] Es war dies die erste Krönung eines Königs in Jerusalem seit der Krönung von Kaiser Friedrich II. im Jahre 1229. (Da zur damaligen Zeit über den Kaiser ein päpstlicher Bann verhängt war, setzte er sich die Krone selbst aufs Haupt.) Am 1. Dezember erklärte in Jericho eine Konferenz von zweitausend palästinensisch-arabischen Notabeln Abdullah zum «König von ganz Palästina» und rief zur Vereinigung der beiden Jordanufer zu einem einzigen Staat auf.

Das jordanische Parlament verabschiedete am 13. Dezember eine entsprechende Resolution. Eine Woche später ernannte Abdullah einen eigenen Kandidaten zum Mufti von Jerusalem, Scheich Husam al-Din Jarallah. Er war, als 1921 die britische Mandatsregierung Hadsch Amin al-Husayni ernannte, der Unterlegene gewesen. Sowohl für Jarallah als auch für Abdullah war dies also eine süße, wenn auch lang hinausgeschobene Rache. Von nun an war ein Hauptziel von Abdullahs Politik die Aufrechterhaltung seiner Herrschaft über das Westjordanland und die Altstadt von Jerusalem. Als unvermeidliche Konsequenz ergab sich daraus, dass hinsichtlich der Teilung Jerusalems Jordanien und Israel nun diplomatisch auf einer Linie lagen, und zwar gegen einen Großteil des Restes der Welt, der weiterhin für die Internationalisierung eintrat.

Im Gefolge des Waffenstillstands kam es zu einer Reihe von Treffen zwischen israelischen und jordanischen Vertretern, bei denen es nicht nur um den Waffenstillstand ging, sondern auch um weit ausgreifende Fragen in bezug auf eine mögliche Friedensvereinbarung. Bei einer solchen Zusammenkunft am 30. Dezember erklärte der jordanische Militärgouverneur von Jerusalem, Abdullah al-Tall, dem israelischen Geheimdienstchef Reuven Schiloah, dass auch Abdullah an eine vereinbarte Teilung Jerusalems denke – «die arabischen Gebiete würden an ihn fallen und die jüdischen an uns» (laut Schiloahs Bericht über das Treffen).[94] Beim nächsten Mal, am 5. Januar 1949, legte Tall die Vorschläge detaillierter dar: Die Altstadt, Katamon und die Deutsche Kolonie würden wie Talpiot und der Kibbuz Ramat Rachel von Jordanien regiert; Israel könne den Rest der jüdischen Neustadt haben. Es war ganz offenkundig als ein Bauernopfer gedacht, um sich in der folgenden Schachpartie einen Stellungsvorteil zu sichern. General Moshe Dayan, der israelische Oberbefehlshaber im Gebiet Jerusalem, schlug stattdessen vor, dass Scheich Jarrah im Austausch für ein anderes Gelände an die Israelis gehen solle, damit Israel einen Zugang zum Skopusberg habe. Tall verwies jedoch darauf, dass dadurch das arabische Jerusalem von Ramallah getrennt würde, was nicht annehmbar sei. Man wurde sich nicht einig, und es dauerte einige Monate, bis wieder Gespräche aufgenommen wurden.[95]

Als im Januar 1949 die ersten allgemeinen Wahlen in Israel stattfanden, nahmen die Einwohner des von Israel besetzten Teils von Jerusalem daran teil. Am 4. Februar unternahm die israelische Regierung einen weiteren Schritt in Richtung auf die Annexion Westjerusalems, als sie ihre Entscheidung bekanntgab, «die Militärregierung in Jerusa-

Moshe Dayan (Mitte) und sein jordanischer Widerpart Abdullah al-Tall (rechts) in Jerusalem, Ende 1948.

lem abzuschaffen und dort die Zivilverwaltung zu errichten, die in anderen Teilen Israels in Kraft ist».[96] Zehn Tage später wurde von Präsident Weizmann die erste *Knesset* (das Parlament) in Jerusalem eröffnet. Repräsentanten des Sowjetblocks, lateinamerikanischer Staaten und der verschiedenen Kirchen waren zugegen. Die Gesandten der Vereinigten Staaten, Großbritanniens und Frankreichs hatten sich zuvor darauf geeinigt, entsprechende Einladungen abzulehnen.[97] Der Boykott war der Beginn einer langen diplomatischen Sackgasse zwischen Israel und den Westmächten hinsichtlich des Status von Jerusalem.

Nach israelisch-jordanischen Gesprächen, die unter Vorsitz von Ralph Bunche auf Rhodos stattgefunden hatten, wurde am 3. April 1949 ein Waffenstillstandsabkommen unterzeichnet (siehe Karte 9,

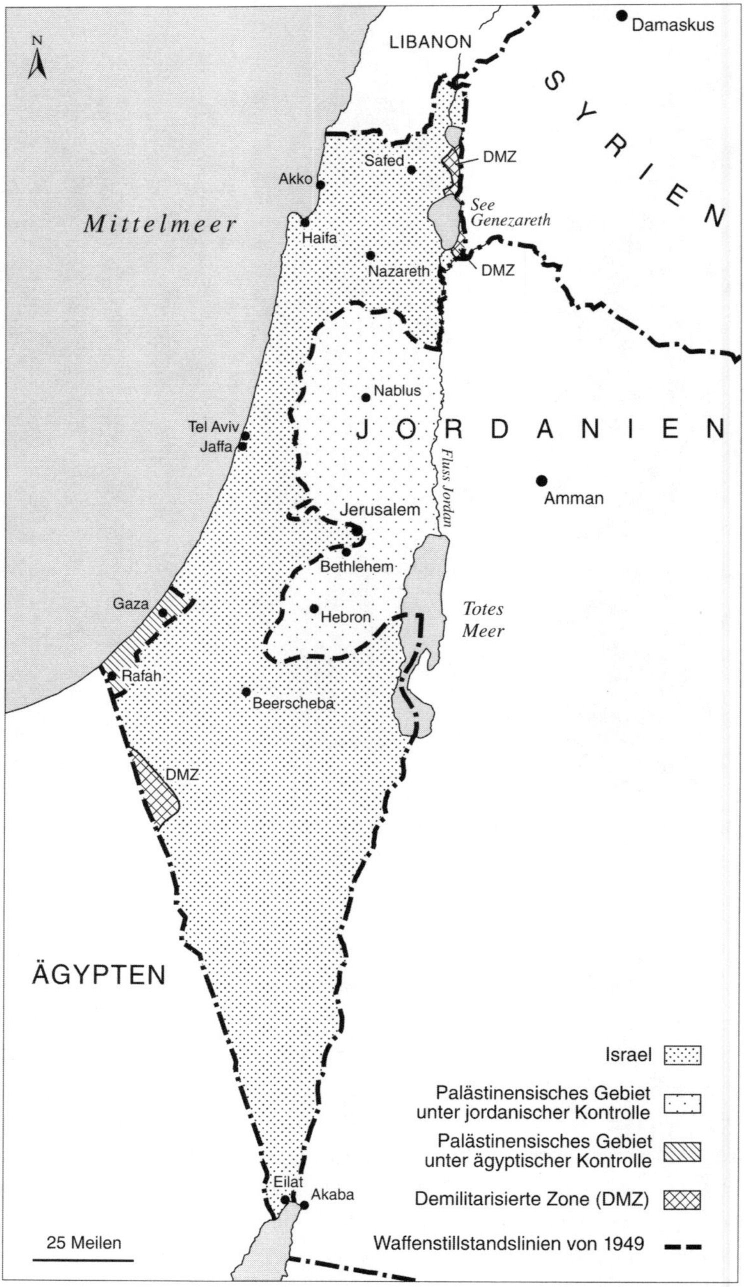

Karte 9 Israel (1949–1967)

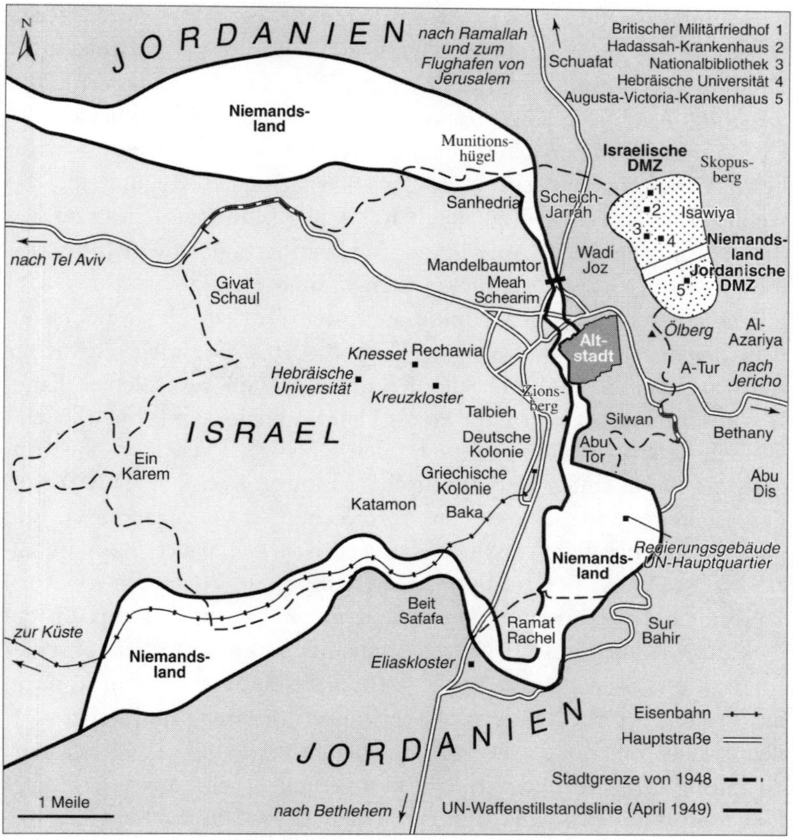

Karte 10 Das geteilte Jerusalem (1949–1967)

S. 184). In Jerusalem entsprach die vertraglich vereinbarte Demarkationslinie derjenigen zum Zeitpunkt der Waffenruhe vom 30. November 1948 (siehe Karte 10, S. 185).[98] Mit dieser Vereinbarung wurde die Teilung Jerusalems quasi auf Dauer eingefroren.

«Wird der Vatikan Truppen hierher entsenden?»

Während Israel und Jordanien die ihnen zugeordneten Teile Jerusalems stetig fester in den Griff nahmen, wurde die in den Vereinten Nationen geführte Diskussion zu diesem Thema immer abstrakter und unrealistischer. Am 11. Dezember 1948 beschloss die Generalversammlung unter starkem Druck der USA die Schaffung einer Versöhnungskommission für Palästina (*Palestine Conciliation Commission*). Auf diese Kommission wurden sämtliche Funktionen des UN-Vermittlers übertragen; überdies wurde sie beauftragt, «detaillierte Vorschläge für ein ständiges internationales Regime für das Gebiet von Jerusalem» zu machen.[99] Die Kommission bestand aus drei Mitgliedern: dem Amerikaner Mark Etheridge, einem Journalisten aus Louisville in Kentucky; dem Franzosen Claude de Boissanger, einem schlagfertigen Diplomaten; dem Türken H. C. Yalçin, einem beinahe achtzigjährigen namhaften Autor. Der allgegenwärtige Azcárate war der Sekretär der Kommission. Im Jerusalemer King-David-Hotel richteten sie ihr erstes Hauptquartier ein (ohne fließend Wasser, Telefon und funktionierenden Aufzug). «Verärgert, fast ungestüm» sagte ihnen der israelische Militärgouverneur Dov Yosef, dass er keine Möglichkeit sehe, ihre Sicherheit zu garantieren, und dass sie gut beraten wären, in den arabischen Teil der Stadt umzuziehen.[100] Da es in Jerusalem kaum voranging, zogen sie im April 1949 nach Lausanne um. Am 1. September war ihr Entwurf für ein Abkommen über Jerusalem fertig, eine abgeschwächte Version einer Internationalisierung. An Stelle des *Corpus separatum* wurde darin die Teilung der Stadt halbwegs anerkannt: Jordanien und Israel würden jeweils ihre Zone unter UN-Vollmacht verwalten; die Stadt würde entmilitarisiert und ein UN-Gouverneur ernannt werden. Der Plan sah vor, dass das «gegenwärtige demographische Gleichgewicht» der beiden Zonen nicht durch Einwanderung destabilisiert werden dürfe. In den Vorschlägen schlugen sich die Ansichten des amerikanischen Außenministeriums nieder – auch wenn der ausgesprochen zionistenfreundliche US-Botschafter in Israel, James G. McDonald, privat an Präsident Trumans Sonderberater Clark Clifford schrieb: «Mir graut vor dem, was geschehen könnte, falls man unter den Auspizien der Vereinten Nationen den Versuch unternähme, Israel dazu zu zwingen, sofort einen UN-Verwalter in Jerusalem zu akzeptieren. Eine Wiederholung der Bernadotte-Tragödie wäre nicht unwahrscheinlich ...»[101]

In der im folgenden Monat eröffneten Sitzungsperiode der Generalversammlung wurde der Plan der Versöhnungskommission beraten. Jordanien, das damals noch kein Mitglied der UNO war, lehnte ihn ab: «Keiner wird mir Jerusalem abnehmen, ohne dass man mich umbringt», erklärte Abdullah.[102] Israel, das im Mai in die UNO aufgenommen worden war, war nicht weniger entschlossen: Für Scharett (wie sich Schertok von nun an nannte) war der Plan «anachronistisch und widersinnig».[103] Da keine der beiden Parteien, die Jerusalem in Besitz hatten, dem Vorschlag der Versöhnungskommission zustimmte, geriet er bald in Vergessenheit. Jetzt begann man sich in der UN-Generalversammlung wieder für die «selbständige Einheit» zu erwärmen. Hauptgrund dafür war, dass eine einflussreiche, wenn auch manchmal als unbeachtlich abgetane Macht sich dafür nachdrücklich einsetzte: der Heilige Stuhl.

Der Vatikan war damals tatsächlich der größte Befürworter einer Internationalisierung – ein weiterer Beleg für die Regel, dass die Internationalisierung der Stadt meistens von denjenigen befürwortet wurde, die sich vor Ort in Jerusalem in einer schwachen Position befanden. Mit dieser Politik schlug der Vatikan einen entschieden anderen Kurs als früher ein. Im März 1948 hatten das Lateinische Patriarchat und die Franziskaner-Kustodie des Heiligen Landes eine gemeinsame Erklärung abgegeben gegen die «fehlgeleitete Politik, die dem Lande auferlegt wurde und die in der Teilung Palästinas ihren Höhepunkt erreicht hat».[104] Bis zum Mai hat das vatikanische Staatssekretariat sich, so gut es ging, bemüht, sich in dieser Sache nicht festzulegen. Am 24. Oktober jedoch verkündete Papst Pius XII. in seiner Enzyklika *In multiplicibus curis*, dass der Vatikan dafür eintrete, «Jerusalem und seiner Umgebung einen internationalen Charakter» zu geben. Eine weitere Enzyklika, *Redemptoris nostri cruciatus*, vom April 1949 wiederholte die Forderung nach der Internationalisierung und rief zur Mobilisierung der Katholiken der ganzen Welt in diesem Sinne auf. Sie forderte die Katholiken auf,

> wo immer sie leben, jedes legitime Mittel zu benutzen, um die Regierungen der Völker und diejenigen, deren Pflicht es ist, diese wichtige Frage zu lösen, dazu zu bewegen, Jerusalem und seiner Umgebung einen rechtlichen Status zu verleihen, dessen Stabilität unter den gegenwärtigen Umständen nur durch eine gemeinsame Anstrengung derjenigen Völker angemessen gesichert werden kann, die den Frieden lieben und die Rechte anderer achten.[105]

Der Vatikan bezog diese Position aufgrund von Beschuldigungen, im israelisch regierten Jerusalem seien christliche Institutionen zu Schaden gekommen, aus Sorge um das Schicksal christlicher Araber unter den palästinensischen Flüchtlingen und vor allem unter dem Druck der Franzosen. Der Umstand, dass die vormals faschistischen Staaten Italien und Spanien keine Mitglieder der Vereinten Nationen waren, gab dem französischen Bemühen, Frankreichs altes Protektorat über die römisch-katholische Christenheit neu aufleben zu lassen, zusätzliches Gewicht.[106] In der ganzen katholischen Welt machte sich die unzweideutige Haltung des Vatikans bemerkbar und trug dazu bei, dass die Internationalisierung in den Vereinten Nationen diplomatische Unterstützung erhielt.

Israel, dem das bedrohliche Wiederaufleben des *Corpus-separatum*-Plans Sorgen machte, ergriff eine Reihe diplomatischer Gegenmaßnahmen. In einer Rede an seiner alten Universität im schweizerischen Fribourg versuchte Chaim Weizmann, die Katholiken mit der Bemerkung zu beruhigen, dass Israel «die direkte internationale Überwachung» der Heiligen Stätten willkommen wäre.[107] Obwohl Israel keine diplomatischen Beziehungen mit dem Heiligen Stuhl unterhielt, entsandte es Jacob Herzog nach Rom, um den Vatikan zu einer anderen Haltung zu bewegen, was aber keinen Erfolg hatte.[108] Im Oktober 1949 brachten israelische Diplomaten den Gedanken einer einvernehmlichen Internationalisierung der Altstadt (die inzwischen natürlich in jordanischer Hand war) zusammen mit einer vereinbarten Aufteilung der übrigen Stadt zwischen Israel und Jordanien entlang der bestehenden Waffenstillstandslinie in Umlauf. Versuchsweise war eine solche Vorstellung schon einmal im Juni 1948 innerhalb des US-State Department ventiliert worden, und es könnte durchaus sein, dass diese Idee bis zu den Israelis drang.[109] Der israelische Vorschlag basierte auf einem Plan, den Avraham Biran, ein hochrangiger Mitarbeiter des Militärgouverneurs von Jerusalem (des späteren Distriktskommissars von Jerusalem) ausgearbeitet hatte. Er sah einen dem UN-Treuhandrat verantwortlichen christlichen Gouverneur für die Altstadt vor. Diesem sollten drei Stellvertreter – ein Christ, ein Muslim und ein Jude – sowie eine beratende Versammlung (mit fünf Mitgliedern je Religion) zuarbeiten. Das Gebiet würde über seine eigene Polizei verfügen und

> den Charakter einer Heiligen Stadt annehmen, so ähnlich wie der Vatikan … Sie wird aus Institutionen aller Religionen, Kirchen, Synagogen, Moscheen, Schulen jeglicher Art, Hotels für Touristen und Pilger bestehen. Eine kleine Zivilbevölkerung wird ihren Lebensunterhalt von diesen Institutionen und von Touristen beziehen, indem sie für deren religiöse Bedürfnisse sorgt, etwa durch den Verkauf kirchlicher Gegenstände, Perlmutt, Olivenholzartikeln etc.[110]

Für die Israelis barg dieses Projekt offensichtliche Reize, vor allem deshalb, weil es die Möglichkeit eröffnete, von der Neustadt aus in die Altstadt zu gelangen.

Statt jedoch selbst diese Initiative zu verfolgen, versuchte Israel, Christen in Führungspositionen dazu zu überreden, dies zu tun. Dies scheint Teil eines allgemeinen Versuchs gewesen zu sein, die Kirchen in der Jerusalem-Frage zu entzweien – speziell eine christliche Opposition gegen die Internationalisierungskampagne des Vatikans aufzubauen. In Gesprächen mit der armenischen und der griechisch-orthodoxen Kirche kamen sie unter Ausnutzung ihrer historischen Animositäten gegenüber den Katholiken auch ein Stück weit voran. Hauptunterhändler der Israelis gegenüber den christlichen Kirchen war Jacob Herzog, der damals an der Spitze der Christlichen Abteilung im Ministerium für religiöse Angelegenheiten stand. Am April 1949 schrieb er an Ben Gurion und Scharett und legte ihnen die israelische Taktik dar. Bei Gesprächen mit Vertretern des Griechisch-orthodoxen Patriarchats hatten die Israelis ins Feld geführt, dass die Katholiken bei jeder Form von Internationalisierung im Laufe der Zeit ein Übergewicht in der Stadt bekämen. Um sich die Unterstützung der Orthodoxen zu sichern, hatten die Israelis einige gewichtige Konzessionen in bezug auf den dem Patriarchat gehörenden Grundbesitz in Westjerusalem gemacht. Im Gegenzug hatten die Orthodoxen durchblicken lassen, dass sie «mit allen zur Verfügung stehenden Mitteln» gegen die Internationalisierung kämpfen würden. In Anbetracht der Position ihrer Gemeinden innerhalb der arabischen Welt würden sie nicht imstande sein, sich öffentlich gegen die Internationalisierung zu wenden, aber bei geeigneter Gelegenheit deutlich machen, dass die Orthodoxen in dieser Frage nicht dem Kurs des Vatikans folgen würden; sie versprachen auch, diesen Standpunkt in Athen und Washington zur Kenntnis zu bringen.[111]

Etwa zur gleichen Zeit suchte der israelische Gesandte in London, Mordechai Eliash, den Erzbischof von Canterbury auf und legte ihm ein Memorandum vor, in dem es hieß:

Christliche Interessen können nicht erwarten, dass Israel sich vorrangig für die Forderung nach vollem internationalem Status für die Stadt innerhalb der Mauern stark macht, wenn sie sehen, dass Israels Hauptbemühungen jetzt darauf gerichtet sind, seine eigene Bevölkerung und deren Zukunft zu sichern. Kommende Generationen würden jedoch, das ahnt man, es als einen schrecklichen politischen und religiösen Irrtum ansehen, wenn die Christen die ummauerte Stadt der arabischen Souveränität nur aufgrund des dürftigen Arguments überließen, dass es für König Abdullah eine Niederlage bedeutete, die einzige Beute aufgeben zu müssen, die er sich in einem Krieg gesichert hat, den er nie hätte beginnen sollen.[112]

Der Primas der anglikanischen Kirche bekundete höflich sein Interesse, aber nicht mehr. In einem «privaten Memorandum», das er kurz darauf dem UN-Treuhandrat übermittelte, schlug er vor, den größeren Teil der von Juden bewohnten Gebiete der Neustadt Israel einzuverleiben und den gesamten Rest des als *Corpus separatum* vorgesehenen Gebiets zu internationalisieren.[113] Der Gedanke eines auf die Altstadt Jerusalems beschränkten internationalen Regimes stieß in der christlichen Welt auf wenig Interesse und wurde auch von Israel bald zugunsten eines anderen Vorschlags fallengelassen, der die Internationalisierung noch enger fasste.

Es handelte sich dabei um das Konzept der «funktionalen» im Gegensatz zur «territorialen» Internationalisierung, die sich auf die Heiligen Stätten beschränkte. Im israelischen Außenministerium wurde ein Vertrag zwischen Israel und den Vereinten Nationen aufgesetzt, wonach die Heiligen Stätten «der Kontrolle der Vereinten Nationen unterstellt» würden.[114] In einem begleitenden Memorandum erläuterte der Rechtsexperte des Außenministeriums, Shabtai Rosenne, dass das Wort «Kontrolle» in «seinem französischen Sinn» verstanden werden solle, was anscheinend das Recht zu Kontrolle des Zutritts einräumte, nicht aber das der Verwaltung. Er hob hervor, dass sein Entwurf den Heiligen Stätten keinerlei extraterritorialen Status zuspreche, und fügte hinzu, dass, «falls der Vertrag den Vereinten Nationen annehmbar wäre und Transjordanien dazu gebracht werden könnte, einen ähnlichen abzuschließen, sich daraus ergäbe, dass Juden nicht nur Zutritt zur Klagemauer erhielten, sondern auch zu Rachels Grab und dem Haram el-Khalil in Hebron sowie anderen Heiligen Stätten und Orten (sofern es welche gibt), die sich gegenwärtig in arabischer Hand befinden, bei geringer oder keiner Gegenleistung an die Araber».[115] Diese funktionale Internationalisierung fand in der UNO Unterstützung, und im Herbst 1948 wurde ein solcher Plan von den Niederlanden und Schweden formell vorgeschlagen. Auch aus ihm wurde jedoch nichts.

Die Gegner der Internationalisierung, allen voran und aus eigenem Interesse die beiden Staaten, die Jerusalem in Besitz hatten, befanden sich jetzt in einer ziemlich schwierigen Lage. Der Generaldirektor des israelischen Außenministeriums, Walter Eytan, gab die Unbehaglichkeit der israelischen Position offen zu:

Es trifft gewiss zu, dass wir versuchen, ein Omelett zu machen, ohne dass die Eier dabei kaputtgehen, anders gesagt, die Neustadt zu behalten und zugleich zu verhindern, dass die Altstadt Abdullah in die Hände fällt. Der Grund dafür ist, dass wir in einer Falle stecken, die uns nur zwei logische Wahlmöglichkeiten lässt: Entweder stimmen wir der Internationalisierung der gesamten Stadt zu, was wir nicht wollen, oder wir willigen in die arabische Herrschaft in jenen Teilen der Stadt ein, die wir nicht in Besitz haben – was wir auch nicht wollen. Unter diesen Umständen sind wir zu einem Standpunkt genötigt, der ohne alle Logik ist ...[116]

Während nun Israel sich darum bemühte, eine stimmige Jerusalempolitik zu formulieren, stellte sich heraus, dass praktisch nur ein einziger Staat ihm Rückhalt gab, nämlich sein ehemaliger Feind Jordanien. Als Nichtmitglied der Vereinten Nationen (die UdSSR blockierte nämlich den Beitritt) und ohne die Unterstützung der anderen arabischen Länder brachte Jordanien freilich im Bereich der Diplomatie wenig zustande.

In der UN-Generalversammlung setzten sich im November der Irak, der Libanon und Syrien an führender Stelle für die Internationalisierung ein. Diese arabischen Staaten erklärten, dass Jerusalem zwar «nach Recht und Billigkeit eine arabische Stadt bleiben müsste, sie aber, da sich die arabische Auffassung bedauerlicherweise in der internationalen Politik nicht durchsetze, dazu gezwungen seien, die vollständige und komplette Internationalisierung als das geringere Übel zu akzeptieren».[117] Der britische Gesandte in Tel Aviv kommentierte den Vorgang mit der Bemerkung: «Mit ihrer üblichen Uneinsichtigkeit für den Trend der Ereignisse ist die Arabische Liga nur deshalb für die Internationalisierung, weil 1. Israel dagegen ist und 2. sie für König Abdullah ein Schlag ins Kontor sein wird.»[118] Die israelische Reaktion auf die neuerlich drohende Internationalisierung war scharf. Am 5. Dezember gab Scharett, der die israelische UN-Delegation leitete, telefonisch nach Tel Aviv durch, dass ein neuerlicher Beschluss zugunsten des *Corpus-separatum*-Plans unmittelbar bevorstehe. Auf einer Kabinettssitzung vom selben Tag sagte Ben Gurion, die Frage sei, ob die Vereinten Nationen einem solchen Beschluss Geltung verschaffen könnten. Er glaube nicht, dass sie die Macht hätten, ihn durchzusetzen. Amerika werde Russland nicht gestatten, eine Armee nach Jerusalem zu schicken, um ihm zum Erfolg zu verhelfen; ebensowenig werde Amerika selbst Streitkräfte entsenden. «Wird der Vatikan Truppen hierher entsenden?», fragte er. «Wenn wir zwischen der Mitgliedschaft in den Vereinten Nationen und Jerusalem wählen müssen, werden wir uns für Jerusalem entscheiden.» Alle Minister, die in der Sitzung sich zu Wort meldeten, stellten sich hinter Ben Gurion. Dov Yosef sagte, entscheidend sei, dass die Regierung einen festen Standpunkt beziehe. «Ich habe den Eindruck gewonnen, dass die Bewohner von Tel Aviv, wenn auch nicht alle, auch ohne Jerusalem zufrieden wären.» Nach seiner Meinung sollten Regierungsbehörden nach Jerusalem umziehen, aber man kam überein, dass die Zeit dafür noch nicht reif sei.

Im Verlauf der Diskussionen eröffnete Ben Gurion der Kabinettsrunde, dass Israel, selbst wenn es in den Vereinten Nationen als einziges in der Minderheit sei, in seinem Widerstand gegen die Internationalisierung einen potentiellen Verbündeten habe. Das Thema Jerusalem sei in weiteren geheimen Unterredungen zwischen israelischen Vertretern und König Abdullah zur Sprache gekommen: «Abdullah hat gesagt, dass er mit der Teilung Jerusalems einverstanden ist. Sie [die israelischen Vertreter] haben ihm gesagt, dass wir einen Teil der Altstadt wollen, den ganzen Weg zur Westmauer.» Abdullahs Antwort sei unbestimmt gewesen, aber er habe klar gemacht, dass er über einen allgemeinen Frieden verhandeln wolle, zu dem auch ein geteiltes Jerusalem gehören würde. Ben Gurion sagte dem Kabinett, es wäre eine «tolle Sache», wenn ein Teil der Altstadt zurückgewonnen werden könnte. Er wäre sogar bereit, im Gegenzug einen Teil der Neustadt dafür herauszugeben; er erwähnte den Kibbuz Ramat Rachel, falls dies der nötige Preis wäre – einigermaßen überraschend angesichts des Blutes, das im vergangenen Jahr im erbitterten Hin und Her des um ihn geführten Kampfes vergossen worden war.[119] Das Kabinett billigte Ben Gurions Politik. Später an diesem Tag warnte der Ministerpräsident in einer feurigen Rede in der Knesset vor der zu erwartenden israelischen Reaktion auf jeglichen Versuch, Jerusalem mit Gewalt zu internationalisieren: Israel werde «Jerusalem nicht aus freiem Willen aufgeben».[120]

An diesem Tag votierte das *Ad Hoc Political Committee* der UNO mit achtunddreißig gegen vierzehn Stimmen für ein internationalisiertes Jerusalem. Die USA und Großbritannien stimmten gegen die Resolution, aber die arabischen Staaten, der kommunistische Block sowie – unter starkem Druck seitens des Vatikans – die meisten katholischen Länder waren dafür. Die Vollversammlung folgte am 9. Dezember mit einer Resolution, die erneut feststellte, dass «die Stadt Jerusalem ... als ein *Corpus separatum* unter ein spezielles internationales Regime gestellt und von den Vereinten Nationen verwaltet werden» solle. Der Treuhandrat wurde angewiesen, «die Vorbereitung des Statuts für Jerusalem abzuschließen ... unter Einfügung

Dr. Chaim Weizmann (in der Mitte mit Sonnenbrille) 1948 bei seinem ersten Besuch in Jerusalem als israelischer Staatspräsident. Begleitet wird er von seiner Gemahlin Vera und dem Militärgouverneur von Jerusalem, Dov Yosef.

von Veränderungen im Hinblick auf seine größere Demokratisierung, das Statut zu verabschieden und unverzüglich mit seiner Inkraftsetzung zu beginnen». Der Rat wurde aufgerufen, «keine Aktionen seitens einer interessierten Regierung oder mehrerer zuzulassen, um ihn davon abzuhalten, das Statut für Jerusalem zu verabschieden und in die Tat umzusetzen».[121] Die Abstimmung war ein Sieg der vatikanischen Diplomatie, die in dieser Frage irrwitzigerweise mit der Sowjetunion verbündet war. Aber es war nur ein papierener Triumph: Israel und Jordanien führten nun vor, dass sie fähig waren, die ausdrückliche Meinung der internationalen Gemeinschaft hinsichtlich Jerusalem zu durchkreuzen.

Zwei Tage später antwortete das israelische Kabinett, wieder auf Initiative Ben Gurions, mit der Bekanntmachung seiner Entscheidung, Jerusalem zu Israels Hauptstadt zu machen. Das war keine Selbstverständlichkeit. Vor der Unabhängigkeit hatten die Zionisten keineswegs klare Vorstellungen davon, dass Jerusalem die Hauptstadt des künftigen jüdischen Staates sein müsse. Zu den verschiedenen Orten,

Mosche Scharett, Israels Außenminister (später Ministerpräsident). Er war entsetzt über die Entscheidung des israelischen Kabinetts vom Dezember 1949, Jerusalem zu Israels Hauptstadt zu erklären.

die vor dem Mai 1948 als Sitz für eine Hauptstadt in Erwägung gezogen wurden, gehörten Ben Gurions Vorschlag einer Siedlung im Negev und Golda Myersons (Meirs) Berg Carmel.[122] Erst gegen Ende des Jahres 1949 wurde im Kabinett ernsthaft darüber diskutiert, Jerusalem zur Hauptstadt zu machen. Mit Ausnahme des Obersten Gerichtshofs zog keines der wichtigsten Staatsorgane sogleich nach Jerusalem um. Chaim Weizmann, der erste Staatspräsident, der nie viel für Jerusalem übrig gehabt hatte, zog es vor, seinen offiziellen Wohnsitz auf dem Gelände des naturwissenschaftlichen Forschungsinstituts in Rechovot in der Küstenebene zu nehmen, das (seit 1949) seinen Namen trug. Dort blieb er bis zu seinem Tod im Jahre 1952. Die Entscheidung, Jerusalem zu Israels Hauptstadt zu erklären, war nicht im voraus geplant. Ben Gurions Vorschlag war eine typisch unbesonnene Reaktion auf den Beschluss der UNO-Vollversammlung vom 9. Dezember 1949.

Erneut hatte der Ministerpräsident den Rückhalt seines Kabinetts. Als aber Scharett, der sich noch in New York aufhielt, von der Entscheidung erfuhr, war er entsetzt. Bei dieser Frage hatte er seit langem für ein stufenweises, nicht auftrumpfendes Vorgehen plädiert. In seiner Sicht war die israelische Kontrolle über Jerusalem eine Realität, weshalb für demonstrative Gesten als Reaktion auf die UN-Resolution keine Notwendigkeit bestand. Scharett drohte mit seinem Rücktritt, aber Ben Gurion weigerte sich, ihn anzunehmen, und so widerrief er ihn.[123] Der Außenminister war nicht der einzige israelische Politiker, der die Weisheit dieses Schrittes anzweifelte. Im Verlauf einer Debatte unter Knesset-Abgeordneten der regierenden Mapai-Partei, der Israelischen Arbeiterpartei, war Pinhas Lubianker (Lavon) das Sprachrohr vieler anderer, als er sagte, dass «Jerusalem ein schlechter Ort für eine nationale Hauptstadt» sei. Wenn man es vom Praktischen her betrachte, könnten «einige der Ministerien in Jerusalem sein, aber es gibt andere, bei denen es absurd wäre, sie dorthin zu verlegen. Die Knesset zu verlegen ist absurd ... das Finanzministerium zu verlegen ist verrückt».[124] Aber mit Hilfe von Levi Eschkol und Golda Meir (früher Meyerson) sicherte sich Ben Gurion eine klare Mehrheit unter den Anwesenden. In einer trotzigen Rede in der Knesset bestand er am 13. Dezember darauf, dass bei der Entscheidung der Vereinten Nationen, Jerusalem einem internationalen Regime zu unterstellen, «die Durchführung völlig ausgeschlossen sei – und wäre es nur wegen der Entschlossenheit und des Widerstands der Einwohner Jerusalems selbst».[125] Von da an trat die Knesset stets in Jerusalem zusammen, obwohl ihr auf Dauer angelegter Sitz in der Neustadt oberhalb des Tals des Kreuzes erst im Jahre 1966 eröffnet wurde.

Von keinem einzigen Staat wurde diese israelische Maßnahme akzeptiert. Das State Department informierte die amerikanische Botschaft in Tel Aviv, dass die USA «die Souveränität Israels in Jerusalem nicht anerkennen», und instruierte die US-Diplomaten, dort nicht in offizieller Funktion mit «Vertretern der israelischen Zentralregierung» tätig zu werden.[126] Briten und Franzosen kamen zum gleichen Schluss.

Jahre nach dieser höchst wichtigen Entscheidung vom Dezember 1949 erklärte Ben Gurion, weshalb er sich auf ein derart riskantes Spiel eingelassen hatte: «Ich wusste, dass wir einen Verbündeten hatten – Transjordanien. Wenn es ihnen erlaubt war, an Jerusalem festzuhalten, weshalb dann nicht auch uns? Transjordanien würde nicht zulassen, dass jemand aus Jerusalem hinausgedrängt würde; folglich würde auch keiner wagen, uns da rauszuholen. Ich hätte es auch ohne diesen Rückhalt getan, aber es war eine große Bestärkung. Ich wusste, dass uns nichts passieren würde.»[127]

Am Tag von Ben Gurions Rede in der Knesset, an besagtem 13. Dezember 1949, einigten sich Israel und Jordanien auf einen Entwurf für einen Friedensvertrag.[128] Unter anderen Bestimmungen enthielt das Dokument auch detaillierte Regelungen für ein geteiltes Jerusalem, wonach das jüdische Viertel der Altstadt sowie die Westmauer in israelische Hoheitsgewalt übergehen sollten.[129] Die Vereinbarung wurde nie umgesetzt, aber ihr Geist schwebte – wenn auch nie ungefährdet – in den folgenden achtzehn Jahren über der geteilten Stadt.

5. Zweimal Jerusalem

Zwischen 1949 und 1967 war die Heilige Stadt in grotesker Weise durch Mauern und Stacheldraht zwischen zwei Hoheitsgewalten, Jordanien und Israel, aufgeteilt. Kaum ein Araber blieb in Westjerusalem zurück (1950 zählte man dort 1930 Nichtjuden, allerdings fielen auch viele ausländische Christen darunter).[1] In Ostjerusalem gab es mit Ausnahme von einer oder zwei jüdischen Ehefrauen von Arabern keine Juden mehr. In dieser Zeitspanne veränderte sich auf diplomatischer Ebene die Behandlung der Jerusalem-Frage radikal. Die Hauptprobleme hatten nichts mehr mit der Religion oder den Heiligen Stätten zu tun, sondern waren unmittelbar politischer Natur. Soll Jerusalem geteilt bleiben? Soll die Frage der Internationalisierung weiterhin auf der Tagesordnung stehen? Falls ja, in welcher Form? Soll Israel Jerusalem zu seiner Hauptstadt machen? Die Antworten auf diese Fragen ergaben sich nicht von selbst. Äußere Kräfte – die Großmächte, die Vereinten Nationen, der Vatikan – hatten allesamt ihre eigenen Antworten. Allerdings mussten sie feststellen, dass sie außerstande waren, den Lauf der Dinge zu bestimmen. Die folgeträchtigen Entscheidungen wurden nun von den zwei Mächten getroffen, die sich Jerusalem teilten, von Israel und Jordanien. Völkerrechtlich gesehen herrschte zwischen ihnen während dieser ganzen Zeit ein Kriegszustand, aber im Lauf der Jahre entwickelte sich zwischen beiden eine seltsame diplomatische Symbiose. Obwohl sie sich nicht auf einen dauerhaften Frieden einigen konnten, wurde in Jerusalem doch ein Modus vivendi erreicht. Was immer der Großteil der übrigen Welt denken mochte, weigerten sich beide, von den Positionen abzurücken, die sie unter immensen Kosten in Jerusalem erlangt hatten.

Teile und herrsche

Während in Jerusalem das Waffenstillstandsabkommen mit Israel im großen und ganzen eingehalten wurde, blieb doch das Feuer, das Heckenschützen an der durch die Stadt laufenden Demarkationslinie immer wieder eröffneten, eine ständige Gefahr. Im Juli 1954 wurden neun Menschen von Heckenschützen getötet und fünfundfünfzig verletzt. Die Verbindungen zwischen Israel und seiner Enklave auf dem Skopusberg blieben prekär. Ein besonderes Ärgernis war für die Israelis, dass Jordanien nicht den Artikel VII des Waffenstillstandsabkommens umsetzte, der den Zugang zu den jüdischen Heiligen Stätten in Ostjerusalem regelte. Der Verkehr zwischen dem arabischen und dem jüdischen Sektor Jerusalems – vorwiegend Diplomaten, christliche Geistliche und Pilger – war auf einen einzigen Übergang an der Stelle beschränkt, die später unter dem Namen Mandelbaumtor bekannt wurde, obwohl es dort kein Tor gab und der jüdische Kaufmann, dem früher dort ein Haus gehört hatte, längst nicht mehr da war.

Während die Teilung Jerusalems nach und nach zur Alltagsrealität wurde, begann die Öffentlichkeit im Westen ihr Interesse an der Internationalisierung zu verlieren. Im Mai 1950 befürwortete die *New York Times* einen israelischen Vorschlag, den territorialen Status quo in Jerusalem aufrechtzuerhalten, die religiösen Heiligtümer in der Stadt hingegen den Vereinten Nationen zu unterstellen.[2] Auch *Le Monde* und *The Times* vertraten diesen Standpunkt.[3]

Trotz des am 13. Dezember 1949 vereinbarten Entwurfs für ein Friedensabkommen kam es zwischen Abdullah und den Israelis nicht zu dessen Unterzeichnung. Es wurde jedoch weiterhin über Jerusalem verhandelt und weitgehend Verständigung erzielt. Im Januar 1950 teilte der israelische Vertreter bei den Vereinten Nationen, Abba Eban, seinem britischen Kollegen mit, dass «zwischen Israel und Jordanien praktisch Einigkeit bestehe hinsichtlich Jerusalems (einfache territoriale Teilung mit Garantien für die Heiligen Stätten), aber die Verständigung über Jerusalem Teil einer allgemeinen Vereinbarung sein müsse. Letztere habe sich aber an der Frage von Jordaniens Zugang zum Meer festgefahren».[4] Ebans Optimismus war ein wenig voreilig und wurde im Londoner Außenministerium als «Taktiermanöver» abgetan.[5]

Bei einem geheimen Treffen zwischen israelischen und jordanischen Vertretern im Wüstenpalast des jordanischen Königs in Schuneh ein paar Tage später kam die Jerusalem-Frage erneut zur Sprache. Wieder wurde Israel von Reuven Schiloah und Moshe Dayan vertreten, während der jordanischen Delegation der jordanische Hofminister Samir Rifai vorstand. Bei dieser Gelegenheit wurde der exakte Grenzverlauf der vorgesehenen Aufteilung der Stadt besprochen. Wieder ließen die Jordanier ihre Bereitschaft erkennen, bestimmte Gebiete an Israel auszuhändigen, das jüdische Viertel und die Westmauer eingeschlossen, und boten an, den Zugang zum Skopusberg zu garantieren. Im Gegenzug sollten die Israelis bestimmte arabische Wohngebiete in Westjerusalem, die im Krieg aufgegeben worden waren, Jordanien überlassen, darunter Talbieh, die Griechische Kolonie und Baqa.[6] Bei einer ganzen Serie weiterer Treffen wurden in den folgenden Wochen die Details einer Vereinbarung ausgehandelt. Abdullah schien bereit, ihr zuzustimmen, aber er stieß mit der geplanten Überlassung des jüdischen Viertels und der Westmauer auf Widerstand bei der Regierung: Ministerpräsident und Kabinett drohten mit ihrem Rücktritt.[7] Jordanien war alles andere als eine parlamentarische Demokratie, und Abdullah hätte möglicherweise seine Minister überstimmen können. Am 24. Februar trafen Rifai und der jordanische Verteidigungsminister Fawsi al-Mulqi neuerlich mit Schiloah und Dayan zusammen und paraphierten die Skizze einer Vereinbarung, die als Grundlage formeller Verhandlungen zwischen den beiden Ländern gelten sollte. Aber die Presse hatte davon Wind bekommen, und in Jordanien verhärtete sich der Widerstand gegen ein solches Abkommen. Im April 1950 sah es so aus, als wären die Gespräche erneut eingefroren.

Abdullah war auch weiterhin bestrebt, mit Israel zu einer Vereinbarung zu kommen – wenn auch nur, um sich nicht der Gefahr auszusetzen, das Juwel seines Königreichs an die internationale Verwaltung zu verlieren, was nun auch seine arabischen Verbündeten forderten. In diesem Monat stattete er Jerusalem einen Besuch ab, bei dem er, aus einem über dem Haram al-Scharif gelegenen Fenster weisend, voller Emphase sagte: «Dies ist die Al-Aqsa-Moschee, die Gott gesegnet hat. Die Moschee ist ein islamisches Vermächtnis, in dem sich die Heiligkeit und Größe des Islams verkörpern. Soll ich sie einer ausländischen Verwaltung namens Internationalisierung überlassen, während dies doch ein Versprechen ist, das mir den Hals zuschnürt, und eine Stelle, die ich mit dem Blut meiner Soldaten verteidigt habe? Nein – nein – das werde ich nicht tun, und wenn ich es täte, wäre ich nicht Abdullah ibn Hussein.»[8] Tatsächlich hatte Abdullah bei mehreren Gelegenheiten erklärt, dass Jerusalem nur «über seine Leiche» internationalisiert werden würde.

Über eine kurzzeitige öffentliche Kundgebung einer israelisch-jordanischen Zusammenarbeit im Zusammenhang mit der Aufteilung von Jerusalemer Vermögenswerten wurde im Oktober 1950 berichtet, als der Pressebeauftragte der Vereinten Nationen in der Stadt folgendes Kommuniqué verlas:

> Beobachter der Vereinten Nationen beaufsichtigten heute – in Zusammenarbeit mit jordanischen und israelischen Behörden – die Verlagerung des «Biblischen Zoos» vom israelisch kontrollierten Skopusberg durch das von Jordanien beherrschte Jerusalem in ein neues Quartier im israelischen Teil der Stadt.
>
> Folgende Tiere wurden verlegt: ein Löwe, ein Tiger, zwei Bären, eine Hyäne, drei Känguruhs, ein Affe und zahllose Vögel.
>
> Internationales Eingreifen war aus folgendem Grund erforderlich: Die Frage der Fütterung der Tiere auf dem Skopusberg hatte den Vereinten Nationen, Israel und Jordanien ungewöhnliche Probleme bereitet. Entscheidungen waren zu treffen, ob
>
> a) israelisches Geld verwendet werden solle, um arabische Esel zu kaufen, um den israelischen Löwen zu füttern, oder
>
> b) ob ein israelischer Esel durch von Jordanien beherrschtes Gebiet passieren solle, um von dem fraglichen Löwen gefressen zu werden.
>
> Da keine andere befriedigende Lösung gefunden werden konnte, haben sich die israelischen und jordanischen Behörden darauf geeinigt, den Zoo zu verlegen.[9]

Wenn dies die *reductio ad absurdum* der Teilung war, war es doch auch ein Beleg für den Wunsch beider Seiten, die Teilung der Stadt zu konsolidieren.

Weshalb aber gelang es den beiden Seiten nicht, zu einer formellen Vereinbarung zu kommen? Jerusalem war nicht der hauptsächliche Stolperstein – Abdullah hätte sich wahrscheinlich über die palästinensische Opposition gegen seinen Teilungsvorschlag für die Stadt hinwegsetzen können. Aber die Stadt war Teil des größeren Kontextes der israelisch-jordanischen und israelisch-arabischen Beziehungen. Keine der beiden Seiten war anscheinend vollends dazu bereit, den gefährlichen Sprung in Richtung einer vertraglichen Friedensvereinbarung zu wagen. Sporadisch fanden in den folgenden Monaten Gespräche zwischen Abdullah und den Israelis statt, aber die Beziehungen waren durch mehrere Grenzzwischenfälle getrübt, und die öffentliche Meinung blieb beiderseits feindselig.

Die Angelegenheit wurde ohnehin zu einer rein akademischen Frage, als Abdullah am 20. Juli 1951 in Jerusalem einem Attentat zum Opfer fiel. Mit einem einzigen Schuss aus nächster Nähe wurde er getötet, als er zusammen mit seinem Enkel Hussein zum Freitagsgebet in die Al-Aqsa-Moschee hineinging. Der Attentäter Mustafa Aschu, ein Jerusalemer Schneiderlehrling, wurde auf der Stelle von den Leibwächtern erschossen. Im Gefolge des Anschlags zogen Soldaten der Arabischen Legion in einem Rachefeldzug durch die Stadt, zertrümmerten Geschäfte und Verkaufsstände, plünderten und richteten schwere Schäden für das Geschäftsleben an.[10]

Abdullahs Ermordung galt in weiten Kreisen als Folge einer Verschwörung. Allgemein verdächtigte man den Mufti, seine Hände dabei im Spiel gehabt zu haben, obwohl nie ein Beweis dafür vorgelegt wurde, dass er direkt damit zu tun hatte. Mehrere Anhänger des Mufti wurden festgenommen. Die Untersuchungsbeamten kamen zu dem Schluss, eine Schlüsselfigur in der Verschwörung sei der ehemalige jordanische Gouverneur von Jerusalem Abdullah al-Tall gewesen. Von östlich des Jordans stammend, war er ein Anhänger des palästinensischen Nationalismus; als Offizier hatte er im Krieg von 1948 eine entscheidende Rolle in den Kämpfen in Jerusalem gespielt. Überdies hatte er mindestens einmal direkt von den Israelis Bestechungsgelder angenommen.[11] Tall beschuldigte Abdullah, die arabische Sache verraten zu haben, als er im Mai 1948 arabische Truppen von der Stadt fernhielt. Er zerstritt sich mit der Regierung und ging 1949 ins Exil nach Ägypten. Von Kairo aus scheint Abdullah al-Tall maßgebend bei der Planung des Attentats beteiligt und einen großen Geldbetrag aus einer unbekannten Quelle erhalten zu haben, um das Räderwerk der Verschwörung zu schmieren.[12]

Manche Kontakte zwischen Israelis und Jordaniern gingen sogar noch nach Abdullahs Tod weiter. So traf beispielsweise im Oktober 1951 der israelische Distriktskommandeur für Jerusalem, Avraham Biran, mit Ragheb Bey Naschaschibi zusammen, um über Jerusalem zu sprechen. Naschaschibi teilte ihm bei dieser Gelegenheit mit, dass in Jordanien die Meinung in Richtung Internationalisierung tendiere, auch wenn dies gleichermaßen als taktischer Schachzug sowie als Ausdruck des Fehlens einer klaren politischen Linie in Jordanien nach dem Mordanschlag zu werten sei.[13] Bald darauf wurden jedoch sämtliche Kontakte abgebrochen, und im folgenden Sommer sahen sich die Israelis genötigt, die Briten zu fragen, ob sie etwas über die

«Ein Mann von Welt, genial, zynisch und ohne jeglichen Fanatismus ... Er behielt etwas von der offiziellen osmanischen Tradition des Bakschisch und Nepotismus bei, aber in Grenzen»: Ragheb Bey Naschaschibi, Bürgermeister von Jerusalem zwischen 1920 und 1934, bei der Begrüßung von Gästen anlässlich seiner feierlichen Amtseinführung als Beschützer der Heiligen Stätten in Jerusalem im Januar 1951.

gegenwärtige Haltung Jordaniens hinsichtlich der Internationalisierung Jerusalems in Erfahrung bringen könnten.[14]

Während die direkten israelisch-jordanischen Gespräche noch im Gang waren, feilten die Versöhnungskommission und der UN-Treuhandrat ohne Begeisterung wieder an dem Jerusalem-Statut. Es war eine der am kunstvollsten ausgetüftelten, am längsten debattierten und am sorgfältigsten formulierten Verfassungstexte, die je eingebracht wurden. In mancher Hinsicht war es ein echtes Meisterwerk des öffentlichen Rechts, das jedoch trotz der geradezu monströsen Anstrengungen nie in Kraft trat. Am 30. Januar 1950 hatte der französische Vertreter im Treuhandrat, Roger Garreau, einen weiteren Plan vorgelegt, der vorsah, dass Jerusalem (wie Gallien) in drei Teile zerfallen solle: eine israelische Zone, eine jordanische Zone und eine «internationale Stadt» unter der Hoheitsgewalt der Vereinten Nationen. Arabische Wortführer lehnten den Plan ab, weil er Jerusalem zerschneide. Abba Eban, der Israel bei den Vereinten Nationen vertrat, teilte dem US-State Department mit, das Statut sei ein «völlig unrepräsentatives und unrealistisches Dokument».[15] Am 4. April wurde das neue Statut vom Treuhandrat mit neun gegen null Stimmen bei Enthaltung der USA und der Sowjetunion verabschiedet. Von Arabern wie Juden bekämpft, gelangte das Statut nicht einmal bis vor die Generalversammlung der UNO. Der Treuhandrat wandte sich nun anderen Problemen zu, und die Versöhnungskommission richtete sich in einem geisterhaften Nachleben in New York ein. Zwischen 1951 und 1967 verabschiedeten die Vereinten Nationen keine weiteren Resolutionen zu Jerusalem. Es konnte nicht ausbleiben, dass das Unvermögen dieser internationalen Organisation, ihrer vermeintlichen Autorität in der Stadt denn auch wirklich Geltung zu verschaffen, auch dass Ansehen des Plans eines *Corpus separatum* unterminierte. Die offensichtliche Zufriedenheit Israels und Jordaniens mit der Teilung, in Ermangelung eines Besseren, und der Umstand, dass sie ihre Auffassungen vor Ort durchzusetzen vermochten, führte schließlich dazu, dass sich die anderen Staaten widerstrebend mit den gegebenen Verhältnissen abfanden.

Wie die Vereinten Nationen, verloren auch sie in diesen Jahren das Interesse an Jerusalem. Von den Großmächten ergriffen nur Großbritannien und die USA zwischen 1950 und 1967 überhaupt irgendeine nennenswerte diplomatische Initiative in dieser Angelegenheit. Die Briten, denen daran gelegen war, die Position ihres Klienten Abdullah in geregelte Verhältnisse zu bringen, waren am meisten an einer vereinbarten Lösung interessiert. Die Amerikaner hingegen sahen die Sache als weniger dringlich an. Im August 1950 ließ der amerikanische Außenminister Dean Acheson die Briten wissen, er erachte die Internationalisierung als «gerecht und durchführbar»; «Hauptanliegen» der USA sei «eine vereinbarte Lösung». Deshalb würden die Amerikaner eine neue Jerusalem-Initiative nur dann mitmachen, wenn es eine «gute Chance auf Akzeptanz seitens der beiden Jerusalem beherrschenden Staaten und eines großen Teils der internationalen Gemeinschaft» gäbe.[16]

Im Juli 1952 setzte das Londoner Außenministerium «Versuchsbedingungen für eine endgültige arabisch-israelische Vereinbarung» auf, die an die Amerikaner übermittelt wurden. Sie schlugen – im Rahmen einer allgemeinen Regelung – die «Anerkennung von Israels und Jordaniens Souveränität über ihre jeweiligen Sektoren von Jerusalem durch alle arabischen Staaten und ein Versprechen vor, in den Vereinten Nationen eine Resolution zu unterstützen, die eine solche Anerkennung befürwortet, gegen Garantien, internationale Rechte und Interessen dort zu wahren.» Das Dokument schlug auch «Korrekturen an der Demarkationslinie in Jerusalem vor, um eine logische gemeinsame Grenze zu schaffen». In der Klausel, die am wenigsten Zuspruch bei den Israelis finden sollte, hieß es, dass Israel «alle Ansprüche (gegen Entschädigung) auf den Skopusberg aufgeben solle, der an Jordanien gegeben wird».[17] Archie Ross, der Verfasser dieses Dokuments, gestand zwar ein, hinsichtlich seiner Annehmbarkeit auf beiden Seiten «keine Illusionen» gehegt zu haben, aber es sah nun doch danach aus, dass die Briten nicht mehr unbedingt an der Internationalisierung festhielten.[18] Eine Denkschrift von Evelyn Shuckburgh vom Dezember 1954 deutete jedoch an, dass das Foreign Office einen gewissen Rückzieher gemacht hatte: «Jerusalem: ein sehr kompliziertes Problem, für das es viele widersprüchliche, allesamt mit vielen Schwierigkeiten verbundene Lösungen gibt. Internationalisierung oder Neutralisierung sollte weiterhin unser Ziel sein.»[19] Mitte der fünfziger Jahre waren aber die Anhänger einer solchen Auffassung zunehmend in der Minderheit.

Eine förmliche Korrektur an ihrer diplomatischen Position nahmen zwar weder die Briten noch die Amerikaner vor, aber insgeheim erkannten beide, dass die Internationalisierung keine realistische Politik mehr war. 1955 versuchten Briten und Amerikaner gemeinsam, eine arabisch-israelische Einigung zustande zu bringen, bekannt als Operation Alpha, d. h. ein gemeinsames Memorandum, das die Grundlagen einer Vereinbarung aufzählte. Hinsichtlich Jerusalems wurde darin die Entmilitarisierung gefordert, die *de iure*-Anerkennung der israelischen und jordanischen Souveränität innerhalb ihrer jeweiligen Sektoren der Stadt sowie die Schaffung einer internationalen Behörde, die mit der Aufsicht über die Heiligen Stätten beauftragt würde.[20] Aber der Versuch, den Parteien eine auf dieser Linie liegende vertragliche Regelung aufzunötigen, kam nicht voran, und nachdem sich 1956 die Wege Washingtons und Londons in der Suez-Krise getrennt hatten, ließ man die Angelegenheit fallen.

Für die Zeit danach kann man die allgemeine Politik der Westmächte in Sachen Jerusalem bis 1967 in die berühmte, wenn auch apokryphe Maxime fassen, die angeblich Neuankömmlingen im britischen diplomatischen Dienst eingetrichtert wird: «Alles Tun hat Konsequenzen; Konsequenzen sind nicht vorhersehbar; deshalb tun Sie nichts.»

Jerusalem im Abseits

Während des Palästina-Kriegs von 1948–49 war ein Großteil der arabischen Bevölkerung Jerusalems aus der Stadt geflohen. Trotz des Waffenstillstands hielten die Nähe der Grenze und die ständigen Schüsse von Heckenschützen aus beiden Richtungen viele von einer raschen Rückkehr ab. Erst 1950 setzte eine merkliche Rückwanderung nach Ostjerusalem ein. Nicht nur Jerusalemer, sondern auch Flüchtlinge aus den nun Israel zugesprochenen Gebieten bezogen im jordanischen Sektor ihren Wohnsitz. Im Juni 1953 waren 19 106 Flüchtlinge in Jerusalem registriert. Weitaus mehr ließen sich in den Dörfern vor der Stadtgrenze nieder, wie etwa in Abu Dis (1 297 Flüchtlinge im Juni 1953 registriert), Silwan (1 621) und a-Tur (800).[21] Anfangs lebten die meisten Flüchtlinge in Zelten oder Höhlen, später in Lehm- oder Wellblechhütten. Als in den fünfziger Jahren das Wirtschaftsleben wieder in Gang kam, begann Ostjerusalem Zuwanderer anzuziehen, besonders aus Hebron. Neubauten wurden errichtet, vor allem im Norden, insbesondere im Wadi Joz, sowie im Osten auf dem Ölberg und in seiner Umgebung. Zwischen 1949 und 1967 verzeichnete man einen Zuwachs der Bevölkerung des jordanischen Jerusalem von 42 000 auf 70 000 Einwohner.

Am 21. März 1949 gab Abdullah bekannt, dass die Militärverwaltung im Westjordanland einschließlich Ostjerusalem durch eine

Zivilverwaltung ersetzt würde. Keine der anderen Mächte erkannte Jordaniens Souveränität über Ostjerusalem an, aber da es Jerusalem nicht als Landeshauptstadt beanspruchte, entstanden daraus keine diplomatischen Probleme. «Selbst wenn sie ihre eigenen Interessen verfolgen, haben doch die Jordanier von Natur aus weder die Findigkeit noch die juristische Finesse und Hartnäckigkeit, welche die Israelis bei der Verfolgung ihrer Ziele einsetzen», hieß es in einem Schreiben des britischen Botschafters in Amman aus dem Jahr 1962.[22]

Allerdings machten allerlei protokollarische Probleme den ausländischen Konsuln und Diplomaten zu schaffen. Als beispielsweise 1956 in Jerusalem ein Empfang für König Hussein vorbereitet wurde, kam die Frage auf, ob das konsularische Korps zugegen sein solle. Würde seine Anwesenheit nicht die Anerkennung der jordanischen Souveränität in der Stadt beinhalten? Würde dies die Konsuln dazu verpflichten, auch an Empfängen des israelischen Präsidenten teilzunehmen? Wäre ein Unterschied zu machen «zwischen Empfängen, die einerseits die örtlichen Behörden für den König geben, und andererseits Empfängen, die der König selbst gibt und für welche Einladungen in seinem Namen verschickt werden?»[23] Am Ende entschied das Londoner Außenministerium (das damals in derlei Dingen in Jordanien den Ton angab), dass, wie es der Generalkonsul ausdrückte, Konsuln «einen so niedrigen Status hätten, dass ihre Anwesenheit bei königlichen Empfängen im (jordanischen) Jerusalem die Souveränitätsfrage nicht tangieren» könnten. Es stellte sich dann heraus, dass die Konsuln, die arabischen ausgenommen, überhaupt nicht eingeladen wurden – «zu unserer großen privaten Freude, da es ein glühend heißer Tag war!» kommentierte der britische Generalkonsul den Vorgang, um dann, ganz seiner Würde bewusst, hinzuzufügen: «Und doch empfinden wir dies in offizieller Hinsicht als eine Kränkung, und wir erwägen, dagegen Protest einzulegen.»[24]

In den neunzehn Jahren jordanischer Herrschaft wurde das politische Gewicht Jerusalems innerhalb des jordanischen Staatswesens systematisch zurückgenommen. Der ins Exil gegangene Abdullah al-Tall war einer von vielen, der König Abdullah vorhielt, den Rang Jerusalems absichtlich zu schmälern. Obwohl al-Talls Vorwürfe gegen Abdullah zumeist auf persönliche Gehässigkeit zurückzuführen waren, war diese Vorhaltung nicht ganz unbegründet. Der arabische Sektor der Stadt war nur noch ein stark verkleinerter Rumpf. Er hatte seine bisherige Bedeutung als Hauptstadt eingebüßt, seitdem alle wichtigen Regierungsstellen nach Amman verlegt worden waren.

1950 wurde der Stadtrat aufgelöst; danach führten für eine Weile ein ernannter Bürgermeister namens Aref al-Aref und ein offizieller Ausschuss die Geschäfte der Stadt. 1951 wurde der Oberste Muslimrat abgeschafft und 1956 der muslimische religiöse Appellationshof nach Amman verlegt. Das Fest von Nabi Musa, das seit langem eine Gelegenheit für nationalistische Demonstrationen und das eng mit den Husaynis verknüpft war, ließ man einschlafen. In einer Aufzeichnung eines in Jerusalem ansässigen Briten aus den frühen fünfziger Jahren heißt es, das Fest sei «infolge von widrigen Umständen abgeschafft. Es hieß, dass man es dieses Jahr wieder veranstalten wolle. Der Bürgermeister hat sogar sein großes Zelt in Ras al-Amoud aufgeschlagen. Aber es blieb leer und stand verloren herum. Die Bauern waren zu arm, zu traurig, um sich einen Tag frei zu nehmen.»[25] So ließ sich der Niedergang dieser farbenfrohen Tradition wohl erklären, aber ein plausiblerer Grund dafür war, dass die jordanische Regierung eine politische Gefahr in dem Aufleben dieser Tradition witterte.

Die Briten, die in den frühen fünfziger Jahren noch großen Einfluss in Jordanien hatten, brachten gelegentlich ihre Irritation über die eingeschränkte Rolle der Stadt zum Ausdruck: «Wir wären gut beraten, wenn wir der jordanischen Regierung klarmachten ... dass wir ihnen nicht gestatten können, die Altstadt von Jerusalem so zu behandeln, als wäre sie nur ein Provinzstädtchen in Jordanien, ohne Geschichte oder Bedeutung», schrieb der britische Generalkonsul im April 1955.[26] Diese Feststellung war ein Beweis für die Verwirrung, die die Jerusalem-Frage auf diplomatischer Ebene stiftete: Einerseits wurden die Israelis dafür getadelt, dass sie aus der Stadt ihre «Hauptstadt» machten; andererseits rügte man die Jordanier, weil sie mit Jerusalem so umgingen, als wäre es eine bloße «Provinzangelegenheit». Die Jordanier scherten sich jedenfalls, wie die Israelis auch, wenig um den Rat, den sie von draußen in bezug auf Jerusalem erhielten.

Zugleich waren die Klagen, dass die Jordanier Jerusalem links liegen ließen, nicht ganz berechtigt. Abdullah ergriff nämlich einige Maßnahmen, die Jerusalems Wichtigkeit unterstrichen, und sorgte, ebenso wie seine Nachfolger, unter tatkräftigem Einsatz des Spoliensystems dafür, dass ihm der Rückhalt der führenden Notabeln der Stadt erhalten blieb. 1950 ernannte er einen ehemaligen Bürgermeister von Jerusalem und langjährigen politischen Verbündeten, Ragheb Bey al-Naschaschibi, zum Gouverneur des Westjordanlandes. Im Januar 1951 machte er Rhageb auch zum Wächter und obersten Kustos der Heiligen Stätten aller drei Religionen – auch wenn die USA, der

Vatikan und andere Länder sich weigerten, diese Berufung anzuerkennen. Nach Abdullahs Tod wurden mehr Palästinenser, einige Jerusalemer eingeschlossen, in die Regierung aufgenommen. Aref al-Aref, der Bürgermeister von Jerusalem, wurde 1955 zum Minister für öffentliche Arbeiten ernannt. Anwar Nusseibeh, der in der nicht lange existierenden Regierung für ganz Palästina in Gaza Kabinettssekretär gewesen war, wurde 1953 zum jordanischen Minister für Verteidigung und Wiederaufbau und 1961 zum Gouverneur von Jerusalem berufen. Husayn Fakhri al-Khalidi, der in den dreißiger Jahren Bürgermeister von Jerusalem gewesen war, wurde 1957 jordanischer Ministerpräsident – wenn auch nur für neun Tage. Die Politik der Haschemiten gegenüber den Palästinensern war im wesentlichen die einer mit Unterdrückung untermischten Kooption.

Diese Politik war nur zum Teil erfolgreich. Während dieser ganzen Zeit blieb Jerusalem das Zentrum des palästinensischen arabischen Nationalismus westlich des Jordans und darum der Gegenstand einer gefährlichen Fürsorge seitens der innerjordanischen Sicherheitsorgane. Ein Kandidat der Wahlen von 1962 für das Flüchtlingslager Qalandija direkt im Norden Jerusalems erklärte voller Bitterkeit: «Schaut euch die Paläste an, die in Amman und nicht in Jerusalem gebaut werden, errichtet nach 1948 auf palästinensischen Schultern. Sie hätten in Jerusalem gebaut werden sollen, aber wurden von dort verlegt, damit es weiterhin wie ein Dorf bleibe!»[27] In den unruhigen Zeiten nach dem Attentat auf Abdullah fassten sich palästinensische Notabeln ein Herz und stellten mit allem Nachdruck ihre Forderungen an die jordanische Regierung. In einem Memorandum von 1952 an den Ministerpräsidenten drängten vierzehn führende Persönlichkeiten aus dem Westjordanland auf eine Reihe von Maßnahmen, um Rang und Ansehen Jerusalems zu verbessern. Die Forderungen wurden abgelehnt; allerdings wurde 1955 der Verwaltungsstatus der Stadt nominell hochgestuft. 1951 und 1955 kam es in Jerusalem zu regierungsfeindlichen Unruhen, bei denen Konsulate angegriffen und der französische und der türkische Konsul verletzt wurden. Der exilierte Mufti verfügte noch über Gefolgsleute, und Husayni-Anhänger bildeten den Kern der Opposition gegen die Herrschaft der Haschemiten. Regimefeindliche Unterströmungen wurden seit der Mitte der fünfziger Jahre von dem aus Ägypten herüberschwappenden Nasserschen Nationalismus angetrieben. Aber die Politik der Jordanisierung wurde trotz gelegentlicher rhetorischer Floskeln in Richtung Jerusalem weiter intensiviert.[28]

Die Nahostkrise von 1956 verschärfte in Jerusalem sowohl die Spannungen zwischen Israel und Jordanien als auch zwischen Jordanien und Großbritannien. Eine Zeit lang weckte der Nasserismus bei den Palästinensern neue Hoffnungen. Das ägyptische Konsulat in Jerusalem tat, bis zu seiner Schließung im Jahre 1957, das seine, um das Feuer zu schüren, indem es den Waffenschmuggel zugunsten der *Fedajin,* der im Untergrund kämpfenden palästinensischen Araber, organisierte, die in Israel eindrangen.[29] Die Entlassung Glubb Paschas als Kommandeur der Arabischen Legion im März 1956 markierte den dramatischen Endpunkt des überkommenen paternalistischen Systems britischer Oberhoheit in Jordanien.

Später im Jahr 1956 ließ der amtierende Außenminister Awni Abdul Hadi den französischen Gesandten zu sich kommen und teilte ihm mit, dass das von der Norm abweichende System in Jerusalem «ein empörender Zustand sei, der nicht beibehalten werden könne».[30] Wenige Tage danach entzog der Außenminister den Mitgliedern des konsularischen Korps die ständigen Diplomatenpässe, die ihnen Bewegungsfreiheit zwischen der Alt- und der Neustadt gewährleisteten.[31] Etwa zur gleichen Zeit wurden die konsularischen Telefonverbindungen zwischen Ost- und Westjerusalem unterbrochen, die überraschenderweise seit der Teilung der Stadt weiterbestanden hatten; dabei blieb es bis 1967.[32] Der Gouverneur entschuldigte sich dafür, dass die Pässe eingezogen worden waren, und erklärte, dass er die entsprechende Anweisung als «dumm und unhöflich» empfinde.[33] Sein Versuch, den Außenminister umzustimmen, blieb jedoch erfolglos. Die Konsuln protestierten heftig und rächten sich für den Verlust ihrer ständigen Diplomatenpässe damit, dass sie nun Tag für Tag für sich und ihre Mitarbeiter Tagespässe beantragten.[34] Die Westmächte erwogen, mit der Schließung ihrer Dienststellen in Ostjerusalem und sogar mit der Anerkennung Jerusalems als Israels Hauptstadt zu drohen, wenn die Jordanier nicht einlenkten, aber gegen Letzteres erhob Frankreich Einwände, weshalb es denn auch fallengelassen wurde.[35] Stattdessen verfiel man auf eine fruchtbarere Vorgehensweise: Man hatte herausgefunden, dass der Direktor für Auswärtige Verbindungen im jordanischen Außenministerium für diese Angelegenheit verantwortlich war. Er bezog eine britische Regierungspension, die durch das Jerusalemer Konsulat ausbezahlt wurde; daraufhin ließ man durchblicken, dass die neuen Verhältnisse die Auszahlung derartiger Pensionen schwierig machen würden; kurz darauf wurden dem konsularischen Korps die Pässe wieder erteilt – mit Ausnahme des französischen Generalkonsuls, der als eine Art Sanktion für die Suez-Krise mehrere Jahre lang auf Westjerusalem beschränkt war (seltsamerweise musste sein britischer Kollege nicht dieselbe Sanktion erleiden).[36]

Auf dem Höhepunkt der Suez-Krise Anfang November 1956 schlugen die Franzosen den Briten vor, Israel und Jordanien ein weiteres Mal ihren alten Plan einer Entmilitarisierung Jerusalems vorzuschlagen. Das Foreign Office witterte Unheil. Verfügten etwa die Franzosen über Informationen, dass die Israelis einen Angriff auf das Westjordanland vorhatten? Hätten die Franzosen nichts dagegen, vorausgesetzt, dass Jerusalem davon nicht betroffen wäre? «Es ist typisch für die Franzosen», schrieb ein britischer Diplomat am 5. November, «dass sie sich dann, wenn der Zusammenbruch der britischen Position im Nahen Osten bevorsteht, vor allem damit beschäftigen, ihre angemaßte Rolle als Schutzmacht der Heiligen Stätten beizubehalten.»[37] Die Krise ging vorüber. Israel griff nicht an, der französische Plan fiel ins Wasser, und das Leben in Jerusalem kehrte zu seiner von der Norm abweichenden Normalität zurück.

In den folgenden Jahren hielten weiterhin politische Unruhen und der Widerstand gegen die Haschemiten an. 1957 kam es in Jerusalem zu weiterem Aufruhr. Die Ausbreitung des Nasserismus in Jordanien und eine vorübergehende Militärintervention der Briten führten 1958 zu einer weiteren Krise. Israel erleichterte die Intervention der Briten, indem es der Royal Air Force gestattete, über sein Territorium zu fliegen. Zugleich signalisierte Israel den Briten, dass es, im Falle eines Putsches gegen das haschemitische Regime – wie es im Irak der Fall war – selbst das Westjordanland oder zumindest Ostjerusalem und andere strategisch wichtige Gebiete zu besetzen erwog.

Weder die Popularität des Panarabismus noch die offizielle Jordanisierung konnten den palästinensischen arabischen Nationalismus auslöschen. 1963 gab es erneut Unruhen in der Stadt. Im folgenden Jahr fügte sich Jordanien der Realität dieser nationalistischen Strömungen und gestattete, dass in Jerusalem ein Palästinensischer Kongress zusammentrat – auch wenn König Hussein zunächst Amman oder einen Ort in der Nähe des Toten Meeres dafür vorgeschlagen hatte.[38] Eröffnet wurde er vom jordanischen König am 29. Mai 1964 im Intercontinental Hotel auf dem Ölberg; es war praktisch die Gründung der Palästinensischen Befreiungsorganisation (*Palestine Liberation Organization*, PLO), an deren Spitze anfangs Ahmad Schukeiri stand. Das Hauptquartier der PLO befand sich ursprünglich in Jerusalem, wurde aber im Januar 1967 von der jordanischen Regierung, die ihre Autorität bedroht sah, geschlossen, weshalb die PLO gezwungen war, ihre Basis nach Kairo zu verlegen.

Im März dieses Jahres kehrte der inzwischen über siebzigjährige Mufti erstmals seit seiner Flucht vor den Briten dreißig Jahre zuvor nach Jerusalem zurück. Hussein empfing ihn mit allen Ehren und brachte ihn in seinem Haus in Bet Hanina nördlich von Jerusalem unter. Er hatte sich jetzt mit den Haschemiten wieder ausgesöhnt, und wäre es auch nur wegen deren Widerstand gegen die PLO gewesen. Nach zwei Wochen reiste er wieder ab und kehrte nie wieder zurück, wenngleich er in seinen letzten Lebensjahren, die er zumeist im Libanon verbrachte, weiterhin politisch aktiv blieb. In den einen Monat später abgehaltenen allgemeinen Wahlen wurden zwei seiner Anhänger als Repräsentanten Jerusalems ins Parlament gewählt. Zu dieser Zeit hatte die PLO ihr Potential zwar noch nicht recht erkannt, aber mit der Macht des Mufti war es eigentlich vorbei.

Die Christen im geteilten Jerusalem

Ein für die Zeit der jordanischen Herrschaft in Jerusalem bezeichnendes Merkmal war der Rückgang der christlichen Bevölkerung. Von 31400 im Jahre 1946 – damals 19 Prozent der Bevölkerung – schrumpfte sie auf 12900 oder 4,9 Prozent im Jahre 1967 zusammen.[39] Fast alle Christen lebten in Ostjerusalem. Hauptfaktor für diesen Rückgang war die Auswanderung. Diese hing weniger mit der nicht gerade christenfreundlichen Politik der Regierung, den sozialen Spannungen oder gelegentlichen Gewaltausbrüchen zwischen Christen und Muslimen zusammen, als vielmehr mit dem Rückgang wirtschaftlicher Chancen einschließlich der Beschäftigung in der Verwaltung, in Handel und Gewerbe und im Tourismus, mithin in jenen Bereichen, von denen die christliche Bevölkerung der Stadt bislang weitgehend gelebt hatte.

Im zahlenmäßigen Rückgang spiegelte sich auch das Schwinden ihres politischen Einflusses. Die Anzahl von Christen im öffentlichen Dienst, die während der britischen Mandatsverwaltung unverhältnismäßig hoch war, ging unter jordanischer Herrschaft zurück. Jordanien war ein muslimischer Staat, in dem die christlichen Feiertage nicht mehr offiziell anerkannt waren. 1953, 1954, 1965 und 1966 erlassene Gesetze schränkten den Erwerb von Grundbesitz durch christliche Institutionen in Jerusalem ein und beschnitten ihre Handlungsmöglichkeiten.[40] Christliche Schulen mussten beispielsweise an Freitagen schließen und ihre Lehrpläne anpassen. Seit langem den christlichen Einrichtungen gewährte Zollvergünstigungen wurden gestrichen. Wiederholt brachte der britische Generalkonsul in Jerusalem seine Verärgerung über die «antichristlichen Tendenzen» zum Ausdruck. So schrieb er 1955, die Jordanier führten einen «offenen Krieg ... gegen christliche Einrichtungen in Jerusalem», und drang darauf, dass die britische Regierung ihren großen Einfluss in Amman dazu nutzen möge, die Interessen der Christen zu verteidigen.[41]

Der Streit innerhalb der griechisch-orthodoxen Gemeinde zwischen der griechischen Hierarchie und den arabischen Laien, der unter osmanischer und britischer Herrschaft nicht zum Stillstand gekommen war, lebte 1955 wieder auf, als Patriarch Timotheos schwer erkrankte. Kurz vor seinem Tod ließ die sowjetische Regierung erkennen, dass sie sich für den Archimandriten Isidoros von Nazareth als seinen Nachfolger einsetzen werde. Es hieß, ein russischer Geistlicher sei «mit 200 000 US-Dollar in der Tasche aufgetaucht, die er verwenden wollte, um die Wahl Isidoros sicherzustellen». Die griechische Regierung drängte die Briten, gegen den Mann vorzugehen. Als aber Sir Patrick Coghill, der britische Chef der jordanischen Kriminalpolizei, sich des Falls annahm, musste er einräumen, dass der Archimandrit nicht mit dem Kommunismus sympathisierte, und sagte, er habe auf ihn einen guten Eindruck gemacht. Der griechische Generalkonsul gab zurück, dass Isidoros zwar «nicht durch und durch ein Kommunist sein möge, er ihn aber als einen Mitläufer betrachte».[42] Später äußerte er die Ansicht, man habe «den Verdacht gehabt, dass Isidoros mit den Nazis kollaboriert habe».[43] Die Briten nahmen das alles nicht sehr ernst, waren aber doch wegen einer potentiellen sowjetischen Wahlbeeinflussung besorgt. Das britische Außenministerium warnte vor der Gefahr, wies darauf hin, dass der Vorsitzende der sowjetischen Kirchenmission in Palästina, Archimandrit Polycarp, «von den Amerikanern aus Seoul verjagt» worden sei und erinnerte an «seinen notorischen Vorgänger Porphyrios Uspensky aus den Zeiten des Krimkriegs».[44]

Isidoros eigentliches Verbrechen in den Augen der Griechen war jedoch seine Popularität bei den arabischen Laien. Nach dem Tod des Timotheos kam es zu dem mittlerweile zum Ritual gewordenen Streit zwischen den Griechen, die ihre alten Vorrechte zu wahren suchten, und den Arabern, die bei den arabischen Nationalisten Rückhalt fanden. Die griechische Regierung intervenierte zugunsten der an der Macht befindlichen Hellenischen Bruderschaft. Wundersamerweise wurde Patriarch Benediktos mit dem Segen der jordanischen, israelischen und griechischen Regierung gewählt, aber der Kampf gegen die Vorherrschaft der Griechen ging weiter. 1956 schlug sich die jordanische Regierung unter Sulayman al-Nabulsi auf die Seite der arabischen Laien und Geistlichen und versuchte, der Kirche eine neue Verfassung aufzudrücken. Diese wurde unter diplomatischem Gegendruck aber dann doch zurückgezogen und statt ihrer eine gemäßigtere erlassen, die die griechischen Privilegien nur wenig schmälerte.[45] 1960 wurde erstmals ein Araber zum Mitglied des Synods berufen. Der Krieg gegen die griechische Dominanz in der orthodoxen Kirche war damit aber keineswegs zu Ende.

Auch das Armenische Patriarchat wurde in die Politik hineingezogen. Die armenische Gemeinde war geographisch gespalten, da mehrere Hundert Armenier im israelischen Jerusalem blieben und somit von ihren Brüdern in Jordanien getrennt waren. Auch ideologisch waren sie gespalten, nämlich in Anhänger der unterschiedlichen armenischen Parteien. Im November 1950 versuchten die Israelis, den armenischen Amtsverweser (das Patriarchat war damals vakant) zur Zusammenarbeit zu bewegen; er sollte öffentlich bekunden, dass man deren Vorschlägen für die Stadt freundlich gesonnen sei. Dazu, sagte dieser, sei er erst bereit, wenn der armenische Grundbesitz in Israel zurückgegeben und ein Geldbetrag gezahlt worden sei, den die israelischen Unterhändler «eine exorbitante Menge Sterlinge» nannten. Daraufhin gaben die Israelis sofort allen armenischen Grundbesitz in Jaffa zurück «und wechselten eintausend Sterling für den Transfer [in die] Altstadt» – in Westjerusalem rückten sie ihn allerdings nicht heraus. Ob dies das erwünschte Ergebnis zeitigte, ist leider nirgends verzeichnet.[46] Mitte der fünfziger Jahre führte ein wüster Machtkampf innerhalb des Patriarchats mit Vorwürfen kommunistischer und zionistischer Loyalitäten zur Deportation mehrerer hoher Geistlicher durch die jordanische Regierung.[47] Anfang 1958, auf dem Höhepunkt der Auseinandersetzungen, wurde der Klosterkomplex im armenischen Viertel von den dortigen Anwohnern verbarrikadiert; die jordanische Armee brauchte mehrere Tage, bis der Zugang wieder offen war.[48] 1960 löste König Hussein den Konflikt, indem er Jeghische Derderian, den man mit der antisowjetischen Daschnak-Partei identifizierte, als Patriarchen anerkannte.[49]

Die christlichen Heiligen Stätten traten in dieser Zeit allgemein als Konfliktpunkte zurück, obwohl es auch weiterhin gelegentlich zu Streitigkeiten darüber kam, die der jordanischen Regierung Kopfzerbrechen bereiteten (im israelischen Jerusalem gab es vergleichsweise wenige christliche Stätten oder Einrichtungen). Im Januar 1954, als die östliche Christenheit Weihnachten feierte, erklärte der koptische Erzbischof – der britische Generalkonsul bezeichnete ihn als einen «Erz-Unruhestifter» – «dem Gouverneur ganz offen, dass er als Araber von der jordanischen Regierung erwarte, dass sie ihm einen größeren Einfluss auf die Heiligen Stätten» einräume. Die Kopten waren in Jerusalem zwar nur eine winzig kleine Gruppe, konnten sich aber in ihrem sich lange hinziehenden Disput mit den Äthiopiern über ihre Rechte im Umkreis der Grabeskirche auf den Rückhalt aus Ägypten verlassen.[50] Ein andersartiger Konflikt erwuchs aus einer dringend nötigen Instandsetzung des Heiligen Grabes. Die Katholiken schlugen vor, den ganzen Bau abzureißen und einen neuen zu errichten. Die Griechisch-Orthodoxen lehnten ab, weil sie befürchteten, dass dies zu einer Beeinträchtigung ihrer Vorrechte führen könnte, und versuchten, Geld für die Reparatur zu beschaffen. Die von der Sowjetunion bestimmte russisch-orthodoxe Kirche bot von sich aus einen Beitrag an, aber ihr Angebot wurde abgelehnt; stattdessen bemühte man sich um Gelder von orthodoxen Christen in Nordamerika.[51] Derlei Vorgänge regten die örtlichen Christen und ausländische Förderer auf, waren aber nicht länger Themen, mit den sich die Großmächte beschäftigten und die den Völkerfrieden bedrohten. So schrumpfte das christliche Jerusalem nicht nur in demographischer Hinsicht, sondern auch im politischen Bewusstsein der christlichen Welt zu einer kleinen Größe zusammen.

Neue Konsularkriege

Zwischen 1949 und 1967 unterhielten die meisten Staaten eine von der Norm abweichende konsularische Präsenz in Jerusalem. Jeder hatte einen Konsul, aber zwei Konsulate, eines im israelischen Westjerusalem und ein zweites im jordanischen Ostteil der Stadt. Die meisten lebten in Westjerusalem, viele in der als Straße der Konsuln bekannten Balfour Street in Talbieh, und fuhren zwischen dem israelischen und dem arabischen Sektor hin und her. Die Konsuln waren instruiert, weder in Israel noch in Jordanien um ihr Exequatur zu bitten, wodurch die rechtliche Fiktion aufrechterhalten blieb, dass man sich noch an den Internationalisierungsplan der Vereinten Nationen gebunden fühlte. In den Anfangsjahren weigerten sich einige sogar, mit der israelischen oder jordanischen Zentralregierung irgendwelche Kontakte zu unterhalten, beispielsweise nicht einmal hinsichtlich der Zulassung ihrer Autos, und erklärten, ausschließlich mit den lokalen Behörden verhandeln zu wollen.

In dieser Hinsicht, wie in vielem anderen, folgten in den ersten Jahren des Kalten Krieges die meisten westlichen Staaten dabei dem Vorbild der Amerikaner. Nachdem die Israelis im Dezember 1949 Jerusalem zu ihrer Hauptstadt erklärt hatten, stellte das State Department fest, dass man die israelische Souveränität in Jerusalem nicht anerkenne und weiterhin am Prinzip der Internationalisierung festhalte.[52] Folglich unterhielten die USA ein Generalkonsulat (verteilt auf zwei Gebäude, eines in West- und das andere in Ostjerusalem), das direkt dem State Department unterstand und für das weder Israel noch Jordanien um die Exequatur ersucht wurde. Als einige kleinere westliche Staaten ihr Interesse anmeldeten, ihre Botschaften nach Jerusalem zu verlegen, übten die USA unter Eisenhower und Kennedy Druck auf sie aus, um dies zu verhindern. Diese Praxis führte wiederholt zu israelischen Beschwerden, wurde aber allem Anschein nach erst 1962 eingestellt.[53]

Die kleinsten Nuancen und Varianten im Verhalten der Konsuln gegenüber Israel und Jordanien zogen Aufmerksamkeit auf sich. 1953 wurde beispielsweise vermerkt, dass der amerikanische konsularische Geschäftsträger auf der arabischen Seite mit «S. R. Tyler», auf der israelischen hingegen mit «Samuel R. Tyler» unterzeichnete. Der niederländische Konsul kombinierte seinen Posten mit dem des Gesandten für Israel – und gehörte damit zu den wenigen akkreditierten Diplomaten, die in Jerusalem wohnten; anders als die anderen Konsuln unterhielt er kein Büro in Ostjerusalem, sondern «benutzte einen holländischen Mönch in Gethsemane als Briefkasten». Dem polnischen und dem jugoslawischen Konsul wurde ein Pass für das jordanische Jerusalem verweigert; umgekehrt weigerte sich der libanesische Konsul, den israelischen Sektor zu betreten.[54]

Am weitesten ging der französische Generalkonsul und Doyen des konsularischen Korps René Neuville in seinen Bemühungen zur Wiederherstellung der Machtstellung und Vorrechte der Konsuln. Während der Belagerung von Westjerusalem im Jahre 1948 stellte er das alte Konsulspostamt wieder her und gab spezielle Konsularbriefmarken heraus. Im Dezember 1950 erklärte er anlässlich einer Sitzung der Konsuln, dass in Jerusalem wohnhafte Bürger ausländischer Staaten nicht dem israelischen Recht unterstünden und nicht dazu gezwungen werden könnten, vor einem israelischen Gericht zu erscheinen.[55]

Im Januar 1951 berief Neuville ein weiteres Treffen der Konsuln ein, bei dem es zwischen ihm und dem britischen Generalkonsul, Sir Hugh Dow, zu einer erbitterten Auseinandersetzung über die Frage kam, ob die Konsuln an der Einsetzung Ragheb Naschaschibis als Wächter der Heiligen Stätten teilnehmen sollten. Neuville, der sich genauestens mit der Geschichte der konsularischen Privilegien in Jerusalem auskannte, hatte die Briten in Verdacht, König Abdullah zu der Ernennung bewogen zu haben. Der Posten sei eine Neuerung und ein Eingriff sowohl in den diplomatischen Status von Jerusalem als auch in den Status quo an den Heiligen Stätten. Der Franzose (der eigentlich zur Hälfte Spanier war) überredete die Mehrheit der anderen katholischen Konsuln und kirchlichen Würdenträger, sich ihm beim Boykott der Zeremonie anzuschließen.[56] Wie es sich so fügte, war Raghebs Amtszeit nur von kurzer Dauer. Er starb noch im selben Jahr, und kurz darauf wurde der Posten wieder abgeschafft. Als eine Miniatur-Neuauflage der großen britisch-französischen Treffen auf demselben Schlachtfeld regte sich in den Gefilden der Diplomatie diesmal kaum ein Lüftchen. Vor Ort freilich gab es zwischen Briten und Franzosen eine tüchtige Verstimmung. Die meisten Kollegen Neuvilles betrieben keine solch auftrumpfende Politik, aber die anormale Stellung der Konsuln in Jerusalem führte wiederholt zu Problemen in den Beziehungen zwischen Israel, Jordanien und den anderen Staaten.

In Wirklichkeit hatten die Konsuln – trotz all ihrer Versuche, ihre eigene Wichtigkeit aufzublasen – kein großes Gewicht mehr, die der kleinen Staaten überhaupt keines. Anlässlich der Klärung der Rechte der äthiopischen Kirche an den Heiligen Stätten wandte sich der äthiopische Konsul viermal sehr höflich mit Schreiben an den jordanischen Gouverneur von Jerusalem. Da er keine Antwort erhielt, ersuchte er darum, dass man ihm doch irgendeine Antwort geben möge. Daraufhin leitete der Gouverneur den Brief an Neuville als den Doyen des konsularischen Korps weiter und erklärte diesem, dass er nicht bereit sei, beleidigende Briefe von Konsuln hinzunehmen, die sich nicht in Dinge einzumischen hätten, die sich auf den Status quo bezögen, und dass er erwäge, dem Äthiopier die Genehmigung zu entziehen, beide Teile Jerusalems betreten zu dürfen.[57]

Die erste Großmacht, die sich bereit zu erklären schien, den Status quo anzuerkennen, war die am militantesten antichristliche: die Sowjetunion. Bereits im Februar 1949 hatten die Sowjets erste Anzeichen des Nachgebens erkennen lassen, als der russische Gesandte als einziger Repräsentant einer Großmacht der Eröffnung der ersten Knessetsitzung in Jerusalem beiwohnte. Im April 1950 erklärte die Sowjetunion formell, dass sie nicht länger die Internationalisierung unterstütze, da «klar geworden ist, dass der oben erwähnte Beschluss der Generalversammlung weder die arabische noch die jüdische Bevölkerung zufrieden stellt, weder der Stadt Jerusalem noch Palästinas als Ganzem».[58] In Anbetracht des bisherigen vorbehaltlosen Festhaltens sowjetischer Wortführer an der Teilungsresolution der Generalversammlung bei UN-Zusammenkünften bedeutete dies eine deutliche Kursänderung – auch wenn sie im Einklang mit der vorrangigen sowjetischen Zielsetzung stand, den britischen und amerikanischen Einfluss in dem Gebiet zu schwächen. Trotzdem bezeichnete Sir Knox Helm, der britische Gesandte in Tel Aviv, diesen Sinneswandel als «sowjetische Kehrtwende hinsichtlich Jerusalems», die in Israel als «Todesstoß für den Internationalisierungsplan der Vereinten Nationen» betrachtet werde.[59]

Die israelische Sicht stellte sich als zutreffend heraus. Als kurz danach die Briten Israel *de iure* anerkannten, bewegten sie sich in Richtung auf, wie Helm es nannte, die «*quasi de facto*-Akzeptanz ... der Teilung von Jerusalem». Unterdessen war das britisch-jordanische Bündnis von 1946 nicht nur auf das Westjordanland, sondern auch auf Ostjerusalem erstreckt worden. Dies war ein weiterer Schritt zur Verfestigung des Status quo in der Stadt.

Im Laufe dieser Jahre verlagerten die Israelis nach und nach Teile des Staatsapparats von Tel Aviv nach Jerusalem, nicht jedoch das wichtigste aller Ministerien, das Verteidigungsministerium. Diese Umzüge hatten allerdings eher einen symbolischen Charakter. Der Schwerpunkt der israelischen Regierung blieb bis 1967 in Tel Aviv – ein Sachverhalt, der im Außenministerium als Schwächung von Israels diplomatischer Position in der Jerusalem-Frage angesehen wurde.[60]

Im Mai 1952 gab das israelische Außenministerium seine Absicht bekannt, demnächst nach Jerusalem umzuziehen. Die Westmächte berieten die Frage ausgiebig miteinander und setzten Israel unter Druck, davon abzulassen, auch wenn der amerikanische Außenminister John Foster Dulles bei seinem Israelbesuch im Mai 1953 die Frage nur am Rande berührte. Erfolg hatten sie damit nicht.[61] Die Briten waren nicht abgeneigt, dem israelischen Außenministerium zu folgen und ihre diplomatische Vertretung nach Jerusalem zu verlegen; sie sahen sich sogar schon nach geeigneten Grundstücken in Jerusalem um, was der Öffentlichkeit nicht verborgen blieb. Die Israelis kamen zu dem Schluss, dass westlicher Widerstand eher als Parteinahme für die Araber ausgelegt denn grundlegend sein werde, und schritten darum im Sommer 1953 zur Tat. Fast alle Länder des Westens entschieden jedoch in einer großen Solidaritätsaktion, ihre Botschaften in Tel Aviv beizubehalten – was für ihre Diplomaten große Unbequemlichkeiten mit sich brachte. Dulles erklärte sein «Missfallen» angesichts des israelischen Vorgehens und deutete an, dass dies Auswirkungen auf die amerikanische Hilfe für Israel haben werde.[62] Jordanien reagierte mit einer Kabinettssitzung in Jerusalem – wenngleich der Ministerpräsident dem britischen Gesandten versicherte, dies sei «fast ganz für den Hausgebrauch bestimmt ... Es bestehe nicht die Absicht, damit anzudeuten, dass Jerusalem eine zweite Hauptstadt sei oder die jordanische Regierung dorthin verlegt werde».[63] Nach der Verlegung drängten die Vereinigten Staaten ihre Verbündeten, ihre Repräsentanten nicht im Ministerium erscheinen zu lassen. Die meisten fügten sich, und Scharett war gezwungen, einen kleinen Rückzieher zu machen und für eine Weile sich damit einverstanden zu erklären, mit Diplomaten weiterhin in Tel Aviv zusammenzutreffen. Erst 1962 wurde das «Tel Aviver Verbindungsbüro» des Außenministeriums endgültig geschlossen.

Im Dezember 1953 war der russische Gesandte Alexander Abramow der erste Repräsentant einer Großmacht, der sein Beglaubigungsschreiben dem israelischen Staatspräsidenten in Jerusalem überreichte. Der Schweizer Gesandte erklärte daraufhin «die Schlacht um Jerusalem» für verloren.[64] Kurz danach stattete der neue italienische Gesandte Scharett einen Besuch im Außenministerium ab, auch wenn er auf Anweisung seiner Regierung sein Beglaubigungsschreiben dem Präsidenten in Tiberias übergab. Als Scharett im Januar 1954 David Ben Gurions Nachfolger als Ministerpräsident wurde, zugleich aber sein Amt als Außenminister beibehielt, stattete ihm der französische Botschafter und damalige Doyen des diplomatischen Korps einen offiziellen Besuch in Jerusalem ab. Von da an zerbröckelte die diplomatische Front der westlichen Staaten. Im Oktober 1954 sprach der britische Außenminister Anthony Eden seinen amerikanischen Kollegen Dulles beim Mittagessen auf diese Frage an. Sie kamen schließlich überein, die Beglaubigungsschreiben in Jerusalem zu übergeben, «unter dem Vorbehalt, dass dies die Positionen des Vereinigten Königsreichs und der USA hinsichtlich des Status von Jerusalem nicht ändere».[65]

In all diesen Jahren quälten sich die Diplomaten mit den Feinheiten des Protokolls herum. Durften neue Gesandte ihre Beglaubigungsschreiben in Jerusalem übergeben? Durften sie dort an offiziellen Anlässen oder Veranstaltungen teilnehmen? Durften sie dort an *in*offiziellen Anlässen oder Veranstaltungen teilnehmen? Durften sie über Nacht in der Stadt bleiben? Wenn sie dort das Außenministerium aufsuchten, sollte es sich nur um Höflichkeitsbesuche handeln oder durfte dies auch in Amtsgeschäften geschehen? Wenn die Missionschefs nicht das Außenministerium aufsuchen durften, galt dies dann auch für weniger hochrangige Diplomaten? War nicht die Position eines Konsuls eine andere als die eines diplomatischen Repräsentanten? Durften offizielle Schreiben nach Jerusalem adressiert werden? Und so weiter und so fort.

In den späteren fünfziger Jahren wurde der internationale Widerstand gegen die Teilung Jerusalems allmählich aufgegeben. 1955 ernannte Guatemala García Granados zu seinem Gesandten in Israel. Granados war 1947 Vorsitzender des UN-Sonderausschusses für Palästina (UNSCOP) gewesen; man wusste, dass er eine stark proisraelische Einstellung hatte, und dass er, einem unfreundlichen Diplomatengerücht zufolge, aus seiner Amtszeit bei der UNSCOP «unerklärlich reicher» hervorgegangen sei.[66] Als Granados in Israel ankam, entschied er sich im Widerspruch zu den erhaltenen Instruktionen dafür, sich nicht in Tel Aviv, sondern in Jerusalem niederzulassen; er brach damit das Tabu hinsichtlich der Einrichtung von diplomatischen Missionen an diesem Ort. Andere Diplomaten waren darüber verärgert und zeigten ihm, allen voran der britische Vertreter, die kalte Schulter. Ein Jahr darauf verlegte der Vertreter Uruguays seine Gesandtschaft nach Jerusalem, und 1959 folgte Venezuela ihm nach. Israels erfolgreiche Pflege guter Beziehungen mit vielen seit kurzem unabhängigen afrikanischen Staaten veranlasste einige von ihnen, ihre Vertretungen ebenfalls in Jerusalem anzusiedeln: so die Elfenbeinküste 1961 und Gabun 1962. Von den einundvierzig Staaten, die 1962 in Israel Vertretungen unterhielten, hatten elf ihre Missionen in Jerusalem.[67] In der Mitte der sechziger Jahre gab es zwanzig Botschaften in Westjerusalem, aber darunter war keine Botschaft einer Großmacht, und aus Europa war dort nur die der Niederlande.

Sogar arabische Staaten – darunter einige, die den Haschemiten nicht gerade freundlich gesonnen waren – machten Anstalten, den Status quo eines geteilten Jerusalem hinzunehmen. Im August 1950 ließ der syrische Gesandte in Washington das State Department wissen, dass «die Internationalisierung völlig unpraktikabel» sei.[68] Im November 1955 deutete der ägyptische Außenminister Mahmud Fawzi bei einer Diskussion über eine gemeinsame Initiative Großbritanniens und der USA zugunsten einer Verständigung zwischen Israel und Ägypten an, dass hinsichtlich Jerusalems «Ägypten bereit sei, dem Konsens in der UNO zu folgen, sei es nun hinsichtlich der Internationalisierung oder eines geteilten Systems zum Schutz der Heiligen Stätten».[69]

Nach und nach setzte sich bei den Westmächten die Einsicht durch, dass sie sich in eine lächerliche Situation hineinmanövriert hatten. Der britische Generalkonsul in Jerusalem äußerte sich dazu 1955 wie folgt: «Wir betrachten es als eine Aufgabe, für die das Konsulat verantwortlich ist, so weit wie möglich die Theorie von Jerusalems geteiltem Status mitzutragen. Es ist eine Theorie, die sich ... immer schwerer aufrechterhalten lässt.»[70] 1960 war man im Londoner Foreign Office allgemein der Meinung, dass «die Häufung von Akten, welche die Anerkennung zu beinhalten scheinen, ... früher oder später einen Punkt erreichen werde, an dem wir uns nur lächerlich machen, wenn wir so tun, als ob wir nicht anerkennen».[71]

Anfang der sechziger Jahre beschlossen die Israelis, auf die Konsulate einen steten Druck auszuüben, um sie zur Anerkennung der israelischen Souveränität in Jerusalem zu bewegen. Man setzte dazu eine Reihe kleinerer bürokratischer Instrumente ein: 1963 wurde beispielsweise verfügt, dass Konsuln nur dann für ihre Autos von Einfuhrzöllen befreit würden, wenn sie Israel um das Exequatur ersucht hatten. In Jerusalem ansässigen ausländischen Einrichtungen, die solche Ausnahmen für sich beantragten, wurde mitgeteilt, dass sie dies über ihre Botschaften in Tel Aviv und nicht über ihre Konsulate tun sollten.

Seine größten Hoffnungen in dieser Hinsicht setzte Israel jedoch auf Frankreich, das einst die Fahne der Internationalisierung besonders hoch gehalten hatte. In den Jahren zwischen der Suez-Krise und 1967, der Periode der französisch-israelischen «Flitterwochen», machte sich eine langsame Entwicklung in der französischen Haltung zu Jerusalem bemerkbar. 1965 trat der französische Botschafter bei einer Reihe offizieller Veranstaltungen in Jerusalem auf. Seit 1966 begannen die Israelis, sich sogar Hoffnungen zu machen, dass die französische Botschaft bald nach Jerusalem verlegt würde, mussten aber einsehen, dass selbst im Fall eines so freundlich gesinnten Landes wie Frankreich weder Zuckerbrot noch Peitsche große Wirkung zeitigten.[72]

Die Hauptstadt in der Sackgasse

In vielerlei Hinsicht war die Situation des israelischen Jerusalem in den Jahren 1949 bis 1967 ein Spiegelbild derer im jordanischen Teil der Stadt. Die Völkergemeinschaft erkannte weder die israelische

Souveränität in Westjerusalem noch die jordanische in Ostjerusalem an. Gemeinsam wurden Israel und Jordanien zu den entschiedensten Gegnern einer Internationalisierung. Allerdings spielte die israelische Regierung nicht, wie die jordanische, die Bedeutung Jerusalems absichtlich herunter. Im Gegensatz zum jordanischen Jerusalem, das in die Starre des Provinzialismus verfiel, fand im israelischen Jerusalem ein dynamisches Wachstum statt. Im Vergleich mit Israels größter Stadt, Tel Aviv, drängt sich allerdings eine andere Schlussfolgerung auf. Von der Küste aus betrachtet war das israelische Jerusalem eine abgelegene Hauptstadt, eine Sackgasse am Ende einer einspurigen Eisenbahnverbindung, die sich die judäischen Hügel hinauf schlängelte. Auf drei Seiten von einer geschlossenen Grenze umgeben, mit nur einem schmalen Korridor hinunter zum Mittelmeer, war Jerusalem von seinem Hinterland in wirtschaftlicher Hinsicht abgeschnitten. Nur wenig Industrie wurde nach Jerusalem verlagert. Die überwältigenden finanziellen Belastungen für die Verteidigung und die Integration von Einwanderern hinderten Israel daran, in die Infrastruktur oder in Vorzeigeobjekte in seiner Hauptstadt zu investieren. Das strenge, sozialistische Ethos der frühen Jahre dieses Staates sprach ohnehin gegen monumentale Bauvorhaben. Anders als Weizmann ließ sich Israels zweiter Staatspräsident in Jerusalem nieder, aber er bezog eine bescheidene «Präsidentenhütte». Alle hebräischen Tageszeitungen blieben auch weiterhin in Tel Aviv.

Die Bevölkerung Westjerusalems verdoppelte sich annähernd zwischen 1948 und 1967 auf 198 000 Einwohner. Große Vororte entstanden, um die neuen Einwanderer unterzubringen; schachtelartige, oft scheußliche Häuserblocks wurden hastig errichtet. Zum zweiten Mal in Jerusalems moderner Geschichte wurde Ronald Storrs Anordnung aus der Anfangszeit der britischen Mandatsverwaltung ignoriert, derzufolge alle Bauten steinerne Fassaden haben mussten (das erste Mal geschah es während eines Streiks der Steinmetze in den dreißiger Jahren).

Während im israelischen Establishment in diesen Jahren die Meinung vorherrschte, dass man mit einem geteilten Jerusalem durchaus leben konnte, fühlte man sich doch von manchen Aspekten der Teilung bedrückt und meinte, dass sie korrekturbedürftig seien. Zu den Belangen, zu denen das israelisch-jordanische Waffenstillstandsabkommen vom 3. April 1949 festgestellt hatte, dass «Einigkeit im Grundsätzlichen bereits besteht», gehörte die «Wiederaufnahme des normalen Betriebs der kulturellen und humanitären Einrichtungen auf dem Skopusberg und der freie Zugang zu ihnen sowie der freie Zugang zu den Heiligen Stätten und ... die Benutzung des Friedhofs auf dem Ölberg».[73] Aber das Prinzip wurde nicht in die Praxis umgesetzt. Bis 1967 versperrten die Jordanier den Zutritt zur Westmauer und zum Friedhof, und die Verbindungen zum Skopusberg wurden nicht restlos wiederhergestellt.

Das israelische Interesse am Skopusberg war nicht rein sentimentaler Natur. Der Kommandeur der israelischen Truppen in der Enklave, Baruch Neumark, wies im Oktober 1948 darauf hin, dass dieses Gebiet die nördlichen Zugangswege zur Altstadt einschließe: «Ich glaube, dass derjenige, der dieses dominierende Gelände kontrolliert, über Jerusalem herrschen wird.»[74] Im November 1948 bestätigten Moshe Dayan und Abdullah al-Tall die Vereinbarung vom Juli, wonach alle vierzehn Tage Konvois unter dem Schutz der Vereinten Nationen zwischen Westjerusalem und der Enklave verkehren dürften. Dieses Arrangement stellte die Israelis aber nicht ganz zufrieden, weil so in der Enklave kein normales ziviles Leben wieder aufgenommen werden konnte und für sie das Gebiet von herausragender strategischer Bedeutung war. Deshalb ersuchte Dayan im September 1949 Ben Gurions Genehmigung eines militärischen Angriffs, der einen Korridor zum Skopusberg schaffen würde. Der Ministerpräsident war aber nicht zu einem neuerlichen Krieg bereit.[75]

Obwohl beide Seiten das Abkommen über die Entmilitarisierung des Skopusberges weiterhin anerkannten, benutzten beide unterschiedliche Militärkarten, was zur Folge hatte, dass es häufig zu Zusammenstößen kam. Den Israelis war von den Vereinten Nationen gestattet, Polizei und «eine begrenzte Anzahl von Handwerkern» in die Enklave zu entsenden, um «als Wachen und Wartungsmannschaft im Krankenhaus und den Universitätsgebäuden und Umgebung zu arbeiten».[76] In der Tat aber legten sie Waffenlager an, bauten Unterstände und Schützengräben und schickten als Polizisten und Zivilisten verkleidete Soldaten hinein. 1953 hinderte israelische «Polizei» Beobachter der Vereinten Nationen daran, die Enklave zu betreten.[77] 1957 verweigerten die Jordanier unter dem Vorwurf, dass es zu Verstößen gegen die Vereinbarung gekommen sei, einem Konvoi die Durchfahrt. Im folgenden Jahr töteten jordanische Heckenschützen vier Israelis und einen UN-Beobachter. 1960 kam es zu weiteren Zwischenfällen, als Einwohner des arabischen Dorfes Isawija den staubigen Fahrweg verlegten, den ihr Dorf mit der Straße nach Ramallah verband. Die Israelis behaupteten, die neue Trasse verletze ihr Territorium.[78]

Die West-(Klage-)mauer in Jerusalem im August 1967, einige Wochen nach der israelischen Eroberung des Ostteils der Stadt und nach dem Abriss von 135 davor gelegenen Häusern, um einen großen Platz zu schaffen.

In all diesen Jahren standen die Gebäude der Hebräischen Universität und des Hadassa-Krankenhauses gespenstisch leer. Nach und nach wurden die Bücher aus der Nationalbibliothek herausgeschmuggelt, um sie im neuen Bibliotheksbau benutzen zu können, der auf dem Ersatzuniversitätsgelände in Givat Ram in Westjerusalem errichtet worden war. Die gewaltigen Investitionen auf diesem Areal und in das neue Zentrum des Hadassa-Krankenhauses in Ein Karem, die beide in den sechziger Jahren entstanden, signalisierten Israels zögernde Akzeptanz des Status quo eines geteilten Jerusalem.

Vor Juni 1967 forderten nur wenige politische Stimmen in Israel und keine einzige innerhalb der Regierung eine irredentistische Politik gegenüber Ostjerusalem. Deshalb war das Land weder politisch noch diplomatisch noch psychologisch darauf vorbereitet, als, ganz unerwartet, nach neunzehn Jahren der Teilung Jerusalem fast über Nacht wieder vereinigt wurde, unter israelischer Herrschaft.

6. Die Annexion

Am 7. Juni 1967 eroberten israelische Truppen im Zuge ihres Vormarschs durch das Westjordanland Ostjerusalem. Um die Mittagszeit dieses Tages ging der israelische Verteidigungsminister Mosche Dayan zur Westmauer und erklärte Jerusalem als «befreit». «Wir haben Jerusalem, die geteilte Hauptstadt Israels, vereinigt. Wir sind zur heiligsten unserer Heiligen Stätten zurückgekehrt und werden uns nie wieder von ihr trennen.»[1] Das Ereignis wurde in der gesamten jüdischen Welt mit unermesslicher Freude aufgenommen, obwohl Israel doch vor dem Juni 1967 keinerlei Dringlichkeit gezeigt hatte, die Hoheitsgewalt über die Altstadt von Jerusalem ausüben zu wollen. Israel sollte aber eines Tages erkennen, dass es mit der Eroberung von Ostjerusalem die Büchse der Pandora geöffnet hatte.

Die Eroberung

Ob Israel gegen Jordanien in den Krieg gezogen wäre, wenn König Hussein ihm nicht einen Vorwand dafür geliefert hätte, bleibt eine offene Frage. Die Israelis erwarteten fast, dass sich die Jordanier wie 1956 still verhalten würden. Obwohl die jordanischen Streitkräfte aufgrund des zwischen Ägypten und Jordanien geschlossenen Bündnisses vom 30. Mai 1967 nominell ägyptischem Kommando unterstellt waren, hatte König Hussein doch auch weiterhin ein hohes Maß an Kontrolle über sie. Nachdrücklich hob die spätere israelische Propaganda die Botschaft hervor, die Premierminister Lewi Eschkol an General Odd Bull, den Stabschef der UN-Organisation für die Überwachung des Waffenstillstands, zur Weiterleitung an König Hussein gesandt hatte.[2] Darin hieß es, Israel werde keine feindseligen Aktionen gegen Jordanien anfangen, aber wenn Jordanien den Krieg beginne, werde es die Konsequenzen zu tragen haben. Bull bezeichnete diese Mitteilung später als «reine Drohung».[3] Husseins Antwort auf diese Botschaft lautete: «Sie haben die Schlacht angefangen. Schön, gerade bekommen sie unsere Antwort auf dem Luftweg.»[4] Seine Entscheidung für den Krieg stellte, nachdem die ägyptische Luftwaffe im Morgengrauen des 5. Juni vernichtet worden war, keine strategische Bedrohung für Israel mehr dar, da Jordanien selbst nur über geringe Offensivkapazitäten verfügte. Das militärische Vorgehen Jordaniens in Jerusalem war an diesem Morgen weitgehend symbolisch, obwohl die israelische Enklave auf dem Skopusberg bombardiert wurde und jordanische Einheiten in das Gelände der Vereinten Nationen eindrangen. Es gibt keinen Beleg dafür, dass Jordanien einen großangelegten Angriff auf den jüdischen Staat geplant hatte; seine Streitkräfte waren größtenteils auf Verteidigung ausgerichtet.

Selbst wenn Hussein nicht die Feindseligkeiten eröffnet hätte, hätte Israel im Juni 1967 wahrscheinlich nicht der Versuchung widerstehen können, sich Ostjerusalems zu bemächtigen. Am Nachmittag des 5. Juni wurde die jordanische Luftwaffe von der israelischen vernichtet. Unterdessen trieben israelische Bodentruppen die Jordanier aus dem UN-Gelände und drangen ins Regierungsgebäude ein. General Bull und seine Leute wurden hinausbeordert und auf israelisches Gebiet eskortiert.

In der Kabinettssitzung an diesem Tag wurde deutlich, dass es in den Reihen der israelischen Minister hinsichtlich eines Großangriffs auf Ostjerusalem Meinungsverschiedenheiten gab. Arbeitsminister Yigal Allon, dessen Ansicht von seiner militärischen Erfahrung untermauert wurde, plädierte nachdrücklich für einen Angriff auf die Altstadt. Menachem Begin, der Vorsitzende der rechtsgerichteten Herut-Partei, stimmte ihm zu. Chaim Mosche Shapira, der zum Lager der Tauben gehörende Innenminister und Führer der Nationalreligiösen Partei, plädierte hingegen für Vorsicht: «An der Altstadt festzuhalten wird ein politisches Problem sein. Ist sie erst einmal in unseren Händen, werden sie von uns verlangen, sie zu internationalisieren. Falls das geschieht, werde ich dafür stimmen.» Erziehungsminister Zalman Aranne von der Arbeiterpartei stimmte ihm zu. Allon bestand darauf, dass Ostjerusalem ohne Beschädigung der Heiligen Stätten erobert werden könne. Die Altstadt könne «aus Richtung Nebi Samuel, Französischer Hügel und Skopusberg eingeschlossen werden».[5] Die Diskussion ergab kein eindeutiges Meinungsbild. Zusammenfassend meinte Eschkol: «Und doch muss es einen Gegenangriff gegen den Beschuss der jordanischen Seite geben.» Später hieß es, der Premierminister habe an diesem Tag gesagt: «Selbst wenn wir die Altstadt und die Westmauer erobern, werden wir am Ende doch davon ablassen müssen.»[6]

In der Nacht vom 5. auf den 6. Juni wurden die jordanischen Streitkräfte am Munitionshügel, von dem aus man die Straße zum Skopusberg beherrschte, von den Israelis vernichtend geschlagen. Am folgenden Tag erhielt Dayan die Genehmigung des Kabinetts, die Altstadt mit israelischen Truppen zu umstellen. Noch immer war sich das israelische Kabinett jedoch darüber uneins, ob man einen Angriff auf die Altstadt genehmigen solle.

Drei Jahrzehnte später erinnerte sich General Motta Gur, der Kommandeur der Fallschirmjägerbrigade, die die Altstadt einnahm, dass er zu Beginn des Krieges nach einem Vorwand Ausschau gehalten hatte, um gegen Jordanien loszuschlagen. Er hatte gehofft, dass es am 7. Juni so weit sein werde, falls die Jordanier den vierzehntägigen Konvoi zum Skopusberg blockieren sollten.[7] Pläne, um einen freien Zugang zu erzwingen, waren schon mehrere Jahre zuvor vorbereitet worden. Während der Suez-Krise vom Oktober 1956 wäre es beinahe dazu gekommen, aber man ließ davon ab, als Jordanien es unterließ, einen Kriegsgrund zu liefern.[8] Gurs anfängliche Befehle lauteten auf ein begrenztes Vorgehen, um den Skopusberg zu schützen. Dann wurden sie auf die Eroberung des Ölbergs ausgeweitet. Am frühen Morgen des 7. Juni weckte Begin Eschkol und drängte auf einen sofortigen Angriff auf die Altstadt, vor einem Aufruf der Vereinten Nationen zum Waffenstillstand. Eschkol willigte ein, und der Angriffsbefehl wurde erteilt.

Gur gelangte um 9.50 Uhr durch das St. Stephanstor in die Altstadt und fuhr in Richtung Tempelberg, der bereits von Infanterie eingenommen worden war. «Zu diesem Zeitpunkt», schrieb Gur kurz danach, «trat der Gouverneur der Stadt zusammen mit dem Kadi an mich heran und informierte mich von der gewichtigen Entscheidung, die Stadt nicht zu verteidigen. Er versicherte mir, dass die [jordanischen] Truppen allesamt abgezogen seien und es keinen weiteren Widerstand geben werde.»[9] Um 14 Uhr betrat Dayan die Altstadt, begleitet von Generalstabschef Jitzhak Rabin und dem Chef des Oberkommandos Mitte, Uzi Narkiss. Am Abend hatten die israelischen Streitkräfte das gesamte Westjordanland in ihrer Hand; einige Einheiten überschritten sogar den Jordan, wurden aber nach einer diplomatischen Intervention der USA wieder vom Ostufer zurückgezogen.[10] Der Blitzsieg der Israelis erfolgte aber nicht ohne Blutvergießen: 645 Araber wurden getötet, darunter 240 Zivilisten, von denen die meisten durch israelischen Beschuss umkamen; die Israelis beklagten ungefähr zweihundert Tote, darunter fünfzehn Zivilisten.

Die Vereinigung

Seit langem hatte es in Israel militärische Planungen für die Besetzung des Westjordanlandes gegeben, für den Fall, dass das Haschemitenregime stürzen sollte – was am Anfang von König Husseins Herrschaft als sehr wahrscheinlich erschien. 1963 war der israelische Offizier Chaim Herzog, der spätere israelische Staatspräsident, zum potentiellen Militärgouverneur für das Westjordanland bestimmt worden. Entsprechend diesen Plänen nahmen israelische Agenten unmittelbar nach Eroberung der Stadt mehrere Hundert Leute fest, deren Namen auf einer Liste gestanden hatten.[11] Die hässlichen Mauern, die an strategischen Stellen wie Notre-Dame de France und an der Mamilla-Straße die Stadt zerschnitten hatten, wurden abgerissen, Stacheldrahtverhaue, befestigte Stellungen und Minenfelder beseitigt. Am 29. Juni waren die Sperren zwischen West- und Ostjerusalem größtenteils wieder entfernt. Einwohner des Ost- oder Westteils konnten sich nun frei bewegen, wobei die meisten von Westen nach Osten gingen: Zehntausende Israelis wanderten mit Staunen durch ein Universum, das sie in den letzten neunzehn Jahren hatten sehen, aber nicht betreten können. Es gab keine Anzeichen von Spannung. Im Großen und Ganzen wurden die Eroberer höflich und freundlich empfangen, was viele glauben machte, dass sie willkommen seien.

Diese Tage riefen in der Haltung der Israelis gegenüber Jerusalem – sowie in derjenigen der Juden auf der ganzen Welt – eine Veränderung hervor. Plötzlich schien es nicht mehr vorstellbar, dass es den jüdischen Staat ohne die Stadt geben könnte. Ein amerikanischer Beobachter drückte es so aus: «Erst *nach* der Einnahme Ostjerusalems nahm die Altstadt im Nachhinein den Status einer *terra irredenta* für Israel an.»[12]

Zwar konnte Israel problemlos das Militär aktivieren, aber einen diplomatischen Notfallplan gab es, so erstaunlich es auch sein mag, nicht. Die Besetzung Ostjerusalems kam für das Außenministerium – und die Zivilbehörden – ziemlich überraschend. Sofort kam die Frage auf, ob der ehemals jordanische Sektor der Stadt wie das übrige gerade eroberte Westjordanland als besetztes Gebiet behandelt oder umgehend in Israel eingegliedert werden solle – was auf die Annexion hinauslief. Das Kriegsvölkerrecht verlangte, dass auf besetztem Gebiet bis zu einem Friedensvertrag weiterhin jordanisches Recht galt, wenn auch unter israelischer Militärregierung. Die Eingliederung Ostjerusalems in Israel hätte andererseits zur Folge gehabt, dass es israelischem Recht unterworfen wäre.

Ein zwei Tage nach der Besatzung im Auswärtigen Amt verfasstes Memorandum enthielt erste Anzeichen für den Kurs, den man einzuschlagen gedachte. «Das Ziel», schrieb Michael Comay, ein hoher Beamter des Ministeriums, «sollte eindeutig die ‹de facto-Integration› mit dem israelischen Jerusalem sein. Dies beinhaltet, dass man die Verantwortung für den öffentlichen Dienst unseren nationalen und städtischen Organen übergibt, statt an die Militärregierung für das Westjordanland. Letzterer Kurs würde nur den Status der Altstadt an den anderer besetzter Städte wie Bethlehem und Nablus angleichen.» Comay fügte noch hinzu, «demselben Gedankengang folgend sollten die religiösen Interessen und Institutionen in der Altstadt unverzüglich unter die Schirmherrschaft des Misrad Hadatot [des Ministeriums für Religionsangelegenheiten] gebracht werden und nicht direkt Sorge der Militärregierung sein».[13]

Am 10. Juni legte Professor Avigdor Levontin von der Rechtsfakultät der Hebräischen Universität der Regierung ein Gutachten vor, das uns zu diesem frühen Zeitpunkt Einblick in die israelischen Überlegungen (und das Fehlen einer vorherigen Planung) zur Zukunft eines vereinigten Jerusalem ermöglicht. Levontin machte darauf aufmerksam, dass die Einnahme Ostjerusalems Israel vor knifflige rechtliche und politische Probleme stelle. Er erwartete weniger Schwierigkeiten seitens der Christen, mehr seitens der Muslime. Vorausschauend wies er darauf hin, dass eine erhebliche Gefahr von Juden kommen könnte: die bedrohliche Möglichkeit, dass Extremisten versuchen könnten, den Traum vom Wiederaufbau des Tempels zu verwirklichen.

Levontin schlug ein Fünf-Punkte-Programm für Jerusalem vor: 1. Ganz Jerusalem solle der Hoheitsgewalt Israels unterstellt werden. 2. Man solle einen Unterschied machen zwischen der «intramuralen» Altstadt und den außerhalb der Stadtmauern liegenden Teilen Ostjerusalems (also der arabischen Neustadt). Israel müsse sich der Fülle religiöser Verknüpfungen wegen auf ernsthaften Widerstand gegen die Annexion der Altstadt einrichten. 3. Aus diesem Grund solle Israel erklären, dass es den Status quo in der Altstadt aufrechterhalten werde. Zwar solle das gesamte Territorium unter israelischer Hoheitsgewalt stehen, aber vor unangebrachten Baumaßnahmen bewahrt werden. 4. Das Ministerium für Religionsangelegenheiten solle für die muslimischen Heiligen Stätten einen internationalen muslimischen Rat schaffen. Nicht-arabische Muslime aus Ländern wie dem Iran oder der Türkei sowie israelische Muslime sollten von Anfang an zur Teilnahme eingeladen werden. Für Christen solle ein ähnlicher Rat geschaffen werden, obwohl es sich hierbei zunächst als schwierig herausstellen könnte, willige Teilnehmer zu finden. Diese Räte sollen seiner Meinung nach ausschließlich eine beratende Funktion haben. Das israelische Religionsministerium solle die alleinige «Adresse» für alle Verwaltungsfragen in diesem ganzen Bereich sein (mit dem «ganzen Bereich» scheint Levontin die christlichen und muslimischen Viertel der Altstadt gemeint zu haben, obwohl das aus seiner hebräischen Formulierung nicht eindeutig hervorgeht). 5. Das jüdische Viertel der Altstadt solle der direkten Verwaltung des Jerusalemer Stadtrats unterstellt werden, jedoch mit besonderen Schutzbestimmungen zur Wahrung seines historischen Charakters.[14]

Levontins Memorandum war einer der ersten Versuche, die unterschiedlichen Gebiete der Stadt unter den neuen Gegebenheiten in den Griff zu bekommen, eine Frage, die bislang von der israelischen Obrigkeit vernachlässigt worden war. Genauso wie es keine oder kaum eine Planung auf diplomatischer Ebene für die Annexion gegeben hatte, so scheint es auch an juristischen und administrativen Vorüberlegungen gefehlt zu haben.

Allen Betroffenen war allerdings klar, dass Israel entschlossen war, die Kontrolle über ganz Jerusalem nicht wieder aufzugeben. Die rechtliche Form einer solchen Kontrolle, und ob sie für die unterschiedlichen Teile der Stadt gleich sein solle, blieb einstweilen ungeklärt. Mit aller Vorsicht antwortete Außenminister Abba Eban am 14. Juni dem britischen Botschafter, der sich nach «seinen Vorstellungen hinsichtlich Jerusalem» erkundigt hatte. Es gebe «gewisse offenkundige Fakten». Erstens: «Jerusalem sei jetzt eine vereinigte Stadt. Das sei gewiss gut.» Zweitens: «Es sei unrealistisch, von der Internationalisierung Jerusalems zu reden, wenn damit eine politische oder administrative Internationalisierung gemeint sei.» Zugleich deutete er jedoch an, dass Israel eine «spirituelle Internationalisierung» der Heiligen Stätten vorgesehen habe, obwohl, «wie dies erfolgen werde, noch nicht ausgearbeitet worden ist».[15] Eine Woche später hieß es, Eban habe lateinamerikanischen UN-Delegierten gesagt, dass Israel bereit sei, eine christliche Autorität die christlichen Heiligen Stätten und eine muslimische die muslimischen Heiligtümer verwalten zu lassen.[16]

Am 17. Juni fasste das israelische Kabinett den Grundsatzbeschluss, die israelische Oberhoheit auf Ostjerusalem auszudehnen. Die amerikanische Regierung riet den Israelis zur Vorsicht. Der britische Außenminister George Brown warnte sie entschieden davor, die Altstadt zu annektieren.[17] Da aber diese Warnung nicht von der Androhung von Sanktionen begleitet war, wurde sie von der israelischen Regierung nicht allzu ernst genommen. Der jüdische Staat war in ausgelassener Stimmung, und weder die öffentliche Meinung noch die Regierung neigten dazu, Ratschläge, so gut sie auch gemeint sein mochten, von Freunden zu beherzigen, die sie ihres Erachtens in der dem Krieg vorangegangenen Krise mit Ägypten im Stich gelassen hatten.

Bevor rechtliche Schritte in Richtung auf die Annexion unternommen werden konnten, musste darüber entschieden werden, um welches Gebiet es genau dabei ging. Die Regierung wollte sichergehen, dass die Stadt künftig über genügend Raum für einen großen Zustrom jüdischer Einwanderer verfügte. Deshalb setzte sie einen Ausschuss mit Vertretern der Ministerien, der Armee sowie der israelischen Stadtverwaltung ein, um neue Grenzen für das Stadtgebiet festzulegen. Die Öffentlichkeit wurde nicht einmal über die Existenz eines solchen Ausschusses informiert. Während der Arbeit schieden sich die Mitglieder in Minimalisten und Maximalisten. Zu den redefreudigsten unter den Letzteren gehörte der Falke General Rehavam Ze'evi, der zusammen mit anderen einen strategischen Ansatz befürwortete, mit dem die Verteidigungsfähigkeit der Stadt durch Israel für immer sichergestellt wäre. Dies mache erforderlich, sämtliche die Stadt umgebenden Hügel sowie den Zivilflughafen im Norden in das Stadtgebiet einzubeziehen. Auf den Hügeln lagen allerdings zweiundzwanzig arabische Dörfer mit insgesamt 103 000 Einwohnern vor der Eroberung. Im oder unmittelbar nach dem Krieg waren schätzungsweise 8 000 Menschen geflohen, aber es gab dort noch immer 95 000 arabische Einwohner. Andere Ausschussmitglieder sträubten sich gegen den Gedanken, der städtischen Bevölkerung weitere Araber in derart großer Zahl hinzuzufügen. So wurden denn die Pläne der Maximalisten abgelehnt, und arabische Dörfer wie Abu Dis und al-Azarija blieben außerhalb der Stadtgrenzen. Im Norden wurde die Grenze direkt östlich der Straße zwischen Jerusalem und Ramallah gezogen, wodurch die vielköpfige arabische Bevölkerung der Straßensiedlungen und der weiter östlich der Straße dicht an dicht liegenden Flüchtlingslager ausgeschlossen blieben. Der Ausschuss beschloss auch, die Einbeziehung der Stadt Bethlehem nicht zu befürworten. Eine Ausdehnung der Stadtgrenzen nach Westen hin (d. h. innerhalb des schon vor 1967 israelischen Territoriums) wurde auch nicht befürwortet. Dennoch wurde das Stadtgebiet von den 52,6 km^2 des israelischen und jordanischen Teils auf nunmehr 113,3 km^2 ausgeweitet. Infolge der Veränderungen stieg die Bevölkerung der Stadt auf 267 800 Einwohner an (196 800 Juden und 71 000 Araber).[18]

Aufgrund der neuen Grenzen gehörte am nördlichen, östlichen und südlichen Stadtrand nun ein breiter Gürtel meist unbewohnten Landes zum Stadtgebiet. Das neu hinzugekommene Areal erstreckte sich vom Jerusalemer Flughafen in Qalandija (Atarot) im Norden über den Bogen der zentraljudäischen Hügelkette im Osten bis hinunter nach Gilo im Süden. Vor allem auf diesem neu hinzugekommenen Land hat Israel in den nächsten dreißig Jahren einen großen Ring jüdischer Vororte gebaut, die dazu beitrugen, dass sich die Bevölkerung Jerusalems mehr als verdoppelte.

Am 23. Juni trat ein Ministerausschuss, der Vorschläge für den formalen Status von Jerusalem erarbeiten sollte, zur Diskussion über das weitere Vorgehen zusammen. Sein Vorsitzender war Justizminister Yaakov Shimshon Shapiro, und zu seinen Mitgliedern gehörten Dayan und Begin sowie Mordechai Bentov von der linksgerichteten *Mapam*-Partei und Zerah Warhaftig, der Minister für Religionsangelegenheiten. Sie beschlossen, im Kabinett die Zustimmung zur Ausweitung der Stadtgrenzen zu befürworten.[19]

Entsprechende Kabinettsbeschlüsse wurden auf den Sitzungen vom 25. und 26. Juni gefasst.[20] Am folgenden Tag verabschiedete die Knesset ein Gesetz, wonach Israels «Recht, Gerichtsbarkeit und Verwaltung ... sich auf jedes Gebiet des Landes Israel erstrecken soll, das von der Regierung durch Verordnung dazu bestimmt wird».[21] Zugleich wurde die Gemeindeordnung ergänzt, um «dem Minister ... nach seinem Ermessen und ohne Anfrage» zu ermöglichen, «durch Erlass das Gebiet einer bestimmten Gemeinde zu vergrößern», sowie dem Minister zu gestatten, «aus der Einwohnerschaft der neu hinzugekommenen Gebiete zusätzliche Gemeinderäte zu ernennen».[22] Ebenfalls an diesem Tag verabschiedete die Knesset ein Gesetz, in dem es hieß, «die Heiligen Stätten sollen vor Entheiligung und Beschädigung sowie allem geschützt sein, was den freien Zugang für Angehörige der unterschiedlichen Religionen zu den ihnen Heiligen Stätten oder ihre Empfindungen hinsichtlich dieser heiligen Stätten verletzen könnte».[23] Am folgenden Tag wurde mittels Erlass Ostjerusalem der

Gemeinde Jerusalem unter israelischem Recht einverleibt (siehe Karte 11, S. 233).

In den ersten drei Wochen der israelischen Besatzung hatte Rawhi al-Khatib, der arabische Bürgermeister des jordanischen Jerusalem, in jeder Hinsicht mit den israelischen Behörden zusammengearbeitet und hatte mehrere freundschaftliche Treffen mit hochrangigen Staatsrepräsentanten, u. a. auch mit Teddy Kollek.[24] Nachdem er aus der Zeitung von dem Gesetzeserlass der Knesset erfahren hatte, berief er eine außerordentliche Sitzung seines Stadtrats ein, zu der aber nur zwei von elf Mitgliedern erschienen.[25] Am Abend des 29. Juni wurde Khatib zusammen mit vier Stadträten in das militärische Hauptquartier der Israelis einbestellt, wo man ihm einen Militärbefehl aushändigte, der den Stadtrat für aufgelöst erklärte. Man bedankte sich bei Khatib und seinen Mitarbeitern «für ihre Dienste» und entließ sie.[26]

Die Regierung vermied absichtlich den Begriff «Annexion», und israelische Sprecher bestritten sogar, dass es sich um eine solche gehandelt habe. Bei einer Pressekonferenz beharrte Abba Eban darauf, dass die gesetzliche Regelung «sich ausschließlich auf die städtischen und administrativen Aspekte dieser Politik [der Vereinigung Jerusalems] beziehe», und der israelische Botschafter in Washington, Abraham Harman, erklärte Eugene Rostow vom State Department, es gehe einfach um eine Ausdehnung der städtischen Zuständigkeit, damit die Bewohner der von den israelischen Streitkräften besetzten Stadtteile mit öffentlichen Dienstleistungen versorgt werden könnten.[27] Ebans Äußerung blieb Israels öffentlicher Standpunkt, auch wenn er in späteren Jahren von dem damaligen Gesetz als einem «Vereinigungsgesetz» sprach.[28] In gewissem Sinne war die enge Interpretation sowohl theoretisch als auch praktisch korrekt: Das Völkerrecht kennt keine Annexion durch einen einseitigen Gesetzgebungsakt; die städtischen Dienste der beiden Stadthälften wurden tatsächlich vereinigt, und die Mehrzahl der ehedem bei der jordanischen Stadtverwaltung Angestellten setzten ihre Arbeit unter den Israelis fort. Auch wenn es nicht so hieß, galt das israelische Gesetz letztlich doch allgemein als Annexion.

Rasch ließ Israel seine Entschlossenheit erkennen, das jüdische Viertel in der Altstadt wiederherzustellen. In einer Aktion, die der für Ostjerusalem verantwortliche Meron Benvenisti als «freiwillige Evakuierung» bezeichnete, wurden seit dem 10. August arabische «Hausbesetzer» aus dem Bezirk entfernt.[29] Am Jahresende waren 2 959 Menschen, die Mehrzahl der arabischen Bewohner dieses Vier-

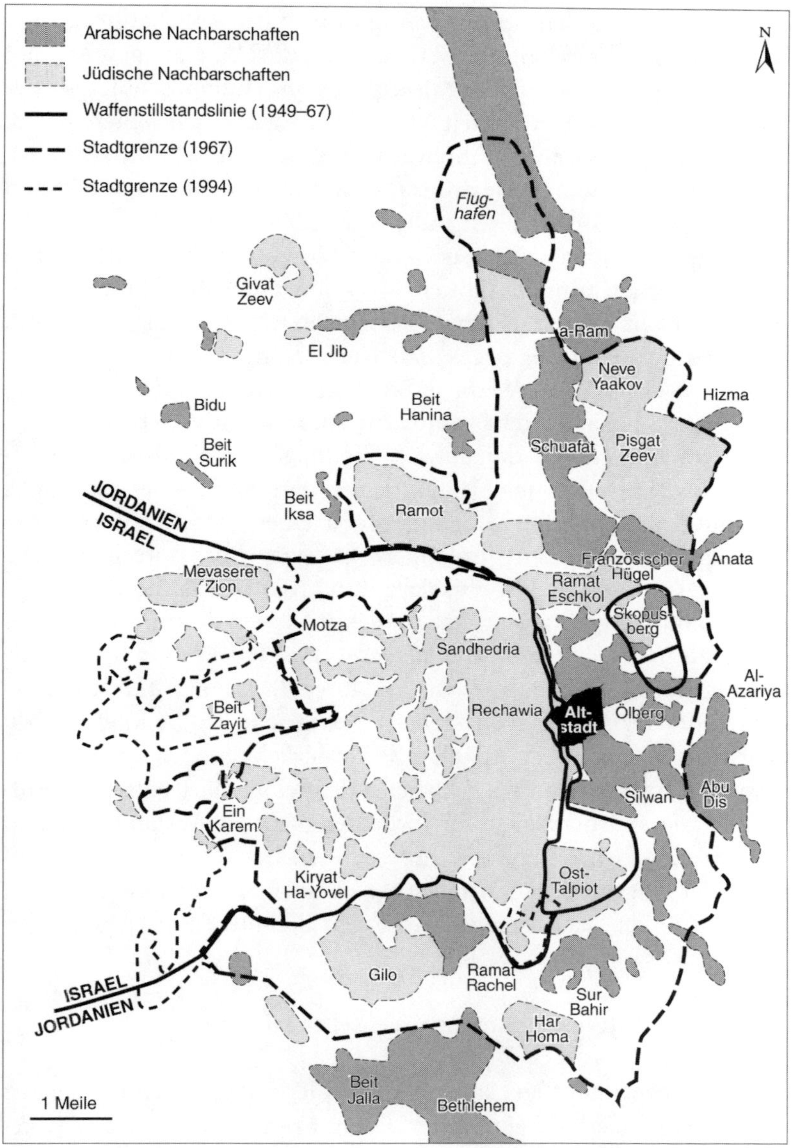

Karte 11 Jerusalem seit 1967

tels, evakuiert worden.[30] Am 14. August hielt das Appellationsgericht des Beth Din (des religiösen Gerichtshofs) dort eine Sitzung ab, und eine Woche später bezog eine Jeschiwa (eine Talmudschule) wieder ihren Sitz im jüdischen Viertel; im Lauf der Zeit kamen weitere hinzu. In den nächsten zwanzig Jahren wurde dieses Viertel, das zuvor ein halb verfallener Slum gewesen war, weiträumig wiederhergestellt und vorwiegend von orthodoxen Juden wiederbesiedelt.

In mehreren vom Obersten Gerichtshof zu entscheidenden Fällen wurden, vor allem in den Jahren 1969 und 1970, die Gültigkeit und Beschaffenheit der israelischen Präsenz in Ostjerusalem überprüft. Im Verfahren *Hanzalis gegen den Gerichtshof des Patriarchats der griechisch-orthodoxen Kirche* gab der stellvertretende Gerichtspräsident Silberg bekannt, dass «seit dem 28. Juni 1967 Ost- und Westjerusalem hinsichtlich der äußeren Teilung und der Rechtsanwendung eins sind». Richter Halevi (dessen nationalistische Auffassung bekannt war) stimmte zu, ging jedoch einen Schritt weiter: «Am 28. Juni 1967 wurden Jordaniens Gesetze, Rechtsprechung und Rechtsverwaltung in Ostjerusalem durch die israelische Rechtsprechung und Verwaltung ersetzt, und seit diesem Datum wurde *das vereinigte Jerusalem zum unablösbaren Bestandteil Israels* [Hervorhebung wie im Original].»[31] Im Verfahren *Ruidi und Maches gegen den Militärgerichtshof von Hebron* vertrat ein Kaufmann, der bislang ohne die im Westjordanland erforderliche jordanische Exporterlaubnis Antiquitäten nach Ostjerusalem eingeführt hatte, die Auffassung, dass Ostjerusalem für Jordanien nicht als Ausland gelte und darum keine Genehmigung erforderlich sei. Der Oberste Gerichtshof entschied hingegen, Ostjerusalem sei zu einem Teil Israels geworden. Dies wurde die nach israelischem Recht definitive Entscheidung.[32]

Jerusalem unter israelischer Herrschaft

Die politische Hauptfigur im israelischen Jerusalem war im folgenden Vierteljahrhundert Bürgermeister Teddy Kollek. Der untersetzte, gesellige, eigenwillige und liberal gesinnte Mann, der die sprichwörtliche Gemütlichkeit seiner Heimatstadt Wien ausstrahlte, fand für seine Politik, die sich um praktische Lösungen und Alltagsharmonie zwischen den vielfältigen Gruppen in der Stadt bemühte, weltweiten Beifall. Aus der Tatsache, dass es nach 1967 sein vorrangiges Ziel war, Israel den dauerhaften Besitz Jerusalems als seiner vereinigten

Teddy Kollek, Jerusalems Bürgermeister von 1965 bis 1993

Hauptstadt zu sichern, machte er zwar kein großes Geheimnis, aber er war der Meinung, dass dies besser durch guten Willen als durch Gewalt zu erreichen sei. Er gründete ein Internationales Jerusalem-Komitee sowie eine Jerusalem-Stiftung, die das neue Israel-Museum, Parks und andere soziale und kulturelle Projekte in beiden Teilen der Stadt finanzierte. Mit Fingerspitzengefühl und politischem Mut setzte er sich erfolgreich für die Errichtung eines Denkmals für die arabischen Opfer des Sechstagekriegs von 1967 ein. Aber auch unter seiner Führung blieb Jerusalem eine geteilte Stadt und wurde es infolge staatlicher und städtischer Politik im Laufe der Zeit noch mehr.

In technischer Hinsicht kam die Vereinigung auf mancherlei Gebieten verhältnismäßig schnell zustande. Die Telefonverbindung und öffentliche Strom-, Gas- und Wasserversorgung zwischen den beiden Teilen der Stadt wurden wieder hergestellt. Die Buslinie 9 zum Skopusberg fuhr wieder die alte Route, die sie bis 1948 gefahren war, als sei der Verkehr nur mal wegen Ferien eingestellt worden. Neue, dreisprachige Straßenschilder tauchten auf. Schließlich bekamen einige Straßen in Ostjerusalem neue Namen – aus der Suleiman-der-Prächtige-Straße wurde beispielsweise die Fallschirmjägerstraße, und aus dem Allenbyplatz wurde der Zahalplatz (Zahal ist das hebräische Akronym für die israelischen Streitkräfte).

Während die Israelis die Stadt fester in den Griff nahmen, begann man, langfristige Pläne für die Zukunft auszuarbeiten. Im September 1967 besprach ein Ministerausschuss unter Vorsitz des Ministerpräsidenten einen Plan zur Schaffung eines Nationalparks rund um die Altstadt. Der Minister für religiöse Angelegenheiten Zerah Warhaftig opponierte anfangs dagegen, weil er befürchtete, dass dadurch die Altstadt vom Hauptzentrum der jüdischen Bevölkerung in Westjerusalem abgeschnitten werden könnte.[33] Andere sahen darin eine willkommene Gelegenheit, die Ruinen und Müllkippen zu beseitigen, die sich in den vergangenen neunzehn Jahren im Niemandsland angesammelt hatten, ein Mittel, die Schönheit der alten Stadtmauern hervorzuheben, und eine Touristenattraktion. In abgewandelter Form wurde dieser Plan dann auch realisiert.

1968 wurde ein Stadtentwicklungsplan beschlossen. Der Plan rief Kritik seitens der Stadtplaner hervor und wurde 1970 von einer internationalen Expertengruppe abgelehnt. Arthur Kutcher, ein Architekt, der eine Zeitlang für die Planung der Altstadt verantwortlich war, übte besonders scharfe Kritik und sagte, dass «die Absicht, die dem Vorschlag für eine vereinigte, auf ein einziges Handelszentrum zugeschnittene und mittels eines Gitters aus neuen Straßen zusammengebundene Stadt zugrunde gelegen hatte, politischer Natur gewesen sei». Diese Einheit, so sei zu befürchten, solle «auf Kosten vieler ästhetischer und ökologischer Werte...durchgesetzt werden».[34] Zusammen mit anderen machte er auf die Zerstörung von Jerusalems zarter Skyline durch viele nach 1967 hochgezogene Bauten aufmerksam: die ohne Baugenehmigung errichteten Omariyya-Wolkenkratzer in Talbieh, die unansehnlichen Hochhäuser auf dem Französischen Hügel, die hoch aufschießenden Wolfson-Gebäude über dem Tal des Kreuzklosters, deren Proportionen nicht in die Umgebung passen, den architektonischen Leviathan des neuen Geländes der Hebräischen Universität auf dem Skopusberg und den scheußlichsten Bau überhaupt, das Plaza-Hotel, das den Unabhängigkeitspark beeinträchtigt und verunstaltet.

Viele der neuen Bauten entstanden auf dem Terrain, das vor 1967 zu Israel gehört hatte. Aber im Januar 1968 kündete die Regierung die Enteignung von 339 Hektar Land in Ostjerusalem an, auf denen man 1400 Wohneinheiten zu errichten plane, wovon 400 für aus dem jüdischen Viertel der Altstadt umgesiedelte Araber bestimmt seien.[35]

Dies war die erste von mehreren weiträumigen Enteignungen arabischen Besitzes in Ostjerusalem. Neue Wohnquartiere für Juden wurden auf diesem Land errichtet, darunter Ramat Eschkol, Französischer Hügel, Gilo und Pisgat Ze'ev. Die Baumaßnahmen schritten rasch voran. Nach und nach trat zutage, dass die Planungen eine geopolitische Absicht verfolgten: die Schaffung eines von Juden bewohnten Rings um den nördlichen, nordöstlichen und südlichen Stadtrand. «Das Ziel», sagte Kollek 1968 in einem offenherzigen Zeitungsinterview, «ist sicherzustellen, dass das ganze Jerusalem für alle Zeit Teil Israels bleibt. Wenn diese Stadt unsere Hauptstadt sein soll, dann müssen wir sie zu einem integralen Bestandteil unseres Landes machen, und dafür brauchen wir jüdische Einwohner.»[36]

Israels Politiker bestätigten diese Entscheidungen fast einmütig. David Ben Gurion, der im April 1969 äußerte, «im Austausch für Frieden würde ich all das im Juni 1967 eroberte Territorium zurückgeben», fügte hinzu, dass dies «gewiss nicht» Ostjerusalem oder die Golanhöhen beinhalte.[37] Auf israelischer Seite kamen fast die einzigen Klagen von denjenigen, die, wie der ehemalige Ministerpräsident, darüber murrten, dass die Neubauten zu langsam vorankämen. Von Ben Gurions aus den politischen Kulissen tönendem Nörgeln angetrieben, setzte Eschkol im Dezember 1967 einen Ministerausschuss ein. Dieser erhöhte die Zielgröße auf 7000 neue Wohnungen und verdoppelte die Fläche des für die Hebräische Universität auf dem Skopusberg vorgesehenen Geländes.[38]

Welche politischen Beweggründe der Jerusalemer Stadtplanungspolitik zugrunde lagen, wurde in einem lokalen Stadtplan für Jerusalem niedergelegt, den der Planungs- und Bauausschuss des Distrikts 1978 erarbeitete: «Jeder Bereich der Stadt, der nicht von Juden bewohnt wird, läuft Gefahr, von Israel losgelöst und arabischer Kontrolle unterstellt zu werden. Der Verwaltungsgrundsatz hinsichtlich des Areals der gemeinderechtlichen Zuständigkeit der Stadt muss deshalb dadurch in die Praxis überführt werden, dass in allen Teilen dieses Bereichs gebaut und an den abgelegensten Örtlichkeiten damit begonnen wird.»[39] Während der Wohnungsbau für Juden – im Einklang mit diesem Grundsatz – gefördert wurde, hielt sich der Bau von Wohnungen für Araber in Ostjerusalem in engen Grenzen, und dies trotz des Umstands, dass die arabische Bevölkerung der Stadt rascher wuchs als die jüdische. So wurden zwischen 1967 und 1995 für Juden 64 880 Wohneinheiten errichtet, während für Araber 8 890 bestimmt waren.[40] Entgegen allen öffentlichen Bekundungen der israelischen

Regierung wurde das enteignete Land nicht dazu verwendet, um Wohnungen für Araber zu bauen.[41] Im Allgemeinen stießen Araber auf Schwierigkeiten, wenn sie Baugenehmigungen erhalten wollten. Der Großteil des nicht enteigneten und noch unbebauten Landes in Ostjerusalem wurde für andere Zwecke aufgeteilt. Ohne einen Bebauungsplan waren Neubauten verboten, aber zwischen 1967 und 1994 wurden nur für dreizehn der etwa dreißig arabischen Wohnbezirke Jerusalems solche Bebauungspläne verabschiedet. Einige ungenehmigte Bauten von Arabern tolerierte man, aber in anderen Fällen wurden ohne Baugenehmigung errichtete Häuser als Abschreckungsmaßnahme abgerissen. Während es sich bei neuen jüdischen Wohngebäuden in der Regel um Apartmentblocks handelte, waren arabische Bauten, soweit man sie denn überhaupt genehmigte, häufiger kleinere Wohneinheiten. Für viele Araber war es einfacher, neue Wohnungen oft unmittelbar außerhalb der Stadtgrenzen in Gebieten wie a-Ram an der Landstraße nach Ramallah zu bauen.

Der Wohnungsbau war nur eines von den Gebieten, auf denen die Ostjerusalemer Araber unter politisch motivierter Diskriminierung zu leiden hatten. In den Jahren 1994–96 von der Stadt in Auftrag gegebene Untersuchungsberichte und auch Bücher ehemaliger städtischer Bediensteter, die in den neunziger Jahren veröffentlicht wurden, enthüllten Ausmaß und Art solcher Diskriminierungen bei städtischen Dienstleistungen jedweder Art, von der Straßenbeleuchtung über den Straßen- und Schulbau bis zur Abwässerbeseitigung und Müllabfuhr. Westjerusalem besaß beispielsweise 1079 öffentliche Parks, Ostjerusalem nur 29. In Westjerusalem lebten 690 Einwohner pro Kilometer Bürgersteig, in Ostjerusalem waren es 2917. Und so weiter. Teddy Kollek bemühte sich, wenigstens den äußeren Anschein eines anständigen Umgangs mit den arabischen Einwohnern zu wahren, aber in seinem letzten städtischen Haushalt vom 1992 beliefen sich die pro Kopf-Ausgaben der Bevölkerung im jüdischen Sektor auf 900 US-Dollar, verglichen mit 150 US-Dollar im arabischen. Sechs Prozent des Gesamtbetrags waren im Haushalt für den arabischen Sektor vorgesehen, der allerdings ungefähr 28 Prozent der Bevölkerung ausmachte.[42]

Arabischer Widerstand

Wie bereits erörtert, war in der spätosmanischen und britischen Zeit unter den Arabern Ostjerusalems eine mächtige und selbstbewusste

Führungsschicht entstanden. Trotz jordanischer Versuche zwischen 1949 und 1967, den Status Jerusalems herabzustufen, hatte sie sich unter jordanischer Herrschaft im großen und ganzen halten können. Nach 1967 übernahm diese Führungsschicht wieder ihre traditionelle Rolle an der Spitze der arabischen Bevölkerung; es gelang ihr, deren Institutionen zu erhalten und zu stärken und zur Wahrung ihrer Identität beizutragen.

Seit den ersten Tagen der Annexion regte sich der Widerstand der Araber gegen die israelischen Maßnahmen. Anfangs war er gewaltlos. Erstmals trat er gegenüber der Stadtverwaltung zutage. Nach der Entlassung Khatibs als Bürgermeister stellte sich die Frage, ob er für den vergrößerten Stadtrat kandidieren würde, dessen Errichtung für die vereinigte Stadt erwartet wurde. Die gesetzliche Regelung der Knesset sah vor, dass beim ersten Mal zusätzliche Stadträte ernannt würden. Die Israelis hofften, durch das Kooptieren ehemaliger jordanischer Stadträte in die israelische Stadtverwaltung einer einheitlichen, von allen Teilen der Stadt gewählten städtischen Selbstverwaltung den Weg zu ebnen. Khatib wurde «versuchsweise angesprochen» und auch «gebeten, die anderen arabischen Stadträte zu sondieren».[43] Dieser entschloss sich jedoch, der Aufforderung nicht nachzukommen, und die anderen Stadträte folgten ihm darin. Schließlich wurden er und sieben weitere ehemalige Stadträte gebeten, offiziell ihre Nominierung anzunehmen (die übrigen vier Stadträte waren nach Jordanien geflüchtet). Nach einer gemeinsamen Besprechung gaben sie eine schriftliche Antwort, in der sie erklärten, dass ihre Annahme «eine offizielle Anerkennung wäre, dass wir prinzipiell die Annexion des arabischen Jerusalem zu dem von Israel besetzten Sektor akzeptieren, ein Sachverhalt, der von uns nicht de facto hingenommen und nicht einmal anerkannt werden kann».[44] Als Kollek gefragt wurde, wer stattdessen nominiert werden könnte, antwortete er unbefriedigend (und nicht ganz zutreffend), «er kenne da drüben keinen».[45]

Khatibs Beispiel leitete einen höchst effektiven arabischen Boykott des israelischen politischen Systems einschließlich der städtischen Selbstverwaltung ein. Obwohl man ihnen die Möglichkeit anbot, israelische Staatsbürger zu werden, entschieden sich die meisten Araber dagegen und blieben Jordanier. Jedoch im Unterschied zum Westjordanland bekamen die Einwohner von Ostjerusalem israelische Kennkarten. Nach einer Novellierung des Wahlgesetzes durch die Knesset im Januar 1969 war es jordanischen Bewohnern Ostjerusalems gestattet, an den Stadtratswahlen teilzunehmen; Kollek hoffte auf eine

Tabelle 2
Die Teilnahme Ostjerusalemer Palästinenser an städtischen Wahlen (1969–1993)

Jahr	Anzahl arabischer Wähler	Prozentsatz der Wahlberechtigten
1969	7 500	21 %
1973	3 150	7 %
1978	8 000	14 %
1983	11 603	18 %
1989	4 000	3 %
1993	8 000	5 %

Quellen: Michael Romann und Alex Weingrod, *Living Together Separately: Arabs and Jews in Contemporary Jerusalem*, Princeton 1991, S. 207; Roger Friedland und Richard Hecht, *To Rule Jerusalem*, Cambridge 1996, S. 332 und 519; *Daily Telegraph*, 9. November 1978; *New York Times*, 9. November 1978; *Jerusalem Post*, 6. November 1983; *New York Times*, 3. November 1993.

Anmerkung: An exakte Zahlen über die arabische Wahlbeteiligung in Ostjerusalem kommt man nur schwer heran. Das Innenministerium legt offenbar solche Statistiken an, und die obigen Zahlen bis 1983 basieren auf diesen Daten. In der israelischen Presse veröffentlichte und von der Jerusalemer Stadtverwaltung bekanntgegebene Zahlen wichen oft weit voneinander ab: Beispielsweise verkündete 1969 ein Sprecher der Stadt, dass 10 000 Ostjerusalemer an den Wahlen teilgenommen hätten, was einer Wahlbeteiligung von 80 Prozent entspreche.[1] Nach Teddy Kollek gaben 1969 über 11 000 Araber ihre Stimme ab, aber aus verschiedenen Gründen seien nur 8 000 davon gültig gewesen.[2]

[1] Gideon Weigert, *Israel's Presence in East Jerusalem*, Jerusalem 1973, S. 17.

[2] Teddy Kollek, *Ein Leben für Jerusalem*, Hamburg 1980, S. 334.

große Beteiligung. In Wirklichkeit aber machte in den folgenden Wahlen nur eine kleine Minderheit von diesem Recht Gebrauch (siehe Tabelle 2, S. 240 oben), und kein einziger Ostjerusalemer Araber kandidierte bei den Wahlen für den Stadtrat. Dieser Widerstand trug dazu bei, dass sich in der arabischen Bevölkerung die Meinung verfestigte, die israelische Herrschaft sei nicht legitim. Aus arabischer Sicht hatte er freilich auch die unwillkommene Folge, dass die Politik und Verwaltung der Stadt den Israelis überlassen wurde.

Im Gegensatz zu den Stadträten arbeiteten die besoldeten Bediensteten der jordanischen Stadtverwaltung unter israelischer Ägide weiter, aber zumeist unverändert in untergeordneter Stellung. So wurde der jordanische Stadtverordnete Salah al-Din Jarallah zum stellvertretenden Stadtverordneten und der jordanische Stadtingenieur zum stellvertretenden Stadtingenieur ernannt. Jordanische Polizisten wurden in die israelische Polizei integriert, jedoch hauptsächlich in den arabischen Gebieten der Stadt eingesetzt. Eine Beschäftigung auf nicht politischem Gebiet wurde meistens von der arabischen Bevölkerung akzeptiert; sogar die Polizisten wurden nicht der Kollaboration bezichtigt. Aber mit der Zeit stellte sich heraus, dass die politische Nichtmitwirkung der Araber ausgesprochen nachteilige Folgen für die Wahrung bzw. die Durchsetzung der Interessen der Ostjerusalemer Araber hatte. Insofern war der arabische Widerstand nur in sehr begrenztem Maße erfolgreich.

Der muslimischen Führung gelang hingegen ein wesentlich wirkungsvollerer Widerstand gegen die israelische Politik. Am 24. Juli 1967 trat auf dem Haram al-Scharif eine Versammlung von vierundzwanzig muslimischen Notabeln zusammen. Zu den religiösen Würdenträgern zählten auch der Präsident des *Scharia*-Berufungsgerichts, Scheich Abd al-Hamid al-Sa'ih, und der Mufti von Jerusalem, Saad al-Din al-Alami. Zu den weltlichen Teilnehmern gehörten Leute wie Anwar al-Khatib, der ehemalige jordanische Gouverneur von Jerusalem, Aref al-Aref, ein ehemaliger Bürgermeister und jordanischer Minister, und Anwar Nusseibeh, der in den ersten Jahren der Besatzung zur führenden politischen Figur unter Jerusalems Palästinensern wurde.[46] Sie alle erklärten, dass sie die Legitimität der Annexion nicht anerkannten, nicht mit dem Ministerium für Religionsangelegenheiten zusammenarbeiten und sich weigern würden, dem «Ersuchen» der muslimischen Abteilung dieses Ministeriums nachzukommen, die Predigt zu überprüfen, die der Imam jeden Freitag in der Al-Aqsa-Moschee zu halten beabsichtige.[47] Darüber hinaus kündigten sie die Schaffung eines neuen Organs an, des Muslimrats mit al-Sa'ih als Präsidenten. (Dieser Rat darf nicht mit dem Obersten Muslimrat aus der Mandatszeit verwechselt werden; obwohl manchmal im Englischen kein Unterschied in der Bezeichnung gemacht wurde, lautete seine arabische Bezeichnung anders: al-Haya al-Islamiyya. Da er in denselben Räumlichkeiten auf dem Haram seinen Sitz hatte und schließlich religiöse, gerichtliche, finanzielle und politische Funktionen ausübte, sonnte er sich bisweilen im Glanz des Ruhmes des Obersten Muslimrats, auch wenn er nie dasselbe Maß an Macht erreichte.) Des weiteren gaben sie bekannt, dass sie «bis zum Ende der Besatzung» auf ihrem Posten bleiben und ihre Funktionen ausüben würden.

Interessanterweise erwähnte die Erklärung der muslimischen Führer, die Aref al-Aref persönlich den Konsuln aushändigte, kein einziges Mal die Worte «Palästina» und «palästinensisch». Die Verfasser, allesamt ehemalige jordanische Amtsträger, stellten ausdrücklich fest: «Das arabische Jerusalem ist ein integraler Bestandteil Jordaniens.» Eine Fassung des Dokuments wurde vom jordanischen Vertreter bei den Vereinten Nationen in Umlauf gebracht. (Seltsamerweise wurden in dieser Fassung nur zwanzig Unterzeichner genannt; es fiel auf, dass der Name von Anwar Nusseibeh fehlte.)[48]

Die israelische Reaktion erfolgte sofort und war scharf. Am 31. Juli wurden Anwar al-Khatib und drei weitere politische Führer für drei Monate aus der Stadt verbannt. Khatib sollte in Safed leben, die anderen in anderen Städten Israels oder des Westjordanlandes.[49] Am 7. August kam es in Ostjerusalem zu einem eintägigen Generalstreik – der erste von vielen in den folgenden dreißig Jahren. Am 9. August erschien eine weitere Protesterklärung, die von fünf Mitgliedern des Muslimrats, darunter auch al-Sa'ih, unterzeichnet war.[50] Daraufhin wurden er und weitere Mitglieder des Muslimrats am 25. September in das Westjordanland deportiert. (Nusseibeh blieb unbehelligt.)

Durch die Deportationen ließ der muslimische Widerstand gegen die israelische Herrschaft in Jerusalem nicht nach. Wie schon gelegentlich früher bei den christlichen Kirchen, versuchten die Israelis zu Anfang, die *waqf*-Behörden, die für die Stiftungen zuständig waren, mit Geld für sich zu gewinnen. Kurz nach Beginn der Besatzung liehen die Israelis ihnen eine beträchtliche Summe zur Deckung der Gehaltszahlungen und «anderer Verpflichtungen».[51] Aber kurz darauf erklärten die *waqf*-Behörden ihre Unabhängigkeit gegenüber den Besatzungsbehörden.

Den Israelis gelang es nicht, den Rat auszuschalten oder ihm die Kontrolle über die religiösen Stiftungen, Gerichte und anderen Institutionen in Jerusalem und bis zu einem gewissen Grad auch im Westjordanland zu entziehen. Oberst David Farhi, ein Orientalist, der 1967 für die israelische Militärregierung als Verbindungsoffizier zur arabischen Führung in Ostjerusalem tätig war, hat berichtet, dass der Versuch der Israelis, Einfluss auf die islamische Oberschicht in Jerusalem zu gewinnen, scheiterte.[52] Farhi wies darauf hin, dass als eine direkte Folge des Krieges die muslimischen Gerichtshöfe im Westjordanland von Jordanien abgeschnitten wurden. Diese Spaltung bedeutete in der Praxis, dass das Berufungsgericht in Amman von nun an keine Fälle aus dem Westjordanland aufgreifen und entscheiden konnte. 1967 wollte die israelische Regierung nicht den Anschein erwecken, als beabsichtige sie – wie im Fall von Jerusalem – auch das Westjordanland zu annektieren. Deshalb stellte sich die Frage, ob sie nur das Jerusalemer Religionsgericht und die dortigen muslimischen Einrichtungen integrieren solle. Diese vom übrigen Westjordanland abzuschneiden, wäre jedoch ein schwieriges Unterfangen gewesen und würde zudem auf heftigen Widerstand bei der arabischen Bevölkerung stoßen. Wenn die Israelis versucht hätten, die Aktivitäten des Rats zu stoppen, hätte man ihnen vorwerfen können, die Religionsfreiheit zu missachten – nämlich zu einer Zeit, als es ihnen darum ging, der Welt zu demonstrieren, dass sie würdige Wächter der Heiligen Stätten aller Religionen seien.

Zwar legte der Muslimrat mit seiner anfänglichen Erklärung ein Lippenbekenntnis zur Autorität Jordaniens ab, aber er war nicht nach jordanischem Recht einberufen worden. Dennoch war es ihm möglich, seiner Autorität Geltung zu verschaffen, da er einer der Hauptverteiler der Geldmittel der jordanischen Regierung an das Westjordanland war. Das Jerusalemer muslimische Religionsgericht, das unter der Schutzherrschaft des Rats amtierte, trug erheblich zu dessen Autorität bei. Zunächst wurden die Entscheidungen des Muslimrats von Israel nicht offiziell zur Kenntnis genommen, vor ihm geschlossene Ehen vom israelischen Innenministerium nicht anerkannt und von ihm gefällte Urteile von israelischen Gerichten nicht vollstreckt. Die Israelis stellten aber fest, dass ihr Versuch, das Jerusalemer Gericht dem muslimischen Gerichtssystem in Israel zu unterstellen, nicht funktionierte. Schließlich kam man zu einem Kompromiss, demzufolge der muslimische Gerichtshof im israelischen Jaffa die Entscheidungen des Jerusalemer Gerichts «bestätigte». 1987 wurde in Westjerusalem ein israelisches muslimisches Gericht eingerichtet. Zwar vermochte dieses Gericht einige Rechtssuchende an sich zu ziehen, besonders Leute, denen an Vollstreckungsmaßnahmen gelegen war, die, wie es hieß, dieses Gericht «zu handhaben» imstande war (vermutlich, weil es zur Durchsetzung seiner Verfügungen auf israelische Beamte zurückgreifen konnte), aber es gelang ihm nicht, das muslimische *Scharia*-Gericht in Ostjerusalem zu verdrängen.[53]

Der erreichte *modus vivendi* war für beide Seiten zufriedenstellend. Die Muslime behielten die Kontrolle über ihre eigenen Institutionen, insbesondere über die Heiligtümer auf dem Haram al-Scharif. Scheich

Hilmi al-Muchtasib, der dem Rat von 1968 an bis zu seinem Tod im Jahre 1982 präsidierte, schlug einen moderaten Kurs ein, bei dem er muslimische Rechte zu sichern suchte, ohne die Israelis unnötig zu brüskieren. Israel erkannte die Jerusalemer muslimische Oberschicht stillschweigend an, die seit osmanischen Zeiten der Kern der arabisch-palästinensischen Nationalbewegung war. Sich in diesem Fall taktvoll zurückhaltend, akzeptierten die Israelis, dass in diesem bedeutungsträchtigen Bereich Ostjerusalem weder annektiert noch um seine eigenständige Identität gebracht werden konnte.

Auch im Bildungswesen gelang es den Jerusalemer Arabern nach 1967, sich der von den Israelis beabsichtigten Integration zu widersetzen. Anfangs versuchten die Israelis, die öffentlichen Schulen in Ostjerusalem in das in Israel bestehende arabische Schulsystem zu integrieren – anders als bei den Schulen im Westjordanland, für die weiterhin das jordanische System galt. Aber die Lehrer in Ostjerusalem bestanden darauf, wie ihre Kollegen im Westjordanland nach den jordanischen und nicht nach den israelisch-arabischen Lehrplänen zu unterrichten. Sie bedienten sich verschiedener Mittel, darunter auch Lehrer- und Schülerstreiks, um der israelischen Politik Widerstand zu leisten. Der Streit zog sich ein paar Jahre hin, bis Israel auch hier nachgeben musste. 1970 machte die israelische Gesetzgebung einige Zugeständnisse, die aber für unzureichend erachtet wurden, weshalb der Widerstand weiterging, bis die Israelis durch weitere, in einer Vereinbarung von 1975 festgehaltene Zugeständnisse ihr Gesicht wahrten. Diese Vereinbarung sah von der siebten Klasse an für Ostjerusalemer arabische Schulen eine «Wahlmöglichkeit» zwischen dem israelischen Lehrplan und dem des Westjordanlandes vor. Die Entscheidung fiel ausnahmslos zugunsten des letzteren aus, das zu Prüfungen seitens der Arabischen Liga führte, die nach jordanischem Recht abgehalten wurden. Der Kompromiss, dass Jerusalem, was diese Belange anbetraf, Teil des Westjordanlandes war, fand die Zustimmung des israelischen Erziehungsministeriums.[54]

Die arabische Presse von Ostjerusalem, die im gesamten Westjordanland zirkulierte, stärkte die palästinensische Identität und unterstrich die Rolle Jerusalems als kulturelles Zentrum. Die Zeitungen unterlagen der israelischen Zensur (wie zuvor der jordanischen), und in der ersten Zeit der Besatzung war die darin geäußerte Kritik an Israel recht zahm. In den siebziger Jahren wurde sie jedoch freimütiger, besonders in den Tageszeitungen *al-Fajr* und *al-Shaab* – als Reflex der Radikalisierung der palästinensischen Politik in den besetzten Gebieten. (Die pro-jordanische Zeitung *al-Quds* war weniger militant.) Eine Zeitlang versuchten die Israelis, den radikalen Tendenzen entgegenzuwirken, indem sie die Verbreitung einiger Ostjerusalemer Zeitungen im Westjordanland und Gazastreifen verboten. 1975 wurde der Chefredakteur von *al-Shaab*, Ali al-Khatib, des Landes verwiesen.[55]

Im Bereich der Grund- und Bodenrechte war der Widerstand weniger erfolgreich. Bemühungen von Ostjerusalemer Arabern, Ansprüche auf Grundbesitz in Westjerusalem geltend zu machen, schlugen in der Regel fehl. Eine Ausnahme bildete das ehemalige Niemandsland, das zwischen 1949 und 1967 Abu Tor, ein arabisches Dorf innerhalb des Stadtgebiets, in zwei Teile zerschnitten hatte. Als Folge der Teilung der Stadt hatten Juden verlassene Häuser im westlichen (israelischen) Teil bezogen. Nach 1967 blieben sie darin wohnen. Nun aber versuchten einige Juden, Häuser im früheren Niemandsland, die in den vergangenen achtzehn Jahren leer gestanden hatten, in Beschlag zu nehmen. Die arabischen Eigentümer zogen dagegen vor Gericht. Dieser aufsehenerregende Rechtsfall landete schließlich vor dem israelischen Appellationsgerichtshof, der zugunsten der Eigentümer entschied.[56] Von seinen Entschädigungsangeboten für palästinensische Araber, die bei ihrer Flucht im Jahre 1948 Grundbesitz in Jerusalem zurückgelassen hatten, machte Israel viel Aufhebens, aber das Kleingedruckte in den diesbezüglichen Gesetzen der Knesset schreckte die meisten Eigentümer davon ab, entsprechende Ansprüche geltend zu machen.

Nach dem Juni 1967 hegte Israel für kurze Zeit die Hoffnung, dass ein Friedensabkommen mit Jordanien zustande kommen könnte. Israel war bereit, bestimmte Gebiete im Westjordanland, nicht aber in Jerusalem an Jordanien zurückzugeben. In privaten Äußerungen ließen führende Israelis hingegen ihre Bereitschaft erkennen, König Hussein als «Hüter der muslimischen Heiligen Stätten in Jerusalem» anzuerkennen. Ministerpräsident Eschkol stellte auch in Aussicht, dass eventuell die jordanische Fahne über dem Haram flattern und dieser einen extraterritorialen Status erhalten könnte.[57] Hussein aber traute sich nicht, als erster Araber einen Friedensvertrag mit Israel zu unterzeichnen. Stattdessen konzentrierte er sich darauf, seinen Einfluss im Westjordanland zu wahren (wo er auch weiterhin die Gehälter der jordanischen Beamten bezahlte) und zu versuchen, in der islamischen und westlichen Welt Rückhalt zu finden. Darum willigte er ein, dass am 16. September 1967 in Amman eine Islamische Weltkonferenz zusammentrat. An ihrer Spitze stand Hadsch Amin al-Husayni, der von der

Bedrohung der Al-Aqsa-Moschee sprach, und verlangte, dass die Heiligen Stätten wieder Hussein unterstellt würden.[58] Der frühere Mufti von Jerusalem fand aber kaum noch Beachtung.

Stattdessen übernahmen die Palestine Liberation Organization (PLO) und ihre paramilitärischen Ableger, Jassir Arafats *Fatah* sowie extremere Gruppen wie die von George Habash geleitete Volksfront für die Befreiung Palästinas nun die Führung der palästinensischen Araber. Bald nach dem Krieg von 1967 setzte eine terroristische Kampagne gegen Israel ein. Ihre ersten Ergebnisse waren nicht gerade beeindruckend, und die israelischen Sicherheitskräfte konnten verhindern, dass es in den besetzten Gebieten zu einer großen militärischen Widerstandsbewegung kam. Ein kleiner Bombenangriff im Herbst 1967 verursachte in Jerusalem nur geringen Schaden. Im März 1968 nahm die israelische Armee Kamal Namari, den Jerusalemer Kommandeur der *Fatah*, gefangen. Daraufhin wurde sein Haus im Stadtteil Wadi Joz gesprengt. Die Praxis, Häuser zu sprengen – legitimiert durch Notstandsvorschriften, die aus der Zeit der britischen Mandatsverwaltung stammten – war zuvor schon im Westjordanland zum Einsatz gekommen, aber jetzt wurde sie erstmals in Jerusalem angewandt. Obwohl in den ersten Besatzungsjahren nicht viele Häuser in Jerusalem in die Luft gesprengt wurden, wandten die Behörden diese Methode immer häufiger an, um den Terror in den Griff zu bekommen – zumeist vergeblich. Bürgermeister Kollek, den man über die beabsichtigte Sprengung des Hauses nicht im voraus informiert hatte, protestierte öffentlich. Er beklagte sich auch darüber, dass die Einigung der Stadt durch bürokratische Halsstarrigkeit behindert werde, die «aus jeder guten Idee, die wir hatten, die Luft rausließ». So beklagte er beispielsweise, dass Araber, die man aus ihren Häusern vertrieben hatte, auch Monate später noch nicht dafür entschädigt worden seien.[59]

In der Befürchtung, dass der gewalttätige Widerstand der Araber wachsen könnte, wurde die israelische Politik nach und nach immer repressiver. Im März 1968 wurde der ehemalige Bürgermeister Rawhi al-Khatib nach Jordanien deportiert. Die Israelis behaupteten, er habe als «Verbindungsglied für die illegale Weiterleitung von Geld fungiert, Streiks von Ladenbesitzern und Lehrern unterstützt und unzutreffende Beschuldigungen über israelische Brutalitäten nach Jordanien gesandt».[60] Ein weiterer wahrscheinlicher Grund für die Deportation war, dass Khatib Kontakt mit ausländischen Diplomaten unterhielt und sie mit Informationen versorgte, die Israel zum Nachteil gereichen konnten. Im November 1968 fielen einer von Terroristen gelegten Bombe zehn Juden und zwei Araber auf dem Mahane-Jehuda-Markt zum Opfer. Es war der erste große Vorfall dieser Art in Jerusalem. Weitere folgten, und im August 1969 kam es zu schweren Unruhen, nachdem ein geistig verwirrter Australier in der Al-Aqsa-Moschee Feuer gelegt hatte.

Nachdem König Hussein im September 1970 die palästinensischen Guerillaorganisationen in Jordanien ausgeschaltet hatte, gingen die Angriffe auf Israel für eine Weile zurück. Nach dem Krieg vom Oktober 1973, dem Jom-Kippur-Krieg, veränderte sich die Atmosphäre. Nun schlugen die Terroristen im Herzen von Israels Hauptstadt zu. 1975 wurden durch eine auf dem Zionsplatz, mitten in der Neustadt von Jerusalem, deponierte Bombe fünfzehn Menschen getötet und fünfundsechzig verletzt. Nach der Explosion griffen jüdische Rowdys arabische Passanten an. Diese Abfolge von Gewalt und Gegengewalt sollte in der «vereinigten» Stadt in den folgenden zwanzig Jahren zur traurigen Gewohnheit werden.

Die Reaktionen der Weltöffentlichkeit

Am 4. Juli 1967 beschloss die Vollversammlung der Vereinten Nationen eine von Pakistan eingebrachte Resolution, welche die israelischen Maßnahmen in Jerusalem für ungültig erklärte und die israelische Regierung aufforderte, sie rückgängig zu machen.[61] Die Resolution wurde mit neunundneunzig Stimmen ohne Gegenstimme verabschiedet; die USA gehörten zu den zwanzig Staaten, die sich der Stimme enthielten. In einem Schreiben an den Generalsekretär vom 10. Juli protestierte der israelische Außenminister Abba Eban, der Begriff «Annexion» sei «fehl am Platze». «Die ergriffenen Maßnahmen beziehen sich auf die Eingliederung von Jerusalem im administrativen und kommunalen Bereich und schaffen eine rechtliche Grundlage für den Schutz der Heiligen Stätten in Jerusalem.»[62] Israel wies diese Resolution zurück, ebenso eine ähnliche, die zehn Tage darauf eingebracht wurde.

Einige Wochen später entsandte der UN-Generalsekretär U Thant den Schweizer Botschafter Ernest Thalmann als seinen Stellvertreter nach Jerusalem. Die Israelis stellten strikte Bedingungen, bevor sie Thalmanns Besuch zuließen: Es war vereinbart, dass sein Mandat sich auf die «Sammlung von Informationen» beschränkte. Als Geste gegenüber den Vereinten Nationen (die in der israelischen Öffentlichkeit als Folge des Abzugs der UN Emergency Force vom Sinai unmittelbar vor Ausbruch des Sechstagekriegs mit äußerster Feindseligkeit betrachtet wurden) unterstellte Israel am 23. August das Government House wieder der Kontrolle der Vereinten Nationen. Dieses UN-Gelände war nun jedoch ein sehr viel kleineres Areal, das etwa 4,45 Hektar umfasste, d. h. nur noch etwa ein Drittel so groß war wie vor dem Krieg. Thalmann hielt sich zwei Wochen in Jerusalem auf und berichtete, man habe «ihm nicht verheimlicht, dass Israel alles unternehmen werde, um Ostjerusalem seiner Hoheitsgewalt zu unterstellen». Die israelische Regierung habe «unmissverständlich gesagt, dass der Integrationsprozess irreversibel und nicht verhandelbar sei».[63]

Die Angelegenheit kam schließlich vor den Sicherheitsrat, wo im Mai 1968 eine dem israelischen Vorgehen gegenüber kritische Resolution mit dreizehn Stimmen ohne Gegenstimme angenommen wurde wurde (die USA enthielten sich der Stimme, legten aber kein Veto ein, das den Beschluss blockiert hätte).[64] In den folgenden Jahren wurden noch mehrere derartige Resolutionen verabschiedet, sie waren aber ohne jegliche Wirkung.[65] Auch wegen der archäologischen Ausgrabungen in der Altstadt und ihrer Umgebung wurde Israel von den Vereinten Nationen und der UNESCO heftig angegriffen.

Die Annexion von Ostjerusalem handelte den Israelis nicht nur Schwierigkeiten mit internationalen Organisationen ein, sondern verschärfte auch die bestehenden Probleme mit ausländischen Konsuln und Diplomaten. Am 13. Juni 1967 sandte der britische Generalkonsul dem Foreign Office ein «Blitztelegramm» im Klartext (so dass es die Israelis lesen konnten), in dem es hieß:

> Das konsularische Korps ist wegen des ihm entgegengebrachten Verhaltens in Rage. Bei ihren eigentlichen Aufgaben werden sie behindert und von Pontius zu Pilatus geschickt, während die Juden ihre langhaarigen Anhänger hin und her gehen lassen und sogar Privatleuten ohne Schwierigkeiten gestatten, auf die andere Seite der Stadt hinüberzuwechseln. Meine türkischen und amerikanischen Kollegen sind besorgt über den Unterschied, und der italienische und der französische Generalkonsul sind verärgert. Dem spanischen Generalkonsul ist eine schändliche Behandlung widerfahren.
>
> Der Umgang mit den Konsuln war schon immer einer der schwächsten Punkte in der israelischen Öffentlichkeitsarbeit, und unter denen, die wegen ihrer Versetzung auf andere Posten das Land verlassen, haben sie nur wenige Freunde. Diese Tradition behalten sie bei.[66]

Nachdem nun ganz Jerusalem unter israelischer Herrschaft stand, hätte man eigentlich erwarten sollen, dass diejenigen Konsuln, die in beiden Teilen der Stadt Dienststellen unterhielten, diese als Zeichen der für sie fortbestehenden Gültigkeit der Doktrin des *Corpus separatum* vereinigt hätten. Während sie aber bislang die theoretische Einheit ihrer physisch getrennten Einrichtungen behaupteten, um ihr Festhalten am *Corpus separatum* zu demonstrieren, behielten sie jetzt deren Teilung bei, um ihre Nichtanerkennung des israelischen Vorgehens in Jerusalem zu bekunden. Infolgedessen wurde die Situation der Konsuln jetzt noch absonderlicher, als sie es schon war, weil sie nun auf die symbolische Aufrechterhaltung zweier entgegengesetzter Grundsätze verpflichtet waren: der Einheit Jerusalems (wie von den Vereinten Nationen vorgegeben) und seiner Teilung (nämlich des Status quo der Jahre 1949–67). Zwar mussten sich die Konsuln nicht mehr mit den äußeren Problemen einer Amtstätigkeit in einer geteilten Stadt herumschlagen, aber stattdessen vervielfachten sich nun die umständlichen Rangeleien über Protokollfragen.

Zunächst hatte es den Anschein, als mache Israel in seinem Bemühen, andere Staaten zur Anerkennung seiner Souveränität in Jerusalem zu überreden, einige Fortschritte. Ende 1968 hatten zweiundzwanzig der sechsundvierzig ausländischen Missionen in Israel dort ihren Sitz. Allerdings befand sich keine der Großmächte darunter; die meisten gehörten lateinamerikanischen oder afrikanischen Staaten von geringer diplomatischer Bedeutung. Vor allem die Position der Großmächte blieb knallhart: Sie weigerten sich, die Legitimität von Israels Eingliederung von Ostjerusalem anzuerkennen.

Die Haltung der Vereinigten Staaten in der Jerusalem-Frage war nach dem Sechstagekrieg zunächst ziemlich freundlich. Am 19. Juni 1967 drängte eine Erklärung des Weißen Hauses lediglich auf Konsultationen, «bevor irgendwelche einseitigen Schritte hinsichtlich des Status von Jerusalem unternommen werden».[67] Erst nach der Amtseinführung der Nixon-Regierung im Januar 1969 trat in der amerikanischen Politik eine subtile Veränderung ein. Charles A. Yost, den Präsident Nixon für das Amt des Botschafters bei den Vereinten Nationen benannt hatte, hegte für Israel deutlich weniger Sympathien als sein Vorgänger Arthur Goldberg. Im Juli 1969 stimmten die USA für einen Beschluss des Sicherheitsrates, der «alle Maßnahmen, die unternommen werden, um den Status von Jerusalem zu verändern, aufs schärfste» missbilligte.[68] Als Yost die amerikanische Haltung erläuterte, stellte er klar, dass die USA Ostjerusalem als besetztes Gebiet betrachteten.[69] Goldberg beteuerte später, dass die Position der Nixon-Regierung sich erheblich von derjenigen Johnsons unterschieden habe.[70] Im Dezember 1969 kündete der amerikanische Außenminister William Rogers einen Friedensplan für den Nahen Osten an. Darin wurde ziemlich vage vorgeschlagen, dass Jerusalem eine «vereinigte Stadt» mit «offenem Zugang» sein und «Funktionen für Israel wie für Jordanien im zivilen, wirtschaftlichen und religiösen Leben der Stadt» bieten solle.[71] Ägypten und Jordanien begrüßten den Plan mit einem gewissen Vorbehalt, aber die militanten arabischen Regierungen fielen über ihn her. Israel lehnte ihn rundheraus ab. Im August 1970 gelang es Rogers, Ägypter und Israelis zu einer Feuereinstellung in ihrem «Zermürbungskrieg» zu bewegen, der seit März 1969 entlang dem Suezkanal in Gang war; seine Vorstellungen hinsichtlich eines dauerhaften Friedensvertrages landeten auf den Stapel von Vorschlägen, die im Verlauf der vergangenen zwei Jahrzehnte abgelehnt worden waren.

Die britische Einstellung zählte jetzt selbstverständlich viel weniger als in alten Zeiten. In Anbetracht der abgekühlten französisch-israelischen (und mehr noch der sowjetisch-israelischen) Beziehungen nach dem Juni 1967 konnten die Israelis die britische Haltung zu Jerusalem aber nicht ganz außer Acht lassen. Diese erwies sich als weniger freundlich, als die Israelis es sich erhofft haben mochten, besonders im Hinblick auf die persönliche Fürsprache des britischen Premierministers Harold Wilson und seines Außenministers George Brown für Israel. Lord Caradon, der britische Botschafter bei den Vereinten Nationen, nahm die Sache selbst in die Hand und legte einen persönlichen Plan für Jerusalem vor. In privaten Gesprächen und später in einer Reihe von Reden und Artikeln forderte er, dass in Ostjerusalem die arabische Souveränität und Verwaltung wiederhergestellt werde, Entmilitarisierung, Religionsfreiheit und freien Zugang zu den Heiligen Stätten sowie «ein internationales Statut und eine internationale Präsenz, nicht um die Stadt zu verwalten, sondern um zusammen mit den Zivilbehörden beider Seiten zu gewährleisten, dass die Kommunikations-, Bewegungs- und Zugangsfreiheit gewahrt bleiben». Er erklärte Jerusalem zum «Tor zum Frieden» und drang darauf, dass Jerusalem als erster und nicht als letzter Punkt auf die Tagesordnung von arabisch-israelischen Verhandlungen gesetzt werde.[72] Seine Überzeugungskraft bezog Caradon aus seinen Erfahrungen als Distriktsbeamter in Palästina während der Mandatsverwaltung in den dreißiger Jahren und aus seiner Rolle als Urheber der Resolution 242 des UN-Sicherheitsrats vom November 1967 – der mit der größten Zustimmung beschlossenen Grundlage für ein Friedensabkommen zwischen Israel und seinen Nachbarn (in der allerdings nicht direkt von Jerusalem die Rede war). Aber die Israelis lehnten Caradons Vorschlag ab und hielten daran fest, dass Jerusalem, wie es Teddy Kollek 1974 formulierte, «bis ganz zum Schluss außen vor bleiben» solle. Dieser Auffassung schloss sich auch Rogers Nachfolger als US-Außenminister, Henry Kissinger, an.[73]

Der Jom-Kippur-Krieg vom Oktober 1973, in dem der ägyptisch-syrische Angriff Israel zunächst völlig überraschte und während dessen die arabischen Staaten die Macht der «Ölwaffe» entdeckten, führte zu einer plötzlichen Verschlechterung der diplomatischen Stellung Israels. Eine Folge davon war, dass Israels Bemühungen um die Anerkennung seiner Hauptstadt einen Rückschlag erlitten. Unter dem Druck der arabischen Ölförderländer brachen die meisten afrikanischen und einige weitere Staaten ihre diplomatischen Beziehungen zu Israel ab. Viele von diesen hatten ihre diplomatischen Missionen in (West-)Jerusalem angesiedelt. Nun zogen fast alle aus Israel ab; nur die Niederlande und einige lateinamerikanische Staaten unterhielten noch Missionen in Israels Hauptstadt.

Die arabische Haltung zu Jerusalem wie allgemein zum Nahostkonflikt wurde militanter, worin sich die gestiegene Macht der Öl produzierenden Länder niederschlug. Im Dezember 1973 sagte König Faisal von Saudi-Arabien einem amerikanischen Journalisten: «Nur Muslime und Christen haben heilige Stätten und Rechte in Jerusalem.» Die Juden hätten keinerlei Rechte dort. Und über die Klagemauer fügte er hinzu: «Eine andere Mauer kann für sie gebaut werden. Vor der können sie beten.»[74]

Auf israelischer Seite war in der Jerusalem-Frage keine Bereitschaft zum Nachgeben zu erkennen, um eine Antwort auf den Terror zu geben; im Gegenteil, der Terror festigte die israelische Entschlossenheit, am besetzten Gebiet festzuhalten, Ostjerusalem eingeschlossen. Als aber nach 1973 der Druck der Weltöffentlichkeit zunahm, begann ein langsamer Rückzug aus den besetzten Gebieten. Im Gefolge von Kissingers unermüdlicher «Shuttle-Diplomatie» von 1973–75 und den daraus entstandenen ägyptischen und syrischen Rückzugsvereinbarungen mit Israel gab es Anzeichen für eine gewisse Entschärfung der ägyptischen und syrischen Einstellung zur Jerusalem-Frage.[75] Sogar ein saudi-arabischer Sprecher räumte ein, die Juden hätten «ein Recht darauf, an ihren Heiligen Stätten in Jerusalem zu beten».[76]

1975 legte die Washingtoner Brookings Institution ein Papier zum Frieden im Nahen Osten vor (*Towards Peace in the Middle East*).

Von einer Gruppe erfahrener Wissenschaftler und Politiker aus der Demokratischen Partei verfasst – darunter Zbigniew Brzezinski (der spätere Sicherheitsberater von Präsident Carter), Najeeb Halaby, Rita Hauser, Malcolm Kerr, Philip Klutznick, Nadav Safran, Charles Yost und William Quandt –, hatte der Bericht einen entscheidenden Einfluss auf die Gestaltung der amerikanischen Außenpolitik, besonders nachdem Jimmy Carter im Januar 1977 die Präsidentschaft antrat. Hinsichtlich Jerusalem waren darin Mindestbedingungen für eine verträgliche Lösung genannt, zu denen der freie Zugang zu allen Heiligen Stätten und keinerlei äußere Behinderungen für den freien Verkehr innerhalb der Stadt gehörten. Im Einzelnen hieß es, dass «jede nationale Gruppe innerhalb der Stadt, falls sie es wünscht, in den Gebieten, in denen sie vorherrscht, über eine fest umrissene politische Autonomie verfügen» solle. Da die Frage für beide Seiten von hoher symbolischer Bedeutung sei und keine Lösung «voll und ganz die Forderungen der einen oder anderen Seite zu befriedigen» vermöge, befürwortete der Bericht, die Jerusalem-Frage bei allen Verhandlungen erst in einem späten Stadium anzugehen.[77]

In den israelischen Überlegungen zu Jerusalem bewegte sich in dieser Zeit nichts. Einer im Dezember 1973 in Israel erhobenen Meinungsumfrage zufolge waren 92 Prozent der Befragten dagegen, Jerusalem zu einer internationalen Stadt zu machen, und 99 Prozent gegen eine Rückgabe Ostjerusalems an Jordanien (wahrscheinlich bezieht sich die Erhebung nur auf jüdische Israelis).[78] Die Zunahme eines militanten Nationalismus in der israelischen Politik spiegelte sich in dieser Zeit in Jerusalem im Wiederaufleben eines extremistischen jüdischen Terrorismus wider. Anfang 1974 kam es zu Brandanschlägen auf mehrere christliche Einrichtungen,[79] und rechtsextreme Gruppierungen begannen, gegenterroristische Attacken gegen muslimische Ziele auszuhecken.

Nur in der Jerusalemer Stadtverwaltung machten sich die Israelis ernsthaft Gedanken über die künftige politische Gestalt Jerusalems. Das wichtigste Ergebnis dieser Überlegungen war der nach 1968 von Teddy Kollek in mehreren Vorträgen und Ansprachen skizzierte «Stadtbezirks»-Plan. Der Bürgermeister schlug nicht etwa vor, die Hoheitsgewalt über einen Teil Jerusalems aufzugeben, aber er sah die Notwendigkeit ein, auf irgendeine Weise die palästinensisch-arabische Oberschicht Ostjerusalems in das politische Gemeinwesen einzubeziehen. Da sie nicht in der für die ganze Stadt zuständigen Stadtverwaltung mitarbeiten wollte (in der sie selbstverständlich stets in der Minderheit sein würde), schlug er die Schaffung von Stadtbezirken mit fest umrissenen Zuständigkeiten und Vollmachten vor, wie etwa in London oder New York. Dies würde, so hoffte er, den arabischen Einwohnern Ostjerusalems ein gewisses Maß an Autonomie verschaffen und könnte womöglich zu deren Kooperationsbereitschaft führen. Bei ihren primären Adressaten, in der internationalen Öffentlichkeit und unter den in der Diaspora lebenden Juden, wurde Kolleks Vorschlag gut aufgenommen. Nicht viele Araber ließen sich jedoch davon überzeugen, und auf die israelische Politik hatte er nur geringe Auswirkungen. Weder von der Arbeiterpartei noch dem Likudblock dominierte Regierungen in Israel griffen Kolleks Plan auf; beide fürchteten, er könne zu einer neuerlichen Teilung der Stadt führen.[80] Sogar einige von Kolleks engsten Mitarbeitern in der Stadtverwaltung teilten diese Befürchtung.[81] Im Verlauf der Jahre wurde Kollek immer unzufriedener mit der – wie er es empfand – Vernachlässigung Jerusalems durch die aufeinander folgenden Regierungen. «Von keiner Regierung der Welt werden wir als die Hauptstadt von Israel anerkannt», sagte er, «und nur halbwegs von der israelischen Regierung.»[82]

Nach jahrelangen Diskussionen stimmte schließlich 1980 die linke Mapam-Partei auf einem Parteitag für etwas Ähnliches wie Kolleks Plan. Die Mapam fügte allerdings mehrere Klauseln hinzu. Manche davon, wie etwa die Forderung nach einer Exterritorialisierung des Tempelbergs, gingen ein wenig über den allgemeinen israelischen Konsens hinaus; andere jedoch stellten einen Rückzug vom Status quo in Richtung einer betonter israelischen Position dar, wie beispielsweise der Passus, wonach «eine Bedingung für die Ausübung unbeschränkter Autonomie im Bildungswesen innerhalb der Stadtverwaltung oder in den arabischen städtischen Untereinheiten ist, dass die Schulkinder im Geiste der Loyalität gegenüber dem Staat Israel, des guten staatsbürgerlichen Verhaltens, der gegenseitigen Toleranz und einer festeren Brüderlichkeit der beiden Völker erzogen werden».[83] Dies konnte man als eine Aufforderung verstehen, den israelischen Lehrplan für arabische Schulen in Ostjerusalem einzuführen (und das war vermutlich auch beabsichtigt).

Weder diese noch Kolleks noch die radikaleren Vorschläge von Meron Benvenisti, einem von Kolleks Stellvertretern als Bürgermeister, wurden in die Politik einer israelischen Regierung umgemünzt. Im August 1977 ließ jedoch Mosche Dayan, der Außenminister der neu ans Ruder gekommenen Regierung von Menachem Begin, einen interessanten diplomatischen Versuchsballon steigen. Er erinnerte sich, dass Ben Gurion als Ministerpräsident zur Unterzeichnung eines Friedensvertrags bereit gewesen war, der eine dauernde Teilung Jerusalems vorsah (er dachte dabei an die Verhandlungen der Jahre 1948–51 mit König Abdullah, an denen er selbst teilgenommen hatte). Dayan verkündete, dass nicht einmal Ostjerusalem als möglicher Verhandlungsgegenstand ausgeschlossen sei.[84] Obwohl die Andeutung in der Öffentlichkeit gemacht wurde, erregte sie damals nur wenig Aufsehen. Es war aber eines der Signale, die ein paar Wochen später zu Präsident Anwar Sadats Friedensinitiative führten.

Dass die Jerusalem-Frage in den Gesprächen während des dramatischen Israelbesuchs des ägyptischen Präsidenten im November 1977 zur Sprache kam, war unvermeidlich. Die Israelis waren über Sadats Äußerungen über Jerusalem in seiner Rede in der Knesset enttäuscht. Er hielt daran fest, dass Israel sich aus allen besetzten Gebieten zurückziehen müsse, «einschließlich des arabischen Jerusalem», das, wie er sagte, «eine freie, allen Gläubigen offen stehende Stadt» sein müsse.[85] In privaten Gesprächen mit den Israelis gaben die Ägypter etwas mehr Flexibilität zu erkennen. Als der israelische Außenminister äußerte, am besten begänne man nicht mit der Frage der Souveränität, sondern mit dem Status der Heiligen Stätten, antwortete (nach Dayans Darstellung) Butros Ghali, der ägyptische Staatsminister für Auswärtige Angelegenheiten und spätere Generalsekretär der UNO, dass «wir nach vorne schauen und versuchen sollten, uns ein neues Konzept als Alternative zur Souveränität einfallen zu lassen».[86]

Im Verlauf der Verhandlungen, die in den folgenden zehn Monaten stattfanden, versuchten die Israelis, die Ägypter aus der Reserve zu locken. Im Juli 1978 «vertraute» Dayan dem ägyptischen Außenminister Mohamed Ibrahim Kamel bei Gesprächen auf Leeds Castle in England an, dass «das Thema Jerusalem keine Schwierigkeit darstelle, solange alle miteinander darin einig seien, dass es Heilige Stätten aller Religionen enthalte, dass es das Bedürfnis nach freier Bewegung und freiem Zugang zu den Heiligen Stätten gebe und dass es nicht geteilt werden sollte. Eine für alle Parteien befriedigende Lösung für Jerusalem könne gefunden werden.»[87] Während man sich jedoch in anderen, bilateralen Fragen auf eine Verständigung zubewegte, wurde über Jerusalem keine Einigung erzielt.

Im Verlauf der dreizehntägigen Konferenz von Camp David im September 1978 stellte es sich als eines der schwierigsten Themen heraus. Während Ägypten für einen stufenweisen Abzug der Israelis aus dem Sinai zur Unterzeichnung eines Friedensvertrags bereit war, blieben die

Gespräche über die Palästina-Frage und Jerusalem stecken. Das grundlegende Verhandlungspapier der Ägypter verlangte die Rückführung Ostjerusalems unter «arabische Souveränität und Verwaltung», obwohl sie bereit waren, einem «gemeinsamen Stadtrat» zuzustimmen.[88] Sadat bestand darauf, dass sofort eine «muslimische Flagge» auf dem Felsendom gehisst werden müsse – also noch vor jedweder Vereinbarung über palästinensische Autonomie. Amerikanische Beauftragte, die sich bemühten, sich aus der Jerusalem-Frage herauszuhalten, machten sich scherzhaft Gedanken über das Aussehen der vorgesehenen Flagge.[89] Aber Menachem Begin lehnte Sadats Forderung rundheraus ab, weil für ihn ein solches Zugeständnis der Anfang der Verwässerung von Israels Souveränität über die ganze Stadt war. Wegen der Uneinigkeit in der Jerusalem-Frage brach am letzten Tag des Gipfels fast die gesamte Verständigung zusammen. Schließlich kamen der amerikanische Außenminister Cyrus Vance und der israelische Justizminister (und spätere Vorsitzende des Obersten israelischen Gerichts) Aharon Barak zu einer Einigung. Sie schlugen vor, dass die Vereinbarung, die nicht auf Jerusalem Bezug nahm, von Briefen begleitet werden sollte, in denen die Präsidenten Carter und Sadat sowie Ministerpräsident Begin den jeweiligen unveränderten Standpunkt ihres Landes zu Jerusalem darlegen würden. Sadat schrieb an Carter:

1. Das arabische Jerusalem ist ein integraler Bestandteil des Westjordanlandes. Juristische und historische arabische Rechte in bezug auf die Stadt müssen respektiert und wiederhergestellt werden.

2. Das arabische Jerusalem sollte arabischer Souveränität unterstehen.

3. Die palästinensischen Einwohner des arabischen Jerusalem haben einen Anspruch darauf, ihre legitimen nationalen Rechte auszuüben, da sie Teil des palästinensischen Volkes im Westjordanland sind.

4. Einschlägige Resolutionen des Sicherheitsrates, besonders die Resolutionen 242 und 267, müssen auf Jerusalem angewandt werden. Alle von Israel bezüglich Jerusalems getroffenen Maßnahmen, um den Status der Stadt zu verändern, sind null und nichtig und sollten rückgängig gemacht werden.

5. Alle Menschen müssen freien Zugang in die Stadt haben und die Freiheit der Religionsausübung und das Recht zum Besuch der Heiligen Stätten und zur Durchreise zu ihnen genießen, ohne Unterschiede oder Diskriminierung.

6. Die Heiligen Stätten jedes Glaubensbekenntnisses können der Verwaltung und Kontrolle seiner Repräsentanten unterstellt werden.

7. Wesentliche Ämter in der Stadt sollten ungeteilt sein, und ein gemeinsamer, aus einer gleichen Anzahl arabischer und jüdischer Mitglieder zusammengesetzter Stadtrat kann die Ausübung dieser Ämter beaufsichtigen. Auf diese Weise soll die Stadt ungeteilt sein.

Begins Brief war kürzer. Er erinnerte einfach nur an den Gesetzesbeschluss der Knesset vom 28. Juni 1967 und wiederholte, Jerusalem sei «eine Stadt, unteilbar, die Hauptstadt des Staates Israel».[90]

Mosche Dayan hielt die Übergabe dieser Briefe, die im Grunde eine Vertagung der Jerusalem-Frage bedeutete, für akzeptabel, da «der amerikanische und der ägyptische Brief keinen operativen Charakter hatten. Sie erzwangen nicht Israels Rückzug aus diesem Gebiet. Die praktische Frage, wer Jerusalem kontrollieren solle, würde im Rahmen der Verhandlungen über einen Friedensvertrag mit Jordanien fünf Jahre nach der Schaffung der Autonomie im Westjordanland diskutiert werden. Darüber würde die Zeit entscheiden.»[91] Für den ägyptischen Außenminister, der wegen der Vereinbarungen unter Protest zurücktrat, waren die Briefe «ein Karussell, bei dem sich die Holzpferdchen nie einholen, oder eine Schaukel, die nie zum Stillstand kommt!»[92] Die Ereignisse der folgenden Jahre legten den Gedanken nahe, dass sowohl Dayan als auch Kamel recht hatten.

7. Auf dem Weg zur palästinensischen Autonomie

Zwischen 1979 und 1991 kam die Jerusalem-Frage nicht voran. Die Gespräche zwischen den Israelis und den Ägyptern über die palästinensische Autonomie kamen nur mühsam voran und wurden schließlich eingefroren. Die vorwiegend vom rechten Flügel bestimmten israelischen Regierungen der damaligen Zeit weigerten sich, über die Möglichkeit irgendwelcher Veränderungen des Status von Jerusalem zu diskutieren. Durch die Beschlagnahme von Land, den Wohnungsbau für Israelis, die wiederholten Versuche, den Status von Jerusalem als Israels Hauptstadt zu stärken, und die Einschränkung arabischer Bauvorhaben innerhalb der Stadtgrenzen schafften sie unterdessen weiterhin vor Ort «neue Fakten». Die PLO maß einstweilen Jerusalem keine vorrangige Bedeutung für die Sache der Palästinenser bei. Als im Dezember 1987 der als *Intifada* bekannt gewordene palästinensische Widerstand in den von Israel besetzten Gebieten begann, radikalisierte sich die palästinensische öffentliche Meinung im Westjordanland und im Gazastreifen sowie in Ostjerusalem, in das sich die Unruhen ebenfalls ausbreiteten. Im folgenden Jahr beschloss König Hussein, seine noch verbliebenen Verbindungen zum Westjordanland abzubrechen, was das eigenständige politische Handeln seitens der Palästinenser beschleunigte. Nun rückte Jerusalem in ihren Überlegungen ganz nach vorne, und da sie darauf bestanden, wurde die Frage der Vertretung der Jerusalemer Araber in den vorbereitenden Gesprächen für die Nahostfriedenskonferenz erörtert, die 1991 in Madrid begann. Mit dem Ende des Kalten Krieges schliefen regionale Konflikte in mehreren Teilen der Welt ein. Die durch den Verlust ihres Rückhalts bei der Sowjetunion und bei arabischen Regierungen geschwächte PLO mäßigte ihre Haltung gegenüber Jerusalem und deutete ihre Bereitschaft an, dem Terrorismus abzuschwören. Auch in Israel entwickelte sich die öffentliche Meinung weiter, was nach den Wahlen von 1992 zu einer Linksregierung unter Jitzhak Rabin und zu direkten Geheimverhandlungen zwischen Israel und der PLO führte. Diese kulminierten im September 1993 in einem Rahmenabkommen, aber auch dies brachte keine Lösung der Jerusalem-Frage.

Deklaratorische Diplomatie

Nach der Unterzeichnung des israelisch-ägyptischen Friedensvertrags im März 1979 hoffte der israelische Ministerpräsident Menachem Begin, dass man die Jerusalem-Frage einfach beiseite lassen könne. Als er im Juli das Kabinett über seine Gespräche mit Sadat in Alexandria unterrichtete, sagte er, dass Jerusalem gegenwärtig kein Diskussionsthema mit Ägypten sei.[1] Diese Vorstellung konnte er sich jedoch schon bald aus dem Kopf schlagen. Der ägyptische Vizepräsident Hosni Mubarak hielt öffentlich daran fest, dass Jerusalem ein integraler Teil des Westjordanlandes sei und darum in die Regelungen über eine palästinensische Autonomie einbezogen werden müsse.[2] Bemühungen seitens Ägyptens und der USA, die Sache voranzubringen, stießen jedoch in Israel auf eine eiserne Wand. Als die Ägypter beispielsweise ins Spiel brachten, dass Ostjerusalem der Sitz des vorgesehenen palästinensischen Autonomierats sein könne, traf dieser Vorschlag, dem israelischen Regierungssprecher Dan Pattir zufolge, auf «glatte Ablehnung».[3] Bis zum Frühjahr 1980 war die Jerusalem-Frage zu einem ständigen Streitpunkt in den israelisch-ägyptischen Verhandlungen geworden.[4] Eine Gesprächsrunde nach der anderen kam dieses Problems wegen zum Erliegen, wobei die Israelis wiederholt daran festhielten, dass darüber nicht einmal gesprochen werden könne. «Es ist keine Frage, die in Autonomiegesprächen ausgehandelt werden kann ... Wir werfen keine Probleme auf, über die nicht verhandelt werden sollte ... und, in aller Freundschaft, wir kommen nicht auf die Frage der Hauptstadt Ägyptens zu sprechen», erklärte der Chef der israelischen Gesprächsdelegation Schmuel Tamir.[5]

Begins Ostjerusalempolitik nach Camp David war in ihrem Kern widersprüchlich. Einerseits akzeptierte er für die Araber im Westjordanland den Grundsatz der Autonomie, die für die Bevölkerung gelten sollte statt für ein bestimmtes Gebiet, während er andererseits argumentierte, die Ostjerusalemer Araber dürften nicht von der Autonomievereinbarung betroffen sein, weil andernfalls die israelische Souveränität über die Stadt beeinträchtigt werde. Damit saßen die Ostjerusalemer Araber potentiell zwischen zwei Stühlen – da sie weder israelische Araber noch in die palästinensische Autonomie einbegriffen waren, würden sie wohl jordanische Staatsbürger bleiben, feindliche Ausländer, für die in Jerusalem nur eingeschränkte Rechte galten.

Die Haltung der Vereinigten Staaten in dieser Frage war kurz nach den Vereinbarungen von Camp David klargestellt worden. In Beantwortung einer Frage König Husseins erklärte das State Department, die USA würden «Vorschläge mittragen, die den arabischen Einwohnern von Ostjerusalem, die keine israelischen Staatsbürger sind, die Teilnahme an den Wahlen zur Bildung der Selbstverwaltungsbehörde und an der Arbeit der Selbstverwaltungsbehörde gestatten».[6] Ihren widerspenstigen Partner zu überzeugen gelang den USA freilich bei dieser Frage genauso wenig wie bei anderen.

Begins unflexibles Vorgehen wurde von seinem Außenminister Moshe Dayan wie von seinem Verteidigungsminister Ezer Weizman kritisiert. Dayan trat im Oktober 1979 als Außenminister zurück; in einem Zeitungsinterview sagte er ein paar Monate später, «Israel kann schwerlich 100 000 Menschen [in Ostjerusalem] sagen, dass sie zwar die Jerusalemer Stadtverwaltung mitwählen, aber, da sie keine Israelis sind, nicht an den Knesset-Wahlen teilnehmen und auch nicht ihre Stimme für das Parlament in Amman abgeben können».[7] Was die Frage der Einbeziehung der Ostjerusalemer Araber in die palästinensischen Autonomieregelungen anbetraf, äußerte sich Dayan nicht eindeutig. Andere Israelis zeigten etwas mehr Mut. Beispielsweise trat der Politikwissenschaftler Amos Perlmutter im Oktober 1980 in einem Artikel in der *New York Times* für eine neue Denkrichtung in diesem Punkt ein.[8] Aber die Regierung blieb eisern.

Die iranische Revolution von 1979 bewirkte einen neuen Ausbruch muslimischer Leidenschaften und Propaganda hinsichtlich Jerusalems. Einer der ersten ausländischen Besucher im nachrevolutionären Teheran war Jassir Arafat. Er erreichte, dass Ayatollah Khomeini ihm versprach, einen internationalen Kongress einzuberufen, «um Möglichkeiten zu untersuchen, die Stadt Jerusalem von der israelischen Besetzung zu befreien».[9] Im Mai verkündete eine Konferenz der islamischen Außenminister, von der Ägypten ausgeschlossen war, dass Jerusalem die Hauptstadt Palästinas sei; das muslimische Jahr 1400 (das im folgenden November begann) wurde zum «Jahr von Palästina und al-Quds» ausgerufen.[10] Die Konferenz richtete einen Ausschuss unter Vorsitz von König Hassan II. von Marokko ein, um «ein politisches und Informationsprogramm auf den Weg zu bringen».[11] Eine der Leistungen dieses Ausschusses war ein aufwendiges, vierfarbiges kleines Buch mit vielen Fotos von König Hassan. Die Kampagne erstreckte sich bis in die äußersten Winkel der islamischen Welt und schloss auch nicht-arabische Muslime in Indonesien, Südafrika und den USA ein. Zu den abwegigeren Anklagen, die gegen Israel erhoben wurden, gehörte ein Bericht in der pakistanischen Zeitung *Dawn*, wonach in «Israel ein Komplott geschmiedet wird, die Altstadt von Jerusalem auf ein neues Gelände an der Mittelmeerküste nördlich von Tel Aviv zu verlegen». Das israelische Kabinett habe dem Vorhaben zugestimmt, dessen Kosten sich auf 33 Millionen englischen Pfund belaufen würden.[12] Man könnte solche Phantastereien als paranoid betrachten, aber sie zeigten, welche Resonanz die Jerusalem-Frage bei Muslimen hatte.

Die israelische Reaktion auf diesen diplomatischen Druck und auf die Propaganda war ähnlich derjenigen David Ben Gurions drei Jahrzehnte zuvor – nämlich ein deklamatorischer Akt. Im Juli 1980 verabschiedete die Knesset das Jerusalem-Gesetz, in dem es hieß, «das ganze und vereinigte Jerusalem ist die Hauptstadt Israels». Seine Initiatorin, die ultra-nationalistische Knessetabgeordnete Geula Cohen, verheimlichte nicht, dass sie die Absicht verfolgte, jegliche Verhandlungen über Jerusalem dadurch auszuschließen, dass es in ein Grundgesetz von quasi-Verfassungsrang einbezogen wurde. Sie äußerte auch den Verdacht, dass Begins Liebe zu Jerusalem nicht weiter als bis zur Westmauer reiche.[13] Die Gesetzesvorlage brachte sowohl die Regierung als auch die Arbeiterpartei in der Opposition in Verlegenheit. Die allgemeine Stimmung in der Knesset wurde von Moshe Dayan zum Ausdruck gebracht, der die Gesetzesvorlage «unnötig» nannte – bevor er für sie stimmte. Begin wollte sich in der Jerusalem-Frage nicht von seinen rechtsextremen Widersachern überflügeln lassen, weshalb die meisten Likud-Abgeordneten dafür stimmten, wenn auch ohne Begeisterung. Die vereinigten Arbeiterparteien, die sich nunmehr Arbeiterblock nannten, entschlossen sich, dem Gesetz zuzustimmen, obwohl einige ihrer Mitglieder, darunter Jitzhak Rabin und Abba Eban, während der Abstimmung am Ende der ersten Lesung abwesend waren. Nur vereinzelte Linke stimmten dagegen. Das Abstimmungsergebnis in der Knesset war zweiundsechzig zu zwölf zugunsten der Gesetzesvorlage.[14] Als der Gesetzesentwurf in einer Fraktionssitzung des Arbeiterblocks besprochen wurde, kam es zu einer erbitterten Auseinandersetzung zwischen Rabin und Schimon Peres über die einzuschlagende Taktik.[15] Im Gesetzgebungsausschuss der Knesset wurde der Gesetzesentwurf jedoch abgeändert und ein Verweis auf die Stadt «in ihren durch den Sechstagekrieg festgelegten

Grenzen» gestrichen; stattdessen war darin nur noch vom «ganzen und vereinigten Jerusalem» die Rede.[16] Obwohl das Gesetz einen derartigen Aufruhr verursachte, enthielt es, wie damals angemerkt wurde, in der verabschiedeten Form keine Formulierung, die ausgeschlossen hätte, dass Jerusalem auch als palästinensische Hauptstadt fungieren könnte.[17] Bei der letzten Lesung wurde das Gesetz mit neunundsechzig zu fünfzehn Stimmen verabschiedet. Die meisten Abgeordneten des Arbeiterblocks, einschließlich Peres, stimmten dafür, während Rabin und Eban sich ein weiteres Mal verdrückten.

Dieses Jerusalem-Gesetz wurde im Unterschied zu anderen früheren Gesetzen in Israel von vielen kritisiert. Noch vor seiner Verabschiedung hatte der Dekan der Juristischen Fakultät der Universität Tel Aviv für Aufsehen gesorgt, weil er öffentlich darauf beharrte, dass die israelische Annexion Ostjerusalems unrechtmäßig sei.[18] Andere israelische Rechtsexperten meinten, dass das Gesetz den «rechtlichen Status der Stadt» nicht verändere und nur eine «deklaratorische Wirkung» habe, obwohl unklar blieb, was das nun genau zu bedeuten hätte.[19] Die politische Opposition dagegen war eher auf taktische denn auf prinzipielle Erwägungen gegründet. Nur diejenigen, die als politische Außenseiter galten, wie etwa der linke ehemalige Knessetabgeordnete Meir Pail, trotzten dem Konsens und sprachen sich für eine neuerliche Teilung der Hoheitsgewalt über Jerusalem aus.[20] Bürgermeister Kollek begrüßte zwar die Änderungen der Gesetzesvorlage, die in den Ausschüssen vorgenommen worden waren, ließ aber verlautbaren, dass «alles in allem Jerusalem von dem Gesetz nichts haben» werde.[21] «Wem hat es genutzt?» fragte er. «Ich sehe, welche Verwirrung es selbst bei unseren Freunden hervorgerufen hat.»[22]

Innerhalb weniger Wochen stellte sich heraus, dass er die Sachlage richtig beurteilt hatte. Das Gesetz wurde von allen wichtigen Staaten kritisiert. Am 20. August verabschiedete der UN-Sicherheitsrat eine Israel-kritische Resolution mit vierzehn zu null Stimmen (die USA enthielten sich). Die *New York Times* nannte das Gesetz eine «kapitale Torheit».[23] Alle dreizehn in Jerusalem gebliebenen diplomatischen Vertretungen – wie die der Niederlande, Guatemalas und der Dominikanischen Republik – wurden daraufhin nach Tel Aviv verlegt (die von Costa Rica, Honduras und El Salvador kehrten später wieder zurück). Die Türkei schloss ihre Generalkonsulate in den beiden Teilen der Stadt. Das israelische Außenministerium verkündete, «tief verletzt» worden zu sein durch diese Entscheidungen, die einen ernsten Rückschlag für Israels Bemühungen um internationale Legitimation für Jerusalem als seiner Hauptstadt darstellten.[24]

Das Jerusalem-Gesetz bewirkte also das Gegenteil des Erwünschten. Knessetabgeordnete des Likud hatten versucht, den diplomatischen Konsequenzen dadurch vorzubeugen, dass sie einen Gesetzesentwurf einbrachten, der ausländischen Missionen den Sitz in Jerusalem zur Pflicht machte und den Gesandten, die sich nicht daran hielten, die diplomatische Immunität entzog.[25] Ob sie daran dachten, Diplomaten, die ein weiteres derartiges «deklaratorisches» Gesetz nicht befolgten, vor Gericht zu bringen und zu verhaften, ist nirgends festgehalten. Vernünftigerweise setzten sich diesmal klügere Auffassungen durch, und durch die Aufgabe dieses Vorhabens vermied man eine diplomatische Konfrontation.

Zur gleichen Zeit, als das Jerusalem-Gesetz in der Knesset diskutiert wurde, verkündete Menachem Begin, dem daran gelegen war zu dokumentieren, dass er sich in seiner Liebe zu Jerusalem von niemandem übertreffen lasse, dass er seinen Amtssitz in den Ostteil der Stadt verlege. Die Nachricht bewirkte, dass im Lande Kritik laut wurde. Der Vorsitzende der *World Zionist Executive,* Aryeh Dulzin, ein gemäßigter Rechter, bezeichnete den Schritt als «große Torheit».[26] Walter Eytan, der ehemalige Generaldirektor des Außenministeriums, meinte, «die vorgesehene Verlegung deute auf Unsicherheit hin, auf eine versteckte Angst, dass wir Ostjerusalem (‹das arabische Jerusalem›) doch wieder verlieren könnten».[27] Die diplomatischen Reaktionen waren scharf. Der amerikanische Botschafter Samuel Lewis warnte Begin, dass er außerstande sein werde, ihn in Ostjerusalem aufzusuchen.[28] Der britische Außenminister Lord Carrington sagte im israelischen Fernsehen, dass dies «ein großer Fehler» sei, und fügte hinzu: «Ich glaube, dass die Dinge dadurch für Ihre Freunde sehr viel schwieriger und für Ihre Feinde sehr viel leichter werden.»[29] Begin hasste einen solchen Ton bei seinen Kritikern, besonders bei den britischen, und reagierte in einer für ihn charakteristischen Weise mit einer vorbereiteten Erklärung:

> Es ist nicht Ihre Sache, Israels Ministerpräsidenten Ratschläge zu geben, wo er seit Amtssitz haben soll ... Lange, bevor London zur Hauptstadt des Vereinigten Königreichs wurde, war Jerusalem eine Hauptstadt, eine jüdische Hauptstadt. Als König David die Hauptstadt seines Königreichs von Hebron, wo er sieben Jahre regierte, nach Jerusalem verlegte, wo er dreiunddreißig Jahre lang regierte (1 Könige 2, 11), hatte die zivilisierte Welt noch nichts von der Stadt London gehört.[30]

(Dies war ein altes anglo-zionistisches Thema: Im Jahre 1906 hatte Chaim Weizmann bei seinem ersten Treffen mit Balfour diesen gefragt: «Angenommen, ich gäbe Ihnen London statt Paris, würden Sie es nehmen?» Balfour antwortete: «Wir haben London», worauf Weizmann zurückgab: «Mr. Balfour, wir hatten Jerusalem, als London noch ein Sumpf war.»[31])

In Ostjerusalem wurde ein Gebäude vorbereitet, von Installateuren, Bodenlegern und Tapezierern hergerichtet und mit Schreibtischen und Büroutensilien ausgestattet.[32] Nachdem aber von Präsident Carter und seinem Außenminister Muskie mahnende Botschaften eingegangen waren, die den Rückhalt führender amerikanischer Juden hatten, schlugen Kabinettsmitglieder Begin vor, den Umzug noch einmal zu überdenken.[33] Am Ende gab er nach; der Umzug fand nicht statt. Der Oberste Gerichtshof, der eigentlich aus seiner beengten Unterkunft auf dem Russischen Gelände auf den Skopusberg umziehen sollte, erhielt stattdessen von der Familie Rothschild eine neues, luxuriöses Quartier. Insgesamt wurden nur vier Ministerien und das Hauptquartier der Staatspolizei nach Ostjerusalem verlegt.

Die Verabschiedung des Jerusalem-Gesetzes und der angedrohte Umzug des Dienstsitzes des Ministerpräsidenten hatten des weiteren zur Folge, dass Ägypten seine Gespräche mit Israel über die palästinensische Autonomie aussetzte. Zum Teil wurde Sadat dazu durch die wachsende Unruhe im eigenen Land und die Verurteilung in der gesamten arabischen Welt veranlasst. Er sandte Begin einen achtzehn Seiten langen Brief, in dem er mit allem Nachdruck betonte, dass «die historischen und legalen Rechte von Arabern und Moslems in Jerusalem respektiert, Bewegungs- und Religionsfreiheit garantiert werden und die städtischen Versorgungsdienstleistungen vereinigt bleiben sollten.» – «Kein Problem», schrieb er, «sollte als nicht verhandelbar erachtet oder dazu gemacht werden.»[34] In einer langen Erwiderung vom 4. August behauptete Begin, zu diesem Thema «für fünfundneunzig Prozent des israelischen Volkes» zu sprechen. Er stellte klar, dass er keinen Zentimeter der Stadt abgeben werde, die «für alle Generationen wiedervereinigt und unteilbar» sei.[35] In Wirklichkeit war Begin wegen der Unterbrechung der Gespräche nicht sehr beunruhigt: Er hatte nie große Begeisterung für die palästinensische Autonomie aufgebracht.

Mit Sadats Ermordung am 6. Oktober 1981 war der entschlossenste Verfechter des Gedankens eines Friedensvertrags zwischen Israel und Ägypten von der politischen Bühne abgetreten. Sein Nachfolger

Hosni Mubarak schlug einen sehr viel vorsichtigeren Weg ein. Sein Ziel, an das er schließlich auch gelangte, war es, Ägyptens Isolation innerhalb der arabischen Welt ein Ende zu setzen. Anfang 1982 versuchte Präsident Reagans Sondergesandter für den Nahen Osten, Sol Linowitz, die ägyptisch-israelischen Gespräche wieder in Gang zu bringen, hatte aber keinen Erfolg damit. Reagan selbst versicherte in seiner «Friedensinitiative» vom 1. September 1982 wieder, dass er «die Teilnahme der palästinensischen Einwohner Ostjerusalems an den Wahlen der Westjordanland-Gazastreifen-Behörde» unterstütze – auch wenn er diese Worte nicht in seiner im Fernsehen übertragenen Rede verwendete, sondern nur in einer Liste mit «Gesprächspunkten, die Begin und arabischen Regierungen gesandt wurde».[36] Diese Auslassung deutet kaum auf Entschlossenheit hin. Israels Reaktion erfolgte jedoch unverzüglich und in dem für Begin charakteristischen Stil des Paragraphenreiters: «In der Camp-David-Vereinbarung steht nichts über ein solches Wahlrecht. Der einzige Sinn einer solchen Abstimmung ist die erneute Teilung Jerusalems …»[37]

Mittlerweile war all dies freilich reine Theorie. Selbst die Aufmerksamkeit der arabischen Welt wurde inzwischen durch die im Norden und Osten Israels stattfindenden Kriege von Jerusalem abgelenkt. Die israelische Invasion in den Süd-Libanon vom Juni 1982 hatte jegliche Aussicht auf eine weitere Übereinkunft zwischen Ägypten und Israel über die Autonomiefrage zunichte gemacht. Ein Kommuniqué, das im Juli aus dem Iran kam, verkündete, dass Irans Gegenangriff gegen den Irak das erste Stadium eines Feldzugs sei, «um Jerusalem von der zionistischen Herrschaft zu befreien». Für den Rest des Jahrzehnts blieben die palästinensische Autonomie und mit ihr die Jerusalem-Frage in einer diplomatischen Sackgasse stecken.

Unterdessen versuchte Israel, weiterhin dadurch «neue Fakten» zu schaffen, dass es den Ring aus neuen jüdischen Wohnbauten und Verbindungsstraßen rund um Jerusalem sowohl innerhalb als auch außerhalb der Stadtgrenzen verstärkte. Im Nordwesten entstanden in Neve Ja'akov und Pisgat Ze'ev große jüdische Vororte. Im Nordosten wurden neue Wohngebiete in Psagot unweit von El-Bira und in Anatot geplant. Ungefähr 12 km östlich der Stadt errichtete 1975 eine Hand voll junger Nationalisten auf einem Hügel über der Wüste ein inoffizielles Wohnwagengelände; im Verlauf der nächsten zwanzig Jahre entstand daraus die Stadt Ma'alej Adummim. Südlich von Jerusalem wurden in Har Gilo gewaltige Wohnsiedlungen gebaut, und es begann die Planung für ein großangelegtes Wohnungsbauprojekt in Har Homa in der Nähe der arabischen Siedlung Sur Bachir. Deklaratorische Diplomatie und Gesetze erbrachten keine Pause in den Attacken von Terroristen in Jerusalem und anderswo. Im Dezember 1983 tötete eine Bombe in einem Jerusalemer Bus fünf Juden und verletzte sechsundvierzig weitere. Andere derartige Vorfälle folgten und brachten nicht nur die israelische öffentliche Meinung auf, sondern ermöglichten es auch Begin, die Vereinigten Staaten davon zu überzeugen, dass die PLO-Führung kein akzeptabler Gesprächspartner sei.

Jerusalem – ein amerikanisches Problem?

Obwohl die Israelis auf den Rückhalt der Vereinigten Staaten zählen konnten, hatten sie immer mehr Freunde im Kongress als im Außenministerium. Israel und seine amerikanischen Unterstützer irritierte in all diesen Jahren die Tatsache, dass sich eine amerikanische Regierung nach der anderen hartnäckig weigerte, die amerikanische Haltung zu korrigieren und Israels Souveränität in Jerusalem anzuerkennen. Nach dem Krieg von 1967, als Israel von der amerikanischen Waffen- und Wirtschaftshilfe sehr abhängig wurde, unternahm man große Anstrengungen, um die israelische Lobby in Washington zu stärken. Was politischen Einfluss in beiden Häusern des Parlaments anbetraf, war in den siebziger Jahren nur die Waffenlobby der *National Rifle Association* eindrucksvoller als das AIPAC (*America-Israel Public Affairs Committee*). Der Hauptteil seiner Arbeit galt sehr konkreten militärischen und wirtschaftlichen, jedoch nicht diplomatischen Fragen. Jerusalem wurde jedoch zu einer Ausnahme, und seit den siebziger Jahren wurde denn auch eine entschlossene Kampagne geführt, um eine Änderung in der amerikanischen Außenpolitik hinsichtlich Jerusalems zu bewirken, indem man politischen Druck im Kongress ausübte. Von hier war es nur noch ein kleiner Schritt bis zur Entscheidung, die Frage in den amerikanischen Wahlkampf einzubeziehen.

Im Laufe der Jahre wurde ein ritueller Tanz um Jerusalem fast zu einem Muss in der amerikanischen Politik. Präsidentschaftskandidaten waren genötigt, sich zu verpflichten, die amerikanische Botschaft nach Jerusalem zu verlegen; aber keiner, der zum Präsidenten gewählt war, entschloss sich je, dies zu tun. Sogar George McGovern, der Kandidat der Demokraten im Jahre 1972, der weithin als jemand galt, der Israel nicht viel Sympathie entgegenbrachte, war zu diesem

Versprechen genötigt.[38] 1976 war sich Jimmy Carter darüber im Zweifel, ob er das Versprechen wiederholen solle; schließlich ließ er sich doch dazu überreden. Nach seiner Wahl blieb die amerikanische Botschaft dort, wo sie war. In der Wahlkampagne von 1980 nötigte Edward Kennedy, Carters Rivale aus der Demokratischen Partei, diesen zu der Einwilligung, das Versprechen in sein Wahlprogramm aufzunehmen.[39] Sein republikanischer Kontrahent Ronald Reagan zierte sich weniger. Auf Fragen hinsichtlich Jerusalem antwortete er: «Eine ungeteilte Stadt Jerusalem bedeutet israelische Souveränität über diese Stadt.» Als man wissen wollte, ob er wirklich trotz gegenteiliger Auffassung des State Department die Botschaft verlegen werde, fügte der Kandidat ein paar unfreundliche Kommentare in Richtung State Department und dessen Mitarbeiter hinzu.[40] Noch vor den Wahlen war aber Reagans Haltung zu dieser Frage nicht mehr so fest wie vorher. Seine außenpolitischen Berater warnten ihn davor, nicht den Fehler des kurzzeitigen kanadischen Premierministers Joe Clark zu wiederholen, der feierlich versprochen hatte, die kanadische Botschaft zu verlegen, aber bereits drei Tage nach seinem Amtsantritt im Juni 1979 seine Meinung wieder änderte. Das Wahlprogramm der Republikaner schwächte denn auch Reagens freimütiges Versprechen ab.[41] Gegen Ende der Wahlkampagne trat ein offensichtlich verwirrter Reagan gleichzeitig für ein Arrangement nach Art des Vatikans und für Israels Souveränität in der gesamten Stadt ein.[42] Auch unter Präsident Reagan blieb die amerikanische Botschaft in Tel Aviv.

Im Juni 1980 hatte das Repräsentantenhaus gegen die Verlegung der Botschaft votiert – damals waren die Israel-Lobby und die nachdrücklich pro-israelischen Volksvertreter aus taktischen Gründen gegen eine Verlegung.[43] Aber Anfang 1984 brachten der New Yorker Senator Daniel Patrick Moynihan und die Abgeordneten Tom Lantos und Benjamin A. Gilman in beiden Häusern Gesetzesinitiativen ein, die die Verlegung der Botschaft nach Jerusalem forderten. Die Regierung widersetzte sich, und Außenminister Shultz sagte, sie «würden sehr ernste Fragen der Gewaltenteilung aufwerfen».[44] Diesmal stellte sich das AIPAC hinter das Vorhaben, das in beiden Parteien breite Unterstützung fand.[45] Die Pressekommentare waren zumeist ablehnend: Die Hälfte der «50 großen» Zeitungen des Landes bezogen zu der Frage Stellung, und alle bis auf drei sprachen sich gegen die Verlegung aus.[46] Präsident Reagan, der sich offenbar nicht mehr an seinen früheren Enthusiasmus für diese Idee erinnerte, schalt den Kongress, weil er die Verlegung befürwortete, und drohte sein Veto gegen ein solches Gesetz an.[47] 1995 wurde ein «Jerusalem Embassy Act» zwar zum Gesetz, aber Präsident Clinton berief sich wiederholt auf eine Klausel über nationale Sicherheit, um den tatsächlichen Umzug zu verhindern. Während des Wahlkampfs des Jahres 2000 sagte der republikanische Kandidat George W. Bush in CNN, «nachdem ich meinen Amtseid abgelegt haben werde, werde ich den Vorgang der Verlegung der Botschaft nach Jerusalem in Gang setzen.» Als er im Januar 2001 jedoch sein Amt antrat, fand er, wie schon seine Vorgänger, erneut Gründe, die Erfüllung seines Versprechens aufzuschieben.

Die inneramerikanische Debatte schien vorauszusetzen, dass den amerikanischen Juden Jerusalem sehr am Herzen lag. Unzweifelhaft fühlten sich viele davon berührt, obgleich sich nur wenige die Mühe machten, sich über die komplizierten Einzelheiten des Sachverhalts zu informieren. Die meisten richteten sich nach der israelischen Regierung, auch wenn in Zeiten der Spannung führende amerikanische Juden zur Vorsicht hinsichtlich Israels mahnten. Zwar waren die meisten Juden in Nordamerika und Westeuropa im Prinzip für ein einheitliches israelisches Jerusalem, aber es gab wenig Indizien dafür, dass die Frage in gleichem Maß die Leidenschaften erregte, die von Zeit zu Zeit in der islamischen Welt losbrachen. Einige jüdische Leitfiguren in der Diaspora gaben leicht häretische Äußerungen von sich, so beispielsweise der britische Oberrabbiner Immanuel Jakobovits, der sich für Kolleks «Stadtbezirksplan» stark machte und schrieb, er könne «sich Enklaven nach Art des Vatikans» für Nichtjuden in der Stadt vorstellen.[48]

Während der Streit um den Standort der US-Botschaft weiterging, erhielt das amerikanische Generalkonsulat in Jerusalem stufenweise eine neue Funktion: Es behielt zwar Ämter in Ost- und Westjerusalem bei, aber der Schwerpunkt des Konsulats lag im Osten. Das dortige blieb ein eigenständiges Konsulat, das nicht der amerikanischen Botschaft in Tel Aviv, sondern unmittelbar dem Washingtoner State Department unterstand. Dies war zwar nicht einmalig bei amerikanischen Konsulaten in aller Welt (ähnlich verhielt es sich in Hongkong), aber doch sehr ungewöhnlich. Seit den 1980er Jahren gehörten die Beziehungen zu den Palästinensern in Ostjerusalem und im Westjordanland zu den Hauptaufgaben dieses Konsulats; schließlich entwickelte es sich – nur nicht dem Namen nach – zur amerikanischen Botschaft bei den Palästinensern. Entsprechend gingen die israelischen Regierungen, besonders die rechtsgerichteten, zu ihm auf Distanz. Als 1990 Molly Williamson ihr Amt als Generalkonsulin antrat, ließ das israelische Außenministerium wissen, dass man sich nicht mit ihr treffen werde – eine merkwürdige Umkehrung der Rollen aus früheren Tagen, als ausländische Diplomaten sich weigerten, mit dem Außenminister in Jerusalem zusammenzutreffen.

Die Palästinenser und Jerusalem

Obwohl die PLO ihre Gründungskonferenz 1964 in Jerusalem abhielt, maß die Bewegung im frühen Stadium ihrer Entwicklung Jerusalem kurioserweise wenig Gewicht bei: In dieser wie auch in manch anderer Hinsicht machte sie es wie die frühen Zionisten. Um jordanische Empfindlichkeiten nicht zu wecken, wurde Jerusalem in der palästinensischen Nationalcharta nicht einmal erwähnt – weder in der Fassung von 1964 noch in der von 1968. Ebenso ignoriert wurde es im politischen Zehn-Punkte-Programm, das auf der zwölften Sitzung des palästinensischen Nationalrats am 8. Juni 1974 in Kairo verabschiedet wurde.[49]

Erst Mitte der siebziger Jahre begann sich die Haltung der PLO zu ändern. 1977 stattete der saudi-arabische Kronprinz (und spätere König) Fahd Washington einen Besuch ab und legte dabei Präsident Carter ein Memorandum der PLO vor. Darin hieß es unter anderem, dass Ostjerusalem unter palästinensischer Hoheitsgewalt die Hauptstadt des künftigen palästinensischen Staats mit einem für alle garantierten freien Zugang zu den Heiligen Stätten sein müsse.[50] Dass es ausgerechnet ein saudi-arabischer Prinz war, der die Palästinenser auf diese Weise aus dem Bann der haschemitischen Jerusalem-Obsession erlöste, war ein trauriges Zeichen für die Abhängigkeit der PLO von der Protektion durch andere. Die Episode veranschaulicht auch das Maß, in dem Jerusalem ein symbolisches Prestigeobjekt und ein politischer Federball in arabischen und muslimischen Rivalitäten blieb.

Die Saudis, denen zweifellos daran gelegen war, ihre alten Rivalen, die Haschemiten, als Schutzherren der islamischen Heiligen Stätten auszustechen, scheinen sich zu dieser Zeit für Jerusalem besonders stark interessiert zu haben. König Khalid rief während des *Hadsch* in einer großen Rede vor Pilgern in Mekka auf «zur Rückgewinnung der drittheiligsten Moschee [Al-Aqsa] in Jerusalem und des edlen Jerusalem selbst sowie zu ihrer Säuberung von allen Unreinheiten, die ihnen zugefügt worden sind».[51] Kurz darauf wurde berichtet, Saudi-

Arabien habe 12 Millionen US-Dollar für eine neue palästinensische Universität angeboten, die auf dem Ölberg errichtet werden sollte.[52] Israel ließ ein gewisses Interesse erkennen, die Initiativen der Saudis zu ermutigen, und wäre es auch nur als Gegengewicht gegen Jordanien. Am «Jerusalem-Tag» von 1979 verteilte beispielsweise die *World Zionist Organization* (WZO) ein von Walter Eytan verfasstes Memorandum, in welchem dem König von Saudi-Arabien die Souveränität über die Heiligen Stätten der Muslime angeboten wurde, «in der gleichen Weise, wie der Papst die Souveränität über den Vatikanstaat innehat».[53] Die WZO war keine staatliche Organisation, und Eytan stand nicht mehr in staatlichen Diensten; darum konnte die israelische Regierung jegliche Verantwortung für diesen Vorschlag von sich weisen. Dennoch hatte sie für die israelische Diplomatie eine nützliche Funktion, weil sie den innerarabischen Wettbewerb um Jerusalem anstachelte.

Im Gefolge von Sadats Friedensinitiative vom November 1977 begannen führende Palästinenser ernsthaft über die Zukunft Jerusalems nachzudenken und zu versuchen, ihre diesbezüglichen politischen Ziele zu definieren. Im Juli 1978 veröffentlichte Walid Khalidi, ein im Exil lebender Intellektueller aus einer alten Jerusalemer Familie, in der einflussreichen amerikanischen Zeitschrift *Foreign Affairs* einen Artikel. In einer – seinen Worten nach – «persönlichen Bestandsaufnahme» einer Lösung des Palästinaproblems rief er zur Gründung eines palästinensischen Staates auf, zu dem das Westjordanland, der Gazastreifen und Jerusalem gehören sollten. Er räumte ein, dass es sich hierbei um eine Rückkehr zum alten Konzept einer Teilung handelte und seine Überlegungen in «manchen palästinensischen und arabischen Kreisen» als Hochverrat angesehen werden könnten, vertrat aber die Meinung, dass eine neue Generation palästinensischer und arabischer Politiker dieses Konzept jetzt akzeptiere. Ostjerusalem, das er als den «Nabel» des Westjordanlandes bezeichnete, sei «die natürliche Hauptstadt des arabischen Palästina». Es solle dort nicht zur Wiedererrichtung einer Mauer kommen. Westjerusalem solle die Hauptstadt Israels bleiben. Es solle Bewegungs- und Niederlassungsfreiheit herrschen. Die Stadt solle von einem gemeinsamen zwischenstaatlichen Stadtrat verwaltet und für die Heiligen Stätten ein «großer, die Religionen übergreifender Rat» geschaffen werden. Juden sollten ein «unwiderrufliches Zugangsrecht» zur Westmauer haben. Obwohl Khalidi eine Entmilitarisierung des gesamten palästinensischen Staates ablehnte, hielt er es für «höchst angemessen», dass

Jerusalem (und zwar Ost- und Westjerusalem) entmilitarisiert würde.[54] Khalidis Vorschläge schlossen eine Reihe Elemente ein, die gewiss von den Israelis nicht akzeptiert werden würden; beispielsweise hätte die erwähnte Niederlassungsfreiheit der Rückkehr der palästinensischen Flüchtlinge Tür und Tor geöffnet. Dennoch war der Artikel ein Zeichen für neues Denken bei den Palästinensern, und so fand er denn auch eine breite Resonanz.

Im folgenden Jahr legte die PLO erstmals ein abgewogenes offizielles Statement zu Jerusalem vor. Unter dem Titel «Der Status von Jerusalem» wurde das Dokument dem Ausschuss der Vereinten Nationen für die Ausübung der unveräußerlichen Rechte des palästinensischen Volkes vorgelegt. Nach einem Rückblick auf die Geschichte der Stadt aus palästinensisch-nationalistischer Sicht vermied das Statement jede Befürwortung einer Empfehlung für die Zukunft der Stadt, sondern vertrat die Auffassung, dass eine Lösung «nur im Kontext einer globalen Lösung der Nahostfrage möglich sei, die notwendigerweise mit den Resolutionen der Generalversammlung hinsichtlich der Rechte des palästinensischen Volkes in Einklang stehen müsse».[55]

Seit 1979 vervielfachten sich die Anzeichen dafür, dass die Ostjerusalemer Araber sich keineswegs in die Annexion durch Israel fügten, sondern im Gegenteil politisch bewusster wurden, stärker auf ihrer Identität beharrten und immer mehr bereit waren, Widerstand gegen die israelische Besatzung zu leisten. Im Juli 1979 tagte ein von Jordanien finanzierter Palästinensischer Sozialkongress in der Stadt, bei dem Kinder in palästinensischer Tracht nationalistische Lieder sangen, wie «Wir werden euch in Blut und Feuer erlösen». Die Konferenz ging mit einem Aufruf zur Schaffung eines selbständigen palästinensischen Staates zu Ende.[56] Im folgenden Mai sprangen die Unruhen aus dem Westjordanland nach Jerusalem über: Zwischen arabischen Jugendlichen kam es zu Zusammenstößen, eine palästinensische Flagge wurde in der Altstadt gehisst und Ostjerusalemer Ladenbesitzer schlossen sich dem Streik der Kaufleute im Westjordanland an.[57] Ein ehemaliger jordanischer Gouverneur von Jerusalem, Anwar al-Khatib, der inzwischen als Rechtsanwalt in Ostjerusalem praktizierte, erklärte, dass dreizehn Jahre israelische Herrschaft die Stadt nicht geeint hätten.[58]

Im November 1986 kam es nach der Ermordung eines Juden, Eliahu Emadi, durch vier Fatah-Mitglieder in Jerusalem zu schweren Zusammenstößen zwischen Juden und Arabern. Arabische und jüdische Jugendliche fielen mit Steinen übereinander her, arabische Autos und Häuser wurden in Brand gesetzt. Emadis Beisetzung artete in einen Krawall aus. Ein paar Tage später verwandelte sich die Beerdigung des örtlichen Notabeln und ehemaligen jordanischen Ministers Anwar Nusseibeh in eine Gegendemonstration palästinensischer Nationalisten. Erst nach einer Woche gingen die Unruhen zu Ende, gefolgt von einer düsteren, bedrohlichen Ruhe. Die Analyse der Motive der Gewalttäter und der Ziele ihrer Attacken ergab, dass dies mehr war als ein simpler ethnischer Konflikt zwischen Arabern und Juden. Nach Meinung des hebräischen Massenblatts *Yediot Aharonot* hatten die Unruhen drei Konfliktebenen aufgewiesen: zwischen Arabern und Juden, zwischen religiösen und säkularen Juden und zwischen reichen und armen Juden – wobei letztere oft parallel zu dem Konflikt zwischen aschkenasischen und sephardischen Juden verliefen.[59] Die Animositäten zwischen diesen Gruppen saßen laut dem Zeitungsbericht tief und konnten nicht leicht beseitigt werden. In dem, was nun folgte, bewahrheitete sich der von Hobbes vorausgesehene Kampf aller gegen alle.

Im Verlauf des folgenden Jahres zeigten mehrfache Bekundungen des palästinensischen Selbstbehauptungswillens, dass ein allgemeiner Aufstand drohte. Im Juni 1987 kündigte Hanna Siniora, ein christlicher Araber, Fatah-Anhänger und Chefredakteur der Zeitung *al-Fajr* an, dass er bei den kommenden Stadtratswahlen für ein Amt kandidieren werde. «Ich möchte zeigen, dass Jerusalem von realen Menschen bewohnt wird, nicht von Gespenstern», sagte er. *Al-Fajr* hatte seit den frühen siebziger Jahren aus seiner Unterstützung für die PLO und die palästinensische Selbstbestimmung keinen Hehl gemacht. Als Christ hätte Siniora womöglich einige Schwierigkeiten gehabt, Rückhalt bei den Wählern zu finden, selbst wenn der Wahlboykott nicht mehr bestanden hätte. Der Bürgermeister von Bethlehem, Elias Freij (ebenfalls ein Christ), bezeichnete seine Kandidatur als «eine glänzende Idee»; aber von der PLO kam Kritik, und so zog er sie am Ende doch wieder zurück.[60] Dennoch war diese Episode etwas wie ein Grashalm im Wind, nur einer von vielen, der eine gesteigerte Bereitschaft bei den unter israelischer Besatzung lebenden Palästinensern zeigte, ihr Schicksal in die eigenen Hände zu nehmen.

Später in diesem Sommer beschloss die israelische Regierung, der *Jerusalem District Electric Company* das Recht zu entziehen, jüdische Bezirke in Ostjerusalem mit Strom zu versorgen. Die Gesellschaft gehörte Arabern; unter Palästinensern hatte sie den Ruf erworben, ein Bestandteil des palästinensischen nationalen Besitzstandes zu sein. Ihre Anfänge gingen auf eine osmanische Konzession zurück, die einem griechischen Bürger namens Euripides Mavromatis gewährt worden war und ihm erlaubte, in einem Radius von zwanzig Kilometern rund um die Spitze der Rotunde der Grabeskirche als alleiniger Stromlieferant aufzutreten. Unter der britischen Mandatsverwaltung wurde um die Konzession eine sich über Jahre hinziehende und mit endlosen Rechtsmitteln ausgefochtene gerichtliche Auseinandersetzung geführt. Dennoch wurde sie von den Briten und Jordanien erneuert, und für das jordanische Jerusalem blieb die Gesellschaft der primäre Energieversorger. Nach dem Juni 1967 kam die Frage auf, ob die Konzession der Gesellschaft auch das Recht gebe, die neuen jüdischen Vororte innerhalb ihres Konzessionsgebiets mit Strom zu versorgen. «Die Vorstellung, dass Juden ‹arabische Elektrizität› verbrauchten, erschien fantastisch», meinte der stellvertretende Bürgermeister Meron Benvenisti dazu.[61] Da aber die Regierung juristische Komplikationen befürchtete, beschloss sie, das Fortbestehen der Konzessionsrechte anzuerkennen.

Das am 31. Dezember 1987 bevorstehende Ende der sechzigjährigen Konzessionszeit verschaffte den Israelis eine Gelegenheit zum Handeln. Die *Israel Electric Corporation*, eine Elektrizitätsgesellschaft, die im eigentlichen Israel über ein Monopol verfügte, hatte seit Jahren versucht, ihren kleinen Konkurrenten zu übernehmen. Jetzt wurden ihre Wünsche partiell erfüllt – sie wurde autorisiert, sämtliche jüdischen Bezirke der Stadt mit Strom zu versorgen. Die arabische Gesellschaft wurde auf die von Arabern bewohnten Teile von Ostjerusalem beschränkt. Diese Anweisung der Regierung nötigte die Gesellschaft, die Hälfte ihrer Beschäftigten zu entlassen. Paradoxerweise hatte die Entscheidung der Regierung jedoch die unbeabsichtigte Wirkung, die Tendenz in Richtung einer palästinensischen Autonomie in einer geteilten Stadt zu stärken, da die Elektrizitätsversorgung für die arabischen und jüdischen Gebiete der Stadt sich von nun an strikt nach ethnischen Grenzen richtete. Die mit einer aus der Mandatszeit stammenden Notstandsregelung legitimierte Anweisung an die arabische Gesellschaft, die Versorgung jüdischer Gebiete einzustellen, trat am 8. Dezember in Kraft. Tausend Polizisten standen bereit, als diese Bezirke an das nationale Stromnetz der israelischen Gesellschaft angeschlossen wurden. Der «arabische Strom» wurde abgestellt, und damit war die Teilung der Stadt auf dem Gebiet der Elektrizitätsversorgung vollzogen.[62] Wären die israelischen Behörden sich dessen bewusst gewesen, sie hätten schwerlich auf ein passenderes Symbol für die Teilung der Stadt und den unmittelbar bevorstehenden Aufruhr verfallen können.

Die *Intifada* und danach

Schlüssige Beweise dafür, dass Israels Annexion von Jerusalem gescheitert war, stellten sich im Verlauf der *Intifada* ein, jener Serie von weiträumigen Unruhen, die im Dezember 1987 in Gaza ausbrachen. Während der ersten Tage hoffte die Regierung, die Ausbreitung der Gewalt in die Hauptstadt verhindern zu können. Am 19. Dezember kam es jedoch auch in Jerusalem zum Aufruhr. Die arabischen Läden blieben geschlossen. Überall wurden Flugblätter der PLO verteilt, israelische und amerikanische Flaggen verbrannt, palästinensische gehisst und nationalistische Parolen an die Wände geschrieben. Beerdigungen der von israelischen Sicherheitskräften Getöteten verwandelten sich in Demonstrationen und gingen schließlich in Straßenschlachten über. Nach einem am «Tag der Opfer» gehaltenen Gottesdienst zum Gedächtnis für getötete Demonstranten kam es im Januar auf dem Haram al-Scharif zu einer gewalttätigen Auseinandersetzung zwischen der israelischen Polizei und Palästinensern. Soldaten drangen in die Al-Aqsa-Moschee ein, feuerten Tränengasgranaten ab und prügelten auf arabische Beter ein.[63]

Die israelischen Behörden, die vom Ausmaß der Gewalt zunächst völlig überrascht waren, schienen nicht zu wissen, was zu tun sei. Sie schwankten zwischen Repressionsmaßnahmen und Versuchen, die Aufständischen zu beschwichtigen. Wegen der Anwesenheit ausländischer Journalisten und weil man zwischen den besetzten Gebieten einerseits und der angeblich vereinigten jüdischen Hauptstadt andererseits differenzieren wollte, zögerte man zunächst, in Jerusalem die gleichen harschen Methoden wie im Gazastreifen und Westjordanland anzuwenden. Sehr rasch entdeckten die Israelis dann aber, dass eine solche Unterscheidung sinnlos war. Das sich daraus ergebende Dilemma zu lösen gelang ihnen allerdings nie wirklich: Harte Gegenmaßnahmen konnten die sich durch die Stadt ziehenden Trennungslinien nur noch mehr vertiefen; andererseits hätte Passivität den palästinensischen Nationalisten freie Hand geben, die Stärke ihres Rückhalts in der Hauptstadt Israels zu demonstrieren.

Umgekehrt ergaben sich aus palästinensischer Sicht aus dem Sonderstatus von Ostjerusalem gewisse taktische Vorzüge. Da es Teil von Israel war, waren seine palästinensischen Bewohner weniger rechtlichen Einschränkungen ausgesetzt als die der besetzten Gebiete. Sie konnten sich etwas freier bewegen, und die Zensur war weniger streng. Die Folge war, dass Jerusalems Rolle als politisch-kulturelles Zentrum des arabischen Palästina durch die *Intifada* weiter gestärkt wurde.

Am 13. Januar 1988 wurden mehrere prominente Jerusalemer Araber verhaftet, darunter auch mehrere Menschen, die als gemäßigt galten. In einem notorisch gewordenen Ausspruch erklärte Verteidigungsminister Jitzhak Rabin, er werde die Unruhen «mit Gewalt, Macht und Schlägen»[64] unterdrücken. Am 19. Januar wurden auf einem Treffen von Polizei- und Armeeoffizieren und Vertretern der Stadtverwaltung Abmachungen getroffen für den Fall, dass erstmals seit 1967 polizeiliche Notstandsrechte für Ostjerusalem in Anspruch genommen würden. Drei Tage danach berief man sich tatsächlich auf diese Rechte, als im Umkreis von a-Tur auf dem Ölberg eine vierundzwanzigstündige Ausgangssperre verhängt wurde. Die Zeitung *al-Quds* wurde für fünfundvierzig Tage verboten und Hanna Siniora wegen des Abdrucks eines Interviews mit Jassir Arafat in *a-Fajr* angeklagt. Aber die Tumulte, das Steinewerfen, Errichten von Straßensperren, Verbrennen von Reifen, Bestreiken von Läden und Schulen und die offene Herausforderung der israelischen Behörden gingen unvermindert weiter.

Als die Unruhen nicht nachließen, kamen israelische Politiker nach und nach zu der Einsicht, dass sie mit einem tief verwurzelten nationalen Aufstand gegen die israelische Besatzung konfrontiert waren. Sie lernten begreifen, dass Jerusalem sich von der *Intifada* (wörtlich: «dem Abschütteln»), wie der Aufstand genannt wurde, nicht trennen ließ. Teddy Kollek, realistischer als die meisten, gestand Anfang Februar 1988 ein, dass «sich die Lage in Jerusalem fundamental geändert hat».[65] Die *Intifada* markierte den Zusammenbruch seines zwei Jahrzehnte währenden Bemühens, die Stadt unter israelischer Herrschaft zu einigen, obwohl er sich nicht ganz dazu durchringen konnte, dies einzusehen.

Die Teilung der Stadt zwischen arabischen und jüdischen Gebieten wurde zu einer fast undurchdringlichen psychischen Mauer. Es herrschte eine «Geographie der Angst».[66] Schon in den achtziger Jahren hatten sich viele Juden nicht mehr in arabische Stadtteile gewagt. Nun tat es kaum noch jemand. Jüdische Taxifahrer weigerten sich, dorthin zu fahren. Israelische Autofahrer, die zu jüdischen Gegenden innerhalb Ostjerusalems unterwegs waren, machten lange Umwege. Die bereits geringe Zahl von in Westjerusalem lebenden Arabern ging auf eine Hand voll zurück; dies galt sogar für israelische Araber (also

Palästinenser, die israelische Staatsbürger waren, meistens aus der Zeit vor 1967), von denen viele in palästinensische Wohngegenden wie etwa Bet Hanina umzogen. Andere verließen Jerusalem.[67] Ähnliches galt für Juden, die, soweit es sich nicht um ideologisch motivierte Siedler handelte, es für angebracht hielten, aus arabischen Gebieten wegzuziehen. Die Trennung der Einwohner, die schon immer ein Charakteristikum von Jerusalem gewesen war, wurde dadurch immer schärfer.

Bis Ende 1988 war es zu über 2000 Festnahmen durch die Jerusalemer Polizei gekommen. Dennoch gingen die Unruhen weiter, zuweilen in neuen Formen – Attacken mit Benzinbomben oder gelegentlich auch mit dem Messer – neben dem allgegenwärtigen Steinewerfen. Obwohl der Aufstand in Jerusalem nicht so blutig niedergeschlagen wurde wie im Westjordanland, nahmen die arabische Verbitterung und die gegenseitige Entfremdung weiter zu. Im August 1990 hatte die Ermordung zweier jüdischer Teenager Vergeltungsschläge von Juden gegen Araber zur Folge. Als im Herbst 1990 die innerstädtischen Beziehungen durch die stetig zunehmende Gewalt und Gegengewalt immer mehr vergiftet wurden, errichteten israelische Sicherheitskräfte rund um die Stadt Straßensperren, um Palästinenser aus dem Westjordanland zu hindern, die Stadt zu betreten. Auch Tausende von Grenzpolizisten tauchten an den Kreuzungen entlang der durchaus nicht mehr unsichtbaren Grenze zwischen den arabischen und den jüdischen Teilen der «vereinigten» Stadt auf.

Das Vorgehen mancher Israelis trug zu der gespannten und verbitterten Atmosphäre in der Stadt bei. Am 15. Dezember 1987 zog der dem rechten Flügel angehörende Politiker Ariel Scharon in eine umgebaute Wohnung im moslemischen Viertel um. Ihm folgten mehrere Dutzend Talmudschüler. Ähnlich provozierende Schritte taten religiös-nationalistische Gruppen in anderen arabischen Stadtteilen. Bei einem typischen Vorfall machte sich im Oktober eine von Scharon angeführte Gruppe ultranationalistischer religiöser Juden – mit der Rückendeckung des Wohnungsbauministeriums – in einem Haus in Silwan breit, einer arabischen Siedlung innerhalb der Jerusalemer Stadtgrenzen. «Wir haben uns zum Ziel gesetzt, keine einzige Gegend in Ostjerusalem ohne Juden zu lassen, keine einzige», verkündete Scharon im Mai 1992. Teddy Kollek verurteilte Scharons Ansichten und Verhalten als «eine Art Messianismus, der für uns in der Geschichte immer sehr schädlich gewesen ist». Aber die Ermahnungen des Bürgermeisters zur Vernunft standen nicht mehr im

Gleichklang mit der Zeit, und politisch war er inzwischen machtlos.[68]

Die Verfestigung der Sektorengrenzen innerhalb der Stadt galt nicht nur für Juden und Araber, sondern auch für säkulare und ultraorthodoxe Juden (*Haredim*). Der rasche Zuwachs an orthodoxen Juden in der Bevölkerung Jerusalems in den letzten Jahren von Kolleks Amtszeit als Bürgermeister führte zu heftigen Konflikten, die sich daraus ergaben, dass die orthodoxe Bevölkerung neue Wohngebiete benötigte und sich folglich in bislang säkulare Bezirke ausbreitete. In den Forderungen der Orthodoxen, dass Straßen, auf denen bisher am Sabbat Verkehr geherrscht hatte, künftig an diesem Tag geschlossen werden müssten, trat eine verschärfte Militanz zutage. Gelegentlich kam es wegen anderer Streitpunkte zu Gewaltausbrüchen und Tumulten, etwa wegen des Verkaufs von nicht koscherem Fleisch, wegen «unzüchtiger» Plakate an Bushaltestellen und der Öffnung von Cafés am Sabbat. Kritiker der israelischen Regierung stellten fest, dass orthodoxe jüdische Randalierer zwar mit Steinen nach Leuten, die sich gegen den Sabbat vergingen, und nach der Polizei warfen, dass sie aber, im Unterschied zu den palästinensischen Aufrührern, von den Sicherheitskräften nie mit echter Munition beschossen wurden. Die Verbitterung zwischen säkularen und religiösen Juden war in Jerusalem größer als anderswo in Israel und führte zu einer Fluchtbewegung der Säkularjuden hinaus aus Jerusalem in benachbarte, aber außerhalb der Stadtgrenzen liegende Gebiete wie beispielsweise in den rasch expandierenden Vorort Mevasseret Zion im Westen der Stadt.

Im Winter 1992/93 brachen Unruhen unter den ultraorthodoxen Aktivisten aus. Wieder einmal schien es um unwichtige Streitfragen zu gehen: Einwände dagegen, dass Archäologen an angeblich alten jüdischen Begräbnisstätten Ausgrabungen machten, Forderungen nach der Schließung von Straßen in der Nähe orthodoxer Wohngebiete am Sabbat und dergleichen mehr. In der Tat handelte es sich aber um den symbolischen Hilfeschrei einer unterdrückten und verarmten Gruppe der israelischen Gesellschaft, die sich gegen die Säkularisierungswelle zu wehren versuchte. In diesen Empfindungen (wenn auch nicht bei den Krawallen) standen den aschkenasischen *Haredim* zahlreiche Juden nordafrikanischer (besonders marokkanischer) Herkunft zur Seite, die sich hinsichtlich der religiösen Observanz eher traditionell als hypergenau verhielten und in ihrer politischen Ausrichtung im Gegensatz zu den *Haredim* ultranationalistisch eingestellt waren. Das Zusammenwachsen dieser beiden Gruppen sollte in den folgenden Jahren nachhaltige Auswirkungen auf die städtische und staatliche Politik in Israel haben.

Auf diplomatischer Ebene bewirkte die *Intifada* eine Intensivierung der amerikanischen Anstrengungen, die eingefrorenen Gespräche über eine palästinensische Autonomie zu neuem Leben zu erwecken. Nun vollzog sich in der amerikanischen Politik eine historische Wende in Richtung einer Öffnung zu einem Dialog mit der politischen Führung der Palästinenser. Als der amerikanische Außenminister George Shultz im Februar 1988 nach Israel fuhr, lud er arabische Vertreter aus Ostjerusalem zu einem Gespräch ein. Genauso wie bei seinem vorigen Besuch im Oktober 1987 weigerten sie sich, der Einladung zu folgen. Diesmal richtete Shultz im Jerusalemer American Colony Hotel ein Statement ausdrücklich «an Ostjerusalem». Er unterstrich, dass «die palästinensische Beteiligung für den Erfolg des Friedensprozesses von grundlegender Bedeutung» sei, und erklärte, dass «die Palästinenser aktiv an den Verhandlungen teilnehmen müssen, die über ihre Zukunft bestimmen». «Gesetzlich garantierte palästinensische Rechte», sagte er, «können auf eine Weise erlangt werden, welche die israelische Sicherheit wahrt.»[69] Der Wandel in der Haltung der Vereinigten Staaten war eindeutig: Zwar waren die von der Intensität und Größenordnung der Erhebung schockierten Amerikaner noch nicht bereit, auf offizieller Ebene mit der PLO Kontakte zu unterhalten, wohl aber dazu, palästinensische Vertreter aus den besetzten Gebieten einzuladen, für das palästinensische Volk zu sprechen.

Einen nicht weniger dramatischen Wandel ihrer Politik verkündete eine andere interessierte Partei ein paar Monate später. Am 31. Juli 1988 hielt König Hussein in Amman eine Rede, die eine Kehrtwende in seiner langjährigen Feindseligkeit gegenüber der PLO bedeutete. Hussein erklärte nämlich, dass er damit einverstanden sei, dass im Westjordanland und im Gazastreifen ein unabhängiger Staat gegründet werde. Als Folge würden «die administrativen Verbindungen zwischen den beiden Ufern» des Jordan abgebaut. Dieses Kappen der Nabelschnur, die viele Angehörige der palästinensischen Oberschicht im Westjordanland und in Ostjerusalem mit Amman verband, beschleunigte die politische und psychologische Bereitschaft der Palästinenser zur Autonomie. Über Jerusalem wurde jedoch nichts gesagt. Darum blieb es fraglich, ob Hussein beabsichtigte, sich ganz von der Stadt zurückzuziehen, die so eng mit seiner eigenen Geschichte und der seiner Familie verbunden war.[70]

Sollte es Husseins Absicht gewesen sein, in diesem Punkt eine gewisse Uneindeutigkeit bestehen zu lassen, so hatten andere ein solches Interesse nicht. In der Unabhängigkeitserklärung, die die PLO am 15. November 1988 aus ihrem Exil in Algier abgab, wurde Jerusalem nun doch erwähnt – zum erstenmal in einem wichtigen Dokument der PLO: «Der Kongress des palästinensischen Nationalrats ruft hiermit im Namen Gottes und für das palästinensisch-arabische Volk den Staat Palästina im Lande Palästina mit Jerusalem als Hauptstadt aus.»[71] Der Staatsgründungserklärung folgte eine Reihe öffentlicher Erklärungen von Jassir Arafat, in denen er allen Formen des Terrorismus abschwor und ausdrücklich das Recht Israels bestätigte, «in Frieden und Sicherheit zu existieren».[72] Anfangs klangen sie zögerlich und unaufrichtig, aber letzten Endes mussten selbst viele Kritiker der PLO zugeben, dass ein Wandel in der Rhetorik und vielleicht ein noch tiefergehender in der Einstellung eingetreten war – und wäre es auch nur aus Gründen der Taktik. Dieser PLO-Wende in Richtung auf eine neue pro-amerikanische Orientierung kam die Regierung der USA auf halbem Weg entgegen. Präsident Reagan verkündete, dass jetzt ein «Dialog» mit der PLO in Gang gesetzt werde.

In den frühen neunziger Jahren änderten der Untergang der Sowjetunion, der Golfkrieg und die fortdauernde *Intifada* die Jerusalem-Frage von Grund auf. Obwohl führende Israelis beider großer Parteien weiterhin lautstark an der Beibehaltung der israelischen Souveränität über die vereinigte Stadt festhielten, befanden sie sich in Wirklichkeit in der Klemme – eingezwängt zwischen den demographischen Realitäten, der kollektiven Identität der Ostjerusalemer Araber und dem sich rasch verschiebenden diplomatischen Umfeld.

Mit James Baker im State Department legten die Amerikaner bei ihrem Bemühen um eine Wiederaufnahme der israelisch-arabischen Verhandlungen einen hohen Gang ein. Ein weiteres Mal erwies sich jedoch das Jerusalem-Problem als Stolperstein. Der Likud-Block in Israels Regierung der nationalen Einheit weigerte sich, mit einer Palästinenserdelegation zu verhandeln, der auch ein Jerusalemer Araber angehörte, da sie meinten, dies könne Israels Anspruch schwächen, Jerusalem ein für allemal unter israelischer Hoheitsgewalt geeint zu haben. Aus ähnlichen Gründen bestand die palästinensische Führung im Westjordanland in Abstimmung mit der PLO darauf, dass ein Jerusalemer Araber an den Gesprächen teilnehmen müsse. Regierungsmitglieder des Arbeiterblocks waren bereit, in dieser Frage einen Kompromiss einzugehen, was mit dazu beitrug, dass die Regierung der nationalen Einheit 1990 zerbrach und unter Führung von Itzhak Schamir eine rechte, vom Likudblock beherrschte Regierung gebildet wurde. Baker ließ sich von seinem Bemühen nicht abbringen. Im März 1991 veranstaltete er ein Treffen mit führenden Palästinensern, allesamt glühenden Anhängern der PLO aus Jerusalem; es war das erste dieser Art. Als er im Juli 1991 Jerusalem besuchte, verbrachte er im amerikanischen Konsulat in Ostjerusalem vier Stunden mit arabischen Führern aus den besetzten Gebieten, darunter auch Faisal Husayni.

Der Sohn von Abd al-Qader Husayni, des arabischen Militärkommandeurs, der 1948 in der Schlacht um Jerusalem getötet worden war, war ein entfernter Gefolgsmann des Mufti und bezog einen Teil seiner Autorität und Popularität von seiner Herkunft. Er hatte sich von der anwachsenden Militanz der *Intifada* davontragen lassen und war nach dem Tod von Anwar Nusseibeh 1986 zum politischen Führer der Ostjerusalemer Palästinenser geworden. Im Gegensatz zu Nusseibeh war Husayni als ehemaliger Fatah-Aktivist ein offener Anhänger der PLO. 1987 führte er zusammen mit Nusseibehs Sohn Sari Gespräche mit dem israelischen Politiker Mosche Amirav, einem Abtrünnigen des Likudblocks. Kurz darauf wurde er für neun Monate in Verwaltungshaft genommen; später wurde er ein weiteres Mal inhaftiert. Nach seiner Freilassung pflegte er weiterhin Kontakte mit israelischen Politikern, darunter Yael Dayan, der Tochter des Generals, die als Mitglied der Arbeiterpartei in der Knesset saß. Er beherrschte Hebräisch gut genug, um im israelischen Fernsehen Interviews zu geben. Dass Husayni bereit war, politische Verbindungen mit Israelis anzuknüpfen, woraus sich dann auch eine Reihe gemeinsamer Erklärungen, Demonstrationen und öffentlicher Begegnungen ergaben, war für Jerusalem etwas Neues und ließ die Amerikaner die Hoffnung schöpfen, mit ihm könnten sie und die Israelis etwas zustandebringen.

Im Gegenzug für Außenminister Bakers Versprechen, dass ein Palästinenser aus Jerusalem in der gemeinsamen palästinensisch-jordanischen Delegation an den Friedensgesprächen würde teilnehmen dürfen, willigten die Palästinenser ein, die Jerusalem-Frage nicht bereits zu Beginn der Verhandlungen anzusprechen. Der israelische Außenminister David Levy deutete seinerseits an, dass die Israelis diese semifiktive Abmachung akzeptieren würden. «Wir werden den Lebenslauf der von König Hussein nominierten Persönlichkeiten nicht näher untersuchen», sagte er.[73] Später machten die Israelis jedoch einen Rückzieher. Nach vielem Hin und Her wurde endlich ein Kompromiss über die Voraussetzungen der Verhandlungen gefunden. Die Palästinenser sollten ihre eigene, aus führenden Leuten aus dem Westjordanland und dem Gazastreifen zusammengesetzte Delegation haben. Diese sollte nominell Teil einer gemeinsamen jordanisch-palästinensischen Delegation sein. Sie würde weder die PLO repräsentieren noch jemanden aus Jerusalem einschließen. Sie sollte jedoch von einem von der PLO genehmigten «Berater»-Ausschuss unterstützt werden, dem Faisal Husayni angehören würde.

Im Oktober 1991 begann in Madrid die internationale Nahost-Friedenskonferenz. Jerusalem stand nicht auf der Tagesordnung. Die Eröffnungssitzung war nicht gerade vielversprechend: Sämtliche Teilnehmer aus dem Nahen Osten hielten Reden, in denen sich eine völlige Unbeweglichkeit abzeichnete. Jedoch war immerhin ein Rahmen geschaffen, der diplomatische Fortschritte erleichtern würde, wenn die Zeit dafür reif wäre. Die Wahl Jitzhak Rabins zum israelischen Ministerpräsidenten im Juni 1992 an der Spitze einer vom Arbeiterblock dominierten Koalition brachte einen radikalen Wandel in der israelischen Haltung mit sich. Im April 1993 gab Außenminister Schimon Peres eine Änderung in Israels Haltung zu den Grundregeln der Friedensgespräche zu erkennen: Faisal Husayni werde von jetzt an als Vorsitzender einer palästinensischen Delegation akzeptiert werden. Dieses Angebot zu formellen Kontakten war eine merkliche Abkehr vom israelischen Kurs zu Beginn der Madrider Konferenz, wonach niemand aus Jerusalem zur palästinensischen Delegation gehören dürfe. Zugleich erklärte Peres, dass es in der Substanz der israelischen Jerusalempolitik keine Veränderung gebe, «dass Jerusalem als die Hauptstadt Israels unter israelischer Souveränität vereint bleiben» werde. Was in dieser Formulierung unverkennbar fehlte, war irgendeine Festlegung hinsichtlich der spezifischen Grenzen eines israelischen Jerusalem.[74] Eliahu Ben-Elissar, ein Likudmitglied der Knesset, erhob Einwände dagegen: «Wir haben hier an diesem Tag damit begonnen, über Jerusalem zu verhandeln.»[75]

Kurz danach machten die Israelis eine weitere Geste in Richtung Verständigung, als sie die Rückkehr von elf palästinensischen Deportierten erlaubten, zu denen auch Rawhi al-Khatib gehörte, ein ehemaliger Bürgermeister des jordanischen Jerusalem, der inzwischen in den Achtzigern war. Als er in die Stadt zurückkehrte, die er zuletzt 1968 gesehen hatte, bereitete man ihm einen triumphalen Empfang. Noch überraschender war, dass die Israelis dem früheren katholischen

Bischof von Jerusalem Hilarion Capucci, einem Griechen, der 1974 wegen Waffenschmuggels verhaftet und 1977 ausgewiesen worden war, anboten, in die Stadt zurückzukehren. Capucci, der eine Art palästinensischer Held geworden war, lehnte das Angebot ab und behauptete, es sei daran «gebunden gewesen, dass ich, wenn ich zurückkehre, weder etwas zur Sache der Palästinenser sage noch meine Meinung äußere». Er sagte, er werde nicht zurückgehen, bis Jerusalem befreit und die Hauptstadt des Staates Palästina sei.[76]

Mittlerweile hatten in Oslo unter norwegischer Schirmherrschaft geheime Gespräche zwischen den Israelis und palästinensischen Vertretern begonnen – ein Unterfangen, das erfolgreicher war als die parallel stattfindenden öffentlichen Verhandlungen. Ihr Ergebnis war die israelisch-palästinensische «Grundsatzerklärung», die am 13. September 1993 auf dem Rasen des Weißen Hauses unterzeichnet wurde (später wurde sie ihres Ursprungs wegen unter dem Namen «Oslo-Abkommen» bekannt). Über Jerusalem stand wenig in dem Dokument. Für die «palästinensische Interims-Selbstverwaltungsbehörde», die nach dem Abkommen geschaffen werden sollte, war keine Zuständigkeit für Ostjerusalem vorgesehen. Dennoch machten die Israelis ein wichtiges Zugeständnis, indem sie den dort wohnhaften Palästinensern das Stimmrecht bei den Wahlen zu einem palästinensischen Rat einräumten, auch wenn die Frage, ob Jerusalemer bei solchen Wahlen auch für ein Mandat kandidieren dürften, offen blieb. Das Abkommen vertagte das Schicksal Jerusalems. Wie andere unlösbare Fragen, wie etwa das Problem der arabischen Flüchtlinge und der jüdischen Siedlungen in den besetzten Gebieten, sollte sie in den sog. «endgültigen Statusverhandlungen» behandelt werden, die «so bald wie möglich, aber nicht später als zu Beginn des dritten Jahres der Interimsperiode» beginnen sollten. Ein optimistischer Jassir Arafat sagte damals, das Abkommen sei «bloß der erste Schritt» in Richtung auf «den völligen Rückzug aus unserem Land, unseren Heiligen Stätten und unserem heiligen Jerusalem».[77] Ein israelischer Sprecher hielt jedoch fest: «Jerusalem ist kein Teil der Vereinbarung, und diesbezüglich ist es zu keiner Abschwächung unseres Standpunkts gekommen.»[78]

Trotz der verbesserten diplomatischen Atmosphäre ging die *Intifada* stoßweise weiter. Auf innerstädtischer Ebene verschlechterten sich nach Teddy Kolleks Niederlage bei den Bürgermeisterwahlen im November 1993 die Beziehungen zwischen Arabern und Juden. Obwohl er international eine gute Figur machte und bei säkularen und sogar bei manchen religiösen Juden beliebt war, sprach sein Alter (er war inzwischen zweiundachtzig) gegen ihn. Die meisten orthodoxen Juden der Stadt stimmten für seinen Gegner. Kollek hatte gehofft, in der durch das Osloer Abkommen geschaffenen entspannteren Atmosphäre eine große Anzahl von Arabern bei der innerstädtischen Wahl für sich gewinnen zu können. Aber nur 8 000 Araber beteiligten sich an der Wahl. Es waren zwar doppelt so viele wie in der vorangegangenen Wahl, und die meisten stimmten für Kollek, aber er erreichte bei weitem nicht die erforderliche Stimmzahl. Ehud Olmert, der Kandidat des Likudblocks, sicherte sich 60 Prozent der Stimmen gegenüber Kolleks 34 Prozent. Zum Teil wurde Olmerts Sieg durch unterschiedliche Wahlbeteiligungen erklärt: Bei den Ultraorthodoxen schätzte man die Wahlbeteiligung auf etwa 90 Prozent, während gerade mal ein Drittel der säkularen Wähler zur Urne gegangen war. Viele seiner ehemaligen Anhänger hatten sich allem Anschein nach nicht an der Wahl beteiligt, weil sie wohl spürten, dass die Zeit für einen Wechsel gekommen war, sich aber nicht dazu durchringen konnten, für seinen Gegner zu stimmen.

Kollek hatte achtundzwanzig Jahre lang das Amt des Jerusalemer Bürgermeisters inne. Die längste Amtszeit in der Geschichte der Stadt fand auf diese Weise ihr betrübliches Ende. Trotz seines unleugbaren Anstands, seines Realitätssinns, seiner Popularität und seines internationalen Ansehens muss Kolleks Verwaltung der Stadt als Fehlschlag gewertet werden, wenn man als entscheidendes Kriterium jenes zugrunde legt, das er sich selbst im Augenblick des Sieges im Juni 1967 gesetzt hatte: die Einigung der Stadt. Als er aus dem Amt schied, war Jerusalem stärker geteilt als unmittelbar nach dem Sechstagekrieg. Welche Mängel und weiße Flecken es in seiner Politik auch gegeben haben mochte – Kollek konnte man jedenfalls nicht vorwerfen, sich nicht redlich und voller Energie für den Zusammenhalt der geteilten Stadt eingesetzt zu haben. Wenn er das nicht erreicht hatte, war fraglich, ob es ein anderer vermochte.

8. Das Schwinden des christlichen Jerusalem

Aus historischer Sicht war die vielleicht wesentlichste Veränderung Jerusalems in den letzten hundert Jahren der Rückgang an Einwohnerzahl und Einfluss der Christen in der Stadt. Am Ende der Osmanenzeit gab es mehr Christen als Muslime in Jerusalem. 1946 hatte die Stadt immer noch fast genauso viele christliche wie muslimische Einwohner (siehe Tabelle 1, S. 61). Als aber 1948 die Herrschaft einer christlichen Macht zu Ende ging, ging die Zahl der christlichen Einwohner abrupt zurück, sowohl absolut gesehen als auch im Verhältnis zu Muslimen und Juden. Waren 1946 noch 31 400 Christen in Jerusalem, so zählte man 1995 nur noch 14 100 (wovon nur 10 800 als Palästinenser gezählt wurden; die übrigen waren Ausländer[1]). Gemessen an der Gesamtbevölkerung war der Rückgang sogar noch größer: Machten die Christen 1946 noch 19 Prozent aus, so sanken sie 1995 auf 2 Prozent.

Zugleich kam es zu wesentlichen Verschiebungen in der Gewichtung zwischen den verschiedenen christlichen Bekenntnissen. In den neunziger Jahren des 20. Jahrhunderts drohte zum erstenmal in der Neuzeit die griechisch-orthodoxe Glaubensgemeinschaft zahlenmäßig von den Katholiken übertroffen zu werden.[2] Gegen Ende des Jahrtausends schätzte man, dass etwa 4 000 Katholiken und 4 000 Griechisch-Orthodoxe in der Stadt wohnten. Auch die andere wichtige orthodoxe Gemeinde, die der Armenier, erlitt Einbußen. Ihre Mitglieder schrumpften von 5 000 bis 7 000 im Jahre 1945 auf etwa 1 500 bis 1990.[3] Ein kleines, aber stetiges Rinnsal von Emigranten in die Vereinigten Staaten, die Sowjetunion und nach 1991 in die unabhängige Armenische Republik führte zu einem weiteren Rückgang der armenischen Bevölkerung, die nun nicht mehr als 1 000 Seelen zählte. Die meisten lebten noch im armenischen Viertel der Altstadt, obwohl selbst da die Armenier in den neunziger Jahren zur Minderheit zu werden drohten.

«Ich habe die Befürchtung», sagte der Erzbischof von Canterbury, George Carey, 1992 bei einem Besuch, «dass Jerusalem und Bethlehem – einst Zentren einer starken christlichen Präsenz – zu einer Art christlichem Walt Disney-Park werden könnten.»[4] Seine Worte schienen eine Prophezeiung zu sein. 1996 waren alle Läden, die im christlichen Viertel Devotionalien verkauften, bis auf fünf an Muslime verpachtet.[5] Der demographische Rückgang machte sich besonders in Bethlehem bemerkbar, wo es hieß, im chilenischen Santiago gäbe es mehr Bethlehemer als in Bethlehem selbst. Am Ende des Jahrtausends gab es am Geburtsort Christi zum erstenmal in der Geschichte mehr Muslime als Christen.

Im demographischen Rückgang spiegelte sich ein Zusammenbruch der Macht wider. Die britische Mandatsverwaltung hatte Frankreichs Rolle als Schutzmacht der katholischen Christenheit jäh ein Ende gesetzt; Russlands Schirmherrschaft über die Orthodoxen war durch die Revolution empfindlich geschwächt worden. Als Folge davon wurde Mitte des 20. Jahrhunderts der christliche Triumphalismus der Zeit nach dem Ersten Weltkrieg durch die realistische Einsicht seitens der Kirchen verdrängt, dass die Christen in Jerusalem allenfalls hoffen durften, noch etwas von den Brotkrumen abzubekommen. Deshalb zogen sich der Vatikan und die protestantischen Kirchen auch auf Plädoyers zugunsten einer Internationalisierung zurück. Am Ende des Jahrhunderts war die Stellung der Christen noch schwächer geworden. Christliche Institutionen und «christliche Staaten» traten für sich genommen im Ringen um Jerusalem nur noch in Nebenrollen in Erscheinung. Muslime und Juden, in demographischer Hinsicht überwältigend dominant, würden künftig über das Schicksal der Stadt bestimmen. Was die Kirchen sich erhoffen durften, war im besten Fall die weitere Kontrolle über ihre Einrichtungen und Heiligen Stätten in Jerusalem, während ihre Zahl weiter zurückging. Einige kleine Ostkirchen drohen ganz unterzugehen.

Christen unter jüdischer Herrschaft

Das christliche Jerusalem, das seit 1967 unter israelischer Herrschaft steht, wies widersprüchliche und sogar paradoxe Aspekte auf. Auf der einen Seite war es nur natürlich, dass sich viele Christen – eine gut ausgebildete, westlich orientierte und politisch hochentwickelte Oberschicht unter den Palästinensern – vom Nationalismus hingezogen fühlten und einige der sprachgewaltigsten und wirkungsvollsten Führer und Sachwalter der palästinensischen Nationalbewegung stellten. Andererseits empfanden sie als eine immer kleiner werdende Minderheit unter den Muslimen ein gewisses Unbehagen, das sie vom Gros der Bevölkerung absonderte.

Israel begann seine neue Beziehung zu den Jerusalemer Christen mit einigen vorgegebenen Vorteilen. In den christlichen Gemeinden bestand kein Grund, der Herrschaft der Jordanier nachzutrauern. Verschiedene restriktive Gesetze und Reglementierungen hatten den christlichen Einrichtungen in Ostjerusalem zwischen 1949 und 1967 das Leben schwer gemacht. In den folgenden Jahren machte die israelische Propaganda viel Aufhebens davon, die Ostjerusalemer Christen von diesen Fesseln befreit zu haben.[6] Allein schon der Umstand, dass die Stadt nun vereinigt war, verringerte die Probleme von Gemeinschaften, die bislang von ihren Glaubensbrüdern in Westjerusalem und allgemein in Israel getrennt gewesen waren. In vielerlei Hinsicht fanden christliche Einrichtungen die israelische Bürokratie weniger beschwerlich als die jordanische.

Aus all diesen Gründen waren zu Beginn der israelischen Herrschaft die Christen meistens nicht bereit, sich an anti-israelischen Aktivitäten zu beteiligen. Im Juli und August 1967 gaben führende Christen dem von Israel in Form einer Anordnung des Distriktsbevollmächtigten für Jerusalem ausgeübten Druck nach und weigerten sich, öffentliche Proteste gegen die israelische Herrschaft zu unterzeichnen.[7] Im Dezember konnte der für Jerusalem-Fragen zuständige Beamte im israelischen Außenministerium mit Genugtuung vermerken, dass die Oberhäupter der Kirchen «im Privaten dankbar dafür sind, dass sich die Dinge seit der Vereinigung der Stadt verändert haben, in der nun Religionsfreiheit und religiöse Erziehung sichergestellt sind».[8] Am Jahresende wurden auch die Oberhäupter aller Ostjerusalemer Kirchen zum jährlichen Empfang des israelischen Staatspräsidenten für die Spitze der christlichen Gemeinschaften in Israel eingeladen. Der griechische und der armenische Patriarch nahmen die Einladung an; der katholische lehnte sie ab, obwohl er sich mit israelischen Staatsrepräsentanten durchaus freundlich unterhielt.

In Bethlehem, das die Vereinten Nationen 1947 dem Großjerusalemer *Corpus separatum* zugesprochen hatten, wurden im Juli 1967 Stimmen christlicher (und einiger muslimischer) Notabeln laut, die die Eingliederung der Stadt in ein erweitertes Jerusalem – und somit in Israel – forderten. Nachdem dieses Ansinnen publik geworden war, wurde jedoch erklärt, Hauptziel der Bethlehemer sei nicht die Annexion durch Israel, sondern vielmehr «ihr Wunsch, nicht von Jerusalem getrennt zu werden, mit dem das Leben Bethlehems eng verbunden sei».[9] Die Israelis lehnten dies jedoch ab in Anbetracht des großen Zuwachses an arabischer Bevölkerung (und an Muslimen), den diese Maßnahme für Israels Hauptstadt mit sich gebracht hätte; allerdings unternahm später Schimon Peres einen halbherzigen Versuch, die Idee der Eingliederung zu neuem Leben zu erwecken.[10]

Wie zwischen 1949 und 1967 hatte Israel anfangs ein besseres Verhältnis zum Griechischen als zum Lateinischen Patriarchat. Beschwerden der Griechen über die israelische Politik ließen nach, als sich herausstellte, dass die neuen Herren nicht die Absicht hatten, sich am Status quo an den Heiligen Stätten zu vergreifen.[11] Im November 1967 legte Patriarch Benediktos nach einem Treffen mit Ministerpräsident Eschkol ein langes Memorandum vor, das die Geschichte der griechischen Rechte an den Heiligen Stätten rekapitulierte und beteuerte, dass Israels «absoluter Respekt vor den heiligen Grabmälern und deren Bewahrung» sowie seine «Bereitschaft, die Rechte und Privilegien der Religionsgemeinschaften zu erweitern, wie etwa die diplomatische Immunität, die Verwendung ausländischer Währung für Auslandsgeschäfte etc. ... dem Staat Israel große Ehre eingetragen» hätten.[12] Die Hellenistische Bruderschaft wurde wieder in ihre beherrschende Stellung innerhalb der Kirche eingesetzt und die während der jordanischen Zeit unternommenen begrenzten Schritte in Richtung einer Arabisierung wieder rückgängig gemacht.[13] Als 1980 ein neuer Patriarch gewählt werden musste, fiel die Wahl auf einen arabisch sprechenden Griechen, ein Übereinkommen, bei dem Israel und Jordanien gerne mitwirkten. Forderungen nach einer Vertretung der arabische Laien blieben ein weiteres Mal unbeachtet.[14]

Die Beziehungen zum Armenischen Patriarchat zu pflegen, ließen sich die Israelis ganz besonders angelegen sein. Anfang der achtziger Jahre wurden sie jedoch, so wie schon früher die Jordanier, in die komplizierten internen politischen Auseinandersetzungen der armenischen Glaubensgemeinschaft verwickelt.[15] Ein erbitterter Disput zwischen dem armenischen Patriarchen, Jeghische Derderian, und dem Erzbischof von Jerusalem, Schahe Ajamian, spaltete die armenische Gemeinde. Ajamian, von dem es hieß, dass er den Israelis besonders nahe stehe, wurde vom Patriarchen abgesetzt. Seinem Nachfolger, einem Australier, drohten die Israelis mit Ausweisung. 1985 wurde Ajamians Haus in Brand gesetzt und einer seiner Anhänger erstochen.[16] Auf der anderen Seite erleichterten der wirtschaftliche Aufschwung und große Spenden aus der armenischen Diaspora die

Renovierung der historischen Bauten des Stadtviertels. Als 1990 Torkom Manookian, der lange in den Vereinigten Staaten gelebt hatte, zum neuen Patriarchen gewählt wurde, wurde das Patriarchat im amerikanischen Stil modernisiert. Israel wünschte gute Beziehungen zu den Armeniern, weil sie ein nicht-arabisches christliches Element in der Altstadt waren und auch wegen ihrer Verbindungen zu ihrer armenischen Heimat. Aber die Israelis verirrten sich im Labyrinth der armenischen Politik und mussten erkennen, dass das, was sie in die Pflege der armenischen Freundschaft investiert hatten, nicht gleich Erträge abwarf.

Noch größere Schwierigkeiten hatte Israel in seinen Beziehungen zur römisch-katholischen Kirche und zu den anderen Kirchen (wie der griechisch-katholischen), die die Autorität des Papstes anerkannten. Der israelische Außenminister hatte zunächst gehofft, dass der Vatikan sich mit dem Gedanken anfreunden werde, dass nur die Heiligen Stätten und nicht die Stadt als Ganzes internationalisiert werden sollten.[17] Diese Hoffnung wurde gleich zu Anfang enttäuscht. Eine vom Beobachter des Vatikans bei den Vereinten Nationen am 24. Juni 1967 in Umlauf gebrachte Note erläuterte: «Der Heilige Stuhl ist nach wie vor ... überzeugt, dass die einzige Lösung, die eine ausreichende Garantie für den Schutz Jerusalems und seiner Heiligen Stätten bietet, darin besteht, diese Stadt und ihre Umgebung einem internationalen Regime zu unterstellen.» Ein israelischer Vertreter hatte kurz zuvor Rom besucht, um den Vatikan von den Vorzügen des israelischen Plans einer «funktionalen Internationalisierung» nur der Heiligen Stätten zu überzeugen, aber die Note des Vatikans stellte klar, dass dies für ihn nicht akzeptabel war: «In Jerusalem sind die Heiligen Stätten in der ganzen Stadt derart zahlreich, dass es nicht möglich ist, die beiden Fragen zu trennen, nämlich die Jerusalems und die der Heiligen Stätten.»[18]

Wohl aber machte der Vatikan verschiedenerlei Andeutungen, dass er mit der Internationalisierung eines sehr viel begrenzteren Areals zufrieden wäre als desjenigen, das mit dem *Corpus separatum* von 1948 dafür vorgesehen war. Am 16. Juni erklärte Papst Paul VI. vor einer Kardinalsversammlung, dass Jerusalem «seine eigene, international garantierte Verfassung» haben müsse.[19] Nachfolgende quasioffizielle Erklärungen des Vatikans hielten sich an dieses enger gefasste Internationalisierungskonzept.[20] In einer privaten Unterhaltung mit einem britischen Diplomaten erklärte Monsignore Casaroli, der stellvertretende Staatssekretär des Vatikans:

sie sähen ein, dass die Israelis aller Wahrscheinlichkeit nach ihre Kontrolle nicht aufgeben würden, zumindest nicht über die Neustadt. Hinsichtlich der Altstadt denke man im Vatikan gegenwärtig, dass auf lange Sicht etwas mehr nötig sein werde als eine einfache israelische Garantie des freien Zugangs zu den Heiligen Stätten. Die Altstadt sollte als eine Einheit behandelt werden und ein internationales Regime erhalten. Hinsichtlich der Form eines solchen Regimes sei man im Vatikan nicht festgelegt, aber zu den Vereinten Nationen habe man nach der jüngsten Vorführung ihrer Ohnmacht wenig Vertrauen.

Der Diplomat folgerte daraus, dass der Vatikan stattdessen an eine direkte Verständigung mit Israel, Jordanien und «Repräsentanten der verschiedenen, an der Stadt interessierten religiösen Körperschaften» dachte.[21]

Im Juli 1967 entsandte der Vatikan Monsignore Angelo Felici, einen Unterstaatssekretär, als Sondergesandten nach Israel, um mit den Israelis und der Führung der Ostkirchen in Jerusalem Gespräche über die Heiligen Stätten und Jerusalem zu führen. Die Israelis erörterten mit ihm ihre Vorstellungen; sie erwogen die Übertragung der christlichen Heiligen Stätten an einen Ausschuss, der sich aus Vertretern der verschiedenen christlichen Gemeinschaften zusammensetzen sollte. Aus diesen Gesprächen und aus anderen Kontakten, die sie mit dem Vatikan aufnahmen, erfuhren die Israelis, dass die Haltung des Vatikans Fortschritte gemacht hatte. Er bestand nicht mehr auf der Internationalisierung von ganz Jerusalem oder auch nur von einem Teil davon, sondern war mit einem internationalen Statut zufrieden, das die christlichen Heiligen Stätten und die Rechte der christlichen Gemeinschaften in der Stadt garantieren würde. Bezeichnenderweise sprach Papst Paul VI. bei der Kardinalversammlung am 22. Dezember 1967 über die Heiligen Stätten und über religiöse und zivile Rechte, forderte aber keine Internationalisierung der Stadt.[22]

Felici versuchte erfolglos, sich des Rückhalts des Armenischen und des Griechischen Patriarchats zu versichern. Der armenische Patriarch Jeghische Derderian berichtete den Israelis über sein Gespräch mit Monsignore Felici.[23] Der griechische Patriarch Benediktos nahm Anstoß an Felicis Mission und schickte dem israelischen Ministerpräsidenten Levi Eschkol eine scharf formulierte Botschaft, die sich darauf versteifte, dass «der Papst und der Vatikan nicht befugt seien, sich über Fragen der Heiligen Stätten zu äußern».[24] Einem israelischen Beamten teilte Benediktos mit, falls der Vatikan mit Israel eine Abmachung über dieses Thema träfe, würde er sich als Eigentümer von zwei Dritteln der Heiligen Stätten dem widersetzen. Er sei gegen eine

Internationalisierung sowohl der Stadt als auch nur der Heiligen Stätten.[25] Darüber besorgt, dass der Vatikan eine gesonderte Vereinbarung mit den Israelis treffen könnte, überredeten die beiden Patriarchen den anglikanischen Erzbischof, zum Erzbischof von Canterbury nach London zu reisen, ihn um Unterstützung zu bitten und sich über Felici zu beklagen, der nach Jerusalem gekommen sei, «um zu nehmen und nicht um zu geben».[26] Der Generalsekretär des Weltrats der Kirchen drückte ebenfalls seine Beunruhigung über Felicis Mission aus und erklärte, dass seine Institution (der die meisten protestantischen Kirchen angehörten), «nicht stillschweigend eine Vereinbarung mit Rom hinnehmen könne, die [die] Position [von] alten Kirchen als nachgeordnet behandelt».[27]

Israel traf weder mit dem Vatikan noch mit irgendeiner anderen Kirche eine solche Abmachung. Stattdessen klammerte es sich, wie schon seine Vorgänger, an den geheiligten Grundsatz des Status quo, sowohl an den Heiligen Stätten als auch allgemein in seinen Beziehungen zu christlichen Einrichtungen in Jerusalem.

Unter israelischer Herrschaft schritt die Arabisierung der Kirchen voran; eine Ausnahme bildete bezeichnenderweise lediglich die griechisch-orthodoxe Kirche. 1976 wurde Faiq Haddad zum ersten arabischen Bischof der anglikanischen Kirche geweiht, und im Dezember 1984 wurde Michel Sabbah der erste arabische (und auch erste nichtitalienische) «lateinische» Patriarch von Jerusalem. Auf lange Sicht hatte diese Arabisierung politische Konsequenzen, die den Israelis nicht genehm waren. Die *Intifada* war von einem ausgeprägten Aufbranden islamischer Emotionen gekennzeichnet, die christliche Araber, die sich in der Regel von der Gewalt fernhielten, beunruhigte. Gleichwohl waren christliche Araber, Laien und Geistliche, prominente Sprecher für die Sache der Palästinenser – allen voran Hanan Aschrawi von der Bir Zeit-Universität in der Nähe von Ramallah. Der in Nazareth geborene Sabbah hatte die Nachfolge des Italieners Giacomo Giuseppe Beltritti angetreten. Er unterstützte offen den Aufstand und erklärte Ostern 1988: «Nach zwanzig Jahren Besatzung ist es normal, dass sich die Menschen auflehnen und ‹es ist genug› sagen.»[28] Die Israelis versuchten, Sabbahs Predigten der Zensur zu unterwerfen, und brachten heftige Beschwerden gegen den Vatikan vor, weil er die *Intifada* guthieß. Dem israelischen Ministerium für Religionsangelegenheiten zufolge handelte er sich deswegen eine Rüge vom Vatikan ein. Dennoch nahm er bei seinen öffentlichen Äußerungen auch danach kein Blatt vor den Mund, was sich auf die israelisch-vatikanischen Beziehungen nachteilig auswirkte. Ostern 1989 unterschrieb sogar der armenische Patriarch Derderian zusammen mit den Oberhäuptern der anderen Kirchen in Jerusalem eine gemeinsame Protesterklärung.[29]

Im April 1990 kam es zu einer weiteren Verschlechterung der Beziehungen zwischen den Israelis und den Ostjerusalemer christlichen Gemeinden, als bewaffnete rechtsextremistische Israelis unter dem Schutz von 150 Polizisten das St. John-Hospiz besetzten, ein Gebäude mit zweiundsiebzig Zimmern unweit der Grabeskirche, und einen Davidsstern über das Kreuz am Türrahmen hängten. Auf den entrüsteten Protest der Christen antworteten sie mit der Behauptung, der armenische Pächter des Gebäudes habe es ihnen gestattet. Später gab die israelische Regierung zu, einer «Firma aus Panama», die das Gebäude untervermietet hatte, 1,8 Millionen Dollar zur Verfügung gestellt zu haben.[30] Ministerpräsident Jitzhak Schamir bekannte sich öffentlich zu der Besetzung, und sein Sprecher bezeichnete die Finanzhilfe seitens der Regierung als «ein gewöhnliches Immobiliengeschäft».[31] Das Hospiz stand zwar nicht auf der offiziellen Liste der Heiligen Stätten, aber bei den Christen herrschte helle Empörung. Der griechisch-orthodoxe Patriarch Diodoros I., der Eigentumsrechte an dem Gelände geltend machte, ließ an seinem Dienstsitz schwarze Flaggen aushängen, und andere Kirchenführer unterzeichneten eine gemeinsame Solidaritätserklärung.[32] Als der Prälat an einer Demonstration gegen die Besetzung des Hospizes teilnahm, setzte man Tränengas ein. Teddy Kollek, linke Israelis und palästinensische Muslime schlossen sich den Protesten an. Als auch noch der Papst, das Washingtoner State Department, die *New York Times*, jüdische Organisationen in Amerika, der irakische Präsident Saddam Hussein, die griechisch-orthodoxe Erzdiözese von Nord- und Südamerika und das Europäische Parlament sich zu den Kritikern der israelischen Regierung in dieser Frage gesellten, gewann die Angelegenheit schließlich internationalen Charakter. Obwohl die meisten Hausbesetzer Anfang Mai nach einer Anordnung des Obersten Gerichts aus dem Haus hinausgewiesen wurden, wohnten noch im Februar 1991 zwölf Besetzer weiterhin in dem Gebäude. In anderen arabischen Bereichen der Stadt gingen ähnliche Hausbesetzungen und Proteste dagegen die nächsten Jahre weiter.

Dennoch verbesserten sich die israelischen Beziehungen zum Vatikan in den frühen neunziger Jahren. Hauptgrund waren die Eröffnung der Madrider Friedenskonferenz und der Wunsch des Vatikans, in der Jerusalem-Frage und bei den Heiligen Stätten mitreden zu können. Ein weiterer Grund – historisch gesehen vielleicht der signifikanteste – war die veränderte theologische Einstellung gegenüber den Juden seit dem Zweiten Vatikanischen Konzil.[33] Der dritte Grund war der Wunsch des alten, kränkelnden Papstes Johannes Paul II., vor seinem Tod noch eine Pilgerfahrt in das Heilige Land zu unternehmen. (Papst Paul VI. hatte 1964 das Heilige Land besucht, aber da damals die meisten Heiligen Stätten in jordanischer Hand waren, hatte er nur vierundzwanzig Stunden in Israel verbracht, seine israelischen Gastgeber kaum zur Kenntnis und das Wort «Israel» nicht in den Mund genommen. Eine zweite derartige Brüskierung wollten sich die Israelis nicht gefallen lassen.) Ein vierter Grund war Druck seitens italienischer Politiker infolge der in der Öffentlichkeit herrschenden Sympathie für Israels Standhaftigkeit und Geduld angesichts irakischer Raketenangriffe während des Golfkriegs Anfang 1991. Ein fünfter Grund war schließlich, dass der Vatikan seine Abkehr von der Befürwortung der Internationalisierung Jerusalems formalisierte. Als der New Yorker Kardinal O'Connor im Januar 1992 Israel besuchte, bestätigte er, dass der Vatikan «kein besonderes Interesse daran hat, wer die Kontrolle über Jerusalem hat», sondern einfach nur freien Zugang zu den Heiligen Stätten wünsche und «gleiche Rechte für alle» fordere.[34]

1991 begannen geheime Gespräche zwischen Israel und dem Vatikan. Im Juli 1992 gaben beide Seiten die Bildung einer gemeinsamen Kommission bekannt. Nach längeren, freundlichen Verhandlungen kam man am 30. Dezember 1993 zu einem Vertrag, der erstmals die Aufnahme diplomatischer Beziehungen zwischen Israel und dem Heiligen Stuhl vereinbarte. Als wolle er Ausgewogenheit demonstrieren, verkündete der Vatikan, dass er auch mit Jordanien Gespräche im Hinblick auf die Aufnahme diplomatischer Beziehungen aufnehme. Jerusalem wurde in dem Vertragstext nicht erwähnt, aber es bestand Einverständnis darüber, dass der Vatikan sich mit dem bescheiden werde, was Monsignore Claudio Celli, der Vertreter des Vatikans bei der feierlichen Unterzeichnung, als «eine internationale Garantie» bezeichnete, «um die Besonderheit der Stadt für die drei monotheistischen Religionen zu schützen, zu bewahren und anzuerkennen».[35] Bei den katholischen Christen in Jerusalem erregte die Vereinbarung einige Besorgnis. Der Patriarch betonte, dass der Vatikan die israelische Souveränität über die Stadt nicht anerkannt habe.[36] Der nach Israel zu entsendende Repräsentant des Vatikans werde in Jaffa und nicht in Jerusalem residieren. Im Oktober 1994 gab der Vatikan bekannt, dass man mit der PLO über die Aufnahme formeller Beziehungen einig geworden sei.[37] Bis es zu einem Abkommen kam, dauerte es sogar noch länger, aber im Februar 2000 unterzeichneten der Vatikan und die palästinensischen Autonomie-Behörden einen Vertrag zur «Normalisierung der Beziehungen». Mit der Etablierung diplomatischer Beziehungen mit Israel und den Palästinensern und in Anbetracht des Endes der *Intifada* und der darauf folgenden diplomatischen Entspannung zwischen Israelis und Palästinensern waren nun die Voraussetzungen für den Papstbesuch im Heiligen Land gegeben.

Die Pilgerreise von Johannes Paul II. nach Jerusalem im folgenden Monat war der Höhepunkt der Tausendjahrfeiern der Katholiken in Palästina und weltweit. Sie bestärkte die zentrale Stellung Jerusalems im spirituellen Leben der Christen in aller Welt, bekundete aber vor allem, dass die Zeit des christlichen Triumphalismus endgültig vorbei war. Zugleich besiegelte sie die schwierige Aussöhnung zwischen der katholischen Kirche und dem Judentum. Der Papst war sorgsam darauf bedacht, auf die Anliegen von Juden wie Muslimen mit Fingerspitzengefühl einzugehen. Bei einem Besuch in Jad Waschem, der Gedenkstätte für die Erforschung und Dokumentation des Holocaust, gestand er ein, dass die Kirche in ihrem Verhalten gegenüber den Juden versagt habe. Gemäß der getroffenen Absprache wurde er nicht von einem Repräsentanten der israelischen Regierung begleitet, als er die Heiligen Stätten in der Altstadt, einschließlich der muslimischen auf dem Tempelberg, besuchte (allerdings demonstrierten mehrere Hundert vorwiegend religiöse Juden gegen ihn). Zu einigen Missklängen kam es bei einem Treffen mit führenden Vertretern aller drei Religionen: Der aschkenasische Oberrabbiner von Israel, Yisrael Meir Lau, dankte dem Papst für seine «Anerkennung Jerusalems als Israels geeinter, ewiger Hauptstadt». Der Vatikan hatte eine solche Anerkennung nicht ausgesprochen. Der Mufti von Jerusalem, Scheich Akram Sabri, boykottierte wiederum die Zeremonie, weil sie die Anerkennung der israelischen Souveränität über Jerusalem impliziere. Der statt seiner teilnehmende oberste Richter der muslimischen Religionsgerichte unter palästinensischer Hoheitsgewalt, Scheich Tatzir Tamimi, nutzte die Gelegenheit, um Israel wegen «Völkermords» und der «Erdrosselung Jerusalems und der Unterdrückung seiner Einwohner» anzuklagen.[38]

Die neue Beziehung zwischen Israel und dem Vatikan erregte die Besorgnis der orthodoxen Christen, die nun befürchteten, dass ihre

Interessen ignoriert würden. Der griechisch-orthodoxe Patriarch Diodoros I. stellte 1994 klar: «Der Vatikan vertritt uns nicht.»[39] Ein weiterer Bruch trat in der Erklärung des obersten griechisch-orthodoxen Bischofs in Jerusalem, des Metropoliten Timotheos, zutage. Offensichtlich beunruhigt durch den neuerdings entspannten Ton zwischen Israel und Russland, sagte er: «Nur die griechisch-orthodoxe Kirche ist die einheimische Kirche und verwaltet sich selbst ohne irgendeine andere Autorität außerhalb von Jerusalem.»[40] Der russische Botschafter in Israel, Alexander Bowin, ließ freilich Töne aus alten Zeiten vernehmen: «In diese Frage muss sich die russische Kirche einmischen», sagte er in einem Zeitungsinterview.[41] Das alte Protektorat der Orthodoxen war, wie es schien, noch nicht ganz tot.

Die «Roten» und die «Weißen»

Obwohl die russischen Einrichtungen in Palästina seit dem Ersten Weltkrieg, der Revolution und dem Bürgerkrieg von ihrer Heimat abgeschnitten waren, hatten sie ohne Schaden überlebt und sich ihre intensive, nach innen gerichtete Religiosität ungeschmälert erhalten. Die letzte Schirmherrin der Kaiserlichen Orthodoxen Palästina-Gesellschaft, die Großherzogin Elisabeth Fjodorowna, hatte ein furchtbares Schicksal erlitten. Zwei Tage nach der Ermordung des Zaren wurde sie, von Schüssen verwundet, zusammen mit Familienangehörigen in einen Minenschacht in Sibirien geworfen und dem Tod überlassen. Ihre sterblichen Überreste wurden von vorrückenden Truppen des konterrevolutionären Admirals Koltschak gefunden, der sie nach China überführen ließ. 1920–21 wurden sie auf einem Schiff der britischen Marine nach Palästina gebracht und schließlich in der Nähe der russisch-orthodoxen Gethsemane-Kirche in Jerusalem beigesetzt, als Symbol der Mühen des russischen Imperialismus in Palästina sowie der ungebrochenen spirituellen Macht der russisch-orthodoxen Kirche. Etwa zur selben Zeit gestattete die Regierung Palästinas mehreren Hundert Frauen, die nach der Revolution geflohen waren, sich in Klöstern in Palästina niederzulassen. Die in Jerusalem gestrandeten russischen Geistlichen, Mönche und Nonnen betrachteten sich als Hüter einer heiligen Sache. Wie so viele andere Exilanten – beginnend mit der Französischen Revolution – blieben sie in den nächsten fünfundsiebzig Jahren dem Lebensstil und Denken ihres *ancien régime* verhaftet.

Seit 1927 war die russisch-orthodoxe Kirche in mehrere Lager gespalten: eine von den Kommunisten kontrollierte und von Moskau dirigierte «rote» Kirche sowie drei «weiße» orthodoxe Gruppierungen, die von der Revolution feindlich gesinnten Exilrussen getragen wurden. Eine dieser «weißen» Gruppierungen, der Synod der Russischen Kirche im Exil, der anfangs seinen Sitz in Sremski-Karlovci (Karlowitz) in Jugoslawien hatte, gewann die Unterstützung der Russischen Kirchlichen Mission in Palästina.

Nachdem 1924 die Briten die sowjetische Regierung anerkannt hatten, war die Mandatsverwaltung in Palästina mit der unumwundenen Forderung der Sowjets konfrontiert, ihre Rechte als Besitztümer aller russischen Kirchen und dem russischen Staat gehörenden Vermögenswerte in Palästina anzuerkennen. Dazu gehörten unter anderem wichtige Gebäude in der Jerusalemer Altstadt, die Maria-Magdalena-Kirche mit ihren zwiebelförmigen Kuppeln beim Garten Gethsemane sowie die wunderschöne, in Weiß und Grün gehaltene orthodoxe Kathedrale mit dem weiträumigen, sie umgebenden Gelände im Herzen von Westjerusalem, von ausgedehntem Grundbesitz andernorts in Palästina ganz zu schweigen. Die Regierung war nicht bereit, dieser Forderung zu entsprechen, und suchte hinter Artikel 13 des Mandats Deckung, der, wie es in einem späteren Memorandum des Londoner Außenministeriums hieß, «der Regierung Seiner Majestät eine klare Verpflichtung auferlegt, diese kirchlichen Besitztümer vor einer Regierung zu schützen, die nicht den Anspruch hatte, als ein Beschützer christlicher Interessen betrachtet zu werden».[42] Weil man befürchtete, die Russen würden vor Gericht gehen, um ihr Vermögen zurückzuerlangen, wurde eine Verordnung erlassen, die sämtliche mit Heiligen Stätten zusammenhängenden Streitfragen der Zuständigkeit der Gerichte entzog. Die Folge war, dass die Liegenschaften in den Händen der «Weißen» blieben.

In den nächsten zwei Jahrzehnten änderte sich die Lage nicht. 1943 kam jedoch erneut die Frage auf, als der Sowjetstaat einen «Rat für die Angelegenheiten der Orthodoxen Kirche» begründete. Inzwischen waren die Briten zu Verbündeten einer Sowjetunion geworden, in der Stalin die orthodoxe Kirche für den «Großen Vaterländischen Krieg» mobilisierte. Die britische Regierung überdachte darum ihre Auffassung noch einmal. Dann entschied Churchill, dass «im Lichte unserer gegenwärtigen Beziehungen mit der sowjetischen Regierung und des veränderten Status der orthodoxen Kirche» man sich neuerlichen russischen Ansprüchen nur «schwer würde widersetzen können».[43] Statt aber die Vermögenswerte auszuhändigen, verfielen die britischen Behörden auf die altehrwürdige Whitehall-Taktik, die Sache noch einmal prüfen zu lassen. Die Untersuchungen zogen sich hin, und nach einer Weile trat an die Stelle der Kriegsallianz der Kalte Krieg, womit die Übergabe der Heiligen Stätten an ein gottloses Regime wiederum nicht in Frage kam. Als die Russen im März 1945 ein weiteres Mal ihre Forderungen geltend machten, wurden sie nach einer dreizehnmonatigen weiteren Untersuchung vom Foreign Office abschlägig beschieden.[44]

Die Sowjets hatten allerdings in der Zwischenzeit einen Teilsieg errungen, als sie im Mai 1944 die Loyalität einiger der in Jerusalem übriggebliebenen russischen Geistlichen gewannen. Ein Jahr später – der Zweite Weltkrieg war zu Ende – besuchte der Moskauer Patriarch Alexj Jerusalem, wo er mit russischen und griechischen Geistlichen zusammentraf, obwohl berichtet wurde, er sei bei letzteren «nicht gerade erfolgreich» gewesen.[45] Anfang 1948, als das Ende des Mandats bereits in Sicht war, beschloss die Regierung von Palästina, eine gesetzliche Regelung zu verkünden, derzufolge die Kontrolle über russische Besitztümer in Palästina von den Briten eingesetzten Treuhändern übergeben würde. Die *Wa'adat Ha-matzaw*, der Lageausschuss der *Jewish Agency,* fand dies heraus; kurz darauf jagte die Haganah die Regierungsdruckerei in die Luft. Das Gesetz wurde folglich nie verkündet.[46] Es scheint auch nie in Kraft getreten zu sein. Im Mai 1948, unmittelbar vor dem Ende der Mandatsverwaltung, ersuchte die sowjetische Regierung – erfolglos – London darum, ihrer diplomatischen Vertretung in Ägypten das russische Vermögen in Palästina zu überantworten.[47] In dem nun folgenden Chaos versuchten die Sowjets, die Generalkonsuln der Tschechoslowakei, Jugoslawiens und Polens dazu zu bewegen, sich die «vorübergehende Verwaltung der beweglichen Güter, Immobilien, Archive und Dokumente, die der Russisch-Orthodoxen Gesellschaft gehörten» zu sichern – aber es war ein vergebliches Unterfangen.[48]

Das Ergebnis war nun eine geteilte russische Kirche in einer geteilten Stadt. Im Gefolge der israelisch-jordanischen Waffenstillstandsvereinbarung vom April 1949 waren die russischen Liegenschaften in Jerusalem nun durch Stacheldraht und Minenfelder getrennt. Diejenigen in der Altstadt und die Gethsemanekirche auf dem Ölberg unterstanden Jordanien, das keine diplomatischen Beziehungen mit der Sowjetunion unterhielt. Mit Zustimmung der Briten entschied sich Jordanien dafür, den Status quo beizubehalten, und erkannte die

Rechte der «Weißen» an. Das russische Gelände und die Kathedrale in Westjerusalem befanden sich nun im Zentrum der künftigen Hauptstadt Israels. Archimandrit Antonij, das Oberhaupt der Russischen Kirchlichen Mission, wurde von den Israelis unter Hausarrest gestellt. Auf Druck des Internationalen Roten Kreuzes wieder freigelassen, zog er nach Ostjerusalem um.[49] Auch andere russische Geistliche und Mönche verließen die Gebäude in Westjerusalem und flohen nach Ostjerusalem. Die Israelis nahmen die leerstehenden Bauten in Besitz, um sie für Dienststellen und das Oberste Gericht zu verwenden. Bereits im August 1949 waren in diplomatischen Kreisen Gerüchte darüber in Umlauf, dass der Grund für den Widerstand der Sowjets gegen die Internationalisierung Jerusalems darin zu suchen sei, dass «sie viel lieber direkt mit den Israelis über russische Besitztümer in Jerusalem verhandeln würden als mit einer internationalen Körperschaft».[50] In der Tat hatten die Israelis sogar noch vor der Gründung ihres Staates informell versprochen, die sowjetischen Rechte an russischen Besitztümern in Palästina anzuerkennen. Schabtai Rosenne, der spätere Rechtsexperte des israelischen Außenministeriums, war im Dezember 1947 zu Gesprächen über dieses Thema in London mit einem sowjetischen Vertreter zusammengetroffen, in denen diese Zusage gegeben worden war. Die Verhandlungen über die Einzelheiten zogen sich allerdings über viele Jahre hin.

Am 31. Mai 1950 beschloss der Ministerrat der UdSSR die Gründung der Russischen Palästina-Gesellschaft. Diese arbeitete unter dem Dach der Sowjetischen Akademie der Wissenschaften und beanspruchte, die rechtmäßige Erbin des Vermögens der früheren Kaiserlichen Orthodoxen Palästina-Gesellschaft zu sein. Um sich die Gunst der Sowjetunion nicht zu verscherzen, erkannten die Israelis Anfang 1950 in Jerusalem die Vertreter des von den Sowjets kontrollierten Moskauer Patriarchats in aller Form als Träger der Verwaltungshoheit über die Russische Kirchliche Mission in Jerusalem an. Nach langem Hin und Her, das sich infolge einer kurzen Unterbrechung der diplomatischen Beziehungen zwischen beiden Ländern 1953 noch verschärfte, zahlte die israelische Regierung den Sowjets für die von Israelis benutzten Gebäude in sowjetischem Besitz Miete.[51]

Die Israelis boten an, den Großteil der Immobilien zu kaufen, und im Prinzip waren die Sowjets denn auch einverstanden. Allerlei Komplikationen verhinderten jedoch eine rasche Einigung. Manche dieser Immobilien waren unter dem Namen der zaristischen Regierung registriert, deren Rechtsnachfolge die UdSSR für sich beanspruchte; andere waren unter dem Namen der Romanows oder des Großherzogs Sergej als Repräsentanten der Kaiserlichen Orthodoxen Palästina-Gesellschaft eingetragen, und die restlichen unter dem der russisch-orthodoxen Kirche. Im Oktober 1964 wurde schließlich der Verkauf des Großteils des russischen Geländes mit Ausnahme der Kathedrale in seinem Zentrum sowie eines weiteren Gebäudes an Israel vereinbart. Auch andere russische Liegenschaften wurden um diese Zeit verkauft. Ein Teil des Kaufpreises war eine Schiffsladung Orangen.[52] Der Rest wurde in Dollar bezahlt, aber die Sowjets wünschten eine Garantie gegen die Abwertung der US-Währung, worauf Israel im Gegenzug eine Garantie gegen Ansprüche Dritter haben wollte. Im Rahmen einer feierlichen Zeremonie im israelischen Außenministerium unterzeichneten der sowjetische Botschafter und die israelische Außenministerin Golda Meir den Vertrag. Kurz darauf klingelte im Büro des Rechtsberaters der Ministerin das Telefon. Eine Dame, die sich als die Tochter Anastasias ausgab, der Romanow-Prinzessin, die angeblich die Ermordung der Zarenfamilie im Jahre 1918 überlebt hatte, war am Apparat und verlangte ihre Besitztümer zurück. Man sagte ihr, sie möge ihren Antrag in dreifacher Ausfertigung einreichen, hörte aber nie wieder etwas von ihr, obwohl 1966 Berichte auftauchten, dass diejenigen, die sich als Erben des Großherzogs Sergej ausgaben, Ansprüche geltend zu machen beabsichtigten.[53]

Die Frage der Liegenschaften war nur Teil einer Reihe von Problemen im Zusammenhang mit der orthodoxen Kirche, mit der die Israelis zwischen 1949 und 1967 immer wieder konfrontiert wurden. Fasziniert verfolgten sie die Beziehung zwischen den Sowjets und der griechisch-orthodoxen Hierarchie in Jerusalem. In einem an Reuven Schiloah, den Chef des israelischen Geheimdienstes, gerichteten und als «top secret» deklarierten Memorandum vom September 1949 verzeichnete der israelische Diplomat Jacob Herzog eine bemerkenswerte Annäherung von historischem Rang: Das Griechisch-orthodoxe Patriarchat in der Altstadt rückte nah an die Vertreter der (pro-sowjetischen) russisch-orthodoxen Kirche in Westjerusalem heran, an deren Spitze seit November des vergangenen Jahres der Archimandrit Leonid stand. Man hatte sich gegenseitig Freundschaftsbesuche abgestattet und gemeinsam in Westjerusalem in Gegenwart des sowjetischen und des griechischen Konsuls einen Gottesdienst gefeiert. Trotz der langen Feindschaft zwischen dem Patriarchat und den russischen Kommunisten waren beiden Seiten wegen – so hieß es – ihres gemeinsamen Widerstands gegen die Internationalisierung Jerusalems zusammengerückt.[54]

Ein wenige Monate später verfasster Bericht des britischen Konsulats deutete allerdings an, dass das Patriarchat eine Art Doppelspiel spielte: «Innerhalb des hiesigen Griechischen Patriarchats hat es eine ziemliche Intrige in dieser Angelegenheit gegeben. Der Patriarch selbst, der sehr antirussisch eingestellt ist, will unbedingt, dass die Heiligen Stätten unter König Abdullahs Schutz bleiben, und ist gegen die Internationalisierung, weil diese unvermeidlich zu einer russischen Vorherrschaft innerhalb der hiesigen orthodoxen Kirche führen würde.»[55]

Im Januar 1952 traf Archimandrit Ignatius Polykarp in Begleitung von fünf Mitarbeitern ein, um die Führung der Russischen Kirchlichen Mission in Jerusalem zu übernehmen. Man sagte, er sei «einer der brillantesten Erzeugnisse der sowjetisch kontrollierten theologischen Akademien» und feinsinniger als sein Vorgänger in Jerusalem, der – vergeblich – versucht hatte, den griechisch-orthodoxen Patriarchen Timotheos mit einem großen Betrag in Gold zu bestechen. In der fiebrigen Atmosphäre des Kalten Krieges konnte es nicht ausbleiben, dass daraufhin in New York Spenden aus makellos antikommunistischen Quellen für das verarmte Patriarchat gesammelt wurden.[56] Trotz dieses Wettbewerbs um das beste Angebot scheinen weder die «Roten» noch die «Weißen» imstande gewesen zu sein, die ständigen finanziellen Probleme des Patriarchats zu lösen.

Da berichtete der britische Generalkonsul im Juni 1952 plötzlich, aus einer neuen Richtung zeichne sich eine mögliche Rettung ab:

> Die sich den Russen durch die extreme Armut des orthodoxen Patriarchats bietende Gelegenheit wird bald vergehen, falls bestimmte Verhandlungen zwischen dem Patriarchat und den Israelis erfolgreich verlaufen. Die Israelis bieten derzeit – so unglaubhaft es auch sein mag – dem Patriarchat an die £ 300 000 in *Sterling bar auf die Hand* für eine 99 Jahre dauernde Pacht bestimmter Liegenschaften im israelisch regierten Jerusalem. Mit anderen Liegenschaften könnte man auf dieselbe Weise verfahren, und das Patriarchat profitiert bereits erheblich von einem weiteren, früher unterzeichneten Pachtvertrag oder wird es sehr bald tun: Ihm stehen daraus £ 50 000 im Jahr für zwei Jahre und £ 17 000 im Jahr für die nächsten 13 Jahre zu. Die Kosten, die sie begleichen werden müssen, belaufen sich auf ungefähr £ 50 000.[57]

Von da an erkannte das Griechische Patriarchat in Jerusalem nur noch die «rote» Kirche an und hatte mit ihren Konkurrenten mit Sitz in New York nichts mehr zu tun.[58]

Als Folge des Krieges von 1967 sah sich Israel neuen Komplikationen hinsichtlich der russischen Liegenschaften in Ostjerusalem gegenüber. Schon wenige Tage nach Kriegsende entsandte die in New York ansässige «weiße» orthodoxe Kirche zwei Geistliche nach Jerusalem, um Kontakt mit den Israelis aufzunehmen und möglichst sicherzustellen, dass die von ihnen kontrollierten Immobilien in Ostjerusalem nicht unter sowjetische Kontrolle gelangten.

Der Logik nach hätten die Israelis die gleichen Regelungen auf Ost- wie auf Westjerusalem anwenden und die dortigen russischen Liegenschaften den Sowjets übergeben müssen – insbesondere deshalb, weil die israelische Regierung Ostjerusalem in Israel eingliederte und darauf bestand, dass es kein besetztes Land sei und dass die normalen Regelungen hinsichtlich der Beibehaltung des Status quo unter militärischer Besatzung deshalb dort nicht galten.

Inzwischen hatte jedoch in den israelisch-sowjetischen Beziehungen eine Revolution stattgefunden. Die UdSSR hatte ihre diplomatischen Beziehungen zu Israel abgebrochen und als einzige sowjetische Vertreter eine kleine Gruppe von Nonnen, drei Popen, einen Verwaltungsbeamten und einen Fahrer zurückgelassen. Sie alle behielt der israelische Sicherheitsdienst im Auge, weil er einige von ihnen als Agenten verdächtigte. Die UdSSR führte einen Propagandakrieg gegen Israel und ermunterte ihre Verbündeten, das Gleiche zu tun. Überdies versorgte Moskau Israels geschworene Feinde mit neuen Waffen. Die israelische Regierung hatte demnach keinen Grund, den Sowjets etwas Gutes anzutun und ihnen auch nur eine einzige Immobilie in Ostjerusalem zu überantworten. Darum beschloss sie, den Status quo unter der ausdrücklichen Voraussetzung beizubehalten, dass die «Weißen» versprachen, nicht die Vereinbarung anzufechten, die Israel mit den Sowjets unterzeichnet hatte und die anerkannte, dass Vermögenswerte in Westjerusalem und im übrigen Israel Eigentum der «Roten» waren.[59]

Entsprechend freundlich wurden die «weißen» Abgesandten von den israelischen Behörden willkommen geheißen, und der Minister für Religionsangelegenheiten brachte sie persönlich in seinem Wagen zu ihren Heiligtümern auf dem Ölberg. Kurz darauf reichte Metropolit Philaret, das Oberhaupt der «weißen» Kirche, unter Berufung auf deren Eigenschaft als Rechtsnachfolgerin der Russischen Palästina-Gesellschaft ein formelles Ersuchen um Bestätigung der «weißen» Eigentümerschaft an den Heiligen Stätten ein, die seine Kirche bislang unter jordanischer Herrschaft kontrolliert hatte.[60] In seiner Antwort versicherte der israelische Botschafter in Washington, Abraham Harman, dem Metropoliten, «dass die Heiligen Stätten Ihrer Kirche außer Gefahr» seien.[61] Das war zweifelsohne eine geschickte Formulierung: Auf der einen Seite beinhaltete diese Aussage beinahe schon die Anerkennung der Ansprüche der «Weißen». Und in der Tat änderten die Israelis am Status quo der von den Weißen kontrollierten Heiligen Stätten nichts. Auf der anderen Seite aber gaben die Israelis keine ausdrückliche Bestätigung, dass die «Weißen» Eigentümer seien – und konnten damit noch eine Karte aus dem Ärmel schütteln, um sie eventuell in einem Geschäft mit den «Roten» ins Spiel zu bringen, die schließlich potentiell den Israelis sehr viel mehr zu bieten hatten.

Die Sowjetunion befand sich jedoch in einer unglücklichen Lage, wenn sie auf Erfüllung der Ansprüche der «Roten» drängte. Erstens erkannte sie die israelische Annexion Ostjerusalems nicht an. Zweitens konnte sie, weil die Sowjets ihre diplomatischen Repräsentanten aus Israel abgezogen hatten, keine Ansprüche direkt erheben. Nachdem sie sich ungefähr ein Jahr lang in diesem Dilemma befanden, schlugen sie den ihnen einzig möglichen Kurs ein und gingen indirekt vor. 1968 machte das Oberhaupt der «roten» kirchlichen Mission in Jerusalem gegenüber dem israelischen Ministerium für Religionsangelegenheiten den Anspruch geltend, die von den «Weißen» kontrollierten Liegenschaften in Ostjerusalem seiner Mission zu übertragen. Jetzt gaben sich die Israelis, die 1950 einen derartigen Eifer an den Tag gelegt hatten, die Sowjets zufrieden zu stellen, reserviert. Saul Colbi, der Leiter der Abteilung für christliche Gemeinschaften im Religionsministerium, erklärte öffentlich: «Über die Ansprüche und Gegenansprüche zwischen den beiden rivalisierenden Kirchen zu entscheiden ist zum gegenwärtigen Zeitpunkt nicht unsere Aufgabe.»[62] Nach dieser Zurückweisung gab die TASS eine Erklärung heraus, in der bestritten wurde, dass ein solcher Anspruch erhoben worden sei. Der Archimandrit habe, hieß es dort, nichts anderes getan, als «die israelischen Behörden davon zu informieren, dass die ‹Emigrantengruppe› [d. h. die ‹Weißen›] kein Recht dazu habe, Land oder Gebäude zu verkaufen oder um einen Neubau zu verhandeln».[63]

Die Israelis gaben aber nicht nach, woraus sich die seltsame Konsequenz ergab, dass die Israelis in Ostjerusalem den Status quo zugunsten der «Weißen», im Westteil der Stadt hingegen zugunsten der «Roten» aufrechterhielten, wobei die Israelis behaupteten, dass die Stadt vereinigt sei und zwischen ihren Teilen kein rechtlicher Unterschied bestehe. Die Russische Kirchliche Mission blieb eines der wenigen offiziellen Verbindungsglieder zwischen Israel und der UdSSR, und man munkelte, dass die russisch-orthodoxe Kathedrale in Jerusalem in eine Spionagedependance des KGB verwandelt worden sei. In den siebziger und achtziger Jahren benutzten die Sowjets von Zeit zu Zeit diese dürftige Verbindung und schickten Abgesandte der Kirche nach Israel – die einzigen offiziellen Repräsentanten der Sowjets, die damals das Land besuchten.

Inzwischen nutzten die Russen auch weiterhin die Jerusalem-Frage in anderer Weise als eine Art Köder, um die Israelis in Versuchung zu führen. Wie in der Vergangenheit, erweckten sie den Eindruck, als bezögen sie hinsichtlich Jerusalems eine weniger rigide Position als die Westmächte. Als beispielsweise die Israelis so ziemlich am Tiefpunkt angelangt waren, nutzte im Dezember 1973 der sowjetische Außenminister Andrej Gromyko die Gelegenheit einer Begegnung mit seinem israelischen Kollegen bei den Vereinten Nationen, um zu erwähnen, dass Jerusalem auf der sowjetischen Sorgenliste ganz weit unten stehe; damit war impliziert, dass man bereit war, die de facto-Position der israelischen Herrschaft über die ganze Stadt zu akzeptieren.[64] Im September 1980 wurde eine vom Großmufti von Mittelasien, Ziayutdin Babakhanow, nach Taschkent einberufene internationale Islam-Konferenz plötzlich beendet, als arabische Delegationen Resolutionsentwürfe zu Jerusalem vorlegten, die von ihren sowjetischen Gastgebern als zu extrem angesehen wurden.[65]

In den späten 1980er Jahren drehte sich das Rad ein weiteres Mal. Nachdem Michail Gorbatschow an die Macht gekommen war, bemühte sich die UdSSR vorsichtig um eine Wiederaufnahme der Beziehungen mit Israel. 1987 entsandte sie eine Konsulardelegation nach Israel – die erste dieser Art seit zwanzig Jahren –, die vorgeblich russische Vermögenswerte registrieren und die Pässe sowjetischer Staatsbürger erneuern sollte. Der Besuch führte schließlich zur Wiederaufnahme diplomatischer Beziehungen, die am 18. Oktober 1991 verkündet wurde – zwei Monate vor dem Zusammenbruch der Sowjetunion. In der kurzen ihr noch verbliebenen Zeit griff die UdSSR ihre Ansprüche wegen russischer Liegenschaften in Jerusalem, Hebron oder Jericho nicht wieder auf; sie wollte nicht den Anschein erwecken, als erkenne sie die israelische Besetzung Jerusalems und des Westjordanlandes an. Innerhalb der «weißen» russischen Kirche kam es zum Aufruhr, als nach dem Sturz der Sowjetunion Versuche unternommen wurden, sie mit dem Moskauer Patriarchat zu vereinigen. Jetzt begann die israelische Regierung durchblicken zu lassen, sie könnte durch die Anerkennung der Rechte des Moskauer Patriarchats an allen Vermögensteilen der russischen Kirche in Israel und den besetzten Gebieten eventuell eine Lösung der Streitfrage herbeiführen. Aber gegen die «Weißen» in Jerusalem und in den besetzten Gebieten unternahm Israel nichts.

Nach dem Abkommen von 1993 zwischen den Israelis und den Palästinensern und dem sich daraus ergebenden Rückzug der israelischen Streitkräfte aus Teilen des Westjordanlandes kam es in dieser Sache erneut zu einer Krise. Jetzt unterstanden einige der «weißen» russischen Liegenschaften plötzlich palästinensischer Hoheitsgewalt, wenn auch noch keine in Ostjerusalem. Im Juni 1997 besuchte der russisch-orthodoxe Patriarch Alexej II. Jassir Arafat und sicherte sich dessen Versprechen, das Moskauer Patriarchat bei seinen Ansprüchen auf Immobilien in Gebieten unter palästinensischer Kontrolle zu unterstützen. Arafat schuldete der Sowjetunion eine Menge und unterhielt nach 1991 gute Beziehungen zu Russland. Deshalb entsprach er der Bitte. Um zu zeigen, dass er es ernst meinte, ordnete er einen Polizeiüberfall auf das in «weißem» Besitz befindliche Kloster an der Abrahamseiche in Hebron an, bei dem mehrere Nonnen und Mönche geschlagen und vertrieben wurden. Im Januar 2000 gab es einen ähnlichen Vorfall in einem Kloster bei Jericho: Zwei «weiße» Nonnen aus dem Maria-Magdalena-Kloster in Jerusalem leisteten der palästinensischen Polizei Widerstand, die sie von dort vertreiben wollte. «Ich eilte zum Kloster nach Jericho. Dort sah ich das Oberhaupt des [‹roten›] Russischen Patriarchats mit einer Unmenge palästinensischer Soldaten. Ich sah, wie man zwei Mönche fortschaffte. Sie versuchten, mich zu ergreifen, aber ich wehrte mich, und schließlich ließ mich die Polizei gehen», sagte Schwester Maria Stephanopoulos (eine Schwester von Bill Clintons ehemaligem Berater George Stephanopoulos). Aus Protest begannen die Nonnen einen Hungerstreik. Schließlich mischte sich der amerikanische Generalkonsul ein und erreichte einen Kompromiss, wonach sie in einem leeren Schuppen in der Nähe des Klosters bleiben durften, «bis das Problem gelöst ist».[66]

Das Schicksal der russischen Heiligen Stätten in Jerusalem blieb offen. Ihre Zukunft hing davon ab, ob die russisch-orthodoxe Kirche wieder vereinigt und ob die Hoheitsgewalt über Jerusalem erneut geteilt werden würde. Wie bei allem anderen in der Stadt hing alles davon ab, ob zwischen Israel und den Palästinensern Einigkeit über Jerusalem würde erzielt werden können.

9. Die schleichende Teilung

Das Osloer Abkommen stellte die Jerusalem-Frage zur Diskussion. Schon dies war eine einschneidende Veränderung gegenüber früher. Seit 1967 hatten alle israelischen Regierungen stets die Haltung eingenommen – jedenfalls stellte man es der israelischen Öffentlichkeit gegenüber so dar –, dass die Jerusalem-Frage entschieden sei: Jerusalem sei wieder «geeint», sei die «ewige Hauptstadt» von Israel und könne kein Gegenstand von Verhandlungen sein. Plötzlich aber lag Jerusalem wieder auf dem Verhandlungstisch. Während die Entscheidung über seine Zukunft nominell um zwei Jahre bis zum Beginn der Verhandlungen über eine umfassende israelisch-palästinensische Regelung hinsichtlich des «endgültigen Status» vertagt worden war, begannen in Wirklichkeit beide Seiten sofort mit den Drängeleien um die beste Position.

Die Vereinbarung zwischen Beilin und Abu Mazen

Von der Euphorie, die im September 1993 den Handschlag zwischen Rabin und Arafat auf dem Rasen vor dem Weißen Haus umgab, war schon bald nichts mehr zu spüren. In Israel setzte die nationalistische Rechte eine schlimme Kampagne gegen Rabin in Gang, die ihn bezichtigte, das nationale Interesse verraten zu haben, und schwor, sich einem territorialen Rückzug zu widersetzen. Einige Hitzköpfe riefen zu Gewalttaten auf; andere, noch radikalere, begannen mit der Planung für ihre Ausführung. Am 25. Februar 1994 drang ein mit einem M-16-Gewehr bewaffneter israelischer Fanatiker, Baruch Goldstein, in eine Moschee bei der Höhle der Patriarchen in Hebron ein, einen für Muslime und Juden heiligen Ort, und erschoss neunundzwanzig Menschen, die ihr Gebet verrichteten. Über hundert weitere wurden verletzt, bevor er überwältigt und umgebracht wurde. Seine Anhänger unter den jüdischen Siedlern in Hebron machten aus seinem Grab einen Andachtsort, der von Hunderten seiner Bewunderer besucht wurde, und veröffentlichten ihm zum Gedenken ein Buch, das seine Tat feierte. Das Massaker führte zu Protestdemonstrationen und Unruhen auf dem Haram al-Scharif, der daraufhin von der israelischen Polizei geräumt und für eine Weile gesperrt wurde.

Die Wut der Palästinenser wegen dieses Vorfalls wurde sowohl durch die Politik der Jerusalemer Stadtverwaltung, der jetzt der rechtsgerichtete Ehud Olmert vorstand, sowie durch das Vorgehen der Regierung Rabins angestachelt. Hinsichtlich ihrer Wohnungsbaupolitik in und um Jerusalem unterschied sich die vom Arbeiterblock bestimmte Regierung nicht sehr von ihrem rechten Vorgänger: Weiterhin wurden Land enteignet und Planungen für großangelegte jüdische Wohnungsbauprojekte im «Großjerusalemer» Gebiet jenseits der Stadtgrenzen vorgelegt. Als Olmert sich 1994 entschied, in der Stadtverwaltung die Behörde für Arabische Angelegenheiten zu schließen, die Kollek 1967 geschaffen hatte, um gewisse Verbindungen mit führenden Ostjerusalemer Arabern aufrechtzuerhalten, hatte das zwar wenig praktische Auswirkungen, wurde aber doch als Symbol für die unterschiedliche Einstellung der beiden Bürgermeister angesehen. Das galt auch für Olmerts Ermutigung der Juden, sich in vornehmlich arabischen Gebieten von Ostjerusalem anzusiedeln, einschließlich des Moslemviertels der Altstadt, Silwan, Ras al-Amud und Wadi Joz.

1995/96 wurde die Position der Israelis in Jerusalem geschwächt. Um den Tourismus zu steigern und Israels internationale Position in Jerusalem zu stärken, hatte einige Jahre zuvor der damalige Bürgermeister Teddy Kollek Planungen für ein durchdachtes Programm zur Feier des vermeintlichen dreitausendsten Jahrestags der Gründung der Stadt durch König David entwickelt. Sein Nachfolger griff dieses Vorhaben begeistert auf und gab ihm einen politischen Akzent. Die Feierlichkeiten sorgten für Spott und Opposition. Man machte darauf aufmerksam, dass die Datierung eher politisch opportun denn historisch korrekt sei. Die ältere Bevölkerung entsann sich, dass die Stadt bereits vor vierzig Jahren ihren dreitausendsten Geburtstag gefeiert hatte. Arabische Jerusalemer wollten mit einem in ihren Augen zionistischen Propagandaunternehmen nichts zu tun haben, und auch ultraorthodoxe Juden waren gegen das Vorhaben. Sie nahmen Anstoß an der geplanten Show über König David, die von Tim Rice, dem Librettisten von *Jesus Christ Superstar*, geschrieben worden war und im Zusammenhang mit den Feierlichkeiten aufgeführt werden sollte. Ein Stadtrat der ultraorthodoxen Jahadut ha-Thora-Partei äußerte die Befürchtung, dass Davids Verhältnis zu Jonathan «auf verzerrte

Weise» dargestellt werden könnte, und der stellvertretende Bürgermeister Chaim Miller, der dieser Partei angehörte, beklagte, dass Jerusalem «in einen Dschungel verwandelt» werde, und verlangte, dass die Show aus dem Programm genommen werde.[1] Die sich ein Jahr lang hinziehenden Feierlichkeiten waren eher eine Peinlichkeit und letztendlich ein Flop.

Auch die neuerlichen Terroristenangriffe, die wilde anti-israelische Propaganda seitens der muslimischen Hamas-Bewegung und die provozierenden anti-israelischen Demonstrationen im Gazastreifen und Westjordanland waren für die Israelis alles andere als beruhigend. Im Mai 1994 verschlechterte sich die Atmosphäre, nachdem Jassir Arafat in einer Moschee in Südafrika zum *Djihad* für die Befreiung Ostjerusalems aufgerufen hatte. Arafats Äußerungen wurden auf Band aufgenommen und in Radio Israel ausgestrahlt, was, wie nicht anders zu erwarten, zu empörten israelischen Reaktionen führte. Vor diesem Hintergrund schienen die Aussichten für weitere Fortschritte in Richtung Einigung düster.

Dass man Jerusalem zu einer «abschließenden Status»-Frage machte, verhinderte jedoch nicht die informellen Diskussionen unter israelischen und palästinensischen Intellektuellen und Politikern, die versuchten, die Grundlage für ein solches Abkommen zu schaffen. Dabei stellten sich einige Bereiche heraus, in denen man sich überraschenderweise einig war. Solche Gespräche gingen auch dem Osloer Abkommen voraus und begannen damals in ähnlich informeller Weise. Eine Reihe derartiger informeller Gespräche fand im Sommer 1992 in London statt. Zu den israelischen Teilnehmern gehörte Mosche Amirav, ein Angehöriger der Jerusalemer Stadtverwaltung und politischer Irrläufer, der vom rechten Likud in die linke Meretzpartei übergewechselt war. Die Palästinenser vertrat in diesem Gremium Hanna Siniora, der Journalist, der 1987 erwogen hatte, für die Stadtverwaltung zu kandidieren.

Kurz nach Unterzeichnung des Osloer Abkommens ließ der stellvertretende israelische Außenminister Jossi Beilin öffentlich einen interessanten Versuchsballon steigen. Beilin, ein Vertrauter von Außenminister Schimon Peres, der auch sein wichtigster politischer Förderer war, hatte schon bei früheren Gelegenheiten die öffentliche Meinung getestet, als er die Grenzen des Aussprechbaren über die üblichen Einengungen regierungsamtlicher Politik und gängigen Denkens hinaus ausdehnte. Diesmal dachte er öffentlich über die Möglichkeit nach, dass Israel in die administrative Kontrolle von Teilen Ostjerusalems durch die Palästinenser einwilligen könnte. Obwohl dies nicht sehr anders als der seit langem in der Versenkung verschwundene «Stadtbezirks» –Vorschlag klang, wurde Beilin sofort von dessen Urheber Teddy Kollek zur Ordnung gerufen; der schrieb ihm: «Deine Vorstellungen sind völlig unbegreiflich. Wir haben die Wiedervereinigung der Stadt im Jahre 1967 als die praktische Verwirklichung der Ziele der zionistischen Bewegung betrachtet. Werden wir jetzt ein vereinigtes Jerusalem mit solcher Leichtigkeit aufgeben?»[2]

Später stellte sich heraus, dass Beilins Bemerkungen keine rein akademischen Spekulationen gewesen waren. Vielmehr schlugen sich darin geheime Gespräche nieder, die er mit dem Palästinenser Mahmud Abbas (besser bekannt unter seinem Decknamen Abu Mazen) aufgenommen hatte, einem engen Berater Arafats, der, wie Beilin, in den zum Osloer Abkommen führenden Gesprächen eine wichtige Rolle gespielt hatte. Beilin und Abu Mazen trafen zwischen Herbst 1993 und Frühjahr 1995 etwa zwanzigmal in Jerusalem, auf Zypern und an verschiedenen Orten in Europa zusammen. Die Unterredungen drehten sich um alle Aspekte einer möglichen Vereinbarung über den «endgültigen Status», aber das größte Interesse – und die schärfste Kritik – erregten die Schlussfolgerungen, zu denen man im Hinblick auf Jerusalem kam. Am 31. Oktober 1995 einigten sich die beiden in Tel Aviv auf den Text «eines Rahmens für den Abschluss eines endgültigen Status-Abkommens zwischen Israel und der Palästinensischen Befreiungsorganisation».

Dieses bemerkenswerte Dokument war ein wagemutiger Versuch, alle noch offenen Fragen zwischen Israel und den Palästinensern zu lösen. Es sah die Schaffung eines palästinensischen Staates innerhalb vereinbarter Grenzen vor. Die israelischen Streitkräfte würden sich aus 94 Prozent des Westjordanlandes zurückziehen, einschließlich des Jordantals und des gesamten Gazastreifens. Zwischen Gazastreifen und dem Westjordanland sollte eine Landbrücke geschaffen werden. Der palästinensische Staat würde entmilitarisiert sein, und Israel bis zum Abschluss von Friedensverträgen mit den benachbarten arabischen Staaten drei Frühwarnstationen und eine zu vereinbarende militärische Präsenz auf seinem Territorium unterhalten. Die israelischen Siedlungen im Gebiet des palästinensischen Staates würden aufgegeben werden. («Es wird keine zivilen Wohngebiete ausschließlich für Israelis im Staat Palästina geben.») Anerkannt werde durch Israel «das moralische und physischen Leid, das dem palästinensischen Volk als Folge des Krieges von 1947–49 zugefügt worden ist», und ebenso das

Recht «der palästinensischen Flüchtlinge, in den palästinensischen Staat zurückzukehren sowie ihr Anspruch auf Entschädigung und Rehabilitation für moralische und materielle Verluste». Zum erstenmal hatten sich, seitdem der Konflikt schwelte, führende und verantwortliche Israelis und Palästinenser auf eine solche Aussage geeinigt.

Der Vertragsentwurf Beilins und Abu Mazens kam einem Plan für eine Lösung der Jerusalem-Frage sehr nahe. Beide stimmten darin überein, dass Jerusalem «eine offene und ungeteilte Stadt mit freiem und ungehindertem Zugang für Menschen aller Glaubensbekenntnisse und Nationalitäten bleiben» solle. Die Grenzen der Stadt sollten erweitert werden und Abu Dis (wovon ungefähr 10 Prozent bereits zum Stadtgebiet gehörten), al-Azarija, a-Ram, a-Zaim, Ma'alej Adummim, Givat Ze'ev, Givon sowie einige angrenzende Gebiete umfassen. Innerhalb dieses erweiterten Gebiets sollten von Israelis bewohnte Gegenden zu «israelischen Stadtbezirken» und von Palästinensern bewohnte Gegenden zu «palästinensischen Stadtbezirken» werden. Die Anzahl der israelischen und der palästinensischen Stadtbezirke würde das demographische Verhältnis von 2:1 zwischen Juden und Arabern widerspiegeln. Eine einheitliche und übergreifende Stadtverwaltung würde für die ganze Stadt gebildet und unter der Bezeichnung Vereinigter Hoher Stadtrat aus Vertretern der Stadtbezirke bestehen. Diese Vertreter der Bezirke würden den Bürgermeister der Stadt wählen. In Anbetracht der größeren Anzahl israelischer Bezirke (entsprechend dem demographischen Anteil) würde dies vermutlich den Juden für die voraussehbare Zukunft das Bürgermeisteramt gesichert haben.

In dem Dokument hieß es dann, dass

> der Vereinigte Hohe Stadtrat in allen Sachverhalten, die sich auf Gebiete der «Stadt Jerusalem» unter palästinensischer Souveränität beziehen, die Zustimmung der Regierung von Palästina einholen wird. In allen Sachverhalten, die mit den Gebieten der «Stadt Jerusalem» unter israelischer Souveränität in Zusammenhang stehen, wird der Vereinigte Hohe Stadtrat die Zustimmung der Regierung von Israel einholen.

Dies hätte sichergestellt, dass die gegebene israelische Mehrheit im Stadtrat nicht zum Gesetzgeber für die arabischen Gebiete der Stadt würde. Als weitere Sicherung in derselben Richtung war die Schaffung von zwei untergeordneten Stadtverwaltungen vorgesehen, einer israelischen und einer palästinensischen. Diesen würden starke lokale Befugnisse eingeräumt, einschließlich der lokalen Besteuerung, der öffentlichen Versorgungsdienste, «eines selbständigen Bildungssystems», «separater Religionsbehörden» sowie der «Wohnungsbau- und Nutzungsplanung».

Der westliche (israelische) Teil Jerusalems sollte mit seinem hebräischen Namen Yerushalayim bezeichnet werden, und der «arabische östliche Teil der Stadt unter palästinensischer Souveränität» den arabischen Namen al-Quds tragen. Israel würde al-Quds als Hauptstadt Palästinas anerkennen, Palästina Yerushalayim als Hauptstadt Israels.

Nun kam ein entscheidender Passus, der erkennen ließ, dass in einem kritischem Punkt weiterhin keine Einigkeit bestand:

> Die letztendliche Souveränität über das Gebiet außerhalb von Yerushalayim und al-Quds, jedoch innerhalb der gegenwärtigen Stadtgrenzen von Jerusalem, soll von den Parteien so bald wie möglich festgelegt werden. Jede Partei behält ihre Position hinsichtlich des souveränen Status dieses Gebiets bei.

Dieser Passus bezog sich auf die neue arabische Stadt außerhalb der Mauern, jedoch innerhalb des Stadtgebiets in seiner seit 1967 von Israel erweiterten Fläche. Beilin befand, dass er in Anbetracht des Versprechens der israelischen Regierung, die «Einheit» der Stadt unter israelischer Souveränität zu wahren, nicht zustimmen könne, dass sie zu einem Teil des palästinensischen Staats würde. Abu Mazen hingegen meinte, wegen der zentralen Bedeutung des arabischen Jerusalem könne man nicht einwilligen, dass sie auf Dauer ein Teil Israels bleiben werde. Das Problem, wer letzten Endes die Souveränität über dieses Gebiet innehaben werde, wurde darum auf spätere Gespräche vertagt, ohne dass dadurch die restliche Vereinbarung beeinträchtigt wurde.

Selbstverständlich musste auch über die Heiligen Stätten befunden werden, wenn man zu einem Abkommen über Jerusalem kommen wollte:

> Die Parteien erkennen Jerusalems einzigartige spirituelle und religiöse Rolle für alle drei großen monotheistischen Religionen an. In dem Wunsch, die ökumenischen Beziehungen und die Harmonie zwischen den drei großen Religionen zu fördern, sind sich die Parteien darüber einig, die Freiheit der Religionsausübung und des Zugangs zu allen Heiligen Stätten für die Angehörigen aller Glaubensrichtungen und Religionen ohne Behinderung oder Einschränkung zu garantieren.

Insoweit war es eine Standardformulierung, denen alle zustimmen konnten. Schwieriger zu lösen waren die Einzelheiten, insbesondere hinsichtlich der Altstadt:

In Anerkennung des besonderen Status und der besonderen Bedeutung des Gebiets der Altstadt ... für Angehörige des christlichen, jüdischen und muslimischen Glaubens kommen die Parteien überein, diesem Gebiet einen Sonderstatus einzuräumen.

Wie aber sollte dieser «Sonderstatus» beschaffen sein? Das war leider nicht in der Vereinbarung festgelegt; auch die Frage der Souveränität in der Altstadt war nicht geklärt. Beides würde Thema weiterer Gespräche sein. Über einige leitende Grundsätze für diese Gespräche wurde man sich jedoch einig: Die palästinensische «Unterverwaltung» der Stadt sollte für die städtischen Belange der in der Altstadt wohnhaften palästinensischen Staatsbürger und deren dortige Immobilien zuständig sein, die israelische für die Belange der in der Altstadt wohnhaften Israelis sowie für ihre dortigen Immobilien zuständig sein. Ein «Vereinigter Paritätischer Ausschuss» solle eingesetzt werden, «um alle mit der Wahrung des einzigartigen Charakters des Altstadtareals in Zusammenhang stehenden Angelegenheiten» zu verwalten und Streitigkeiten beizulegen. In bezug auf die Heiligen Stätten im Herzen Jerusalems und das Jerusalem-Problem hieß es:

Dem Staat Palästina soll extraterritoriale Souveränität über den Haram al-Scharif unter der Verwaltung der al-Quds Awaqf gewährt werden. Der gegenwärtige Status quo hinsichtlich des Rechts auf Zugang und Gebet für alle wird gewährleistet.

Die Grabeskirche soll der palästinensischen Unterverwaltung der Stadt unterstehen. Der Vereinigte Paritätische Ausschuss soll die Möglichkeit prüfen, der Grabeskirche einen extraterritorialen Status einzuräumen.

Dass die Westmauer nicht erwähnt wurde, mutet ein wenig seltsam an. Vermutlich ging man stillschweigend davon aus, dass sie weiterhin als souveränes Territorium von Israel verwaltet würde.

Ein abschließender Passus des von Jerusalem handelnden Abschnitts der Vereinbarung betraf Sicherheitsfragen: «Die Überwachung von Personen und Gütern, die durch die ‹Stadt Jerusalem› befördert werden, soll an den Ausreisestellen stattfinden.»[3] Auch da gab es Unklarheiten. Sollte Jerusalem eine offene Stadt sein oder eine geschlossene, mit Barrieren, die sie umgaben? Hätten die Israelis noch das Recht, die Stadt für Palästinenser, die zum Beten oder Arbeiten in die Stadt wollten, zu «sperren», wie es oft seit Beginn der *Intifada* geschehen war?

Trotz der noch offenen Fragen und der Lücken in bestimmten, sehr wichtigen Paragraphen war die Vereinbarung eine überraschende Errungenschaft. Selbst in den Punkten, über die man keine völlige Einigung erzielt hatte (in erster Linie war es das Problem der arabischen Gebiete von Ostjerusalem und in der Altstadt), schuf sie eine Grundlage für eine mögliche Lösung. Für Leute, die sich den Rückhalt breiter Wählerschaften erhalten wollten, der nötig wäre, um die Vereinbarung aus einem Entwurf in einen Vertrag zu überführen, der von Jassir Arafat für die PLO und von Jitzhak Rabin für die israelische Regierung würde unterzeichnet werden können, war zu diesem Zeitpunkt wahrscheinlich keine klarer formulierte Einigung über das Jerusalem-Problem erreichbar. Ob diese Übereinkunft in einen endgültigen Friedensvertrag hätte verwandelt werden können, lässt sich nicht sagen. Aber die Erfahrungen ihrer Unterhändler mit dem Osloer Abkommen, das ebenfalls von einer solchen «back-channel»-Vereinbarung ausgegangen war, berechtigten sie durchaus zu einem gewissen Optimismus.

Am 4. November 1995, vier Tage nach dem Übereinkommen zwischen Beilin und Abu-Mazen, wurde Jitzhak Rabin in Tel Aviv erschossen. Sein Nachfolger Schimon Peres war nicht weniger entschlossen als er, den Konflikt zwischen Palästinensern und Israelis endgültig beizulegen. Er war Beilins politischer Förderer gewesen, und im Vertragsentwurf spiegelte sich unzweifelhaft sein grundsätzlicher Ansatz hinsichtlich der darin angesprochenen Fragen wider. Aber Peres war von den Rechten als Beschwichtigungspolitiker gegenüber den Arabern verteufelt worden. Als nicht gewählter Ministerpräsident wagte er es nicht, den direkten Weg bis zur Unterzeichnung einer solchen Vereinbarung weiterzugehen. Er hielt es für besser, abzuwarten und sich ein eigenes Mandat von den israelischen Wählern zu besorgen. Nach dem Mordanschlag hatte sich eine gewaltige Welle des Abscheus gegen die schrille politische Rhetorik der Rechten erhoben. Nie zuvor hatte sich etwas Vergleichbares in Israel ereignet, und das Geschehene hatte tiefgreifende Auswirkungen auf die gesamte Bevölkerung. Damaligen Meinungsumfragen zufolge wäre Peres an die Spitze einer beherrschenden parlamentarischen Mehrheit gewählt worden, wenn er damals sofort Wahlen angesetzt hätte. Aber es schien ihm gefährlich, den Eindruck zu erwecken, als wolle er sich den Mord an Rabin zunutze machen oder sich an die Rockschöße seines ehemaligen Rivalen im Arbeiterblock und später keineswegs bequemen Partners in der Regierung klammern. Er hielt es für anständiger und auf längere Sicht gesehen auch für effektiver, eine Weile zu warten, um dann später mit Überzeugungskraft beanspruchen zu können, die Wahl aus eigener Kraft gewonnen zu haben. Es war eine der schlimmsten politischen Fehleinschätzungen in der Geschichte Israels.

Als Gerüchte über die Vereinbarung zwischen Beilin und Abu Mazen zu zirkulieren begannen (anfangs glaubte man, sie bezöge sich nur auf Jerusalem), benutzte die Rechte die angebliche «Bedrohung Jerusalems» als Knüppel, mit dem sie auf Beilin, seinen Beschützer Peres und den Arbeiterblock eindreschen konnte. Ohne den Text der Übereinkunft zu veröffentlichen, verteidigte Beilin dessen Vereinbarkeit mit der Politik der Regierung:

> Israel würde die Souveränität über das geeinte Jerusalem in seinen gegenwärtigen Grenzen behalten und kann Ma'alej Adummim, Givon und Givat Ze'ev der Stadt hinzufügen. Die Palästinenser würden demgegenüber Dörfer außerhalb von Jerusalem, wie etwa Abu Dis, al-Azarija oder sogar Ramallah übernehmen und es al-Quds nennen können. Die Palästinenser könnten womöglich ihr Recht behalten, über andere Teile Jerusalems zu verhandeln, aber sie wissen, dass dies noch eine ganze Generation dauern könnte.[4]

Statt die Kritiker zu besänftigen, wurde die Opposition dadurch erst richtig entflammt. Peres fühlte sich verpflichtet, sich von Beilin zu distanzieren, aber der Likud kündigte trotzdem an, er werde den Wahlkampf unter der Parole führen: «Peres wird Jerusalem teilen.»[5] Schließlich wurde die Wahl auf den 29. Mai 1996 angesetzt, aber das Vertrauen in Peres' Führung war bereits im Schwinden begriffen.

Am 25. Februar 1996 wurden fünfundzwanzig Menschen in Jerusalem getötet und fünfzig verletzt, als in einem Bus der Linie 18 eine am Körper eines arabischen Selbstmordattentäters befestigte Bombe explodierte. Am 3. März kamen durch die Explosion der Bombe eines zweiten Selbstmordattentäters auf derselben Buslinie weitere achtzehn Menschen ums Leben. Andere Bombenanschläge von palästinensisch-muslimischen Fanatikern verursachten in Jerusalem und andernorts neuerliches Blutvergießen und hatten tiefgehende Auswirkungen auf die politische Psychologie einer israelischen Bevölkerung, die bereits durch die Ermordung Rabins bis ins Mark erschüttert war. Die Rechte profitierte von den Bombenanschlägen und behauptete, mit ihrer harten Linie und ihrer Verweigerung weiterer territorialer Zugeständnisse weiteren Terroranschlägen effektiver vorbeugen zu können.

Die Wahlen erbrachten einen Sieg für den Likud-Kandidaten für das Amt des Ministerpräsidenten, Benjamin Netanjahu, der sich an die Bildung einer Koalitionsregierung aus rechten und religiösen Parteien machte. Obwohl sich die Netanjahu-Regierung unter erheblichem amerikanischen Druck zum Rückzug des israelischen Militärs aus dem größten Teil von Hebron bereit fand, blieb der Friedensprozess von nun an stecken. In den nächsten drei Jahren tat sich in der Jerusalem-Frage auf diplomatischer Ebene nichts. Inzwischen hatten andere Wahlen eine neue politische Dynamik in die Region gebracht.

Palästinensische Wahlen

Die Wahlen zur Bildung der palästinensischen Autonomiebehörde – eine in der palästinensischen Geschichte erstmalige Annäherung an eine landesweite Wahl – lösten den Enthusiasmus der Palästinenser aus und lenkten das Interesse der Weltöffentlichkeit auf sich. Die Frage, ob Jerusalemer Araber an den Wahlen teilnehmen könnten, hatte die Israelis sehr beschäftigt, und die Regierung Rabin fand sich nur schrittweise und zögernd zu einem Rückzug von der exponierten Position bereit, die Begin und Schamir in dieser Hinsicht bezogen hatten. In der ersten Phase der Autonomiegespräche mit der Regierung Begin hatte es einen Punkt gegeben, an dem die Amerikaner den Vorschlag machten, den nicht-israelischen Arabern in Jerusalem ein «Briefwahlrecht» einzuräumen, unter dem Vorbehalt, dass das palästinensische Organ keinerlei Autorität über Jerusalem habe und die Frage der Zukunft der Stadt weiterhin offen bleibe.[6] In dem im September 1995 in Washington von Rabin und Arafat unterzeichneten Autonomieabkommen über die palästinensische Selbstverwaltung im Westjordanland fanden sich Relikte dieser Vorstellungen in den Bestimmungen für die Wahlen wieder, die im Januar 1996 abgehalten werden sollten.[7] In Jerusalem wohnhafte Palästinenser sollten das Wahlrecht haben und im Autonomierat repräsentiert sein. Die Einwohner Jerusalems durften sich jedoch nur dann als Kandidaten zur Wahl stellen, wenn sie auch einen Wohnsitz außerhalb der Stadt nachweisen konnten. Die Palästinenser entschieden sich dafür, dies hinzunehmen, weil, wie Faisal Husayni betonte, die meisten in der Stadt ansässigen Palästinenser eine Adresse eines anderswo lebenden Familienmitglieds angeben konnten.[8] Weder der Autonomierat noch die palästinensische Autonomiebehörde sollten über Verwaltungszuständigkeiten für Jerusalem verfügen. Dennoch stärkte die Teilnahme Jerusalemer Araber an den Wahlen (trotz mehrerer israelischer Mittel und Wege, diese zu verhindern) in den Augen der arabischen Einwohnerschaft der Stadt die Legitimität der palästinensischen Autoritätsträger. Jerusalem waren vier (später auf sechs, noch später auf sieben erhöht) Sitze im Autonomierat zugeordnet, wovon zwei für Christen reserviert waren.

Obwohl sich die Regierung Rabin hinsichtlich des Wahlrechts für Jerusalemer Araber der amerikanischen Sicht gebeugt hatte, war ihr weder klar, wohin das führen konnte, noch war sie glücklich über die potentielle Munition, die dieses Zugeständnis ihren Gegnern geben würde, besonders dem der Likud-Partei angehörenden Bürgermeister der Stadt. Deshalb beschloss sie, sowohl die Wahlbeteiligung als auch die Sichtbarkeit der Teilnahme von Jerusalemer Palästinensern an der Wahl einzuschränken, indem sie die Anzahl der Wahllokale auf ein Minimum begrenzte. Auch ließ man die Nachricht verbreiten, dass Jerusalemer, die sich als Wähler registrieren ließen, als Folge davon ihre israelischen Kennkarten verlieren könnten (die hoch geschätzte soziale Vergünstigungen und andere Rechte mit sich brachten). Teilweise aus diesen Gründen ließ sich nur etwa die Hälfte der wahlberechtigten Jerusalemer Araber für die Wahlen registrieren. Die Israelis argumentierten zunächst, dass sämtliche Wahllokale außerhalb der Stadtgrenzen eingerichtet werden müssten, damit nicht der Eindruck entstünde, die israelische Souveränität werde dadurch in Frage gestellt. Am Schluss wurden fünf Wahllokale in Postämtern innerhalb der Stadtgrenzen geschaffen. Als jedoch Hanan Aschrawi, eine Kandidatin für einen der Christen vorbehaltenen Sitze, in einem Wagen, auf dem Wahlplakate angebracht waren, nach Jerusalem hineinzufahren versuchte, wurde sie von der israelischen Polizei angehalten und an der Weiterfahrt gehindert. Diese Auseinandersetzung wurde in der ganzen Welt im Fernsehen übertragen und von Aschrawi geschickt zu ihren Gunsten ausgenutzt.[9]

Bürgermeister Olmert und einige andere Israelis vertraten die Auffassung, die Wahlen demonstrierten, wie wenig Unterstützung Arafat unter den Jerusalemer Arabern habe.[10] Das war eine zweifelhafte Deutung. Von den in Jerusalem gewählten Mitgliedern galten drei als Arafat-Anhänger: Ahmad Asim al-Zghajar und Emile Jarjou waren Fatah-Mitglieder; Ahmad al-Batsch wurde als Unabhängiger gewählt, war aber ebenfalls ein Mitglied der Fatah. Zwei andere wurden als «kritische Anhänger» eingestuft: Hatim Abd al-Qadar, ein Fatah-Mitglied, das als Sprecher für Jerusalem auftrat, sowie Ahmad Khuri (Abu Ala), einer der prominentesten palästinensischen Führer und ebenfalls Fatah-Mitglied, der in Oslo als Verhandlungsführer fungiert hatte. Hanan Aschrawi und Zijad Abu Zijad, die beide als Unabhängige gewählt worden waren, gehörten zur Opposition gegen Arafat.[11]

Dass die Palästinenser mit der Eingliederung Jerusalems in die Wahlen zum palästinensischen Autonomierat vergleichsweise erfolgreich gewesen waren, steigerte noch die Besorgnis der israelischen Rechten, dass Israel den Ostteil der Stadt durch Nachlässigkeit verlieren könnte. Schon vor dem Osloer Abkommen hatte die israelische Rechte das Aufkommen einer palästinensischen Autonomie in Ostjerusalem angeprangert. Im April 1993 sprach Ariel Scharon beispielsweise mit Missbilligung von einem «in Ostjerusalem operierenden palästinensischen Staat».[12] Obwohl die Regierungen Rabin und Peres diesem Vorwurf widersprachen, sprachen doch viele Fakten dafür.

Bis 1995 hatten sich die PLO und die noch nicht gewählte palästinensische Autonomiebehörde die effektive Kontrolle über weite Bereiche des Alltagslebens in den von Arabern bewohnten Gebieten Jerusalems verschafft. Nach und nach erstreckte sich die Überwachung auf nahezu das gesamte Alltagsleben, einschließlich der muslimischen religiösen Amtsträger, der Privatschulen (die von 40 Prozent der palästinensischen Schüler in der Stadt besucht wurden), der arabischen Presse und sogar (entsprechend einer geheimen Vereinbarung, die am 21. Juni 1995 zwischen dem israelischen Brigadegeneral David Scharif und dem Finanzminister der palästinensischen Behörde Atef Alawneh getroffen worden war) des Steuereinzugs. Die Al-Quds Universität mit dem in Oxford ausgebildeten Wissenschaftler und Politiker Sari Nusseibeh an der Spitze wurde vom palästinensischen Hochschulminister zugelassen und betätigte sich ganz offen sowohl in Abu Dis und Bet Hanina (außerhalb der Stadtgrenzen) als auch in Gebäuden mitten in Jerusalem. Erfolglos hatte die israelische Zivilverwaltung in den besetzten Gebieten versucht, Studenten aus dem Westjordanland vom Besuch dieser Universität auszuschließen. Die Universität fand jedoch einflussreiche internationale Unterstützung und auch die einiger israelischer Wissenschaftler, und die Regierung entschloss sich, nicht noch mehr Kritik durch ihre Schließung heraufzubeschwören. Einer israelischen «Sicherheitsquelle» blieb es überlassen, den wehleidigen Kommentar abzugeben, dass «die Universität für ihren Betrieb und die Verleihung akademischer Grade nicht die entsprechende Bestätigung des israelischen Rats für Hochschulbildung Grade habe, die von Gesetzes wegen erforderlich ist».[13] Darüber hinaus wurde Ostjerusalem weiterhin von der Jerusalemer Bezirkselektrizitätsgesellschaft mit «arabischem Strom» beliefert.

Das Wichtigste aber war, dass die Palästinensische Autonomiebehörde mit einer großen Zahl allgegenwärtiger Sicherheitsleute in Zivil die Straßen kontrollierte. Bei einer Befragung in einem Ausschuss der Knesset bestritt der israelische Polizeiminister im Januar 1995, dass palästinensische Polizisten in Jerusalem tätig seien, gab aber gleichzeitig zu, dass, wie er sie nannte, «Stoßtrupps gelegentlich gegen Zuhälter, Prostituierte und Drogenringe» vorgingen.[14] In der Tat steckten die Israelis in einem Dilemma, wenn sie derlei Aktivitäten unterbanden, weil sie auf die verdeckte Polizeitätigkeit palästinensischer Sicherheitsorgane angewiesen waren, um mit deren Hilfe terroristische Gruppen in Jerusalem wie im Westjordanland auszuschalten. Im Juli 1995 verhafteten die Israelis angebliche Polizisten der palästinensischen Autonomiebehörde, die in Jerusalem tätig geworden waren, aber deren Sicherheitsdienst blieb in der Stadt weiterhin aktiv, allerdings mit größerer Diskretion. Überdies hatten verschiedene offizielle und halboffizielle palästinensische Institutionen ihren Hauptsitz in Jerusalem, darunter das Ministerium für Religionsangelegenheiten, das palästinensische Radio und, als wichtigste von allen, das *Orient House*.

Die Belagerung des «Orient House»

Das «Orient House», ein ehemaliges Hotel im Jerusalemer Bezirk Scheich Jarrah, hatte zunächst als ein Büro für den «Beraterausschuss» der palästinensischen Delegation bei der Madrider Friedenskonferenz von 1991 fungiert. Bald entwickelte es sich zum politischen Büro von Faisal Husayni und wurde zu einer Art Bürgermeisterei für das arabische Ostjerusalem. Nach dem Osloer Abkommen richtete das von Husayni geführte Ministerium für Jerusalemer Angelegenheiten der Palästinensischen Autonomiebehörde hier seinen Amtssitz ein.

Die Existenz dieses palästinensischen Ministeriums im Herzen der Hauptstadt versetzte die israelische Rechte in Aufruhr. Öffentlich prangerte Bürgermeister Olmert dessen Präsenz als eine Provokation und einen Verstoß gegen israelische Gesetze an und forderte seine Schließung. Als Rabin zu äußern wagte, dass Arafat nach Jerusalem kommen könnte, um in der Al-Aqsa-Moschee zu beten, drohte Olmert damit, eine Million Juden in aller Welt zu mobilisieren, um ihn von dem Besuch abzuhalten. Im August 1994 wurden im «Orient House» Beschäftigte von der israelischen Polizei vernommen und palästinensischen Einrichtungen in der Stadt eine Reihe verwaltungstechnischer Hindernisse in den Weg gelegt.[15]

Als mehrere offizielle Besucher Israels darauf bestanden, dem «Orient House» einen Besuch abzustatten, spitzte sich die Sache zu. Anfangs erhoben die Israelis keine Einwände und erleichterten derartige Besuche sogar, aber als diese dann eine solche politische Dimension annahmen, dass sich eine Anerkennung der Präsenz der PLO in Jerusalem abzuzeichnen schien, machten sie einen Rückzieher. Im November 1994 suchte die türkische Ministerpräsidentin Tansu Çiller, die zu einem offiziellen Besuch in Israel weilte, Husayni in seinem Amtssitz auf, ohne dieses Zusammentreffen zuvor mit den israelischen Behörden abgesprochen zu haben. Rabin nannte die Begegnung einen «Trick» und kommentierte ihn mit den Worten: «Private Besuche, ja, aber hier haben sie versucht, das Orient House zu einer unabhängigen palästinensischen Vertretung für Treffen mit internationalen Politikern zu machen.»[16] Kaum hatte er das geäußert, da sprach schon die Israel besuchende französische Sozialministerin Simone Weil (eine Jüdin, die das Konzentrationslager Auschwitz überlebt hatte) in dem Gebäude zu einem, wie es ausdrücklich hieß, «offiziellen Besuch» vor.[17]

Politiker der israelischen Rechten machten sich diese Vorkommnisse zunutze und forderten die Schließung des «Orient House». Der dem Likudblock nahe stehende Politiker Jehoschua Matza beklagte sich, es sei zum palästinensischen Außenministerium geworden, aber Husayni bestritt das und behauptete kurioserweise, im «Orient House» seien keinerlei die palästinensische Autonomiebehörde betreffenden Gespräche geführt worden.[18] Eine Gruppe von rechtsgerichteten Knessetabgeordneten demonstrierte vor dem Gebäude, und einer von ihnen, Rafael Eitan, ein früherer israelischer Stabschef, äußerte gegenüber Reportern: «Das ist traurig. Wir sehen hier den palästinensischen Staat mitten in Jerusalem.»[19] Einige Rechtsextremisten (darunter ein Offizier der israelischen Armee, Oren Edri, sowie Ben Dawid, ehemals Ja'abari, der vom Islam zum Judentum konvertiert war) erwogen sogar einen gewaltsamen Angriff gegen das «Orient House».[20] Andererseits besuchten linke Knessetabgeordnete, mit denen Husayni herzliche Beziehungen unterhielt, das Gebäude, um zu bekräftigen, dass es nicht geschlossen werden dürfe.

Die von diesen Vorgängen in Bedrängnis gebrachte Regierung Rabin reagierte mit administrativen und legislativen Maßnahmen. In der Nähe des Gebäudes wurden Straßensperren errichtet, an denen die Identität der Personen überprüft wurde, die es betreten wollten. Polizeiminister Mosche Schahal gab bekannt, dass nicht vorher mit den Israelis abgesprochene offizielle Besuche unterbunden werden würden.[21] Im Dezember 1994 verabschiedete die Knesset ein «Orient House»-Gesetz, das Aktivitäten der PLO in Israel vermeintlich ausschließen sollte. Nachdem es aber erst einmal verabschiedet war, wurde es kaum je angewendet; obwohl die israelische Polizei Ermittlungen über «illegale Aktivitäten» in dem Gebäude aufnahm, wurde es nicht geschlossen. Die Opposition, die die Regierung in die Lage manövriert hatte, das Gesetz einzubringen, warf ihr nun vor, keinen Gebrauch davon zu machen. Als im Februar 1995 eine Gruppe von Ministern der Europäischen Union im «Orient House» vorsprechen wollten, beantragten israelische Rechte eine einstweilige Anordnung des Obersten Gerichtshofs, die den Besuch untersagen sollte – jedoch ohne Erfolg. Zwischen Mai 1994 und August 1995 kam es im «Orient House» zu fünfzig diplomatischen Begegnungen mit Repräsentanten von neunundzwanzig Ländern. Dass es den Palästinensern gelang, die Israelis an der Nase herumzuführen, führte zum Zwist in der israelischen Regierung und im August 1995 zum offenen Krach im Kabinett zwischen Peres und Schahal.

Der Mann, der im Zentrum dieser Kontroverse stand, Faisal Husayni, meinte, dass es hier um eine ganz einfache Frage gehe: «Wir können zwei Wege einschlagen: den Weg von ‹Orient House› oder den Weg von Hamas.»[22] In den folgenden Monaten drehte sich die Debatte unter anderem darum, ob das Gebäude die PLO oder Institutionen der Palästinensischen Autonomiebehörde beherberge (der Unterschied war kaum merklich, aber die israelische Regierung hoffte, dahinter in Deckung gehen zu können). Auch wurde die Frage aufgeworfen, ob Husayni nun ein Minister der Palästinensischen Autonomiebehörde sei oder nicht. In diesem Punkt gab es eine gewisse Unklarheit. Er war kein Mitglied des ersten, im Mai 1994 gebildeten Kabinetts der palästinensischen Autonomiebehörde; im zweiten Kabinett, gebildet im Mai 1996, trat er als «Minister ohne Portefeuille» auf; im dritten, das im August 1998 vereidigt wurde, firmierte er als Minister für Jerusalem; in der offiziellen Ministerliste vom August 2000 stand sein Name, aber während bei allen anderen die Bezeichnung «Minister» mit den entsprechenden Ressorts verzeichnet war, standen bei dem Husaynis nur die Worte «Jerusalem-Liste».[23] In Wirklichkeit galt Husayni in dieser ganzen Zeit weitgehend als der führende palästinensische Politiker in der Stadt.

Sein Aufstieg zu diesem Rang und sein Erfolg in der Auseinandersetzung um das «Orient House» veranlasste gewisse Reibungen mit Arafat, der darüber eifersüchtig gewesen sein soll, dass viele hochrangige Besucher bei Husayni im «Orient House» vorsprachen und nicht auch ihn in seinem Amtssitz in Gaza aufsuchten.[24] Gerüchte, wonach sich Husayni – unabhängig von der Palästinensischen Autonomiebehörde – um die finanzielle Unterstützung arabischer Staaten bemühe, trübten noch mehr die Beziehungen.[25] Als im Juni 1995 berichtet wurde, dass das Kabinett der Palästinensischen Autonomiebehörde beschlossen habe, in Ostjerusalem einen Stadtrat zu bilden, spitzte sich die Missstimmung zwischen beiden zu.[26] Die israelische Polizei erwog, sich auf jenen Militärbefehl vom 29. Juni 1967 zu berufen, der den Stadtrat des jordanischen Jerusalem aufgelöst hatte.[27] Im weiteren Verlauf stellte sich dann heraus, dass Arafat auf diese glänzende Idee verfallen war, die Faisal Husayni, der sie als Affront für seine eigene Autorität in Jerusalem empfand, unverzüglich wieder aus dem Verkehr zog.[28]

Warum haben weder der Likud-Bürgermeister Ehud Olmert noch die Regierung Netanjahu, die von 1996 bis 1999 amtierte, das Gebäude zugemacht – zumal sie, als sie in der Opposition waren, versprochen hatten, die dortigen Amtsstellen zu schließen? Der Grund war ein Anhang zum Osloer Abkommen von 1993: ein anfangs geheimes Begleitschreiben, das Außenminister Peres an den norwegischen Außenminister Johan Jurgen Holst gesandt hatte, datiert vom 11. Oktober 1993 – also geschrieben etwa einen Monat nach der Unterzeichnung der israelisch-palästinensischen Grundsatzerklärung in Washington. In diesem Dokument, das in dem anschließenden Positionsgerangel eine entscheidende Bedeutung erlangte, hatte Peres geschrieben:

> Ich möchte bestätigen, dass die palästinensischen Institutionen von Ostjerusalem und die Interessen und das Wohlergehen der Palästinenser in Ostjerusalem von großer Wichtigkeit sind und gewahrt werden. Deshalb erfüllen all die palästinensischen Institutionen in Ostjerusalem, einschließlich der die Wirtschaft, das Sozial- und Bildungswesen und die kulturellen Belange betreffenden Institutionen, sowie die Heiligen Stätten der Christen und Muslime eine wesentliche Aufgabe für die palästinensische Bevölkerung. Unnötig zu sagen, dass wir ihre Tätigkeit nicht behindern werden; ganz im Gegenteil, die Erfüllung dieser wichtigen Aufgabe muss ermutigt werden.[29]

Im Lichte dieses Dokuments mutete das Insistieren eines israelischen Sprechers unglaubwürdig an, dass «Jerusalem kein Teil der Vereinbarung ist und dass es insoweit zu keinem Nachgeben gekommen ist» – wie manche israelische Kommentatoren später dazu angemerkt haben.[30] In Anbetracht der Attacken gegen Peres seitens der Rechten wegen der Jerusalem-Frage überrascht es kaum, dass er den Brief so lange wie möglich geheim hielt.

Die Entstehungs- und Nachgeschichte dieses Dokuments wird in einer Publikation der Palästinensischen Akademischen Gesellschaft zur Erforschung Internationaler Angelegenheiten nacherzählt – einer Jerusalemer Forschungseinrichtung, die zu den in Peres' Brief gemeinten Institutionen gehört und viel zur Aufklärung des Friedensprozesses und der geheimen, bis 1993 zurückgehenden Bereitschaft der israelischen Regierung beigetragen hat, zu einem Kompromiss in der Jerusalem-Frage zu kommen. Dieser Darstellung zufolge war der Brief eines von drei Begleitschreiben, die zwischen beiden Seiten auszutauschen waren und von der PLO zur Bedingung für ihre Unterschrift des Washingtoner Abkommens vom September 1993 erklärt worden waren. Der eine war ein Brief von Arafat an Rabin mit dem Versprechen, eine Revision oder Streichung bestimmter Artikel im Palästina-Statut herbeizuführen, die Israel ganz und gar zuwider waren. Nachdem Arafat diesen am 9. September unterzeichnet hatte, unterschrieb Rabin einen Brief an Arafat, mit dem die PLO als Repräsentant des palästinensischen Volkes anerkannt wurde. Im Gegensatz zu den beiden anderen sollte Peres' Brief geheim bleiben, obwohl er, genau so wie die beiden anderen, einen Teil des Gesamtpakets ausmachte. Obwohl Peres' Brief das Datum vom 11. Oktober trug, wurde er anscheinend erst Mitte Oktober bei Holst abgeliefert und von ihm dann an die Palästinenser weitergeleitet.

Infolge einer Erklärung, die Arafat in Südafrika abgab, wurde der Brief im Mai 1994 bekannt. Rabin und Peres schienen seine Existenz zunächst bestreiten zu wollen, worauf Faruq Qaddumi, der Chef der Politischen Abteilung der PLO (der über das Osloer Abkommen alles andere als begeistert gewesen war) an den amerikanischen Außenminister Warren Christopher schrieb, den kompletten Text des Briefes zitierte und äußerte: «Dieser Brief ist ein integraler Bestandteil der Festlegungen seitens der israelischen Regierung. Israel hat sich an diese Festlegung, die eminent wichtig und heikel ist, nicht gehalten.» Die Veröffentlichung des Briefes löste in Israel große Aufregung aus. Führende Likud-Mitglieder fielen vehement darüber her. Ariel Scharon nannte ihn «Irrsinn», und Benny Begin (der Sohn von Menachem Begin und ein angesehener Parlamentsabgeordneter des Likud) sagte, dass er «ernsthaft Israels Souveränität über seine Hauptstadt» beeinträchtige. Peres verteidigte sich mit der lahmen Ausrede, «ein Brief ist kein Dokument», und bedauerte, dass das Schreiben an die Öffentlichkeit gelangt war.[31] Und doch, ob nun geheim oder öffentlich, integral oder separat, stellte der Brief eine formelle Festlegung Israels gegenüber einer als befreundet geltenden Regierung (Norwegen) dar, und nicht einmal die 1996 gewählte rechte Regierung Netanjahu sah sich imstande, ihn für unverbindlich zu erklären.

Abgesehen von dieser internationalen Verpflichtung mag es jedoch einen nicht weniger wichtigen politischen Grund dafür gegeben haben, dass die folgenden Regierungen das «Orient House» und die anderen palästinensischen Dienststellen in Jerusalem nicht schlossen. Ein solcher Schritt würde, worauf Faisal Husayni bereits hingewiesen hatte, dem Einfluss radikaler muslimischer Gruppen wie etwa der Hamas ein freies Betätigungsfeld überlassen haben – eine Entwicklung, die die Israelis, ob rechts oder links stehend, sich ganz bestimmt nicht wünschten.

Die «Orient House»-Affäre war mehr als ein lebendiges politisches Theater; es war ein wichtiger politischer und publizistischer Sieg für die Palästinenser. Ihr Triumph lag nicht nur darin, dass das Gebäude selbst unter Netanjahu und Olmert offen blieb, die seine Schließung versprochen hatten; Faisal Husaynis wahrer Erfolg lag anderswo – in der Arena der israelischen öffentlichen Meinung. Allein schon der Umstand, dass es sich praktisch um ein Organ der palästinensischen Regierung handelte, das in Jerusalem seinen Sitz haben konnte, ohne dass dadurch Israels Existenz in irgendeiner Weise gefährdet erschien, ließ viele Israelis die ganze Frage eines palästinensischen Staates und der palästinensischen Präsenz in Jerusalem in neuem Licht sehen. Husayni kam ihnen wie das menschliche Gesicht des palästinensischen Nationalismus vor, weit entfernt vom israelischen Bild von Arafat als einem die *Kufija* tragenden Terroristen. Ab 1997 war klar, dass die Belagerung des «Orient House» nun ein Ende hatte. Mit ihrer Aufhebung wurde in den Köpfen vieler Israelis allerdings nur die halb bewusste Grundlage für die Anerkennung einer palästinensischen politischen Dimension in Ostjerusalem geschaffen.

Zu dieser Zeit verfügte die Palästinensische Autonomiebehörde bereits über die effektive Kontrolle über viele staatliche Hebel in Ostjerusalem. Dies erhellte der Bericht eines israelischen Sicherheitsdienstes, der im Februar 1997 an die Öffentlichkeit durchsickerte. Der Bericht entwarf ein bestürzendes Bild vom nahezu totalen Zusammenbruch der israelischen Autorität in den von Arabern bewohnten Bereichen der Stadt. Über zwanzig Institutionen operierten demnach in Ostjerusalem unter der Ägide der Palästinensischen Autonomiebehörde. Das von Hassan Tahboub geführte palästinensische Ministerium für Religionsangelegenheiten, das alle 180 Moscheen in und um Jerusalem beaufsichtigte, hatte seine Amtsräume auf dem Haram al-Scharif. Die El-Mokassad- und Augusta-Victoria-Krankenhäuser, die ausschließlich Araber versorgten, wurden vom palästinensischen Gesundheitsministerium finanziert; ihr Personal, so hieß es darin, richte sich nach von Arafat verkündeten «Präsidialanordnungen». Die meisten arabischen Privatschulen in Ostjerusalem arbeiteten unter der Aufsicht des palästinensischen Erziehungsministeriums: Inspektoren der Palästinensischen Autonomiebehörde besuchten sie regelmäßig, und die Zeugnisse der Schüler trugen den Stempel des Ministeriums. Am bezeichnendsten aber war, dass, wie es in dem Bericht hieß, «Männer in Zivil, die zum palästinensischen Allgemeinen Sicherheitsdienst, zu Oberst Jibril Rajoubs Vorbeugendem Sicherheitsdienst und zur *Force 17* der Präsidialgarde gehören, Kontroll-, Aufklärungs- und Vollstreckungsmaßnahmen durchführen und auf den Hauptverkehrsstraßen von Ostjerusalem operieren». Zu den palästinensischen Polizeiaktivitäten gehörten Drohungen, um Immobiliengeschäfte zwischen Juden und Arabern zu vereiteln; Maßnahmen, um Streiks in Geschäften und Schulen durchzusetzen; Einschüchterungen arabischer Journalisten, die Arafat oder die palästinensischen Führungsorgane kritisierten; «Festnahmen» und Entführungen verdächtiger Personen aus Jerusalem und ihre Inhaftierung und Vernehmung auf dem direkt von der Palästinensischen Autonomiebehörde kontrollierten Territorium.[32]

Falls es noch weiterer Beweise für die Durchsetzungsmacht der Palästinensischen Autonomiebehörde bedurft hätte, wurden diese im Mai 1997 geliefert: Eine Woche, nachdem Arafat seinen Sicherheitskräften befohlen hatte, Landverkäufe an Juden zu unterbinden, und drei Tage, nachdem der palästinensische Justizminister öffentlich geäußert hatte, gegen solche Händler müsse die Todesstrafe durchgesetzt werden, fand man einen arabischen Immobilienhändler in Jerusalem, dem «delikate Geschäfte» mit der israelischen Behörde für Grund und Boden vorgeworfen wurden und der durch einen Schlag auf den Hinterkopf zu Tode gekommen war.[33] Kurz darauf wurden die Leichen von zwei weiteren Immobilienhändlern entdeckt, ein anderer wurde als «vermisst» gemeldet und wieder ein anderer befreit, nachdem die israelische Polizei einen Konvoi palästinensischer Polizeifahrzeuge abgefangen hatte, in dem er zum Verhör nach Ramallah gebracht werden sollte.[34]

Dass es zu einem solchen Autoritätsverlust der Israelis in Ostjerusalem unter einer Regierung kommen konnte, die sich geschworen hatte, Israels Souveränität aufrechtzuerhalten, war für die israelische Rechte besonders bitter. Um ihre Anhänger zu beruhigen, dass sich in der Jerusalem-Politik nichts geändert habe, verstärkte die Regierung Netanjahu ihre rhetorischen Bemühungen in dieser Angelegenheit und unternahm auch ein paar neue Schritte. Im Februar 1997 fasste sie den Beschluss, das seit langem geplante Wohnungsbauprojekt in Har Homa im Süden Jerusalems voranzutreiben. Dabei ging es um die Errichtung von 6500 Wohnungen für Israelis auf einem Areal von knapp 190 Hektar Land, wovon etwa ein Drittel Arabern enteignet worden war. Die Palästinenser demonstrierten gegen das Vorhaben, das außerhalb Israels auf breite Kritik stieß – nur das Veto der Vereinigten Staaten rettete Israel vor einer neuerlichen Verurteilung durch den Sicherheitsrat der Vereinten Nationen. Aber auch Präsident Clinton kritisierte dieses Bauvorhaben.

Eine weitere politische Maßnahme der Regierung bestand im Widerruf des Wohnrechts palästinensischer Araber, die früher in der Stadt gelebt hatten und während eines bestimmten Zeitraums nicht dorthin zurückgekehrt waren. Den Zahlen des israelischen Innenministeriums zufolge war 1996 der Wohnsitzstatus von 689 Palästinensern widerrufen worden; 1997 waren es 606 Fälle gewesen und 788 im Jahre 1998. Im Vergleich dazu war dies in der Zeitspanne zwischen 1987 und 1995 nur insgesamt 327 Mal geschehen.[35] Diese Politik, kombiniert mit der fortgesetzten Verweigerung von Baugenehmigungen für Palästinenser und anderen derartigen Verwaltungsvorgängen, zielte eindeutig darauf ab, das Wachstum der palästinensisch-arabischen Bevölkerung innerhalb der Stadt zu begrenzen. Aber ein stetes Anwachsen des palästinensischen Anteils an der Gesamtbevölkerung der Stadt wurde dadurch nicht verhindert.

Im April 1999 fasste das israelische Kabinett schließlich doch den Beschluss, das «Orient House» zu schließen. Die Entscheidung war offensichtlich ein Manöver, um bei der nationalistischen Rechten mehr Popularität zu gewinnen (für den 17. Mai waren Wahlen angesetzt). Das Kabinett autorisierte den Polizeiminister Awigdor Kahalani zum Einschreiten. Es erging eine Anordnung zur Schließung, woraufhin ein palästinensischer Anwalt sofort beim Obersten Gericht einen Antrag einreichte, sie zu annullieren. Zu Netanjahus großem Missfallen verkündete daraufhin der Minister – der damit sein eigenes Feld zu bestellen gedachte –, die Ausführung der Anordnung bis nach der Gerichtsentscheidung aufschieben zu wollen. Vor dem Gebäude sammelten sich Palästinenser in einer Protestdemonstration gegen die beabsichtigte Schließung. Am 11. Mai beschied das Gericht eine vorläufige Aussetzung des Vollzugs. Die Angelegenheit sollte bis nach den Wahlen aufgeschoben werden. Als dann aber bei den Wahlen Netanjahus Regierung gestürzt und eine von Ehud Barak, dem Vorsitzenden des Arbeiterblocks, geführte Koalitionsregierung gebildet wurde, war die Anordnung zur Schließung bald vergessen, während die schwerfällige Karawane sich wieder vorwärts zu bewegen begann.

Camp David und darüber hinaus

Trotz der Politik der Regierung Netanjahu und des scheinbaren Stillstands hinsichtlich des endgültigen Status von Jerusalem hatten sich in der israelischen Führungsschicht die Vorstellungen zu diesem Fragenbereich auch zwischen 1996 und 1999 weiterentwickelt. Ein wichtiges Zeichen für dieses neue Denken war ein Memorandum, das 1998 vom Jerusalem Institute for Israel Studies dem israelischen Kabinett vorgelegt wurde, einer «Denkfabrik», die sich gründlich mit der Jerusalem-Frage befasst hatte. Der Bericht analysierte eine Reihe möglicher Lösungen dieser Frage und skizzierte mehrere Alternativen:

> Die erste Alternative, bekannt als «funktionale Souveränität», würde den Großraum Jerusalem zwischen Israel und der palästinensischen Autonomiebehörde aufteilen. Einem solchen Plan zufolge würde Israel die Souveränität über jüdische Örtlichkeiten im Großraum einschließlich Ma'alej Adummim, Har Adar, Efrat, Betar Illit und der Etzion Bloc-Siedlungen haben. Zwei «Dach-Stadtverwaltungen», eine israelische und eine palästinensische, würden bei diesem Szenario geschaffen ... Die israelische Regierung und die Palästinensische Autonomiebehörde würden ein oberstes Gremium zur Koordinierung und Beaufsichtigung der den Großraum Jerusalem betreffenden Angelegenheiten errichten. Dieses Gremium würde in empfindlichen Fragen wie etwa der des «demographischen Gleichgewichts» und des Wohnungsbaus Autorität ausüben ... Die israelische Souveränität bliebe innerhalb der Stadt Jerusalem erhalten. Die palästinensische Hauptstadt würde außerhalb der gegenwärtigen Stadtgrenzen Jerusalems liegen.

Eine zweite Alternative beinhaltete eine Art geteilte Souveränität mit, wie es hieß, «gleitender Souveränität in den Nahtbereichen zwischen Israel und der palästinensischen Autonomiebehörde». Eine dritte, die als «qualifizierte Symmetrie» bezeichnet wurde, sah die palästinensische Souveränität über den Großteil des Ostteils des Großraums Jerusalem mit Ausnahme der jüdischen Gegenden vor, die zu souveränen israelischen Enklaven würden. Umgekehrt würde die palästinensische Gemeinde in Jerusalem (womit vermutlich das muslimische und das christliche Viertel der Altstadt sowie Bereiche außerhalb der Mauern wie Scheich Jarrah und Wadi Joz gemeint waren) eine Enklave mit begrenzter Souveränität innerhalb Israels bilden.

Im östlichen Großraum würde eine Dach-Stadtverwaltung geschaffen, in welcher die palästinensischen und jüdischen Gegenden repräsentiert sein würden. Der Palästinensischen Autonomiebehörde würde eine qualifizierte Souveränität im Gebiet des Tempelberges verliehen, einschließlich der Verantwortung für die Aufrechterhaltung von Sicherheit und Ordnung. Den christlichen Heiligen Stätten würde ein exterritorialer Status unter der Hoheitsgewalt der Kirchen eingeräumt.[36]

Die Regierung Netanjahu war nicht bereit, solche Überlegungen in Erwägung zu ziehen, in denen sich unverkennbar der von Beilin und Abu Mazen ausgearbeitete Vertragsentwurf von 1995 abzeichnete. Dass aber Vorschläge dieser Art zur Sprache kamen, die nur wenige Jahre früher für Israelis fast undenkbar gewesen wären, deutete eine erhöhte Flexibilität im israelischen Meinungsspektrum an.

Ehud Barak zeigte als Ministerpräsident ähnliche Eigenschaften wie in seiner früheren Laufbahn als Offizier: Mut, die Fähigkeit, einem Problem auf den Grund zu gehen und die Bereitschaft zum kalkulierten Risiko. Allerdings legte er auch ein bejammernswertes politisches Ungeschick an den Tag. Barak stand einer lärmenden Koalition vor, die sich von der Meretz-Partei weit auf der Linken bis zur Nationalreligiösen Partei erstreckte. Obwohl der Arbeiterblock am Ruder war, stellte er in der Knesset nicht einmal die Hälfte der Abgeordneten.

Mit der erstmaligen Ernennung eines Ministers mit spezieller Verantwortung für Jerusalem versuchte die neue Regierung zu demonstrieren, dass ihr die Stadt am Herzen lag. In diesem Amt vollzog Chaim Ramon keine vollständige Kehrtwende im Vergleich zur Politik der vorigen Regierung. Das Wohnungsbauprojekt von Har Homa ging weiter, auch wenn ein anderes umstrittenes Vorhaben in Ras al-Amud in Ostjerusalem gestoppt wurde. Wie ihre Vorgänger schlug auch die Regierung Barak Lärm wegen des «Orient House» und einiger Aktivitäten der Palästinensischen Autonomiebehörde in Jerusalem, unternahm aber wenig dagegen: «Als ein souveräner Staat werden wir gegen jeden vorgehen, der die Gesetze verletzt, weshalb es zu diesen Verletzungen nicht kommen wird. Faisal Husayni hat vom Minister für öffentliche Sicherheit, Shlomo Ben-Ami, von dieser Politik gehört, und er wird auch von mir davon hören», sagte Ramon im Juli 1999.[37]

Unter ziemlichem Druck seitens der Presse und der internationalen öffentlichen Meinung ergriff die Regierung Maßnahmen, die das bürokratische Los der Palästinenser in Ostjerusalem erleichtern sollten. Innenminister Natan Scharansky kehrte die Politik, die darauf abzielte, Arabern ihren Status als Einwohner von Jerusalem streitig zu machen, teilweise in ihr Gegenteil um. Außerdem kündigte er an, dass der Ostjerusalemer Amtsstelle des Ministeriums mehr Etatmittel zugewiesen würden, nachdem man dort schockierende Überfüllung und endloses Schlangestehen verzeichnet hatte. «Wenn wir der Meinung sind, dass Jerusalem unter israelischer Souveränität bleiben muss, müssen wir uns um die Menschenrechte aller Bürger kümmern, einschließlich derer, die in Ostjerusalem leben», sagte er.[38]

Das löbliche Gefühl ging freilich an dem eigentlichen Sachverhalt vorbei: an der Tatsache, dass die betroffenen Personen keine «Bürger» waren, sondern Untertanen, die hinsichtlich ihres Geschicks kein und selbst in manchen Aspekten ihres Alltagslebens nur wenig Mitspracherecht hatten. Es war kein bloßes Problem der staatsbürgerlichen Rechte, noch war es nur ein politisches im engeren Sinne; es war vielmehr auch ein Problem der Identität. «Der Mangel an Rückbindung bei den palästinensischen Bewohnern Jerusalems ist einer der schwierigsten Aspekte unseres Lebens», sagte Zakaria al-Quq, ein Kodirektor des *Israel/Palestine Centre for Research and Information* in Jerusalem. «Weder sind wir ganz israelisch, noch dürfen wir ganz palästinensisch sein, und so leben wir denn in einer Art Niemandsland. Es ist unerträglich.»[39]

Wichtiger als derlei administrative Maßnahmen waren die neuen politischen Initiativen der Regierung. Im Bemühen, die Fragen eines «endgültigen Status», auch in bezug auf Jerusalem, zu lösen, nahm Barak erneut informelle und geheime Gespräche mit führenden Palästinensern auf, darunter auch Faisal Husayni. Wieder tauchten als Ausgangspunkt für Gespräche die von Beilin und Abu Mazen erarbeiteten Vorschläge aus der Versenkung auf. Bei einigen Problemen gelangte man zu einer zaghaften Übereinstimmung, beispielsweise hinsichtlich des Standorts des palästinensischen Parlaments in Abu Dis, das in das erweiterte Jerusalem als Teil des palästinensischen «al-Quds» eingegliedert werden würde. Der Vorschlag erhielt einigen öffentlichen Zuspruch in Israel, so vom Likud-Abgeordneten Michael Eitan, der bereits 1997 mit Jossi Beilin Gespräche geführt hatte, um einen Konsens zwischen den Rechten und den Linken in der Jerusalem-Frage zu erzielen. Bürgermeister Olmert sprach sich zunächst gegen die Idee aus:

> Wir können der PA [palästinensischen Autonomiebehörde] keine völlige Kontrolle über Abu Dis zugestehen, weil sie das bis auf eine Meile an den hauptsächlichen jüdischen Teil von Jerusalem, den Tempelberg [*sic*], heranbringen würde. Die Kontrolle der PA über Abu Dis würde auch die Schaffung eines Sprungbretts, eines Korridors bedeuten, durch den die Palästinenser versuchen würden, die israelische Souveränität in der Stadt zu Fall zu bringen.[40]

Die meisten vertrackten Punkte, bei denen Beilin und Abu Mazen zu keiner Übereinstimmung gelangt waren, blieben ungelöst. Im November 1999 begannen offizielle Verhandlungen über eine dauerhafte Regelung, aber auch diese machten in der Jerusalem-Frage keine großen Fortschritte. Die Unterhändler zogen verschiedene einfallsreiche Lösungen in Betracht – die aber immer wieder auf den harten Felsen der Souveränität aufliefen. Eine «Geste guten Willens zu Ramadan» der Israelis, als sie im Dezember 1999 palästinensische Gefangene aus Ostjerusalem freiließen, verbesserte zwar die Atmosphäre, aber die Verhandlungen schleppten sich weiterhin ergebnislos dahin.

Während der Verhandlungen wurden aus den politischen Kulissen rechtsgerichtete Stimmen immer lauter. Dass einige führende Likud-Mitglieder sich dafür entschieden, sich mit Extremisten wie etwa jenen zu identifizieren, die für Juden das Recht anstrebten, auf dem Tempelberg zu beten, stieß im Mittelfeld des israelischen Meinungsspektrums weitgehend auf Ablehnung. Die bizarren Spinnereien der nationalistischen Rechtsextremen isolierten diese eher, als dass sie neue Anhänger anzogen – mindestens so lange, wie die Angriffe palästinensischer Terroristen nicht wieder aufgenommen wurden. Ein Beispiel war die Entdeckung einer neuen Heiligen Stätte für Juden im April 2000: des vermeintlichen Grabes des rabbinischen Gelehrten

Nachmanides aus dem 13. Jahrhundert, das in einer Höhle im arabischen Viertel Scheich Jarrah in Ostjerusalem liegt. Angeführt von dem Knessetmitglied Benny Elon, versuchte eine Gruppe von Fanatikern das Gelände zu betreten und verwickelte sich in Handgreiflichkeiten mit arabischen Anwohnern und palästinensischen Führern, allen voran Faisal Husayni, die zum Schauplatz geeilt waren.[41] Mit ihrer inzwischen vertrauten janusköpfigen Strategie von körperlicher Gewalt und legalistischen Manövern führte die Gruppe im folgenden Monat eine Entscheidung des Distriktsgerichts herbei, wonach die Höhle eine Heilige Stätte sei und es Juden gestattet sein müsse, sie zum Gebet zu betreten.[42] Die Palästinenser kündeten daraufhin an, dagegen Einspruch beim nächsthöheren Gericht einzulegen.

Die Israelis bemühten sich um subtile Unterscheidungen zwischen unterschiedlichen Arten von Souveränität und administrativer Kontrolle – teils um Kritikern von rechts keine Angriffsfläche zu bieten, teils vielleicht auch, um sich einzureden, dass sie im Grundlegenden nicht nachgäben. Dieses Muster folgte dem der früheren Verhandlungen in der Zeit nach dem Osloer Abkommen, bei denen Gebiete, die Israel aufgab, in unterschiedliche Kategorien eingeteilt wurden: A (vollständig unter palästinensischer Kontrolle) und B (sicherheitspolitisch unter israelischer, verwaltungsmäßig unter palästinensischer Kontrolle). Im Januar 2000 wies ein Artikel in der Zeitung *Ha-aretz* darauf hin, dass diese Unterscheidungen im wirklichen Leben weniger sinnvoll waren, als sie es auf dem Papier erschienen:

> Die einzige Schwierigkeit ist, dass in Abu Dis, wo den Palästinensern nur «administrative» Vollmachten eingeräumt worden sind, sämtliche Sicherheitsmechanismen der Palästinensischen Autonomiebehörde bereits in Funktion sind und es dort nichts gibt, das es wirklich vom Gebiet A (vollständige palästinensische Kontrolle) unterscheidet. Von Abu Dis aus strecken die palästinensischen Sicherheitseinheiten [bereits] ihre Arme nach Jerusalem hinein aus, lange bevor ihnen irgendjemand erlaubt hat, in der Stadt tätig zu werden.[43]

Im Frühjahr 2000 versuchte Barak, die Zustimmung seines Kabinetts zu einer frühen Übergabe des größeren Teils von Abu Dis sowie der Dörfer al-Azarija und Suwarha der vollen palästinensischen Kontrolle zu unterstellen. Aber in seiner immer wackliger werdenden Koalition regte sich Widerspruch, und er war genötigt, das Vorhaben aufzugeben. Wenig später beschloss der von Parteigängern der rechten und religiösen Parteien dominierte Planungsausschuss mit sieben gegen eine Stimme, zweihundert neue Wohnungen für Juden auf jenen zehn Prozent von Abu Dis zu bauen, die innerhalb der Jerusalemer Stadtgrenzen lagen.[44]

Im Juli 2000 trafen Arafat und Clinton in Camp David zu einem Gipfeltreffen zusammen, von dem man sich erhoffte, es werde eine Wiederholung des Erfolgs von jenem Treffen sein, das Präsident Jimmy Carter veranstaltet hatte und das zu dem israelisch-ägyptischen Abkommen von 1978 geführt hatte. Wie damals schrieben die Amerikaner saloppe Kleidung und Abgeschiedenheit vom Rest der Welt vor; sie hofften, damit eine Dynamik zugunsten einer Einigung zu schaffen. Obwohl es in den israelisch-palästinensischen Vorbereitungsgesprächen nicht gelungen war, einige zentrale Fragen zu lösen, hofften die Amerikaner, dass eine Vereinbarung getroffen werden könnte, wenn der Präsident einbezogen und eine implizite zeitliche Begrenzung gesetzt würde (die Präsidentenwahlen und das Ende von Clintons Amtszeit standen bevor). Barak und Arafat waren sich der Gefahr bewusst, dass weitere Teilabkommen Gewalttaten von Terroristen auslösen könnten, denen es um die Störung und Zerstörung des Friedensprozesses ging. Darum waren beide entschlossen, sich zu bemühen, eine abschließende Lösung für alle noch anstehenden Fragen zu finden. Beide sahen sich inneren Schwierigkeiten gegenüber: Arafat stand unter Druck, nicht von der palästinensischen Forderung nach dem Rückzug der Israelis aus dem ganzen arabischen Ostjerusalem abzurücken. Baraks Koalition war dabei zu zerbröckeln, und er traf bei der Konferenz als Chef einer Regierung ein, die jeden Augenblick zusammenbrechen konnte. Nur die zur rechten Zeit gekommene Sommerpause der Knesset verschaffte ihm etwas Luft bis Ende Oktober, wenn das Parlament seine Tätigkeit wieder aufnehmen würde.

Jerusalem war die Kernfrage, über die man in Camp David miteinander sprach, und Jerusalem verhinderte letzten Endes ein Abkommen. Am siebten Tag der Gespräche, nachdem es bis dahin Israelis und Palästinensern nicht gelungen war, sich zu einigen, trugen die Amerikaner eigene Überlegungen vor. Sie bewegten sich dabei weitgehend innerhalb der Bahnen des Kompromisses zwischen Beilin und Abu Mazen, mit gewissen Modifikationen und Ergänzungen. Israel würde sich danach von 91 Prozent des Westjordanlandes zurückziehen; die restlichen 9 Prozent würden von Israel annektiert. Jerusalems Grenzen würden so erweitert, dass sie die nach 1967 errichteten jüdischen Siedlungen von Givat Ze'ev und Ma'alej Adummim einschließen würden. Einige von Palästinensern bewohnte Gebiete – Schuafat, Bet Hanina und das Flüchtlingslager Qalandija – würden Teil des palästinensischen Staates werden. Abu Dis würde die palästinensische Hauptstadt sein. Die Altstadt würde unter israelischer Souveränität stehen: Das jüdische und das armenische Viertel würden direkt Israel unterstellt sein; die Palästinenser würden das muslimische und das christliche Viertel verwalten. Der Haram al-Scharif würde unter israelischer Souveränität bleiben, aber muslimischer (palästinensischer) Kontrolle unterstehen; auch würde eine palästinensische Flagge dort aufgezogen werden. Erstmals würde Juden jedoch gestattet sein, dort zu beten, möglicherweise in einem speziell dafür vorgesehenen Teil des Geländes.[45]

Der Vorschlag war in seiner Konkretheit ein Schritt nach vorn, sofern er Ideen bezüglich der Altstadt ausformulierte, die Beilin und Abu Mazen späteren Verhandlungen vorbehalten hatten. Die Palästinenser waren grundsätzlich zum Verzicht auf das jüdische Viertel bereit. Es hieß, dass die Armenier darüber unglücklich sein würden, Israel zugewiesen zu werden, obwohl ihre Besorgnisse möglicherweise eher taktischer Natur waren. Die Republik Armenien unterhielt nämlich zwar korrekte Beziehungen mit Israel, war aber zweifellos durch das enge sicherheitspolitische Verhältnis beunruhigt, das sich in den neunziger Jahren zwischen Israel und der Türkei entwickelt hatte.

Offen blieb die Frage, wie die administrativen Zuständigkeiten beschaffen sein würden, die nach diesem Plan den arabischen «Stadtbezirken» eingeräumt würden. Als im Mai 1997 in israelisch-palästinensischen Gesprächen in Stockholm ein ähnlicher Plan von den Israelis vorgelegt worden war, hatten sie versucht, Stadtplanung und Wohnungsbau in den arabischen Bezirken sich selbst vorzubehalten – jedenfalls hatten die Palästinenser es so ausgelegt. In dem von Beilin und Abu Mazen ausgearbeiteten Dokument war auch für die Palästinenser eine lokale Zuständigkeit vorgesehen. Nun schien der Sachverhalt nicht mehr so eindeutig zu sein.

Während sich der Abbruch der Gespräche abzeichnete, wurden immer sonderbarere Ideen entwickelt, um die Differenzen beizulegen: So schlug man beispielsweise vor, den Palästinensern solle man eine «vertikale Souveränität» über den Tempelberg einräumen – womit wohl die Souveränität über alles oberhalb der Erde gemeint war –, während die Israelis die Souveränität auf und unter der Erde behalten würden.

Barak ließ durchblicken, dass er sich im großen und ganzen mit den amerikanischen Vorschlägen hinsichtlich Jerusalem einverstanden erklären könne. Er stimmte auch dem Rückzug aus 91 Prozent des Westjordanlandes zu und war bereit, die Schaffung eines palästinensischen Staates anzuerkennen und den palästinensischen Forderungen in der Flüchtlingsfrage ein Stück weit entgegenzukommen. Diese Zugeständnisse überraschten und beunruhigten viele Israelis, auch Mitglieder seiner eigenen Partei, wie etwa Schimon Peres. Der Schlüssel zu Baraks Positionsänderung war zweifellos das Beilin-Abu Mazen-Papier und die verschiedenen Pläne, die «Denkfabriken» wie das Jerusalem Institute for Israel Studies und das Jaffee Centre for Strategic Studies – dessen Direktor, Joseph Alpher, an den Gesprächen in Camp David teilgenommen hatte – im Laufe der Jahre zu Papier gebracht hatten. Alpher hatte schon seit langem eine Verständigung befürwortet, bei der sich Israel aus dem Großteil des Westjordanlandes zurückziehen, aber Bereiche annektieren würde, in denen nach 1967 israelische Wohngebiete in der Nähe Jerusalems und innerhalb des Westjordanlandes entstanden waren, wie beispielsweise Ma'alej Adummim und Givat Ze'ev. Die Zugeständnisse in Ostjerusalem sollten als eine Art Ausgleich für diese Gebiete angeboten werden. Einige Sprecher der Palästinenser hatten in den letzten Jahren diesen Überlegungen gegenüber eine gewisse Offenheit gezeigt, und die Israelis hatten ihre Reaktion zur Kenntnis genommen.[46]

Arafat lehnte aber diese Vorschläge ab. Gegen Mitternacht des letzten Abends der Gespräche machte Clinton seine letzten Vorschläge in bezug auf Jerusalem. Einer späteren Darstellung eines Arafat-Mitarbeiters, Akram Hanieh, zufolge, die durch andere Gewährsleute erhärtet wurde, handelte es sich um folgende Vorschläge:

- Ein Ausschuss, dem auch der Sicherheitsrat und Marokko angehörten, würde Palästina die «souveräne Schutzherrschaft» über den Haram zusprechen, während Israel die «residuale Souveränität» darüber behielt.
- Das muslimische und das christliche Viertel der Altstadt würden unter palästinensischer, das jüdische und das armenische Viertel unter israelischer Souveränität stehen.
- Die Palästinenser sollten in den so genannten inneren Wohngebieten einschließlich Musrara und Wadi Joz eine funktionale Rechtsprechung haben.
- Die palästinensische Souveränität würde entweder für die äußeren

> oder für die inneren Wohngebiete Jerusalems gelten, wobei im letzteren Falle für die Altstadt eine gesonderte Regelung getroffen würde, deren Einzelheiten noch vereinbart werden müssten.[47]

Arafat rückte jedoch von seiner Meinung nicht ab, dass dies nicht akzeptabel sei. Unter anderem bestand er darauf, dass das armenische Viertel palästinensischer Souveränität unterstehen müsse. Er sagte, für eine Entscheidung von dieser Größenordnung hinsichtlich Jerusalems und seiner für Muslime Heiligen Stätten könne er nicht die Verantwortung auf sich nehmen. Er müsse sich dazu erst «mit den Sunniten und den Schiiten und allen arabischen Staaten» beraten.

Gegen Ende, als ein enttäuschter Clinton Arafat Unnachgiebigkeit vorwarf, gab Arafat eine Antwort, die an Saladins Erwiderung auf Richard Löwenherz' Forderung nach der Übergabe Jerusalems im Jahre 1191 erinnerte. Haniehs Bericht zufolge sagte Arafat: «Möchten Sie an meiner Beerdigung teilnehmen? Ich werde Jerusalem und die Heiligen Stätten nicht fallen lassen.»[48] Arafat verwarf auch drei Alternativvorschläge von Clinton, nämlich, dass man eine Vereinbarung unterzeichnen könnte, in der die gesamte Jerusalem-Frage auf einen späteren Zeitpunkt aufgeschoben würde, in der nur die Frage der Altstadt aufgeschoben würde oder in der die Aufschiebung nur für den Tempelberg gelten solle.

Nach zwei Wochen ging die Konferenz als Fehlschlag zu Ende. Arafat wurde in Ramallah wie ein Sieger empfangen. Ein niedergeschlagener Barak machte Arafat für das Scheitern der Gespräche verantwortlich und sagte, alle vorgelegten Angebote seien jetzt wieder vom Tisch. Ein enttäuschter Clinton meinte, es sei wie eine Zahnbehandlung ohne örtliche Betäubung gewesen.[49]

10. Ärger auf dem Tempelberg

Auch wenn der Tempelberg nicht das einzige Problem war, das in Camp David eine Einigung verhinderte, war er doch der Tropfen, der das Fass zum Überlaufen brachte. Am 28. September 2000, ein Monat nach dem Scheitern des Gipfeltreffens, marschierte der israelische Oppositionsführer Ariel Scharon, von einer Phalanx von israelischen Polizisten umgeben, auf das Areal, um – wie er sagte – «eine Friedensbotschaft» zu verkünden. Der Besuch löste auf dem Haram al-Scharif Unruhen aus, die sich in arabische Gebiete von Ostjerusalem, in das Westjordanland, nach Gaza und erstmals auch nach Nazareth, Haifa, Jaffa und anderen Gebieten mit arabischer Bevölkerung in Israel ausbreiteten. Binnen zehn Tagen forderte diese «Al-Aqsa-Intifada», wie die Palästinenser sie nannten, fast hundert Todesopfer. Die Aussichten auf eine dauerhafte Friedensregelung waren plötzlich schlechter denn je seit 1993.

Weshalb ist im Ringen zwischen Israelis und Arabern um das Heilige Land dem Tempelberg eine so entscheidende Rolle zugekommen? Welche besonderen religiösen Assoziationen verbinden Islam oder Judentum mit diesem Areal? Wie hat sich sein Status während des letzten Jahrhunderts verändert? Woran liegt es, dass zwei säkulare, nationalistische politische Bewegungen einer religiösen Andachtsstätte wegen wiederholt übereinander hergefallen sind? Ist dieses Allerheiligste dazu ausersehen, jegliche Lösung der Jerusalem-Frage – möglicherweise gar des größeren israelisch-arabischen Konflikts – zu verhindern?

Ein Palimpsest

Der Tempelberg ist eine Art religiöses Palimpsest. Er beherbergte nacheinander heidnische, jüdische, römische, muslimische, christliche und wieder muslimische Heiligtümer. Mit Ausnahme der byzantinischen Epoche, als man ihn brachliegen ließ, galt er seit der Antike als religiöses Heiligtum von hoher Bedeutung. In zwölf der vergangenen dreizehn Jahrhunderte (d. h. mit Ausnahme der Kreuzfahrerzeit) war er ein heiliger Ort für Muslime. Bis 1967 wurde dieser Sachverhalt von keiner Seite mit irgendwelchen religiösen Ansprüchen in Frage gestellt.

In seinen vielfältigen religiösen Ursprüngen war er nichts Einzigartiges. Es war durchaus üblich, ein Heiligtum auf den Ruinen eines Sakralbaus einer anderen Religion zu errichten. So wurde beispielsweise die Grabeskirche auf dem Gelände von Kaiser Hadrians Venus- und Jupitertempeln gebaut, die Geburtskirche in einem Wäldchen, das Adonis geweiht war.[1]

In der muslimischen Tradition war der Haram nicht nur der Zielort der wundersamen «nächtlichen Reise» des Propheten von Mekka aus gewesen.[2] Man betrachtete ihn (und übernahm damit eine jüdische und christliche Auffassung, die aus der griechischen Gedankenwelt stammte) auch als den *omphalos*, den Nabel der Welt. Überdies wird überliefert, dass alle Propheten Gottes bis hin zu Mohammed zum Beten zu dem Felsen kamen, der jeden Tag von einer Wache von 70 000 Engeln umgeben ist.

Ein von Nichtmuslimen häufig missverstandener Aspekt des Haram ist das nach muslimischer Überlieferung gerade für ihn Eigentümliche. Es wird oft angenommen, dass die Al-Aqsa-Moschee und der Felsendom auf dem Tempelberg gelegene muslimische Heiligtümer seien. Da zum Tempelberg auch eine große gepflasterte Freifläche gehört, wird zuweilen beanstandet, es sei eigentlich unmäßig seitens der Muslime, ihn ausschließlich für sich zu beanspruchen. Aber in der Tat ist der gesamte Tempelberg eine Moschee. Das arabische Wort *Masjid* bedeutet «Ort des Niederfallens (im Gebet)». Es bezieht sich auf das gesamte Areal des Haram. Westlichen Spezialisten war das Ende des 19. Jahrhunderts bestens bekannt. Guy Le Strange wies 1890 darauf hin, lange, bevor dieses Thema zur Streitfrage zwischen Juden und Muslimen wurde.[3] Auch israelische Orientalisten wussten das zu würdigen, als Israel 1967 Ostjerusalem eroberte. Bis zum heutigen Tag verteilen sich Muslime, die an dem freitäglichen Morgengebet auf dem Tempelberg teilnehmen, häufig außerhalb der Al-Aqsa-Moschee in einer gewaltigen Menschenmenge unter freiem Himmel auf dem Gelände.

Aus der Frühen Neuzeit gibt es viele Zeugnisse dafür, dass Nichtmuslime – Christen wie Juden – auf den Haram stiegen. Seit Anfang des 19. Jahrhunderts kamen Muslimen solche Besuche jedoch suspekt vor, weshalb sie verboten wurden. In der Zeit des Krimkriegs waren die Bestimmungen unter dem Druck der europäischen Mächte dann aber wieder gelockert worden. Der erste Ungläubige, dem in modernen Zeiten der Aufstieg erlaubt wurde, war der Herzog von Brabant, der spätere König der Belgier, der 1855 Jerusalem besuchte, bewaffnet mit einem *Ferman* des Sultans, der ihm das Betreten des Harams gestattete. Dass der örtliche Pascha es für ratsam hielt, unmittelbar, bevor der Herzog den Berg betrat, eine List anzuwenden, dank derer die gesamte Bewachungsmannschaft des Haram, Afrikaner von zweifelhafter Reputation, im Haus des Paschas festsaßen, bis der hohe Besucher wieder gegangen war, ist ein Anzeichen dafür, welche Unruhe dieser Besuch auslöste.

Es folgten noch eine Reihe weiterer namhafter Reisenden, zu denen auch der damals führende englische Jude, Sir Moses Montefiore, gehörte. Sein Besuch auf dem Tempelberg rief den heftigen Protest orthodoxer Juden in Jerusalem hervor, die ihn beschimpften, weil er über heiligen Boden schritte, und auf die extreme Maßnahme verfielen, einen *Cherem* (eine Exkommunikation) über ihn auszusprechen. Ein anderer Zwischenfall, der sich Anfang des 20. Jahrhunderts ereignete, spiegelt muslimische und jüdische Einstellungen gegenüber dem Tempelberg wider:

> In Jerusalem erzählt man, dass vor nur einem oder zwei Jahren einige muslimische Kinder, die in den Tempelhöfen spielten, in eines der riesenhaften Becken fielen, die unter einem großen Teil des Haram liegen, die Speicher von Millionen von Gallonen Wasser. Das letzte Mal, als einer dieser Speicher für die Wasserversorgung gereinigt worden war, hatte man menschliche Gebeine entdeckt; auf diese Tatsache der Verunreinigung reagierten die Muslime besonders empfindlich. Ein Jude aus der Nachbarschaft erklärte sich bereit, nach den Leichen zu suchen, unter der Bedingung, dass er von einem Mann zur Zisterne und wieder zurück geschultert werde, damit er seine Füße nicht auf den geheiligten Boden setze.[4]

Zu diesen beiden Anlässen war es also den Juden gestattet, den Haram zu betreten.

In spätosmanischer Zeit durften Christen sich zum Gebet auf dem Berg versammeln, und Konsul Finn notierte, dass «weder die muslimischen Wachen noch die Besucher des Heiligtums sie dabei durch unhöfliche Worte oder Gesten behelligten».[5] Allem Anschein nach wurden die osmanischen Behörden auffallend nachlässig, nachdem erst einmal der Präzedenzfall geschaffen war, dass Nichtmuslime das Areal betreten durften; jedenfalls berichtete der Konsul, dass der

Zutritt «in erster Linie eine Frage der Zahlung von einem Pfund pro Person» wurde – was damals ein großer Betrag war.[6]

Allerdings hegte man zu der Zeit noch nicht den Verdacht, dass Nichtmuslime irgendwelche Absichten auf dem Tempelberg verfolgen könnten. Zur Sprache kam das Thema jedoch im Mai 1896 während eines Gesprächs zwischen Sultan Abdul Hamid und Philipp de Newlinski, dem Sprecher der Zionisten. «Jerusalem könne er nie hergeben. Die Omar-Moschee müsse immer im Besitz des Islam bleiben», soll der Sultan ihm mitgeteilt haben. Als Newlinski dies dem Zionistenführer Theodor Herzl berichtete, erwiderte dieser: «Da könnten wir ja Rat schaffen; wir exterritorialisieren Jerusalem, das niemandem und allen gehören wird, der heilige Ort, den alle Gläubigen dann gemeinsam haben. Das Große Kondominium der Kultur und der Sittlichkeit.» [7] Dieser Teil von Herzls Traum blieb unerfüllt. Im 20. Jahrhundert wurde der Haram, wie andere heilige Stätten in Palästina, jedoch in stärkerem Maße, zum Blitzableiter für religiöse Gegensätze. Die Folge war, dass sich die Frage des Zutritts in ein politisches Problem von größter Wichtigkeit verwandelte – im Ringen um die Kontrolle über Jerusalem, im arabisch-israelischen Konflikt und in den Beziehungen zwischen der muslimischen und der jüdischen Welt.

Aufruhr an der Klagemauer

Historisch gesehen ist dem Judentum nicht an der kultischen Verehrung Heiliger Stätten gelegen. Während die beiden jüngeren monotheistischen Religionen bestimmte Orte in und um Jerusalem herum als Heilige Stätten verehrten, hatten die Juden eine andere Einstellung dazu. Diesbezüglich schrieb 1974 Schemarjahu Talmon von der Hebräischen Universität: «In der jüdischen Tradition ... ist es der ganze Umkreis der Stadt, der als heilig aufgefasst wird und werden wird. Im Unterschied zu anderen Religionen, die ihre fromme Verehrung für Jerusalem an ausgewählten Örtlichkeiten in der Stadt festgemacht haben, an besonderen *topoi*, die mit bestimmten Ereignissen in ihrer Heilsgeschichte verknüpft sind, hat das Judentum die Stadt als solche geheiligt.[8] Eine augenfällige Ausnahme von dieser Lehre jedoch hatte eine ganz besondere Bedeutung: die Westmauer.

Direkt neben dem Tempelberg, aber auf einer tieferen Geländestufe gelegen, gilt die West- oder Klagemauer als der letzte Überrest der

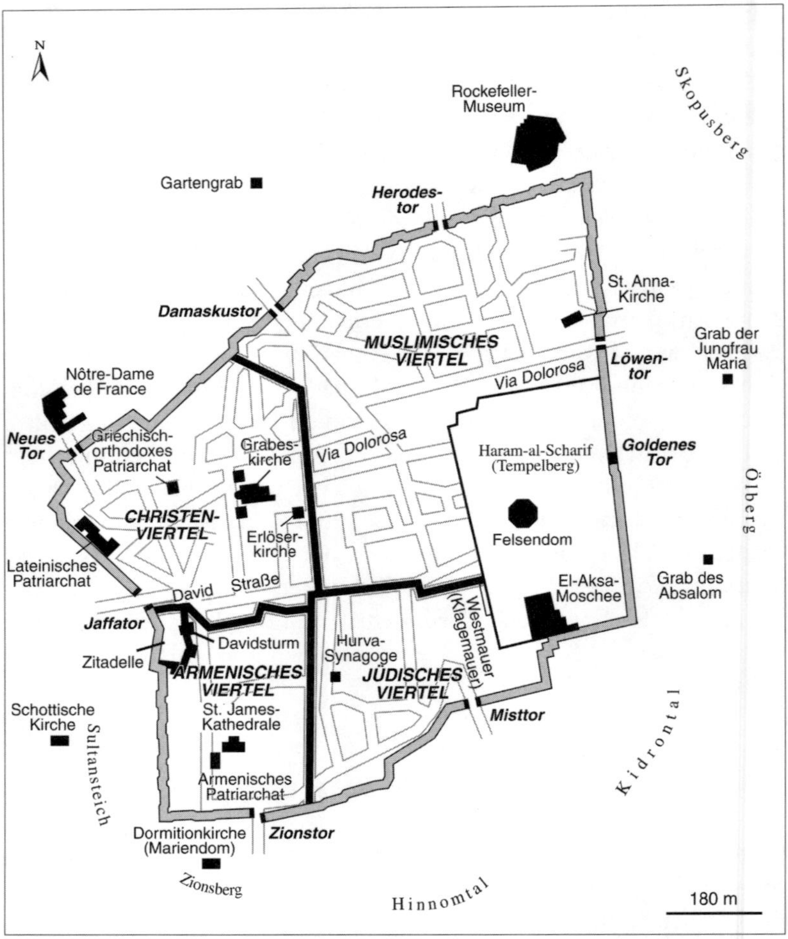

Karte 12 Jerusalem: Die Altstadt

Außenmauer des Tempels des Herodes. Deswegen war sie den jüdischen Jerusalempilgern sehr teuer, und in alter Zeit waren die Rabbis der Überzeugung, dass die *Schechina* (der Geist oder die Gegenwart Gottes unter den Menschen) nie von ihr gewichen sei. Bis 1967 war die Mauer nur über einen schmalen Durchgang durch ein von Muslimen bewohntes Gebiet der Altstadt zu erreichen. Die Mauer war aber keine Heilige Stätte in dem Sinn, den dieser Ausdruck für das

Christentum oder den Islam beinhaltet, denn ihr fehlte, im Gegensatz zu jenen christlichen Heiligen Stätten, die mit dem Leben Jesu Christi in Zusammenhang standen, der theophanische Bezug. Auch war es keine unabdingbare religiöse Pflicht, dorthin zu pilgern – im Gegensatz zum islamischen *Hadsch* nach Mekka. Andererseits nahm die Westmauer einen einzigartigen Rang im Herzen der Juden ein, weil sie mit Ausnahme einiger Gräber berühmter Rabbis in Osteuropa und Nordafrika der *einzige* Ort der Pilgerschaft und Verehrung für das Judentum war (es sei denn, man zählt auch die drei weniger «Heiligen» Orte Hebron, Safed und Tiberias dazu).

Obwohl sie den Juden heilig war, gehörte sie ihnen nicht. Eigentümer sowohl der Westmauer als auch des Durchgangs und der Häuser davor war die muslimische Abu Midjan-Stiftung (*Waqf*). *Awqaf* können «öffentliche» (vom Staat verwaltete) oder «private» Stiftungen sein – oder ein Gemisch von beidem. Sie können zu einem religiösen oder zu einem weltlichen Zweck gegründet werden. Der Umstand, dass die Mauer einer derartigen, nach muslimischem Recht gegründeten Stiftung gehörte, machte sie nicht zu einem heiligen Ort für Muslime. Die Stiftung war 1320 ins Leben gerufen worden, um nordafrikanische Jerusalempilger zu unterstützen. Das Mauerareal war nur eine von mehreren ihr gehörenden Liegenschaften in Jerusalem.[9] Abkömmlinge seiner ursprünglichen Nutznießer lebten noch immer in den slumartigen Häusern vor der Mauer – die zuweilen als Maghrebi-Viertel bezeichnet wurden. Da der Gründer der Stiftung ein Algerier war, übernahm die französische Regierung den Schutz der Stiftungsrechte, eine Fürsorge, die bis in die 1960er Jahre fortbestand.

Vor dem Ersten Weltkrieg hatte Baron Edmond de Rothschild vergeblich versucht, die Mauer den Eigentümern abzukaufen (eine muslimische Stiftung ist theoretisch unveräußerlich, aber das moderne muslimische Recht sah Wege vor, die verhinderten, dass derartiger Grundbesitz völlig dem Handel entzogen war, etwa durch das Mittel des «Austauschs», des *Istibdal*). 1918 hatte der Zionistenführer Chaim Weizmann mittels der guten Dienste des britischen Militärgouverneurs von Jerusalem Ronald Storrs versucht, einen Kauf der Mauer durch Juden zu arrangieren. Starker muslimischer Widerstand verhinderte jedoch, dass das Geschäft zustande kam, obwohl von einem Kaufpreis von £ 100 000 die Rede war (was nach heutigem Kurs etwa £ 5 Millionen entspräche). 1926 wurde ein neuer, wiederum vergeblicher Anlauf gemacht; diesmal versuchte man, an die Mauer angrenzendes Land zu kaufen, um einen neuen Zugang zu schaffen. Oberst F. H. Kisch, der Vorsitzende der Zionistischen Exekutive in Palästina, schrieb damals in einem Privatbrief, dass seine «weiteren Pläne, die selbstverständlich nicht sofort realisiert werden können» darauf abzielten, sich «das ganze im Dunkeln liegende Areal vor der Mauer zu sichern, damit es möglich wird, daraus einen offen Raum mit Sitzplätzen zu machen, auf denen betagte Beter sitzen können».[10]

Trotz der Rückschläge bei ihrem Bemühen, sich das Eigentum an der Mauer zu sichern, versuchten die Juden, sich dort mehr Rechte zu verschaffen; dabei gingen sie in der altehrwürdigen Weise vor, in der man derlei Dinge in Jerusalem tat – nämlich, indem man Stückchen für Stückchen einen neuen Status quo schuf. Sie brachten Bänke dorthin, Kultgegenstände und einen Sichtschutz, der, wie in der Synagoge, Männer von Frauen trennte. Im April 1922 beklagte sich der Mufti darüber, dass die Juden Bänke zur Mauer brächten. Zwei Monate später ließ Storrs die Bänke fortschaffen. Im Januar 1923 beschwerte sich der Mufti erneut. Ein Ritual entstand: Die Bänke wurden aufgestellt, die Muslime beschwerten sich, die Bänke wurden entfernt, etwas Zeit verging, und die Bänke waren wieder da. Im September 1925, am Versöhnungstag, dem höchsten Festtag im jüdischen Kalender, wurden sie wieder einmal nach einer Beschwerde des Mufti entfernt. Inzwischen hatten die Muslime den Verdacht, dass die Juden etwas im Schilde führten. *Al-Sabah*, die von den Husaynis finanzierte Jerusalemer arabische Zeitung, schrieb, die Juden wären erst dann zufrieden, wenn die Al-Aqsa-Moschee und der «Heilige Felsen ... in ihrer Obhut stünden».[11]

Am 24. September 1928 – wieder war es der jüdische Versöhnungstag – unterbrach ein weiterer ernster Zwischenfall das Gebet an der Klagemauer. Am Tag zuvor hatten sich die Muslime beim stellvertretenden Distriktskommissar, Edward Keith-Roach, darüber beklagt, dass unrechtmäßigerweise ein Sichtschutz an der Mauer aufgestellt worden sei, der beim Gebet die Männer von den Frauen trennen sollte. Keith-Roach, ein mit übermäßigem Selbstbewusstsein ausgestatteter Beamter, begab sich zur Westmauer und ordnete die Entfernung des Sichtschutzes an. Der an der Mauer diensttuende jüdische *Schammes* (Aufseher), ein gewisser William Ewart Gladstone Noah, versprach, dass dies am nächsten Morgen geschehen werde. Als sich dann aber herausstellte, dass das Versprechen nicht gehalten worden war, wurde der Sichtschutz von Polizisten entfernt, wobei es zu Handgreiflichkeiten kam. Keith-Roach meldete dem amtierenden Hochkommissar, dass man «von der Sache nichts mehr hören» werde.[12] Eine weniger zutreffende Vorhersage hätte er schwerlich machen können. Vielmehr setzte ein Sturm der Empörung ein. Oberst Kisch beschwerte sich, die Behörden hätten «das religiöse Mobiliar an der Westmauer behandelt, als wäre es ein Gartenhäuschen in einer städtischen Anlage».[13] Sogar aus den Vereinigten Staaten kam der energische Protest der Juden.

Die jüdischen Neuerungen erregten bei den Muslimen Wut und wurden in demagogischer Weise von Hadsch Amin al-Husayni ausgenutzt. Es gelang dem Mufti, die Kräfte des muslimischen Traditionalismus und des politischen Antizionismus zusammenzuführen, begünstigt durch die wachsenden muslimischen Befürchtungen hinsichtlich der Mauer. Ungefähr um diese Zeit wurde die Behauptung aufgestellt, dass die Mauer nicht nur eine jüdische, sondern auch eine muslimische Heilige Stätte sei. Man identifizierte sie als die Stelle, wo der Prophet Mohammed sein wundersames geflügeltes Ross Buraq angebunden hatte, bevor er den angrenzenden Hügel hinaufstieg und sich in den Siebten Himmel erhob. Deshalb war die Mauer bei Muslimen unter dem Eponym al-Buraq bekannt. Einigen Wissenschaftlern zufolge soll diese behauptete Tradition eine vergleichsweise junge Entdeckung sein. Raschid Khalidi hat dies bestritten und sie bis ins 14. Jahrhundert zurückgeführt, was in der islamischen Geschichte ein verhältnismäßig später Zeitpunkt ist.[14] Wie dem auch sei, nicht weniger wichtig als die Frage der Datierung ist die nach der Lokalisierung. In seiner sorgfältigen Untersuchung vertritt Amikam Elad die Meinung, dass «gegen Ende des 17. Jahrhunderts der Ort, an dem al-Buraq festgebunden war, noch immer als die Stelle an der Außenseite der südwestlichen Ecke der Mauer des Haram identifiziert wurde, so wie sie von Ibn al-Faqih und Ibn Abd Rabbihi im 10. Jahrhundert beschrieben worden war».[15] Dieser Ort ist jedoch *nicht* identisch mit der Westmauer.

Die Kampagne des Mufti zur Verteidigung von al-Buraq stand in engem Zusammenhang mit seinen Bemühungen hinsichtlich des angrenzenden Haram al-Scharif. Das internationale Interesse von Muslimen an der vermeintlichen Bedrohung des Haram ging bis in die Frühzeit der englischen Besatzung zurück. Damals wurden Befürchtungen geäußert, die Juden hätten vor, sich des ganzen Gebiets zu bemächtigen und den Tempel wieder aufzubauen. Das war weit hergeholt, obwohl 1914 Herbert Samuel in seiner ersten Unterredung mit Chaim Weizmann vom Wiederaufbau des Tempels gesprochen hatte – «selbstverständlich in einer modernisierten Form».[16] Aber kurz darauf dachte er anders darüber. Bereits im Januar 1919 hatte die All-India Muslim League ein Protesttelegramm in dieser Angelegenheit an die britische Regierung gerichtet. Das Foreign Office, das in Indien immer wieder Reizungen der Muslime zu schlichten hatte, hielt die Sache für «sehr wichtig».[17] Die muslimischen Besorgnisse ließen nicht nach, weshalb sich Samuel, der inzwischen Hochkommissar für Palästina geworden war, dazu verpflichtet fühlte, eine öffentliche Stellungnahme abzugeben, die dem Gerücht widersprach, dass der Haram den Juden übergeben werden solle.[18]

Im Winter 1928/29 setzte der Mufti eine ehrgeizige Kampagne in Gang, in deren Mittelpunkt die Westmauer stand. Unter seiner Schirmherrschaft entstanden ein Verein zum Schutz der Al-Aqsa-Moschee und der islamischen Heiligen Stätten sowie eine Reihe feuriger Propaganda-Aussagen.[19] Im Oktober 1928 rief *al-Jamia al-Arabija*, das Organ des Obersten Moslemrats, «alle unsere moslemischen Brüder» auf, sich zur Verteidigung von al-Buraq zu vereinen.[20] Im folgenden Februar hieß es darin, die Muslime «würden keinen einzigen Moment zögern, ihre Heiligen Stätten gewaltsam zurückzuholen, wie es ihnen von der muslimischen Religion angetragen ist».[21] Die Bemühungen, die Frage zu internationalisieren, wurden intensiviert: Im Mai 1929 fing das Aufklärungsbüro des Innenministeriums in Indien einen Brief des Mufti an Schawkat Ali vom Zentralen Kalifatskomitee in Bombay ab, der um Unterstützung für die Verteidigung des al-Buraq nachsuchte.[22]

Der zum größten Teil säkularen Führung der Zionistischen Organisation war die Sache ziemlich gleichgültig. Am ehesten noch galt sie ihr als Symbol für alles Rückständige im «alten Jischuw». Militantere Juden, die, wie der Mufti, Streit suchten und dem Mufti in die Hände spielten, gingen jedoch ihre eigenen Wege. Die nationalistische Zeitung *Doar Hajom* verurteilte «den Raub der Heiligen Stätten», forderte zur Zerstörung einer neuen Moschee direkt neben der Mauer auf und schlug einen Wiederaufbau des Tempels vor.[23] Die nationalistische Jugendbewegung Betar, die *nicht* religiös ausgerichtet war, organisierte provozierende Demonstrationen, um klarzustellen, dass die Juden Rechte an der Mauer hätten. Ihre Führer äußerten ganz offen den Wunsch, den dortigen Status quo zu ändern. Schließlich hatten die Juden den Status quo nie gutgeheißen. Als man sich im 19. Jahrhundert erstmals darauf berief, hatte man den Status quo ausschließlich auf die Heiligen Stätten des Christentums bezogen. Die Muslime mochten an die traditionellen islamischen rechtlichen Einwände gegen die Neuerrichtung von Kirchen und Synagogen in muslimischen Ländern appellieren, aber Palästina war nun kein muslimisches Land mehr, und die Juden brauchten sich ohnehin nicht an das muslimische Recht gebunden zu fühlen. Die Hauptströmung innerhalb der zionistischen Führung versuchte, dem aggressiven Auftreten der jungen Nationalisten entgegenzuwirken, drang damit aber nicht durch.

Den jüdischen Demonstrationen folgten Gegendemonstrationen von Muslimen, und eine Spirale von Handgreiflichkeiten und Tumulten kulminierte schließlich in einer Gewaltexplosion in der Stadt. In der Woche vom 18. August 1929 hatte der Verein für den Schutz der Al-Aqsa-Moschee und der Heiligen Städten des Islam in Jerusalem eine in Arabisch verfasste Mitteilung herausgegeben, die sich heftig über die jüdischen Demonstrationen und Übergriffe beklagte, in denen ein «versteckter Hass» auf die Muslime offenbar werde. «Muslimische Brüder in allen Ländern der Erde» wurden aufgerufen, eine «undurchdringliche Barriere gegen die entsetzlichen Bestrebungen der Juden in bezug auf die muslimischen Heiligen Stätten» zu bilden.[24]

Nach dem Freitagsgebet in der Al-Aqsa-Moschee strömten am 23. August Tausende von Muslimen den Haram hinab und griffen das jüdische Viertel an. Das Blutbad ging auch jenseits der Stadtmauer weiter. Zu den Angriffszielen gehörten auch die im Stadtteil Talpiot gelegenen Häuser der hebräischen Schriftsteller S. Y. Agnon und Joseph Klausner, deren Bibliotheken zerstört wurden. Die Gewalt erfasste das ganze Land: 133 Juden und 116 Araber wurden getötet und Hunderte verletzt. Wochenlang blieb die Atmosphäre in der Stadt explosiv, und die Hälfte der jüdischen Einwohner der Altstadt floh aus ihren Häusern. Der Aufruhr markierte einen entscheidenden Wendepunkt in der Geschichte Palästinas: das Ende jeglicher realistischer Hoffnung auf Frieden zwischen Arabern und Juden unter dem britischen Mandat.

Im Dezember 1930 erließ eine internationale Kommission, die von der britischen Regierung eingesetzt worden war, einen Schiedsspruch über die Klagemauer. In der Absicht, Überparteilichkeit zu gewährleisten, hatte die britische Regierung für eine Entscheidung in dem Disput zwischen Muslimen und Juden drei Christen in die Kommission berufen: einen ehemaligen schwedischen Außenminister, einen Schweizer Juristen und einen ehemaligen holländischen Gouverneur von Ostsumatra. Das Ergebnis war für die Juden enttäuschend. Die Kommission kam zu dem Schluss, dass die Mauer und der Bürgersteig davor Eigentum der Muslime seien und dass die Mauer Muslimen wie Juden heilig sei. Die Kommission bestätigte, dass Juden das Recht des Zugangs zur Mauer hätten, setzte aber den Kultgegenständen und sonstigen Gerätschaften, die von diesen zur Westmauer mitgebracht werden durften, enge Grenzen.[25]

Man hat die Affäre mit der Mauer die «krönende Errungenschaft» der Kampagne genannt, die der Mufti zur Steigerung des Rangs des Haram al-Scharif in die Wege leitete.[26] Der Mufti vermochte seine Position zu nutzen und seinen Anspruch als ein Verteidiger muslimischer Rechte in Jerusalem zu untermauern, indem er den Haram zu einer Art Pantheon des internationalen Islam machte. König Hussein, der während des Ersten Weltkriegs den Aufstand der haschemitischen Araber angeführt hatte, sowie andere führende Muslime bis aus Indien wurden dort bestattet.[27]

Während der britischen Mandatsverwaltung achtete die Regierung sorgsam darauf, nicht den Eindruck zu erwecken, als vergehe man sich an der Heiligkeit des Haram. Dies war der Grund dafür, dass man den Mufti nicht zu verhaften versuchte, als er 1937 dort Zuflucht suchte. Nach seiner Flucht aus Jerusalem im folgenden Jahr wurde dort erstmals ein Polizeiposten eingerichtet.[28] Aber die Regierung nahm bis zum Ende des Mandats Rücksicht auf die muslimischen Empfindlichkeiten und gestattete es dem Obersten Moslemrat, ihn ohne aufdringliche Einmischungen zu verwalten.

Der Tempelberg unter israelischer Herrschaft

Als die israelische Armee den Tempelberg am 7. Juni 1967 eroberte, wurde auf dem Felsendom eine israelische Flagge gehisst. Verteidigungsminister Mosche Dayan ordnete sofort an, sie wieder zu entfernen. Am selben Tag stieg Schlomo Goren, der Oberrabbiner der israelischen Streitkräfte, auf den Tempelberg hinauf, wo es zu folgendem Wortwechsel mit General Uzi Narkiss, einem der höchsten israelischen Offiziere, kam:

GOREN: Uzi, jetzt ist es an der Zeit, hundert Kilo Sprengstoff in die Omar-Moschee zu legen – und das wär's dann, wir wären sie ein für allemal los.
NARKISS: Rabbi, hören Sie auf damit!
GOREN: Sie werden durch diese Tat in die Geschichtsbücher eingehen.
NARKISS: Ich habe meinen Namen bereits auf den Seiten der Geschichte Jerusalems eingetragen.

Narkiss berichtete später, Goren sei daraufhin ohne ein weiteres Wort davongegangen.[29] Kurz danach ordnete Dayan den Abzug der israelischen Fallschirmjäger vom Haram an; das Areal wurde abgesperrt und die Verantwortung für die Sicherheit innerhalb des Geländes wieder den muslimischen Wachen übertragen. Die Schlüssel von acht der neun Tore zu dem Gelände gingen an die muslimischen Behörden zurück (die Ausnahme war das Maghrebi-Tor in der Nähe der Westmauer), und die israelische Präsenz wurde auf einen kleinen Polizeiposten reduziert, der sich in der Regel aus ehemaligen Angehörigen der jordanischen Polizei rekrutierte. Außerhalb des Maghrebi-Tors wurde ein Anschlag in hebräischer, englischer und französischer Sprache angebracht:

Hinweis und Warnung
Das Betreten des Geländes des Tempelberges ist wegen der Heiligkeit des Ortes jedermann aufgrund jüdischen Rechts untersagt.

Das Oberrabbinat von Israel

In den folgenden Wochen stritten sich die israelischen Militärbehörden mit einem Teil der religiösen Führungsschicht der Juden, der daran gelegen war, jüdische Rechte an dem Berg durchzusetzen. Am 15. August, nach dem hebräischen Kalender an den Fasten des neunten Av, der an die Zerstörung des Tempels erinnert, stieg Oberrabbiner Goren erneut auf den Berg, diesmal mit einer Gesetzesrolle, einem Thoraschrein und einem Lesepult, um einen Gottesdienst abzuhalten. Die Armee versuchte, ihn daran zu hindern, hatte aber keinen Erfolg damit.[30] Am folgenden Tag stellte der israelische Minister für Religionsangelegenheiten, Zerah Warhaftig, ein Mitglied der Nationalreligiösen Partei, fest, dass der Tempelberg jüdisches Eigentum sei: Er verwies darauf, dass König David ihn für fünfzig Schekel dem Jebusitenkönig Araunah abgekauft habe.[31] Goren schrieb einen scharfen Brief an den Innerministeriellen Ausschuss für den Schutz der Heiligen Stätten, in dem er sich beschwerte, dass von allen Orten auf der Welt der Tempelberg der einzige sei, für den ein ausdrückliches Verbot bestehe, dass Juden dort beteten.[32] Er und seine Verbündeten versuchten, das Recht für Juden zu erstreiten, sich auf dem Berg zum Gebet zu versammeln, aber schließlich mussten sie sich einer Entscheidung der Regierung fügen, die den Status quo aufrecht erhielt, wonach Juden das Gebet dort verwehrt war.

In der Anfangsphase der israelischen Herrschaft hofften die Verantwortlichen, die Kontrolle über den Haram einem Ausschuss führender israelischer Muslime zu übertragen, dem auch Muslime aus Ostjerusalem angehören sollten.[33] Aber nun ergriff die Ostjerusalemer muslimische Führungsschicht die Initiative, und die Israelis waren genötigt, sich damit abzufinden. Die gesamte Verwaltung des Haram blieb folglich fest in den Händen des Muslimrates. Die Wahrung der öffentlichen Ordnung auf dem Areal wurde Wachen übertragen, die bei diesem Rat angestellt waren, sowie einer kleinen Truppe israelischer Polizisten.

Eine der ersten Taten der israelischen Behörden nach dem Sechstagekrieg im Juni 1967 war das Niederreißen von 135 Häusern im Gebiet Maghrebi direkt vor der Westmauer. Es begann am Abend des 10. Juni, einem Samstag, und war binnen zwei Tagen vollzogen. Gerechtfertigt wurde das Vorgehen mit der Notwendigkeit, Platz für Hunderttausende von Juden zu schaffen, die seit dem Juni 1967 zur Mauer strömten, nachdem ihnen die jordanische Regierung neunzehn Jahre lang den Zutritt verwehrt hatte. Die 650 Bewohner der abgerissenen Häuser, allesamt Muslime, wurden ohne viel Umstände auf die Straße gesetzt. Mit der Räumung des Geländes erfüllte sich ein Vorhaben, das bereits 1926 von führenden Zionisten verkündet worden war.[34] Die Abrissarbeiten veränderten das Areal vor der Mauer von einem schmalen Durchgang zu einem großen, offenen Platz. Dieser wurde der Kontrolle des Ministeriums für Religionsangelegenheiten überantwortet, das ihn als ein jüdisches Heiligtum und als Synagoge behandelte. Rund um die Uhr wurde dort gebetet. Männer und Frauen waren getrennt. Zunehmend fanden auf dem Platz symbolische staatliche Ereignisse von nationaler Bedeutung statt, wie beispielsweise Vereidigungszeremonien für Militäreinheiten oder für Pfadfinder – und dies, obwohl der Widerstand der Ultraorthodoxen, denen solche Versammlungen missfielen, wuchs.

Die Muslime waren empört über die Beschlagnahmung von *waqf*-Eigentum; manche befürchteten, es könnte sich nur um den Beginn weiterer Übergriffe auf den Haram selbst handeln. Im November 1967 wurde folgende Erklärung abgegeben (wobei unklar ist, ob sie aus Jerusalem kam oder von außerhalb der von Israel besetzten Gebiete):

Erklärung, unterzeichnet «Ein Aufruf aus der Nähe der Al-Aqsa-Moschee über die Verschmutzung der Heiligen Stätten

Die zionistischen Behörden, der Minister für Religionsangelegenheiten eingeschlossen, haben verkündet, dass das Gelände der Al-*Aqsa*-Moschee ihr Besitztum ist.

Die Zionisten haben auch angekündigt, dass sie beabsichtigen, den Tempel auf den Ruinen des Felsendoms wieder aufzubauen.

Gewaltsam haben sie sich eines der Tore des *Haram al-Scharif* angeeignet, das Tor, das an die Wand des *Buraq* angrenzt.

Muslime in aller Welt: Aus Jerusalem ertönt der Ruf an euch, die Al-*Aqsa*-Moschee benötigt eure Hilfe ... Wer wird antworten? Wir haben uns zum Widerstand verpflichtet, wir haben geschworen, dass wir uns nie ergeben werden ... Wir rufen, wie die moslemische Frau den Kalifen al-Mu'tasim angerufen hat, und wir sagen, wie sie es sagte, ‹Hilf, O Mu'tasim, O Mu'tasim›, und al-Mu'tasim antwortete auf ihren Ruf und errettete sie vor ihren Feinden.

Werden die Könige, Präsidenten, Völker und Organisationen der Muslime ebenso antworten und all ihre Kraft einsetzen, um Jerusalem, die Al-*Aqsa*-Moschee und alle Heiligen Stätten zu retten?»[35]

In den ersten Jahren israelischer Herrschaft betrieb die Regierung eine ganz eindeutige Politik: dass der Tempelberg in seiner Gesamtheit als Heilige Stätte der Muslime zu erachten sei, dass es keine jüdischen Ansprüche darauf gebe und dass er unter muslimischer Aufsicht bleiben solle, so wie die Heiligen Stätten des Christentums unter der Kontrolle der Christen. Im September 1969 erklärte Außenminister Abba Eban vor der UN-Generalversammlung, bis zu einer Vereinbarung über den Status, die «in einer Weise ausgehandelt sei, dass dadurch der Friede im Nahen Osten und die ökumenische Harmonie befördert» werde, sei es Absicht der israelischen Politik, «dass die moslemischen und christlichen Heiligen Stätten immer der Verantwortung derjenigen unterstehen sollten, denen sie heilig sind».[36] Israel betonte, dass es sich zur Gewährleistung des freien Zugangs zu allen Heiligen Stätten verpflichtet habe, und unter der von Moshe Dayan begonnenen Politik der «offenen Brücken» besuchten in der Folgezeit Hunderttausende Muslime den Haram, darunter viele Bürger von Ländern, die sich mit Israel im Kriegszustand befanden.

Eine 1969 beginnende Reihe von Gewaltakten setzte jedoch ein Fragezeichen hinter Israels Befähigung, als wirkungsvoller Beschützer der muslimischen heiligen Stätten in Jerusalem aufzutreten. Am 21. August 1969 legte ein geistesgestörter australischer Christ in der Al-Aqsa-Moschee Feuer. Die Brandstiftung verursachte große Schäden und zerstörte ein kostbares muslimisches Kunstwerk – die Kanzel, auf der Saladin im Jahre 1187 nach der Rückeroberung der Stadt von den Kreuzrittern gestanden haben soll. Der Jerusalemer Muslimrat beschwerte sich, dass «Israel in Heiligtümer eindringt und geheiligte Glaubensinhalte schändet».[37] Ein ausländischer Beobachter berichtete damals:

Ich traf unmittelbar, nachdem das Feuer ausgebrochen war, an Ort und Stelle ein. Es war wie eine Szene aus Dantes *Hölle*. Als ich den Haram betrat, eilten Araber auf mich zu, riefen, griffen nach meinem Arm und weinten. «Die Juden haben es getan!» schrieen sie und schluchzten mit schmerzverzerrten Gesichtern. «Sie wollen uns alle umbringen! Sogar unsere Heiligen Stätten zerstören.»[38]

Die Wut der gesamten muslimischen Welt richtete sich gegen die Juden. Eine islamische Gipfelkonferenz wurde einberufen. In Kaschmir kam es zu Unruhen, in Malaysia wurden Rufe nach einem heiligen Krieg laut. Die führende pakistanische Zeitung *Dawn* klagte: «Während Jerusalem brennt, vertrödeln die Muslime die Zeit.»[39] Eine ägyptische Zeitung legte dar, die Brandstiftung sei «erst möglich geworden, nachdem die Besatzungsbehörden halbnackten Mädchen, Hippies und gesellschaftlichem Ausschuss jedweder Art gestattet hatten, die Höfe der Moschee zu ihrem Treffpunkt und die *Al-Aqsa*-Moschee in eine Touristenattraktion zu verwandeln».[40] Selbst die sowjetische Nachrichtenagentur TASS, die ansonsten nicht gerade für ihre Fürsorglichkeit für die religiösen Empfindungen von Muslimen bekannt war, meldete sich mit der Bemerkung zu Wort, Israel könne «sich der Verantwortung für diesen Aggressionsakt nicht entziehen». [41] Der UN-Sicherheitsrat verabschiedete eine Resolution, in der Israel verurteilt wurde (die Abstimmung ergab elf Stimmen dafür, darunter Großbritannien, und vier Enthaltungen, darunter die USA). Der israelische Vertreter bei den Vereinten Nationen bestritt am 12. September 1969 vor dem Sicherheitsrat ausdrücklich, dass sein Land «irgendwelche Pläne zur Wiedererrichtung des Tempels» habe.

Während diese Aussage gewiss die Politik der Regierung wiedergab, waren kleine Gruppen jüdischer religiös-nationalistischer Enthusiasten darauf aus, den Status quo zu verändern und vor allem das Recht durchzusetzen, dass Juden auf dem Tempelberg beten durften. Der Kopf dieser Bestrebungen war Rabbi Goren, der 1972 in das aschkenasische Oberrabbinat von Israel aufstieg. In dieser Eigenschaft führte er einen scharfen Feldzug gegen sein sephardisches Pendant, den Rischon Le-Zion, Rabbi Owadja Josef. Im Gegensatz zu Goren gehörte Yosef zu jenem rabbinischen Lager, das gegen den Zutritt von Juden zum Tempelberg war. In späteren Jahren wurde Yosef zum charismatischen Anführer der traditionalistischen religiösen Schas-Partei, die insbesondere bei Juden marokkanischer Herkunft ihren Rückhalt hatte. Was er sagte, galt bei seinen Anhängern als Dogma, weshalb seine Haltung in dieser Frage viel dazu beitrug, dass die religiösen Juden nicht massenhaft zu Gorens Auffassung überliefen.

Die Befürworter des Gebetsrechts von Juden auf dem Tempelberg verfielen auf drei verschiedene Aktionsformen: Begehung des Areals des Haram al-Scharif, die Anrufung von Gerichten und die Planung bewaffneter Angriffe auf muslimische Heiligtümer.

Ein frühes Beispiel für die Begehung des Haram-al-Scharif wurde von Rabbi Louis Rabinowitz beschrieben, einem ehemaligen Oberrabbiner von Südafrika, der nach Jerusalem umgezogen war. An den Fasten des zehnten Tewet des Jahres 1973 ging Rabinowitz auf den Tempelberg und führte, wie er später erzählte, «einen *Minjan* [das jüdische Gebetsquorum von zehn erwachsenen Männern] im Gebet zu einer Stelle, die, nach gründlichster Untersuchung des *halachischen* Aspekts, nach meiner Überzeugung außerhalb der Verbotszone lag».[42] Kurz darauf kandidierte Rabinowitz für die nationalistische Cherut-Partei bei den Bürgermeisterwahlen für Jerusalem, unterlag aber Teddy Kollek.

Die israelischen Gerichte bestätigten in der Regel das Recht der Regierung, aus Sicherheitsgründen jüdische Gebete in diesem Areal zu unterbinden oder einzuschränken. In einem Urteil von 1970 wies der Oberste Gerichtshof einen Antrag auf den Erlass einer Anordnung gegen den Polizeiminister ab, darzulegen, weshalb er jüdische Beter auf dem Tempelberg nicht beschütze.[43] Am 28. Januar 1976 jedoch sprach die Richterin Ruth Or im Verfahren gegen eine Gruppe jugendlicher *Betar*-Mitglieder diese frei und erklärte: «Hätte ich es nicht mit eigenen Ohren gehört, so hätte ich es nicht geglaubt, dass das Verbot für Juden, auf dem Tempelberg zu beten, erst besteht, seitdem die israelische Regierung ihn ihrer Kontrolle unterstellt hat!»[44] Dies fasste man anfangs so auf, als hätten die Juden doch das Recht, auf dem Areal zu beten. In der Folge kam es in den nächsten drei Monaten im gesamten Westjordanland zu Demonstrationen und Ausschreitungen. Schließlich hob das Distriktsgericht die Entscheidung der Amtsrichterin auf, und am Ende bestätigte der Oberste Gerichtshof, dass die Polizei berechtigt sei, Juden am Gebet auf dem Tempelberg zu hindern.

In Anbetracht dieser juristischen Entscheidungen verschob sich nun das Schlachtfeld auf außergesetzliches Gelände. Gruppen von Jugendlichen – häufig, wie schon im Vorfeld der Unruhen von 1929, Mitglieder der Betar-Jugendbewegung oder ihrer Zweigorganisationen – versuchten wiederholt, das Gelände zu betreten und wurden immer wieder unter viel Geschrei und Tritten von der israelischen Polizei daraus vertrieben. Zuweilen gingen Juden mit Gebetbüchern hinein, setzten sich hin und behaupteten, dass sie nur läsen. Einmal rannten zwei Männer am Ende des Versöhnungstags hinein und bliesen auf dem Schofar (Widderhorn).

In den 1970er Jahren bildeten sich mehrere radikale Gruppierungen, die sich zum Ziel setzten, die jüdischen Ansprüche auf den Tempelberg durchzusetzen. Die bekannteste – mit etwa 1500 Mitgliedern – waren die Getreuen des Tempelbergs, die von Gerschon Salomon angeführt wurden. Seine Gefolgsleute provozierten wiederholt Schlägereien, bei denen Juden versuchten, das Areal zum Beten zu betreten und daran von der israelischen Polizei gehindert wurden.

Einer der Gründer der Getreuen des Tempelbergs, Stanley Goldfoot, spaltete sich später davon ab und bildete seine eigene Gruppe. Goldfoot, ein ehemaliger Südafrikaner, der 1948 zur Lechi (Stern-Bande) gehört hatte, gründete mit finanzieller Unterstützung fundamentalistischer Christen in den Vereinigten Staaten die Jerusalemer Tempelstiftung. Man munkelte, er habe geplant, in der Morgendämmerung in einem Hubschrauber über dem Tempelberg zu schweben, um das Innere des Berges «zu röntgen ... und mit einem induzierten Polarisationsgerät, Cäsiumstrahlmagnetometer, mit Bergab-Borescope-Fernsehen und einer Hochleistungs-Dipol-Dipol-Resistivitätsanlage» zu untersuchen. Es hieß auch, dass Goldfoot, eine Mischung aus Fantast und Fanatiker, jüdische Terroristen mit Geld versorgt habe, die auf dem Tempelberg die Heiligen Stätten der Muslime in die Luft sprengen wollten.[45]

Eine weitere Randgruppierung, die als Ateret Kohanim (wörtlich: «Krone der Priester») bekannt war, traf Vorbereitungen für eine Restaurierung des Tempels, wozu auch das Weben feierlicher Gewänder gehörte. Ihre Mitglieder erhoben den Anspruch, auf Gedanken des Oberrabbiners von Palästina während der Mandatszeit, Avraham Kook, zurückzugehen, auch wenn es fraglich ist, ob dieser wie ein Heiliger auftretende, halb-mystische, aber moderat gesinnte spirituelle Führer ihre Ideen gutgeheißen hätte. Sein Sohn Rabbi Zwi Jehuda Kook verschaffte der Gruppe jedoch Legitimität auf der Seite der national-religiösen Rechten. Kook Junior war einer der Gründer des Gusch Emunim («Block der Gläubigen»), einer Bewegung, die sich damals als Speerspitze der jüdischen Siedler im Westjordanland verstand. 1978 wurde die Ateret-Kohanim-Jeschiwa im muslimischen Viertel der Altstadt gegründet. Sie betrieb das Studium aller den Tempel betreffenden Aspekte des jüdischen Rechts. Der Leiter dieser Jeschiwa, Rabbi Schlomo Awiner, bekannte öffentlich seine Ablehnung gewaltsamer Methoden, aber einige seiner Schüler nahmen es damit weniger genau. Sie wurden wegen Brandstiftung, Übergriffen gegen Araber und wegen des Versuchs festgenommen, einen Stollen in den Tempelberg vorzutreiben, um dort vermeintlich versteckte Schätze vom Ersten Tempel ausfindig zu machen.

Die Ateret Kohanim wurden von einer Reihe rechter israelischer Politiker unterstützt, zu denen auch Benjamin Netanjahu, Benny Begin und Ehud Olmert gehörten, sowie von militant nationalistischen Rabbis wie Nachum L. Rabinovich und Avraham Schapira, dem aschkenasischen Oberrabbiner von Israel.[46] Auch Ariel Scharon förderte sie. Als er 1993 bei einem Essen zugunsten der Ateret Kohanim in New York sprach, feierte ihn eine ganzseitige Anzeige in der *New York Times* als «Einwohner des Westmauerviertels in der Altstadt» – worin sich das Bestreben dieser Gruppierung spiegelte, auch noch den Namen des muslimischen Viertels auszulöschen.[47] Finanzielle Unterstützung erhielten die Ateret Kohanim von reichen amerikanischen, kanadischen und britischen Juden, darunter dem Londoner Buchmacher Cyril Stein, dem kanadischen Investmentbanker Marc Belzberg und Irving Moskowitz, einem in Miami beheimateten Baulöwen.[48] Die Gruppe bediente sich auch eines erprobten und bewährten Mittels rechtsgerichteter amerikanischer Zionisten und benutzte in ihrer Öffentlichkeitsarbeit unautorisiert die Namen führender Persönlichkeiten wie etwa des Senators für Connecticut Joseph Lieberman und des Nobelpreisträgers Elie Wiesel. 1988 erhielt sie von der israelischen Regierung ein geheimes Darlehen über 5,6 Millionen Schekel (damals etwa 2,3 Millionen US-Dollar), um Hypotheken zu finanzieren, mittels derer sie leichter Grundstücke in arabischen Gebieten in Ostjerusalem kaufen konnte.

Solche Gruppierungen boten den Nährboden für Extremisten. Am 11. April 1982 verschaffte sich der in Amerika geborene israelische Soldat Alan Harry Goodman Zugang zum Felsendom und schoss aus seinem M-16-Schnellfeuergewehr um sich. Zwei Araber wurden getötet und dreißig verletzt. Dann stieg Goodman auf den Felsen in der Mitte des Heiligtums und feuerte vier Schüsse in die Kuppel ab. Bei der Durchsuchung von Goodmans Wohnung fand man Propagandaschriften der von Rabbi Meir Kahane angeführten rechtsextremistisch-nationalistischen Kach-Bewegung. Goodman erklärte später, wegen der palästinensischen Terrorangriffe auf Juden habe er «dies tun müssen».[49] Wieder kam es in der ganzen muslimischen Welt zu heftigen Protesten, und erneut brachen im Westjordanland und in Gaza Unruhen aus. Soldaten wurden auf den Tempelberg befohlen, um den Tumulten dort ein Ende zu setzen. David Shipler von der *New York Times* berichtete darüber:

Schließlich zogen die Soldaten ab, kehrten aber zurück, als ein kleines Polizeikontingent mit Steinen beworfen wurde. Sie schossen in die Luft und setzten Tränengas ein, womit sie die Demonstranten zur Al-Aqsa-Moschee trieben. Die meisten von ihnen verließen daraufhin den Berg, und die Soldaten erhielten den Befehl, abzuziehen.

Unmittelbar bevor sie weggingen, warf einer von ihnen lachend eine Tränengasgranate in die Nähe der Moschee, als der Wind gegen den Haupteingang stand. Der Rauch aus dem perfekt platzierten Behälter blies in die Moschee, worauf hustende und ihre Augen reibende Beter herauskamen. Ein alter Mann wurde zu einem Krankenwagen getragen. Einige der Soldaten gingen lachend davon.[50]

Wie bei dem Brandanschlag von 1969 versuchten israelische Sprecher auch diesmal, das Ereignis als isolierte Tat eines Wahnsinnigen darzustellen. Aber die Lage blieb äußerst gespannt: In der auf die Schießerei folgenden Woche voller Gewalttaten wurden in Jerusalem zwei Menschen getötet, mindestens 184 verletzt und 200 verhaftet.

Weitere Zwischenfälle zwischen 1982 und 1984 ließen sich nicht als das Werk von verrückten Einzeltätern abtun. Im Oktober 1982 wurde Yoel Lerner, ein Aktivist von Kahanes Kach-Bewegung, verurteilt, weil er die Sprengung des Felsendoms geplant hatte. 1983 wurden achtunddreißig jüdische Draufgänger, die von einem weiteren Anhänger Kahanes, dem Rabbi Yisrael Ariel, angeführt wurden, unter der Beschuldigung verhaftet und angeklagt, die Erstürmung und Besetzung des Tempelbergs geplant zu haben. Im Januar 1984 erkletterten zwei mit elf Kilo Sprengstoff und achtzehn Handgranaten bewaffnete Männer die Ostmauer des Tempelbergs, wobei es sich eindeutig um einen organisierten Angriff handelte. Sie entflohen, als der Alarm losging. Aber das waren nicht die einzigen Fälle von Verschwörungen zur Zerstörung der muslimischen Heiligtümer.[51]

Während es sich bei diesen terroristischen Gruppierungen um nicht repräsentative extremistische Randerscheinungen handelte, trat auch eine sehr viel größere Gruppe innerhalb des gesetzlich anerkannten politischen Spektrums für die Durchsetzung des Rechts von Juden ein, auf dem Tempelberg zu beten. Im Januar 1986 besuchte der innenpolitische Ausschuss der Knesset unter seinem Vorsitzenden Dov Schilansky, einem Mitglied des Likud, den Berg, «um den Vorwürfen auf den Grund zu gehen, dass illegale Bauarbeiten stattgefunden haben». Der Ausschuss wurde von Knessetmitgliedern vom rechten Flügel und anderen Nationalisten begleitet, zu denen auch Gerschon Salomon von den Getreuen des Tempelbergs gehörte. Sie verwickelten sich in ein Handgemenge mit Wachen der *waqf* und Arbeitern. Schilansky beklagte sich darüber mit den Worten: «Es war wie ein Pogrom. Sie hätten uns blitzschnell erledigen können.»[52]

Was sich am 8. Oktober 1990 auf dem Höhepunkt der palästinensischen *Intifada* ereignete, war sogar noch ernster. Den Hintergrund dieser Episode bildete ein ganzes Bündel von Provokationen und Hass. Einen Grund dafür lieferte die vierzehn Tage zuvor erfolgte Ankündigung der Getreuen des Tempelbergs, sie beabsichtigten, einen symbolischen Eckstein für den Dritten Tempel zu legen. Muslime riefen zu Gegendemonstrationen und Widerstand auf. Die Polizei hatte der jüdischen Gruppe zu Anfang gesagt, sie dürften jeweils zu zweit mit einer Polizeieskorte den Berg betreten, aber diese Erlaubnis wurde später widerrufen. Als die Araber die Polizei mit Steinen und Flaschen zu bewerfen begannen, die auch einige an der Klagemauer betenden Juden trafen, kam es zu Gewalttaten. Niemand wurde dabei ernsthaft verletzt, aber Polizei und Soldaten reagierten nun mit unverhältnismäßiger Gewaltanwendung. Einundzwanzig Araber wurden getötet, davon mehrere hinterrücks erschossen, und über hundert bei den Zusammenstößen mit israelischen Sicherheitskräften auf dem Haram verletzt. Es war die größte Anzahl Toter an einem einzigen Tag im gesamten Verlauf der *Intifada*, und der Ort, wo dies geschah, war für alle Muslime eine gewaltige symbolische Provokation.

Am 13. Oktober verabschiedete der UN-Sicherheitsrat einstimmig eine Resolution, die «insbesondere die Gewaltakte» verurteilte, «die von den israelischen Sicherheitskräften begangen wurden und die Verletzungen und den Verlust von Leben zur Folge hatten». Die Resolution wies Israel an, sich an die Vierte Genfer Konvention zu halten, die, wie es darin hieß, «auf alle von Israel seit 1967 besetzten Gebiete anzuwenden ist». Des weiteren beschloss der Sicherheitsrat, UN-Beobachter in den Nahen Osten zu entsenden, die über die Lage berichten sollten.[53] Die Reaktion der israelischen Regierung auf diese Ankündigung der Vereinten Nationen ließ keine Reue erkennen. Kabinettssekretär Yossi Ahimeir verkündete: «Wir werden nicht mit ihnen zusammenarbeiten.»[54] Diese Entscheidung wurde zwei Tage später vom Kabinett bestätigt, trotz eines Briefs des amerikanischen Außenministers James Baker, der davor gewarnt hatte, Israel werde, wenn es die Zusammenarbeit verweigere, den Vergleich mit «Saddam Hussein und seiner Ablehnung von Entscheidungen des UN-Sicherheitsrats» riskieren.

Im Gefolge dieses Massakers eskalierte in Jerusalem der gegenseitige Hass. In Baqa, im Westteil Jerusalems, wurden eine Jüdin, ein Gärtner und ein Polizist von einem Palästinenser erstochen, der dabei «Gott ist groß» ausrief. Bei der Beerdigung eines der Toten sagte der israelische Polizeiminister Roni Milo: «Tritt einer hinzu, um dich zu töten, so stehe auf und töte ihn zuerst.»[55] Eine israelische Richterkommission, die eingesetzt worden war, um die Ursachen der Ausschreitungen und den Umgang mit ihnen zu untersuchen, kam neun Monate später zu der Schlussfolgerung, dass die Polizei anfangs die Gewalt provoziert hatte und einige der tödlichen Schüsse eindeutig nicht gerechtfertigt waren.[56] Gegen keinen der beteiligten Polizeibeamten wurde Anklage erhoben. Kurz nach der Veröffentlichung der Kommissionsergebnisse wurde der damals vor Ort tätige Polizeichef, dessen Vorgehen von der Kommission nachdrücklich beanstandet worden war, vom Kommandeur der nationalen Polizei befördert – dessen Verhalten ebenfalls kritisiert worden war.[57]

Die Schlacht der Muftis

Eine der Folgen des Friedensvertrags von 1994 zwischen Israel und Jordanien war, dass die Kontroverse über den Tempelberg in die Sphäre der Diplomatie rückte. Der Vertrag war von den Vereinigten Staaten gefördert worden, und seiner Unterzeichnung ging eine gemeinsame Erklärung in Washington voraus. Die Israelis verärgerten die Palästinensische Autonomiebehörde, weil sie eine Klausel unterbrachten, die erklärte: «Israel respektiert die gegenwärtige besondere Rolle des haschemitischen Königreichs von Jordanien in muslimischen Heiligtümern in Jerusalem. Wenn Verhandlungen über den permanenten Status stattfinden werden, wird Israel der historischen jordanischen Rolle in diesen Heiligtümern hohe Priorität geben.»[58] Ministerpräsident Rabin soll sich für diesen Artikel eingesetzt und Außenminister Peres, der ihn als einen unnötigen «Stich in die Augen» für die Palästinenser betrachtete, sich dagegen ausgesprochen haben.[59] Jassir Arafat bezeichnete den Artikel als «eine skandalöse Verletzung» des Abkommens zwischen Israel und der PLO.[60] Aber der israelische Wohnungsbauminister Benjamin Ben Eliezer, ein enger Gefolgsmann von Ministerpräsident Rabin, versicherte, Arafat habe, im Gegensatz zu König Hussein, «keine Rechte über die Heiligen Stätten in Jerusalem, die immer der alleinigen Verantwortung der Jordanier unterstanden ».[61] Peres bestritt, dass der Artikel ein Versuch seitens der Israelis sei, die Feindseligkeit zwischen Jordanien und der PLO wieder zu eröffnen oder der palästinensischen Position in Jerusalem den Boden zu entziehen, aber es fiel schwer, ihn auf eine andere Weise zu interpretieren. Falls es so war, dann war es ein böser Rohrkrepierer.

Die PLO richtete zwei förmliche Schreiben an die Vereinten Nationen, in denen sie Einspruch gegen den Artikel erhob.[62] Die Palästinenser entsandten auch eine von Faisal Husayni angeführte Delegation nach Amman, um dem Anspruch der Jordanier zu widersprechen, sie verträten bloß das «höhere islamische Interesse» in der Stadt – eine Funktion, die nach Meinung der Palästinenser, auch von ihnen selbst hätte erfüllt werden können. In der Zwischenzeit hatten die Palästinenser direkte Schritte unternommen, um ihre Kontrolle vor Ort zu behaupten. Der Minister für Information und Kultur der PLO, Jassir Abed Rabbo, wurde nach Jerusalem entsandt, um die *waqf*-Funktionäre anzuweisen, ihre Besoldung künftig nicht mehr aus Jordanien entgegenzunehmen. König Husseins Reaktion darauf war, oberflächlich betrachtet, keineswegs kleinlaut: «Die Frage der islamischen *waqf* ist zu wichtig und gefährlich, als dass man sie missbraucht und damit spielt ... Jordanien wird weiterhin seine Rolle erfüllen, bis es sich ganz sicher ist, dass alle Rechte gewahrt werden.»[63] Aber diese Aussage ließ sich, so wie viele andere Äußerungen des Königs, auch zweideutiger auslegen: Sie bestand zwar, wie es sich gehörte, auf den jordanischen Vorrechten, ließ sich aber so interpretieren, als deute sie die Möglichkeit eines jordanischen Rückzugs an, falls dies ohne Gesichtsverlust geschehen könnte.

Den Palästinensern war allerdings nicht danach zumute, Jordanien einen eleganten Rückzugsweg zu liefern. Stattdessen gab die Palästinensische Autonomiebehörde am 17. September 1994 eine Erklärung ab, wonach alle islamischen Heiligtümer, Moscheen und Schulen in Ostjerusalem, im Westjordanland und im Gazastreifen ihrer Oberhoheit unterstanden. Sie setzte den 1. Oktober als Datum für den Übergang von der jordanischen zur palästinensischen Oberhoheit fest und ernannte den seit langem amtierenden *waqf*-Beamten Hassan Tahboub zum Minister für islamische Angelegenheiten, der für sämtliche muslimische Einrichtungen einschließlich des Haram al-Scharif zuständig sein sollte.[64] Diese Reaktion der Palästinenser führte zu einer Verhärtung der jordanischen Position und zu einer scharfen Antwort von König Hussein. In einer offenkundigen Anspielung auf die Ermordung seines Großvaters König Abdullah durch einen Palästinenser im Jahre 1951, ein Vorfall, dessen Zeuge er selbst war, sagte Hussein vor dem jordanischen Parlament:

> Die Jordanier haben sich nie vor den Toren von Jerusalem und seiner heiligen Al-Aqsa-Moschee verbeugt, es sei denn, um vor Gott niederzuknien oder zu seinem Ruhm als Märtyrer zu sterben. Jerusalem bleibt in der Treuhandverwaltung der Haschemiten, die zu seiner Förderung und Wiederherstellung und zur Beaufsichtigung ihrer Heiligen Stätten entschlossen sind. Unsere religiösen Verantwortlichkeiten gegenüber den heiligen Stätten werden wir niemals und unter keinen Umständen aufgeben.[65]

Auf dem Höhepunkt dieser Auseinandersetzung starb der Mufti von Jerusalem, Suleiman Jaabari. Wie 1920 bei der Ernennung von Hadsch Amin al-Husayni zum Mufti wurde die Berufung eines Nachfolgers auch diesmal zum Brennpunkt eines Wettbewerbs, der neue Machtverhältnisse im arabischen Jerusalem ans Licht brachte. Der Vergleich mit 1920 ist auch in anderer Hinsicht lehrreich. Damals hatten es die britischen Mandatsbehörden sehr genau damit genommen, die äußere Form einer Wahl gemäß dem aus der osmanischen Zeit ererbten Recht zu wahren – während man insgeheim Maßnahmen ergriff, um sicherzustellen, dass das Ergebnis den politischen Bedürfnissen der Briten entsprach.[66] 1994 lief die Prozedur ohne den Anstrich einer Wahl ab. Jordanier wie Palästinenser schritten sogleich zur direkten Ernennung eines neuen Mufti. Die Jordanier beriefen Scheich Abd al-Qadder Abdin, die Palästinenser Scheich Ikrima Sabri, einen ehemaligen *waqf*-Funktionär.

Es folgte ein verbissen geführter Wettstreit um den Vorrang zwischen den rivalisierenden Muftis. Sabri, der zuvor Prediger in der Al-Aqsa-Moschee war, konnte sich die offiziellen Amtsräume des Mufti sichern; Abdin hingegen musste sich mit einem kleinen Zimmer neben der Moschee begnügen, wo, wie es hieß, «ihn niemand aufsuchte».[67] Überall im Westjordanland fanden Massendemonstrationen statt, wobei Fatah-Anhänger Parolen wie «Jerusalem gehört uns» und «Hussein, du Feigling, du Agent der Amerikaner» schrieen.[68] Nach monatelangem erbitterten Hin und Her kam eine zusammengestoppelte Einigung zustande: Jordanien würde auch weiterhin eine Rolle spielen, die vor allem darin bestand, dass es die Gehälter der Jerusalemer *waqf*-Funktionäre bezahlte, aber die Palästinensische Autonomiebehörde würde das Ganze übernehmen, sobald eine permanente Regelung mit Israel getroffen wäre.[69]

Kaum war die Tinte auf dem Vertragspapier trocken, brach die Kontroverse erneut aus. Der Beginn des Ramadan auf dem Haram geschah an einem Tag, den Sabri, der von den Palästinensern ernannte Mufti, gutgeheißen hatte; er hielt sich dabei an eine Meldung saudiarabischer Experten, dass man den Neumond gesichtet habe, statt an die Beobachtungen des jordanischen Wetterdienstes. Um keinerlei Zweifel an der allgemeineren Bedeutung dieser Entdeckung aufkommen zu lassen, verkündete er: «Die Palästinenser kontrollieren die Al-Aqsa-Moschee und nehmen von den Jordaniern keine Anweisungen mehr entgegen.»[70] Der «jordanische» Mufti wurde ignoriert und gedemütigt – und verschwand bald darauf ganz von der Bildfläche. Sabri gewann rasch an Autorität hinzu. Seine feurigen Predigten verschafften ihm viel Zuspruch; er legte sich die Bezeichnung «Mufti von Palästina» statt bloß «von Jerusalem» zu – eine Position, die es bislang noch nie gegeben hatte, die aber bei palästinensischen Islamisten wie Nationalisten wohlgefällig aufgenommen wurde. Vor diesem Hintergrund palästinensisch-nationalistischer Anmaßung hinsichtlich des Haram und der muslimischen Institutionen in Jerusalem taten die Israelis einen weiteren unvorsichtigen Schritt.

Am 25. September 1996 öffnete Israel einen gut hundert Meter langen archäologischen Tunnel unterhalb der Westecke des Tempelbergs. Genehmigt worden war die Öffnung des Tunnels von Premierminister Netanjahu und Bürgermeister Olmert, der ihn «ein großes Geschenk für die Menschheit» nannte. Die Palästinenser und ein Großteil der übrigen Welt sahen darin viel eher eine Provokation. Wieder brachen in Jerusalem, im Westjordanland und im Gazastreifen gewaltsame Demonstrationen aus. Fünfundsiebzig Palästinenser wurden von israelischen Soldaten getötet; auch fünfzehn Soldaten fanden den Tod. Die Palästinensische Autonomiebehörde rief zur Trauer um die «Märtyrer von Al-Aqsa» auf. In einem von Rache motivierten Anfall ausgräberischer Geschäftigkeit gab die Autonomiebehörde ein paar Wochen später ihre Absicht bekannt, eine neue Gebetshalle unter der Al-Aqsa-Moschee auszuheben.

Als 1997 palästinensische und israelische Websites im Internet einander widersprechende Versionen der Kontroverse veröffentlichten, hatten die Auseinandersetzungen um den Tempelberg nun auch die Ebene der virtuellen Realität erreicht. Für jüdische Gruppen blieb der Tempelberg sowohl Ziel friedlicher Proteste, besonders von Versuchen, sich dort zum Gebet zu versammeln, als auch terroristischer Attacken. Im Februar 1999 berichtete die israelische Polizei, sie habe in den beiden vergangenen Monaten fünf Angriffe auf den Tempelberg vereitelt.[71] Im April dieses Jahres brachten die Getreuen des Tempelbergs auf einem Hügel oberhalb des Tempelbergs ein «Pessachopfer» mit einer jungen Ziege dar. Dass es am Tempelberg und an der Westmauer immer wieder zu Gewaltausbrüchen kam, zeigte an, welche tiefe symbolische Bindung Islam und Judentum an diese Orte haben. Dass jegliche dauerhafte Lösung der Jerusalem-Frage nicht nur das alte Problem der christlichen Heiligen Stätten beizulegen hätte, sondern auch das neuere und noch brennendere der muslimischen und jüdischen, war unverkennbar.

Die Logik des Feilschens

Dies war der Grund, weshalb die Konferenz von Camp David der Lösung dieses Problems so große Wichtigkeit beimaß. Wirklich revolutionär war der israelisch-amerikanische Vorschlag, wonach den Juden das Gebet auf dem Tempelberg erlaubt und möglicherweise ein gesonderter Bereich des Areals dafür vorgesehen werden sollte. Dies bedeutete einen drastischen Bruch mit dem Status quo und eine radikale Abkehr von der muslimischen wie von der jüdischen Tradition – und überdies auch von der Politik aller israelischen Regierungen seit 1967. Ministerpräsident Baraks Beweggründe, dafür einzutreten, sind nicht bekannt. Es steht zu vermuten, dass er diese Forderung, wenn sie sich denn durchsetzen ließe, als eine Errungenschaft betrachtet, die ihm helfen würde, die Opposition der Nationalisten gegen seine Zugeständnisse in anderen, wichtigeren Punkten – wie etwa dem territorialen Rückzug aus dem Westjordanland, der Flüchtlingsfrage und Jerusalem – zu mildern. In der Forderung, Juden ein Recht zum Gebet auf dem Tempelberg zu gewähren, sahen die Muslime sofort den «Fuß in der Tür», mit dem die Juden letztlich versuchen würden, sich die Kontrolle über den gesamten Tempelberg zu verschaffen. Man bemerkte auch, dass der Vorschlag eines jüdischen

Betern vorbehaltenen Geländeteils auf einer irrigen Vorstellung von der Heiligkeit des Areals in den Augen der Muslime beruhte: Nicht dieses oder jenes Bauwerk auf dem Haram, sondern die Gesamtheit des umfriedeten Areals ist eine Moschee und eine Heilige Stätte des Islam.[72]

Im Nachgang der gescheiterten Konferenz von Camp David versuchte Barak, sich bei seinen politischen Widersachern damit beliebt zu machen, dass er sich darauf festlegte, er würde «unsere heiligen Werte» niemals den Palästinensern ausliefern» (später fiel auf, dass er *nicht* gesagt hatte, er würde sie auch keinem anderen überlassen – wie etwa dem UN-Sicherheitsrat). Auf einer Blitztour durch befreundete Staaten wurde Arafat von Russland behutsam in Richtung auf einen Kompromiss gedrängt. Falls er aber gehofft haben sollte, dass ihm die arabischen Staaten dafür Rückendeckung geben würden, wurde er enttäuscht. Der ägyptische Präsident Hosni Mubarak warnte: «Jeder Kompromiss über Jerusalem wird bewirken, dass die Region in einer Weise explodiert, die sich nicht kontrollieren lässt, und der Terrorismus wird erneut ansteigen ... Kein Einziger in der arabischen oder islamischen Welt kann Ostjerusalem oder die Al-Aqsa-Moschee verscherbeln.»[73] Von Saudi-Arabien hieß es, es sei gegen jegliches Zugeständnis hinsichtlich Jerusalem. Im Iran teilte Außenminister Kamal Karrazi Arafat mit: «Kein Muslim kann erlauben, dass das heilige Jerusalem besetzt bleibt, und die Organisation der Islamischen Konferenz wird niemals zulassen, dass ein Handel über Jerusalem abgeschlossen wird.»[74] Und die syrische Zeitung *al-Thawra* vertrat die Meinung, es sei gefährlich, «das besetzte al-Quds zum Gegenstand der Logik des Feilschens zu machen».[75]

Eine der Vorstellungen, die im Gefolge des Gipfeltreffens herumgeisterten, war der Vorschlag des Lateinischen Patriarchen von Jerusalem, Michel Sabbah, man solle Gott die Souveränität über den Tempelberg übertragen. Bürgermeister Olmert und der ägyptische Präsident Mubarak zeigten sich interessiert, und der Gedanke erregte eine weitgespannte internationale Debatte – bis Rechtsexperten auf gewisse technische Schwierigkeiten hinwiesen. Ein weiterer Vorschlag, der von den Amerikanern kam, sah vor, den Berg in vier Bereiche zu teilen, von denen jeder der Kontrolle einer jeweils anderen Behörde unterstellt werden solle. Die vier Areale waren 1. der Felsendom und die Al-Aqsa-Moschee, 2. der Platz des Haram al-Scharif, 3. die Außenmauer und 4. die «unterirdischen Räume».[76] Einer anderen Idee zufolge, die wohl von den Israelis stammte, hätte man einen Tunnel zwischen dem Haram und den arabischen Wohngebieten in Ostjerusalem bauen sollen, um Muslimen den Zugang zu erleichtern, ohne dass sie sich dabei israelischen Sicherheitskontrollen unterziehen müssten. «Sind wir denn Mäuse, dass wir durch unterirdische Schlupflöcher krabbeln müssen, um zu unseren Heiligen Stätten zu gelangen?» fragte ein palästinensischer Sprecher.[77]

Je weiter hergeholt die unterbreiteten Vorschläge waren, in desto weitere Ferne schien eine Beilegung dieses großen symbolischen Disputs direkt im Herzen Jerusalems zu rücken. Dann kam der 28. September 2000, und es begann die «Al-Aqsa-*Intifada*».

Epilog
Die irdische Stadt

Gibt es für die Jerusalem-Frage eine Lösung? Oder müssen seine Einwohner und ihre Mitstreiter zwangsläufig einen endlosen Krieg gegeneinander führen, der immer erbitterter wird, je deutlicher es sich abzeichnet, dass keine der Seiten einen totalen Sieg erringen kann? Lässt sich, auch wenn seit September 2000 der kollektive Hass wie aus einem Vulkan ausgebrochen ist, noch ein Weg zu einer friedlichen Einigung finden?

Puzzlespiel-Lösungen

Können Rechtswissenschaft und Politologie zum Frieden verhelfen? Die Debatte über die völkerrechtliche Stellung Jerusalems ist zumeist in der Form parteiischer Plädoyers geschehen. Es gibt eine ganze Menge Literatur, die israelische oder arabische Interessen vertritt, aber sie ist deprimierend engstirnig und unrealistisch.[1] Auf die mit dem Jerusalem-Problem befassten politischen Hauptakteure hat sie wenig Einfluss gehabt – es sei denn, dass diese, wie gelegentlich geschehen, aus politischen Gründen auf legalistische Argumente zurückgriffen. Der Völkerrechtler Rodman Bundy hat denn auch die Ansicht vertreten, «zwar sollte jede Seite ihre rechtlichen ‹Hausaufgaben› machen, um ihre Ansprüche zu rechtfertigen ..., aber die Sache verlangt eher eine schöpferische diplomatische Lösung, die von den strikten Zwängen des Rechts frei gehalten wird».[2]

Wie steht es mit solchen schöpferischen Lösungen? In fast schwindelerregender Zahl und Vielfalt wurden sie in den letzten Jahren von Politikwissenschaftlern und anderen Experten vorgelegt. Eine 1995 veröffentlichte Untersuchung stellte dreiundsechzig derartige Vorschläge zusammen.[3] Zu den in diesem Buch noch nicht erörterten Konzepten gehören unter anderem die folgenden:

- Jerusalem solle Hauptstadt einer arabisch-israelischen Konföderation werden (Professor Joëlle Le Morzellec, 1979).
- Die dreifache Teilung: Westjerusalem an Israel; Ostjerusalem als Hauptstadt von Palästina; die Altstadt unter internationaler Kontrolle (Professor Gerald Draper, 1981).
- Das vereinigte Jerusalem bleibt die Hauptstadt Israels, wird aber zum Sitz gemeinsamer Einrichtungen einer Israelisch-Jordanisch-Palästinensischen Konföderation (Gideon Rafael, israelischer Botschafter, 1983).
- Jerusalem als Kondominium Israels und Palästinas sowie als gemeinsame und ungeteilte Hauptstadt beider Staaten (John V. Whitbeck, Völkerrechtler, 1989).
- Jerusalem verbleibt unter israelischer Oberhoheit, aber mit «Stadt-Kreis-Regelungen», «föderierten Stadtverwaltungen», und/oder «Wohnbezirksprogrammen» oder anderen Maßnahmen, um die Bedürfnisse «unterschiedlicher ethnischer, religiöser und/oder ideologischer Gruppen» zu befriedigen (Professor Daniel Elazar, 1991).
- Die Stadt wird Hauptstadt von Israel und Palästina, unterteilt durch «imaginäre Souveränitätslinien» mit zwei gesonderten Stadträten sowie einer übergreifenden Stadtverwaltung (Sari Nusseibeh und Mark Heller, palästinensischer bzw. israelischer Intellektueller, 1991).
- Vervierfachung des Stadtgebiets durch Einbeziehung von Bereichen Israels und des Westjordanlandes; Schaffung von zwanzig Stadtverwaltungen sowie einer «Charta von Jerusalem» als Verfassung; israelische, palästinensische und/oder Jerusalemer Flaggen werden aufgezogen (Cecilia Albin, Doktorandin; Moshe Amirav, Jerusalemer Stadtrat der Schinui-Partei; Hanna Siniora, palästinensischer Christ und Redakteur der Zeitung *al-Fajr*, 1992).

Mit dieser Liste ist aber das schöpferische Vorstellungsvermögen hinsichtlich der Jerusalem-Frage bei weitem noch nicht erschöpft. Saul Cohen vom New Yorker Queen's College schlug ein «fünfstöckiges Jerusalem» vor, in welchem die unterschiedlichen ethnischen Gruppen Autonomie unter israelischer Souveränität genießen sollten. König Hussein wollte Jerusalem als eine «offene Stadt des Friedens». Walid Khalidi bestand weiterhin auf seinem Plan einer ungeteilten Stadt, die für Israelis wie für Palästinenser die Hauptstadt wäre. Der prominente israelische Araber Ahmad Tibi, der eine Zeit lang der Berater Arafats war, schlug 1998 vor, die Frage der Souveränität zu vertagen, «jedoch als ersten Schritt eine gesonderte palästinensische Stadtverwaltung in Ostjerusalem zu etablieren».[4] Chaja Beckerman vom Truman Institute for Peace an der Hebräischen Universität schlug als Vorbild die Stadt Chandigarh in Indien vor, die zwei indischen Ländern, Haryana und Punjab, als Hauptstadt dient, weil Lahore, die ursprüngliche Hauptstadt von Punjab, 1947 an Pakistan fiel.[5] Andere wiederum schlugen vor, Jerusalem zu einem gesonderten Hauptstadtgebiet zu machen, so wie Washington DC und Canberra.

Viele dieser Vorschläge haben zwar etwas für sich, aber letztlich sind es doch wackelige Puzzlespiel-Lösungen, die ein tiefgreifendes Problem zwischenmenschlicher Beziehungen lösen sollen. Kein einziger Vorschlag ist von einer der am Konflikt beteiligten Parteien aufgegriffen worden, geschweige denn von beiden.

Tabelle 3 Die Bevölkerung der Altstadt Jerusalems (1914–2000)

Jahr	Bevölkerung
1914	35 000
1922	22 247
1931	25 183
1967	27 675
2000	33 700

Quellen: für 1914: Yehoshua Ben-Arieh, *Jerusalem in the 19th Century: Emergence of the New City*, Jerusalem 1986, S. 448; für 1922 und 1931: Volkszählung der Mandatsverwaltung von Palästina; für 1967: Gideon Weigert, *Israel's Presence in East Jerusalem*, Jerusalem 1973, S. 18; für 2000: Zentrales Statistikamt Israel.

Clintons Erbe

Bei einem Treffen mit israelischen und palästinensischen Vertretern im Weißen Haus trug Präsident Clinton am 23. Dezember 2000 seine eigenen Ideen vor, um die Kluft zwischen den beiden Seiten zu überbrücken. Grundlage seiner Vorschläge war die Annahme, dass im Westjordanland und Gazastreifen ein palästinensischer Staat gegründet werde und die Israelis sich ganz aus dem Gazastreifen zurückziehen würden. Israel würde sich aus 94 bis 96 Prozent des Westjordanlands zurückziehen. Das restliche Westjordanland mit ungefähr

80 Prozent der israelischen Siedler würde von Israel annektiert werden. Der palästinensische Staat würde «als Ausgleich dafür Land bekommen, und zwar 1 bis 3 Prozent zusätzlich zu den territorialen Vereinbarungen, so etwa einen dauerhaft sicheren Korridor» zwischen dem Westjordanland und dem Gazastreifen. Der neue Staat wäre Rüstungsbeschränkungen unterworfen, und im Westjordanland würde Israel drei Vorwarnstationen unterhalten. Israel würde «die moralischen und materiellen Beschädigungen anerkennen, die dem palästinensischen Volk als Ergebnis des Krieges von 1948 zugefügt wurden», und das Problem der palästinensischen Flüchtlinge würde gelöst werden nach «dem Leitprinzip, dass der palästinensische Staat der Brennpunkt derjenigen Palästinenser sein sollte, die sich für die Rückkehr in das Gebiet entscheiden». Beide Seiten wären sich einig, dass «die Vereinbarung eindeutig das Ende des Konflikts markiere und ihre Verwirklichung sämtlichen Ansprüchen ein Ende bereite». Zu Jerusalem schlug der Präsident vor:

> Zugrunde gelegt wird das Prinzip, dass arabische Gebiete palästinensisch und jüdische israelisch sind. Dies würde auch für die Altstadt gelten. Ich fordere beide Seiten auf, Karten auszuarbeiten, um für beide Seiten so viel zusammenhängende Gebiete zu schaffen, wie maximal möglich ist.
>
> Hinsichtlich des Haram/Tempelbergs glaube ich, dass die Differenzen nicht mit der praktischen Verwaltung zu tun haben, sondern mit symbolischen Souveränitätsfragen und mit dem Problem, einen Weg zu finden, den religiösen Anschauungen beider Seiten Respekt zu erweisen.
>
> Ich weiß, dass sie eine Reihe von Formulierungen erörtert haben ... Ich füge diesen zwei weitere Formulierungen hinzu, die den Palästinensern die effektive Kontrolle des Haram garantieren und dabei doch die Überzeugungen des jüdischen Volkes respektieren. Hinsichtlich beider Formulierungen sollen internationale Beobachter postiert werden, die für gegenseitiges Vertrauen sorgen:
>
> 1. Die palästinensische Souveränität über den Haram und die israelische Souveränität über
>
> a) die Westmauer und den für das Judentum heiligen Raum, dessen Teil sie ist, oder
>
> b) die Westmauer und das Allerheiligste, dessen Teil sie ist.
>
> Beide Parteien werden sich bindend verpflichten, keine Ausgrabungen unterhalb des Haram oder hinter der Westmauer durchzuführen.
>
> 2. Die palästinensische Souveränität über den Haram und israelische Souveränität über die Westmauer sowie geteilte funktionale Souveränität hinsichtlich der Frage von Ausgrabungen unterhalb des Haram und hinter der Mauer, so dass beidseitige Zustimmung erforderlich wäre, bevor eine Ausgrabung stattfinden kann.[6]

Palästinenser tragen auf dem Tempelberg in Jerusalem einen bei Zusammenstößen mit der israelischen Polizei verletzten Demonstranten fort, Oktober 2000.

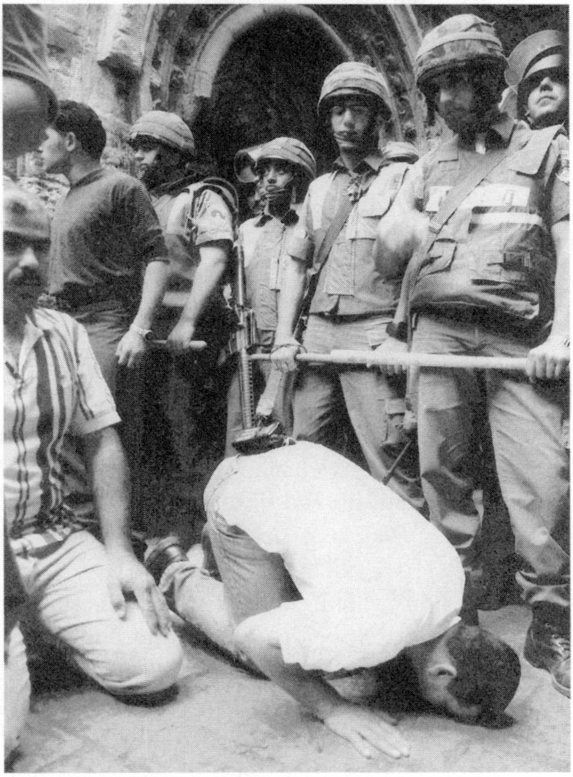

Betende Muslime, während israelische Soldaten in der Zeit der «Al-Aqsa-Intifada» Männern unter 45 Jahren den Zutritt zu den Heiligen Stätten der Muslime verwehren, Jerusalem im Oktober 2000.

Clintons Vorschläge wurden nicht in einem formellen Dokument festgehalten, sondern mündlich vorgetragen und «nicht niedergeschrieben» (obwohl in Wirklichkeit wörtliche Mitschriften angefertigt wurden). Man wollte damit andeuten, dass die Vorschläge einen Rahmen für weitere, vertiefende Gespräche abgeben sollten und keinen fix und fertigen Vertrag darstellten. Viele untergeordnete Probleme blieben für weitere Verhandlungen offen: Hinsichtlich Jerusalem ging der Präsident beispielsweise nicht näher auf so schwierige Fragen wie den Verlauf der Stadtgrenze oder die Form der städtischen Verwaltung ein.

Die israelische Reaktion war insgesamt positiv – obwohl Barak öffentlich feststellte, dass er die Souveränität über den Tempelberg nicht den Palästinensern übertragen werde. Die Palästinenser hatten grundsätzlichere Vorbehalte gegenüber dem Plan. In der israelischen und (sogar mehr noch) in der palästinensischen öffentlichen Meinung war die unmittelbare Reaktion ablehnend – was die Frage aufwarf, ob die gegenseitige Feindseligkeit inzwischen nicht derart tief verwurzelt war, dass sie jegliche rasche Möglichkeit einer diplomatischen Lösung ausschloss.

Die öffentliche Meinung der Israelis und der Palästinenser

Israel und Palästina sind fürwahr keine makellosen Demokratien. Dennoch hat für beide die öffentliche Meinung ziemliches Gewicht. Trotz der Interessen von Außenstehenden – darunter die Großmächte, die Vereinten Nationen, der Vatikan, die orthodoxen und protestantischen Kirchen, die arabischen und muslimischen Länder, das weltweite Judentum und viele andere – liegt das Schicksal Jerusalems heute in erster Linie in der Hand des israelischen und des palästinensischen Volkes oder vielmehr, was das letztere anbetrifft, vornehmlich der in Jerusalem, im Westjordanland und im Gazastreifen lebenden Palästinenser. Was lässt sich über diese beiden öffentlichen Meinungen sagen?

Erstens sind beide in hohem Maße unbeständig. Besonders die Erfahrung der letzten beiden Jahrzehnte zeigt, dass beide anfällig sind für maßlose, kollektive emotionale Pendelschläge – vor allem als Reaktion auf Gewalt. Die enorme Verschiebung in der israelischen öffentlichen Meinung zwischen November 1995 (der Ermordung Rabins) und Mai 1996 (der Wahl Benjamin Netanjahus), die eindeutig hauptsächlich durch die terroristischen Bombenattentate in der Zwischenzeit verursacht war, veranschaulicht diesen Sachverhalt. Ein weiterer Beweis dafür sind die gewaltigen Auswirkungen, die Vorgänge wie das Massaker auf dem Tempelberg vom 8. Oktober 1990 und die Al-Aqsa-*Intifada* auf die Gemüter der Palästinenser hatten.

Zweitens ist die öffentliche Meinung bei beiden in unterschiedliche Sektoren unterteilt, die unterschiedlich auf externe Reize reagieren. Im Fall von Israel muss man besonders zwischen der säkularen und der religiösen öffentlichen Meinung unterscheiden – oder, vielleicht noch spezifischer, zwischen der säkularen, traditionellen und ultraorthodoxen Meinung. Bei den Palästinensern zählt die alte Scheidegrenze zwischen Muslimen und Christen kaum mehr: Christen machen nur noch knapp zwei Prozent der arabischen Bevölkerung Jerusalems und des Westjordanlandes aus. Die Barrieren zwischen israelischen Arabern und den anderen Palästinensern bleiben bestehen – obwohl die Al-Aqsa-*Intifada* dazu beitrug, beide zusammenzuführen. Ausschlaggebender ist die tiefgehende soziale und kulturelle Kluft zwischen den Bewohnern der Flüchtlingslager und anderen Palästinensern, das psychologische Schisma zwischen den Palästinensern in der Diaspora und jenen, die noch im Lande leben, die geographische Spaltung zwischen Gazastreifen und Westjordanland sowie die sozioökonomische Kluft zwischen Stadtbewohnern und Fellachen (Bauern). Die arabische Bevölkerung Jerusalems und der benachbarten Städte Ramallah und Bethlehem repräsentiert eine Art Elite: Insgesamt sind sie der am besten ausgebildete, am stärksten verwestlichte, wirtschaftlich avancierteste und politisch kundigste Teil der palästinensischen Bevölkerung. Aber sie allein können die Jerusalem-Frage nicht entscheiden.

Tabelle 4 Die Bevölkerung der Altstadt Jerusalems nach Stadtvierteln (2000)

Viertel	Juden	Muslime	Christen	Gesamt
Jüdisches	1 800	500	0	2 300
Armenisches	700	500	1 200	2 400
Muslimisches	400	21 900	1 400	23 700
Christliches	200	1 200	3 900	5 300
Gesamt	3 100	24 100	6 500	33 700

Quelle: Zentrales Statistikamt Israel

Seit die Jerusalem-Frage in den Verhandlungen zwischen Israelis und Palästinensern an vorderste Stelle gerückt ist, lassen sich in der palästinensischen öffentlichen Meinung mehrere Strömungen erkennen:

1. Der vielleicht mächtigste Faktor ist der Islam – nicht jene abnorme Abweichung einer extremistischen Minderheit, die als Selbstmordattentäter Heiligkeit erlangen möchten, sondern die feierliche Schlichtheit des Glaubens der Anhänger einer großen Weltreligion. Jerusalem ist für muslimische Palästinenser jeglicher Herkunft ein zentraler religiöser Bezugspunkt.
2. Jerusalem ist für palästinensische Araber in erster Linie die Altstadt und der Haram al-Scharif. Dies hat zum Teil historische, zum Teil demographische Gründe. Muslime machen heute die überwältigende Mehrheit der Einwohner der Altstadt aus (siehe Tabelle 4). Ein *al-Quds*, zu dem nicht der Haram und zumindest jene Viertel der Altstadt gehörten, in denen die Araber in der Mehrheit sind (d. h. das muslimische und das christliche Viertel), wäre in palästinensischen Augen ein verstümmeltes Zerrbild.
3. Die Besonderheiten der arabischen Bevölkerung von Jerusalem, die sich sowohl in ihren politischen Führungsfiguren als auch in dem Umstand widerspiegeln, dass sie, mehr als das übrige palästinensische Volk, sogar mehr als die meisten israelischen Araber, mit der kulturellen und politischen Elite Israels auf Tuchfühlung lebt, ermöglichen ihre einzigartige Rolle. Dies ist aber nur dann möglich, wenn sie nicht politisch neutralisiert bleiben, wie sie es von 1967 bis in die frühen neunziger Jahre waren.

Bei Meinungsumfragen unter Palästinensern haben sich scharf ausgeprägte Abweichungen und Wendungen in den Einstellungen gegenüber dem Friedensprozess gezeigt. Besonders stark haben sich in dieser Wechselhaftigkeit kollektive Reaktionen auf Gewalt niedergeschlagen. Als die verlässlichsten Meinungsumfragen im Westjordanland und im Gazastreifen gelten gemeinhin jene des Jerusalemer Zentrums für Medien und Kommunikation. Eine im Juni 2000 durchgeführte Umfrage spiegelt die damalige allgemeine Stimmung der Palästinenser. Es ergab sich folgendes Meinungsbild:

- Geringes Vertrauen in die palästinensische Führung: Zwar blieb Arafat der populärste Führer, aber nur 32 Prozent der Befragten gaben an, dass sie ihm vertrauten.
- Neunzig Prozent meinten, dass innerhalb der Palästinensischen Autonomiebehörde Korruption herrsche.
- Ein Drittel der Befragten meinte, dass die palästinensische Führung

«zu anderen Mitteln als zu Friedensverhandlungen, wie etwa Konfrontationen und Widerstand, greifen solle, falls Palästinenser und Israelis bis September 2000 nicht zu einem endgültigen Abkommen gelangten».[7]

In der Umfrage wurde auch die folgende Frage zu Jerusalem gestellt:

> Während der gegenwärtigen abschließenden Statusverhandlungen über Jerusalem gibt es Vorschläge für Kompromisslösungen einschließlich der folgenden: Die Palästinensische Autonomiebehörde wird die völlige Verantwortung über religiöse Stätten, die Al-Aqsa-Moschee und das Heilige Grab sowie die administrative Verantwortung über Ostjerusalem haben. Zur Hauptstadt Palästinas werden Teile Jerusalemer Wohngebiete wie etwa Abu Dis, während die endgültige Lösung der politischen Zukunft Ostjerusalems in die Zukunft vertagt wird. Was halten Sie von diesem Lösungsvorschlag?

Nur sechs Prozent der Befragten waren bereit, einem solchen Vorschlag zuzustimmen. Weitere 26 Prozent räumten ein, dass er «geprüft und eindringlich bedacht werden sollte, bevor man darüber zu einer Meinung käme». Die überwältigende Mehrheit jedoch, nämlich 62 Prozent, antwortete, der Vorschlag sei «inakzeptabel».

Eine weitere Umfrage, die vom Programm für Entwicklungsstudien der Bir Zeit Universität im November 2000 im Westjordanland und Gazastreifen veranstaltet wurde, lieferte Belege für die Radikalisierung und Polarisierung der palästinensischen Öffentlichkeit nach dem Ausbruch der Al-Aqsa-*Intifada*. Drei Viertel der Befragten waren für die Fortsetzung der *Intifada* – obwohl manche meinten, sie solle «mit friedlichen Mitteln» geführt werden. Sechzig Prozent waren der Ansicht, es gebe «keine Chance für eine friedliche Koexistenz zwischen Palästinensern und Israelis», während nur noch 33 Prozent an eine solche Chance glaubten. 92 Prozent hielten einen Frieden ohne Ostjerusalem als Hauptstadt eines palästinensischen Staates für unmöglich. Noch verblüffender ist, dass 74 Prozent nicht bereit waren, die israelische Souveränität über Westjerusalem anzuerkennen, selbst wenn Ostjerusalem palästinensischer Souveränität unterstellt würde; nur 21 Prozent sprachen sich für eine solche Teilung der Souveränität über die Stadt aus. Aber selbst jetzt noch gab es für die Friedensarchitekten einen gewissen Grund zum Optimismus: 58 Prozent sagten, sie seien für die Fortsetzung des Friedensprozesses auf der Grundlage der UN-Resolutionen. Eine im Juni 2001 durchgeführte Meinungsumfrage des Jerusalemer Medienzentrums belegte eine weitere Radikalisierung. Während noch 38 Prozent künftige Friedensvereinbarungen mit Israel befürworteten, sprachen sich 54 Prozent gegen das Osloer Abkommen aus.

Diese Ergebnisse zeigen die Grenzen und Zwänge auf, innerhalb derer die palästinensische Führung agiert, und die Enttäuschungen, die zu einem Wiederaufleben der palästinensischen Rebellion führten. Man muss aber betonen, dass solche Meinungsumfragen nur eine Momentaufnahme sind. Seit 1993 hat die Mehrheit der Palästinenser die Bereitschaft gezeigt, Vereinbarungen einzuhalten, vorausgesetzt, dass diese von der Führung der Palästinensischen Autonomiebehörde erfolgreich vorgetragen werden – und wenn die Emotionen nicht durch Gewalttaten hochgepeitscht sind.

Die israelische öffentliche Meinung ist in fünf Teile geteilt: die der säkularen Linken, der nationalistischen Rechten, der Nationalreligiösen, der Ultraorthodoxen und der israelischen Araber. Und doch gibt es in bezug auf Jerusalem eine Minimalposition, die, grob gesprochen, die meisten Mitglieder der beiden erstgenannten Gruppen eint, die Israels stärkste politische Kräfte repräsentieren, und auch einige aus den anderen drei Gruppen. Dieser Grundkonsens wurde im Januar 1997 von einer gemeinsamen Kommission von Likud- und Arbeiterblock-Mitgliedern der Knesset formuliert, der Jossi Beilin vom Arbeiterblock und Michael Eitan, ein führender Likud-Abgeordneter, vorstanden. In dem vereinbarten Papier, das sich mit dem ganzen Spektrum der für den Frieden entscheidenden Fragen befasste, war über Jerusalem zu lesen:

1. Jerusalem, die Hauptstadt Israels, wird mit seinen bestehenden städtischen Grenzen eine einzige, vereinigte Stadt im souveränen Israel sein.
2. Die Palästinenser werden Jerusalem als die Hauptstadt Israels anerkennen, und Israel wird das regierende Zentrum der palästinensischen Entität anerkennen, das sich innerhalb der Grenzen der Entität und außerhalb der bestehenden Stadtgrenzen von Jerusalem befinden wird.
3. Muslimischen und christlichen Heiligen Stätten in Jerusalem wird ein Sonderstatus eingeräumt.
4. Im Rahmen der städtischen Verwaltung werden die palästinensischen Einwohner arabischer Wohngegenden in Jerusalem einen Status erhalten, der ihnen ermöglichen wird, an der Verantwortung für die Gestaltung ihres Lebens in der Stadt teilzuhaben.[8]

Diese Formulierung wäre mit der Vereinbarung zwischen Beilin und Abu Mazen vereinbar, wenn auch in einem eingeschränkten Sinn und mit Vorbehalten. Obwohl dieser Text weder vom Likud noch vom

Arbeiterblock formell bestätigt wurde, galt er doch allgemein als eine Verständigungsbasis für eine potentielle Regierung der nationalen Einheit.

Ungeachtet all dessen, was zur Zeit der Konferenz von Camp David über Baraks Mut gesagt wurde, in bezug auf Jerusalem sich über die öffentliche Meinung der Mehrheit hinauszuwagen, gab es über mehrere Jahre hinweg Indizien für eine wachsende diesbezügliche Flexibilität in Israel. Eine zwischen September 1995 und Januar 1996 von Elihu Katz von der Hebräischen Universität und Schlomit Levy vom angesehenen, politisch ungebundenen Guttman-Zentrum für angewandte Sozialforschung durchgeführte Umfrage erbrachte in dieser Hinsicht einige überraschende Zahlen. Die Umfrage förderte zutage, dass zwar 80 Prozent der Israelis nicht bereit waren, Verhandlungen mit den Palästinensern über die Zukunft Jerusalems in Betracht zu ziehen, aber ihre Bindung an die Stadt eher abstrakt als konkret war. Dazu aufgefordert, jene Bereiche zu bezeichnen, die den Befragten «als Teil Jerusalems wichtig» seien, brachte es die Westmauer auf über 90 Prozent, seit alters her jüdische Bereiche der Stadt auf mehr als 80 Prozent und neuere jüdische Gegenden auf über 70 Prozent. Die nichtjüdischen Viertel der Altstadt brachten es aber nur auf 40 Prozent, das Zentrum des arabischen Ostjerusalem auf etwa 30 Prozent und die arabischen Außenbezirke sogar auf noch weniger.[9] Mehrere nachfolgende Befragungen deuteten an, dass ein beträchtlicher Teil der israelischen Juden, zwischen 45 und 54 Prozent schwankend, bereit war, eine palästinensische Hauptstadt mit einem Parlament in Abu Dis und palästinensischer Kontrolle über die islamischen Heiligen Stätten auf dem Tempelberg in Erwägung zu ziehen.

Die Veränderung in der Stimmung wird deutlich, wenn man über einen längeren Zeitraum zurückblickt. Im Dezember 1973 zeigte eine Meinungsumfrage, dass 99 Prozent der israelischen Juden gegen eine Rückgabe Ostjerusalems an Jordanien waren.[10] Im Januar 1997 ergab sich aus einer Umfrage, dass 45 Prozent sich dazu bereit erklärten, eine palästinensische Souveränität über die «Peripherie» von Jerusalem in Betracht zu ziehen. Nach derselben Befragung stimmten nicht weniger als 59 Prozent einer Revision der städtischen Grenzen zu, so dass arabische Dörfer, die derzeit innerhalb der Jerusalemer Stadtgrenzen liegen, aus dem Stadtgebiet ausgegliedert würden – falls dies erforderlich wäre, um eine jüdische Mehrheit in der Stadt aufrechtzuerhalten.[11]

Ein Diktat der Demographie?

Als Israel 1967 Ostjerusalem übernahm, hatte die Stadt 267 800 Einwohner; davon waren 74 Prozent Juden und 26 Prozent Nichtjuden. Durch die Schaffung neuer Vororte auf den am Stadtrand liegenden neu eingegliederten Arealen nach 1967 strebten die Israelis eine Steigerung des jüdischen Bevölkerungsanteils an. Der jüdische Bevölkerungsanteil von Ostjerusalem begann ab 1996 den arabischen zu überholen, denn Ostjerusalem zählte nun etwa 160 000 jüdische Einwohner. Diese Politik war in einer ihrer zentralen Zielsetzungen erfolgreich, nämlich darin, den Schwerpunkt der jüdischen Bevölkerung nach Osten zu verlagern.

Trotz dieses geographischen Erfolgs scheiterte die israelische Politik jedoch in dem Vorhaben, die Relation zwischen Juden und Nichtjuden zugunsten des jüdischen Bevölkerungsanteils zu verschieben oder auch nur – das war ein erklärtes Ziel der Regierung – stabil zu halten. Im Dezember 2000 zählte Jerusalem 658 000 Einwohner, wovon 68 Prozent Juden und 32 Prozent Nichtjuden waren.[12] Nach drei Jahrzehnten israelischer Herrschaft hatte sich die Einwohnerschaft der Stadt somit zwar mehr als verdoppelt, aber der jüdische Anteil an der Gesamtzahl war geschrumpft.

Hauptursache dafür ist, dass der arabische natürliche Bevölkerungszuwachs im Allgemeinen viel höher gewesen ist als der jüdische. Obwohl die Geburtenrate muslimischer Frauen in Ostjerusalem in den letzten dreißig Jahren zurückgegangen ist, ist sie immer noch entschieden höher als die der jüdischen Frauen in der Stadt – trotz des großen ultraorthodoxen jüdischen Bevölkerungsanteils. Einer Statistik aus dem Jahr 1999 zufolge entfielen in Jerusalem auf 1000 Juden 24,8 und auf 1000 Araber 36,7 Lebendgeburten. In jedem der letzten zwanzig Jahre ist die arabische Geburtenrate deutlich höher gewesen als die jüdische.

Was diese Zahlen noch überraschender macht, ist das Scheitern der in großem Stil vom Staat geförderten Einwanderung von Juden – wozu auch der Bau riesiger, mit hohen politischen Kosten verbundener Wohnsiedlungen gehörte –, um die Lücke zwischen der natürlichen Zuwachsrate von Arabern und Juden auszugleichen. In den letzten Jahren war eine merkliche Abwanderung der Juden aus Jerusalem in außerhalb der Stadtgrenzen liegende Vororte oder in andere Teile Israels zu verzeichnen, die in einigen Jahren zu einem empfindlichen Rückgang des jüdischen Bevölkerungsanteils in der Stadt führen wird.

Die Abwanderung lässt sich teilweise als «weiße Flucht» säkularer Juden aus einer Stadt erklären, die sie als von Ultraorthodoxen dominiert betrachten. Eine Umfrage von 1998 ergab, dass nur 40 Prozent von Jerusalems säkularer jüdischer Bevölkerung auf jeden Fall in der Stadt zu bleiben vorhatte, während etwa 80 Prozent der Ultraorthodoxen beteuerten, da zu bleiben, was auch immer geschehen möge. Die meisten der säkularen Befragten, die ihre Absicht bekundeten, aus der Stadt fortgehen zu wollen, gaben als Hauptgrund ihr gespanntes Verhältnis zu den Ultraorthodoxen an. Man schätzte, dass sich damals der jüdische Bevölkerungsanteil wie folgt zusammensetzte: 29 Prozent Säkulare, 25 Prozent «Traditionelle», 20 Prozent Orthodoxe und 26 Prozent Ultraorthodoxe. Indessen veranlasst die wesentlich höhere Geburtenrate der ultraorthodoxen Frauen manche Experten zu der Voraussage, dass binnen einer Generation die Ultraorthodoxen die Mehrheit der jüdischen Bevölkerung Jerusalems ausmachen könnten.

Eine in jüngster Zeit erstellte Hochrechnung für das Bevölkerungswachstum in Jerusalem bis 2020 nennt eine Gesamtzahl von 947 000 Einwohnern, von denen 589 000 in jüdischen und 358 000 in arabischen Stadtgebieten leben würden. Dies ergäbe ein Bevölkerungsverhältnis von 62:38.[13] Diese Zahlen stützen sich auf die Annahme, dass weder der Geburtenrückgang noch die interne und internationale Abwanderung aufzuhalten sein werden. Bei anderen Grundannahmen läge das Bevölkerungsverhältnis zwischen 65:35 und 57:43.[14] Beinahe bei allen plausiblen Annahmen ist demnach ein kontinuierlicher Rückgang des jüdischen Bevölkerungsanteils voraussehbar.

Diese Hochrechnungen beschränken sich auf das Stadtgebiet von Jerusalem. Außerhalb der Stadtgrenzen gibt es eine weitere, sich entwickelnde arabische wie auch jüdische Bevölkerung, die in vielerlei sozialer und wirtschaftlicher Hinsicht Teil von Jerusalem ist. Eine realistische Betrachtungsweise muss das Bevölkerungsgleichgewicht im Großraum Jerusalem, als geographische und nicht als politische Einheit betrachtet, berücksichtigen. In diesem Sinn erstreckt sich die Stadt von Ramallah im Norden bis nach Bethlehem im Süden und von Ma'alej Adummim im Osten bis nach Mevasseret Zion im Westen. Schätzungen der Bevölkerung des Großraums Jerusalem ergeben für 1967, dass damals 47 Prozent der insgesamt 427 000 Einwohner Araber waren.[15] 1990 kam eine weitere Schätzung auf ein Verhältnis von 58 Prozent Juden zu 42 Prozent Arabern.[16] Dabei wurde die Mehrheit der Juden vermutlich überschätzt. Im Jahr 2000 waren beide Bevölkerungsanteile ungefähr gleich groß – wobei die Araber im Großraum Jerusalem die Juden zahlenmäßig überholten und die Mehrheit ausmachten. Infolge der unterschiedlichen natürlichen Zuwachsraten ist also der arabische Bevölkerungsanteil auf dem Vormarsch.

Es sind demnach vier zentrale demographische Tendenzen zu verzeichnen: 1. großes Bevölkerungswachstum in absoluten Zahlen; 2. größeres Bevölkerungswachstum bei den Arabern als bei den Juden trotz starker jüdischer Einwanderung und ungeachtet des großen Anteils ultraorthodoxer Juden mit ihrer hohen Geburtenrate; 3. eine Verschiebung in der geographischen Verteilung von Juden und Arabern, mit einer großen Anzahl Juden, die jetzt in Ostjerusalem leben und einer wachsenden Konzentration von Arabern in den nördlichen und südlichen Randgebieten des Jerusalemer Großraums außerhalb der Stadtgrenzen; 4. eine anwachsende arabische Mehrheit im Großraum Jerusalem.

Aus diesen statistischen Daten ergibt sich eine klare Schlussfolgerung: Der Traum vieler Israelis in der Zeit nach 1967 von einem Jerusalem als einer vorwiegend jüdischen Stadt ist durch die demographische Realität zunichte gemacht worden.

Muss der Himmel warten?

Der verstorbene israelische Diplomat Gideon Rafael erzählte gern die Geschichte von einer Reise, die er in den späten 1950er Jahren nach Belgisch-Kongo unternahm. Eines Tages hielt er dort in einem abgelegenen Dörfchen an und ging ins Postamt, um ein paar Postkarten aufzugeben. Der Beamte nahm sie mit freundlichem Lächeln entgegen, aber als er ihren Bestimmungsort las, erstarrte sein Gesicht: «Monsieur, Sie möchten diese Karten nach Jerusalem schicken?» fragte er. «Ja, warum nicht?» erwiderte Rafael. «Aber mon cher Monsieur, Jerusalem ist doch im Himmel.»

Selbst Jerusalem lässt sich noch nicht so weit verlegen. Aber man ist sich heute allgemein einig darüber, dass Jerusalems Stadtgrenzen der sozialen, wirtschaftlichen und demographischen Realität nicht mehr entsprechen. Mehrere aus den letzten Jahren stammende Pläne für ein künftiges Jerusalem enthielten Vorschläge für eine Ausdehnung der Stadtgrenzen. In dem von Beilin und Abu Mazen vorgelegten Vertragsentwurf, der eindeutig Präsident Clintons Vorschläge vom Dezember 2000 beeinflusst hat, war eine solche Ausdehnung als möglicher Weg zu einer politischen Lösung vorgesehen. Im Wesentlichen hieß das, dass die neuen jüdischen Vororte im Osten dem israelischen Jerusalem zugesprochen würden und im Gegenzug die von Arabern bewohnten Gebiete von Ostjerusalem und dessen Umgebung an die Palästinenser gehen könnten. Einige Palästinenser sehen darin das Angebot eines Räubers, der die Hälfte seiner Beute dafür anbietet, dass er die andere Hälfte behalten darf. Manche Juden betrachten es als Verrat an dem Versprechen einer auf ewig vereinigten Stadt unter israelischer Souveränität. Den Palästinensern wäre zu antworten, dass die Gebiete von Großjerusalem, die ein Teil Israels werden sollen, derzeit nicht von einer signifikanten Anzahl Araber bewohnt werden (und es in weiten Teilen auch früher nie wurden). Den Israelis wäre zu sagen, dass das Versprechen, das man ihnen 1967 gegeben hat, *bereits* von Kräften verraten worden ist, die, wie die Erfahrung gezeigt hat, außerhalb der israelischen Kontrolle liegen: Das heutige Jerusalem ist nicht vereinigt, und Israel übt keine effektive Souveränität über die arabischen Teile der Stadt aus noch kann es dies auf lange Sicht.

Der von Beilin und Abu Mazen erarbeitete Lösungsvorschlag ist die einzige Vereinbarung, die je zwischen hohen, akkreditierten politischen Führern der Israelis und der Palästinenser angenommen worden ist. Rabins Ermordung verhinderte, dass sie 1995 in die Realität umgesetzt wurde. Zwar ist sie nie von der israelischen Regierung oder der Palästinensischen Autonomiebehörde bestätigt worden, aber ihre Schöpfer haben sich nicht von ihr distanziert. In der auf einen neueren Stand gebrachten Form von Clintons «Erbe» ist ihr Vorschlag der einzige, der sich den gegenwärtigen sozialen, ideologischen und demographischen Realitäten in Jerusalem stellt – und der zugleich gewisse Züge des politisch Machbaren aufweist. Er ist der einzige, der eine realistische Hoffnung auf das Ende des langen qualvollen Kampfs um die Heilige Stadt aufkommen lässt.

Der Ausbruch der Al-Aqsa-*Intifada* und die harte israelische Reaktion haben den Friedensprozess abrupt zum Stillstand gebracht. Die Wahl Ariel Scharons zum israelischen Ministerpräsidenten im Februar 2001 war das Signal für den Versuch, die israelische Souveränität in ganz Jerusalem durchzusetzen. Aber in diesem Jahr war Jerusalem in vielerlei Hinsicht mehr geteilt denn je. Zwischen jüdischen und arabischen Wohngebieten tauchten nun Mauern und Zäune auf. Jüdische Taxifahrer zögerten, Fahrgäste zu Zielen in arabischen Gegenden zu befördern. Israelische Krankenwagen fuhren nur noch in Begleitung von Sicherheitskräften in arabische Bezirke. Innerhalb der arabischen Bevölkerung, hieß es, sei der von der Palästinensischen Autonomiebehörde eingesetzte Gouverneur des Bezirks Jerusalem die eigentliche Autorität.[17]

Nach dem Tod Faisal Husaynis kam es bei seiner Beisetzung zu einer großen Solidaritätsdemonstration. Die israelische Regierung antwortete damit, dass sie im August das *Orient House* unter ihre Kontrolle brachte. Es war ein Sieg, der nichts einbrachte. Seit es Husayni nicht mehr gab, hatte sich die politische Bedeutung des Gebäudes verflüchtigt. Sein Nachfolger als anerkannter politischer Führer der Jerusalemer Araber wurde Sari Nusseibeh, ein in Oxford und Harvard ausgebildeter Philosoph, Sproß einer alten Jerusalemer Notabelnfamilie und Präsident der Al-Quds-Universität. Stärker noch als Husayni bemühte sich Nusseibeh um Verbindungen mit israelischen Politikern und gab eine Reihe Äußerungen von sich, mit denen er die Israelis beruhigen wollte. «Ich wäre ja blind, wenn ich die jüdische Beziehung zu Jerusalem bestritte», sagte er in Radio Israel. «Die existentielle Beziehung, die Juden zu Jerusalem haben, muss anerkannt und respektiert werden, genau so wie die islamische und arabische Beziehung zu Jerusalem.»[18] Einstweilen freilich vertritt Nusseibeh, nicht anders als Beilin, nur eine Minderheit seines Volkes. Bis zum Januar 2002 waren mehr als tausend Menschen, darunter über 800 Palästinenser, getötet und Tausende verwundet worden.

Plötzlich sind die Aussichten für eine Einigung, sei es hinsichtlich der Jerusalem-Frage oder des weiteren Konflikts, dessen Herzstück die Jerusalem-Frage ist, düsterer denn je. Aber Gewalt kann keine langfristige Lösung bringen; sie kann sie auch nicht verhindern, sondern nur verzögern. Früher oder später muss das geteilte Jerusalem irgendwie lernen, mit sich selbst ins Reine zu kommen. Es dauerte zwei Generationen, bis Italien und der Vatikan sich dazu durchringen konnten, den Lateranvertrag zu unterzeichnen, der die römische Frage endgültig beilegte. Jerusalem hat bereits so lange darauf gewartet, dass die Diplomatie mit der Realität gleichzieht. Wie viel länger muss es wohl noch warten?

Anhang

Anmerkungen

Abkürzungen

AMAEN	Archives du Ministère des Affaires Etrangères, Nantes
AMAEP	Archives du Ministère des Affaires Etrangères, Paris
BN	Bibliothèque Nationale, Paris
CZA	Central Zionist Archives, Jeruasalem
FRUS	*Foreign Relations of the United States*
IHT	*International Herald Tribune*
ISA	Israel State Archives, Jerusalem (FM = Foreign Ministry papers; RAM = Religious Affairs Ministry papers)
JP	*Jerusalem Post*
NYT	*New York Times*
PRO	Public Record Office, Kew
UNGA	*United Nations General Assembly Official Records*
UNSC	*United Nations Security Council Official Records*
UNTC	*United Nations Trusteeship Council Official Records*
UNTSO	United Nations Truce Supervision Organization
UNSA	United States National Archives

Vorwort

1 Arthur Koestler, *Promise and Fulfilment: Palestine 1917–1949*, London 1949, S. 243.
2 Ronald Storrs, *Orientations*, London 1943, S. 304.
3 Zitiert in George Macaulay Trevelyan, *Garibaldi's Defence of the Roman Republic*, London 1907, S. 112.
4 Memorandum von A. E. Saunders (Foreign Office), 24. Oktober 1967, PRO FCO 17/251.

Prolog: Die Himmlische Stadt

1 Josephus Flavius, *Geschichte des Judäischen Krieges*, übers. von Heinrich Clementz, Leipzig [6]1994, IV, S. 163.
2 Zitiert in Jonathan Frankel, *Prophecy and Politics: Socialism, Nationalism, and the Russian Jews, 1862–1917*, Cambridge 1981, S. 85.

3 Rede vom 1. Dezember 1948 in Barnett Litvinoff (Hg.), *The Letters and Papers of Chaim Weizmann*, series B, vol. 2, New Brunswick/NJ 1984, S. 700 ff.

4 Moshe Gil, *A History of Palestine, 634–1099*, Cambridge 1992, S. 68 f.

5 Moshe Gil, «Dhimmi Donations and Foundations for Jerusalem (638–1099)», in *Journal of the Economic and Social History of the Orient*, 27, 2 (1984), S. 156–174.

6 Joshua Prawer, *The History of the Jews in the Latin Kingdom of Jerusalem*, Oxford 1988, S. 46 ff.

7 Jacob Barnai, *The Jews in Palestine in the Eighteenth Century*, Tuscaloosa/Alabama 1992, S. 47.

8 Ebenda, S. 5.

9 Theodor Herzl, *Tagebücher*, 3 Bde., Leipzig 1925, Bd. 2, S. 212.

10 Siehe Ron Aaronsohn, «Yerushalayim Be-'Einei Anshei Ha-'Aliyah Ha-Rishonah», in Hagit Lavsky (Hg.), *Yerushalayim Ba-Toda'ah U-Va-'Asiyah Ha-Tsiyonit*, Jerusalem 1989, S. 47–65; und Margalit Shilo, «Mi-Yafo Lirushalayim: Yahasah shel Ha-Histadrut Ha-Tsiyonit Lirushalayim Bi-Tkufat Ha-'Aliyah Ha-Shniyah», ebenda, S. 91–106.

11 Siehe Dan Miron, «Depictions in Modern Hebrew literature», in Nitza Rosovsky (Hg.), *City of the Great King: Jerusalem from David to the Present*, Cambridge/Mass. 1996, S. 241–287.

12 Zitiert in Walter Zander, *Israel and the Holy Places of Christendom*, London 1971, S. 7.

13 Zitiert ebenda, S. 6.

14 P. W. L. Walker, *Holy City Holy Places? Christian Attitudes to Jerusalem and the Holy Land in the Fourth Century*, Oxford 1980, S. XII.

15 Ze'ev Rubin, «The Church of the Holy Sepulchre and the Conflict between the Sees of Caesarea and Jerusalem», in Lee I. Levine (Hg.), *The Jerusalem Cathedra*, Bd. 2, Jerusalem 1982, S. 79–105.

16 Walker, *Holy City*, S. 351.

17 Ebenda, S. 314.

18 Amnon Linder, «Jerusalem as a Focus of Confrontation between Judaism and Christianity», in Richard I. Cohen (Hg.), *Vision and Conflict in the Holy Land*, Jerusalem 1985, S. 19.

19 Siehe Prawer, *History of the Jews*, Kap. 1 und 2.

20 Zu beiden Traditionen und ihrem Hintergrund siehe M. J. Kister, «‹You Shall Set Out Only for Three Mosques›: A Study of an Early Tradition», in M. J. Kister, *Studies in Jahiliyya and Early Islam*, London 1980, S. 173–196.

21 Ebenda.

22 Richard Ettinghausen in Joseph Schacht und C. E. Bosworth (Hg.), *The Legacy of Islam*, Oxford ²1974, S. 279.

23 I. Goldziher, *Muslim Studies*, Bd. 2, London 1971, S. 44 ff. Siehe auch M. Gaudefroy-Demombynes, *Mahomet*, Paris 1969, S. 93.

24 S. D. Goitein, «Jerusalem in the Arab Period (638–1099)», in Lee I. Le-

vine (Hg.), *The Jerusalem Cathedra*, Bd. 2, S. 168–196. Eine dritte These dazu findet sich unter dem Stichwort «al-Kuds» in der *Encyclopaedia of Islam*, Bd. V, Leiden [2]1980, S. 322 ff. Siehe auch Amikam Elad, *Medieval Jerusalem and Islamic Worship: Holy Places, Ceremonies, Pilgrimage*, Leiden 1995, S. 158–161.

25 Siehe Goitein, «Jerusalem», S. 187.

26 E. Sivan, «Le caractère sacré de Jérusalem dans l'Islam aux XIIe–XIIIe siècles», in: *Studia Islamica*, 27 (1967), S. 149–182.

27 Ebenda, S. 161.

28 Isaac Hasson, «Muslim Literature in Praise of Jerusalem: *Fada'il Bayt al-Maqdis*», in Lee I. Levine (Hg.), *The Jerusalem Cathedra*, Bd. 1, Jerusalem 1981, S. 168–184.

29 Zitiert ebenda, S. 171.

30 Siehe M. H. Burgoyne und D. S. Richards, *Mamluk Jerusalem: An Architectural Study*, London 1987.

Die Kriege der Konsuln

1 Dror Ze'evi, *An Ottoman Century: The District of Jerusalem in the 1600s*, Albany/NY 1996, S. 20.

2 Amy Singer, *Palestinian Peasants and Ottoman Officials: Rural Administration Around Sixteenth-century Jerusalem*, Cambridge 1994, S. 30 f.

3 Ze'evi, *Ottoman Century*, S. 23.

4 Benjamin Braude, «Foundation Myths of the Millet System», in Benjamin Braude und Bernard Lewis (Hg.), *Christians and Jews in the Ottoman Empire: The functioning of a Plural Society*, 2 Bde., New York 1982, Bd. 1, S. 69–88; Amnon Cohen (Hg.), *A World Within: Jewish Life as Reflected in Muslim Court Documents from the Sijill of Jerusalem (XVIth Century)*, 2 Bde., Philadelphia 1994, Bd. 1, S. 18 f.

5 *Fermans Ottomans émanés pour les Lieux-Saints de la Palestine*, 3 Bde., Jerusalem 1934, Bd. 1, S. 1 f.

6 Ebenda, S. 3–11.

7 Zitiert in Zander, *Israel and the Holy Places*, S. 24.

8 Ludwig XIII. an den Botschafter in Konstantinopel, 14. Juli 1621, in P. A. Arce OFM (Hg.), *Documentos y Textos para la Historia de Tierra Santa y sus Santuarios 1600–1700*, Bd. 1, Jerusalem 1970, S. 327.

9 Jean Lempereur an C. Balthazar, 20. September 1620, ebenda, S. 327 ff.

10 Ebenda.

11 Zitiert in Pater La Bretesche an Balthazar, 21. September 1621, ebenda, S. 329 ff.

12 «Noticias del ‹voyage de Levant› del embajador Louis des Hayes, 1621, en Jerusalem del 1 al 22 de octubre», ebenda, S. 340–346.

13 Louis des Hayes an General des Jesuitenordens, undatiert [1621/2], ebenda, S. 351 ff.

14 Nach der englischen Übersetzung des *Ferman*, datiert 17. Mai 1622, ebenda, S. 362 f.

15 Siehe René Neuville, «Heurs et Malheurs des Consuls de France à Jérusalem aux XVIIe, XVIIIe et XIXe Siècles», in: *Journal of the Middle East Society*, 1: 2 (1947), S. 3–34. Siehe auch Ze'evi, *Ottoman Century*, S. 21 f.

16 H. C. Luke, *Prophets, Priests and Patriarchs: Sketches of the Sects of Palestine and Syria*, London 1927, S. 46.

17 Siehe Ze'evi, *Ottoman Century*, S. 166 f.

18 François Charles-Roux, *Les Echelles de Syrie et de Palestine au XVIIIe Siècle*, Paris 1928, S. 10 f.

19 Ebenda; siehe auch Neuville, «Heurs et Malheurs», S. 20–24.

20 Mordechai Abir, «Local Leadership and Early Reforms in Palestine, 1800–1834», in Moshe Ma'oz (Hg.), *Studies on Palestine during the Ottoman Period*, Jerusalem 1975, S. 293.

21 Zander, *Holy Places*, S. 46 f.

22 Paschal Baldi, *The Question of the Holy Places*, Rom 1919, S. 62 f.

23 Ebenda, S. 64 f.

24 Zitiert in Zander, *Holy Places*, S. 47.

25 Zitiert in H. W. V. Temperley, *England and the Near East*, Bd. 1: *The Crimea*, London 1936, S. 284.

26 Abir, «Local Leadership», in Ma'oz (Hg.), *Studies*, S. 297–310.

27 Siehe Baruch Kimmerling und Joel S. Migdal, *Palestinians: The Making of a People*, Cambridge/Mass. 1993, S. 3–35.

28 Siehe A. J. Rustum, *The Royal Archives of Egypt and the Disturbances in Palestine, 1834*, Beirut 1938.

29 Rachel Simon, «The Struggle over the Christian Holy Places during the Ottoman Period», in Richard I. Cohen (Hg.), *Vision and Conflict*, S. 33.

30 Moshe Ma'oz, «Changes in the Position of the Jewish Communities of Palestine and Syria in Mid-Nineteenth Century», in Ma'oz (Hg.), *Studies*, S. 146 f.

31 Mayir Vereté, «Why was a British Consulate Established in Jerusalem?», in *English Historical Review* 85 (1970), S. 316–345.

32 James Finn, *Stirring Times or Records from Jerusalem Consular Chronicles of 1853 to 1856*, London 1878, Bd. 1, S. 98.

33 Mayir Vereté, «A Plan for the Internationalisation of Jerusalem, 1840–41», in *From Palmerston to Balfour: Collected Essays of Mayir Vereté*, London 1992, S. 143 f.

34 Zitiert ebenda, S. 145.

35 Ebenda.

36 William H. Hechler, *The Jerusalem Bishopric: Documents*, London 1883, S. 27.

37 Zitiert in R. W. Greaves, «The Jerusalem Bishopric», in *English Historical Review* 64 (1949), S. 328–352.

38 Zitiert ebenda.

39 Zitiert in Barnai, *Jews in Palestine*, S. 14.

40 Zitiert in *The Jerusalem Bishopric and Its Connection with the London Society for Promoting Christianity amongst the Jews*, London 1887, S. 7 ff.

41 Eintragung in Lord Shaftesburys Tagebuch, zitiert in G. E. A. Best, *Shaftesbury*, London 1975, S. 29 f.

42 John Henry Newman, *Apologia Pro Vita Sua*, Erstdruck 1864 (London 1949) S. 143.

43 Geoffrey Faber, *Oxford Apostles: A Character Study of the Oxford Movement*, Harmondsworth 1954, S. 292.

44 A. H. Grant, «Michael Solomon Alexander», in *Dictionary of National Biography*, London 1885, Bd. I, S. 274.

45 W. T. Young (Jerusalem) an Earl of Aberdeen, 22. Mai 1843, PRO FO 618/2.

46 Zitiert in A. L. Tibawi, *British Interests in Palestine 1800–1901: A Study of Religious and Educational Enterprise*, Oxford 1961, S. 60.

47 Young (Jerusalem) an Aberdeen, 13. [Januar?] 1843, PRO FO 618/2.

48 Zitiert in Greaves, «Jerusalem Bishopric», S. 351.

49 Young (Jerusalem) an Sir Stratford Canning (Konstantinopel), 8. Januar 1844 (Kopie), PRO FO 617/1.

50 Theofanis George Stavrou, *Russian Interests in Palestine 1882–1914: A Study of Religious and Educational Enterprise*, Thessaloniki 1963, S. 29 f.

51 Memoranden von Young vom 19. und 20 Juli 1844, PRO 617/1.

52 Außenminister an James Finn, 8. Juni 1852, PRO FO 78/913.

53 Karl Marx, «Die Kriegserklärung – Zur Geschichte der orientalischen Frage» (*New York Daily Tribune* vom 15. April 1854), in Karl Marx und Friedrich Engels, *Werke*, Bd. 10, Berlin/DDR 1961, S. 168–176, 173.

54 Zitiert in Norman Rich, *Why the Crimean War? A Cautionary Tale*, Hanover/NH 1985, S. 214.

55 Zitiert ebenda, S. 20 f.

56 Siehe Earl Cowley (Paris) an Earl Malmesbury, 8. März 1852, in *Correspondence Respecting the Rights and Privileges of the Latin and Greek Churches in Turkey*, Bd. 1, London 1854, S. 35.

57 Text in Bernardin Colin (Hg.), *Recueil de Documents concernant Jérusalem et les Lieux Saints*, Jerusalem 1982, S. 91 ff.

58 Canning an Earl Granville, 8. Februar 1852, in *Correspondence*, Bd. 1, S. 33.

59 Sir G. H. Seymour an Lord John Russell, 11. Januar 1853, in *Correspondence*, Bd. 1, S. 875–878.

60 Seymour an Russell, 13. Januar 1853, in *Correspondence*, Bd. 1, S. 61.

61 Memorandum von M. E. Pisani, 25. März 1853, in *Correspondence*, Bd. 1, S. 119; «Project of Secret Treaty proposed to the Porte by Prince Menschikoff», als Anlage in Lord Stratford de Redcliffe an Earl of Clarendon, 11. April 1853, ebenda, S. 146–149.

62 Russell an Cowley, 28. Januar 1853, in *Correspondence*, Bd. 1, S. 69 f.
63 De Redcliffe an Clarendon, 22. April 1853, sowie Cowley an Clarendon, 8. Mai 1853, in *Correspondence*, Bd. 1, S. 171 f. und 175 f.
64 Texte der Fermane als Anlagen in: de Redcliffe an Clarendon, 25. Mai 1853, in *Correspondence*, Bd. 1, S. 267–270.
65 Memorandum der Direction Politique, Paris, 1. März 1856, AMAEN, Consulat Jérusalem, série B, carton 37.
66 Siehe David Kushner, «Intercommunal Strife in Palestine during the Late Ottoman Period», in *Asian and African Studies* 8 (1984), S. 187–204.

Alte Stadt, neue Stadt

1 Yehoshua Ben-Arieh, *Jerusalem in the 19th Century: Emergence of the New City*, Jerusalem 1986, S. 448.
2 Manchmal werden frühere Daten genannt, aber diese basieren im allgemeinen auf impressionistischen Belegen wie etwa Berichten von Konsuln. Eine sorgfältige Untersuchung von Adar Arnon, «The Quarters of Jerusalem in the Ottoman Period», in *Middle Eastern Studies*, 28: 1 (Januar 1992), S. 1–65, die von osmanischen Volkszählungsunterlagen ausgeht und die Zahlen um die nichtosmanischen Einwohner korrigiert (die nicht im Zensus mitgezählt wurden), kommt zu dieser Schlussfolgerung.
3 Barnai, *Jews in Palestine*, S. 21.
4 Siehe S. 21.
5 Siehe U. O. Schmelz, «Some Demographic Peculiarities of the Jews of Jerusalem in the Nineteenth Century», in Ma'oz (Hg.), *Studies*, S. 119–141.
6 Yehoshua Ben-Arieh, *Jerusalem in the 19th Century: The Old City*, Jerusalem 1984, S. 131, 194 und 279, und *New City*, S. 466.
7 Arnon, «Quarters of Jerusalem», S. 48.
8 Einen umfassenden Überblick über das Wachstum der Neustadt bietet Ben-Arieh, *New City*.
9 Ben-Arieh, *Old City*, S. 378 ff.
10 Herzl, *Tagebücher*, Bd. 2, S. 215.
11 Ben-Arieh, *New City*, S. 241.
12 Ebenda, S. 354 f.
13 Siehe Robert Blake, *Disraeli's Grand Tour: Benjamin Disraeli and the Holy Land 1830–1831*, London 1982.
14 Mordechai Eliav, «German Interests and the Jewish Community in Nineteenth-century Palestine», in Ma'oz (Hg.), *Studies*, S. 438.
15 Clarendon an de Redcliffe, 24. Juni 1853, in *Correspondence*, Bd. 1, S. 316 ff.
16 Text in George Young, *Corps de Droit Ottoman*, Bd. 2, Oxford 1905, S. 3–9.
17 Ebenda, S. 11 f.
18 Hechler, *Jerusalem Bishopric*, S. 43 ff.

19 Baldi, *Holy Places*, S. 73.
20 Französischer Botschafter (Konstantinopel) an Konsul (Jerusalem), 20. Juni 1862, AMAEN, Consulat Jérusalem, série B, carton 32, dossier 1862.
21 Depesche vom 30. Januar 1872, AMAEN, Consulat Jérusalem, série B, carton 32, dossier 1872.
22 Text in Michael Hurst (Hg.), *Key Treaties for the Great Powers 1814–1914*, Newton Abbot 1972, Bd. 2, S. 551–577.
23 Depesche vom 9. September 1891, AMAEN, Consulat Jérusalem, série B, carton 32, dossier 1891.
24 *Les Pyramides*, 4. November 1902.
25 Consul Wiet an Pater Giannini, 13. Januar 1902, AMAEN, Consulat Jérusalem, série B, carton 33, dossier 1902.
26 *Il Giornale d'Italia*, 21. Oktober 1902.
27 Siehe *L'Orient*, 8. November 1902, *Débats*, 15. November 1902.
28 *Les Pyramides*, 4. November 1902.
29 Memorandum von Jules Cambon, 28. Juni 1909, AMAEN, Consulat Jérusalem, série B, carton 27, dossier 1906–7, 1909–10.
30 Mordechai Eliav, *Die Juden Palästinas in der Deutschen Politik: Dokumente aus dem Archiv des deutschen Konsulats in Jerusalem 1842–1914*, Tel Aviv 1973, S. XIV und XVI–XVIII.
31 Französischer Konsul (Jerusalem) an Botschafter (Konstantinopel), 24. Juni 1874, AMAEN, Consulat Jérusalem, série B, carton 27, dossier 1874.
32 *Norddeutsche Zeitung*, 18. August 1887.
33 Französischer Botschafter (Konstantinopel) an Konsul (Jerusalem), 23. Oktober 1898, AMAEN, Consulat Jérusalem, série B, carton 27, dossier «Voyage de l'Empereur de l'Allemagne 1898».
34 Zitiert in Derek Hopwood, *The Russian Presence in Syria and Palestine 1843–1914: Church and Politics in the Near East*, Oxford 1969, S. 50f.
35 Baudin (St. Petersburg) an Graf Walewski, 3. Dezember 1857, AMAEN, Consulat Jérusalem, série B, carton 44, dossier jaune.
36 Memorandum unter dem Titel «La Société Impériale Orthodoxe de Palestine», Anlage zu einer Depesche des französischen Außenministeriums an Konsul Ledouly in Jerusalem, 30. Januar 1894, AMAEN, Consulat Jérusalem, série B, carton 44, dossier jaune.
37 Zitiert in Hopwood, *Russian Presence*, S. 63.
38 Jacob C. Hurewitz, «Britain and Ottoman Palestine: An Impressionistic Retrospect», in Ma'oz (Hg.), *Studies*, S. 410.
39 Außenminister an Ledouly, 30. Januar 1894, AMAEN, Consulat Jérusalem, série B, carton, 44, dossier jaune.
40 *Les Pyramides*, 4. November 1902.
41 Etienne Flandin an Aristide Briand, 18. April 1916, AMAEP Guerre 1914–18, Turquie Bd. 17, Nr. 44.

42 Zitiert in John James Moscrop, *Measuring Jerusalem: The Palestine Exploration Fund and British Interests in the Holy Land*, London 2000, S. 70.
43 Foreign Office an Palestine Exploration Fund, PEF Archive, PEF/JER/WAR/17, 26. August 1869.
44 Moscrop, *Measuring Jerusalem*, S. 110 f.
45 Claude Conder (Konstantinopel) an Walter Besant (PEF), 10. Februar 1882, PEF Archive, PEF/ES/CON/42.
46 Konsul Langlais an Außenministerium (Paris), 26. Januar 1883, AMAEN, Consulat Jérusalem, série B, carton 28.
47 Konsul in Jerusalem an französischen Botschafter (Konstantinopel), 4. Mai 1884, AMAEN, Consulat Jérusalem, série B, carton 7.
48 'Aref al-'Aref, «The Closing Phase of Ottoman Rule in Jerusalem», in Ma'oz (Hg.), *Studies*, S. 337.
49 Daniel Rubinstein, «The Jerusalem Municipality under the Ottomans, British, and Jordanians» in Joel L. Kraemer (Hg.), *Jerusalem: Problems and Prospects*, New York 1980, S. 72–99; siehe auch Haim Gerber, *Ottoman Rule in Jerusalem 1890–1914*, Berlin 1985, S. 114 ff.
50 Zitiert in Ruth Kark, «The Jerusalem Municipality at the End of Ottoman Rule», in *Asian and African Studies* 4: 2 (Juli 1980), S. 140.
51 Zum Hintergrund siehe Albert Hourani, «Ottoman Reform and the Politics of Notables», in W. R. Polk und R. L. Chambers (Hg.), *The Beginnings of Modernization in the Middle East: The Nineteenth Century*, Chicago 1968, S. 41–68.
52 Zitiert in Neville J. Mandel, *The Arabs and Zionism before World War I*, Berkeley 1976, S. 47 f.
53 David Kushner (Hg.), *Moshel Hayiti Birushalayim: Ha-'Ir Ve-Ha-Mahoz be- 'Einav shel 'Ali Ekrem Bey 1906–1908*, Jerusalem 1995.
54 Siehe Eliezer Tauber, *The Emergence of the Arab Movements*, London 1993, S. 61 f., 102, 125 und 290 ff.
55 Ebenda, S. 280.
56 Text der Entscheidung des Osmanischen Ministerrats vom 20. Juni 1909, in David Farhi, «Documents on the Attitude of the Ottoman Government Towards the Jewish Settlement in Palestine after the Revolution of the Young Turks», in Ma'oz (Hg.), *Studies*, S. 190–210.
57 Rashid Khalidi, *Palestinian Identity: The Construction of Modern National Consciousness*, New York 1997, S. 31.
58 Zitiert in Mandel, *Arabs and Zionism*, S. 185.
59 Siehe N. T. Moore (Jerusalem) an Sir A. White (Konstantinopel), 1. März 1890, in Albert M. Hyamson (Hg.), *The British Consulate in Jerusalem in Relation to the Jews of Palestine 1838–1914*, Bd. 2, London 1941, S. 451 ff.
60 W. Hough, «History of the British Consulate in Jerusalem», in *Journal of the Middle East Society* (Jerusalem) 1 (1946), S. 11.
61 P. J. C. McGregor (Jerusalem) an Sir Gerard Lowther (Konstantino-

pel), 23. November 1912, und Home Office an Foreign Office, 19. Mai 1913, in Hyamson (Hg.), *British Consulate*, S. 579 f. und 582.

62 McGregor an Lowther, 29. Januar 1913, in Hyamson (Hg.), *British Consulate*, S. 580 f.

63 George Antonius, *The Arab Awakening*, New York 1965, S. 147 f.

64 Hough, «British Consulate».

65 Siehe Mordechai Eliav, «Po'olam shel Netsigei Germanyah Ve-Austriyah Lema'an Ha-Yishuv Ha-Yehudi Be-Eretz Yisrael», in Mordechai Eliav (Hg.), *Be-Matzor U-Ve-Matzok: Eretz-Yisrael Be Milhemet Ha-*'Olam Ha-Rishonah, Jerusalem 1991, S. 157–167; und Nathan Efrati, *Mi-Mashber Le-Tiqvah: Ha-Yishuv Ha-Yehudi Be-Eretz Yisrael Be-Milhemet Ha-'Olam Ha-Rishonah*, Jerusalem 1991.

66 Michael Brown, *The Israeli-American Connection: Its Roots in the Yishuv 1914–1945*, Detroit 1996, S. 27 f.

67 Text in J. C. Hurewitz (Hg.), *Diplomacy in the Near and Middle East: A Documentary Record*, Princeton/NJ 1956, Bd. 2, S. 2 f.

68 Briand an François Georges-Picot, 2. November 1915, AMAEP Guerre 1914–18, Bd. 871, 32–36.

69 Briand an Paul Cambon (London), 5. Januar 1916, AMAEP Guerre 1914–18, Bd. 871.

70 Text in J. A. S. Grenville, *The Major International Treaties 1914–1973*, London 1974, S. 30 ff.

71 Sir George Macdonogh an Sir Arthur Nicolson, 6. Januar 1916, PRO FO 371/2767.

72 Paul Cambon an Paris, 9. Dezember 1916, AMAEP Guerre 1914–18, Turquie Bd. 20 (Syrie et Palestine IX), Nr. 22.

73 P. de Margerie an Président du Conseil, 14. Dezember 1916, AMAEP Guerre 1914–18, Turquie Bd. 20 (Syrie et Palestine IX), Nr. 42.

74 Stéphan Pichon an den französischen Botschafter (London), 21. November 1917, AMAEP Guerre 1914–18, Turquie Bd. 25, Nr. 15.

75 Sergio Minerbi, *The Vatican and Zionism: Conflict in the Holy Land 1895–1925*, New York 1990, S. 22.

76 Ebenda, S. 23 und 187 f.

77 Zitiert in C. Ernest Dawn, *From Ottomanism to Arabism: Essays on the Origins of Arab Nationalism*, Urbana 1973 S. 30.

78 Djemal Pasha, *Memoirs of a Turkish Statesman 1913–1919*, London 1922, S. 165 und 201.

79 Leonard Stein, *The Balfour Declaration*, London 1961, S. 538 f.

80 Siehe Isaiah Friedman, *Germany, Turkey and Zionism 1897–1918*, Oxford 1977.

81 Zitiert in Stein, *Balfour Declaration*, S. 628.

82 Kress von Kressenstein an das Yilderim-Hauptquartier, 29. September 1917, Text in W. T. Massey, *How Jerusalem Was Won: Being the Record of Allenby's Campaign in Palestine*, London 1919, Appendix IV, S. 273 f.

83 Zitiert in Friedman, *Germany, Turkey, and Zionism*, S. 352.
84 Ebenda, S. 377.
85 Siehe Bernard Wasserstein, *The British in Palestine: The Mandatory Government and the Arab-Jewish Conflict 1917–1929*, Oxford [2]1991, S. 1.
86 Douglas Duff, *Palestine Picture*, London 1936, S. 56.
87 Massey, *How Jerusalem Was Won*, S. 33.
88 Text ebenda, S. 286.
89 Sir Mark Sykes an Brigadier G. F. Clayton, 16. Januar 1918, PRO FO 371/3383/13.
90 Aktennotiz von Sykes, 16. Januar 1918, PRO FO 371/3383/18.
91 Massey, *How Jerusalem Was Won*, S. 195 f.
92 Ebenda, S. 254.
93 David Lloyd George, *War Memoirs*, London 1936, Bd. 2, S. 1092.
94 Laut Mitteilung von Sir Martin Gilbert.

Jerusalem unter britischer Mandatsverwaltung

1 «Note pour le Ministre» von P. de Margerie vom 14. Dezember 1917 und begleitender Vermerk von Pichon vom 15. Dezember 1917, AMAEP Guerre 1914–18, Turquie, Bd. 25, Nr. 223 f.
2 Paul Cambon an das französische Außenministerium, Paris, 21. Dezember 1917, AMAEP Guerre 1914–18, Turquie, Bd. 26, Nr. 99.
3 Lord Bertie of Thame an Pichon, 21. Dezember 1917, AMAEP Guerre 1914–18, Turquie, Bd. 26, Nr. 103.
4 Gilbert Clayton an Sykes, 26. Januar 1918, PRO FO 371/3398/605.
5 Picot an das französische Außenministerium, 26. Januar 1918, PRO FO 371/3383/336.
6 Austausch von Fernschreiben vom 26. Januar 1918 und später, AMAEP, Guerre 1914–18, Turquie, Bd. 27, Nr. 229–233.
7 «Projet de Sir Mark Sykes», 31. Januar 1918, AMAEP Guerre 1914–18, Turquie, Bd. 27, Nr. 295–296.
8 P. de Margerie an Picot, 4. Februar 1918, AMAEP Guerre 1914–18, Turquie, Bd. 28, Nr. 33 f.; Picot an das französische Außenministerium, [?] Februar 1918, AMAEP Guerre 1914–18, Turquie Bd. 28, Nr. 113–114.
9 Sykes an Clayton, [3. März?] 1918, PRO 800/221/106–112.
10 Foreign Office an Clayton, 6. April 1918, PRO FO 371/3383/373.
11 Siehe Jean-Dominique Montoisy, *Le Vatican et le Problème des Lieux Saints*, Jerusalem 1984, S. 46.
12 Siehe Sergio Minerbi, *L'Italie et la Palestine 1914–1920*, Paris 1970, S. 141 ff.
13 Tuozzi an Carlo Sforza (Ministerialdirektor im italienischen Außenministerium), 19. Dezember 1919, zitiert ebenda, S. 149.
14 «Extract from memorandum enclosed with Foreign Office letter to Colonial Office of 31 May 1944», PRO CO 733/461/14.

15 Norman und Helen Bentwich, *Mandate Memories 1914–1948*, London 1965, S. 37.
16 Chaim Weizmann an Vera Weizmann, 18. April 1918, zitiert in David Vital, *Zionism: The Crucial Phase*, Oxford 1987, S. 321.
17 Clayton an Foreign Office, 7. Mai 1918, PRO FO 371/3391/351.
18 Clayton an Foreign Office, mit einem Bericht von William Ormsby-Gore vom 19. April 1918 als Anlage, PRO FO 371/3395/2 ff.
19 Clayton an Foreign Office, 22. Juli 1918, PRO FO 371/3391/418.
20 A. Albina an Sykes, [Juni 1918], «Secret Report no. 15», PRO FO 800/221/62 ff.
21 J. N. Camp an Chief Administrator, 12. August 1918, PRO FO 371/4182/352.
22 Protestbrief vom 20. August 1918, PRO FO 371/4183/302.
23 A. J. P. Taylor (Hg.), *Lloyd George: A Diary by Frances Stevenson*, New York 1971, S. 202.
24 Text der Depesche vom 11. Dezember 1917, in Massey, *How Jerusalem Was Won*, S. 209.
25 Zitiert in Vital, *Zionism: The Crucial Phase*, S. 299.
26 Zitiert in H. Eugene Bovis, *The Jerusalem Question 1917–1948*, Stanford 1971, S. 6 f.
27 Text des lateinischen Memorandums, datiert Weihnachten 1918, in Colin (Hg.), *Recueil*, S. 52–61; Text des griechisch-orthodoxen Memorandums vom 29. Juni 1919, ebenda, S. 217–225.
28 Text ebenda, S. 18.
29 L. G. A. Cust, *The Status Quo in the Holy Places*, Jerusalem 1929.
30 Siehe Finn, *Stirring Times*, Bd. 1, S. 29; und Storrs, *Orientations*, S. 402.
31 H. C. Luke, *Cities and Men*, 3 Bde., London 1953–56, Bd. 2, S. 208.
32 Minerbi, *Vatican and Zionism*, S. 142.
33 Aktennotiz von Sykes, 1. September 1918, PRO FO 371/3393.
34 Siehe die Dokumente zu den Beziehungen zwischen Regierung und Patriarchat in ISA 2/215.
35 Southard (Jerusalem) an State Department Washington, 6. September 1921, USNA State Department records, microcopy 353, roll 79, frame 109.
36 Minerbi, *Vatican and Zionism*, S. 35.
37 Bulletin de Renseignements, Nr. 23, französisches Generalkonsulat Jerusalem, 4. Januar 1923, AMAEN, Consulat Jérusalem, série B, carton 101, dossier 1923. Siehe auch die Aufzeichnung des französischen Generalkonsulats in Jerusalem vom 29. Januar 1922, AMAEN, Consulat Jérusalem, série B, carton 20.
38 Ronald Storrs an Generalkonsul, 15. April 1925, AMAEN, Consulat Jérusalem, série B, carton 153, dossier 1925.
39 Sir Anton Bertram und Harry Charles Luke, *Report of the Commission Appointed by the Government of Palestine to Inquire into the Affairs of the Orthodox Patriarchate of Jerusalem*, London 1921, S. 38.

40 Ebenda, S. 20.
41 Sir R. Wingate an A. J. Balfour, 13. Februar 1918, PRO FO 371/3400; siehe auch Captain A. Abramson an GHQ, Intelligence, 1. Februar 1918, ebenda.
42 Bertram und Luke, *Report*, S. 219 f.
43 Storrs, *Orientations*, S. 405.
44 Stavrou, *Russian Interests*, S. 210 f.
45 J. H. H. Pollock (Colonial Office) an J. G. T. Sheringham (Foreign Office), 23. Februar 1950, PRO FO 371/82233.
46 Storrs an Occupied Enemy Territory Administration headquarters, 24. November 1918, PRO FO 371/3386/267.
47 Uri Kupferschmidt, *The Supreme Muslim Council: Islam under the British Mandate for Palestine*, Leiden 1987, S. 231.
48 Siehe L. A. Meyer, «Two Inscriptions of Baybars», in *Quarterly of the Department of Antiquities of Palestine*, 2 (1932); Yosef Sadan, «Ha-Maqam Nabi Musa bein Yeriho le-vein Damesek: Le-Toldoteha shel Taharut Bein Shnei Atarei Kodesh», in *Ha-Mizrah He-Hadash*, 28: 1–2 (1979), S. 22–38, und «Ha-Mahloket Be-Sugiyat Maqam Nabi Musa Be-Einei Ha-Mekorot Ha-Muslemiyin», in *Ha-Mizrah He-Hadash*, 28: 3–4 (1979), S. 220–238; G. E. von Grünebaum, *Muhammadan Festivals*, London 1976, S. 81 ff.
49 *Palestine Weekly*, 25. Juni 1920.
50 Siehe David Wasserstein, *The Rise and Fall of the Party Kings*, Princeton 1985, Seite 243 f.; auch Spyros Vryonis, *The Decline of Medieval Hellenism in Asia Minor and the Process of Islamisation from the Eleventh through the Fifteenth Century*, Berkeley 1971; und E. W. Hasluck, *Christianity and Islam under the Sultans*, Oxford 1929.
51 Storrs, *Orientations*, S. 329.
52 Zwischenbericht der Untersuchungskommission unter Generalmajor Palin, 7. Mai 1920, PRO FO 371/5119/181 ff.
53 Siehe Bernard Wasserstein, *British in Palestine*, S. 64 f.
54 Bentwich, *Mandate Memories*, S. 195.
55 Siehe Kupferschmidt, *Supreme Muslim Council*, S. 22.
56 Siehe Zvi Elpeleg, *The Grand Mufti: Haj Amin al-Hussaini, Founder of the Palestinian National Movement*, London 1993, S. 2.
57 Norman Bentwich, *My Seventy-seven Years*, London 1962, S. 74.
58 Siehe Kupferschmidt, *Supreme Muslim Council*, S. 159–167.
59 Siehe die Liste ebenda, S. 69 f.
60 Ebenda, S. 193 ff.
61 Ebenda, S. 202.
62 Ebenda, S. 207 f.
63 Ebenda, S. 209.
64 Rubinstein, «Jerusalem Municipality», S. 79; siehe auch Neil Caplan, *Futile Diplomacy*, Bd. 1, London 1983, S. 74 ff.

65 Yehoshua Porath, *The Palestinian Arab National Movement: From Riots to Rebellion 1929–1939*, London 1977, S. 63 f.

66 Zitiert in Moshe Hirsch, Deborah Housen-Couriel und Ruth Lapidoth, *Whither Jerusalem? Proposals and Positions Concerning the Future of Jerusalem*, Den Haag 1995, S. 27; siehe auch Chaim Arlosoroff, *Yoman Yerushalayim*, Tel Aviv [1949], S. 170 f. (Arlosoroffs Tagebucheintragungen vom 6. und 7. Januar 1932).

67 Porath, *Palestinian Arab National Movement*, S. 188.

68 Aufzeichnung einer Diskussion vom 17. Februar 1934 in Litvinoff (Hg.), *Letters and Papers of Chaim Weizmann*, Serie B, Bd. 2, S. 38 ff.

69 Siehe Michael Romann, «Maavaro shel Ha-Merkaz Ha-Demografi Ve-Ha-Kalkali Miyrushalayim Le-Tel Aviv Bi-Tkufat Ha-Mandat», in Lavsky (Hg.), *Yerushalayim*, S. 217–234.

70 Diese Zahlen beziehen sich auf 1939: D. Gurevich u. a., *Statistical Handbook of Jewish Palestine 1947*, Jerusalem 1947, S. 48.

71 Zitiert in Yossi Katz, «The Political Status of Jerusalem in Historical Context: Zionist Plans for the Partition of Jerusalem in the Years 1937–1938», in *Shofar* 11: 3 (1993), S. 45.

72 Porath, *Palestinian Arab National Movement 1929–1939*, S. 219.

73 Katz, «Political Status», S. 46–50. Siehe auch Motti Golani, «Jerusalem's Hope Lies Only in Partition: Israeli Policy on the Jerusalem Question 1948–67», in *International Journal of Middle East Studies* 31: 4 (1999), S. 577–604.

74 *Palestine Partition Commission Report*, Cmd 5854, London 1938, S. 75.

75 Siehe Bernard Wasserstein, *Secret War in Shanghai*, London 1998, S. 7.

76 *Palestine Partition Commission Report, S. 76–79.*

77 Der am 29. Juli 1937 veröffentlichte Bericht wird zitiert in Yehuda Taggar, *The Mufti of Jerusalem and Palestine Arab Politics 1930–1937*, New York 1986, S. 446.

78 Ebenda, S. 451.

79 Porath, *Palestinian Arab National Movement 1929–1939*, S. 240.

80 W. Battershill, Officer Administering the Government of Palestine, Jerusalem, an Colonial Secretary, 2. November 1937, PRO CO 733/337/17.

81 Siehe Aktenvermerk von Ormsby-Gore, 22. November 1937, ebenda.

82 Memorandum des Middle East Department des Colonial Office über «The Mayoralty of Jerusalem», 31. August 1944, PRO CO 733/458/4.

83 Siehe Gavriel Cohen, «Harold MacMichael and Palestine's Future», in *Zionism* 3 (April 1981), S. 133–155.

84 *Olympische Oden*, VI: 3–4, übers. von W. Schadewaldt, Frankfurt 1972.

85 Memorandum des Hochkommissars über «The Nature and Constitution of the Succession States», Februar 1944, PRO CO 733/461/13.

86 Aktenvermerk von E. B. Boyd, 8. März 1944, PRO CO 733/461/13.

87 «Extract from Report of Cairo Conference held on 6th–7th April 1944,

enclosed with Resident Minister's letter to Secretary of State of 9th May 1944», PRO CO 733/461/14.

88 Aktenvermerk von Boyd, 28. Juni 1944, PRO CO 733/461/14.

89 Memorandum von A. Eden, 15. September 1944, PRO CAB 95/14.

90 Auszug aus einem Memorandum des Foreign Office vom 6. Oktober 1944, PRO CO 733/461/14.

91 Sitzungsprotokolle und Karten mit den Vorschlägen in PRO CAB 121/51.

92 Zitiert in Yossi Katz, «The Marginal Role of Jerusalem in Zionist Settlement Activity Prior to the Founding of the State of Israel», *Middle Eastern Studies,* 34: 3 (Juli 1998), S. 121–145.

93 Rubinstein, «Jerusalem Municipality», S. 86.

94 *Jewish Chronicle*, 8. September 1944; siehe auch R. M. Graves, *Experiment in Anarchy*, London 1949, S. 12.

95 George Kirk, *The Middle East in the War* [Royal Institute of International Affairs, *Survey of International Affairs 1939–1946*], London 1952, S. 319 f.

96 Lord Gort an Colonial Secretary, 20. April 1945, PRO CO 733/458/4.

97 *The Times*, 13. Juli 1945.

98 *Palestine Royal Commission Report*, Cmd 5479, London 1937, S. 368.

99 Yossi Feintuch, *US Policy on Jerusalem*, Westport/Conn. 1987, S. 6.

100 Motti Golani, «Zionism without Zion: The Jerusalem Question 1947–1949», in *Journal of Israeli History* 6:1 (1995), S. 39–52.

101 Zitiert in Michael Brecher, *Decisions in Israel's Foreign Policy*, London 1974, S. 14.

102 Siehe die vergleichenden Tabellen der offiziellen Zahlen in *Supplementary Memorandum by the Government of Palestine, including Notes on Evidence given to the UN Special Committee on Palestine up to 12. Juli 1947*, Jerusalem 1947, S. 56.

103 Haim Levenberg, *Military Preparations of the Arab Community in Palestine 1945–1948*, London 1993, S. 80.

104 Silvio Ferrari, «The Holy See and the Postwar Palestine Issue: The Internationalization of Jerusalem and the Protection of the Holy Places», in *International Affairs* 60:2 (1984), S. 264.

105 Golani, «Zionism without Zion», S. 41.

106 *Report to the General Assembly by the United Nations Special Committee on Palestine*, London 1947.

107 Loy Henderson an John H. Hillering (Telegramm), 10. November 1947, USNA, RG 59, Palestine Reference Files of Dean Rusk and Robert McClintock 1947–1949, Dean Rusk Reference «Book», 1. Oktober 1947–15. Februar 1948.

108 Warren Austin (New York) an Secretary of State (Telegramm), 11. November 1947, ebenda.

109 Resolution der UN-Vollversammlung 181/II vom 29. November 1947.

Die Teilung

1 Graves, *Experiment*, S. 104 f.
2 Ebenda, S. 106.
3 Ebenda, S. 116.
4 Ebenda, S. 122.
5 Levenberg, *Military Preparations*, S. 187.
6 Siehe Benny Morris, *Righteous Victims: A History of the Zionist-Arab Conflict 1881–1999*, New York 1999, S. 201; und Elpeleg, *Grand Mufti*, S. 87.
7 *UNSC, Third Session*, New York 1948, 253. Sitzung, 24. Februar 1948, S. 255–273.
8 Pablo de Azcárate, *Mission in Palestine 1948–1952*, Washington 1966, S. 6.
9 *UNTC, Second Session*, New York 1947–8, Zweiter Teil, 19. Sitzung, 18. Februar 1948, S. 1–5.
10 *UNTC, Second Session*, New York 1947–8, Zweiter Teil, 29. Sitzung, 4. März 1948, S. 122–130.
11 Trafford Smith (New York) an W. A. C. Mathieson (Colonial Office), 23. Januar 1948, PRO CO 537/3892A.
12 «Statute for Jerusalem: Report on the Second Part of the Second Session of the Trusteeship Council» [März 1948], PRO CO 537/3892B.
13 G. B. Shannon (Commonwealth Relations Office) an Mathieson (Colonial Office), 17. Januar 1948, PRO CO 537/3892A.
14 Unidentifizierter britischer Diplomat an A. N. Galsworthy (Colonial Office), 30. Januar 1948, PRO CO 537/3892B.
15 Aktenvermerk von J. M. Martin, 16. Februar 1948, PRO CO 537/3892A.
16 Britische Delegation der UN an das Foreign Office, 18. Februar 1948, PRO CO 537/3892A.
17 Memorandum über ein Telefonat zwischen Robert McClintock und Benjamin Gerig, 11. Dezember 1947, USNA, RG 59, Palestine Reference Files of Dean Rusk and Robert McClintock 1947–1949, Dean Rusk Reference «Book» , 1. Oktober 1947–15. Februar 1948.
18 Azcárate, *Mission in Palestine*, S. 22.
19 *UNSC, Third Year. Special Supplement* No. 2, Document A/AC 21/7 (United Nations Palestine Commission: first monthly progress report to the Security Council, 29. Januar 1948), S. 6.
20 Sir Alan Cunningham an Sir Thomas Lloyd, 15. Januar 1948, PRO CO 537/3892A.
21 Menahem Kaufman, *America's Jerusalem Policy 1947–1948*, Jerusalem 1982, S. 12 f.
22 *UNSC, Third Session*, New York 1948, 271. Sitzung, 19. März 1948, S. 154–172.

23 *UNSC, Third Session*, New York 1948, 275. Sitzung, 30. März 1948, S. 245–254.
24 Siehe Michael Brecher, «Jerusalem: Israel's Political Decisions 1947–1977», in *Middle East Journal* 32: 1 (1978), S. 13–34.
25 Teil der Erklärung in Meron Medzini (Hg.), *Israel's Foreign Relations: Selected Documents 1947–1974*, Jerusalem 1976, S. 217 ff.
26 Tagebucheintrag vom 28. September 1947, in Graves, *Experiment*, S. 88.
27 *UNSC, Second Session*, New York 1947–48, zweiter Teil, 32. Sitzung, 8. März 1948, S. 156.
28 Feintuch, *US Policy*, S. 23 ff.
29 *Manchester Guardian*, 6. März 1948.
30 Memorandum von J. H. H. Pollock, 20. März 1948, PRO CO 537/3893.
31 Überlegungen zu den Umständen seines Todes finden sich bei Danny Rubinstein, «Unsolved Mystery: The Death of Abd al-Kader al-Husseini», in *Ha-aretz*, 6. November 1998.
32 Graves, *Experiment*, S. 185.
33 Memorandum des israelischen Außenministeriums vom 13. Oktober 1948, ISA FM 1814/1I.
34 Meron Benvenisti, *Jerusalem: The Torn City*, Minneapolis 1976, S. 41 f.
35 Graves, *Experiment*, S. 191.
36 Siehe Leo Kohn (Jewish Agency) an Lt.-Gen. G. H. A. MacMillan (den kommandierenden General der britischen Truppen in Palästina), 16. April 1948, PRO CO 733/484/4; Cunningham an Colonial Office, 21. April 1948, ebenda; sowie die Korrespondenz zwischen J. L. Magnes und MacMillan vom April 1948, ebenda.
37 Vermerk von Mathieson, 28. Juli 1948, PRO CO 733/484/4.
38 Cunningham (Jerusalem) an britische Delegation bei den UN, 25. April 1948, PRO CO 537/3893.
39 *UNSC, Third Session,* 283. Sitzung, 16. April 1948.
40 Cunningham (Jerusalem) an Colonial Office, 16. April 1948, PRO CO 537/3893.
41 Ebenda.
42 Cunningham (Jerusalem) an britische Delegation bei den UN, 25. April 1948, PRO CO 537/3893.
43 Siehe Kaufman, *America's Jerusalem Policy*, S. 139 ff.
44 *UNTC, Second Session*, New York 1947–48, Dritter Teil, 38. Sitzung, 27. April 1948, S. 117–130; 39. Sitzung, 28. April 1948, S. 30–42, 40. Sitzung, 29. April 1948, S. 43–52.
45 *UNTC, Second Session*, New York 1947–48, Dritter Teil, 37. Sitzung, 27. April 1948, S. 10–17. Britische Delegation bei den UN an Foreign Office, 29. April 1948, PRO CO 537/3893.
46 *UNTC, Second Session*, New York 1947–48, Dritter Teil, 41. Sitzung, 30. April 1948, S. 52–63.

47 *UNTC, Second Session*, New York 1947–48, Dritter Teil, 42. Sitzung, 30. April 1948, S. 63–75.
48 Siehe Cunningham an Colonial Office, 11. Mai 1948, PRO CO 537/3893.
49 Cunningham (an Bord von HMS *Euryalus*) an Colonial Office, 16. Mai 1948, PRO CO 537/3893.
50 Foreign Office an Britische Delegation bei den UN (New York), 17. Mai 1948, PRO CO 537/3893; Mathieson an D. Balfour, 19. Mai 1948, PRO CO 537/3893.
51 Zitiert in Amitzur Ilan, *Bernadotte in Palestine 1948, A Study in Contemporary Humanitarian Knight-Errantry*, London 1989, S. 77; *The Times*, 22. Juni 1948.
52 Truce Commission an President, Security Council, 10. Mai 1948 (verlesen durch den Präsidenten in *UNSC*, 291. Sitzung, 12. Mai 1948).
53 *UNSC*, 291. Sitzung, 12. Mai 1948.
54 Aktenvermerk des Foreign Office, zitiert in Ilan, *Bernadotte in Palestine*, S. 267.
55 Memorandum des Foreign Office Research Dept., Middle East Section, über «The Status of Jerusalem», 18. Dezember 1962, PRO FO 371/164323.
56 Nigel Clive, zitiert in A. J. Sherman, *Mandate Days: British Lives in Palestine 1918–1948*, London 1997, S. 243.
57 Golani, «Zionism without Zion», S. 45 f.
58 Memorandum von Vivian (später Chaim) Herzog, 21. Mai 1948, ISA FM 2451/4.
59 Siehe Avi Shlaim, *Collusion across the Jordan: King Abdullah, the Zionist Movement, and the Partition of Palestine*, New York 1988, S. 134–138; vgl. Levenberg, *Military Preparations*, S. 225 ff.
60 William Roger Louis, *The British Empire in the Middle East 1945–51*, Oxford 1984, S. 366–372.
61 *UNSC, Third Session*, 283. Sitzung, 16. April 1948.
62 *UNSC, Third Session*, 287. Sitzung, 23. April 1948.
63 Shlaim, *Collusion*, S. 177 f.
64 Mosche Schertok (Jerusalem) an President, UN Security Council, 13. Mai 1948 (im Rat durch den Präsidenten verlesen am 15. Mai), *UNSC*, 292. Sitzung, 15. Mai 1948.
65 Ebenda.
66 George Kirk, *The Middle East 1945–1950*, London 1954, S. 273.
67 Abdullah an Trygve Lie, 16. Mai 1948, UN Security Council document S/748.
68 Ahmad Hilmi an die Regierung von Transjordanien, [ca. 16.] Mai 1948, zitiert in Shlaim, *Collusion*, S. 241.
69 Zitiert ebenda.
70 Feintuch, *US Policy*, S. 38.

71 Kirk, *Middle East 1945–1950*, S. 273 f.
72 Siehe Shlaim, *Collusion*, S. 248.
73 Feintuch, *US Policy*, S. 37 f.
74 Azcárate, *Mission in Palestine*, S. 58.
75 Memorandum von Herzog, 21. Mai 1948, ISA FM 2451/4.
76 *UNSC*, 295. Sitzung, 18. Mai 1948.
77 Dies und ein Großteil der folgenden Absätze basieren auf dem *Progress Report of the United Nations Mediator on Palestine, Rhodes 16th September 1948*, Cmd 7530, London 1948.
78 Text der Vereinbarung in Rosalyn Higgins, *United Nations Peacekeeping 1946–1967: Documents and Commentary, 1. The Middle East*, London 1969, S. 76.
79 Kaufman, *America's Jerusalem Policy*, S. 56 f.
80 Joseph Heller, «Bernadotte's Mission to Palestine (1948)», in *Middle Eastern Studies*, 20:4 (1984), S. 226; Cary David Stanger, «A Haunting Legacy: The Assassination of Count Bernadotte», in *Middle East Journal* 42:2 (1988), S. 261; Ilan, *Bernadotte in Palestine*, S. 132–138.
81 Text des Briefes in Folke Bernadotte, *To Jerusalem*, London 1951, S. 149–152.
82 *Progress Report*, S. 51 f.
83 Kaufman, *America's Jerusalem Policy*, S. 83 f.; Ilan, *Bernadotte in Palestine*, S. 183–191; Feintuch, *US Policy*, S. 51–54.
84 George C. Marshall an US Botschaft, London, 12. August 1948, zitiert in Shlomo Slonim, «The United States and the Status of Jerusalem 1947–1984», in *Israel Law Review* 19:2 (1984), S. 186 f. Siehe auch Shlomo Slonim, *Jerusalem in America's Foreign Policy 1947–1949*, Den Haag 1998, S. 115.
85 Marshall an James G. McDonald, 1. September 1948, zitiert in Ferrari, «Holy See», S. 275.
86 Zitiert in Slonim, *Jerusalem*, S. 117.
87 Ebenda.
88 Text in Medzini (Hg.), *Documents*, S. 219 f.
89 Zitiert in Golani, «Zionism without Zion», S. 49 f.
90 Gabriel Sheffer, *Moshe Sharett: Biography of a Political Moderate*, Oxford 1996, S. 389; siehe auch Heller, «Bernadotte's Mission», S. 230.
91 Shlaim, *Collusion*, S. 357 f.
92 Zitiert in Mary C. Wilson, *King Abdullah, Britain and the Making of Jordan*, Cambridge 1988, S. 180.
93 Joseph Nevo, *King Abdullah and Palestine: A Territorial Ambition*, London 1996, S. 166.
94 Haggai Eshed, *Reuven Shiloah: The Man behind the Mossad*, London 1997, S. 143.
95 Ebenda, S. 144; und Shlaim, *Collusion*, S. 375–377.
96 Text der Proklamation vom 4. Februar 1949 in Medzini (Hg.), *Documents*, S. 222.

97 Feintuch, *US Policy*, S. 61 f.
98 Text der Vereinbarung in John Norton Moore (Hg.), *The Arab-Israeli Conflict*, Bd. 3, Princeton 1974, S. 397–406.
99 Resolution 194 der UN-Generalversammlung vom 11. Dezember 1948.
100 Azcárate, *Mission in Palestine*, S. 141.
101 Zitiert in James G. McDonald, *My Mission in Israel 1948–1951*, London 1951, S. 184 f.
102 Zitiert in Feintuch, *US Policy*, S. 74.
103 Zitiert in Kirk, *Middle East*, S. 305.
104 Ferrari, «Holy See», S. 266.
105 *Acta Apostolicae sedis* 16:5 (25. April 1949), S. 161–164.
106 Ferrari, «Holy See», S. 269.
107 Text der Rede vom 12. September 1949 in Litvinoff (Hg.), *Letters and Papers of Chaim Weizmann*, Serie B, Bd. 2, S. 715 ff.
108 Ferrari, «Holy See», S. 281.
109 Siehe Kaufman, *America's Jerusalem Policy*, S. 52.
110 Memorandum von Avraham Biran, Oktober 1948, ISA FM 1814/1 II.
111 Memorandum von Herzog, 7. September 1949, ISA FM 2451/4.
112 Memorandum, undatiert [Oktober 1949], das Mordechai Eliash dem Erzbischof von Canterbury überließ, ISA 100/27.
113 Memorandum, 31. Oktober 1949, gedruckt in *UNGA, Fifth Session*, Supplement Nr. 18 (A/1367/Rev. 1), *General Progress Report and Supplementary Report of the United Nations Conciliation Commission for Palestine*, New York 1951, S. 9 ff.
114 Entwurf von Shabtai Rosenne, 29. September 1949, ISA FM 1885/4.
115 Memorandum von Rosenne, 30. September 1949, ISA FM 1885/4.
116 Walter Eytan an den israelischen Botschafter (Brüssel), 14. November 1949, zitiert in Uri Bialer, «The Road to the Capital – The Establishment of Jerusalem as the Official Seat of the Israeli Government in 1949», in *Studies in Zionism*, 5:2 (1984), S. 278.
117 Zitiert in Zander, *Israel and the Holy Places*, S. 80.
118 Sir H. Dow (Tel Aviv) an Foreign Office, 7. Oktober 1949, PRO FO 371/75352.
119 Kabinettsprotokoll, 5. Dezember 1949, ISA.
120 Text der Erklärung in der Knesset vom 5. Dezember 1949, in Medzini (Hg.), *Documents*, S. 223 f.
121 Resolution 303 (IV) der UN-Generalversammlung, 9. Dezember 1949.
122 Brecher, *Decisions*, S. 28–32.
123 Siehe Golani, «Zionism without Zion», S. 51 f.; Bialer, «Road to the Capital», S. 294 ff.; Sheffer, *Sharett*, S. 507 f.
124 Zitiert in Tom Segev, *1949: The New Israelis*, New York 1986, S. 41 f.
125 Text der Äußerung in Medzini (Hg.), *Documents*, S. 226.
126 Secretary of State an Botschaft in Israel, 4. Januar 1950, *FRUS 1950*, Bd. V, Washington 1978, S. 667 f.

127 Zitiert in Shlaim, *Collusion*, S. 537.
128 Sheffer, *Sharett,* S. 510.
129 Shlaim, *Collusion*, S. 527 f.

Zweimal Jerusalem

1 Bevölkerungsanteile laut ISA FM 4032/17.
2 *NYT*, 30. Mai 1950.
3 *Le Monde,* 31. Mai 1950; *The Times,* Juni 1950.
4 Britische Delegation bei den UN an Foreign Office, 19. Januar 1950, PRO FO 371/82183.
5 Foreign Office an britische Delegation (Genf), 9. Februar 1950, ebenda.
6 US-Geschäftsträger in Amman an Secretary of State (Washington), 25. Januar 1950, *FRUS 1950*, Bd. V (Washington 1978), S. 703 f.
7 US Geschäftsträger in Amman an Secretary of State (Washington), 13. Februar 1950, ebenda, S. 741 f.
8 Bericht in der arabischen, in Jerusalem erscheinenden Zeitung *Filastin,* 21. April 1950, zitiert in US Generalkonsul in Jerusalem an State Department, 24. April 1950, ebenda, S. 872.
9 Kopie in ISA FM 1814/4.
10 Avi Plascov, *The Palestinian Refugees in Jordan 1948–1967*, London 1981, S. 177; Wilson, *King Abdullah*, S. 209.
11 Shlaim, *Collusion*, S. 395 f.
12 Ebenda, S. 607 f.; sowie Naim Sofer, «The Political Status of Jerusalem in the Hashemite Kingdom of Jordan 1948–1967», in E. Kedourie und S. G. Haim (Hg.), *Palestine and Israel in the 19th and 20th Centuries*, London 1982, S. 255–276.
13 Siehe Michael Comay (Tel Aviv) an Aubrey (Abba) Eban (Washington), 12. November 1951, ISA FM 2451/5.
14 Britische Gesandtschaft (Tel Aviv) an Foreign Office, 5. August 1952, PRO FO 371/98488.
15 Memorandum von Stuart W. Rockwell über ein Treffen mit Eban und Eliahu Elath, 19. April 1950, *FRUS 1950*, Bd. V, Washington 1978, S. 861–864.
16 Dean Acheson an US-Botschaft (London), 22. August 1950, ebenda, S. 977.
17 Memorandum, 29. Juli 1952, Text in Caplan, *Futile Diplomacy,* Bd. 4, London 1997, S. 291 f.
18 Zitiert ebenda, S. 64.
19 Memorandum von Evelyn Shuckburgh, 15. Dezember 1954, Text ebenda, S. 294 f.
20 Memorandum, 10. März 1955, Text ebenda, S. 296–303.
21 UNRWA-Tabelle der «Monthly Distribution Return of Refugee Population, Jordan District, June 1953» in Stewart Perowne, *The One Remains: A Report from Jerusalem,* London 1954, Appendix 1.

22 Roderick Parkes (Amman) an R. S. Crawford (Foreign Office), 7. Dezember 1962, PRO FO 371/164323.
23 Aktennotiz von P. H. Lawrence (Levant Dept., Foreign Office), 15. März 1956, PRO FO 371/121851.
24 Thomas Wikeley (Jerusalem) an E. M. Rose (Foreign Office), 5. Juni 1956, PRO FO 371/121851.
25 Perowne, *The One Remains*, S. 61.
26 Wikeley (Jerusalem) an Rose (Foreign Office), 7. April 1955, PRO FO 371/115663.
27 Zitiert in Avi Plascov, «The Palestinians of Jordan's Border», in Roger Owen (Hg.), *Studies in the Economic and Social History of Palestine in the Nineteenth and Twentieth Centuries*, London 1982, S. 233.
28 Moshe Ma'oz, *Palestinian Leadership on the West Bank: The Changing Role of the Arab Mayors under Jordan and Israel*, London 1984, S. 54 f.
29 Plascov, «Palestinians of Jordan's Border», S. 237.
30 C. B. Duke (Amman) an Rose (Levant Dept., Foreign Office), 24. September 1956, PRO FO 371/121850.
31 Wikeley (Jerusalem) an Foreign Office, 29. September 1956, Nr. 352, PRO FO 371/121850.
32 Britisches Generalkonsulat, Jerusalem (Ost) an Foreign Office, 19. Januar 1967, PRO FCO 17/563.
33 Wikeley (Jerusalem) an Foreign Office, 29. September 1956, Nr. 353, ebenda.
34 Wikeley (Jerusalem) an Foreign Office, 1. Oktober 1956, PRO FO 371/121850.
35 Sir G. Jebb (Paris) an Foreign Office, 9. Oktober 1956, PRO FO 371/121850.
36 Wikeley (Jerusalem) an Foreign Office, 8. Oktober 1956, PRO FO 371/121850; Aide-mémoire des Foreign Office (anscheinend zur Präsentation gegenüber der jordanischen Regierung), 11. Oktober 1956, ebenda; Wikeley (Jerusalem) an Foreign Office, 23. Oktober 1956, ebenda; und Memorandum des Foreign Office Research Dept, Middle East Section, über den «Status von Jerusalem», 18. Dezember 1962, PRO FO 371/164323.
37 Aktennotiz von R. K. Hadow, 5. November 1956, PRO FO 371/121767; siehe auch Aktennotiz von P. H. Lawrence, 3. November 1956, ebenda.
38 Barry Rubin, *Revolution Until Victory: The Politics and History of the PLO*, Cambridge/Mass. 1994, S. 2; Uriel Dann, *King Hussein and the Challenge of Arab Radicalism: Jordan 1955–1967*, New York 1989, S. 196.
39 Israel Kimhi und Benjamin Hyman, «Demographic and Economic Developments in Jerusalem since 1967», in Kraemer (Hg.), *Jerusalem*,

S. 137. Das Gebiet, das diesen Zahlen zugrunde liegt, ist Jerusalem in den Stadtgrenzen nach 1967.

40 Daphne Tsimhoni, *Christian Communities in Jerusalem and the West Bank since 1948: An Historical, Social, and Political Study*, Westport/Conn. 1993, S. 1–9.

41 Wikeley (Jerusalem) an Rose (Foreign Office), 30. November 1955, PRO FO 371/115663.

42 Rose (Jerusalem) an Sir Charles Peake (britischer Botschafter, Athen), 5. Dezember 1955, PRO FO 371/115614.

43 John Nicholls (Tel Aviv) an Rose (Levant Dept., Foreign Office), 6. Februar 1956, PRO FO 371/121442.

44 Aktennotiz von B. Miller, 31. Oktober 1955, PRO FO 371/115617.

45 Tsimhoni, *Christian Communities*, S. 36–43.

46 Eytan und Herzog (Tel Aviv) an Scharett (New York), 10. November 1950, ISA FM 1814/5; und Herzog an Scharett, 29. November 1950, ebenda.

47 Tsimhoni, *Christian Communities*, S. 68 f.; siehe auch Victor Azarya, *The Armenian Quarter of Jerusalem: Urban Life Behind Monastery Walls*, Berkeley 1984, S. 114 f.

48 Ebenda, S. 116.

49 Siehe Bovis, *Jerusalem Question*, S. 97 f.

50 A. R. Walmsley (Jerusalem) an G. H. Baker (Levant Dept., Foreign Office), 11. Januar 1954, PRO FO 371/110853.

51 Memorandum von J. E. Brewis, 18. März 1954, PRO FO 371/110583.

52 Secretary of State (Washington) an US-Botschaft in Israel, 4. Januar 1950, *FRUS 1950*, Bd. V, Washington 1978, S. 667 f.

53 Siehe Notiz des Herausgebers in *FRUS 1961–1963*, Bd. XVII, Washington 1994, S. 738.

54 Walmsley (Jerusalem) an Eastern Department, Foreign Office, 31. August 1953, mit der Anlage eines Berichts über «heads of career consular posts in Jerusalem, August 1953», PRO FO 371/104484.

55 Note des israelischen Außenministeriums, undatiert [Dezember 1950], ISA FM 1814/5.

56 Protokoll der außerordentlichen Zusammenkunft des Konsularischen Korps, Jerusalem, 13. Januar 1951, ISA FM 1814/5; A. Biran an den Generaldirektor des israelischen Außenministeriums, 17. Januar 1951, ebenda; Foreign Ministry Research Department an Foreign Minister, 29. Januar 1951, ebenda.

57 Ebenda.

58 Text der Note des sowjetischen Vertreters bei den Vereinten Nationen, Y. A. Malik, an UN-Generalsekretär Trygve Lie, 17. April 1950, PRO FO 371/82186.

59 Knox Helm (Tel Aviv) an Foreign Office, 25. April 1950, PRO FO 371/82186.

60 Siehe Memorandum von Y. Ilsar, undatiert [Januar 1966], ISA FM 4032/17.

61 Siehe Scharett an John Foster Dulles, 27. Juli 1953, ISA FM 1817/3.

62 Auszug aus einem britischen Dokument über britisch-amerikanische Gespräche im State Department, 14. Juli 1953, PRO FO 371/104738; siehe auch die Presseerklärung des Department of State vom 28. Juli 1953, *FRUS 1953*, Bd. IX, Washington 1986, S. 1263 f.

63 M. T. Walker (Amman) an Foreign Office, 30. Juli 1953, PRO FO 371/104739.

64 A. R. Moore (Tel Aviv) an P. S. Falla (Levant Dept., Foreign Office), 22. Dezember 1953, PRO FO 371/104842.

65 US-Botschafter (London) an Eden (in Übermittlung einer Botschaft von Dulles), 9. Oktober 1954, PRO FO 371/111132.

66 Nicholls (Tel Aviv) an Rose (Levant Dept., Foreign Office), 1. und 8. August 1955, PRO FO 371/115938.

67 Siehe State Department an President's Special Assistant for National Security Affairs, 31. Mai 1962, *FRUS 1961–63*, Bd. XVII, Washington 1994, S. 688–691.

68 Memorandum über eine Unterredung im State Department mit Faiz al-Khouri, 28. August 1950, *FRUS 1950*, Bd. V, Washington 1978, S. 981.

69 Caplan, *Futile Diplomacy*, Bd. 4, S. 185.

70 Britisches Generalkonsulat (Jerusalem), an Levant Dept., Foreign Office, 27. Januar 1955, PRO FO 371/115615.

71 J. G. S. Beith (Foreign Office) an P. F. Hancock (Tel Aviv), 12. Februar 1960, PRO FO 371/164322.

72 Memorandum der Westeuropaabteilung des israelischen Außenministeriums über «Frankreich und das Problem Jerusalem» vom 16. April 1966, ISA FM 4032/17.

73 Text der Vereinbarung in Moore, *Arab-Israeli Conflict*, Bd. 3, S. 397–406.

74 «Top secret» –Bericht von Baruch Neumark, 8. Oktober 1948, ISA FM 2451/4.

75 Shlaim, *Collusion*, S. 460.

76 Bericht des Stabschefs von UNTSO, zitiert in Higgins, *United Nations Peacekeeping*, S. 164.

77 Text der Erklärung von General Vagn Bennike, des Stabschefs der UNTSO, gegenüber dem UN-Sicherheitsrat, ebenda, S. 120 f.

78 Siehe Baruch Gil'ad (Hg.), *Te'udot Li-Mediniut Ha-Hutz shel Medinat Yisrael*, Bd. 14 *1960*, Jerusalem 1997, S. 11.

Die Annexion

1 Text der Erklärung in Medzini (Hg.), *Documents*, S. 343.

2 Siehe z. B. Israel Ministry of Foreign Affairs, *Jerusalem: Issues and Perspectives*, Jerusalem 1972.

3 Zitiert in Dann, *King Hussein*, S. 200.

4 Zitiert in Brecher, «Jerusalem», S. 23.

5 Aufgrund von Auszügen der wörtlichen Protokolle in Brecher, «Jerusalem», S. 23 f.
6 Zitiert in Morris, *Righteous Victims*, S. 324.
7 Interview Abraham Rabinovichs mit Motta Gur, *JP*, 21. Juli 1995.
8 Golani, «Jerusalem's Hope», S. 594 ff.
9 Zitiert in Randolph S. und Winston S. Churchill, *The Six Day War*, London 1967, S. 141.
10 Martin Van Creveld, *The Sword and the Olive: A Critical History of the Israeli Defense Force*, New York 1998, S. 188–191.
11 Benvenisti, *Jerusalem*, S. 86.
12 Richard H. Pfaff, *Jerusalem: Keystone of an Arab-Israeli Settlement*, Washington 1969, S. 35.
13 Memorandum von Comay, 9. Juni 1967, ISA FM 4089/15.
14 Memorandum über Jerusalem von A. Levontin, 10. Juni 1967, ISA FM 4089/15.
15 Michael Hadow (Tel Aviv) an Foreign Office, 14. Juni 1967, PRO FCO 17/251.
16 *IHT*, 23. Juni 1967.
17 Feintuch, *US Policy*, S. 125 ff.
18 R. Ze'evi an Justizminister Y. S. Shapiro, 22. Juni 1967, ISA FM 4089/14. Bevölkerungsdaten aus Maya Choshen und Naama Shahar, *Statistical Yearbook of Jerusalem 1997*, Jerusalem 1998, S. 25–29.
19 Niederschrift der bei der Sitzung vom 23. Juni 1967 gefassten Beschlüsse, ISA RAM 6306/1115, Spalte 1.
20 Texte der Beschlüsse ebenda.
21 Text des Gesetzes in Medzini (Hg.), *Documents*, S. 245.
22 Ebenda, S. 245 f.
23 Ebenda, S. 247.
24 Siehe Benvenisti, *Jerusalem*, S. 95–104.
25 Memorandum von I. C. Alexander (britisches Generalkonsulat, Jerusalem), 29. Juni 1967.
26 Übersetzte Kopie des Befehls, PRO FCO 17/253.
27 *NYT*, 30. Juni 1967.
28 Eban, Leserbrief im *Daily Telegraph*, 8. September 1980.
29 Benvenisti, *Jerusalem*, S. VIII.
30 John Lewen (Jerusalem) an Foreign Office, 26. Januar 1968, PRO FCO 17/640.
31 Siehe Bericht über diesen Rechtsfall in *Israel Law Review*, 5: 1 (Januar 1970), S. 120 ff.
32 Ruth Lapidoth, «Jerusalem and the Peace Process», in *Israel Law Review*, 28: 2/3 (1994), S. 416.
33 Zerah Warhaftig an Lewi Eschkol, 1. Oktober 1967, ISA RAM 6304/1067.
34 Arthur Kutcher, *The New Jerusalem: Planning and Politics*, London 1973, S. 54.

35 *NYT*, 12. Januar 1968.
36 *NYT*, 3. Juli 1968.
37 David Ben Gurions Gespräch mit Eric Rouleau von *Le Monde*, zitiert in Pfaff, *Jerusalem*, S. 41.
38 *Ha-aretz*, 9. und 29. August 1968.
39 Zitiert in B'Tselem (Israel Information Center for Human Rights in the Occupied Territories), *A Policy of Discrimination: Land Expropriation, Planning and Building in East Jerusalem*, Jerusalem 1995, S. 36.
40 Ebenda, S. 19.
41 Ebenda, S. 49.
42 Meron Benvenisti, *City of Stone: The Hidden History of Jerusalem*, Berkeley 1996; sowie Amir S. Cheshin, Bill Hutman und Avi Melamed, *Separate and Unequal: The Inside Story of Israeli Rule in East Jerusalem*, Cambridge/Mass. 1999; auch *JP*, 11. Juli 1995 und *Ha-aretz*, 25. März 1999.
43 Lewen (Jerusalem) an W. Morris (Foreign Office), 6. Juli 1967, PRO FCO 17/253.
44 Rawhi al-Khatib u. a. an R. Levy, Assistant Administrative Officer for Jerusalem, 23. Juli 1967, Kopie in PRO FCO 17/251.
45 Lewen (Jerusalem) an Morris (Foreign Office), 12. Juli 1967, PRO FCO 17/251.
46 Zu Arefs Karriere zu Mandatszeiten siehe Bernard Wasserstein, *British in Palestine*, S. 179–182.
47 *JP*, 25. und 26. Juli 1967; *NYT*, 26. Juli 1967.
48 UN Sicherheitsrat-Dokument S/8109 und UN-Generalversammlung-Dokument A/6782, 3. August 1967; vgl. die als Artikel C des Anhangs 1 zu UN-Sicherheitsrat-Dokument S/8146 (Report of Secretary-General, datiert vom 12. September 1967) repr. Fassung der Erklärung, S. 266 ff.
49 Hadow (Tel Aviv) an Foreign Office, 1. August 1967, PRO FCO 17/253.
50 Hebräische Übersetzung in ISA FM 4089/13.
51 *NYT*, 26. Juli 1967.
52 Das Folgende basiert in weiten Teilen auf David Farhi, «Ha-Moatza Ha-Muslemit Be-Mizrah Yerushalayim U-Vihuda Ve-Shomron Meaz Milhemet Sheshet Ha-Yamim [Der Muslimrat in Ostjerusalem und in Judea und Samaria seit dem Sechstagekrieg]», in *Hamizrah Hehadash*, 28 (1979), S. 3–21. Siehe auch Aharon Layish, «The Status of the Shari'a in a Non-Muslim State: The Case of Israel», in *Asian and African Studies*, 27: 1/2 (1993), S. 171–188.
53 Ebenda.
54 Meron Benvenisti, «Status and Law», in *JP*, 22. Februar 1980; siehe auch Lapidoth, «Jerusalem and the Peace Process», S. 408.
55 *JP*, 12. März 1980.
56 Romann und Weingrod, *Living Together Separately*, S. 66.

57 Direktor der Westeuropaabteilung des israelischen Außenministeriums an Geschäftsträger (Paris), 6. August 1967, ISA FM 4089/12.
58 Elpeleg, *Grand Mufti*, S. 154.
59 *NYT*, 9. März 1968.
60 *NYT*, 8. März 1968.
61 Resolution 2253 der UN-Generalversammlung vom 4. Juli 1967.
62 Text in Medzini (Hg.), *Documents*, S. 248.
63 UN-Sicherheitsrat-Dokument S/8146 und UN-Generalversammlung-Dokument A/6793 (Report of Secretary-General, datiert vom 12. September 1967).
64 Resolution 252 der UN-Generalversammlung vom 21. Mai 1968.
65 Beispielsweise die Sicherheitsratsresolutionen 267 vom 3. Juli 1969 und 298 vom 29. September 1971.
66 H. N. Pullar (Jerusalem) an Foreign Office, 13. Juni 1967, PRO FCO 17/213.
67 United States Information Service paper, 29. Juni 1967.
68 Resolution 267 des UN-Sicherheitsrats vom 3. Juli 1969.
69 Siehe Yosts Äußerung im Sicherheitsrat vom 1. Juli 1969; Text in Moore (Hg.), *Arab-Israeli Conflict*, Bd. 3, S. 992–995.
70 Zitiert in Slonim, «United States and the Status of Jerusalem», S. 218.
71 Zitiert ebenda, S. 216.
72 Interview des Autors mit Lord Caradon, New York, 6. April 1970; *The Times*, 14. Juni 1974; *NYT*, 24. November 1974; *Guardian*, 27. August 1979.
73 *The Times*, 13. September 1974.
74 Zitiert in Edward R. F. Sheehan, *The Arabs, Israelis, and Kissinger. A Secret History of American Diplomacy in the Middle East*, New York 1976, S. 74f.
75 *NYT*, 15. März 1974; *Le Figaro*, 20. Februar 1975; *Egyptian Gazette*, 22. Februar 1977.
76 *NYT*, 3. April 1975.
77 Brookings Institution, *Towards Peace in the Middle East*, Washington 1975; siehe auch William Quandt, *Decade of Decisions: American Policy Toward the Arab-Israeli Conflict 1967–1976*, Berkeley 1977, S. 291.
78 *IHT*, 31. Dezember 1973.
79 *The Times*, 12. Februar 1974, *Guardian*, 14. Februar 1974.
80 Interview mit Teddy Kollek, Radio Israel, 17. Mai 1980.
81 *JP*, 9. und 14. Mai 1980.
82 *The Times*, 27. April 1977.
83 Ya'akov Hazan, «Peace and the Future of Jerusalem», in *Progressive Israel*, 6: 8 (Juni 1980).
84 *NYT*, 12. August 1977.
85 *The Times*, 21. November 1977.
86 Mosche Dayan, *Breakthrough. A Personal Account of the Egypt-Israel Peace Negotiations*, London 1981, S. 85.

87 Mohamed Ibrahim Kamel, *The Camp David Accords: A Testimony*, London 1986, S. 218.
88 Ebenda, S. 297.
89 Interview mit Harold Saunders, Washington, 14. Juni 1982. Siehe auch Kamel, *Camp David Accords*, S. 346.
90 Texte in J. A. S. Grenville und Bernard Wasserstein (Hg.), *The Major International Treaties since 1945*, London 1987, S. 379.
91 Dayan, *Breakthrough*, S. 179.
92 Kamel, *Camp David Accords*, S. 374.

Auf dem Weg zur palästinensischen Autonomie

1 Nachrichten von Radio Israel, 17. Juli 1979.
2 Nachrichten von Radio Israel, 22. Juli 1979; siehe auch *JP*, 22. Dezember 1979.
3 Nachrichten von Radio Israel, 19. Januar 1980.
4 *JP*, 11., 23. und 25. April 1980; *The Times*, 3. April 1980.
5 *JP*, 16. Juli 1980.
6 Zitiert in Slonim, «United States and the Status of Jerusalem», S. 236.
7 *JP*, 18. Januar 1980.
8 *NYT*, 24. Oktober 1980.
9 *Dawn*, 26. Februar 1979.
10 *Dawn*, 13. Mai 1979; *IHT*, 14. Mai 1979; *Observer*, Foreign News Service Report, 29. Juni 1979.
11 Siehe *Comité al Qods sous la présidence de Sa Majesté le Roi Hassan II: Réalisations et Perspectives*, Rabat 1984.
12 *Dawn*, 28. März 1979.
13 *JP*, 1. August 1980.
14 *JP*, 24., 25. und 27. Juli 1980.
15 *JP*, 29. Juli 1980.
16 Text des «Basic Law: Jerusalem the Capital of Israel», hg. von der israelischen Botschaft in London, 30. Juli 1980.
17 *JP*, 1. August 1980.
18 *Ma'ariv*, 15. Juni 1979.
19 Siehe Hirsch, Housen-Couriel und Lapidoth, *Whither Jerusalem?*
20 *JP*, 15. September 1980.
21 Israel Army Radio, 29. Juli 1980.
22 *JP*, 1. August 1980.
23 *NYT*, 3. August 1980.
24 *JP*, 17. August 1980.
25 *Daily Telegraph*, 6. Februar 1979.
26 *JP*, 12. August 1980.
27 *JP*, 29. Juli 1980.
28 *JP*, 21. Juli 1980; siehe auch *JP*, 25. Juli 1980.
29 *JP*, 13. Juli 1980.

30 *JP*, 14. Juli 1980.
31 Rede Weizmanns vor der Central Asian Society, London, 12. November 1929, in Litvinoff (Hg.), *The Letters and Papers of Chaim Weizmann*, Serie B, Bd. 1, S. 570–581.
32 *JP*, 24. Juli 1980.
33 *JP*, 29., 30. und 31. Juli, 1. September 1980.
34 *JP*, 13. August 1980.
35 *JP*, 12. August 1980.
36 Text der Rede und der «Gesprächspunkte» in Moore (Hg.), *Arab-Israeli Conflict*, Bd. 4, Teil 2, Princeton 1991, S. 1131–1141.
37 Ebenda, S. 1142–1145.
38 *The Times*, 5. Januar 1973.
39 *JP*, 4. Juli 1980.
40 *JP*, 25. März 1980.
41 *JP*, 11., 13. und 21. Juli, 8. August 1980.
42 *JP*, 16. September 1980.
43 *JP*, 22. Juni 1980.
44 *NYT*, 11. März 1984.
45 *NYT*, 27. März 1984.
46 «Big 50 Survey», unveröffentlichtes Memorandum der Anti-Defamation League der B'nai B'rith, 15. Mai 1984.
47 *NYT*, 29. März 1984.
48 *JP*, 9. Oktober 1980.
49 Texte des Office of Permanent Observer Mission of Palestine to the United Nations.
50 *Guardian*, 2. August 1977.
51 Colin Legum (Hg.), *Middle East Contemporary Survey*, Bd. 1 (1976–77), New York 1978, S. 581.
52 *Christian Science Monitor*, 25. Juli 1977.
53 »Reflections on the Political Future of Jerusalem» von Walter Eytan, 5. Juni 1979.
54 Walid Khalidi, «Thinking the Unthinkable: A Sovereign Palestinian State», in *Foreign Affairs*, 56:4 (1978), S. 695–713.
55 Text in Colin (Hg.), *Recueil*, S. 273–301.
56 Bericht von Ian Black, *New Statesman*, 27. Juli 1979.
57 *JP*, 9. Mai 1980.
58 *Al-Fajr*, 18. Mai 1980.
59 *Yedi'ot Aharonot*, 28. November 1986.
60 *NYT*, 18. Juni 1987.
61 Benvenisti, *Jerusalem*, S. 192.
62 *Guardian*, 10. August 1987; *JP*, 8. und 11. Dezember 1987.
63 *NYT*, 16. Januar 1988; *Guardian Weekly*, 24. Januar 1988 (mit dem Nachdruck eines Berichts in der *Washington Post*).
64 *NYT*, 20. Januar 1988.
65 *NYT*, 12. Februar 1988.

66 Romann und Weingrod, *Living Together Separately*, S. 240.
67 Siehe Ahmad Tibi, «The Other Side of Jerusalem», in *Jerusalem Report*, 4. Juli 1991; siehe auch Alex Weingrod und 'Adel Manna, «Living along the Seam: Israeli Palestinians in Jerusalem», in *International Journal of Middle East Studies*, 30 (1998), S. 369–386.
68 *NYT*, 1. Juni 1992.
69 Text der Erklärung von Shultz vom 26. Februar 1988, in Moore (Hg.), *Arab-Israeli Conflict*, Bd. 4, Teil 2, S. 1883 ff.
70 Text der Rede ebenda, S. 1889–1894.
71 Text des Office of Permanent Observer Mission of Palestine to the United Nations.
72 Text von Jassir Arafats Rede vor der UN-Generalversammlung am 14. Dezember 1988, in Moore (Hg.), *Arab-Israeli Conflict*, Bd. 4, Teil 2, S. 1913–1916; Erklärung Arafats vom 14. Dezember 1988, ebenda, S. 1917 f.
73 *Le Monde*, 4.–5. Juli 1991.
74 *NYT*, 11. April 1993.
75 Ebenda.
76 *NYT*, 10. April 1994.
77 *NYT*, 20. September 1993.
78 *NYT*, 7. Oktober 1993.

Das Schwinden des christlichen Jerusalem

1 *JP*, 17. September 1997.
2 Siehe Tabelle 2.5 in Tsimhoni, *Christian Communities*, S. 26.
3 Ebenda, S. 65.
4 *NYT*, 12. Februar 1992.
5 Bericht von Patrick Cockburn im *Independent on Sunday*, 14. Mai 1995.
6 Siehe z. B. *Jerusalem: Issues and Perspectives*.
7 Siehe R. Levy, 23. Juli 1967, ISA FM 4089/14; sowie Levy an den Generaldirektor des Innenministeriums, 6. August 1967, ISA FM 4089/12.
8 Memorandum von Y. Ilsar, 8. Dezember 1967, ISA FM 4089/13.
9 Hadow (Tel Aviv) an Foreign Office, 5. Juli 1967, PRO FCO 17/253; sowie Hadow an Foreign Office, 2. August 1967, PRO FCO 17/255.
10 Siehe *The Times*, 23. Oktober 1974.
11 Siehe E. Ben-Horin (Vertreter des Außenministeriums im Westjordanland) an Generaldirektor des israelischen Außenministeriums, 19. Juni 1967, ISA FM 4089/15.
12 Patriarch Benediktos an Eschkol, 17/20. November 1967, ISA FM 4089/13.
13 Tsimhoni, *Christian Communities*, S. 44.
14 Ebenda, S. 44 f.
15 Ebenda, S. 70 f.; Azarya, *Armenian Quarter*, S. 218.

16 Siehe Naomi Shepherd, *Teddy Kollek, Mayor of Jerusalem*, New York 1988, S. 76f.
17 Ilsar an Generaldirektor des israelischen Außenministeriums, 15. Juni 1967, ISA FM 4089/15.
18 *NYT*, 24. Juni 1967.
19 M. S. Williams (Britischer Gesandter am Heiligen Stuhl) an Foreign Office, 27. Juni 1967, PRO FCO 17/252.
20 Siehe *Osservatore Romano*, 22.–23. März 1971, 30. Juni–1. Juli 1980; *The Times*, 11. April 1974; *IHT*, 8. März 1976 (siehe aber auch *IHT*, 10. März 1976); *NYT*, 13. Januar 1978; *Le Monde*, 8. Februar 1978; *JP*, 22. Juni, 1. Juli 1980.
21 Williams an Foreign Office, 6. Juli 1967, PRO FCO 17/252.
22 Joëlle Le Morzellec, *La Question de Jérusalem devant l'Organisation des Nations Unies*, Brüssel 1979, S. 400f.
23 Ben-Horin an Außenminister, 9. Juli 1967, ISA FM 4089/12.
24 Benediktos an Eschkol, 12. Juli 1967, ISA FM 4089/12.
25 Ilsar an den stellvertretenden Generaldirektor des israelischen Außenministeriums, 14. Juli 1967, ISA FM 4089/12.
26 Note des Foreign Office, 13. Juli 1967, PRO FCO 17/252.
27 Zitiert in Israelisches Außenministerium an Botschaft in Rom, 16. Juli 1967, ISA FM 4089/12.
28 *NYT*, 4. April 1988.
29 Tsimhoni, *Christian Communities*, S. 168f.
30 *NYT*, 13., 16., 19., 23. und 24. April 1990. Siehe auch Robert I. Friedman, «Making Way for the Messiah», in *New York Review of Books,* 11. Oktober 1990.
31 *Time*, 7. Mai 1990.
32 Tsimhoni, *Christian Communities*, S. 177.
33 Siehe Bernard Wasserstein, *Europa ohne Juden. Das europäische Judentum seit 1945*, Köln 1999, Kap. 6.
34 *NYT,* 7. und 8. Januar 1992.
35 *NYT,* 31. Dezember 1993.
36 *NYT*, 1. Januar 1994.
37 *Ha-aretz*, 26. Oktober 1994.
38 *JP*, 25. März 2000.
39 *JP*, 20. Juli 1994.
40 Ebenda.
41 *JP*, 11. November 1994.
42 C. W. Baxter (Foreign Office) an Unterstaatssekretär, Colonial Office, 3. November 1943, PRO CO 733/444/30.
43 Ebenda.
44 Siehe *Documents on Israeli-Soviet Relations 1941–1953*. Teil 1: *1941–May 1949*, London 2000, S. 112–117.
45 Harry J. Psomiades, «Soviet Russia and the Orthodox Church in the Middle East», in *Middle East Journal*, 11: 4 (Herbst 1957), S. 371–381.

46 Interview mit Schabtai Rosenne, Jerusalem, 27. Mai 2000.
47 Sowjetische Botschaft (London) an Foreign Office, 4. Mai 1948, PRO FO 1040/3.
48 Siehe *Documents on Israeli-Soviet Relations*, Bd. I, S. 282, Anm. 2.
49 V. A. Zorin (Stellvertretender sowjetischer Außenminister) an G. G. Karpov (Tel Aviv), 10. September 1948, ebenda, S. 337f.
50 Britischer Gesandter (Tel Aviv) an Foreign Office, 4. August 1949, PRO FO 371/75343.
51 Eine detaillierte Dokumentation des langwierigen diplomatischen Gerangels über diese Frage findet sich in *Documents on Israeli-Soviet Relations, 1941–1953*, London 2000, Bd. 2.
52 *Le Monde*, 15. Juli 1987.
53 Interview mit Schabtai Rosenne, Jerusalem, 27. Mai 2000; Yaakov Doron an Eliezer Doron, 13. Januar 1966, ISA FM 4049/14.
54 Herzog an Reuven Schiloah, 28. September 1949, ISA FM 2451/4.
55 Generalkonsulat, Jerusalem, an Foreign Office, 8. Februar 1950, PRO FO 371/82183.
56 Psomiades, «Soviet Russia», S. 379.
57 Britisches Generalkonsulat, Jerusalem, an Eastern Dept., Foreign Office, 23. Juni 1952, PRO FO 371/98503.
58 Siehe Bericht von S. P. Colbi, dem Leiter der Abteilung für christliche Angelegenheiten im israelischen Religionsministerium, ISA Gimel 5805/3.
59 Ilsar an A. Eshel, 11. Juli 1967, ISA FM 4089/12.
60 Metropolit Philaret, Präses des Synods der Bischöfe der russisch-orthodoxen Kirche außerhalb Russlands, an Abraham Harman (israelischer Botschafter in Washington), 24. Juni 1967, ISA FM 4089/13.
61 Harman an Philaret, 28. Juni 1967, ISA FM 4089/13.
62 *Christian Science Monitor*, 18. Oktober 1968.
63 Bericht der TASS vom 29. Oktober 1968.
64 Interview mit Gideon Rafael, Jerusalem, 19. Juli 1982.
65 *JP*, 14. September 1980.
66 *The Times*, 21. Januar 2000. Siehe auch Bernard Wasserstein, «Red Alert for White Nuns», in *JP*, 31. Januar 2000.

Die schleichende Teilung

1 *Ha-aretz*, 11. Dezember 1994.
2 Zitiert in Edward Norden, «Jerusalem: What Next?», in *Commentary*, 97:1 (1994), S. 44–49; siehe auch *NYT*, 14. Februar 1991.
3 Der vollständige Text der Vereinbarung zwischen Beilin und Abu Mazen ist nie im Druck erschienen. Zusammenfassungen und bearbeitete Fassungen gelangten erstmals 1996 an die Öffentlichkeit (siehe z. B. *Ha-aretz*, 22. Februar 1996, *JP*, 23. Februar 1996 sowie *Ha-aretz*, 5. August 1996). Vorliegende Zusammenfassung und Zitate basieren auf dem Text des Hauptteils der Vereinbarung, der (ohne die dazuge-

hörigen Anhänge und Karten) am 18. September 2000 auf der Website der Zeitschrift *Newsweek* erschien. Die recht ähnlichen Vorschläge, die der Autor dieses Buches im Juni 1995 in einem Vortrag in London unterbreitete (veröffentlicht im Oktober 1995 als *Institute of Jewish Affairs Report* Nr. 3: «Jerusalem: Past, Present, and Future» – später auch auf Norwegisch in Helge Aarflot (Hg.), *Fred for Jerusalem: Historisk, religiøs og politisk bakgrunn* [Oslo 1996], S. 251–270), wurden ohne Kenntnis der gleichzeitig laufenden Verhandlungen zwischen Beilin und Abu Mazen formuliert.

4 *JP*, 23. Februar 1990.

5 Ebenda.

6 Interview mit Harold Saunders, Washington, 14. Juni 1982.

7 Israelisch-palästinensisches Interimsabkommen über das Westjordanland und den Gazastreifen, 28. September 1995: Anhang II: Protokoll über Wahlen, Text des israelischen Außenministeriums.

8 *JP*, 18. Juli 1995.

9 *NYT*, 19. Januar 1996.

10 Ehud Olmert im Gespräch mit dem Autor in Königswinter, Januar 1997.

11 Diese Aussagen basieren auf der sorgfältigen Analyse von Barry Rubin in seinem Buch *The Transformation of Palestinian Politics: From Revolution to State-Building*, Cambridge/Mass. 1999, S. 206–212.

12 Zitiert in einer ganzseitigen Anzeige der American Friends of *Ateret Cohanim* in der *NYT*, 6. Juni 1993.

13 Siehe *Ha-aretz*, 12. Juli 1995.

14 *JP*, 17. Januar 1995.

15 *Le Monde*, 21.–22. August 1994.

16 *JP*, 8. November 1994.

17 *Le Monde*, 9. November 1994.

18 *JP*, 10. und 11. November 1994.

19 *JP*, 15. November 1994.

20 *JP*, 30. September 1994.

21 *Le Monde*, 8. November 1994.

22 *JP*, 8. November 1994.

23 Siehe die palästinensischen Kabinettslisten für die Jahre 1994–1999, in Rubin, *Transformation*, S. 203 ff.; die Liste für 2000 stammt vom Büro des palästinensischen Beobachters bei den Vereinten Nationen.

24 *Ha-aretz*, 16. November 1994.

25 *Ha-aretz*, 3. Februar 1995; *JP*, 3. Februar 1995; Rubin, *Transformation*, S. 224.

26 Rubin, *Transformation*, S. 224.

27 *JP*, 7. Juli 1995.

28 *JP*, 21. Juli 1995.

29 Text des israelischen Außenministeriums.

30 *NYT*, 7. Oktober 1993.

31 «The Jerusalem Letter», Memorandum der Palestinian Academic Society for the Study of International Affairs. Siehe auch Marshall J. Breger, «The New Battle for Jerusalem», in *Middle East Quarterly*, 1: 4 (1994), S. 30.
32 *Ha-aretz*, 12. Februar 1997; siehe auch *Ha-aretz*, 1. Februar 1998.
33 *JP*, 11. Mai 1997.
34 *Jerusalem Report*, 26. Juni 1997.
35 Die Zahlen stammen von B'Tselem; siehe auch *Ha-aretz*, 8. und 16. April 1999, sowie *JP*, 23. April 1999.
36 *Ha-aretz*, 5. April 1998.
37 *Ha-aretz*, 1. August 1999.
38 *IHT*, 19. Oktober 1999.
39 *JP* (internationale Ausgabe), 26. November 1999.
40 *Jewish Chronicle*, 10. März 2000.
41 *JP*, 28. April 2000.
42 *Ha-aretz*, 23. Mai 2000.
43 *Ha-aretz*, 2. Januar 2000.
44 *Ha-aretz*, 23. Mai 2000.
45 *Guardian*, 22. August 2000; sowie weitere Presseberichte in *Ha-aretz*, *JP*, *NYT*, *IHT*, *The Times*.
46 Siehe z. B. Menahem Klein, *Yerushalayim Be-Masa U-Matan Le-Shalom:* 'Amadot 'Araviyot, Jerusalem 1995.
47 *NYT*, 17. September 2000.
48 *NYT*, 17. September 2000.
49 *The Times*, 26. Juli 2000.

Ärger auf dem Tempelberg

1 Siehe Linder, «Jerusalem as a Focus of Confrontation», S. 2.
2 Ebenda, S. 10.
3 Siehe Guy Le Strange, *Palestine under the Muslims*, Beirut 1965 (Reprint), S. 96.
4 A. Goodrich Freer, *Inner Jerusalem*, London 1904, S. 364.
5 Finn, *Stirring Times*, Bd. 2, S. 423.
6 Finn (Jerusalem) an Clarendon, 1. Januar 1857, in Hyamson (Hg.), *British Consulate*, Bd. 1, S. 245.
7 Herzl, *Tagebücher*, Bd. 1, S. 395 f.
8 Shemaryahu Talmon, «The Biblical Concept of Jerusalem», in John M. Oesterreicher und Anne Sinai (Hg.), *Jerusalem*, New York 1974, S. 202.
9 Siehe Yitzhak Reiter, *Islamic Institutions in Jerusalem: Palestinian Muslim Organization under Jordanian and Israeli Rule*, Den Haag 1997, S. 41.
10 F. H. Kisch an Nathan Strauss, 4. November 1926, CZA S25/748.
11 *Al-Sabah*, 12. Juli 1922.

12 Siehe Wasserstein, *British in Palestine*, S. 222.
13 Zusammenkunft einer jüdischen Delegation mit Regierungsbeauftragten, Jerusalem, 25. September 1928, CZA S25/2939.
14 Khalidi, *Palestinian Identity*, S. 216.
15 Amikam Elad, *Medieval Jerusalem and Islamic Worship: Holy Places, Ceremonies, Pilgrimage*, Leiden 1995, S. 102.
16 Siehe Bernard Wasserstein, *Herbert Samuel: A Political Life*, Oxford 1992, S. 199.
17 Siehe PRO FO 371/4164/124–126.
18 *The Times*, 24. Juli 1922.
19 Siehe etwa ISA 2/01182.
20 *Al-Jami'a al-'Arabiyya*, 1. Oktober 1928.
21 *Al-Jami'a al-'Arabiyya*, 11. Februar 1929.
22 Kopie eines von Sir John Chancellor an Sir John Shuckburgh weitergeleiteten Schreibens, Colonial Office, 15. Mai 1929, PRO CO 733/173 (67314/26).
23 *Doar Hayom*, 23. und 30. Juli, 1. August 1929.
24 Kopie der Erklärung in CZA S25/2948.
25 *Report of the Wailing Wall Commission*, London 1931.
26 Yehoshua Porath, *The Emergence of the Palestinian-Arab National Movement 1918–1929*, London 1974, S. 272.
27 Kupferschmidt, *Supreme Muslim Council*, S. 133.
28 Ebenda, S. 55.
29 Avi Shlaim, *The Iron Wall: Israel and the Arab World*, New York 2000, S. 245 (der auf Erinnerungen von Narkiss zurückgreift, die am 31. Dezember 1997 in *Ha-aretz* veröffentlicht wurden).
30 Mosche Dayan, *Die Geschichte meines Lebens*, übers. v. George T. Czuczka, Wien/München 1978.
31 Bovis, *Jerusalem Question*, S. 108.
32 Shlomo Goren an den Ministerausschuss für den Schutz der Heiligen Stätten, 31. August 1967, ISA FM 4089/13.
33 Siehe S. Bar-Hayyim, Direktor der Mittelostabteilung des israelischen Außenministeriums, an den Generaldirektor des Ministeriums, 14. Juli 1967, ISA FM 4089/12.
34 Siehe auch das Memorandum von M. Eliash, 28. Oktober 1929, CZA S25/3077.
35 Der vollständige (englische Text) des Dokuments findet sich im Institute for Palestine Studies (Hg.), *The Resistance of the Western Bank of Jordan to Israeli Occupation 1967*, Beirut 1967.
36 Zitiert in Yehuda Zvi Blum, *The Juridical Status of Jerusalem* (Jerusalem Papers on Peace Problems, 2, Leonard Davis Institute for International Relations, Hebrew University of Jerusalem, 1974).
37 Zander, *Israel and the Holy Places*, S. 2f.
38 Bericht von Gavin Young im *Observer* Foreign News Service, Jerusalem, 21. August 1969.

39 *Daily Telegraph*, 23. August 1969, *Straits Times* (malaysische Ausgabe), 28. August 1969, *Dawn*, 21. August 1970.
40 *Egyptian Gazette*, 1. Januar 1970.
41 *Soviet News*, 2. September 1969.
42 *JP* (internationale Ausgabe), 6. April 1973.
43 Siehe Esther Cohen, *Human Rights in the Israeli-Occupied Territories 1967–1982*, Manchester 1982, S. 213 f.
44 *JP* (internationale Ausgabe), 3. Februar 1976.
45 *JP* (internationale Ausgabe), 17. Juni 1984.
46 Artikel von Robert I. Friedman in *Guardian Weekly*, 24. Januar 1988; siehe auch *JP*, 21. Oktober 1994.
47 *NYT*, 6. Juni 1993.
48 Artikel von Robert I. Friedman in *New York Review of Books*, 11. Oktober 1990.
49 *NYT*, 13. April 1982.
50 *NYT*, 12. April 1982.
51 Siehe Ehud Sprinzak, *Brother against Brother. Violence and Extremism in Israeli Politics from Altalena to the Rabin Assassination*, New York 1999, S. 146, 156–161 und 164 f.
52 *JP* (internationale Ausgabe), 18. Januar 1986.
53 Text der Resolution in *NYT*, 14. Oktober 1990.
54 *NYT*, 14. Oktober 1990.
55 *NYT*, 25. Oktober 1990.
56 *NYT*, 19. Juli 1991.
57 Ebenda.
58 Der Text der vom 26. Oktober 1994 datierten Vereinbarung stammt vom israelischen Außenministerium.
59 *Ha-aretz*, 5. August 1996.
60 *JP*, 19. Oktober 1994.
61 *IHT*, 26. Juli 1994.
62 Nasser al-Kidwa, der ständige Beobachter Palästinas bei den Vereinten Nationen, an den Generalsekretär und Präsidenten des Sicherheitsrats, 29. Juli und 19. Oktober 1994 (Texte zur Verfügung gestellt vom Büro des palästinensischen Beobachters bei den Vereinten Nationen).
63 *JP*, 18. September 1994.
64 *JP*, 30. September 1994.
65 *JP*, 23. Oktober 1994.
66 Siehe Wasserstein, *British in Palestine*, S. 98 ff.
67 *JP*, 28. Oktober 1994.
68 *JP*, 30. Oktober 1994.
69 *Ha-aretz*, 16. und 25. Januar 1995.
70 *JP*, 1. und 3. Februar 1995.
71 *JP*, 17. Februar 1999.
72 Siehe S. 333.

73 *JP*, 13. August 2000.
74 *NYT*, 12. August 2000.
75 Nach der englischen Übersetzung, die am 18. August 2000 auf der Website von *al-Thawra* erschien.
76 *Ha-aretz*, 30. August 2000.
77 *Ha-aretz*, 1. September 2000.

Epilog: Die irdische Stadt

1 Zu nennen wären u. a. Henry Cattan, *Palestine and International Law. The legal aspects of the Arab-Israeli conflict*, Harlow 1973, sowie Y. Z. Blum, *The Juridical Status of Jerusalem*, Jerusalem 1974.
2 Rodman Bundy, «Legal Approaches to the Question of Jerusalem», in Ghada Karmi (Hg.), *Jerusalem Today. What future for the peace process?*, Reading 1996, S. 45–50.
3 Moshe Hirsch, Deborah Housen-Couriel und Ruth Lapidoth, *Whither Jerusalem? Proposals and Positions Concerning the Future of Jerusalem*, Den Haag 1995, S. 25–136.
4 Ahmad Tibi, «The Other Side of Jerusalem», in *Jerusalem Report*, 4. Juli 1991.
5 *JP*, 30. Oktober 1994.
6 Nach dem «Protokoll» des Treffens, das am 31. Dezember 2000 in der englischen Ausgabe von *Ha-aretz* veröffentlicht wurde. Diese Aufzeichnungen enthalten möglicherweise nicht den exakten englischen Wortlaut dessen, was Präsident Clinton gesagt hat.
7 JMCC Meinungsumfrage Nr. 37 vom Juni 2000: Die Ergebnisse stammen vom Jerusalem Media and Communication Center.
8 Text in der von der Knesset herausgegebenen Fassung.
9 *Ha-aretz*, 6. Januar 1997; *IHT*, 8. Jan. 1997; *JP*, 10. Januar 1997.
10 *IHT*, 31. Dezember 1973.
11 *Ha-aretz*, 6. Januar 1997; *IHT*, 8. Januar 1997; *JP*, 10. Januar 1997.
12 Die in diesem Abschnitt angeführten Zahlen sind zumeist israelische Zensus-Daten und/oder nachfolgenden Ausgaben des Jerusalemer Statistischen Jahrbuchs entnommen, das seit 1984 jährlich vom Jerusalem Institute for Israel Studies veröffentlicht wird.
13 *Jerusalem Statistical Year Book 1999*, S. 53.
14 Siehe Sergio DellaPergola, «Jerusalem's Population 1995–2020: Demography, Multiculturalism and Urban Policies», in *European Journal of Population*, 17:2 (2001), S. 165–199.
15 Saul B. Cohen, *Jerusalem: Bridging the Four Walls: A Geopolitical Perspective*, New York 1977, S. 78 f.
16 Siehe Ira Sharkansky, *Governing Jerusalem: Again on the World's Agenda*, Detroit 1996, S. 122 f.
17 Danny Rubinstein, «Losing East Jerusalem», in *Ha-aretz*, 18. Mai 2001.
18 *JP*, 16. November 2001.

Quellenverzeichnis

Archive

Archives Nationales, Paris
Central Zionist Archives, Jerusalem
Archiv des französischen Außenministeriums, Paris und Nantes
Israelisches Staatsarchiv, Jerusalem
Stadtarchiv, Jerusalem
Archiv des osmanischen Außenministeriums, Istanbul
Palestine Exploration Fund Archives, London
Public Record Office, London
United States National Archives, College Park, Maryland

Interviews

AREF AL-AREF (Ramallah, 27. Januar 1971) – DAVID BEN GURION (Sdeh Boqer, 16. Januar 1970) – Professor NORMAN BENTWICH (London, 20. November 1969) – Dr. AVRAHAM BIRAN (Jerusalem, 9. Januar 1970) – Dr. KHALIL BUDEIRI (Jerusalem, 1. April 1974) – Dr. MUSA BUDEIRI (Jerusalem, 29. Mai 2000) – Lord CARADON (New York, 6. April 1970) – Sir WILLIAM FITZGERALD (London, 1970) – Herr und Frau HENRY KENDALL (Weybridge, 6. September 1970) – ANWAR NUSSEIBEH (Jerusalem, 9. September 1969) – J.H.H. POLLOCK (Bath, 2. März 1970) – GIDEON RAFAEL (Jerusalem, 19. Juli 1982) – SCHABTAI ROSENNE (Jerusalem, 27. Mai 2000) – HAROLD SAUNDERS (Washington, 14. Juni 1982) – Dr. HASSAN TAHBOUB (Jerusalem, 5. Dezember 1970)

Offizielle und halboffizielle Veröffentlichungen

A Brief Record of the Advance of the Egyptian Expeditionary Force under the Command of General Sir Edmund Allenby GCB, GCMG, July 1917 to October 1918, London 1919
Comité Al Qods sous la présidence de Sa Majesté le Roi Hassan II: Réalisations et Perspectives, Rabat 1983
Correspondence Respecting the Rights and Privileges of the Latin and Greek

Churches in Turkey, Presented to Both Houses of Parliament by Command of Her Majesty, 4 Bde., London 1854–1856
Documents on the Foreign Policy of Israel
Documents on Israeli-Soviet Relations 1941–1953, 2 Bde., London 2000
Firmans Ottomans émanés pour les Lieux-Saints de la Palestine, 3 Bde., Jerusalem 1934
Foreign Relations of the United States
Israel's Foreign Relations; Selected Documents 1947–1974, hg. von Meron Medzini, Jerusalem 1976
Palestine: Commission on the Disturbances of August 1929: Minutes of Evidence, Colonial Nr. 48, 3 Bde., London 1930
Palestine Partition Commission Report, Cmd. 5854, London 1938
Palestine Royal Commission Report, Cmd. 5479, London 1937
Progress Report of the United Nations Mediator on Palestine, Rhodes, 16th September 1948, Cmd. 7530, London 1948
Report by Sir William Fitzgerald on the Local Administration of Jerusalem, Jerusalem 1945
Report of the Commission Appointed by His Majesty's Government in the United Kingdom ... to determine the Rights and Claims of Moslems and Jews in Connection with the Western or Wailing Wall at Jerusalem, London 1931
Report of the Commission Appointed by the Government of Palestine to Inquire into the Affairs of the Orthodox Patriarchate of Jerusalem, London 1921
Report of the Commission on the Palestine Disturbances of August 1929, Cmd. 3530, London 1930
Report to the General Assembly by the United Nations Special Committee on Palestine, London 1947
Statistical Yearbook of Jerusalem 1982–, Jerusalem 1984–
United Nations Official Records
General Assembly
Security Council
Trusteeship Council
The Western or Wailing Wall in Jerusalem, Cmd. 3229, London 1928

Bücher und Artikel

Anderson, M. S.: *The Eastern Question 1774–1923*, London 1966
Anonym: *Refutation of the Allegations Put Forward by Sir Anton Bertram Against the Patriarchate of Jerusalem*, Jerusalem o. J. [1925]
Arce, P. A. (Hg.): *Documentos y Textos para la Historia de Tierra Santa y sus Santuarios 1600–1700*, Bd. 1, Jerusalem 1970
Armstrong, Karen: *A History of Jerusalem: One City, Three Faiths*, London 1996

Arnon, Adar: «The Quarters of Jerusalem in the Ottoman Period», *Middle Eastern Studies,* 28:1 (Januar 1992), S. 1–65

Azarya, Victor: *The Armenian Quarter of Jerusalem: Urban Life Behind Monastery Walls*, Berkeley 1984

Azcárate, Pablo de: *Mission in Palestine 1948–1952*, Washington 1966

Baldi, Paschal: *The Question of the Holy Places*, Rom 1919

Barkan, R.: «Pax Hierosolymitana», *International Problems,* 20:2–4 (40) (Sommer 1981), S. 139–146

Barnai, Jacob: *The Jews in Palestine in the Eighteenth Century*, Tuscaloosa/Alabama 1992

Ben-Arieh, Yehoshua: «Patterns of Christian Activity and Dispersion in Nineteenth-Century Jerusalem», *Journal of Historical Geography*, 2:1 (1976), S. 49–69

–: *Jerusalem in the 19th Century: The Old City*, Jerusalem 1984

–: *Jerusalem in the 19th Century: Emergence of the New City*, Jerusalem 1986

Ben-Meir, Alon: «Jerusalem's Final Status Must Reflect its Uniqueness», *Middle East Policy,* 3:3 (1994), S. 93–109

Bentwich, Norman und Helen: *Mandate Memories 1918–1948*, London 1965

Benvenisti, Meron: *Jerusalem: The Torn City*, Minneapolis 1976

–: *City of Stone: The Hidden History of Jerusalem*, Berkeley 1996

Bercovits, Shmuel: *Milhamot Ha-Mekomot Ha-Kedoshim: Ha-Ma 'avak 'al Yerushalayim Ve-Ha-Mekomot Ha-Kedoshim Be-Yisrael, Yehuda, Shomron, Ve-Hevel 'Aza*, Jerusalem 2000

Bernadotte, Folke: *To Jerusalem*, London 1951

Bialer, Uri: «The Road to the Capital – the Establishment of Jerusalem as the Official Scat of the Israeli Government in 1949», *Studies in Zionism*, 5: 2 (Herbst 1984), S. 273–296

Biger, G.: «Trumat Ha-Shilton Ha-Briti Le-Hitpathutah shel Yerushalayim Be-Reshit Shiltono Ba-Aretz (1918–1925)», *Mehkarim Be-Geografiah shel Eretz-Yisrael*, 9 (1976), S. 174–200

Blake, Robert: *Disraeli's Grand Tour: Benjamin Disraeli and the Holy Land 1830–1831*, London 1982

Blum, Yehuda Zvi: *The Juridical Status of Jerusalem*, Jerusalem Papers on Peace Problems, 2, Leonard Davis Institute for International Relations, Hebräische Universität Jerusalem, 1974

Blyth, Estelle: *When We Lived in Jerusalem*, London 1927

Bovis, H. Eugene: *The Jerusalem Question 1917–1968*, Stanford 1971

Braude, Benjamin: «Foundation Myths of the Millet System», in Benjamin Braude/Bernard Lewis (Hg.): *Christians and Jews in the Ottoman Empire: The Functioning of a Plural Society*, 2 Bde., New York 1982, Bd. 1, S. 69–88

–: «Councils and Community: Minorities and the *Majlis* in *Tanzimat* Jerusalem», in C. E. Bosworth/Charles Issawi u. a. (Hg.): *Essays in Honor of Bernard Lewis: The Islamic World from Classical to Modern Times*, Princeton/NJ. 1989, S. 651–660

Brecher, Michael: *Decisions in Israel's Foreign Policy*, London 1974

–: «Jerusalem: Israel's Political Decisions, 1947–1977», *Middle East Journal* 32: 1 (Winter 1978), S. 13–34

Breger, Marshall J.: «The New Battle for Jerusalem», *Middle East Quarterly*, 1: 4 (Dezember 1994), S. 23–34

Brookings Institution: *Towards Peace in the Middle East*, Washington 1975

Brown, Michael: *The Israeli-American Connection: Its Roots in the Yishuv 1914–1945*, Detroit 1996

B'tselem (Israel Information Center for Human Rights in the Occupied Territories): *A Policy of Discrimination: Land Expropriation, Planning and Building in East Jerusalem*, Jerusalem 1995

Burns, Lieutenant-General E. L. M.: *Between Arab and Israeli*, London 1962

Caplan, Neil: *Futile Diplomacy*, 4 Bde., London 1983–1997

Charles-Roux, François: *Les Echelles de Syrie et de Palestine au XVIIIe siècle*, Paris 1928

Cheshin, Amir S./Hutman, Bill/Melamed, Avi: *Separate and Unequal: The Inside Story of Israeli Rule in East Jerusalem*, Cambridge/Mass. 1999

Cohen, Amnon: *Palestine in the 18th Century: Patterns of Government and Administration*, Jerusalem 1973

–: *Jewish Life under Islam: Jerusalem in the Sixteenth Century*, Cambridge/Mass. 1984

–: (Hg.): *A World Within: Jewish life as Reflected in Muslim Court Documents from the Sijill of Jerusalem (XVIth Century)*, 2 Bde., Philadelphia 1994

Cohen, Esther R.: *Human Rights in the Israeli-Occupied Territories 1967–1982*, Manchester 1985

Cohen, Gavriel: «Harold MacMichael and Palestine's Future», *Zionism*, 3 (April 1981), S. 133–155

Cohen, Richard I. (Hg.): *Vision and Conflict in the Holy Land*, Jerusalem 1985

Cohen, Saul B.: *Jerusalem: Bridging the Four Walls – A Geopolitical Perspective*, New York 1977

Colin, Bernardin (Hg.): *Recueil de Documents concernant Jérusalem et les Lieux Saints*, Jerusalem 1982

Connell, John: *The House by Herod's Gate*, London 1946

Cremonesi, Lorenzo: «The Vatican and Israel: Theological Contempt to Political Confrontation», in W. Frankel (Hg.): *Survey of Jewish Affairs 1985*, Cranbury/NJ 1985

Cust, L. G. A.: *The Status Quo in the Holy Places*, Jerusalem 1929

Dayan, Moshe: *Die Geschichte meines Lebens*, übers. v. George T. Czuczka, Wien/München 1978

–: *Breakthrough: A Personal Account of the Egypt-Israel Peace Negotiations*, London 1981

Drory, Joseph: «Jerusalem during the Mamluk Period», in Lee I. Levine (Hg): *The Jerusalem Cathedra*, Bd. 1, Jerusalem 1981, S. 190–213

Efrati, Nathan: *Mi-Mashber le-Tiqvah: Ha-Yishuv Ha-Yehudi Be-Eretz Yisrael Be-Milhemet Ha-*'Olam Ha-Rishonah, Jerusalem 1991

Elad Amikam: *Medieval Jerusalem and Islamic Worship: Holy Places, Ceremonies, Pilgrimage*, Leiden 1995

Eliav, Mordechai: *Die Juden Palästinas in der Deutschen Politik: Dokumente aus dem Archiv des deutschen Konsulats in Jerusalem 1842–1914*, Tel Aviv 1973

–: *Be-Matzor U-Ve-Matzok: Eretz-Yisrael Be-Milhemet Ha-*'Olam Ha-Rishonah, Jerusalem 1991

Elon, Amos: *Jerusalem: Innenansichten einer Spiegelstadt*, übers. v. Irene Rumler, Hamburg 1990

Elpeleg, Zvi: *The Grand Mufti: Haj Amin al-Hussaini, Founder of the Palestinian National Movement*, London 1993

Falaize, Robert: *Le Statut de Jérusalem*, Paris 1959

Farhi, David: «Ha-Mo'atza Ha-Muslemit Be-Mizrah Yerushalayim U-Vihuda Ve-Shomron Meaz Milhemet Sheshet Ha-Yamim», *Hamizrah Hehadash*, 28 (1979), S. 3–21

Feintuch, Yossi: *US Policy on Jerusalem*, Westport/Conn. 1987

Ferrari, Silvio: «The Holy See and the Postwar Palestine Issue: The Internationalization of Jerusalem and the Protection of the Holy Places», *International Affairs*, 60:2 (Spring 1984), S. 261–283

Finn, E. A.: *Reminiscences of Mrs Finn*, London 1929

Finn, James: *Stirring Times or Records from Jerusalem Consular Chronicles of 1853 to 1856*, 2 Bde., London 1878

Finnie, David H.: *Pioneers East: The Early American Experience in the Middle East*, Cambridge/Mass. 1967

Frankel, Jonathan: *The Damascus Affair: ‹Ritual Murder›, Politics, and the Jews in 1840*, Cambridge 1997

Freer, A. Goodrich: *Inner Jerusalem*, London 1904

Friedland, Roger/Hecht, Richard: *To Rule Jerusalem*, Cambridge 1996

Friedman, Isaiah: *Germany, Turkey, and Zionism 1897–1918*, Oxford 1977

Frumkin, Gad: *Derekh Shofet Biyrushalayim*, Tel Aviv 1954

Garcia-Granados, Jorge: *The Birth of Israel: The Drama As I Saw It*, New York 1949

Gerber, Haim: *Ottoman Rule in Jerusalem 1890–1914*, Berlin 1985

Gil, Moshe: «Dhimmi Donations and Foundations for Jerusalem (638–1099)», *Journal of the Economic and Social History of the Orient*, 27:2 (1984), S. 156–174

–: *A History of Palestine 634–1099*, Cambridge 1992

Gilbert, Martin: *Jerusalem in the Twentieth Century*, London 1996

Glaubach-Gal, Eliezer: *Yerushalayim: Hesder Ha-Keva'– Kol Ha-Hatsa 'ot, Kol Ha-Mahshavot, Kol Ha-Pitronot*, Tel Aviv 1996

Goitein, S. D.: «Jerusalem in the Arab Period (638–1099)», in Lee I. Levine (Hg.): *The Jerusalem Cathedra*, Bd. 2, Jerusalem 1982, S. 168–196

Golani, Motti: *Tsiyon Be-Tsiyonut: Ha-Medinah Ha-Tsiyonit U-She'elat Yerushalayim 1937–1949*, Tel Aviv 1992

–: «Zionism without Zion: The Jerusalem Question 1947–1949», *Journal of Israeli History*, 16: 1 (Frühjahr 1995), S. 39–52

–: «Jerusalem's Hope Lies Only In Partition: Israeli Policy on the Jerusalem Question, 1948–67», *International Journal of Middle East Studies*, 31 (1999), S. 577–604

Goldfrank, David M.: *The Origins of the Crimean War*, London 1994

Graves, R. M.: *Experiment in Anarchy*, London 1949

Gray, John: *A History of Jerusalem*, London 1969

Greaves, R. W.: «The Jerusalem Bishopric», *English Historical Review*, 64 (1949), S. 328–352

Grindea, Myron (Hg.): *Jerusalem: The Holy City in Literature*, London 1968

Grünebaum, G. E. von: *Muhammadan Festivals*, London 1976

Halper, Jeff: *Between Redemption and Revival: The Jewish Yishuv of Jerusalem in the Nineteenth Century*, Boulder/Col. 1991

Hassan Bin Talal, Kronprinz von Jordanien: *A Study on Jerusalem*, London 1979

–: *Palestine Self-Determination: A Study of the West Bank and Gaza Strip*, London 1981

Hasson, Isaac: «Muslim Literature in Praise of Jerusalem: *Fadail Bayt Al-Maqdis*», in Lee I. Levine (Hg.): *The Jerusalem Cathedra*, Bd. 1, Jerusalem 1981, S. 168–184

Hechler, William H.: *The Jerusalem Bishopric: Documents,* London 1883

Herling, David: «The Court, the Ministry and the Law: Awad and the Withdrawal of East Jerusalem Residence Rights», *Israel Law Review*, 33:1 (Winter 1999), S. 67–105

Herzl, Theodor: *Tagebücher*, 3 Bde., Leipzig 1925

Heyberger, Bernard: *Les Chrétiens du Proche-Orient au temps de la réforme Catholique*, Rom 1994

Higgins, Rosalyn: *United Nations Peacekeeping 1946–1967: Documents and Commentary I: The Middle East*, London 1969

Hirsch, Moshe/Housen-Couriel, Deborah/Lapidoth, Ruth: *Whither Jerusalem? Proposals and Positions Concerning the Future of Jerusalem*, Den Haag 1995

Hopkins, I. W. J.: *Jerusalem: A Study in Urban Geography*, Grand Rapids/Mich. 1970

–: «The Four Quarters of Jerusalem», *Palestine Exploration Quarterly* (July–December 1971), S. 68–84

Hopwood, Derek: *The Russian Presence in Syria and Palestine 1843–1914: Church and Politics in the Near East*, Oxford 1969

Hough, W.: «History of the British Consulate in Jerusalem», *Journal of the Middle East Society*, 1 (1946), S. 3–14

Hurewitz, Jacob C.: *The Struggle for Palestine*, New York 1976

Hyamson, Albert M. (Hg.): *The British Consulate in Jerusalem in Relation to the Jews of Palestine 1838–1914*, 2 Bde., London 1939, 1941

Ilan, Amitzur: *Bernadotte in Palestine, 1948: A Study in Contemporary Humanitarian Knight-Errantry*, London 1989

Islamic Council of Europe: *Jerusalem: The Key to World Peace*, London 1980

Jones, Martin: *Failure in Palestine: British and United States Policy after the Second World War*, London 1986

Jones, S. Shepard: «The Status of Jerusalem: Some National and International Aspects», *Law and Contemporary Problems*, 33: 1 (1968), S. 169–182

Joseph, Bernard: *The Faithful City: The Siege of Jerusalem, 1948*, New York 1960

Kamel, Mohamed Ibrahim, *The Camp David Accords: A Testimony*, London 1986

Kark, Ruth: «The Jerusalem Municipality at the End of Ottoman Rule», *Asian and African Studies*, 14:2 (July 1980), S. 117–141

–: *American Consuls in the Holy Land, 1832–1914*, Jerusalem 1994

Karmi, Ghada (Hg.): *Jerusalem Today: What Future for the Peace Process?*, Reading 1996

Katz, David S.: «English Charity and Jewish Qualms: The Rescue of the Ashkenazi Community of Seventeenth-Century Jerusalem», in Ada Rapoport-Albert/Steven J. Zipperstein (Hg.): *Jewish History: Essays in Honour of Chimen Abramsky*, London 1988, S. 245–267

Katz, Yossi: «The Political Status of Jerusalem in Historical Context: Zionist Plans for the Partition of Jerusalem in the Years 1937–1938», *Shofar* 11: 3 (1993), S. 41–53

–: «Mekomah Shel Ha-'Ir Yerushalayim Be-Masekhet Pe'ulotav Shel Ha-Mimsad Ha-Tsiyoni Be-Shilhei Tequfat Ha-Mandat», *Zion*, 61:1 (1996), S. 676–690

–: «The Marginal Role of Jerusalem in Zionist Settlement Activity Prior to the Founding of the State of Israel», *Middle Eastern Studies*, 34:3 (July 1998), S. 121–145

Kaufman, Menahem: *America's Jerusalem Policy: 1947–1948*, Jerusalem 1982

Keith-Roach, Edward: *Pasha of Jerusalem: Memoirs of a District Commissioner under the British Mandate*, London 1994

Kendall, Henry: *Jerusalem: The City Plan – Preservation and Development during the British Mandate, 1918–1948*, London 1948

Khalidi, Rashid: *British Policy Towards Syria and Palestine 1906–1914*, London 1980

–: *Palestinian Identity: The Construction of a Modern National Consciousness*, New York 1997

Khalidi, Walid: «Thinking the Unthinkable: A Sovereign Palestinian State», *Foreign Affairs*, 56:4 (July 1978), S. 695–713

Kimmerling, Baruch/Migdal, Joel S.: *Palestinians: The Making of a People*, Cambridge/Mass. 1993

Kinglake, A. W.: *Eothen*, London 1844

Kirk, George: *The Middle East 1945–1950*, London 1954

Kister, M. J.: «‹You Shall Set Out Only for Three Mosques›: A Study of an Early Tradition», in M. J. Kister: *Studies in Jahiliyya and Early Islam*, London 1980, S. 173–196

Klein, Menahem: *Yerushalayim Be-Masa U-Matan Le-Shalom:* 'Amadot *'Araviyot*, Jerusalem 1995

–: *Jerusalem: The Contested City*, New York 2001

Kodaman, Bayram: *Les Ambassades de Moustapha Réchid Pacha à Paris*, Ankara 1991

Koestler, Arthur: *Promise and Fulfilment: Palestine 1917–1949*, London 1949

Kollek, Teddy: *Ein Leben für Jerusalem*, übers. von Werner Peterich und Jischak Barsam, Hamburg 1980

Kraemer, Joel L. (Hg.): *Jerusalem: Problems and Prospects*, New York 1980

Kupferschmidt, Uri: *The Supreme Muslim Council: Islam under the British Mandate for Palestine*, Leiden 1987

Kushner, David: «Intercommunal Strife in Palestine during the Late Ottoman Period», *Asian and African Studies*, 18 (1984), S. 187–204

–: *Moshel Hayiti Biyrushalayim: Ha-'Ir Ve-Ha-Mahoz be-'Einav shel 'Ali Ekrem Bey 1906–1908*, Jerusalem 1995

Kutcher, Arthur: *The New Jerusalem: Planning and Politics*, London 1973

Lapidoth, Ruth: «The Camp David Agreements: Some Legal Aspects», *Jerusalem Quarterly*, 10 (Winter 1979)

–: «Jerusalem and the Peace Process», *Israel Law Review*, 28:2/3 (Spring/Summer 1994), S. 402–434

Lavsky, Hagit (Hg.): *Yerushalayim Ba-Toda'ah U-Va-'Asiyah Ha-Tsiyonit*, Jerusalem 1989

Layish, Aharon: «The Status of the Shari'a in a Non-Muslim State: The Case of Israel», *Asian and African Studies*, 27:1/2 (March/July 1993), S. 171–188

Le Morzellec, Joëlle: *La Question de Jérusalem devant l'Organisation des Nations Unies*, Brüssel 1979

Le Strange, Guy: *Palestine under the Muslims*, erstmals 1890, Nachdruck Beirut 1965

Levallois, Agnès/Pommier, Sophie: *Jérusalem: de la division au partage?*, Paris 1995

Levenberg, Haim: *Military Preparations of the Arab Community in Palestine, 1945–1948*, London 1993

Levine, Lee I. (Hg.): *Jerusalem: Its Sanctity and Centrality to Judaism, Christianity, and Islam*, New York 1999

Lewis, Bernard: *The Jews of Islam*, Princeton 1984

Lichfield, Nathaniel: «Planning and Development of Jerusalem», *Encyclopaedia Judaica Year Book 1974*, Jerusalem 1974

Lippell, Israel: «Jerusalem – City of Religions: The Universality of Jerusalem», *Christian-Jewish Relations*, 21:2 (1988), S. 6–16

Little, Donald P./Turgay, A. Üner: «Documents from the Ottoman Period in the Khalidi Library in Jerusalem», *Die Welt des Islams*, NS 20:1–2 (1980), S. 44–72

Louis, William Roger: *The British Empire in the Middle East 1945–1951*, Oxford 1984
Luke, H. C.: *Prophets, Priests and Patriarchs: Sketches of the Sects of Palestine and Syria*, London 1927
–: *Cities and Men*, 3 Bde., London 1953–1956
Luke, H. C./Keith-Roach, E.: *The Handbook of Palestine and Transjordan*, London ²1930
McCarthy, Justin: *The Population of Palestine: Population History and Statistics of the Late Ottoman Period and the Mandate*, New York 1990
McDonald, James G.: *My Mission in Israel 1948–1951*, London 1951
Mandel, Neville J.: *The Arabs and Zionism before World War I*, Berkeley 1976
Ma'oz, Moshe (Hg.): *Studies on Palestine during the Ottoman Period*, Jerusalem 1975
–: *Palestinian Leadership on the West Bank. The Changing Role of the Arab Mayors under Jordan and Israel*, London 1984
Massey, W. T.: *How Jerusalem Was Won: Being a Record of Allenby's Campaign in Palestine*, London 1919
Mattar, Philip: *The Mufti of Jerusalem: Al-Hajj Amin al-Husayni and the Palestinian National Movement*, New York 1988
–: «The Mufti of Jerusalem and the Politics of Palestine», *Middle East Journal*, 42:2 (Frühjahr 1988), S. 227–240
Minerbi, Sergio: *L'Italie et la Palestine 1914–1920*, Paris 1970
–: *The Vatican and Zionism: Conflict in the Holy Land 1895–1925*, New York 1990
Molinaro, Enrico: «The Holy Places of Jerusalem in International Law», *Civil Society* (Januar 1999), S. 12–17
Montoisy, Jean-Dominique: *Le Vatican et le problème des Lieux Saints*, Jerusalem 1984
Moore, John Norton (Hg.): *The Arab-Israeli Conflict*, 4 Bde., Princeton 1974–1991
Morris, Benny: *The Birth of the Palestinian Refugee Problem 1947–1949*, Cambridge 1987
–: *Righteous Victims: A History of the Zionist-Arab Conflict 1881–1999*, New York 1999
Moscrop, John James: *Measuring Jerusalem: The Palestine Exploration Fund and British Interests in the Holy Land*, London 2000
Nashashibi, Nasser Eddin: *Jerusalem's Other Voice: Ragheb Nashashibi and Moderation in Palestinian Politics, 1920–1948*, Exeter 1990
Neff, Donald: «Jerusalem in U.S. Policy», *Journal of Palestine Studies, 23:1* (Herbst 1993), S. 20–45
Neuville, René: «Heurs et Malheurs des Consuls de France à Jérusalem aux XVIIe, XVIIIe et XIXe siècles», *Journal of the Middle East Society*, 1:2 (1947), S. 3–34
Nevo, Joseph: *King Abdullah and Palestine: A Territorial Ambition*, London 1996

Norden, Edward: «Jerusalem: What Next?», *Commentary*, 97:1 (Januar 1994), S. 44–49
Oesterreicher, John M.: *Jerusalem the Free*, London 1973
Oesterreicher, John M./Sinai, Anne (Hg.): *Jerusalem*, New York 1974
Pappé, Ilan: *The Making of the Arab-Israeli Conflict 1947–1951*, London 1994
Perowne, Stewart: *The One Remains: A Report from Jerusalem*, London 1954
Pfaff, Richard H.: *Jerusalem: Keystone of an Arab-Israeli Settlement*, Washington 1969
Pierotti, Ermete: *Customs and Traditions of Palestine*, Cambridge 1864
Plascov, Avi: *The Palestinian Refugees in Jordan 1948–1967*, London 1981
Popoff, Alexandre: *La Question des Lieux Saints de Jérusalem dans la correspondance diplomatique Russe du XIX*me siècle, 1. Teil (1800–1850), St. Petersburg 1910
Porath, Yehoshua: *The Emergence of the Palestinian-Arab National Movement 1918–1929*, London 1974
–: *The Palestine Arab National Movement: From Riots to Rebellion 1929–1939*, London 1977
Prawer, Joshua: *The History of the Jews in the Latin Kingdom of Jerusalem*, Oxford 1988
Psomiades, Harry J.: «Soviet Russia and the Orthodox Church in the Middle East», *Middle East Journal*, 11:4 (Autumn 1957), S. 371–381
Quandt, William B.: *Decade of Decisions: American Policy Toward the Arab-Israeli Conflict 1967–1976*, Berkeley 1977
Rabinovich, A.: *Jerusalem on Earth: People, Passions and Politics in the Holy City*, New York 1988
Rackauskas, Constantine: «The Jerusalem Problem: A Note on Legality», *Thought: Fordham University Quarterly*, 25:96 (March 1950), S. 100–114
Rafael, Gideon: *Destination Peace: Three Decades of Israeli Foreign Policy: A Personal Memoir*, London 1981
Reiter, Yitzhak: *Ha-Waqf Biyrushalayim 1948–1990*, Jerusalem 1991
–: *Islamic Endowments in Jerusalem Under British Mandate*, London 1996
–: *Islamic Institutions in Jerusalem: Palestinian Muslim Organization under Jordanian and Israeli Rule*, Den Haag 1997
Reynier, Jacques de: *A Jérusalem un Drapeau Flottait sur la ligne de feu*, Neuchâtel 1950
Rich, Norman: *Why the Crimean War? A Cautionary Tale*, Hanover/NH 1985
Robinson, Edward: *Biblical Researches in Palestine and the Adjacent Regions: A Journal of Travels in the Years 1838 and 1856*, London 1856
Romann, Michael/Weingrod, Alex: *Living Together Separately: Arabs and Jews in Contemporary Jerusalem*, Princeton 1991
Rosenne, Shabtai: «Revisiting Some Legal Aspects of the Transition from

Mandate to Independence, December 1947–15 May 1948», in: Alfred E. Kellerman/Kurt Siehr u. a. (Hg.): *Israel Among the Nations*, Den Haag 1998
Rosovsky, Nitza (Hg.): *City of the Great King: Jerusalem from David to the Present*, Cambridge/Mass. 1996
Rubin, Barry: *The Transformation of Palestinian Politics: From Revolution to State-Building*, Cambridge/Mass. 1999
Rustum, A. J.: *The Royal Archives of Egypt and the Disturbances in Palestine, 1834*, Beirut 1938
Sadan, Yosef: «Ha-Maqam Nabi Musa Bein Yeriho le-vein Damesek: Le-Toldoteha shel Taharut Bein Shnei 'Atarei Kodesh», *Hamizrah Hehadash* 28: 1–2 (1979), S. 22–38
–: «Ha-Mahloket Be-Sugiyat Maqam Nabi Musa Be-'Einei Ha-Mekorot Ha-Muslemiyim», *Hamizrah Hehadash* 28:3–4 (1979), S. 220–238
Safdie, Moshe: *Jerusalem: The Future of the Past*, Boston 1989
Saint-Chariton, Foulque de: «L'Etoile de la grotte de la nativité à Bethléem», *Journal of the Middle East Society*, 1:3–4 (Autumn 1947), S. 13–22
Samuel Edwin: *A Lifetime in Jerusalem*, London 1970
Schmelz, U. O.: «The Development of the Jewish Population of Jerusalem during the last Hundred Years», *Jewish Journal of Sociology*, 2:1 (1960), S. 56–73
–: «The Jewish Population of Jerusalem», *Jewish Journal of Sociology*, 6:2 (1964), S. 243–263
–: *Modern Jerusalem's Demographic Evolution*, Jerusalem 1987
Segev, Tom: *1949: The New Israelis*, New York 1986
Shaltiel, E. (Hg.): *Prakim Be-Toldot Yerushalayim Ba-Zman He-Hadash*, Jerusalem 1981
Shapira, Yitzhak: *Yerushalayim Mihutz La-Homah*, Jerusalem 1947
Sharef, Zeev: *Three Days*, London 1962
Sharkansky, Ira: «Governing a City that Some Would Like to Internationalize: The Case of Jerusalem», *Jerusalem Journal of International Relations*, 14: 1 (March 1992), S. 16–32
–: *Governing Jerusalem: Again on the World's Agenda*, Detroit 1996
Sheehan, Edward R. F.: *The Arabs, Israelis, and Kissinger: A Secret History of American Diplomacy in the Middle East*, New York 1976
Sheffer, G.: *Moshe Sharett: Biography of a Political Moderate*, Oxford 1996
Shepherd, Naomi: *Teddy Kollek: Mayor of Jerusalem*, New York 1988
Sherman, A. J.: *Mandate Days: British Lives in Palestine, 1918–1948*, London 1997
Shim'oni, Ya'akov: 'Arviei *Eretz-Yisrael*, Tel Aviv 1947
Shlaim, Avi: *Collusion across the Jordan: King Abdullah, the Zionist Movement, and the Partition of Palestine*, New York 1988
–: *The Iron Wall: Israel and the Arab World*, New York 2000
Shragai, Nadav: *Har Hameriva: Ha-Ma'avak 'al Har Ha-Bayit*, Jerusalem 1995

Silberman, Neil Asher: *Digging for God and Country: Exploration, Archaeology, and the Secret Struggle for the Holy Land, 1799–1917*, New York 1982

Singer, Amy: *Palestinian Peasants and Ottoman Officials: Rural Administration Around Sixteenth-Century Jerusalem*, Cambridge 1994

Sivan, E: «Le caractère sacré de Jérusalem dans l'Islam aux XIIe–XIIIe siècles», *Studia Islamica* 27 (1967), S. 149–182

Slonim, Shlomo: «The United States and the Status of Jerusalem, 1947–1984», *Israel Law Review*, 19: 2 (Spring 1984), S. 179–252

–: *Jerusalem in America's Foreign Policy 1947–1949*, Den Haag 1998

Sofer, Naim: «The Political Status of Jerusalem in the Hashemite Kingdom of Jordan 1948–1967», in E. Kedourie/S. Haim (Hg.): *Palestine and Israel in the 19th and 20th Centuries*, London 1982, S. 255–276

Spolsky, Bernard/Cooper, Robert L.: *The Languages of Jerusalem*, Oxford 1991

Sprinzak, Ehud: *Brother against Brother: Violence and Extremism in Israeli Politics from Altalena to the Rabin Assassination*, New York 1999

Stavrou, Theofanis George: *Russian Interests in Palestine 1882–1914: A Study of Religious and Educational Enterprise*, Thessaloniki 1963

Stein, Kenneth W.: *Heroic Diplomacy: Sadat, Kissinger, Carter, Begin, and the Quest for Arab-Israeli Peace*, New York 1999

Storrs, Ronald: *Orientations*, London 1943

Taggar, Yehuda: *The Mufti of Jerusalem and Palestine Arab Politics, 1930–1937*, New York 1986

Tauber, Eliezer: *The Emergence of the Arab Movements*, London 1993

Tessler, Mark: *A History of the Israeli-Palestinian Conflict*, Bloomington 1994

Tibawi, A. L.: *British Interests in Palestine 1800–1901: A Study of Religious and Educational Enterprise*, Oxford 1961

Tsimhoni, Daphne: *Christian Communities in Jerusalem and the West Bank since 1948: An Historical, Social, and Political Study*, Westport/Conn. 1993

Vatikiotis, P. J.: «The Greek Patriarchate of Jerusalem between Hellenism and Arabism», *Middle Eastern Studies*, 30:4 (Oktober 1994), S. 916–929

Vereté, Mayir: «Why was a British Consulate Established in Jerusalem?», *English Historical Review*, 85 (1970), S. 316–345

–: *From Palmerston to Balfour: Collected Essays of Mayir Vereté*, London 1992

Vester, Bertha Spafford: *Our Jerusalem: An American Family in the Holy City 1881–1949*, Beirut 1954

Vilnay, Zev: *Yerushalayim Birat Yisrael*, 4 Bde., Jerusalem 1970–1976

Walker, P. W. L.: *Holy City, Holy Places? Christian Attitudes to Jerusalem and the Holy Land in the Fourth Century*, Oxford 1980

Wardi, Chaim: «The Latin Patriarchate of Jerusalem», *Journal of the Middle East Society*, 1:3–4 (1947), S. 5–22

Wasserstein, Bernard: *The British in Palestine: The Mandatory Government and the Arab-Jewish Conflict, 1917–1929*, Oxford [2]1991
Wavell, A. P.: *The Palestine Campaigns*, London 1928
Weigert, Gideon: *Israel's Presence in East Jerusalem*, Jerusalem 1973
Weingrod, Alex/Manna, 'Adel: «Living along the Seam: Israeli Palestinians in Jerusalem», *International Journal of Middle East Studies*, 30 (1998), S. 369–386
Whitbeck, John V.: «The Road to Peace Starts in Jerusalem: The Condominium Solution», *Middle East Policy*, 3:3 (1994), S. 110–118
Wigoder, Geoffrey: *The Vatican-Israel Agreement: A Watershed in Christian-Jewish Relations*, Jerusalem 1994
Wilken, Robert L.: *The Land Called Holy Palestine in Christian History and Thought*, New Haven 1992
Wilson, Charles: *Ordnance Survey of Jerusalem*, London 1965
Zander, Walter: *Israel and the Holy Places of Christendom*, London 1971
Ze'evi, Dror: *An Ottoman Century: The District of Jerusalem in the 1600s*, Albany/NY 1996
Zunes, Stephen: «US Policy Towards Jerusalem: Clinton's Shift to the Right», *Middle East Policy*, 3:3 (1994), S. 83–92

Abbildungsnachweis

Central Zionist Archives: Seite 90, 95, 117, 119, 131, 150, 179, 183, 193, 194, 202, 223
Jerusalem City Archives: Seite 102, 151, 235
Israel State Archives: Seite 103
Flash 90: Seite 363
Rex Features Picture Library: Seite 363

Register